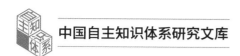

中国自主知识体系研究文库

# 审度

## 马克思科学技术观
## 与当代科学技术论研究

刘大椿 等 著

中国人民大学出版社
·北京·

# 总　序

张东刚

2022 年 4 月 25 日，习近平总书记在中国人民大学考察调研时指出，"加快构建中国特色哲学社会科学，归根结底是建构中国自主的知识体系"。2024 年全国教育大会对以党的创新理论引领哲学社会科学知识创新、理论创新、方法创新提出明确要求。《教育强国建设规划纲要（2024—2035 年）》将"构建中国哲学社会科学自主知识体系"作为增强高等教育综合实力的战略引领力量，要求"聚焦中国式现代化建设重大理论和实践问题，以党的创新理论引领哲学社会科学知识创新、理论创新、方法创新，构建以各学科标识性概念、原创性理论为主干的自主知识体系"。这是以习近平同志为核心的党中央站在统筹中华民族伟大复兴战略全局和世界百年未有之大变局的高度，对推动我国哲学社会科学高质量发展、使中国特色哲学社会科学真正屹立于世界学术之林作出的科学判断和战略部署，为建构中国自主的知识体系指明了前进方向、明确了科学路径。

建构中国自主的知识体系，是习近平总书记关于加快构建中国特色哲学社会科学重要论述的核心内容；是中国特色社会主义进入新时代，更好回答中国之问、世界之问、人民之问、时代之问，服务以中国式现代化全面推进中华民族伟大复兴的应有之义；是深入贯彻落实习近平文化思想，推动中华文明创造性转化、创新性发展，坚定不移走中国特色社会主义道路，续写马克思主义中国化时代化新篇章的必由之路；是为解决人类面临的共同问题提供更多更好的中国智慧、中国方案、中国力量，为人类和平与发展崇高事业作出新的更大贡献的应尽之责。

## 一、文库的缘起

作为中国共产党创办的第一所新型正规大学，中国人民大学始终秉持着强烈的使命感和历史主动精神，深入践行习近平总书记来校考察调研时重要讲话精神和关于哲学社会科学的重要论述精神，深刻把握中国自主知识体系的科学内涵与民族性、原创性、学理性，持续强化思想引领、文化滋养、现实支撑和传播推广，努力当好构建中国特色哲学社会科学的引领者、排头兵、先锋队。

我们充分发挥在人文社会科学领域"独树一帜"的特色优势，围绕建构中国自主的知识体系进行系统性谋划、首创性改革、引领性探索，将"习近平新时代中国特色社会主义思想研究工程"作为"一号工程"，整体实施"哲学社会科学自主知识体系创新工程"；启动"文明史研究工程"，率先建设文明学一级学科，发起成立哲学、法学、经济学、新闻传播学等11个自主知识体系学科联盟，编写"中国系列"教材、学科手册、学科史丛书；建设中国特色哲学社会科学自主知识体系数字创新平台"学术世界"；联合60家成员单位组建"建构中国自主的知识体系大学联盟"，确立成果发布机制，定期组织成果发布会，发布了一大批重大成果和精品力作，展现了中国哲学社会科学自主知识体系的前沿探索，彰显着广大哲学社会科学工作者的信念追求和主动作为。

为进一步引领学界对建构中国自主的知识体系展开更深入的原创性研究，中国人民大学策划出版"中国自主知识体系研究文库"，矢志打造一套能够全方位展现中国自主知识体系建设成就的扛鼎之作，为我国哲学社会科学发展贡献标志性成果，助力中国特色哲学社会科学在世界学术之林傲然屹立。我们广泛动员校内各学科研究力量，同时积极与校外科研机构、高校及行业专家紧密协作，开展大规模的选题征集与研究激励活动，力求全面涵盖经济、政治、文化、社会、生态文明等各个关键领域，深度挖掘中国特色社会主义建设生动实践中的宝贵经验与理论创新成果。为了保证文库的质量，我们邀请来自全国哲学社会科学"五路大军"的知名专家学者组成编委会，负责选题征集、推荐和评审等工作。我们组织了专项工作团队，精心策划、深入研讨，从宏观架构到微观细节，全方位规划文库的建设蓝图。

## 二、文库的定位与特色

中国自主的知识体系，特色在"中国"、核心在"自主"、基础在"知识"、关键在"体系"。"中国"意味着以中国为观照，以时代为观照，把中国文化、中国实践、中国问题作为出发点和落脚点。"自主"意味着以我为主、独立自主，坚持认知上的独立性、自觉性，观点上的主体性、创新性，以独立的研究路径和自主的学术精神适应时代要求。"知识"意味着创造"新知"，形成概念性、原创性的理论成果、思想成果、方法成果。"体系"意味着明确总问题、知识核心范畴、基础方法范式和基本逻辑框架，架构涵盖各学科各领域、包含全要素的理论体系。

文库旨在汇聚一流学者的智慧和力量，全面、深入、系统地研究相关理论与实践问题，为建构和发展中国自主的知识体系提供坚实的理论支撑，为政策制定者提供科学的决策依据，为广大读者提供权威的知识读本，推动中国自主的知识体系在社会各界的广泛传播与应用。我们秉持严谨、创新、务实的学术态度，系统梳理中国自主知识体系探索发展过程中已出版和建设中的代表性、标志性成果，其中既有学科发展不可或缺的奠基之作，又有建构自主知识体系探索过程中的优秀成果，也有发展创新阶段的最新成果，力求全面展示中国自主的知识体系的建设之路和累累硕果。文库具有以下几个鲜明特点。

一是知识性与体系性的统一。文库打破学科界限，整合了哲学、法学、历史学、经济学、社会学、新闻传播学、管理学等多学科领域知识，构建层次分明、逻辑严密的立体化知识架构，以学科体系、学术体系、话语体系建设为目标，以建构中国自主的知识体系为价值追求，实现中国自主的知识体系与"三大体系"有机统一、协同发展。

二是理论性与实践性的统一。文库立足中国式现代化的生动实践和中华民族伟大复兴之梦想，把马克思主义基本原理同中国具体实际相结合，提供中国方案、创新中国理论。在学术研究上独树一帜，既注重深耕理论研究，全力构建坚实稳固、逻辑严谨的知识体系大厦，又紧密围绕建构中国自主知识体系实践中的热点、难点与痛点问题精准发力，为解决中国现实问题和人类共同问题提供有力的思维工具与行动方案，彰显知识体系的实践生命力与应用价值。

三是继承性与发展性的统一。继承性是建构中国自主的知识体系的源头活水，发展性是建构中国自主的知识体系的不竭动力。建构中国自主的知识体系是一个不断创新发展的过程。文库坚持植根于中华优秀传统文化以及学科发展的历史传承，系统梳理中国自主知识体系探索发展过程中不可绕过的代表性成果；同时始终秉持与时俱进的创新精神，保持对学术前沿的精准洞察与引领态势，密切关注国内外中国自主知识体系领域的最新研究动向与实践前沿进展，呈现最前沿、最具时效性的研究成果。

我们希望，通过整合资源、整体规划、持续出版，打破学科壁垒，汇聚多领域、多学科的研究成果，构建一个全面且富有层次的学科体系，不断更新和丰富知识体系的内容，把文库建成中国自主知识体系研究优质成果集大成的重要出版工程。

### 三、文库的责任与使命

立时代之潮头、通古今之变化、发思想之先声。建构中国自主的知识体系的过程，其本质是以党的创新理论为引领，对中国现代性精髓的揭示，对中国式现代化发展道路的阐释，对人类文明新形态的表征，这必然是对西方现代性的批判继承和超越，也是对西方知识体系的批判继承和超越。

文库建设以党的创新理论为指导，牢牢把握习近平新时代中国特色社会主义思想在建构自主知识体系中的核心地位；持续推动马克思主义基本原理同中国具体实际、同中华优秀传统文化相结合，牢牢把握中华优秀传统文化在建构自主知识体系中的源头地位；以中国为观照、以时代为观照，立足中国实际解决中国问题，牢牢把握中国式现代化理论和实践在建构自主知识体系中的支撑地位；胸怀中华民族伟大复兴的战略全局和世界百年未有之大变局，牢牢把握传播能力建设在建构自主知识体系中的关键地位。将中国文化、中国实践、中国问题作为出发点和落脚点，提炼出具有中国特色、世界影响的标识性学术概念，系统梳各学科知识脉络与逻辑关联，探究中国式现代化的生成逻辑、科学内涵和现实路径，广泛开展更具学理性、包容性的和平叙事、发展叙事、文化叙事，不断完善中国自主知识体系的整体理论架构，将制度优势、发展优势、文化优势转化为理论优势、学术优势和话语优势，不断开辟新时代中国特色哲学社会科学新境界。

中国自主知识体系的建构之路，宛如波澜壮阔、永无止境的学术长征，需要汇聚各界各方的智慧与力量，持之以恒、砥砺奋进。我们衷心期待，未来有更多优质院校、研究机构、出版单位和优秀学者积极参与，加入到文库建设中来。让我们共同努力，不断推出更多具有创新性、引领性的高水平研究成果，把文库建设成为中国自主知识体系研究的标志性工程，推动中国特色哲学社会科学高质量发展，为全面建设社会主义现代化国家贡献知识成果，为全人类文明进步贡献中国理论和中国智慧。

是为序。

# 目　录

# 第二卷　科学主义与反科学主义

# 导　言

对科学技术的审度包含着丰富的内涵。它既涉及应当怎样看待科技的问题，又涉及应当怎样看待现有科技哲学的问题，当然，更无法回避的是科技哲学应当如何因应世变以面对科技未来的问题。当你从事这样的审度之时，不要忘记，一双睿智的眼睛正在历史的深处审视着，他曾经做过的思考是一笔极其宝贵的财富。也就是说，为了把握正确的方向，还特别需要认真地学习和研究马克思是怎样审度科技的。下面试分别说明之。

## 一、应当怎样看待科技？

### （一）看待科学的三种取向

在现代社会，人们与科学技术之间，已经形成须臾不可离的紧密关系。然而，究竟怎样看待科学和技术，并无太多的共识。哲学界中科学主义与人文主义之间充满了误解和斗争，不仅如伽达默尔所说，"直到黑格尔和谢林去世的整整两个世纪中，哲学实际上是在对科学的自卫中被建构起来的"①，在他们之后的近两个世纪，关于科学的攻防也一刻未曾停息。

怎样看待科学，或者说哲学如何对科学反思，这个问题在历史和现实中有三种取向。

第一种取向是对科学进行辩护。这是哲学对科学反思的一个基本态势，也是传统的主流观点。何谓辩护？就是试图说明为什么科学是合理的，为什么科学知识有精确性、可预见性等等优点。举例来说，发射神舟飞船，事先就能预计到飞船什么时候进入哪个轨道，这是只有科学知识才能办到的。

第二种取向是对科学进行批判。近几百年来，随着经济社会的发展，科学日益显示其重要和伟大。科学技术成了当代社会的支柱，成了经济发展的支撑。但在社会对科学满是赞叹和赞扬的同时，也出现了非常强烈的批判声音。这正是当今科学哲学里若干重要流派（所谓另类科学哲学）所大声疾呼的。它们有感于人类发展到现在的许多问题，尖锐地认为，这是科学带来的后果。

第三种取向是对科学进行审度。近年来，历经辩护与批判的较量，在科学哲学发展中出现了一种新取向，本书称之为"审度"。其基本观点是：单纯的辩护和单纯的批判都是有局限的，应该对科学采取一种审度的态度，用多元、理性、宽容的观点来看待科学。当今对科学的反思，应该实现"从辩护到审度"的转换。②

**1. 正统的取向**

标准的或者说正统科学哲学的主旨在于证明科学的合理性。一些著名

① ［德］迦达默尔．科学时代的理性．薛华，等，译．北京：国际文化出版社，1988：5．迦达默尔即伽达默尔。

② 刘大椿，主编：从辩护到审度——马克思科学观与当代科学论．北京：首都师范大学出版社，2009.

科学哲学家如卡尔纳普、亨普尔等都试图解决这个问题，一些科学家也为证明科学合理性提供了许多证据。但基本的理由不外乎科学知识具有如下一些特点，这些特点构成科学合理可靠的根据。一是客观性，或者说非主观性、可检验性、可重复性。例如，一种药物有没有疗效，要经过多次试验。一个人用过觉得有效并不能说明问题，其他人用过均有预期疗效才能说明问题，这就是客观性。二是普遍性，或者说抽象性、非地方性、无国界性。例如物理学，我们说牛顿是近代物理学的开创者，但我们不能说物理学是英国的。中国的物理学和英国的物理学并没有什么根本区别，这也就是科学的无国界性。三是构造性，或者说逻辑性、数学性。所谓构造性，即科学知识的各个部分是有逻辑关联的，是用数学联系起来的。例如，伽利略提出自由落体定律，表明落体的下落高度与质量无关，只与时间的平方成正比，这是可以用数学关系来表达的。而在伽利略之前，亚里士多德也做过关于自由落体的解释，他论证，落体的下落快慢是由其质量决定的。虽然亚里士多德是大权威，但今天人们认识到这不是科学知识，因为他的解释得不到经验支持，也不是构造性的。上述几点就是科学辩护的基本观点。

## 2. 另类的取向

但是，科学合理性问题的疑虑并没有终结。第二次世界大战之后兴起了各种具有反科学，或者批判科学倾向的另类科学哲学，它们迅速而广泛地传播，竟然成为思想界不可忽视的潮流。在另类思潮的眼中，科学不再是对真理的无私而神圣的追寻，而是与政治共谋的权力，是依靠金钱运转的游戏，是听命于赞助人的工具和残酷统治自然的帮凶。

科学是有血有肉、丰富多彩的，不能完全简化为静止的逻辑、公式和符号。逻辑主义、实证主义为理解科学做出了杰出贡献，但它们本质上是"片面的深刻"。历史主义开启了动态研究科学演化的道路，但仍属于分析传统的大框架和语言体系。异军突起的主要是另类科学哲学。

另类虽非主流，但另类很吸引眼球，社会影响也很大。大体上说，另类科学哲学包括如下几种类型：（1）20世纪70年代以来逐渐渗透到科学哲学领域的欧陆反科学主义理论，主要包括以海德格尔为代表的存在主义、以马尔库塞和哈贝马斯为代表的法兰克福学派、以福柯和利奥塔等人为代表的后现代主义科学哲学思想；（2）从分析哲学传统内部彻底走向正统科学哲学反面的叛逆，主要以费耶阿本德（也译法伊尔阿本德）、罗蒂等为代表；（3）借鉴另类思想反叛科学社会学（STS）传统的科学知识社会学（SSK）研究，包括借以为新兴政治运动辩护的激进女性主义、后殖民主义和生态主义科学哲学。称之为另类科学哲学的思潮并不是一个整体，而是许多异质性的科学反思。它们更多地关注科学与其他社会实践活动之间的关系，其共同点仅在于批判科学，甚至反科学的态度，它们对科学技术的价值强烈质疑。

作为分析传统的"他者"的欧陆哲学，尤其是法德哲学，其实并不缺少科学哲学（"对科学的哲学反思"）。实际上，科学哲学可以溯源到法国的孔德，之后法国哲人的科学之思连绵不绝，譬如福柯、列维纳斯、利奥塔和德勒兹。而在德国，作为实证主义的批评者，胡塞尔断言欧洲科学出现了危机，其后海德格尔、马尔库塞和哈贝马斯诸人均未忽视对当代科学技术的哲学反思。这些归属人文传统的科学哲学思想资源并不是对逻辑实证主义的呼应或批评，而是按照自身的理路反思科学，因此一直被占据主流的分析传统排斥于科学哲学之外，甚至至今仍未得到足够的重视。

在分析传统内部，科学哲学也已隐约走向了自我否定，从分析阵营中反戈一击的"叛逆者"接二连三。典型地譬如费耶阿本德和罗蒂，前者彻底否认存在独特的科学方法论，后者则宣布要将科学认识论连根拔起。反叛者仍然使用分析哲学的语言，但开始把目光投向辽阔的欧陆哲学。当然，叛逆者仍然属于边缘，难逃众矢之的——罗蒂出走文学系就是一个佐证。此后，正统科学哲学的根基不再是牢不可破的。

纯粹哲学范围之外，对当代科学技术的反思一直都蔚为大观。20 世纪中叶，科技的负面效应彰显，乘西方科技思潮、社会运动开始从辩护科学走向批判科学之势，具代表性的强科学知识社会学（SSK），以及激进的女性主义、生态主义和后殖民主义的科学哲学，它们以社会建构论极其猛烈地对正统科学哲学进行了诘难。

正统科学哲学的"他者""叛逆者"和"外行"，我们称之为"另类"。之所以"另"，不仅因为它们观点、旨趣和进路迥异于主流，也因为它们一直被科学哲学划归学科的"另册"。实际上，位于主流科学哲学之旁，另类科学哲学一直都在，不过是在边缘陪伴着，与它同舞。当主流的光芒渐渐黯淡之时，另类思想的精彩舞步逐渐耀眼起来，恰似错落有致、此起彼伏，但节奏迥异的"探戈"。

就其创造性、深刻性和启发性而言，另类并不逊于主流。为更全面地理解当代科学，科学哲学应该给予另类足够的重视，尽快将其纳入学科之中，深入研究、挖掘另类科学哲学的思想。本书在对科学审度的过程中，也试图比较全面地描绘另类的基本面貌，大致厘清另类嬗变的基本线索和相互关联。

### 3. 审度的取向

必须指出，逻辑实证主义极力赞美以物理学为代表的自然科学之立场固然不可取，大多数另类秉持的彻底否定主流科学的理念也只能是另一个极端。在当下的若干争论中，对科学的辩护与对科学的批判二者都不乏真知灼见，它们的澄清对科学未来发展都具有十分深远的意义。但客观地说，正统与另类都有走极端的倾向，虽然极端带来深刻，但肯定有失公允。思想上的极端给人以启发，行动中的极端却肯定会导致失误甚至灾难。因此，跳出各自在论辩时所持的极端立场，是尤为重要的。

一般来说，科学技术的高度发展，促使人们不断反思科学。在西方科学观念和科学精神早已深入人心的情况下，极端的科学反对派能起到矫正盛行的唯科学主义局限的作用，有助于恢复公众对科学的恰当认识，保持整个社会自由、平等和宽容。可以说，西方后现代主义知识分子虽然对科学基本上采取一种批判的态度，但其所起的作用倒是前瞻性的。而在我国，对这个问题则要更加小心。为什么我们不能大力鼓吹另类的科学哲学？主要是相当多的国人对科学的认识还很片面，科学还仅仅被视为一种器物层面的工具，而没有从制度层面、思维层面、精神层面去了解。如果一味追随西方的理论思潮，盲目地批判科学，在我国科学基础和科学精神本来就很薄弱的境况下，一反就容易回到前科学的愚昧状态。

极端的科学主义把科学理想化、纯粹化，很难解释复杂的科学世界；极端的批判又完全否定科学的客观性，主张真理多元论，取消科学的划界标准，甚至认为科学跟神话、巫术其实是一回事，抹杀了科学在整个社会中的重要地位和对人类生活的极大贡献，片面地夸大了科技本身在现代社会的负面效应。重要的是既支持科学的发展，又保持对科学的警醒，超越对科学的辩护和批判，而对科学持有一种审度的观点。这就是我们从对科学的多样复杂的反思中得到的基本观点。

概而言之，应当怎样对科学进行哲学反思？恰当的态度是审度。这不是折中主义，而是整合对立观点。实际上，辩护者与批判者的激烈辩驳，催生了一种比较宽容的、平和的，但不失基本坚持的科学哲学倾向。

从历史发展来看，科学论也是大致经历了一个对科学从辩护到批判再到审度的转变。科学论产生之初，主要宗旨是为科学辩护，即证明自然科学的合理性，并试图用科学方法改造人文社会科学。但是，到了20世纪下半叶，在学界却是对科学的质疑更为时尚，甚至出现"反科学论"。无奈对科学的全盘否定显然是与常识和现实需要不一致的，必然引起反弹，20 世纪末的"科学大战"就是佐证。

对于看待科学的三种取向，本书的立场是非常鲜明地抱持着审度的观点。

### （二）马克思怎样审度科技

那么，马克思是怎样看待科学的呢？

马克思从未简单地面对科技，而是以一个卓越思想家的深刻和睿智对科技加以审度，时而赞赏，时而批判，为后世留下了十分宝贵的理论遗产。

马克思是人类历史上最伟大的思想家之一，也是近代一位罕见的百科全书式的学者。他一生涉猎广泛，求索不止，在经济学、哲学、政治学、社会学、历史学、宗教学、人类学等诸多领域都做出了创造性的贡献，在人文社会科学中建树颇多，为后世留下了丰厚的思想文化遗产。但马克思是怎样看待科学的？坦率地说，多数人过去不甚了了。大家了然于胸的只是马克思的名言："在科学的入口处，正像在地狱的入口处一样，必须提出这样的要求：'这里必须根绝一切犹豫；这里任何怯懦都无济于事。'"① "在科学上没有平坦的大道，只有不畏劳苦沿着陡峭山路攀登的人，才有希望达到光辉的顶点。"② 或者还可不断引证，他曾经说过：科学是"**直接的生产力**"③。这些固然是很重要的言说，却不能据此而宣称，马克思就是这样看待科学的。

的确，在以往对马克思思想的研究中，他的科学技术思想往往是被简单化了的，甚至是被忽视或被歪曲的，更谈不上对他的科学技术观的恰当

① 马克思恩格斯选集：第 2 卷．北京：人民出版社，1995：35.
② 马克思恩格斯全集：第 44 卷．北京：人民出版社，2001：24.
③ 马克思恩格斯选集：第 2 卷．北京：人民出版社，2012：785.

概括。近年来，虽然有不少学者的研究工作涉及这一问题，但受某些人狭隘科技观念、单一学科背景、所掌握的马克思原始文献有限等因素的影响，其研究尚不深入，更难系统全面。在重新审视科学技术的大背景下，有必要走进马克思的科学技术世界，系统整理和研究马克思是如何对科技加以审度的。

### 1. 马克思的科学技术观

所谓"科学技术观"，是指人们对科学技术的定位，对科学技术结构、活动及其作用等问题进行理性思索的成果。关注马克思对科学技术问题的思考，认真研究马克思留下的科学技术思想遗产，这是研究马克思科学技术观的前提，也是我们走进马克思科学技术世界的第一步。当然，对马克思是否有自己的科学哲学和技术哲学，学界有所分歧。例如，技术哲学家陈昌曙曾经提出："从技术哲学生成的角度来讨论马克思主义哲学，首先会碰到一个界说上的、至少是表面的困难，即一方面马克思、恩格斯有许多深刻的技术哲学思想，另一方面在他们的哲学论述中又从未使用过'技术哲学'这个词，因而可以认为，马克思、恩格斯本人从未承认他们有自己的技术哲学。在这个意义上说，'马克思主义的技术哲学'的概念或提法是值得怀疑的。"但是，陈昌曙紧接着说："马克思和恩格斯的论述中未曾使用过'技术哲学'一词，并不是否定'马克思主义的技术哲学'的充足理由。至少，我们应当承认有经过他们自觉论证的总体性、根本性观点，是难以同哲学划清界限的。"[①] 其实，关于科学哲学，也可以做同样的论辩。也许，不必硬说马克思就是科学哲学家或技术哲学家，也不必硬说马克思的科学技术论如何如何，但"马克思的科学技术思想"无疑是存在的、深邃的，从中体现的马克思科学技术观则是现实的、极具启发性的。

---

① 陈昌曙. 技术哲学引论. 北京：科学出版社，1999：32.

马克思所处的 19 世纪是资本主义经济迅速崛起的时代，是以纺织机械发明和蒸汽机改进为标志的第一次技术革命向纵深推进，以电力应用和化工技术为标志的第二次技术革命孕育的时期。与此同时，以经典物理学为代表的自然科学的众多领域，也进入了全面、快速发展时期。在社会生产领域，机器大工业逐步代替了以手工劳动为基础的工场手工业，而机器大工业的发展对科学技术应用于生产活动的要求也愈来愈迫切。正是在这一时代背景下，对于自然科学的新发现、新学说，技术上的新发明以及在生产上的新应用，马克思都十分重视并跟踪研究。正如恩格斯所说："在马克思看来，科学是一种在历史上起推动作用的、革命的力量。任何一门理论科学中的每一个新发现——它的实际应用也许还根本无法预见——都使马克思感到衷心喜悦，而当他看到那种对工业、对一般历史发展立即产生革命性影响的发现的时候，他的喜悦就非同寻常了。例如，他曾经密切注视电学方面各种发现的进展情况，不久以前，他还密切注视马赛尔·德普勒的发现。"[①]纵观马克思的一生，他的学术研究总是以探求现实问题的解决路径为主要导向的，对现实问题的关切既是马克思理论探索的出发点，也是他开展理论研究的归宿。他对科学技术的审度既有超出常人的理论深度，又总是与对现实问题的关切联系在一起的。

当年科学技术的飞速发展及其对社会生产的巨大推动作用，无疑引起了马克思的浓厚兴趣、密切关注和深入思考。这不论是在马克思的相关著述中，还是从关于马克思的传记资料和旁证材料中，都是不难看到的。早在 19 世纪 40 年代，马克思就开始探究科学技术在社会生产中的地位和作用，科学技术发展与生产发展之间的内在联系，科学技术与机器的应用对工人阶级的影响等问题，为马克思主义学说的创立积累思想素材。尤其是

---

[①]　马克思恩格斯选集：第 3 卷．北京：人民出版社，1995：777．

在探究资本主义社会发展规律与无产阶级革命道路、撰写《资本论》的过程中，马克思更是花费了相当多的心血探讨科学技术问题，留下了大量的科学技术思想文稿。1850—1858年，马克思除了研读大量的政治经济学著作外，还认真阅读了贝克曼、波佩、李比希、约翰逊、莱特麦耶尔、尤尔、拜比吉等人有关科学技术、工艺学和自然科学方面的著作，极大地改善了他的知识结构，开阔了他的理论视野，为日后在政治经济学研究中分析科学技术与生产力的关系等理论问题，做了思想上和资料上的准备。

要而言之，尽管马克思没有留下科学技术论方面的专门著作，但他确实探讨过许多科学技术问题，对科学技术现象做过认真分析和深入思考，并给我们留下了丰富的科学技术思想材料。马克思科学技术观的存在是无可争辩的历史事实。

### 2. 有关马克思科技思想的主要文献

全面研读马克思的著作是梳理马克思科技思想的基础性工作。马克思的科学技术观主要体现在他遗留下来的浩如烟海的著作、手稿、笔记、书信、谈话之中。我们通常能见到的文献只不过是其冰山一角，远未穷尽马克思著述的全部。"原苏共中央和原民主德国统一社会党在六十年代联合决定，由两国马列主义研究院共同编辑出版一部新国际版的历史考证性的《马克思恩格斯全集》（即 Marx-Engels Gesamtausgabe），预计出版130多卷。"[①] 可见，我们通常所熟悉的《马克思恩格斯全集》（俄文版、中文版、德文版）其实并不全，马克思遗留下来的数万页手稿、笔记和书信，众多藏书中的眉批、评注等，并没有被全部整理出版。这势必会局限今天我们对马克思科学技术观的全面认识与深入研究。当下关于《马克思恩格

---

① 聂锦芳. 清理与超越——重读马克思文本的意旨、基础与方法. 北京：北京大学出版社，2005：3. 有些资料介绍，《马克思恩格斯全集》（国际版）原计划出142卷。例如，靳辉明. 千年伟人马克思. 科学社会主义，2000（1）.

斯全集》新版本的浩大工程将改善我们的研究状况。

马克思文献是马克思思想的主要载体，研究马克思文本是理解和把握马克思科学技术思想的基本途径。要完整、准确地揭示马克思科学技术观，就应当以马克思的原始文本为依据，从马克思的著述中系统地探究他的科学技术思想。德里达在论及阅读马克思著作重要性时曾指出："不去阅读且反复阅读和讨论马克思——可以说也包括其他一些人——而是超越学者式的'阅读'和'讨论'，将永远都是一个错误，而且越来越成为一个错误，一个理论的、哲学的和政治的责任方面的错误。"①

梳理马克思科学技术思想，同时也是一个审度马克思科学技术观的过程。而这一过程中遇到的首要问题，是要恰当甄别马克思的科学技术思想及其相关文献。持不同科学技术观的学者，所看到的马克思的科技思想或相关文献是不一样的。正所谓仁者见仁，智者见智。所以，文献发掘和研究要与当代科学技术论的研究结合起来，相辅相成，彼此推动。

马克思对科学技术现象的分析、对科学技术问题的思考，相对集中在以《资本论》为主的著作中，但此前此后的一些手稿和著作也是不可忽视的。"马克思写作《资本论》经历了长期的艰苦创作过程。他依据从四十年代初起开始研究政治经济学的成果，写下了 1857—1858 年经济学手稿（见《马克思恩格斯全集》第 46 卷），后来又写下了 1861—1863 年经济学手稿（见《马克思恩格斯全集》第 26、47、48 卷）。"② 这两部《经济学手稿》是为马克思拟议中的《政治经济学批判》巨著（"六册计划"③）做准

①　[法] 雅克·德里达. 马克思的幽灵——债务国家、哀悼活动和新国际. 何一，译. 北京：中国人民大学出版社，1999：21.

②　马克思恩格斯全集：第 49 卷. 北京：人民出版社，1982：Ⅰ.

③　"全部著作分成六个分册：(1) 资本（包括一些绪论性的章节）；(2) 地产；(3) 雇佣劳动；(4) 国家；(5) 国际贸易；(6) 世界市场。"马克思恩格斯全集：第 29 卷. 北京：人民出版社，1972：531.

备的。在 1857—1858 年经济学手稿的基础上，马克思出版了《政治经济学批判》第一分册；在 1861—1863 年经济学手稿中，马克思改变了原来《政治经济学批判》的写作计划，决定以《资本论》为书名单独出版。这两部手稿都是过程性作品，是马克思政治经济学思想体系的早期表述，记录了大量的原始信息，当然其中也包含着丰富的科学技术思想。尤其是 1861—1863 年经济学手稿，被后人称为《技术手稿》，是系统记录马克思科学技术思想的重要文献。为我国许多学者所熟悉的《机器。自然力和科学的应用》（人民出版社 1978 年单行本），就是马克思 1861—1863 年经济学手稿中的一部分，即其中的"（γ）机器。自然力和科学的应用（蒸汽、电、机械的和化学的因素）"。

《资本论》是马克思花费毕生心血撰写的鸿篇巨制，前后持续了 40 余年，是一部未完成的学术巨著。在马克思有生之年只出版了《资本论》（第一卷）（1867 年）［收入《马克思恩格斯全集》（第 23 卷）］；恩格斯整理出版了《资本论》第二卷（1885 年）、第三卷（1894 年）［收入《马克思恩格斯全集》（第 24、25 卷）］；伯恩斯坦整理出版了《资本论》第四卷（1894 年）［收入《马克思恩格斯全集》（第 26 卷）］。《1857—1858 年经济学手稿》收入《马克思恩格斯全集》第 46 卷；《1861—1863 年经济学手稿》收入《马克思恩格斯全集》第 47、48 卷；《工资》收入《马克思恩格斯全集》第 6 卷；等等。

不可忽视，在马克思尚未编辑出版的文献中，有许多是反映他科学技术思想的重要文献。例如，马克思在 1863 年 1 月 28 日从伦敦寄给远在曼彻斯特的恩格斯的信中写道："我正在对论述机器的这一节作些补充。在这一节里有些很有趣的问题，我在第一次整理时忽略了。为了把这一切弄清楚，我把我关于工艺学的笔记（摘录）全部重读了一遍，并且去听威利斯教授为工人开设的实习（纯粹是实验）课（在杰明街地质学院里，赫胥黎也在那里讲过课）。我在力学方面的情况同在语言方面的情况一样。我懂得数学定理，但是需要有直接经验才能理解的最简单的实际技术问题，我理解起来却十分困难。"① 马克思在这里提到的关于工艺学的笔记（摘录）就尚未得到整理和出版。"马克思关于工艺学的笔记（摘录）是许多作者的著作的详细摘要，其中包括：约·亨·摩·波佩《从科学复兴时期到十八世纪末工艺学的历史》1807—1811 年哥丁根版第 1—3 卷（J. H. M. Poppe.《Geschichte der Technologie seit der Wiederherstellung der Wissenschaften bis an das Ende des achtzehnten Jahrhunderts》. Bd. 1—3, Göttingen, 1807—1811）；安·尤尔《技术词典》，克腊马尔什和黑伦整理，1843—1844 年布拉格版，共三卷。第 1 卷（A. Ure.《Technisches Wörterbuch》. Bearbeitet von Kramarsch und Heeren. 3 vol. , Prag, 1843—1844. Erster Band）；约·贝克曼《论发明史》1782—1805 年哥丁根版第 1—5 卷（J. Beckmann.《Beiträge zur Geschichte der Erfindungen》. Bd. Ⅰ—Ⅴ, Göttingen, 1782—1805）。"② 上面列举的是马克思书信及其有关注释，从中可见，马克思关于工艺学的读书摘要"工艺学笔记（摘录）"，对于理解马克思科学技术思想的形成和发展具有重要的史料价值。随着对马克思遗著的进一步整理出版，完整、准确地理解马克思科学技术观的资料基础将更雄厚。

还应指出，科学技术存在于社会生活的各个层面，是一种重要的社会文化现象。在探讨和论述许多理论问题的过程中，马克思经常涉及科学技术问题。这些思想散见于马克思的许多论著中，例如，在《1844 年经济学哲学手稿》中论述"人的本质""异化""分工"问题时，在《哲学的贫困》中论述"分工与机器"问题时，在《德意志意识形态》中论述"工

---

① 马克思恩格斯文集：第 10 卷. 北京：人民出版社，2009：199.
② 马克思恩格斯全集：第 30 卷. 北京：人民出版社，1974：735.

具""劳动""目的"问题时，在《工资》中论述"竞争""工人阶级贫困"问题时，都触及了技术问题，且都有相应的专门论述。一般地说，上述文献是各个学派、各种研究范式普遍认同的。应当冲破以往狭义科学技术观念的束缚，拓宽理论视野，在广义科技视野中审视马克思的科学技术思想文献，力求全面准确地审度马克思的科学技术观。

### 3. 研究马克思科技审度需要注意之点

严格地说，马克思关于科学技术的论述，多是就具体科技活动层面言说的，其中既有对科技史实的记录、转述，也有对以往科技思想著作的摘录，还有对科技问题的多侧面思索。采用"科学技术思想"范畴来梳理马克思当年对科技活动或现象的多层面探讨的成果，是比较恰当、贴切的，有利于全面理解和准确把握马克思视野中的科学技术观及其形成过程。

例如，系统浏览过马克思原著后便知，"技术"一词在《马克思恩格斯全集》（中文第一版）中出现的次数并不多，直接与"技术"相关的条目不过 40 条、160 余处。[①] 表面上看，与"资本""劳动""分工""价值""工人阶级"等词条相比较，"技术"不属于马克思学说中的主题词。其实，这一判断是肤浅的和不符合实际的。单从自然语言的日常使用角度看，一词多义、多词一义的语言现象广泛存在，同一事物往往可以用多个词语、多种方式来表述。不能认定只有某一个特定词语才能表示某一事物，而其他"同义"词语则不具有这一"所指"。约翰·杜威是现代技术哲学中杜威学派的创始人，他在反思自己的学术思想表述时曾指出："假如我一开始就系统地使用'技术'，而不是'工具主义'来指我所认为的科学作为一种知识的特性，也许我能避免大量误解。"[②] 当年马克思科技思想的表达又何尝不是如此！因此，既要看马克思说了什么，更要看他想

---

① 马克思恩格斯全集名目索引（第一至三十九卷）. 北京：人民出版社，1986：629.

② John Dewey. Problems of Men. New York：Philosophical Library，1946：291.

表达什么。

其实，技术是构成人类文明的重要元素，体现在社会生活的诸多层面。不容置疑，在马克思生活的 19 世纪，不仅技术现象广泛存在，而且技术发展突飞猛进，技术对社会生活各个层面的影响日趋深刻。马克思早就注意到了这些技术现象，并进行了多层面的具体探究。所不同的只是，马克思使用了众多"技术"的下位概念来述说技术现象，即往往在特殊技术系统中言说技术的构成单元、运行机理与多重后果等，而很少运用抽象统一的"技术"范畴及其理论体系进行概括和述说。马克思 1853 年 6 月在《不列颠在印度的统治》一文中指出："不列颠入侵者打碎了印度的手织机，毁掉了它的手纺车。英国起先是把印度的棉织品挤出了欧洲市场，然后是向印度斯坦输入棉纱，最后就使英国棉织品泛滥于这个棉织品的故乡……然而，曾以纺织品闻名于世的印度城市的这种衰败决不是不列颠统治的最坏的结果。不列颠的蒸汽机和科学在印度斯坦全境彻底摧毁了农业和制造业的结合。"[①]虽然这里只字未提"技术"一词，但"棉织品""手纺机""手纺车""蒸汽""科学""农业和制造业的结合"等词语，都是对技术产品、技术设备或技术流程的直接表述，并深刻揭示了当时英国先进的机械纺织技术对印度传统手工纺织技术的排挤后果。

事实上，在马克思的著作中，诸如此类的表述方式不胜枚举、俯拾即是。"在其微妙与灵活方面马克思主义是一种远胜于其他系统的在不同语言间翻译斡旋的模式。那些伟大的带有普遍性的体系莫不如此。……马克思主义的确是唯一一种包罗万象的迻译转换的技巧或机制。如果说马克思主义是一种与众不同、得天独厚的思维模式，原因不过在此，而非因为你自己一口咬定发现了真理。马克思主义的'特权'

---

[①]　马克思恩格斯文集：第 2 卷．北京：人民出版社，2009：680-681．

在于它总是介入并斡旋于不同的理论符码之间，其深入全面，远非这些符码本身所能及。"① 那些整天忙于具体事务的技术人员，其语境中只有车床、电机、游标卡尺、图纸、软件、合同等专业词汇，很少见到"技术"一词，而我们却不能因此就否认他们工作的技术性质。

马克思科学技术观的发展历程，内在地包含着"个体手工业技术、工场手工业技术与机器大工业技术"这样一条清晰的生产技术演进的分析线索。在引述威·舒耳茨《生产运动》一书的观点时，马克思曾明确表达了这一思想。"**工场手工业时期**……是**手工业**活动（同时也是为**同一生产目**的而进行的共同活动）发生最大**分解**的时期。分工的继续进行，最终导致使用更完善的**机器**，从而导致第四阶段〔最初是手工劳动，其次是手工业劳动，然后是工场手工业，再后是工厂生产〕，导致真正的机器**生产**。"② 马克思还认为，各个技术形态之间存在着递进衍生关系，其间并不存在绝对分明的界限，许多技术成分往往犬牙交错地结合在一起。"在手工业内部，孕育着工场手工业的萌芽，而在有的地方，在个别范围内，在个别过程中，已经采用机器了。后面这一点在真正工场手工业时期更是如此，工场手工业在个别过程中采用了水力和风力（或者还采用了只是作为水力和风力的代替者的人力和畜力）。……在这里，起作用的**普遍规律**在于：后一个〔生产〕形式的物质可能性——不论是工艺技术条件，还是与其相适应的企业经济结构——都是在前一个形式的范围内创造出来的。"③

马克思对科学技术问题的探究，一开始就是在研究资本以及资本主义条件下工人阶级命运等重大问题的理论大背景下展开的。尽管科学技术不是马克思研究的终极问题，但是在马克思的众多文本中却可以清晰地辨认

① 詹明信. 晚期资本主义的文化逻辑. 张旭东，编. 陈清桥，等，译. 北京：三联书店，1997：3.
② 马克思恩格斯全集：第47卷. 北京：人民出版社，1979：601.
③ 马克思恩格斯文集：第8卷. 北京：人民出版社，2009：340.

出科学技术思想。在马克思的文本中，既有对具体技术系统要素、结构与属性的内部剖析，也有对技术运行效果的外部追踪考察。这种全面分析是把技术作为社会体系的一个要素，在社会学、经济学和历史唯物主义等视域中展开的，力图揭示技术与其他社会因素的内在联系。因此，这种探究以技术的内部分析为基础，以揭示技术的社会属性与功能为宗旨，服务于马克思主义理论体系的创建。这是马克思审视科学技术的一个重要特点。

总体来看，马克思对科学技术问题的剖析直接服务于对资本主义社会结构和发展规律的探究，服务于对无产阶级革命道路的探求。因此，虽然马克思的科学技术思想不属于他思想体系的主流，却是他思想体系中不可缺少的一部分。我们不能从当代哲学思想高度苛求马克思，责怪他零散、粗糙、原始、片面和经验性的表述，而应当见微知著，善于透过马克思对众多具体科学技术现象的个别论述，还原和提炼其背后所蕴涵的科学技术思想；善于揭示这些分立技术观点之间的内在联系，并把这些分散的科学技术观念条理化，纳入一个统一的逻辑体系之中。

与自然科学文本含义的确定性不同，人文社会科学文本的意义生成于读者阅读文本的过程之中，不同的读者甚至同一位读者在不同的心境、时空场合下解读同一个文本，得到的收获或启迪都是有差异的。"从国外到国内，各类论者对什么是马克思哲学的真谛的解读，呈现出众多不同甚至截然相反的理解语境。令人困窘的是，不同论者所依据的却都是马克思的第一手文本。"① 这也是为什么许多经典文本常读常新、千古流传的主要原因。我们既要反对抛开马克思的原始文本体系，断章取义地解读马克思的只言片语，也要反对脱离马克思所处时代的具体历史场景，单纯从当代社会文化背景出发解读马克思文本，自由发挥和引申文本原义，把当下对

---

① 张一兵. 回到马克思——经济学语境中的哲学话语. 南京：江苏人民出版社，1999：13.

科学技术的理解简单移植或搬运到马克思身上。

回到马克思生活的年代，走进马克思的科学技术世界，重读他的原始文本，还原马克思的科学技术思想，应当成为当下马克思思想发展史研究的重要课题。

马克思主义对现代西方思想发展的影响深远，与现代西方许多学术流派都存在着渊源性联系，西方学者往往以引述或批判马克思的经典论述展开其理论体系。"在战后法国，百分之八十以上的知识分子自认为马克思主义者，至少是认为马克思主义的问题——基础和上层建筑的问题，意识形态的本质的问题，表象的问题，等等——是他们各自议题中的基本因素。"① 事实上，100 多年来，西方学者对马克思思想的研究从来就没有停止过，观点纷呈，涌现出了一大批重要的研究成果。然而，由于意识形态上的分歧等原因，我们以往对这些研究大多持否定或排斥的态度。现在看来，这种做法有悖于学术发展规律，不利于对马克思思想的学术研究。

尽管马克思思想是属于全人类的，但是从本源上说，它上承西方文化，并非源自东方文化传统。因此，要深刻研究马克思的科技审度，就必须熟悉西方文化传统及其演变，了解西方学术视野中的多重马克思形象。

## 二、应当怎样看待既有科技哲学？

### （一）西方科学技术论留下的传统

科学技术论的兴起首先要归功于 19 世纪 30 年代法国兴起的实证主义运动。牛顿力学创立之后，自然科学大发展，经过工业革命和电力革命，

---

① 詹明信. 晚期资本主义的文化逻辑. 张旭东，编. 陈清桥，等，译. 北京：三联书店，1997：3.

科学技术渗透到人类社会的各个领域、各个层面，其改造世界的威力充分显现。实证主义特别主张改造哲学，认为之前的哲学都是"形而上学的"，而不是"科学的"；哲学应该进化为一种真正的科学的哲学。

孔德的实证主义之后，一般被划为科学技术论讨论范围的有马赫主义、逻辑原子主义、逻辑经验主义、操作主义、过程哲学、逻辑实用主义、证伪主义、历史主义、科学实在论与反科学实在论等哲学流派。其中最重要的是兴起于 20 世纪 30 年代的逻辑经验主义，它对科学技术论的传播、成型做出了重大的贡献。逻辑经验主义继承了休谟、马赫的经验主义传统，接受了弗雷格、罗素和维特根斯坦的逻辑分析思想，强调以科学为模式、以逻辑为手段、以物理学为统一语言，彻底改造哲学，使哲学完全成为一种科学的哲学或"标准科学哲学"（逻辑经验主义的术语）。逻辑经验主义讨论现代物理学、数学和逻辑学的新发展以及有关的认识论问题，从问题域上表现为对科学的哲学研究；同时又努力模仿自然科学尤其是物理学来进行这种研究，使之从应答方式上具有科学性。这就是说，以石里克、卡尔纳普、赖欣巴哈和亨普尔等人为主要代表的"标准科学论"，其两大最显著特征即是：以科学为问题（科学的问题域），并力求科学地回答问题（科学的应答域）。

正统科学论以科学为问题，并不是要研究属于具体科学的问题。逻辑经验主义认为："哲学的任务不是提出命题或建立命题体系——理论学说，那是科学的任务。哲学的任务就是从逻辑的观点分析和阐明科学中的概念、假设和命题的意义，从而使我们因之而引起的思想混乱得到澄清。"[①] 当然，按照逻辑经验主义的逻辑，"标准科学论"不再是传统的、无意义的形而上学，而是可以看作科学的一部分。从某种意义上讲，正统科学论

---

① 洪谦.论逻辑经验主义.北京：商务印书馆，1999：98.

可以看作"元科学"，其核心是澄清命题的意义，致力于解决科学之逻辑结构与经验基础、辩护与发现两大关系问题；其实质是要划定科学讨论的范围即有意义的命题，处理两类不同的命题即理论命题与经验命题之间的关系，处理科学知识生产的前后即辩护与发现两个阶段之间的关系。

在近代思想史上，正统科学论的产生、发展与整个哲学的认识论转向、语言学转向关系密切。一般认为，古希腊哲学的主线是本体论，即围绕"世界的本原是什么"展开的研究。笛卡尔之后，哲学的核心问题在近代转变成"人是如何获得知识的"，此为认识论转向。随着自然科学兴起，自然科学是人类创造的最完美知识形式的观念逐渐被人们接受，科学认识论即正统科学论逐渐成为 20 世纪认识论最重要的形态。之后的所谓语言学转向，核心问题则是"语言如何作为认识的可靠工具"，于是，语言分析方法、逻辑分析方法逐渐渗透进科学认识论的研究当中。

### （二）背离传统的另类科学技术论

科学哲学仍然是科学技术哲学的基础理论。但科学哲学发展到今天，其哲学背景已有极大变化，也就是说，当代科学的哲学基础已不可同日而语了。一方面，逻辑主义向历史主义发展，正统科学哲学内部发生了重大的理论演变；另一方面，现象学方法、后现代性的"解构"方法在 20 世纪中叶以后向科学哲学渗入。这样，存在论以及语用学、语境论共同开辟了科学哲学研究的一个新的视域，科学世界和人的生活世界成为科学哲学研究不可忽略的论域，各种方法和理论都在显示其某种合理性。当代科学哲学是在原有基础上，并在广阔的视域下对科学做出多侧面的理解、评判或辩护的。

费耶阿本德和罗蒂是导致科学哲学出现重大改变的两个著名人物，他们对分析哲学传统和科学的本质进行了严厉的批评甚至彻底的颠覆。

有人说，费耶阿本德是从狂热的实证主义者而变成"科学最坏的敌人"。他被称为异端，否定一切逻辑主义，比历史主义走得更远；他先是作为一个分析哲学传统下的实证主义者，不久便完全颠覆实证主义；"他是理性主义者，他的观点对理性主义造成了很大的破坏；他是一个实在论者，但他的学说给实在论带来了很大的威胁；同时他又是一个相对主义者，但他并不倡导一切形式的相对主义"①；他既反对多元方法，又主张多元方法；他既不是理性的，又不是非理性的；有人认为其风格既像古希腊的智者，又具有后现代主义因素。对费耶阿本德，人们褒贬不一。而正因为他如此的不同与丰富，他对科学哲学的贡献才是独特和突破性的。在费氏那里，科学的各个方面的特征似乎显现得一览无余。无可否认，正是他的无是与无不是，使科学哲学走出逻辑主义和不那么彻底的历史主义，而迈向相对主义、非理性主义，甚至反科学主义，但也由此启迪人们打开思考科学的各种思路，并由此而给人们展开一个宽阔的视野。

罗蒂，同样是在分析哲学的传统下成长起来，也转而对分析哲学反戈一击。但与费耶阿本德不同，罗蒂主要试图解构西方哲学传统，主张一种"后哲学文化"，因而他对科学的研究是融合在他对"后哲学文化"的建构和对科学主义的批判之中的。他认为，在奎因、后期维特根斯坦和戴维森那里，分析哲学超越和取消了自身，哲学的科学化和寻求确定性以失败告终。在此基础上，他倡导其超越科学主义的"对话的哲学"，反对基础主义，反对科学哲学对确定性的寻求而转向实用主义，试图消解科学与人文的对立并使之融合。当然，最后他也被指责为相对主义，尽管他自己将之称为"种族中心主义"，并以期来表达他对本质主义的反对和对追求普遍性和必然性的科学的"强理性"的反对。

---

① 兰征. 译者的话 // [美] 费耶阿本德. 自由社会中的科学. 上海：上海译文出版社，1990：5.

费耶阿本德和罗蒂从不同的研究领域出发关注不同的焦点问题，罗蒂试图突破传统哲学，费氏试图突破传统的科学概念，而对于科学来说，他们殊途同归，他们提出的是与传统和"正统"全然不同的多种看科学的视角和方式，即所谓反本质、反基础、相对主义、非理性主义的方式。而明确划归为后现代主义的福柯、德里达、利奥塔等人，则以更为彻底的方式对科学和文化进行了"解构"。

"解构"并非从福柯而是始于胡塞尔，但从德里达那里真正开始的。不过实际上，福柯关于知识和科学的批判过程和效果就是"解构"所要做的。福柯最先关注的就是科学和知识。法国科学史的传统是他思想的基点，并也影响了他一生的哲学历程。他的著作主要以知识史、思想史、科学史的形式出现，他的思想则主要通过对科学史的研究来表现。因此，在福柯那里，科学问题是福柯哲学的基本主题之一。学科的产生、科学知识的集体生产等科学哲学问题都在福柯那里得到阐述。如他认为，按学科分类导致科学知识的学科化，使得科学成为文化中具有独特个性的一部分而独立出来，并使得科学和哲学真正分离，从此，哲学不再在科学中起任何实际作用，科学则拒绝哲学而走向科学主义；科学知识的生产是一种集体实践的结果。但福柯的认识论立场却是反主体的立场，这使他的知识论与传统的科学认识论完全不同。他的考古学试图要说明，科学仅仅是通过话语规则组成的话语群、话语是如何在历史中形成了不同科学的。这样，考古学就取消了科学与非科学的区分，取消了主体，从而对传统的认识论加以改造，科学的进步性和真理符合论则被否定掉了；相反，科学发展的不连续性、不同时代科学之间的不可通约性得以强调，以至于又与库恩的范式和格式塔理论有了某些相似之处。总之，在知识考古学方面，福柯对精神病学、疯癫、医院、临床医学乃至整个人文学科进行全新的话语分析，对知识史、思想史、科学史进行全新的理解，对传统思想史连续性和主体性观念、认识理性、科学的客观性和渐进性等观念进行批判，揭示科学、知识和思想背后的深层"无意识"或某种结构，并对知识考古学的认识论和方法论进行总结和阐述。[①]

此外，福柯关注科学的政治地位和科学的意识形态功能问题，他将其归结为知识和权力。他认为，现代科学、现代知识将社会变成控制的机器，使现代人自愿接受科学和知识的指导，"把权力交给真理话语"，这样，他们被知识和权力彻底奴役，生活和死亡的方式就是"生产真理"、科学和知识的方式。如此，现代知识和权力就建构了作为主体的、变成不具差异性的现代人。实际上，福柯是想要通过对现代知识和权力的分析来批判现代西方文化尤其是科学文化造成的标准化与其"普遍意志"，试图寻求个体解放的出路。

明确声称"解构"的是德里达。德里达和胡塞尔、海德格尔在出发点上具有很大的相似性，因为他们都非常注重"解构"的方法，虽然他们对"解构"的理解深度并不相同。胡塞尔对现代性意义的科学世界做了一种"思想的解构"工作，即对构成科学世界的观念体系进行了解构，但这种"解构"主要地表现为一种"还原"和"悬置"，仍然带有近代主体主义哲学的特征。海德格尔则追问存在，他要解构的是存在论的传统。德里达解构主义的主要任务则是要对西方传统哲学中占主要统治地位的"逻各斯中心论"进行解构。他认为世界并不存在绝对真理、普遍的规律、超验的意义和绝对的精神，他把以一定的原则和基础建立起来的、体系结构宏大的思想体系称为"在场的形而上学"而对其进行解构。其实他所做的就是反对将真理绝对化、超越化，要解构的就是以"逻各斯中心主义"和"语言中心主义"为体现的西方理性主义，也就是说，他要解构的是西方理性主

---

① 刘永谋. 福柯的主体解构之旅. 中国人民大学博士论文，2005：15.

义的思想传统和理性主义的中心地位。

德里达对科学进行专门"解构"的论述并不多。但他的思想方法和其他后现代主义观点一起，也辐射到了科学领域。他的"解构"导致了科学哲学领域的极端相对主义，使得这一时代的知识界充满了对科学持怀疑态度的相对主义思潮，以至于科学被看作政治权力的规则，科学变成一种权力、一种游戏、一种服务于赞助者的手段；科学研究的逻辑标准、客观真理受到广泛而强烈的质疑，以至于在"索卡尔事件"和"科学大战"中，爱因斯坦常量被德里达认为不是一个常量，不是一个中心，而只是一个变量的概念。换言之，它不代表对某一事物——一个观察者能够把握这一研究领域的中心的认识，它只是一个游戏的概念。

这样，在西方后现代主义那里，科学哲学就体现为反本质、反基础、去主体、非科学中心，抑或反科学主义的总的特征。当然，这种完全破解科学的观点同样也受到众多学者尤其是科学家的指责和严厉批判。

### （三）中国科技哲学的坚守

如上所述，在思想史上，科学技术哲学与哲学的认识论转变、语言学转变关系极其密切，并且以 19 世纪的实证主义和 20 世纪的逻辑经验主义两次哲学运动的形式，对整个哲学和人类思想的发展产生了极大的影响。在当代，它又以历史主义、社会学化、后哲学文化的面目，从致力于确定性的寻求、为科学技术建构经验和逻辑的可靠基础，转变为热衷于对一切绝对化倾向和基础主义的解构；从偏爱行动、追求可操作性目标，转向对某种文化体制的诘难和社会批判。

而在中国，它在几个关键时期，都是思想解放的先驱、开放的窗口、现代化的切入点。

科学哲学在 20 世纪初与科学相伴着被引入中国，它在中国的影响，远远超出了其本身的意义。在中国，科学哲学不仅作为哲学的一个分支被介绍和引进，更为重要的是，作为一种思想观念和科学方法论与认识论的研究，它为科学在中国的立足和发展提供了认识上的支撑，对科学在中国的发展以及中国社会本身的发展具有极为重要的思想价值、文化价值和社会价值。蕴涵于实用主义之中的，尤其是罗素数学和哲学的现代逻辑分析方法，对 20 世纪初的中国而言是一个崭新的、前所未有的思想方法，是当时西方科学和哲学为中国思想之库带来的新鲜血液。正如冯友兰所说，西方哲学对中国哲学的永久的贡献是逻辑分析方法，它给中国人一个全新的思想方法，使整个中国的思想为之一变。这种思想方法直接地为中国现代哲学提供了一种主要的、清晰而明确的建构方法，并为中国学人思考当代的民主、科学和社会发展问题提供了焕然一新的方法。

20 世纪 70 年代末，科学技术和教育处于拨乱反正和改革开放的前沿，此时，以自然辩证法著称的科学技术哲学又显示了独特的力量。从观念上纠正中国社会对科学技术曾经错误的看法的，首先就是马克思关于科学是"直接的生产力"的命题得到确认和延伸；之后，在极为重要的真理标准问题大讨论中，来自科学的事实和方法在其中扮演了重要的证据性的角色。蕴涵着理性和实证精神的科学技术哲学，它最贴近当时中国社会对于科学的欢迎态度、谋求以科学来发展社会经济和教育的要求和精神，最为适应改革开放的时代需要，因而，科学技术哲学，它既成为当时哲学思想在中国的切入点，更成为了中国通向世界的思想的窗口。

在改革开放和科学技术革命两股世界性潮流的冲击下，科学技术哲学的研究框架又有了新的变化，研究内容有了新的拓展。在打破过去自然辩证法研究相对封闭局面的基础上，形成了自然哲学、科学哲学、技术哲学、科学技术与社会（STS）研究和科技思想史五个主要分支学科。科学技术哲学通过对这几个分支学科的研究，哲学地反思科学和技术，反映科技与科技思想发展的概貌，阐明科学与自然、科学与哲学、科学与技术以及科学技术与社会之间的关联，理清科学认识的一般过程以及在该过程中运用的方法和方法论原则，深入探析科学理论的建构、检验、解释、评价等的哲学蕴涵，以及技术的一般特征和技术发展的动力与模式。

**1. 自然哲学**

自然哲学主要研究自然观、人与自然关系、可持续发展观和可持续发展战略等问题，是科学技术哲学的基础学科。

在自然观方面，学界更多地关注了天然自然与人工自然。关于天然自然与人工自然的问题，讨论的焦点主要集中在天然自然与人工自然概念的界定、二者的特征、人工自然与天然自然协调发展三个方面。界定和区别人工自然、天然自然的主要目的是认识二者的发展规律，从而协调二者的关系。从根本上说，20 世纪以来，人与自然关系的危机，实质上就是人工自然的危机，因此，人与自然的协调发展，关键在于天然自然与人工自然的协调发展，既要对人工自然进行文化控制，要保持人类改造天然自然与保护天然自然的某种平衡，又要认识到人与自然的权利平等。

随着科技的发展，人类生存环境面临着各种问题，通过研究人与自然的关系，学界提出了人类中心主义、非人类中心主义的问题。人类中心主义主张人是人与自然关系的中心，非人类存在物只有对人的工具价值，环境保护的根本目的是保护人类。而非人类中心主义认为人并不是唯一的价值源泉，人不是人与自然关系的中心，环境保护不仅仅是为保护人类。对于这个问题的讨论，学界主要集中在二者的基本内涵、表现形式和是否走出人类中心主义的问题上。

可持续发展的相关研究是自然哲学中的重要部分，关于这个问题，讨论的层面较多。从基本理论入手，讨论可持续发展的理论基础、基本内涵；从价值层面入手，讨论可持续发展的环境伦理原则、伦理基础和价值标准；从方法层面切入，讨论可持续发展的基本方法论、系统动力学、战略与管理、科技支撑；从评价层面切入，讨论可持续发展的评价方法和指标体系等。对于我国来说，可持续发展问题尤其重要，因为 21 世纪，人口三大高峰（人口总量、就业人口总量、老龄人口总量）相继来临的压力、自然资源的超常规使用、生态环境的日益恶化、工业化和城市化的快速推进、区域的不平衡加剧等，都将成为未来发展的瓶颈制约，为此，必须坚持环境保护和经济发展相协调的原则，实施可持续发展战略。

**2. 科学哲学**

科学哲学是对科学的本身及其发展规律等基本问题系统的哲学研究，主要研究科学中的本体论、认识论和方法论等问题。

上世纪 90 年代以来，我国出现了科学实在论和反实在论的传播与研究高峰，相关文献多达上百种。与之相关的对科学实在论的专门研究也有很快的发展，例如，郭贵春的《当代科学实在论》《后现代科学实在论》和《后现代科学哲学》，对实在论的起源、发展历程、发展趋势做了详细的介绍和评论。再如，邱仁宗主编的《20 世纪西方哲学名著导读》、李醒民的《现代科学实在论研究概述》、张之沧的《从反实在论到准实在论》、郑祥福的《范·弗拉森与后现代科学哲学》，对反实在论做了详细的介绍和评论。国内学者在介绍和评论科学实在论和反实在论的基础上，形成了中国学者自己的"科学实在论"观点，不同观点达八种之多。[①]

除此以外，学界在科学知识的社会建构、科学与哲学的关系、分析哲学、语言哲学、后现代科学哲学、社会科学哲学等方面的研究都有一定进展。在方法论和认识论上也有新发展，如贝耶斯主义、实验主义、具身认识论、女性主义认识论等。

---

① 张锡海 . 国内"实在论"研究近况 . 哲学动态，1996（8）.

面对科学技术的快速发展，科学哲学发展趋势问题成为近年学界讨论的热点。有学者认为，21世纪科学哲学将回归批判学派的旨趣和进路，在与现代科学哲学和后现代科学哲学保持必要的张力中为自己开辟前进的道路，并可能获得方法上和范式上的创新。[①]

### 3. 技术哲学

技术哲学从总体上研究技术和技术发展过程中的普遍规律，探讨技术的本质、结构，技术进步和技术创新的内在机制，以及技术方法论问题；其研究涉及技术与自然、技术与科学、技术与经济、技术与社会、技术与文化、技术与心理以及技术评估等问题。近年来，技术本体论、技术创新和技术价值论等问题成为中国国内学者讨论的热点。

在本体论研究方面，"技术是什么"的问题一直是学界争论的焦点。早期的相关观点可以概括为"物质手段说""物质手段与方式、方法总和说""实践性（操作性）知识体系说""活动（过程）论"与"活动方式论"等。近年来的新进展包括，对技术概念进行广义界定的理论，认为人类目的性活动是孕育技术的新温床。围绕人类如何实现目的，技术可以广义地理解为：围绕"如何有效地实现目的"的现实课题，主体后天不断创造和应用的目的性活动的序列或方式。[②] 有学者认为，技术是一个复杂的系统，本身具有复杂性，其本质不是各技术要素的简单相加，而是技术要素相互涌现的结果，是超越的结果，技术不能还原为技术要素，而在于将知识性要素、实体性要素和经验性要素运用到实践活动中，促使自然物或技术人工物的变化。[③]

技术创新早期研究视角更多的是在经济学、管理学和社会学上，近年

---

① 曾欢.中国科学技术哲学之路：在历史与未来之间反思——"21世纪科学与技术哲学研讨会"综述.自然辩证法通讯，2006（4）.

② 王伯鲁.技术究竟是什么——广义技术世界的理论阐释.北京：科学出版社，2006：28-32.

③ 吴国林.论技术本身的要素、复杂性与本质.技术与哲学研究，2005（2）.

研究视角有重要转变，学界更多地把技术创新纳入哲学角度来研究。有学者根据实践唯物主义的基本原理，从哲学角度把技术创新界定为"作为创新主体的企业在创新环境条件下通过一定的中介而使创新客体转换形态、实现市场价值的一种实践活动"，技术创新有五个基本特征，即创新性、实践性、社会性、历史性、不确定性。[①] 有学者以范式思维方式为研究方法，从技术创新的特点、机制、方法、途径等研究入手，提出技术创新的三对范畴，即必然性和偶然性、可能性和现实性、形式和内容。[②]

"技术价值"问题在技术哲学领域主要体现为"技术价值中立论"和"技术价值负荷论"之争。近年来，技术价值负荷论逐渐取代技术价值中立论，成为主流的学术观念，成为研究的重点。技术的发展及其所负荷的价值引发了一系列伦理问题，促进了对技术伦理的探讨，以至于一门新的分支学科——技术伦理学——正在孕育。而在反思技术的负面效应等问题时，学者们相继提出了绿色技术、技术价值合理性、技术价值的"双螺旋结构"、技术发展的社会控制、全球价值、人文关怀、技术之善等新概念，这些研究工作不仅使技术价值论研究更加深入，也促进了伦理学、价值哲学等相关学科的发展。

### 4. 科学技术与社会（STS）研究

科学技术与社会（Science Technology & Society）是一门研究科学、技术与社会相互关系的规律及其应用，并涉及多学科、多领域的综合性新兴学科。20 世纪 80 年代以来，中国出现了全国性的 STS 研究热潮。近年来，该领域比较突出的问题有科学与技术的划界问题、工程技术的哲学问题研究等。

对于科学与技术的区分问题，主要有两种截然相反的观点：一种观点

---

① 陈其荣. 技术创新的哲学视野. 复旦大学学报（社会科学版），2000（1）.
② 肖信华. 技术创新的哲学理性研究. 科技进步与对策，2000（7）.

认为科学与技术没有必要做出区分；另一种观点认为科学与技术应该进行划界。前者认为，单就从科学技术活动内部的结构来看，很难完全将科学与技术分开。把整个科学技术划分为基础科学、应用科学和工程技术三个层次，恰恰说明试图在科学和技术之间划出明确界限是困难的。况且，在科学技术化和技术科学化的时代，剔除了科学中技术的成分，科学就难以发挥它的正常功能。[①]"科技"一词所表达的应该是现代科学与技术之间相互联系的亲密关系。那种仅仅从社会功能方面来理解"科技"，以为"科技"主要是指技术，科学仅仅只是"科技"中的次要部分的观点，至少是没有真正把握技术和科学的本质。后者认为，科学与技术划界是必要的。首先，科学的目的与技术的目的并不相同。科学的目的与价值在于弄清自然界或现实世界的事实与规律，求得人类知识的增长；技术则要通过设计与制造各种人工事物，以达到增长社会财富、提高人类社会福利的目的。其次，科学的研究对象与技术的研究对象并不相同。科学的对象是自然界，是客观的独立于人类之外的自然系统。而技术的对象是人工自然系统，即被人类加工过的、为人类的目的而制造出来的人工系统。再次，科学与技术在处理的问题和回答这些问题使用的语词方面有很大的区别。最后，科学与技术在社会规范上不同。科学共同体的基本规范，主要有普遍主义（世界主义）、知识公有、无私利与有条理的怀疑主义等四项基本原则。可是，这四项基本原则对于技术共同体并不完全适用。[②]

从现实发展来看，科学与技术的划界主要涉及两个问题，一是如果不做区分，而把技术作为科学的应用，就会造成科学哲学与技术哲学的关系混乱。二是如果无视科学自身发展的相对独立性，像要求技术那样去要求

① 雷毅.科学也要关注伦理问题.科技日报，2000-12-15.
② 张华夏，张志林.从科学与技术的划界看技术哲学的研究纲领.自然辩证法研究，2001（2）.

科学一味满足社会的需要，就会危及科学的发展，从而造成诸多社会问题。因此，在学理上、实践上都有必要对二者做出区分。

工程技术的哲学问题研究也是技术哲学的一个发展，随着工程哲学在我国建制化进程的深入，相关的哲学问题研究也受到学界重视。近期在工程哲学领域探讨的焦点主要是工程活动的伦理问题、工程人才问题。

### 5. 科技思想史

科学史和技术史属于专门的学科领域，一般超出科学技术哲学的范畴，但是，科技思想史是科学技术哲学研究的重要方面，不可或缺。这方面学界的课题包括：科学史与科学哲学的关系；历史的辉格解释问题；科学史案例（科学家或科学发现）研究；科学认识思想史研究；中国古代科学思想；中国科学思想比较研究；著名科学家生平思想研究；"李约瑟问题"研究；中国近现代科技体制的演变；中国近现代教育体制和教育思想的演变。

中国科技思想史研究取得了一系列成果。早期成果有李约瑟的《中国科学技术史》第二卷《科学思想卷》（何兆武等译，1990 年）、董英哲的《中国科学思想史》（1990 年）、李瑶的《中国古代科技思想史稿》（1995 年）、朱亚宗的《中国科技批判史》（1995 年）、曾近义的《中西科学技术思想比较》（1995 年）。2000 年以来的成果更为丰富，不胜枚举。这些著作的出版为研究科技思想史提供了良好的素材，也为科技哲学的研究展示了更多平台。

关于科学思想史的研究内容，席泽宗曾概括为五个方面：一是以自然科学发展的各个阶段为对象，研究自然观和科学观；二是以人为对象，研究科学家的思想；三是研究科学的基本概念的形成和发展；四是研究科学理论的形成过程和今天面临的问题；五是研究建立科学概念和科学理论使用的方法。[1]

---

[1]　郭金斌，孔国平. 中国传统数学思想史. 北京：科学出版社，2004：ii.

在科学思想史的研究中，常规的研究方法是从科学观念入手，通过研究科学观念的演变过程来研究科学思想史。但是中国古代并不存在现代的科学体系，那么科学思想史的研究对象问题又该如何解决呢？有研究认为，中国科学思想史的研究对象应该是在历史上和现实上有启发和指导意义的所有思想成果，通过研究思想成果而达到研究科学思想史的目的。关于中国思想史的研究方法，如果局限在西方逻辑分析思维的框架去看问题，只关注能与西方科学观念、范畴对应得上的东西，就会造成认识上的"遮蔽"，中国科学思想史应该与中国传统认知模式研究紧密联系，相互促进，使这方面的认识不断深化。[1]

应该看到，科学技术哲学的发展必须从当代迫切的问题出发，必须在多样性的基础上才能营造良好的学术凝聚力。

## 三、科技哲学应当如何因应世变以面对科技未来？

### （一）扩展科技哲学研究的视域

当下科技发展，一方面是进入了智能革命时代，另一方面是人类已经越来越难以控制科技未来的负面效应。总观科学技术的哲学研究，可以看到，在当代这样一个广阔的大背景之下，对科学技术论的关注已经呈现出了一个方法不同、视角多维、模式多样的广阔视域。从研究的内容看，有科学的哲学与关于科学的哲学；从研究方法看，有语言分析方法与现象学研究方法；从研究的价值取向看，有科学主义与人本主义；从研究的时代性来分，有现代主义的与后现代主义的。而且，对科学技术的不同形相进行关注的学者也越来越多，具有科学素养的哲学家或具有哲学素养的科学

---

[1] 王前. 中国科学思想史研究的若干问题. 大连理工大学学报（社会科学版），2003（3）.

家不再专享研究的专利，越来越多的纯粹人文学者和普通的忧虑者参与进来。各种思想、观点竞相呈现，纷繁杂陈，彼此之间又可能交叉错综，人物、派别之间纠缠不止、界限难辨，使得原本正统的"科学技术哲学"转换成一个广义模式下、广泛视域内的研究，演变为典型的关注未来发展的当代科学技术论研究。

在伴随着现代化而来的近现代思潮中，科学技术论一直起着非常重要的作用。马克思把科学技术当作推动社会发展的革命力量，科学技术论是唯物史观的重要基础。特别是在中国近现代思想启蒙中，科学论扮演了非常重要的角色。最初震撼中国思想界、哲学界的，如《天演论》等，其实就是科学论。五四时期，对中国思想开放和哲学发展影响最大的外国哲学家杜威和罗素，曾先后在中国本土对知识界和公众做了若干演讲，这些内容广泛的演讲，核心也是科学论。新文化运动的代表人物高举科学旗帜，疾呼打倒"玄学鬼"，其科学观大多偏向急进的科学主义。上世纪70年代末改革开放后，迎来了科学论研究新的繁荣。科学教育是拨乱反正的前沿，有关科学论的问题特别有生命力和吸引力，成为中国思想界最重要之"理论增长点"。

经过近四十年的成长，正统的或"标准的"科学论已然壮大，而且由于当今科学总是通过技术革命影响社会和人，所以正统的科学技术论在中国也可以说深入人心。但与此同时，科学技术论的另一种倾向也渐渐兴起，它们多持一种批判的态度，即对正统科学技术论之解构，可称之为"另类科学技术论"。不尽的解构引发了诸多困惑，但具有不可忽视的影响，若干观点和思路也不无意义。

另类科学技术论与正统科学技术论相比，主旨不同、基础迥异，视域、论域和方法均有突破，正面和反面的影响俱在。总的说来，观点的争鸣营造出一种更加宽容、平等和多元化的气息。它们向我们提示，当下科学技术论正在发生重大变化和转向，应当努力把握它们的发展趋势，并主动因应可能的变化。

**1. 从逻辑主义转向历史主义、社会学化和文化哲学**

在科学论诸多流派中，通常把波普尔的证伪论之前的诸流派称为逻辑主义，将其后的流派称为历史主义，波普尔哲学则可以视为由逻辑主义向历史主义转化的中间环节。在某种意义上说，逻辑主义主要是对科学做静态逻辑分析，历史主义则是对科学做动态发展研究。由于库恩、费耶阿本德和劳丹等人的努力，历史主义在当代科学论中的基础性作用越来越明显，并且进一步向社会学、文化学方向演化。近年兴起的建构主义又竭力破解主客体分立的二元模式，强调实践优位和社会建构。可以说，当代科学技术论已不再纠缠于科学的意义标准、逻辑结构、发现与辩护的区分这些认识论问题，而是指向科学技术背后的人类社会的世界观、价值观和历史观等一般哲学问题。例如，海德格尔对技术的研究，哈贝马斯对科学技术与意识形态关系问题的研究，福柯的知识—权力理论等，就已经与传统哲学的方法和追求大异其趣了。当下科学技术论试图通过实际科技史，描画真实的科技历程，科技史案例也愈益受到重视。科学技术论的社会学化可以追溯到默顿，在他之后，科学社会学成为科学技术论的重要分支，最近兴起的知识社会学更是把社会学的方法应用于对科学知识生产的分析。再则，文化哲学的研究也是如火如荼，例如，罗蒂提出的"后哲学文化"强调科学、艺术、哲学和政治等彼此平等，对科学技术论的研究不再是特立独行的，而要和对其他文化样式的哲学研究交织在一起。

**2. 本质主义、基础主义的消解和建构主义、多元主义的兴起**

随着唯科学主义的退潮，坚持自然科学有其客观基础的基础主义、坚持自然科学通过外部现象把握事物本质的本质主义受到人们质疑，把自然科学知识视为客观真理、把科学发展看成线性积累和持续进步的观点也在发生动摇，对数学和物理学的极端推崇正在减弱。研究方法从着重建立体系转变为对基础主义和一切绝对化倾向的解构，从坚持主客体二元分立的真理客观性立场转变为主客体统一并在实践中持续互动的建构主义立场。在实证主义和逻辑经验主义时代，科学技术论试图从对自然科学和一般技术的哲学研究中提炼科学技术认识的一般标准、规范和方法，并且极力主张用科学认识的基本模式改造包括哲学在内的所有人类知识。后现代主义科学论则努力探究作为选择之一的自然科学模式之具体的、历史的建构过程，消解自然科学的作为认识模式的必然性、唯一性和特殊性。另类科学技术论的态度，根本上不是说已有的东西有问题，拿个新东西来替换，而是认为理论和方法是一个发展过程，是永远不可能完全确定的，只能在不断否定中暂时认定。随着多元主义对科学技术论的逐步渗透，自然科学越来越被看作多元文化中的一种，对科学技术的认识论研究也越来越成为诸多哲学反思中的一种。对科学的总体立场从唯科学主义到温和的科学主义，到各式各样的调和观点，再到反科学主义，是越来越多元化了。

### 3. "解构"方法渗入，批判之风盛行

20世纪70年代以来，一些学者开始以胡塞尔的晚期作品《欧洲科学的危机和超验现象学》为出发点，将胡塞尔的现象学方法和解释学方法用于解决科学技术论问题。此后，结构主义哲学和后现代主义影响越来越大，解构主义方法渗入科学技术论，极大地改变了主流科学技术观，改变了传统上对科学技术的理解。正统科学技术论将自然科学知识视为人类知识的典范，不仅强调其真理性，而且强调其行动性和操作性；不仅要推广自然科学的认识模式，而且要推广基于自然科学的实践模式；不仅要科学地改造自然，而且要科学地改造社会乃至人自身。但是，随着解构方法的流行，对自然科学的诘难越来越多，科学技术论就不再仅仅是为自然科学辩护的学科，而逐渐变成与科学有一定距离的旁观者。由于人们确认已不

可能完全按照程序化来解决眼前一切问题，那种偏爱行动、追求可操作性目标的模式也不再能君临一切了，在这种情况下，某种对科学文化体制的诘难和社会批判反倒成为时尚是一点也不奇怪的。辩护变得平庸，难以引起共鸣；批判之风盛行，甚至不惜把婴儿和脏水一起泼掉。

**4. 研究旨趣转向科学、人文两种文化的融合**

当下科学技术论的研究旨趣或研究态势有一些突出变化。首先，在另类科学技术论中，科学被理解为决定人类本质的本体性存在，成为与"上下文"相连的整体，语用学被引入科学技术论，对科学知识的理解、解释和应用具有不可或缺的情境依赖性。其次，与正统科学技术论强调自然科学价值中立、只关注自然而不关注人相反，另类科学技术论重新把科学看成人的科学，把科学技术世界看成人类世界的一部分，科学技术及其与生活世界的关联进入了科学技术论研究的中心区域。再次，科学越来越被看作一种实践活动和文化现象。在正统科学技术论中，科学基本被看成知识，问题的关键是如何建构规范的、无矛盾的体系。而在另类科学技术论中，科学首先是实践，是在一定目标指导下改造世界的活动以及在此过程中逐渐积淀下来的精神财富和物质财富即文化。最后，世纪之交，自然科学不再是绝对正确的代表，也走下神坛；科学与人文融合的呼声越来越高，如何消解二者之间的鸿沟成为当代科学技术论一个重要问题。

毋庸讳言，唯科学主义是正统科学技术论之"精神气质"，是维护自然科学传统的社会研究体制的"意识形态"，科学与人文的两分是其基本观念。但是，当下科学技术论却正以更大的包容性，甚至用自我反省的态度来看待自身。追溯文艺复兴和启蒙运动科学与神学、科学与迷信斗争的历史，平心而论，科学的发现本来也就是人文的发现，科学和人文曾经是一致的。所以，随着世界的巨变，随着科学所面临的问题愈来愈复杂，就不可盲目地拘泥于唯科学主义之科学观，而科学与人文两种文化的融合自然会成为时代的主题。

　　其实，科学技术论在当代发生如此重大变化是有深刻的学理和社会文化背景的。从学科内部发展历史来看，逻辑经验主义并没有建构出一劳永逸的经验证实原则，虽然几经修正最终还是陷入了困境。波普尔提出了证伪原则，极富创造性和想象力，然而经验证伪并不是清晰明确的。库恩的范式理论以及"不可通约性"理论，非难了自然科学线性积累和持续进步的乐观主义。费耶阿本德提出"怎么都行"，使得从方法上为自然科学的独特性进行辩护受到致命一击。至此，正统的核心问题都在消解、变形，自然科学至上的正统科学技术论教条基本上不再牢靠。从更广泛的科学、社会发展的历史来看，科学技术论的新动向与其说是哲学演进的结果，毋宁说是科技实践在文化上反思的结果。没有自然科学的兴起，实证主义、逻辑经验主义便很难成为声势浩大的哲学运动，正统科学技术论更难以成为 20 世纪哲学界的显学。正如伽达默尔所说："从 17 世纪以来，我们就发现，今天所说的哲学处在一种变化了的情势中。面对科学，它开始以过去从未有过的方式，为自己的合法性寻找证明；而且直到黑格尔和谢林去世的整整两个世纪中，哲学实际上是在反对科学的自卫中被建构起来的。"① 在哲学与科学的这种关系之下，作为自然科学"意识形态"的正统科学技术论之兴起与辉煌就在所难免。但是，20 世纪以来，自然科学特别是重工技术的负面效应逐渐暴露出来，尤其是两次世界大战和今天的资源短缺、生态危机，惊醒了沉浸在唯科学主义迷梦中的人类，对科学的质疑开始大行其道。在新形势下，哲学与科技的关系出现了微妙的变化，另类科学技术论的新动向及其"反科学"倾向与其说是对正统科学技术论的攻击，不如说是对科技负面效应的反思。

---

　　① ［德］伽达默尔. 科学时代的理性. 薛华，等，译. 北京：国际文化出版公司，1988：5.

### （二）寻找科学技术论新的生长点

如上所述，当下的科学技术论研究中，新的视角、新的主题不断涌现，正统科学技术论逐渐丧失其核心地位，仅仅成为多元化探讨中的一极。那些与正统进路迥异、旨趣不同的新研究，或是问题域，或是应答域，不但突破了正统的局限，而且极大地改变了科学技术论的基本形相。

我们的时代，既是全球化的时代，也是文化多样性的时代。既然科学技术论迈出了多元探索的脚步，那么，围绕科学技术展开的任何哲学反思都是可能的。"穿越"科学技术指向社会，指向更一般的哲学问题，比如自由、价值、存在等，就将出现某种"从科学出发的哲学"。即是说，从审视科学出发，走向超越科学，自然会遇到费耶阿本德钟情的自由问题、罗蒂转向的文化问题、福柯探讨的现代人的历史性生存问题，等等。

具体到中国，伴随工业化和全球化而来的功利化和世俗化，使哲学无可避免地被逐步边缘化。哲学的边缘化导致诸多困惑、另类迭出，也迫使传统研究正视挑战、另辟蹊径。伪科学问题、中医问题、民间科学问题，诸如此类的具体争论层出不穷、歧义纷呈，我们不得不重新审视科学划界这样的哲学问题。科学技术论要与时俱进，一些在正统时代不被认同或尚未成型的科学技术论分支，典型的比如科学知识论与认知科学、科学知识社会学与科学人类学、科技伦理学以及科学文化哲学等，正在或已经成为当下关注的新的生长点。

### 1. 科学知识论与认知科学

科学知识社会学是社会学在科技领域的扩展，是在对传统科学哲学进行批判的基础上形成的，主张用社会建构的观点考察科学知识的动态生产过程，确立新的科学知识论。上世纪 80 年代以来，科学知识社会学已取得了重要的成果和学术地位，比较有影响的学派如强纲领 SSK。科学知识社会学的主要观点是，社会因素是科学知识的一个必不可少的维度，社会因素影响科学知识生产的各个阶段，如选题、观察与实验、提出理论、理论选择与评价，而在整个过程中，科学并不能给自己提供判断标准。但强纲领的科学知识社会学否定自然界的统一性和科学知识的客观性，认为科学知识只是科学家磋商和制造的结果。这种极端化的观点也遭到严厉批评。目前，科学知识社会学的实证研究和社会学研究开始突出科学的客观维度的因素，重视事实、仪器、设备、实验组织体系的意义，试图较全面地解释科学事件中客观的、技术的、社会的、形而上学的与认识论的各种因素之间的关系，使得科学实践所具有的实在论特征在一定程度上得到恢复。科学知识论是在认识论受到普遍质疑的基础上对知识论的回归，它摒弃了认识论中的先验倾向，把知识研究转变成知识实际产生过程的经验研究。

古代哲学问题主要讨论世界是什么，近代哲学问题主要讨论人们是怎样认识的，当下哲学问题则是更为关注知识本身之意义和背景。因此，认知科学成为认识研究的主导，即由原来认识论讨论的怎样认识转到对认知进行科学的心理、生理分析，并对传统的空洞论证持批判之态度。例如，认知科学利用心理学、生理学、逻辑学和哲学等多种方法，研究人脑如何产生观念、知识，而不再论辩这些观念、知识是否是真理。当下认知科学研究倾向于超越纯粹的哲学思辨，变成综合各种方法的、围绕知识问题展开的、典型的跨学科研究。

**2. 科学知识社会学与科学人类学**

20 世纪 80 年代以来，科学知识社会学已经取得重要的成果和学术地位，代表人物有布鲁诺·拉图尔、卡林·诺尔-塞蒂纳、马尔凯、巴恩斯等。其主要观点被称为"建构主义"，认为"科学知识跟其他知识形态并无本质的区别""科学知识是社会建构物，必然受社会文化因素的影响"①。与此相关，随着人类学的方法对现代发达社会的研究的关注，科学以及从事科学活动的人也成为人类学研究的对象，例如，人类学家特拉维克对高能物理学家社区进行了实证的研究。② 科学知识社会学的研究方法也发生了变化，开始运用人类学方法研究科学的社会性质，例如拉图尔对加州萨尔克实验室的研究。③ SSK 重视科学实验室的田野调查、学术环境和社会因素对科学的影响，例如，科学家共同体的范式、科学家的思想、科学技术政策、科学技术的资源分配、行政管理和知识界的科层制等问题，都是哲学层面关注的对象。

科学人类学研究是近年来新兴的一个分支。除了田野调查方法之外，民族志、比较方法、文献方法、历史方法在科学的人类学研究中也正得到越来越多的关注和应用。科学是人类的一种活动，是一种可以历史地描述的事实。用人类学的理论和方法，以哲学的态势研究科学，可以真实而具体地描述科学知识和活动，揭示它们与社会的深刻关系，并从中得到启示。

### 3. 科技伦理学

科技伦理学研究受到学界的关注，有深刻的缘由。首先，与科学技术一体化、科学研究逐渐发展成大规模和大建制的"大科学"有关。科学活动的社会性越来越明显，科技体制的功利色彩越来越浓厚，科学的价值中立性受到人们的质疑，科学逐渐被认为具有很强的价值负载，渗透着伦理判断。因此，科技伦理学研究不仅研究科学家道德、社会责任问题，还开始关注科学研究的伦理问题、科学价值负载问题、科学无禁区与技术有责

---

① ［英］迈克尔·马尔凯. 科学与知识社会学. 林聚任，译. 北京：东方出版社，2001：译者前言2.

② ［美］特拉维克. 物理与人理：对高能物理学家社区的人类学考察. 刘珺珺，等，译. 上海：上海科技教育出版社，2003.

③ ［法］B. 拉图尔，史蒂夫·伍尔加. 实验室生活：科学事实的建构过程. 张柏霖，等，译. 北京：东方出版社，2004.

任问题。其次，当代科技革命方兴未艾，信息技术、生物技术、宇航技术和材料技术等飞速发展并广泛应用，在带给人类巨大成就的同时，也造成了一系列的生存的危机，于是，科学技术与伦理的关系、科学技术与伦理的协调发展等问题浮上台面。核武器伦理问题、信息伦理问题、克隆人伦理问题、器官移植伦理问题等，成为伦理学研究的焦点，科技伦理学不得不重新思考科技实践与伦理重构之间的互动。再次，20 世纪的科技发展逐渐在社会层面显现出其致命的负面效应，能源短缺、环境污染、人口过剩等成为了全球范围的危机，引发了科技伦理学对人与自然关系、环境伦理、可持续发展等问题的反思。

**4. 科学文化哲学**

科学的文化哲学研究也是近年科技哲学因应未来变化的焦点之一。

在现代社会，科学文化越来越成为社会的主导性、支配性文化样式，从而与社会的其他文化传统特别是人文文化之间产生了冲突和矛盾，因此科学与其他文化的关系引起了学界的关注。科学的文化哲学就是，将科学看作一种文化或文化活动，从而对其进行哲学探究。科学的文化哲学研究对象依然是科学，但由于它把科学作为一种文化或文化活动来研究，而不是局限于认识论研究，因此既不同于传统科学论，也不同于一般的文化哲学。科学的文化哲学的代表著作有斯诺的《两种文化》、约瑟夫·阿伽西的《科学与文化》、安德鲁·皮克林的《作为实践和文化的科学》以及李克特的《科学是一种文化过程》等。这些年引起广泛关注的中医存废的争论，科学与意识形态的关系，科学主义与人文主义的关系等问题，以及弗雷恩颇受关注的话剧《哥本哈根》，均属于科学的文化哲学研究的范围。

我们这个时代，被称为全球化的、文化多样性的时代，科技哲学带着时代特征，正走在多元性的、让科学文化与人文文化更加融合的道路上。人们对科学的哲学关注不能也不可能再局限于科学内部，科技哲学应努力体现精神和思想对社会的巨大影响。

第一卷 | 马克思的科技审度

# 第一篇　马克思文本中的科学和技术

马克思生活的 19 世纪，是近代自然科学快速分化与全面发展的时期。"大约就在这个时候，经验自然科学获得了巨大的发展和极其辉煌的成果，从而不仅有可能完全克服 18 世纪机械论的片面性，而且自然科学本身，也由于证实了自然界本身所存在的各个研究领域（力学、物理学、化学、生物学等等）之间的联系，而从经验科学变成了理论科学，并且由于把所得到的成果加以概括，又转化成唯物主义的自然知识体系。"①与自然科学的全面快速发展相比，这一时期的社会科学尚处于襁褓之中，但自然科学的快速发展也为研究社会现象提供了样板、方法和工具。19 世纪中叶以来，人们开始仿效自然科学模式，借鉴自然科学方法，探讨社会问题，研究具体社会活动的经济学、社会学、历史学、政治学、教育学等社会科

---

① 马克思恩格斯选集：第 3 卷．北京：人民出版社，2012：894.

学门类，相继从宗教、哲学及其他人文学科中分离出来，并逐步发展壮大。

正是在这一历史背景下，马克思展开了自己的理论研究与建构工作。对于自然科学的新发现、新学说，技术上的新发明以及在生产上的新应用，马克思都十分重视并跟踪研究。正如恩格斯所说："如果什么地方有了新的科学成就，不论能否实际应用，马克思比谁都感到莫大的喜悦。但是，他把科学首先看成是一个伟大的历史杠杆，看成是按最明显的字面意义而言的革命力量。而且他正是在此意义上，并为此目的，运用他所掌握的渊博的知识，特别是有关历史的一切领域的知识。"① 在马克思的著述中，那些相对集中地讨论科学技术问题的著作、手稿、笔记、眉批、书信和谈话等，给我们留下了丰富的科学技术思想史素材。

---

① 马克思恩格斯全集：第25卷. 北京：人民出版社，2001：592.

# 第一章　科学和技术的定位

19 世纪加速发展的科学技术，对经济与社会生活的影响越来越突出；同时，这些问题也进入了马克思的理论视野。马克思对科学与技术现象进行了多维度的审视与剖析，从而给出了科学技术的定位。

## 一、边界模糊的科学与技术

虽然 19 世纪是科学技术迅速发展的时代，但是"小科学"的时代特征依然明显。一是科学与技术开始由分立走向融合，其间的互动机制逐步形成；二是许多学科开始摆脱自然哲学的影响，由经验科学发展为理论科学；三是科学的社会建制尚处于形成之中，专门从事科学研究的人员数量少，科学劳动方式多以个体劳动为主；四是科学、技术与生产之间的关系处于调整之中，以往松散的"生产→技术→科学"主导作用传递模式开始被打破，而"科学→技术→生产"的主导作用传递模式尚未确立。马克思正是在这一时代背景下探究科学技术问题的，其思想中带有明显的时代烙印。

**1. 快速成长与不断分化的知识：哲学-科学-技术**

作为人类目的性活动的序列、方式或机制，技术一开始就与生产活动密切相关，其起源可以追溯到人类诞生之初的采猎活动，"当时人们靠狩猎、捕鱼、畜牧，或者最多靠耕作为生"①。进入原始社会末期，随着采猎经济让位于农业和畜牧业经济，产业技术开始演变为人类技术活动的主要门类。直接从事生产劳动的广大工匠是新技术的开发者和传承者，但他们多是处于社会下层的体力劳动者。工匠们的主要任务是生产物质产品，他们很少以技术活动为专门研究对象；个别新技术成果也主要是通过长期的经验摸索与反复试验获得的，其间也很少求助于当时的自然哲学知识等。

与技术的发展相比，科学的起源要晚得多。在漫长的原始社会，人类的认识尚处于以感性认识为主导的幼稚阶段，系统的科学认识无从谈起，顶多只有零散的、感性的科学知识，且与宗教体验、哲学感悟混杂在一起。日月星辰的运行、春夏秋冬的交替、生老病死的轮回等自然现象，与人们的日常生活和生产实践密切相关，成为孕育经验科学的土壤。"**感性**（见费尔巴哈）必须是一切科学的基础。科学只有从**感性**意识和**感性**需要这两种形式的感性出发，因而，科学只有从自然界出发，才是**现实的科学**。"② 较为系统的科学研究活动出现得很晚，至今也不过两千多年的历史。在古希腊、中国等地，先后形成了原始的天文学、数学、力学、医学、农学等学科雏形。

与今天精密的实验科学大相径庭，这些原始科学大多依附于宗教或哲学，往往以自然哲学或神学"婢女"的面目出现，其中直觉、直观、思

---

① 马克思恩格斯选集：第 1 卷. 北京：人民出版社，2012：148.
② 马克思恩格斯全集：第 3 卷. 北京：人民出版社，2002：308.

辨、猜测、想象、定性的成分较多，未能建立起相对独立的实验基础与科学方法。研究科学问题的人，大多是好奇心较强的脑力劳动者，他们往往是上流社会的自由职业者。直到欧洲文艺复兴之前，科学一直沿着与技术分立的理性道路独立发展，好奇心与求知欲是其发展的主要驱动力。同时，从事科学研究者大多鄙视生产实践活动，瞧不起工匠技艺，不愿意探究生产实践活动中的技术问题与科学问题，也不屑于把他们的研究成果应用于生产实践。

哲学是一门古老的学问，它的起源可以追溯到东西方文明的历史"轴心期"。欧洲文艺复兴之前，除数学、力学、天文学、医学等个别学科相对发达外，自然科学的大多数门类还处于襁褓之中，停留在搜集和整理材料的经验科学阶段。在这一历史时期，自然哲学"这一似乎凌驾于一切专门科学之上并把它们包罗在内的科学的科学"[1]，是人们认识自然现象的主导方式；直观、思辨、猜测、想象的哲学方法是人们揭示自然奥秘的主要方法。自然科学也主要是在自然哲学的思想体系中发育的，尚未取得合法的独立地位，即要"描绘这样一幅总的图画，在以前是所谓自然哲学的任务。而自然哲学只能这样来描绘：用观念的、幻想的联系来代替尚未知道的现实的联系，用想象来补充缺少的事实，用纯粹的臆想来填补现实的空白"[2]。

严格意义上的科学是在欧洲文艺复兴运动中才出现的。伽利略把实验和数学引入物理学研究之中，培根、笛卡尔随后对这一方法进行了哲学概括和提炼，奠定了近代实验科学的基础。培根是英国唯物主义和整个现代实验科学的真正始祖，"在他看来，自然哲学才是真正的哲学，而以感性经验为基础的物理学则是自然哲学的最重要的部分。……按照他的

---

① 马克思恩格斯选集：第 4 卷. 北京：人民出版社，2012：248.
② 同①252.

学说，感觉是确实可靠的，是一切知识的源泉。科学都是以经验为基础的，科学就在于把理性的研究方法运用于感官所提供的材料。归纳、分析、比较、观察和实验是理性方法的主要形式"①。从此，科学知识既以严格的逻辑推理为依据，又得到了实验事实的支持，这种全新的知识发展模式，使近代实验科学开始摆脱自然哲学的窠臼，步入了全面快速发展的轨道。

实验科学的出现宣告了自然哲学统治时代的结束，标志着自然科学的诞生。自然哲学对自然现象的研究是哲学活动的延伸，也是一种越俎代庖的行为。因为"哲学对自然科学始终是疏远的，正像自然科学对哲学也始终是疏远的一样。过去把它们暂时结合起来，不过是**离奇的幻想**。存在着结合的意志，但缺少结合的能力"②。实验科学则深刻地改变了以往人类的理性认识样式，使科学成为理性的唯一合法形态，逐渐取代神学成为新的知识立法者。从此，人类对自然界的认识步入了科学理性的时代，学科的深化和分化也开始加快。同时，以实验为基础的新科学也潜伏着巨大的实用价值。以往那种为了追求纯粹知识而展开的科学研究或哲学思索，现在开始关注生产实践和产业技术发展的实际问题，涌现出了像达·芬奇、伽利略、斯台文、惠更斯等一批面向生产实践的新型科学家。

随着当时工商业的快速发展，资本主义的生产关系开始在意大利、尼德兰等欧洲封建社会的母体中孕育。近代科学的实证、理性和批判精神，是对抗宗教神学的锐利武器，成为资产阶级在思想领域反对封建专制统治的一条重要战线；科学可以摧毁宗教信仰的基础，也可以用理性统一法律，取代分散的、感性的地方政令，从而剥夺封建领主们的特权。因此，资产阶级革命与科学革命成为同路人，前者为生产力的发展扫除社会障

① 马克思恩格斯选集：第3卷. 北京：人民出版社，2012：753-754.
② 马克思恩格斯全集：第3卷. 北京：人民出版社，2002：307.

碍，后者为生产力的发展提供理论支持；资本与科学是天然的同盟军，资本依赖科学扩大生产规模，科学也需要资本提供财力支撑。这样，"随着中等阶级的兴起，科学也大大地振兴了；天文学、力学、物理学、解剖学和生理学的研究又活跃起来。资产阶级为了发展工业生产，需要科学来查明自然物体的物理特性，弄清自然力的作用方式。……现在，科学反叛教会了；资产阶级没有科学是不行的，所以也不得不参加反叛"[1]。

"各门科学在 18 世纪已经具有自己的科学形式，因此它们终于一方面和哲学，另一方面和实践结合起来了。"[2] 如果说除了直接观察与实践经验外，近代以前的科学知识主要与研究者的直观、思辨、猜测、想象等自然哲学方法密切相关，那么近代自然科学产生以来，科学研究方法与思维方式都发生了重大变化。[3] 科学家注重的是实验结果，分析、归纳与演绎的理论思维，以及实验技术装备的不断改进。因此，科学研究不再是笼统地、经验地、被动地去认识和反映自然事物，而是积极主动地介入、干预自然现象，并在多种先进实验技术的辅助下，借助精确的数学工具去构建精致的理论模型或假说，系统化、理论化、逻辑化成为自然科学的目标指向。同时，科学研究也由原先自由探索的个体活动，逐步转变为成建制的有组织、有计划、分工协作的认识活动，并得到资本的支持与控制，按照资本的意志定向快速推进。

在这一历史时期，随着纺织、冶炼、采矿等手工业技术的复杂化、多样化与精确化，迫切要求技术开发从生产实践活动中分化独立出来，把技术活动置于科学研究视野之下，运用科学理论与方法剖析技术过程，这就为工艺学的诞生准备了条件。工艺学在概括生产实践经验的基础上，广泛

---

① 马克思恩格斯选集：第 3 卷. 北京：人民出版社，2012：761.
② 马克思恩格斯全集：第 3 卷. 北京：人民出版社，2002：536 - 537.
③ 马克思恩格斯文集：第 9 卷. 北京：人民出版社，2009：436.

吸收了各门自然科学的研究成果，规范和指导具体技术开发实践，使"**发明**成了一种特殊的职业"①。正如马克思所指出的，"在机器生产中……每个局部过程如何完成和各个局部过程如何结合的问题，由力学、化学等等在技术上的应用来解决"②。从此，以工艺学为基础的技术开发，开始以科学理论与技术原理为依据，按照科学研究规范有目的、有计划地展开，从而打破了以经验摸索为主导的传统技术发展模式，进而改变了生产活动的面貌。

正是在近代资本主义生产实践的平台上，科学与技术迅速发展，并彼此靠拢，互动促进，逐步融合。"自然科学本身〔自然科学是一切知识的基础〕的发展，也像与生产过程有关的一切知识的发展一样，它本身仍然是在资本主义生产的基础上进行的，这种资本主义生产第一次在相当大的程度上为自然科学创造了进行研究、观察、实验的物质手段。"③ 为此，马克思在论述科学与技术的互动促进机制时也指出："在机器体系中，资本对活劳动的占有从下面这一方面来看也具有直接的现实性：一方面，直接从科学中得出的对力学规律和化学规律的分解和应用，使机器能够完成以前工人完成的同样的劳动。然而，只有在大工业已经达到较高的阶段，一切科学都被用来为资本服务的时候，机器体系才开始在这条道路上发展；另一方面，现有的机器体系本身已经提供大量的手段。在这种情况下，发明就将成为一种职业，而科学在直接生产上的应用本身就成为对科学具有决定性的和推动作用的着眼点"④。

**2. 科学、技术的内涵和外延**

严格地说，马克思没有专门承担对科学技术进行规范性研究的任务，

---

① 马克思恩格斯文集：第 8 卷 . 北京：人民出版社，2009：359.
② 马克思恩格斯全集：第 44 卷 . 北京：人民出版社，2001：437.
③ 同①358 - 359.
④ 马克思恩格斯全集：第 31 卷 . 北京：人民出版社，1998：99.

他对科学技术问题的关注和探究，是在多个层面同步展开、零星推进的，其科学技术思想属于萌芽状态的"原生态"思想。马克思多是在具体科学技术活动层面来言说科学与技术的，其中既有对科学技术史实的记录、转述，也有对诸多专门科学技术史著作的摘录，还有对许多具体科学技术问题的多层面思索，但尚未展现出统一的哲学基础和清晰的体系轮廓。

翻遍《马克思恩格斯全集》，也找不出马克思、恩格斯对"科学"与"技术"概念统一准确的界定。这一方面说明了马克思、恩格斯对科学技术问题的探究尚处于形成和发展过程之中，是不规范的；另一方面也反映了科学技术现象的复杂性、多维性、动态性，以及"科学"与"技术"概念的普遍性。其实，给"科学"与"技术"概念下一个人人都认可的定义并非易事，直到今天这一工作也远未完成。"初看起来，'技术'一词的涵义似乎十分明白，因为到处都可以看到技术装置、器械和工艺，人们已承认它们是'第二自然'。不过，倘若要给技术概念下一个明确的定义，人们马上就会陷入困境。这种情形与那些同样具有高度普遍性的概念有些类似。尽管人人都以为自己知道'科学''政治''社会'等概念是什么意思，但是大家却很难就一个确切的定义取得一致意见。"[①] 可见，单纯以属加种差的定义方式，难以概括"科学"与"技术"概念的普遍性，难以展示它们的丰富内涵。

科学与技术是构成人类文明的重要元素，体现在社会文化生活的诸多领域。马克思对科学技术问题的探究可以分为内外两个层面：一是对科学与技术本身结构和属性的剖析；二是对科学技术与其他社会文化生活相互作用机理的揭示。前者关涉"科学"与"技术"概念的内涵和外延，形成

---

① [德] F. 拉普. 技术哲学导论. 刘武，等，译. 沈阳：辽宁科学技术出版社，1986：20.

了马克思科学技术思想的基础；后者就是对科学技术现象的多侧面考察，形成了马克思科学技术思想的中心内容，有助于理解马克思的"科学"与"技术"观念。尽管我们难以找出马克思对"科学"与"技术"概念的准确界定，但这并不表明马克思就没有形成"科学"与"技术"观念。我们可以从他丰富的科学技术思想中，提炼和概括出"科学"与"技术"概念的内涵和外延。

（1）科学概念。

在马克思有关"科学"的众多命题中，有两个命题尤为重要：一是科学是人类把握世界的一种方式。马克思在 1857 年《〈政治经济学批判〉导言》中指出："具体总体作为思想总体、作为思想具体，事实上是思维的、理解的产物；但是，决不是处于直观和表象之外或驾于其上而思维着的、自我产生着的概念的产物，而是把直观和表象加工成概念这一过程的产物。整体，当它在头脑中作为思想整体而出现时，是思维着的头脑的产物，这个头脑用它所专有的方式掌握世界，而这种方式是不同于对于世界的艺术精神的，宗教精神的，实践精神的掌握的"①。在这里，马克思提出了人类"掌握"世界的四种主要方式：理论诉诸逻辑，宗教诉诸信念，艺术诉诸情感，实践精神诉诸意志。在马克思看来，理论思维的方式就是科学的（包括哲学的）方式，它透过现象揭示隐藏在事物背后的本质。正如在批判庸俗经济学家对价值规律的错误理解时，马克思所指出的："当庸俗经济学家不去揭示事物的内部联系却傲慢地鼓吹事物从现象上看是另外的样子的时候，他们自以为这是作出了伟大的发现。实际上，他们所鼓吹的是他们紧紧抓住了外表，并且把它当做最终的东西。这样一来，科学究竟有什么用处呢？"②

① 马克思恩格斯全集：第 30 卷．北京：人民出版社，1995：42.
② 马克思恩格斯选集：第 4 卷．北京：人民出版社，2012：474.

二是科学就是对未知事物的探索。恩格斯曾指出："科学就是要研究我们**不认识的东西**"①，即认识未知领域，揭示事物的本质，其成果就是系统化的科学知识。"自然科学的对象是运动着的物质，物体。……对这些不同的运动形式的探讨，就是自然科学的主要内容。"② 早期的科学研究主要以自然界的未知现象为目标，所以称为自然科学；后来对人工物及其创造活动的探究也进入了科学研究的视野，出现了所谓的技术科学和工程科学。马克思认为，工艺学就是在这一背景下形成的，它是技术科学与工程科学的早期形态。"大工业的原则是，首先不管人的手怎样，把每一个生产过程本身分解成各个构成要素，从而创立了工艺学这门完全现代的科学。社会生产过程的五光十色的、似无联系的和已经固定化的形态，分解成为自然科学的自觉按计划的和为取得预期有用效果而系统分类的应用。"③ 此外，科学是生产力、科学是智力生产、科学是历史发展总过程的产物、科学是劳动产物、自然科学是人对自然的理论关系"等命题，都从不同的侧面揭示了"科学"概念的丰富内涵。

尽管 19 世纪的社会科学远没有自然科学那么发达，马克思虽然是从哲学、经济学、历史学视角探讨科学问题，但他却超越了时代的局限，在广义上理解和使用"科学"概念。在他看来，客观世界的任何事物都可以置于科学理性之下进行审视，运用科学方法展开剖析，同时，科学既包括自然科学，也包括社会科学、思维科学等主要门类，它们在本质上是统一的。如马克思在《资本论》中指出："在德国，直到现在，政治经济学一直是外来的科学"④；在致路·库格曼的信中说："科学的任务正是在于阐明价值规律是**如何**实现的。所以，如果想一开头就'说

---

① 马克思恩格斯选集：第 3 卷．北京：人民出版社，2012：916.
② 马克思恩格斯选集：第 4 卷．北京：人民出版社，2012：508 - 509.
③ 马克思恩格斯全集：第 44 卷．北京：人民出版社，2001：559.
④ 同③15.

明'一切表面上与规律矛盾的现象，那就必须**在科学之前**把科学提供出来"①；等等。这里的科学是指政治经济学，主要是从社会科学的意义上言说的。

恩格斯在《自然辩证法》中讨论了科学分类问题，"每一门科学都是分析某一个别的运动形式或一系列互相关联和互相转化的运动形式的，因此，科学分类就是这些运动形式本身依其内在序列所进行的分类、排序，科学分类的重要性也正在于此"②。按照这一思想，在《反杜林论》中，他又指出存在着三种类型的科学。"我们可以按照早已知道的方法把整个认识领域分成三大部分。第一个部分包括所有研究非生物界的并且或多或少能用数学方法处理的科学，即数学、天文学、力学、物理学、化学"；"第二类科学是研究活的有机体的科学"；第三类是"按历史顺序和现今结果来研究人的生活条件、社会关系、法的形式和国家形式及其由哲学、宗教、艺术等等组成的观念上层建筑的历史科学"③。这里的第一、二类科学（生物学）主要是指自然科学，第三类科学则是指人文科学和社会科学。

此外，恩格斯还认为存在着思维科学门类。"我们本来在上面还可以举出研究人的思维规律的科学，即逻辑学和辩证法。"④ "每一个时代的理论思维，包括我们这个时代的理论思维，都是一种历史的产物，它在不同的时代具有完全不同的形式，同时具有完全不同的内容。因此，关于思维的科学，也和其他各门科学一样，是一种历史的科学，是关于人的思维的历史发展的科学。"⑤

---

① 马克思恩格斯选集：第 4 卷．北京：人民出版社，2012：473.
② 马克思恩格斯文集：第 9 卷．北京：人民出版社，2009：504.
③ 马克思恩格斯选集：第 3 卷．北京：人民出版社，2012：464、465.
④ 同③467.
⑤ 同③873－874.

（2）技术概念。

与"科学"相比，"技术"一词在《马克思恩格斯全集》（中文第一版）中出现的次数要少得多，直接与"技术"相关的条目不过 40 余处。[①]而且，这些"技术"概念与今天技术哲学的"技术"概念，在内涵和外延上都有明显差异。导致这一状况的原因至少有两个：一是由马克思、恩格斯著作的翻译引起的。在自然语言的日常使用中，一词多义、多词一义的语言现象普遍存在，同一事物往往可以用多个词语、多种方式来表述。"在马克思的著述中，与'技术'一词相关的英文对应词是 Technique、Technology；德文对应词是 Technik、Technologie；俄文对应词是 Техника、Технология。前一个词汇主要指技艺、技巧、技能、具体操作或专门方法；后一个词汇大致指体系化的技术，如工艺、工业技术等。事实上，前一个词汇的内容是后一个词汇内容发展的基础，后一个词汇的内容是对前一个词汇内容的系统研究，更接近于技术开发与技术哲学的研究对象。在翻译马克思著作的具体处理上，前一个词多翻译为技术、技能、技巧等，后一个词多翻译为工艺、工艺学、技术研究等。我们不能因为翻译上的不同处理方式，就看不到马克思对技术问题的讨论。"[②]

二是马克思在述说技术现象时使用了众多"技术"的下位概念。即往往在特殊技术系统中言说技术的单元、结构、运行及效果等，而很少采用统一的"技术"范畴进行概括或述说。例如，马克思在《不列颠在印度的统治》（1853 年 6 月）一文中曾指出："不列颠入侵者打碎了印度的手织机，毁掉了它的手纺车。英国起先是把印度的棉织品挤出了欧洲市场，然后是向印度斯坦输入棉纱，最后就使英国棉织品泛滥于这个棉织品的故乡。……然而，曾以纺织品闻名于世的印度城市的这种衰败决不是不列颠

---

① 马克思恩格斯全集名目索引（第一至三十九卷）. 北京：人民出版社，1986：629.
② 王伯鲁. 马克思技术思想纲要. 北京：科学出版社，2009：12.

统治的最坏的结果。不列颠的蒸汽机和科学在印度斯坦全境彻底摧毁了农业和制造业的结合。"① 这里虽然只字未提"技术"一词，但"棉织品""手纺机""手纺车""蒸汽""科学""农业和手工业的结合"等词语，都是对技术产品、技术设备或技术流程的直接表述。这就好比是从植物生理学角度解剖不同树种，而很少从生态学角度述说森林一样。

同"科学"概念一样，马克思也是在广义上理解技术的。他从人类活动方式角度审视技术，更多地强调了技术的形成和意义，而不是它的构成。以下三点是其"技术"概念的核心：第一，技术是人性的基础。马克思认为，对人性的认识应当到生产活动中去寻找。"个人怎样表现自己的生命，他们自己就是怎样。因此，他们是什么样的，这同他们的生产是一致的——既和他们生产**什么**一致，又和他们**怎样**生产一致。因而，个人是什么样的，这取决于他们进行生产的物质条件。"② 这就是说，人性主要是由生产方式决定的，而与生产方式密切相关的"个人的一定的活动方式""生产什么""怎样生产"以及"进行生产的物质条件"都是产业技术的具体形态。人性既取决于人们的物质生产活动，更取决于产业技术形态。

第二，技术是社会生活的基础。在马克思看来，产业技术不仅支持着生产体系的运转，而且也是区分经济时代、反映社会关系的标志。"各种经济时代的区别，不在于生产什么，而在于怎样生产，用什么劳动资料生产。劳动资料不仅是人类劳动力发展的测量器，而且是劳动借以进行的社会关系的指示器。"③ 这就是说，"生产什么""怎样生产"的产业技术特征，直接决定着物质生产与社会需要的实现样式，进而间接地塑造着社会

---

① 马克思恩格斯全集：第 12 卷 . 北京：人民出版社，1998：141.
② 马克思恩格斯选集：第 1 卷 . 北京：人民出版社，2012：147.
③ 马克思恩格斯全集：第 44 卷 . 北京：人民出版社，2001：210.

上层建筑的面貌。产业技术不仅是形成人性的基础，而且也是认识人性与人类生活的基本途径。"动物遗骸的结构对于认识已经绝种的动物的机体有重要的意义，劳动资料的遗骸对于判断已经消亡的经济的社会形态也有同样重要的意义。"①

第三，元技术观念是马克思分析问题、表述思想的出发点。在分析亚细亚、古罗马和日耳曼三种所有制对人类社会发展的作用时，马克思指出："哪一种土地所有制等等的形式最有生产效能，能创造最大财富呢？我们在古代人当中不曾见到有谁研究过这个问题。[在古代人那里，]财富不表现为生产的目的，尽管卡托能够很好地研究哪一种土地耕作法最有利，布鲁土斯甚至能够按最高的利率放债。人们研究的问题总是，哪一种所有制方式会造就最好的国家公民"②。在这里，"人们研究的问题"就是技术问题，所追求的"最有生产效能""创造最大财富""哪一种土地耕作法最有利""按最高的利率放债"以及"最好的国家公民"等都是技术效率观念的体现。事实上，只有全面地理解了马克思有关技术的多层面分析与多种表述，我们才能准确地把握技术观念。

从外延角度看，马克思认为，技术广泛存在于人类目的性活动的各个领域，有多少种不同的活动领域，就有多少种不同的技术类型。在他的论域中，技术主要有劳动技术、机器技术、产业技术、军事技术、社会技术等类型。

### 3. 科学研究的实践者与科学方法的倡导者

马克思是近代罕见的百科全书式的人物，一生涉猎广泛，求索不止，笔耕不辍，在经济学、哲学、法学、社会学、历史学、军事学、人类学等社会科学诸领域都有创造性的贡献，建树颇多，为后人留下了丰厚的思想

① 马克思恩格斯选集：第 2 卷．北京：人民出版社，1995：179.
② 马克思恩格斯全集：第 30 卷．北京：人民出版社，1995：479.

遗产。同时，马克思也十分重视科学技术的发展，努力学习科学技术知识，探究科学技术问题，为创立马克思主义理论奠定了坚实的基础。

（1）科学研究的实践者。

在马克思艰难困苦、颠沛流离的 65 年人生旅程中，他以科学的态度面对所有问题，不懈探索，追求真理，先后发现了"唯物史观"与"剩余价值规律"。马克思"细心地研究了各种各样的科学和人类活动的各个部门：社会上的经济和政治的发展、军事、艺术史、数学、技术史和他所处时代的技术"①，是科学研究真正的实践者。恩格斯曾高度评价马克思的贡献："一生中能有这样两个发现，该是很够了。即使只能作出一个这样的发现，也已经是幸福的了。但是马克思在他所研究的每一个领域，甚至在数学领域，都有独到的发现，这样的领域是很多的，而且其中任何一个领域他都不是浅尝辄止"②。这一评价清楚地表明了马克思的重要贡献，以及对自然科学与社会科学各领域未来发展所具有的奠基性作用。

《资本论》是马克思倾其毕生心血完成的一部经济学巨著。它以唯物史观为指导，通过深入分析资本主义生产方式，揭示了资本主义社会发展的基本规律，证明了社会形态的演进是一个不以人的意志为转移的自然历史过程。"马克思竭力去做的只是一件事：通过准确的科学研究来证明社会关系的一定秩序的必然性，同时尽可能完善地指出那些作为他的出发点和根据的事实。……马克思把社会运动看作受一定规律支配的自然史过程，这些规律不仅不以人的意志、意识和意图为转移，反而决定人的意志、意识和意图。"③

《资本论》是马克思对资本主义社会进行科学分析的典范，前后花去

---

① ［苏］A. A. 库津. 马克思与技术问题. 蒋洪举，译. 秋子，校. 科学史译丛，1981（1）.
② 马克思恩格斯全集：第 25 卷. 北京：人民出版社，2001：597.
③ 马克思恩格斯全集：第 44 卷. 北京：人民出版社，2001：20 - 21.

了他 40 年的时间。为了撰写《资本论》，他广泛阅读和收集了各种相关资料，甚至连英国议会发给议员们的"蓝皮书"他都要认真研读。因为"蓝皮书"中记录着英国各个时期的经济报告与经济政策，是研究资本主义经济活动的第一手资料。据统计，单在大英博物馆的藏书中，马克思阅读过的书籍就有 1 500 多种，摘录阅读要点和记述心得的笔记也有 100 余本。也正是由于马克思这种科学严谨的工作作风，才使《资本论》的第二、三卷迟迟不能付印。"可是法国的革命还没有结束，并且在没有达到德国哲学革命和英国社会革命应该达到的结果以前，它是不可能结束的。"①"要不是有那么多美国和俄国的材料（单是俄国统计学方面的书籍就有两个多立方米），第二卷早就印出来了。这种详细的研究工作使第二卷的进展耽误了许多年。他向来这样，总是要把直到最后一天的所有材料都搜集齐全。"② 恩格斯曾赞叹马克思的勤奋和才华："他的天才、他的几乎可以说对科学过分认真的态度、他的渊博得出奇的学问，都大大超过我们大家，谁硬要批评他的发现，谁就只会自讨苦吃。"③

在这一过程中，马克思还广泛涉猎了许多科学技术知识。从他 1868 年 1 月 3 日写给恩格斯的信中，我们不难窥见马克思科学研究的深度与广度。他说："我想向肖莱马打听一下，最近出版的有关农业化学的书籍（德文的）哪一本最新最好？此外，矿肥派和氮肥派之争现在进行得怎样了？（从我最近一次研究这个问题以来，德国出版了许多新东西。）他对近来**反对**李比希的土壤贫瘠论的那些德国作者的情况了解点什么吗？他知道慕尼黑农学家弗腊斯（慕尼黑大学教授）的冲积土论吗？为了写地租这一章，我至少要对这个问题的最新资料有所熟悉。"④ 为此，恩格斯曾指出：

---

① 马克思恩格斯全集：第 3 卷. 北京：人民出版社，2002：530 - 531.
② 马克思恩格斯全集：第 36 卷. 北京：人民出版社，1974：47.
③ 马克思恩格斯全集：第 35 卷. 北京：人民出版社，1971：221.
④ 马克思恩格斯全集：第 32 卷. 北京：人民出版社，1974：5 - 6.

"马克思研究任何事物时都考查它的历史起源和它的前提，因此，在他那里，每一单个问题都自然要产生一系列的新问题。他研究原始时代的历史，研究农学、俄国的和美国的土地关系、地质学等等，主要是为了在'资本论'第三卷中最完善地写出关于地租的章节"①。正是由于有这些丰厚的知识积累与科学研究实践活动的支持，才使《资本论》以及马克思主义理论经受住了历史的考验，成为不朽之作。

同马克思一样，恩格斯也积极投身于科学研究实践之中，《自然辩证法》等著作就是他在学习和研究自然科学的基础上形成的。在《反杜林论》的序言中，恩格斯说明了自己研究自然科学的缘由与过程。他说："要确立辩证的同时又是唯物主义的自然观，需要具备数学和自然科学的知识。马克思是精通数学的，可是对于自然科学，我们只能作零星的、时停时续的、片断的研究。因此，当我退出商界并移居伦敦，从而有时间进行研究的时候，我尽可能地使自己在数学和自然科学方面来一次彻底的——像李比希所说的——'脱毛'，八年当中，我把大部分时间用在这上面。"②

恩格斯认为，学习和研究自然科学是时代发展的必然趋势，"正如今天的自然科学家，不论自己愿意与否，都不可抗拒地被迫考察理论的一般结论一样，每个研究理论问题的人，也同样不可抗拒地被迫研究近代自然科学的成果。在这里发生一定的相互补偿"③。同时，他也清醒地意识到，用自然科学理论武装自己也是无产阶级理论家的必然选择。"我们决不想把新的科学成就写成厚厚的书，只向'学术'界吐露。……我们有义务科学地论证我们的观点，但是，对我们来说同样重要的是：争取欧洲无产阶级，首先是争取德国无产阶级拥护我们的信念。"④

---

① 马克思恩格斯全集：第 22 卷．北京：人民出版社，1965：400．
② 马克思恩格斯选集：第 3 卷．北京：人民出版社，2012：385．
③ 马克思恩格斯全集：第 20 卷．北京：人民出版社，1971：382．
④ 马克思恩格斯选集：第 4 卷．北京：人民出版社，2012：203．

（2）科学方法的倡导者。

科学方法是科学研究活动的副产品，是在对成功科研经验与失败科研教训提炼和概括的基础上形成的。作为无产阶级的理论家，马克思、恩格斯一生都在从事科学研究与理论探索活动。在这一过程中，他们俩都既重视科学方法的提炼和概括，也积极倡导科学方法的推广和应用。

第一，注重辩证法的应用。随着自然哲学的衰落和自然科学的快速发展，实验方法、归纳方法与数学方法等科学研究方法已深入人心，而哲学方法渐渐为人们所遗忘。"自然科学家相信：他们只有忽视哲学或侮辱哲学，才能从哲学的束缚中解放出来。但是，因为他们离开了思维便不能前进一步，而且要思维就必须有逻辑范畴。"① 因此，"自然科学家尽管可以采取他们所愿意采取的态度，他们还得受哲学的支配。问题只在于：他们是愿意受某种蹩脚的时髦哲学的支配，还是愿意受某种建立在通晓思维历史及其成就的基础上的理论思维形式的支配"②。在这种情况下，马克思、恩格斯强调哲学思维与辩证法的重要性，具有十分重要的现实意义。因为"对于现今的自然科学来说，辩证法恰好是最重要的思维形式，因为只有辩证法才为自然界中出现的发展过程，为各种普遍的联系，为一个研究领域向另一个研究领域过渡提供类比，从而提供说明方法"③。而且，"既然没有别的出路，既然无法找到明晰思路，也就只好以这种或那种形式从形而上学思维向辩证思维复归"④。

事实上，马克思之所以能在经济学等领域取得许多重要成果，最重要的一个原因就在于，他自觉地运用辩证法分析问题，并发展了辩证思维方法。在这一方面，"马克思的功绩就在于，他和'今天在德国知识界发号

---

① 马克思恩格斯全集：第20卷．北京：人民出版社，1971：551．

② 马克思恩格斯选集：第3卷．北京：人民出版社，2012：899．

③ 同②874．

④ 同②876．

施令的、愤懑的、自负的、平庸的模仿者们'相反，第一个把已经被遗忘的辩证方法、它和黑格尔辩证法的联系以及差别重新提到人们面前，同时在《资本论》中把这个方法应用到一种经验科学即政治经济学的事实上去。他获得了成功，以致德国现代的经济学派只是由于借口批判马克思而抄袭马克思（还常常抄袭错），才胜过了庸俗的自由贸易派"①。

其实，《资本论》的逻辑结构与研究方法，就是唯物主义的认识论与辩证的逻辑方法有机结合的产物，为后世树立了成功运用辩证逻辑方法的典范。"虽说马克思没有遗留下'**逻辑**'（大写字母的），但他遗留下《资本论》的**逻辑**，应当充分地利用这种逻辑来解决这一问题。在《资本论》中，唯物主义的逻辑、辩证法和认识论［不必要三个词：它们是同一个东西］都应用于一门科学，这种唯物主义从黑格尔那里吸取了全部有价值的东西并发展了这些有价值的东西。"② "马克思的整个世界观不是教义，而是方法。它提供的不是现成的教条，而是进一步研究的出发点和**供**这种研究**使用**的方法。"③ 正是在《资本论》中，马克思发展出了矛盾分析、从抽象上升到具体、历史与逻辑相统一、整体性原则等辩证思维方法，对后世产生了深远的影响。

第二，强调科学方法的重要性。虽然马克思、恩格斯不是自然科学家，但却十分重视对自然科学方法的提炼和概括。在他们看来，"自然科学是真正的科学，而感性的**物理学**则是自然科学的最重要的部分。……科学是**经验的科学**，科学就在于把**理性方法**运用于感性材料。归纳、分析、比较、观察和实验是理性方法的主要条件"④。在《自然辩证法》《反杜林论》等著作中，恩格斯特别强调科学方法对于科学研究活动的重要作用。

① 马克思恩格斯选集：第 3 卷．北京：人民出版社，2012：878 - 879.
② 列宁全集：第 55 卷．北京：人民出版社，1990：290.
③ 马克思恩格斯选集：第 4 卷．北京：人民出版社，2012：664.
④ 马克思恩格斯文集：第 1 卷．北京：人民出版社，2009：331.

例如，他在谈到比较方法的重要性时指出："对于像比较解剖学、比较植物学、比较语言学等等科学，他（指桑乔）自然是一窍不通的；这些科学正是由于比较和确定了被比较对象之间的差别而获得了巨大的成就，在这些科学中比较具有普遍意义"①。在论及假说方法的基础地位时，他指出："只要自然科学运用思维，它的发展形式就是**假说**。一个新的事实一旦被观察到，先前对同一类事实采用的说明方式便不能再用了。从这一刻起，需要使用新的说明方式——最初仅仅以有限数量的事实和观察为基础。进一步的观察材料会使这些假说纯化，排除一些，修正一些，直到最后以纯粹的形态形成定律。如果要等待材料**纯化**到足以形成定律为止，那就等于要在此以前中止运用思维的研究，而那样一来，就永远都不会形成什么定律了。"②

第三，对数学方法的偏爱。数学是一门古老的学问，马克思、恩格斯对数学都有深刻的理解和研究。"纯数学是以现实世界的空间形式和数量关系，也就是说，以非常现实的材料为对象的。这种材料以极度抽象的形式出现，这只能在表面上掩盖它起源于外部世界。……**纯数学**也正是这样，它在以后被**应用**于世界，虽然它是从这个世界得出来的，并且只表现世界的构成形式的一部分——正是**仅仅因为这样**，它才是可以应用的。"③ 质量互变规律表明，事物的发展从量变开始，当量变达到一定的关节点时，事物的性质就发生变化，旧质事物就演变成新质事物。因此，研究数量关系的数学方法的应用领域广泛。同时，定量分析是科学研究的高级阶段，数学方法的应用是科学研究深化的具体体现。正是从这一意义上，马克思才说："一种科学只有在成功地运用数学时，才算达到了真正完善的地步"④。

① 马克思恩格斯全集：第 3 卷 . 北京：人民出版社，1960：518.
② 马克思恩格斯选集：第 3 卷 . 北京：人民出版社，2012：932.
③ 同②413 - 414.
④ ［法］保尔·拉法格 . 摩尔和将军 . 中共中央马克思恩格斯列宁斯大林著作编译局，编译 . 北京：人民出版社，1982.

马克思在自己的经济学研究中，总是力图运用数学方法刻画和探究经济关系。在 1873 年 5 月 31 日致恩格斯的信中，马克思曾谈及这样一件事："我在这里向穆尔讲了一件我私下为之忙了好久的事。然而，他认为这个问题无法解决，至少暂时无法解决，因为涉及这个问题的因素很多，而且大部分还有待于发现。事情是这样的：你知道那些统计表，在表上，价格、贴现率等等在一年内的变动等情况是以上升和下降的曲线来表示的。为了分析危机，我不止一次地想计算出这些作为不规则曲线的升和降，并曾想用数学方式从中得出危机的主要规律（而且现在我还认为，如有足够的经过整理的材料，这是可能的）。如上所说，穆尔认为这个问题暂时不能解决，我也就决定暂且把它搁下……"[①] 在分析利润和利润率的大小时，马克思也认为："当利润和剩余价值在数量上被看作相等时，利润的大小和利润率的大小，就由在每个场合已定或可定的单纯的数量关系来决定。因此，首先要在纯粹数学的范围内进行研究"[②]。可见，运用数学方法已成为马克思分析问题的一种自觉行为。

## 二、科学与技术的多重关系

从历史的角度看，科学与技术的起源不同，且长期处于分立、并行发展之中。只是到了近代，二者才在生产实践的基础上日趋融合，合流共进，并在社会生活中发挥着越来越重要的作用。正是在这一时代背景下，马克思分析和揭示了科学与技术之间的多重关系，阐发了许多重要的科学技术思想。

---

① 马克思恩格斯文集：第 10 卷．北京：人民出版社，2009：389 - 390.
② 马克思恩格斯全集：第 46 卷．北京：人民出版社，2003：58.

**1. 科学研究的技术取向**

以回答"是什么""为什么""怎么样"问题为核心的科学研究，本身就具有引导实践活动的方法论功能，是解决"如何做"以及"怎样做更有效"等技术问题的基础和前提，可以服务于技术实践活动。近代以来，随着科学与技术的合流，科学潜在的实用价值逐步显现出来，并得到了资本运作的强化。在资本的征召与引导下，以往以求知为发展指向的科学发生了重大转折，开始朝着创造经济价值的方向狂奔，成为资本追逐剩余价值的得力助手。[①]

科学发展史表明，早期的科学研究是在好奇心与求知欲的驱使下展开的，多是个体间或不正规的业余行为。那个时代科学问题的出现、探究过程的展开以及科研成果的表述，都带有明显的个性特色，多是无目标、无计划的个体行为。近代以来，随着科学的全面快速发展，科学家的职业角色逐步分化出来，出现了从事科学研究的专业群体，科学交流与合作日趋活跃；与此同时，科学研究的个体劳动方式也开始让位于集体劳动方式。尤其是资本介入科学活动之后，使追求科学研究效果与效率的技术问题被提上议事日程。"施蒂纳宣布了科学劳动和艺术劳动的唯一性，但在这里他远远落后于资产阶级。把这种'唯一者的'活动组织起来，现在已经被认为是必需的了。……在天文学方面，阿拉戈、赫舍尔、恩克和贝塞耳都认为必须组织起来共同观测，并且也只是从组织起来之后才获得了一些较好的成绩。"[②]

科学研究的技术取向就是更加注重和追求认识活动的实用价值。这一价值取向促使科学研究主要面向生产实践和社会生活，进而催生了技术科学和工程科学。例如，在《评阿·瓦格纳的"政治经济学教科书"》一文

---

① 马克思恩格斯全集：第 47 卷．北京：人民出版社，1979：570.
② 马克思恩格斯全集：第 3 卷．北京：人民出版社，1960：459.

中，马克思概述了这一趋势。"**人对财物属性认识方面的变化**：由于这种认识的变化，在**好的情况下**'**财产增加**'。{**1620年**左右森林的减少已经威胁到炼铁生产的继续存在，当时英国利用**煤来炼铁**；化学上的发现，如碘（含碘的盐源的利用）。磷钙石做肥料。无烟煤做燃料。煤气照明材料，照相材料。发明染料和药物。古塔波胶。橡胶。植物象牙（用 Phytelephas macrocarpa 做的）。杂酚油。蜡烛。利用**沥青**、**松针**（松毛）、高炉的煤气、煤焦油制造苯胺，利用废毛、锯屑，如此等等。} 在**不好的情况下，有用性减少，因而价值也降低**（例如，猪身上发现旋毛虫，染料和植物中发现毒物，等等）。发现土地中的**矿物**、它的新的有用属性及其新的用途，使**土地所有者的财产**增加。"① 再如，科学的发展改变了人们对土地肥沃程度的认识。"租不能作为表明**一块土地肥力程度的固定指标**，因为化学在现代的应用不断改变着土质，而地质科学目前又在开始**推翻过去对相对肥力的估价**。……肥力并不像人们所想的那样是一种天然素质，它和当前的**社会关系**有着密切的联系。"②

从经济价值角度对科学研究的考量，势必会引导科学研究转向经济运作，优先把生产与技术问题纳入科学研究范围。以技术为导向的科学研究是以探索未知领域为目标的，是一种特殊的目的性活动。科学研究的技术问题就是如何组织和推进科学研究，才能达到预期的研究效果或提高科学研究活动的效率。围绕这一问题的解决，人们主要从三个层面进行了积极的尝试：

一是科学研究方法的提炼与推广。在探索未知领域的复杂过程中，既有有形的实验活动，也有无形的思维活动；既有规则的逻辑思维活动，也有无规则的非逻辑思维活动。尽管非逻辑思维无定规可循，只能依赖经验

---

① 马克思恩格斯全集：第19卷. 北京：人民出版社，1963：424.
② 马克思恩格斯文集：第10卷. 北京：人民出版社，2009：310.

模仿、体验，但是逻辑思维却是有规律的，既可以程序化，也可以推广应用。其中的实验规则、逻辑分析程序和技巧等都属于研究方法范畴。马克思认为："科学是**经验的科学**，科学就在于把**理性方法**运用于感性材料。归纳、分析、比较、观察和实验是理性方法的主要条件。"① 在批判桑乔时，他还指出了比较方法的普适性，"对于像比较解剖学、比较植物学、比较语言学等等科学，他（指桑乔）自然是一窍不通的；这些科学正是由于比较和确定了被比较对象之间的差别而获得了巨大的成就，在这些科学中比较具有普遍意义"②。科学方法是科学研究活动的副产品，需要及时提炼和概括。对成功科研活动的途径、程序、经验的提炼，以及对失败科研活动经验教训的概括，都是形成科学方法的基本路径。遵循科学方法进行科学研究活动，往往比较容易取得成功，具有较高的研究效率。同时，对于非逻辑思维经验的总结、交流与模仿、体验，也是提高科研活动效率的重要途径。

二是科研活动的组织与规划。以实验为基础的近代科学，经过两次科学革命的洗礼，逐步实现了从分散的、自由的个体研究，向集中的、规划的合作研究的转变，出现了课题组、研究所、学派、学会等学术团体以及相应的学术规范。科学研究活动已不再是自发的无序发展，而是有组织、有目的、有计划的自觉推进。"由于自然科学被资本用做致富手段，从而科学本身也成为那些发展科学的人的致富手段，所以，搞科学的人为了探索科学的**实际应用**而互相竞争。另一方面，**发明**成了一种特殊的职业。因此，随着资本主义生产的扩展，**科学因素**第一次被有意识地和广泛地加以发展、应用并体现在生活中，其规模是以往的时代根本想象不到的。"③

① 马克思恩格斯文集：第1卷. 北京：人民出版社，2009：331.
② 马克思恩格斯全集：第3卷. 北京：人民出版社，1960：518.
③ 马克思恩格斯文集：第8卷. 北京：人民出版社，2009：359.

在科学研究不断深化、学科分化越来越精细的时代背景下，人们的专业领域却越来越狭窄。然而，现实的科学问题总是复杂的和动态发展的，往往涉及多个学科领域，这就要求必须组织多学科的专家协同攻关。这也是分工协作技术在科研活动中的具体体现。与此同时，从学科发展趋势与社会生产需求出发，制订科学研究规划、计划，建设相应的科研保障体制及设施，也是提高科研效率的重要路径。

三是科学研究的技术化塑造。自科学与技术合流以来，科学的技术化进程就悄然开始。不过，以往人们对这一过程的认识多停留在表面，即科学研究中越来越多地采用先进实验仪器、技术装备以及技术开发实践等，都为科学研究提供越来越多的课题。其实，这只是科学技术化进程的一部分。科学技术化的实质在于，逐步按照技术原则进行科学研究的组织（体制化）和运作（规范化），或者说按照技术原则规范和改造传统的科学研究活动，以提高科研活动的效率。从科研计划的制订、经费筹措、人员搭配、项目组织实施，到成果鉴定、报奖、推广应用等环节，都形成了一整套合理、有效的制度及其机制。马克思认为，技术开发与生产发展为科学实验提供了技术装备，推进了科学的技术化。正是"资本主义生产第一次在相当大的程度上为自然科学创造了进行研究、观察、实验的物质手段"①。自"被招募来为资本服务的科学"臣服于资本以来，资本运作的技术性就迫切要求科学研究的技术化，以便高效率地支撑资本对剩余价值的追逐。事实上，服务于技术开发或者说为技术开发探路，已成为当代科学研究的基本取向与自觉行为；从属于技术开发，服从于资本的意志，更成为近代以来科学发展的基本特征。

**2. 技术发展的科学化**

人类技术活动的历史悠久，不过在与科学合流之前，技术开发主要是

---

① 马克思恩格斯文集：第 8 卷. 北京：人民出版社，2009：359.

依赖工匠们的经验积累与长期摸索实现的，带有一定的盲目性，速度缓慢，效率低下。技术成果也主要是通过师徒世代相传或物化技术形态流传于后世的。事实上，在技术发展过程中，一开始就萌发了对技术活动本身的认识。与自然科学不同，这种技术认识的对象主要是人工物及其创造过程，而并不是纯粹的自然现象。同时，这种技术认识以应用为导向，大多停留在感性认识层面，就事论事；认识成果也多以经验形态出现，后来演变为工艺学与科学的一个重要来源。"钟表是第一个应用于实际目的的自动机；匀速运动生产的全部理论就是在它的基础上发展起来的。按其性质来说，它本身是以半艺术性的手工业和直接的理论相结合为基础的。……从钟表的发展可以证明，在手工业基础上的学识和实践之间的关系，同比如大工业中这二者之间的关系，是多么地不同。"①

当初的工艺学既是技术科学化的产物，也是连接科学与技术的桥梁：一方面，它把技术活动纳入科学研究领域，探究技术系统的结构、属性与流程，为科学发展提出新课题；另一方面，它又规范和引导技术的发展，增强技术开发的目的性、方向性和程序性，提高技术开发的自觉性与效率。在科学与技术合流的推动下，传统的技术开发模式开始演进，越来越受到科学成果的规范，出现了技术的科学化趋势。技术发展的科学化主要体现在三个方面：

一是技术开发更多地关注科学研究的进展，从科学成果中搜寻技术原理的雏形，有目的地推进技术开发。马克思指出，在机器大工业时代，"整个生产过程不是从属于工人的直接技巧，而是表现为科学在工艺上的应用的时候……资本的趋势是赋予生产以科学的性质，而直接劳动则被贬低为只是生产过程的一个要素"②。机器的设计与建造不仅需要工艺学，

① 马克思恩格斯选集：第 4 卷. 北京：人民出版社，2012：446.
② 马克思恩格斯全集：第 31 卷. 北京：人民出版社，1998：94.

而且也离不开力学、热学、化学、电学等基础科学的指导。第一类永动机与第二类永动机设计与研制的失败，就充分说明了这一点。如何使用机器进行生产？是工艺流程技术开发所要解决的主要问题，同样也离不开科学。"机器生产的原则是把生产过程分解为各个组成阶段，并且应用力学、化学等等，总之应用自然科学来解决由此产生的问题。这个原则到处都起着决定性的作用。"① 科学研究所揭示出来的事物属性与规律具有潜在的经济价值，可以转化为技术产品。在化学研究的基础上形成了许多新型化工工艺，"化学工业提供了废物利用的最显著的例子。它不仅找到新的方法来利用本工业的废料，而且还利用其他各种各样工业的废料，例如，把以前几乎毫无用处的煤焦油转化为苯胺染料，茜红染料（茜素），近来甚至把它转化为药品"② 。同时，按照工艺流程技术进行生产，可以降低生产成本，提高生产效率，"因为机器的使用要遵照严格的科学规律，能够更多地节约它的各个组成部分和它的消费资料的消耗"③ 。

二是技术开发自觉地运用科学理论与研究方法。在科学研究基础上展开的技术开发，以科学与技术原理为依据，按照科学研究规范有目的、有计划地推进，从而打破了以经验摸索为主导的传统技术发展模式。"他（乔赛亚·韦奇伍德。——引者注）把整个陶器制造过程归纳成科学原理，采用了新的艺术风格"④ 。技术开发总是与实物及其之间的相互作用打交道，离不开关系描述、数量计算与图形绘制，物理学、化学、生命科学等基础科学为分析和解释技术现象提供了理论框架。"蒸汽机和电报的创造应归功于物理学——这些发明完全是物理学的产物。"⑤ 数学、制图学、

① 马克思恩格斯全集：第 44 卷．北京：人民出版社，2001：531.
② 马克思恩格斯全集：第 46 卷．北京：人民出版社，2003：117.
③ 同①445.
④ 马克思恩格斯选集：第 1 卷．北京：人民出版社，2012：98.
⑤ 马克思恩格斯全集：第 47 卷．北京：人民出版社，1979：599.

信息科学等为技术开发提供了现成的分析和描述工具。"机器各部件所必需的精确的几何形状，如直线、平面、圆、圆柱形、圆锥形和球形，也同时要用机器来生产。……现在有了这种装置，就能制造出机器各部件的几何形状。"① 特别是科学研究方法，直接影响着人们对技术对象属性与规律的分析思路。"可以看出生产资料的旧形式最初如何支配着它的新形式。但是，最有说服力的也许是现代火车头发明以前的火车头了。这种火车头实际上有两条腿，像马一样迈步。随着力学的进一步发展和实际经验的积累，机器的形式才完全由力学原理决定，从而才完全摆脱了已变为机器的那些工具的传统体形。"②

三是注重从科学实验中提炼和培育新技术形态。科学实验是科学研究的基本手段，也是近代科学的主要特征。许多自然现象只有借助完善的仪器设备，才能在实验室里进行精确的观察和分析。虽然科学实验的直接目的在于获取科学事实、检验科学假说，但是在科学实验过程中往往会产生许多新构思、新发现，是诱发技术发明的重要源泉。例如，近代以来的化学实验不仅发现了许多新元素，而且还发现了煤、石油、天然气等自然资源的新用途，人工合成出塑料、橡胶、纤维、化肥等新型物质形态，成为孕育化工工艺技术的母体。"化学的每一个进步不仅增加有用物质的数量和已知物质的用途，从而随着资本的增长扩大投资领域。同时，它还教人们把生产过程和消费过程中的废料投回到再生产过程的循环中去，从而无需预先支出资本，就能创造新的资本材料。"③ 马克思一生都对科学实验、技术试验及其中所孕育的新兴技术保持着浓厚的兴趣，直到他去世前夕还在关注德普勒的高压输电试验。④

---

① 马克思恩格斯全集：第44卷. 北京：人民出版社，2001：442.
② 马克思恩格斯全集：第23卷. 北京：人民出版社，1972：420，脚注103.
③ 同①698-699.
④ 马克思恩格斯文集：第3卷. 北京：人民出版社，2009：602.

### 3. 科学与技术的一体化

从科学技术史角度看，在欧洲文艺复兴之前的漫长社会发展历程中，技术开发活动大多从属于社会生产实践。扩大产品种类，提高产品性能与生产效率，是技术创新的目标与动力。这一时期的产业技术革新是技术发展的主要形式，其中技术开发与应用的各个环节浑然一体，几乎没有细致分工。在技术发展的这一时期，以手工操作为基本特征的新技术成果，也主要体现在生产工具与劳动产品之中。外在的物化技术形态结构相对简单，对开发者内在的技术以及使用者的体力、智力的依赖性较强，技术创新也主要依赖于长期的生产经验积累与摸索。

这一时期的科学是神学的"婢女"，尚未从哲学和神学中分化独立出来；生产与技术的发展一直走在科学的前面，生产实践与技术创新是科学知识的一个重要源泉。正如马克思所指出的，"传动机构规模的扩大同水力不足发生了冲突，这也是促使人们更精确地去研究摩擦规律的原因之一。同样，靠磨杆一推一拉来推动的磨，它的动力的作用是不均匀的，这又引出了飞轮的理论和应用。飞轮后来在大工业中起了非常重要的作用。大工业最初的科学要素和技术要素就是这样在工场手工业时期发展起来的"①。"化学天平的不灵敏、透镜结构的缺陷、温度计分度不准确或经纬仪的圆周分度不准确，都损害了用这些仪器进行的一切实验……当代物理学达到了杰出的地位并在继续进步，这种情况在很大程度上有赖于生产哲学仪器时的惊人的精确性和技巧。"② 反过来，当时以经验为基本特征的零散的科学知识，对技术进步的推动作用微弱，而且多是间接的、偶然的。生产、技术、科学之间的主导作用传递方式可以概括为：生产→技术→科学。

---

① 马克思恩格斯全集：第 44 卷．北京：人民出版社，2001：433.
② 马克思恩格斯全集：第 47 卷．北京：人民出版社，1979：599.

欧洲文艺复兴之后，不断系统化、理论化的科学摆脱了宗教神学的束缚。在资本主义兴起的时代背景下，由于奠定了科学的实验基础，并引入了数学定量分析的方法，科学进入了全面快速发展时期。同时，在以生产机械化、蒸汽化为标志的第一次技术革命的推动下，生产过程的复杂化、高速化与产品技术形态的精密化、大型化，促使技术开发从生产领域中分离出来，形成了相对独立的专业技术开发领域。伴随着科学实验从生产实践领域的分离，生产、技术、科学之间原有的主导作用传递模式开始被打破，技术的历史地位被抬升，其间的相互作用关系转入了复杂的调整时期。"大工业的真正科学的基础——力学，在 18 世纪已经在一定程度上臻于完善；那些更**直接地**（与工业相比）成为农业的专门基础的科学［XI—494］——化学、地质学和生理学，只是在 19 世纪，特别是在 19 世纪的近几十年，才发展起来。"① 科学与技术之间的互动也进一步增强，"如果像您所说的，技术在很大程度上依赖于科学状况，那么，科学则在更大得多的程度上依赖于技术的**状况**和**需要**。社会一旦有技术上的需要，这种需要就会比十所大学更能把科学推向前进。整个流体静力学（托里拆利等）是由于 16 世纪和 17 世纪意大利治理山区河流的需要而产生的。关于电，只是在发现它在技术上的实用价值以后，我们才知道了一些理性的东西"②。

马克思认为，资本主义的发展迫切需要科学与技术解决生产过程中遇到的实际问题，进而促进了科学与技术的分化。因为"只有在这种生产方式下，才产生了只有用科学方法才能解决的实际问题。只有现在，实验和观察——以及生产过程本身的迫切需要——才达到使科学的应用成为可能和必要的那样一种规模。现在，**科学**，人类理论的进步，得到了**利用**。资

---

① 马克思恩格斯全集：第 34 卷．北京：人民出版社，2008：119-120.
② 马克思恩格斯选集：第 4 卷．北京：人民出版社，2012：648.

本不创造科学，但是它为了生产过程的需要，利用科学，占有科学。这样一来，**科学**作为**应用**于生产的**科学**同时就和**直接劳动**相分离，而在以前的生产阶段上，范围有限的知识和经验是同劳动本身直接联系在一起的，并没有发展成为同劳动相分离的独立的力量，因而整个说来从未超出传统的手艺积累的范围，这种积累是一代代加以充实的，并且是很缓慢地、一点一点地扩大的。（凭经验掌握每一种手艺的秘密。）手和头还没有分离"①。

在以电力应用为标志的第二次技术革命中，科学的发展开始超越生产与技术的现实需求，走到了技术发展的前面，成为技术创新的主要推动力。"科学日益被自觉地应用于技术方面"②，向技术转化，对技术创新起着规范和指导作用；技术按照科学理论来创造，摆脱了传统的经验摸索方式，减少了技术创新过程中的盲目性。"劳动资料取得机器这种物质存在方式，要求以自然力来代替人力，以自觉应用自然科学来代替从经验中得出的成规。"③ 尽管马克思主要是从生产角度出发，考察当时科学与技术对生产的积极作用，但是他已经预感到了科学研究对技术与生产发展的先导作用。"只要从表面上把现代蒸汽织机和旧的蒸汽织机比较一下，把铸铁厂的现代鼓风工具和当初仿照普通风箱制成的笨拙的机械风箱比较一下，就可以看出生产资料的旧形式最初如何支配着它的新形式。……随着力学的进一步发展和实际经验的积累，机器的形式才完全由力学原理决定，从而才完全摆脱了已变为机器的那些工具的传统体形。"④ "蒸汽机和电报的创造应归功于物理学——这些发明完全是物理学的产物。"⑤ 在这一时代背景下，"科学→技术→生产"上升为这一时期的主导作用模式。

---

① 马克思恩格斯文集：第 8 卷. 北京：人民出版社，2009：357.
② 马克思恩格斯全集：第 44 卷. 北京：人民出版社，2001：874.
③ 同②443.
④ 马克思恩格斯全集：第 23 卷. 北京：人民出版社，1972：420，脚注 103.
⑤ 马克思恩格斯全集：第 47 卷. 北京：人民出版社，1979：599.

这一模式充分体现了知识创新引发技术创新，技术发明导致产业技术革新，进而催生新兴产业或改造传统产业的逻辑递进关系。

科学技术化与技术科学化的结果就是科学技术的一体化。进入 20 世纪，尤其是在新科技革命的推动下，科学与技术一方面高度分化，另一方面又高度综合，形成了由各门基础科学、技术科学、工程科学为主干，并经由各层次、各学科间的边缘学科、交叉学科、横断学科贯通的立体网络状的科学技术体系。从科学理论突破到技术发明，再到实际应用的转化速度不断加快，周期日趋缩短。当然，这里对"科学→技术→生产"主导作用模式的强调，并不否认"生产→技术→科学"逆向作用传递的存在。事实上，即使是在当代，科学、技术与生产之间也还是并存着复杂的双向作用。

## 三、科学技术的演变

历史发展观是马克思主义的基本观点，事物发展演变的过程就是历史。在马克思看来，科学与技术处于不断的演变之中。而"正如一切科学的历史进程一样，总要经过许多曲折，才能达到它们的真正出发点"[1]。因此，对科学与技术发展史的总结与回顾，有助于深刻认识科学技术的现状、结构、属性与功能。

### 1. 审视科学与技术的历史的眼光

历史与逻辑相统一的方法是辩证思维的重要方法，历史分析法也是马克思、恩格斯经常采用的一种基本研究方法。任何科学与技术形态都不是飞来之物，而是经历了一个产生和发展的过程。对科学与技术发展历程的

---

① 马克思恩格斯全集：第 31 卷．北京：人民出版社，1998：451.

追溯，有助于我们更好地认识和理解科学与技术现状，揭示社会发展的文化根源。为此，马克思曾指出，"要了解一个限定的历史时期，必须跳出它的局限，把它与其他历史时期相比较"①。正是基于对科学技术及其演进历程的重视，马克思、恩格斯一生都花费了相当多的心血钻研科学史与技术史。概而言之，马克思偏重于技术史研究，而恩格斯则侧重于科学史的探究。

（1）追溯科学发展史。

科学史是人类文明史的重要组成部分。马克思、恩格斯在多个论域都触及科学史的内容。恩格斯在《自然辩证法》《反杜林论》等著作中较为系统地梳理了自然科学发展史。在《自然辩证法》"1878 年的计划"中，恩格斯就是通过对自然科学各门类演变历程的考察，力图说明形而上学自然观形成的原因以及辩证唯物主义自然观确立的必然性。他说："在自然科学中，由于它本身的发展，形而上学的观点已经成为不可能的了。"②在《自然辩证法》的"导言""札记和片断"等部分，通过概述自然科学发生和演变的历程及其社会文化背景，恩格斯为我们描绘了近代自然科学的来龙去脉。"现代的自然研究同古代人的天才的自然哲学的直觉相反，同阿拉伯人的非常重要的、但是零散的并且大部分已经毫无结果地消失了的发现相反，它唯一地达到了科学的、系统的和全面的发展"③。

尽管马克思、恩格斯不是科学技术史专家，但他们的理论研究工作却是在考察科学史与技术史的基础上展开的。例如，恩格斯认为，自然科学的发生和发展源于社会生产发展的推动。这是第二次技术革命之前科学发展的基本特征。因此，"必须研究自然科学各个部门的**循序发展**。首先是

---

① 马克思恩格斯全集：第 44 卷. 北京：人民出版社，1982：287.
② 马克思恩格斯选集：第 4 卷. 北京：人民出版社，1995：259.
③ 同②260.

**天文学**——游牧民族和农业民族为了定季节，就已经绝对需要它。天文学只有借助于**数学**才能发展。因此数学也开始发展。——后来，在农业的某一阶段上和在某些地区（埃及的提水灌溉），特别是随着城市和大型建筑物的出现以及手工业的发展，有了**力学**。不久，力学又成为**航海**和**战争**的需要。——力学也需要数学的帮助，因而它又推动了数学的发展。可见，科学的产生和发展一开始就是由生产决定的。……如果说，在中世纪的黑夜之后，科学以意想不到的力量一下子重新兴起，并且以神奇的速度生长起来，那么，我们要再次把这个奇迹归功于生产"①。

恩格斯关于自然科学的哲学研究的许多重要结论，都是在归纳概括科学史实的基础上得出的。例如，对于形而上学的思维方式形成的历史背景，恩格斯指出："精确的自然研究只是在亚历山大里亚时期的希腊人那里才开始，而后来在中世纪由阿拉伯人继续发展下去；可是，真正的自然科学只是从 15 世纪下半叶才开始，从这时起它就获得了日益迅速的进展。把自然界分解为各个部分，把各种自然过程和自然对象分成一定的门类，对有机体的内部按其多种多样的解剖形态进行研究，这是最近 400 年来在认识自然界方面获得巨大进展的基本条件。但是，这种做法也给我们留下了一种习惯：把自然界中的各种事物和各种过程孤立起来，撇开宏大的总的联系去进行考察，因此，就不是从运动的状态，而是从静止的状态去考察；不是把它们看作本质上变化的东西，而是看作永恒不变的东西；不是从活的状态，而是从死的状态去考察。这种考察方法被培根和洛克从自然科学中移植到哲学中以后，就造成了最近几个世纪所特有的局限性，即形而上学的思维方式。"② 再如，关于认识的相对性也是如此。他说道："真理是在认识过程本身中，在科学的长期的历史发展中，而科学从认识的较

---

① 马克思恩格斯选集：第 4 卷．北京：人民出版社，1995：279 - 280．
② 马克思恩格斯全集：第 25 卷．北京：人民出版社，2001：387．

低阶段向越来越高的阶段上升，但是永远不能通过所谓绝对真理的发现而达到这样一点，在这一点上它再也不能前进一步，除了袖手一旁惊愕地望着这个已经获得的绝对真理，就再也无事可做了。"①

正是在回顾科学史，梳理康德—拉普拉斯星云假说、赖尔的地质渐变论、能量守恒与转化定律、维勒人工合成尿素、细胞学说、生物进化论等科学成果的基础上，恩格斯形成了辩证唯物主义的自然观。"直到上一世纪末，自然科学主要是**搜集材料的**科学，关于既成事物的科学，但是在本世纪，自然科学本质上是**整理材料的**科学，是关于过程、关于这些事物的发生和发展以及关于联系——把这些自然过程结合为一个大的整体——的科学。……首先是三大发现使我们对自然过程的相互联系的认识大踏步地前进了……由于这三大发现和自然科学的其他巨大进步，我们现在不仅能够说明自然界中各个领域内的过程之间的联系，而且总的说来也能说明各个领域之间的联系了，这样，我们就能够依靠经验自然科学本身所提供的事实，以近乎系统的形式描绘出一幅自然界联系的清晰图画。"② 随着形而上学自然观不断地被科学进展所打破，到 18 世纪中叶，"新的自然观就其基本点来说已经完备：一切僵硬的东西溶解了，一切固定的东西消散了，一切被当做永恒存在的特殊的东西变成了转瞬即逝的东西，整个自然界被证明是在永恒的流动和循环中运动着"③。

（2）追溯技术发展史。

马克思对技术活动的探究服务于他分析资本主义经济活动的需要；同时，严谨的学风又促使马克思学习和了解实际的生产工艺流程，追溯了分工、机器等技术形态的发展历程。因此，"要研究精神生产［IX—409］和

---

① 马克思恩格斯选集：第 4 卷．北京：人民出版社，2012：222 - 223.
② 同①251 - 252.
③ 马克思恩格斯选集：第 3 卷．北京：人民出版社，2012：855 - 856.

物质生产之间的联系，首先必须把这种物质生产本身不是当作一般范畴来考察，而是从**一定的历史的**形式来考察"①。最晚从 1851 年起，马克思就开始了对工艺学及其历史的系统学习和研究。他在致恩格斯的信中写道："你必须把对蒲鲁东的看法告诉我，简单点也行。我现在正从事经济学的研究，所以对此尤其感兴趣。近来我继续上图书馆，主要是钻研工艺学及其历史和农学，以求得至少对这玩意儿有个概念"②。马克思学习和研究工艺学史的成果就是有名的《工艺学笔记》。事实上，马克思对工艺学及其历史的研究至少持续了 20 年以上，这可以从他的《1857—1858 年经济学手稿》、《1861—1863 年经济学手稿》以及《资本论》第二、三卷等晚期著作和书信中间接地反映出来。

除认真钻研文献资料外，对于具体的技术问题，马克思也总是抱着谦虚的态度，虚心向他人请教；有时，他还到大学里旁听，以丰富自己的技术知识。例如，1863 年 1 月 24 日马克思写信向恩格斯请教："我在动手写我的书关于机器的一节时，遇到一个很大的困难。我始终不明白，走锭精纺机怎样改变了纺纱过程，或者确切些说，既然从前已经采用了蒸汽力，那末现在除了蒸汽力以外，纺纱工人的动力职能表现在哪里？如果你能给我说明这一点，我就十分高兴。"③ 在发出这封信后的第四天，马克思又写信向恩格斯进一步澄清所提及的问题："在上一封信中，我曾向你问过自动走锭纺纱机的事。问题是这样：在这种机器发明**以前**，所谓的纺纱工人是用什么方法操作的？自动走锭纺纱机我明白，但是它以前的状况我就不清楚了。"④ 从这些信件中，不难看出当年马克思对技术问题的浓厚兴趣以及锲而不舍的求索精神。

---

① 马克思恩格斯全集：第 33 卷. 北京：人民出版社，2004：346.
② 马克思恩格斯全集：第 48 卷. 北京：人民出版社，2007：412.
③ 马克思恩格斯全集：第 30 卷. 北京：人民出版社，1974：313.
④ 马克思恩格斯选集：第 4 卷. 北京：人民出版社，2012：444.

马克思认为，技术自诞生以来就一直处于进化发展之中。概括地说，工业革命之前，产业技术的需求刺激和引导着科学的发展；以电力应用为标志的第二次技术革命之后，科学开始超越产业技术发展的实际需要，成为牵引生产与技术发展的火车头。"科学就是靠这些发明来驱使自然力为劳动服务，劳动的社会性质或协作性质也由于这些发明而得以发展。"① 特别是"随着资本主义生产的扩展，**科学因素**第一次被有意识地和广泛地加以发展、应用并体现在生活中，其规模是以往的时代根本想象不到的"②。在资本主义生产基础上出现的科学与技术的合流，又是以科学、技术与生产的分化发展为前提的。"**科学成为**与劳动相对立的、服务于资本的**独立力量**，一般说来属于**生产条件成为**与劳动相对立的**独立力量**这一范畴。并且正是科学的这种分离和独立（最初只是对资本有利），同时成为**发展科学**和知识的**潜力的条件**。"③

当代美国著名学者 N. 罗森伯格在谈及这一点时也指出："马克思是技术的仔细的学生，这是他成功地分析了社会变迁的一个主要原因。马克思不仅完全知道，而且坚持技术的历史重要性和社会后果。马克思额外投入大量时间和精力来清晰地阐述技术的显著特征，努力揭示和检查个体技术的内部逻辑。他坚持认为技术不仅对技术家，而且对社会的和社会病理学的学生来说都构成了一项有趣的主题"④。1850—1858 年，马克思除了研究大量的政治经济学著作外，还详尽地研读了贝克曼、波佩、李比希、约翰逊、莱特麦耶尔、尤尔、拜比吉等人有关科学技术、工艺学和自然科学方面的著作⑤，极大地改善了他的知识结构，开阔了他的理论视野，为日

---

① 马克思恩格斯全集：第 21 卷 . 北京：人民出版社，2003：184.
② 马克思恩格斯文集：第 8 卷 . 北京：人民出版社，2009：359.
③ 同②366.
④ Rosenberg Nathan. Inside the Black Box. Cambridge：Cambridge University Press，1982：34.
⑤ ［苏］A. A. 库津 . 马克思与技术问题 . 蒋洪举，译 . 秋子，校 . 科学史译丛，1981（1）.

后在经济学手稿中分析科学技术与生产力的关系等重要问题，做了思想上和材料上的准备。

**2. 学科史与学术史的回溯**

马克思、恩格斯关于科学史与技术史的讨论，并不是仅仅停留在"通史"层面上，也不是只讨论自然科学史，而是深入到了学科史和社会科学史层面。通过对许多学科史与学术史的回溯，既丰富了他们的科学史与技术史思想，也为他们的理论研究工作奠定了坚实的基础。

在马克思、恩格斯看来，从学科史入手，是了解学科属性、特征与发展现状的捷径，也是从事学术研究的基础。他们注重对每一学科历史的追溯，这可从《数学手稿》的"关于微分学的历史""鲍波《从最古到最新时代的数学史》一书的摘录""马克思恩格斯通信及其他著作的一些摘录"等部分内容中反映出来。[①] 从马克思在 1864 年 4 月 14 日致莱昂·菲力浦斯的信中，不难看出他对数学史的关注程度。"在博物馆里，我在博埃齐（他是民族大迁徙时期的著作家）《论算术》一书中读到关于古罗马人的除法（他当然不知道**任何其他除法**）。从这本书以及其他我用来与之相比较的一些著作中，可以看出：不太大的计算，例［如］在家庭开支和商业中，从来不用［数字］而只用石子和其他类似的标记在算盘上进行。在这种算盘上定出几条平行线，同样几个石子或其他显著的标记在第一行表示几个，在第二行表示几十，在第三行表示几百，在第四行表示几千，余类推。这种算盘几乎整个中世纪都曾使用，直到今天中国人还在使用。至于更大一些的数学计算，则在有这种需要之前古罗马人就已经有了乘法表或毕达哥拉斯表，诚然，这种表还很不方便，还很繁琐，因为这种表一部分是用特殊符号，一部分是用［希腊］字母（后用罗马字母）编制成的。……在作

---

① ［德］马克思. 数学手稿. 北京：人民出版社，1975：85-137，204-229.

很大的计算时，旧方法造成不可克服的障碍，这一点从杰出的数学家阿基米得所变的戏法中就可以看出来。"① 此外，他们还对物理学、化学、天文学、生物学、地质学等学科甚至分支学科的历史，进行了追溯和梳理。

马克思、恩格斯的学术研究更是立足于考察学术发展史、继承前人优秀成果的基础之上的。正是在吸收和改造包括德国古典哲学、英国古典经济学和19世纪的三大空想社会主义学说在内的一切人类优秀文化遗产的基础上，他们才创立了马克思主义理论体系。例如，马克思《资本论》的研究和写作前后持续了40年，在这一过程中，他系统梳理和追溯了资产阶级政治经济学各流派、代表人物、观点的流变。只要翻开《资本论》第四卷（剩余价值理论）各册目录②、《政治经济学批判》（1857—1858年草稿)③，翻阅《詹姆斯·穆勒〈政治经济学原理〉一书摘要》《评弗里德里希·李斯特的著作〈政治经济学的国民体系〉》等著作④，就不难看出马克思对"政治经济学说史"了解的深度和广度。正是批判地吸收了英国古典经济学的积极成果，在占有丰富学术资料的基础上，马克思解剖了资本主义生产方式，形成了科学的劳动价值论和剩余价值理论，创立了马克思主义的政治经济学。

再如，从1850年底开始，恩格斯学习和研究军事问题，成果颇丰，成就了他"哲人军事家"的美誉。其实，恩格斯的军事学术生涯也是从学习军事知识、梳理军事发展史开始的。这可从他在1851年6月19日致约·魏德迈的信中可见一斑："这里现有的关于拿破仑战争和部分革命战争的材料要求事先了解很多历史细节，可是我对这些完全不了解或者只是了解得很肤浅，有关这些细节不是根本得不到解释，就是只能得到一些极

① 马克思恩格斯全集：第30卷. 北京：人民出版社，1974：650.
② 马克思恩格斯全集：第26卷（Ⅰ、Ⅱ、Ⅲ）. 北京：人民出版社，1972、1973、1974.
③ 马克思恩格斯全集：第26卷（Ⅰ、Ⅲ）. 北京：人民出版社，1972、1974.
④ 马克思恩格斯全集：第42卷. 北京：人民出版社，1979：5-42，239-271.

为肤浅的解释，而且还要费很大的劲去搜罗它们。自学往往是空话，如果不是系统地钻研，那就学不到什么正经的东西。……我是说要一般地熟悉各个军事部门所必需的基本知识，了解和正确评价军事史实所必需的细节知识。例如，基本战术，筑城原理（多少带历史性的，包括从沃邦到现代独立堡垒的各种体系）以及对野战工事和其他有关军事工程问题（如各种类型的桥梁等等）的研究；还有一般的军事科学史和由于武器及其使用方法的发展和改进而引起的变化的历史。再就是需要认真熟悉炮兵学，因为我已经忘了不少，而且有些我根本不知道"①。

### 3. 工艺（技术）史的梳理与考察

与德文"Technik"或英文"technic、technique"的含义不同，德文"Technologie"或英文"technology"的含义比较复杂，既可以翻译为"（一门）技术、科技"，也可以翻译为"工艺学、工业技术、技术设备、工艺方法、技术应用"等。这可能与西方人对技术活动过程的早期认识主要来源于手工业生产实践有关。正是基于这一词语含义的特点，我国学者在翻译马克思、恩格斯著作时，采取了一词多义、灵活多样的翻译方式。这可从中共中央马克思恩格斯列宁斯大林著作编译局马恩室编译的《马克思恩格斯全集名目索引》中，"技术和工艺学（Техникаи Технология，Technik und Technologie）"条目的编排方式看出。《马克思恩格斯全集》的翻译者把"技术"与"工艺学"等同使用，意在向世人表明，在西方文化传统中，"技术"与"工艺学"在语义上是密不可分的，可以互换使用。其实，从广义技术视角看，工艺具有技术属性，是技术的一种具体表现形式。

工艺就是对原材料或半成品进行加工，使之转化为产品的方法、程

---

① 马克思恩格斯全集：第48卷. 北京：人民出版社，2007：292.

序、标准、规范等。从技术史角度看，工艺源于手艺，是在手工业生产实践经验、技巧的基础上形成和发展起来的，是生产流程标准化、科学化、定型化的产物。在手工业生产阶段，手艺主要表现为劳动者在生产过程中积累起来的操作经验和技艺，带有不定型的个性特征。"正是父传子、子传孙一代一代积累下来的特殊熟练，才使印度人具有蜘蛛一样的技艺。"①近代以来，随着工业生产过程与产品结构的复杂化，以及以机器为核心的工艺流程技术形态的出现，传统的以经验摸索为基础的手艺技术发展模式逐渐失去了优势，工艺活动也开始转化为技术认识的对象。同时，科学的发展及其向生产领域的渗透，使工艺逐步成为科学应用的重要领域。工艺活动也逐步转化为科学研究的对象，进而演变为一门综合性的技术科学——工艺学。

马克思曾倡导写一部以进化论学说为参照的工艺史评著。"如果有一部考证性的工艺史，就会证明，18 世纪的任何发明，很少是属于某一个人的。可是直到现在还没有这样的著作。达尔文注意到自然工艺史，即注意到在动植物的生活中作为生产工具的动植物器官是怎样形成的。社会人的生产器官的形成史，即每一个特殊社会组织的物质基础的形成史，难道不值得同样注意吗？"② 1848—1863 年间，为了揭示资本增殖的秘密，马克思以英国工业革命和机器大工业为背景，花费了大量时间研究技术史、机器、劳动、分工等具体技术问题，阅读和研究了大量的工艺学史文献资料。

在 1863 年 1 月 28 日从伦敦寄给远在曼彻斯特的恩格斯的信件中，马克思写道："我正在对论述机器的这一节作些补充。在这一节里有些很有趣的问题，我在第一次整理时忽略了。为了把这一切弄清楚，我把我关于工艺学的笔记（摘录）全部重读了一遍，并且去听威利斯教授为

① 马克思恩格斯全集：第 44 卷. 北京：人民出版社，2001：395.
② 同①428 - 429，脚注 89.

工人开设的实习（纯粹是实验）课（在杰明街地质学院里，赫胥黎也在那里讲过课）。"① 可见，马克思十分重视对工艺学问题的探讨，并为此做了大量的笔记。"马克思关于工艺学的笔记（摘录）是许多作者的著作的详细摘要，其中包括：约·亨·摩·波佩《从科学复兴时期到十八世纪末工艺学的历史》1807—1811 年哥丁根版第 1—3 卷（J. H. M. Poppe.《Geschichteder Technologie seit der Wiederherstellung der Wissenschaften bis an das Ende des achtzehnten Jahrhunderts》. Bd. 1—3, Göttingen, 1807—1811)；安·尤尔《技术词典》，克腊马尔什和黑伦整理，1843—1844 年布拉格版，共三卷。第 1 卷（A. Ure.《Technisches Wörterbuch》. Bearbeitet von Kramarsch und Heeren. 3 vol., Prag, 1843—1844. Erster Band)；约·贝克曼《论发明史》1782—1805 年哥丁根版第 1—5 卷（J. Beckmann.《Beiträge zur Geschichte der Erfindungen》. Bd. I—V, Göttingen, 1782—1805)。"②

在马克思看来，工艺学的产生源于三个因素的共同作用：一是对技术经验的理论概括，这是技术认识发展的内在要求。二是科学研究成果向技术领域的渗透与转移，这是催生工艺学的外部诱因。"科学的应用一方面表现为靠经验传下来的知识、观察和职业秘方的集中，另一方面表现为把它们发展为科学"③。三是资本主义的快速发展为工艺学的产生准备了社会条件。"只有在这种生产方式下，才产生了只有用科学方法才能解决的实际问题。只有现在，实验和观察——以及生产过程本身的迫切需要——才达到使科学的应用成为可能和必要的那样一种规模。现在，**科学**，人类理论的进步，得到了**利用**。资本不创造科学，但是它为了生产过程的需要，利用科学，占有科学。"④

---

① 马克思恩格斯选集：第 4 卷 . 北京：人民出版社，2012：444.
② 马克思恩格斯全集：第 30 卷 . 北京：人民出版社，1974：735.
③ 马克思恩格斯文集：第 8 卷 . 北京：人民出版社，2009：358.
④ 同③357.

马克思曾深入探究过许多产业技术的发展历史，形成了内容丰富的《工艺学笔记》。通过对钟表和磨的发展历史的考察，他指出："在工场手工业内部为机器工业做好准备的有两种物质基础，即**钟表**和**磨**（最初是磨谷物的磨，而且是水磨），二者都是从古代流传下来的。"① 他认为："在磨中，已经具备或多或少独立的和发展了的、相互并存的机器基本要素：动力；动力作用于其上的原动机；处于原动机和**工作机**之间的**传动机构**——轮传动装置、杠杆、齿轮等等。"② 后来的许多机器就是在磨的技术基础上发明创造的。然而，磨也不是飞来之物，而是经历了一个漫长的发生、发展过程。"在这里，我们首先可以找到按一定顺序相继采用的，而在很长时间内又是同时并用的所有种类的动力：人力、畜力、水力、船磨、风磨、马车磨（磨装在马车上，靠马车的运动来带动，在战争等时候使用），最后是蒸汽磨。同时，在磨的历史上，我们看到，从罗马时期由亚洲传入第一批水磨时起（奥古斯都时代以前不久），直到 18 世纪末美国大量建造第一批蒸汽磨为止，经历了极其缓慢的发展过程，这里的进步只是由于世世代代的经验的大量积累，而且这一进步的成果在以后也只是被零散地利用，并没有推翻旧的生产方式。"③ 可见，在这一工艺技术的演进历程中，离开了前人的技术积累，后人的发明创造就失去了现实基础。

马克思还从进化论角度深入考察了机器的发展历程。在马克思看来，"生产方式的变革，在工场手工业中以劳动力为起点，在大工业中以劳动资料为起点。因此，首先应该研究，劳动资料如何从工具转化为机器，或者说，机器和手工业工具有什么区别"④。他认为，机器并不是飞来之物，而是在手工工具的基础上逐步发展起来的。"从面粉磨的历史可以探究出

---

① 马克思恩格斯选集：第 4 卷. 北京：人民出版社，2012：445 - 446.
② 马克思恩格斯文集：第 8 卷. 北京：人民出版社，2009：338.
③ 同②333 - 334.
④ 马克思恩格斯全集：第 44 卷. 北京：人民出版社，2001：427.

机器的全部发展史。直到现在英文还把工厂叫作 mill〔磨房〕。在 19 世纪最初几十年德国的工艺学文献中还可以看到，Mühle〔磨〕一词不仅指一切用自然力推动的机器，甚至也指一切使用机器装置的手工工场。"① 再如，"机器是劳动工具的集合，但决不是工人本身的各种劳动的组合。……简单的工具，工具的积累，合成的工具；仅仅由人作为动力，即由人推动合成的工具，由自然力推动这些工具；机器；有一个发动机的机器体系；有自动发动机的机器体系——这就是机器发展的进程"②。马克思认为，机器技术至少经历了通用型工具、专门化工具、机器工具三个发展阶段。"这样，工场手工业时期也就同时创造了机器的物质条件之一，因为机器就是由许多简单工具结合而成的。"③ "在以分工为基础的工场手工业中，由这种分工所引起的劳动工具的分化、专门化和简化——它们只适合非常简单的操作——是机器发展的工艺的、物质的前提之一 ……'如果由于分工，**每一项单独的操作都使用一种简单的工具**，那么，由一个发动机推动的**所有这些工具的组合**，便成为机器。'"④

　① 马克思恩格斯全集：第 44 卷．北京：人民出版社，2001：403，**脚注** 43.
　② 马克思恩格斯选集：第 1 卷．北京：人民出版社，2012：245 – 246.
　③ 同①396.
　④ 马克思恩格斯文集：第 8 卷．北京：人民出版社，2009：326.

# 第二章　历史实践中的科学技术

　　科学技术是一种渗透力极强的社会文化活动，与其他社会文化形态之间存在着错综复杂的互动共生关系。一方面，科学技术活动总是在一定的社会文化环境中展开的，必然受到各种文化因素的影响；另一方面，作为文化形态的科学技术的发展，又会对其他社会文化生活产生广泛的影响。正是从这一基本观念出发，马克思展开了对科学技术形态及其发展过程的剖析。

## 一、生产实践中的科学技术

　　生产实践是人类最原始的实践活动形态，它既是孕育科学与技术的"母体"，也是科学与技术成长的"沃土"。在人类发展史上，生产实践活动从一开始就是建立在技术基础之上的，因而其发展也得益于科学与技术的进步。

**1. 分工、协作与劳动技术**

劳动的观点是马克思主义最重要的观点，科学的劳动范畴是马克思主义理论体系的基石，是马克思主义三个组成部分统一的枢纽，也是唯物史观与技术思想的真正发源地。"任何一个民族，如果停止劳动，不用说一年，就是几个星期，也要灭亡，这是每一个小孩子都知道的。小孩子同样知道，要想得到与各种不同的需要量相适应的产品量，就要付出各种不同的和一定量的社会总劳动量。"① 可以说，一部社会发展史就是一部劳动发展史。马克思正是"在劳动发展史中找到了理解全部社会史的锁钥"②。技术的发生和发展一开始就是由劳动决定的，劳动一开始就是在技术基础上展开的，并随着技术的进步而发展的。

（1）分工及其技术。

分工是人类劳动的重要方式，也是马克思探究社会发展规律的基础环节。马克思十分重视对分工问题的研究，常常把对分工问题的剖析作为展开其理论体系的逻辑起点。在马克思不同时期的许多重要著作中，都可以看到他对分工问题的专门论述。例如，在《1844 年经济学哲学手稿》的"需要、生产和分工"一节，在《哲学的贫困》的"分工和机器"一节，在《德意志意识形态》的"费尔巴哈"一节，在《资本论》（第 1 卷）的"协作""分工和工场手工业"两章的著述中，都从不同侧面讨论了分工问题。马克思对分工问题的分析，是以资本主义生产方式的形成和确立为背景的。在《资本论》等著作中，他详细讨论了由家庭手工业、工场手工业到机器大工业的发展历程，贯穿这一分析活动的主线就是劳动分工的发展，这也是工场手工业过渡到机器大工业的条件与路径。

通常，人们是在名词（division of labor）和动词（divide the work）

---

① 马克思恩格斯选集：第 4 卷．北京：人民出版社，2012：473.

② 同①265.

意义上使用"分工"一词的，前者可看作后者运动的结果。"分工"一词有两层含义："到目前为止的一切生产的基本形式是分工，一方面是社会内部的分工，另一方面是每一单个生产机构内部的分工。"① "第一类分工是社会劳动分成不同的劳动部门；第二类分工是在生产某个商品时发生的分工，因而不是社会内部的分工，而是同一个工厂内部的社会分工。"② 前者就是所谓的社会分工（一般的、特殊的分工），后者则特指对劳动过程的划分（个别分工）。其实，二者密切相关，前者是以后者为基础的。"(1) 这种分工以社会分工为前提。只是由于在商品交换中发展起来的社会劳动的分化，不同的劳动部门才互相分离，使每个特殊部门从事专门劳动，在这种专门劳动内部又会发生分工，专门劳动的分解。(2) 同样也很清楚，第二类分工又必然会发生反作用，扩大第一类分工。**首先**，因为第二类分工与所有其他的生产力的共同之处，就是会缩短生产某种使用价值所需要的劳动，因而就为一个新的社会劳动部门腾出了劳动。**其次**，——这是第二类分工所特有的，——因为第二类分工能够通过它的分解过程把一个专业划分为若干部分，结果是**同一个使用价值**的各个**组成部分**现在可以被当作彼此互相独立的不同商品来生产，或者也可以说，**同一个使用价值的不同种类**，过去属于同一个生产领域，现在由于个别生产领域的分解而属于不同的生产领域。"③ 纵观人类发展史，劳动方式可划分为三种基本形态：一是个体劳动方式，二是简单协作劳动方式，三是分工协作劳动方式。人类生产劳动一开始就是社会性的活动，分工是人类生产劳动的社会化形式，是在劳动者的生理差异、社会商品交换方式、生产资料发展状况等条件下展开的，存在于社会生产活动之中，并随着社会生产的发展而

---

① 马克思恩格斯选集：第 3 卷 . 北京：人民出版社，2012：677.
② 马克思恩格斯全集：第 32 卷 . 北京：人民出版社，1998：305.
③ 同②304.

演变。

在生产劳动过程中，分工以解决"如何划分和优化劳动过程"问题为核心，泛指分别从事各种不同而又互相关联和补充的工作，所形成的是分工技术形态。它是从劳动者与生产资料的具体特点出发，将二者合理分割、优化组合、有机串联，以谋求高效率地实现劳动目的的独特技术形态。"分工是生产**同一种商品**的**各个不同**部分的许多工人在一个资本的指挥下的协作，其中商品的每一个特殊部分要求一种特殊的劳动，即特殊的操作，每一个工人或每一组工人，只是完成某种特殊的操作，别的工人完成其他的操作。"[①] 而且，"分工和结合在这里互为条件。一个商品的总生产过程现在表现为某种结合的操作，许多操作的混合，这些操作互不依赖，但又能够互相补充，**能够同时**并存地进行。在这里，各种不同过程的相互补充不是在将来而是在现在进行了，结果是商品在一端开始生产时在另一端就会获得完成形态"[②]。可见，分工协作具有劳动方式的特征，既涉及劳动的物质技术基础、劳动者技巧，又涉及劳动者之间的组织与结合关系，是一种比机器技术、劳动技能更为高级的技术形态。我们不能只注重劳动过程中的工具、机器、劳动技能等技术因素，也不能只看到具体的分工现象，而更应当看到分工的技术属性，把分工视为一种组织技术形态。

马克思认为，正是基于对分工技术属性与效率的认识，资本家才有意识地保留和推进分工技术的发展。"以分工为基础的协作或工场手工业，最初是自发地形成的。一旦它得到一定的巩固和扩展，它就成为资本主义生产方式的有意识的、有计划的和系统的形式。真正工场手工业的历史表明，工场手工业所特有的分工最初是如何根据经验，好像背着当事人获得

---

① 马克思恩格斯全集：第32卷．北京：人民出版社，1998：301.
② 同①317.

适当的形式，但后来是如何像行会手工业那样，力图根据传统把一度找到的形式保持下来，在个别场合甚至把它保持了几百年。"①

（2）协作及其技术。

马克思认为："许多人在同一生产过程中，或在不同的但互相联系的生产过程中，有计划地一起协同劳动，这种劳动形式叫作协作"②。协作是一种古老的集体劳作方式，可以追溯到远古时代。"在人类文化初期，在狩猎民族中，或者例如在印度公社的农业中，我们所看到的那种在劳动过程中占统治地位的协作，一方面以生产条件的公有制为基础，另一方面，正像单个蜜蜂离不开蜂房一样，以个人尚未脱离氏族或公社的脐带这一事实为基础。这两点使得这种协作不同于资本主义协作。在古代世界、中世纪和现代的殖民地偶尔采用的大规模协作，以直接的统治关系和奴役关系为基础，大多数以奴隶制为基础。"③

协作有两种基本形式，即简单协作与复杂协作（或分工协作）。简单协作以个体劳动为基础，其特点是众多劳动者共同参与同一生产过程，协同合作，但彼此没有细致的分工；复杂协作以分工为基础，其特点是许多劳动者在共同劳动时，已经出现了对劳动过程或劳动对象的合理、有序分割，形成了固定分工。马克思系统分析了协作尤其是资本主义早期的简单协作方式，指出与个体劳动方式相比，协作具有多种优越性。例如，"与同样多的人分散劳动相比，通过协作能够在较短的时间里生产出同一些东西，或者说通过协作能够生产出在另一些情况下是根本不可能生产的使用价值"④；"和同样数量的单干的个人工作日的总和比较起来，结合工作日可以生产

---

①　马克思恩格斯全集：第44卷．北京：人民出版社，2001：421．
②　同①378．
③　同①388．
④　马克思恩格斯全集：第32卷．北京：人民出版社，1998：292．

更多的使用价值，因而可以减少生产一定效用所必要的劳动时间"①。

协作是人们为了有效地实现一定的劳动目的而创造出来的一种具体劳动方式，具有技术属性与特点，可称为协作技术形态。例如，众多"瓦匠站成一排，把砖从脚手架的下面传到上面，虽然每个人都做同一件事情，但是这些单个操作构成一个总操作的连续部分，成为每块砖在劳动过程中必须通过的各个特殊阶段"②。与今天的传送带运输技术形态相比，除运行原理、材料、构成等方面的差异外，这两类运输体系在功能上是一致的。为什么我们只把后者称为技术系统，而却不愿意肯定前者的技术属性呢？

从技术构成角度看，协作技术可表述为：为了实现一定的生产目的，依据劳动对象的属性或生产流程的需要，把众多劳动者按一定比例进行调配和并联排布，构成协同努力的集体劳作机制。"协作首先是许多工人为生产同一个成果、同一个产品、同一个使用价值（或同一个效用）而实行的直接的——不以**交换**为中介的——**协同行动**。……工人按上述方式集中在同一地方，同时进行劳动，从事**同一种**操作而不是不同的操作，但是要求他们同时行动，以便能达到一定的结果，或者说在一定的时间内达到这一结果。"③在简单协作过程中，虽然众多劳动者共同参与同一生产活动，围绕同一生产目的协同努力，但每一个劳动者所完成的动作系列，与他独立从事同类个体劳动时并无实质性改变。"许多从事同一个或同一类工作（例如造纸、铸字或制针）的手工业者，同时在同一个工场里为同一个资本所雇用。这是最简单形式的协作。每个这样的手工业者（可能带一两个帮工）都制造整个商品，因而顺序地完成制造这一商品所需要的各种操作。他仍然按照原有的手工业方式进行劳动。"④

---

①　马克思恩格斯全集：第 44 卷．北京：人民出版社，2001：382．

②　同①379．

③　马克思恩格斯全集：第 32 卷．北京：人民出版社，1998：289．

④　同①391．

协作技术以单个劳动者独立完成生产全过程为基础，创造出了新的组织机制和生产力。"这里的问题不仅是通过协作提高了个人生产力，而且是创造了一种生产力，这种生产力本身必然是集体力。……许多力量融合为一个总的力量而产生的新力量。"① 马克思引述阿伯思诺特的著作以证明自己的观点，"因为在收获时期和许多其他要求**上述相对人数**的紧急工作上，**把许多劳动力结合在一起**，工作就会做得更好更快。例如在收获工作上，2人赶车，2人装车，2人传送，2人使耙，其余的人安排在禾堆上或谷仓内，他们一起**干完的活要比同样多的人分成组分别在各个农场里所干完的活多一倍**"②。"在简单协作中起作用的只是人力的总合。具有许多眼睛、许多手臂等等的巨大的怪人代替了只具有一双眼睛等等的个人。"③这就是"整体大于部分之和"的道理，究其原因就在于各劳动单元之间形成了协同耦合的运作机理。正如弓箭不同于弓、弦、箭的简单叠加，而是出现了弓箭的力学构造一样；协作也超出了个体劳动者的简单累积，形成了新的协作技术机理及其功能。协作的优越性或协作效应正是协作技术机理所赋予的。

在马克思看来，协作技术结构简单，是分工等社会技术展开的基础。"协作是**一般形式**，这种形式是一切以提高社会劳动生产率为目的的社会组合的基础，并在其中任何一种组合形式中得到进一步的专业划分。但同时协作本身又是一种与它更发展的、更具有专业划分的形式并存的**特殊**形式（正如它是超出它以前的发展阶段的一种形式一样）。**协作**作为一种与它自己的进一步的发展阶段或专业划分不同的、并与这些发展阶段相区别、相分离而**存在**的形式，是最原始的、最简单的和最抽象的协作形式，

① 马克思恩格斯全集：第44卷.北京：人民出版社，2001：378-379.
② 马克思恩格斯全集：第48卷.北京：人民出版社，1985：475.
③ 马克思恩格斯全集：第32卷.北京：人民出版社，1998：293.

但是就它的简单性、它的简单形式来说，它始终是它的一切较发展的形式的基础和前提。"①

（3）劳动技术形态。

劳动总是在一定的技术基础上展开的。怎样劳动？如何劳动才最有效？本身就构成了一个技术问题，劳动技术就是围绕这些实际问题的解决展开的。劳动在时间上展现出来的活动"序列"，或在空间中形成的活动"方式"或"机制"就是劳动技术形态。

劳动是一个多因素协同推进的过程，劳动技术就是这些因素的协同互动机制。"劳动过程的简单要素是：有目的的活动或劳动本身，劳动对象和劳动资料。"② 有目的的劳动者是劳动技术的核心要素，"在劳动过程中，人的活动借助劳动资料使劳动对象发生预定的变化。过程消失在产品中。……劳动与劳动对象结合在一起。劳动对象化了，而对象被加工了"③。劳动者是劳动过程的发动者，他以自身的体力与智力组织和驾驭劳动过程。"现实劳动把工具作为自己的手段来占有，把材料作为自己活动的材料来占有。现实劳动就是把这些对象作为劳动本身的活的机体，劳动本身的器官来占有的过程。"④ 劳动者正是通过对这些劳动因素的组织与驾驭，才形成了现实的生产力。

劳动资料是劳动得以开展的物质基础。"这种劳动能力之所以发挥作用，是因为它与对象因素处于接触、过程和联系中，没有这些因素，劳动能力就不可能实现。可以把这些因素统称为**劳动资料**。然而劳动资料本身有必要分为被加工的对象，我们把它叫作**劳动材料**，和真正的**劳动资料**，即这样一种对象（这种对象无须是一种工具，它可以是例如化

---

① 马克思恩格斯全集：第 32 卷 . 北京：人民出版社，1998：289.
② 马克思恩格斯全集：第 44 卷 . 北京：人民出版社，2001：208.
③ 同②211.
④ 同①64.

学过程），它被人类的劳动、活动当作手段置于自身和劳动材料之间用来传导人的活动。"① 劳动资料也是生产力的构成要素，"劳动生产力是由多种情况决定的，其中包括：工人的平均熟练程度，科学的发展水平和它在工艺上应用的程度，生产过程的社会结合，生产资料的规模和效能，以及自然条件"②。

在马克思看来，劳动对象可以划分为两大类：天然存在的劳动对象与原料。"所有那些通过劳动只是同土地脱离直接联系的东西，都是天然存在的劳动对象。例如从鱼的生活要素即水中分离出来的即捕获的鱼，在原始森林中砍伐的树木，从地下矿藏中开采的矿石。相反，已经被以前的劳动可以说滤过的劳动对象，我们称为原料。例如，已经开采出来正在洗的矿石。一切原料都是劳动对象，但并非任何劳动对象都是原料。劳动对象只有在它已经通过劳动而发生变化的情况下，才是原料。"③ 从社会劳动过程来看，一个劳动过程的产品也可以是另一个劳动过程的对象。"除了原料生产以外，劳动材料本身总是已经通过了过去劳动过程的。在一个劳动部门中表现为劳动材料，从而表现为原材料的东西，在另一个劳动部门中表现为结果。甚至大多数被看作自然产物的东西，例如现在被人们利用并重新生产出来的现有形式的植物和动物，也是经过许多世代、在人的控制下、借助人的劳动而发生变化的结果。"④

作为劳动的组织者和实施者，劳动者全身心地投入劳动过程，既需要体力的支出，更需要智力、意志、技能等因素的协同与参与。"单个人如果不在自己的头脑的支配下使自己的肌肉活动起来，就不能对自然发生作用。正如在自然机体中头和手组成一体一样，劳动过程把脑力劳动和体力

---

① 马克思恩格斯全集：第 32 卷. 北京：人民出版社，1998：61.
② 马克思恩格斯全集：第 44 卷. 北京：人民出版社，2001：53.
③ 同②209.
④ 同①62.

劳动结合在一起了。"① "如果把生产活动的特定性质撇开，从而把劳动的有用性质撇开，劳动就只剩下一点：它是人类劳动力的耗费。尽管缝和织是不同质的生产活动，但二者都是人的脑、肌肉、神经、手等等的生产耗费，从这个意义上说，二者都是人类劳动。"② 其实，劳动可分为简单劳动与复杂劳动，二者在体力与智力的消耗以及价值创造方面，都存在着明显的差异。"比较复杂的劳动只是**自乘的**或不如说**多倍的**简单劳动，因此，少量的复杂劳动等于多量的简单劳动。"③ 其实，这一差异根源于劳动技术的不同。

劳动是人的有目的、有计划的活动，具有构思、设计、纠错等智能特征。"我们要考察的是专属于人的那种形式的劳动。蜘蛛的活动与织工的活动相似，蜜蜂建筑蜂房的本领使人间的许多建筑师感到惭愧。但是，最蹩脚的建筑师从一开始就比最灵巧的蜜蜂高明的地方，是他在用蜂蜡建筑蜂房以前，已经在自己的头脑中把它建成了。劳动过程结束时得到的结果，在这个过程开始时就已经在劳动者的表象中存在着，即已经观念地存在着。"④ 劳动者的智力不仅体现在劳动的组织与优化上，而且也体现在劳动产品的构造与功能方面。"生产交换价值的劳动实现在作为一般等价物的商品的相同性上，而作为有目的的生产活动的劳动实现在商品的使用价值的无限多样性上。"⑤ "无限多样"的劳动产品都是劳动者智慧创造的成果。

劳动也需要劳动者具备必要的操作技能，而这些技能又是可以通过后天学习和训练获得的。"为改变一般人的本性，使它获得一定劳动部门的

---

① 马克思恩格斯全集：第 44 卷．北京：人民出版社，2001：582.
② 同①57.
③ 同①58.
④ 同①208.
⑤ 马克思恩格斯全集：第 31 卷．北京：人民出版社，1998：428.

技能和技巧，成为发达的和专门的劳动力，就要有一定的教育或训练，而这又得花费或多或少的商品等价物。劳动力的教育费用随着劳动力性质的复杂程度而不同。"① 同时，劳动者还需要意志、恒心等非智力因素的支撑，才能保证劳动目的的有效实现。"除了从事劳动的那些器官紧张之外，在整个劳动时间内还需要有作为注意力表现出来的有目的的意志，而且，劳动的内容及其方式和方法越是不能吸引劳动者，劳动者越是不能把劳动当作他自己体力和智力的活动来享受，就越需要这种意志。"②

### 2. 产业技术与管理技术

生产什么？如何生产？始终是社会物质生产活动的轴心，也是孕育和催生产业技术的温床。物质生产活动所建构起来的技术体系就是产业技术，它是社会生产实践活动的现实基础，直接决定着经济活动效益的高低。马克思从分析资本主义生产的特点与发展规律出发，重点剖析了农业技术、手工业技术、工业技术形态，同时讨论了畜牧业技术、运输技术、建筑技术等产业技术形态，形成了相对完整的产业技术思想。

（1）产业技术形态。

马克思生活在人类农业文明向工业文明过渡的历史大变革时期，农业对工业发展的支撑作用，使马克思一开始就注重探究农业问题。农业生产就是变革和控制影响农作物生长的因素，模拟和营造有利于农作物丰产的良好自然环境。农业技术则是在漫长的农业生产实践中逐步创造出来的，是农业生产经验的凝结与外化。

从内涵角度看，农业技术就是从气候、土壤等自然条件出发，依据农作物繁衍规律，对农作物繁育过程或种质进行人工干预，由促进农作物丰产的耕作、栽培、管护、收获等环节，以及生产资料及其应用程序等要素

---

① 马克思恩格斯全集：第 44 卷. 北京：人民出版社，2001：200.
② 同①208.

构成的有机体系。"农业是一种特殊生产方式，因为除了机械过程和化学
过程以外，还加进了有机过程，而对自然的再生产过程只要监督和指导就
行了。"① 马克思曾在多种场合述及人们对农作物生长的技术干预，"社会
地控制自然力，从而节约地利用自然力，用人力兴建大规模的工程占有或
驯服自然力，——这种必要性在产业史上起着最有决定性的作用。如埃
及、伦巴第、荷兰等地的治水工程就是例子。或者如印度、波斯等地，在
那里人们利用人工渠道进行灌溉，不仅使土地获得必不可少的水，而且使
矿物质肥料同淤泥一起从山上流下来。兴修水利是阿拉伯人统治下的西班
牙和西西里岛产业繁荣的秘密"②。

　　从外延角度看，农业技术因农作物种类、地域、气候等因素的不同，
而表现为多种具体形态。尽管各类农业技术形态之间千差万别，但总可以
把它们归结为农艺流程技术与品种技术两大类。农艺流程技术以农作物生
长过程为组织线索展开，是由以生产资料为基础的耕作、栽培、管护、收
获等环节构成的有机体系，结构松散，可塑性与周期性较强，内容庞杂、
琐碎。品种技术是指改良农作物种质的选种、育种方法，以及仪器设备及
其操作程序等构成的有机体系，兼有农艺流程技术形态的特点，集约程度
相对较高，科学性较强。③

　　随着资本主义的发展，小农生产方式阻碍着工业生产的发展，阻碍着
先进农业技术的推广应用，是一种过时的生产方式。"在小块土地制度下，
土地对于它的所有者来说纯粹是**生产工具**。但是土地的肥力随着土地被分
割的程度而递减。使用机器耕作土地，分工制度，大规模的土壤改良措
施，如开凿排水渠和灌溉渠等，都越来越不可能实行，而耕作土地的**非生**

　　①　马克思恩格斯全集：第 31 卷. 北京：人民出版社，1998：124.
　　②　马克思恩格斯全集：第 44 卷. 北京：人民出版社，2001：587 – 588.
　　③　马克思恩格斯全集：第 26 卷（Ⅰ）. 北京：人民出版社，1972：175.

**产费用**却按照这生产工具本身被分割的比例而递增。"① 在马克思看来，以机器为标志的资本主义的工业化，是当时先进的生产力，它要求以大农业生产方式取代小农生产方式，建构以机械化为标志的新型农业技术形态，进而实现农业生产的工业化。② "只有大工业才用机器为资本主义农业提供了牢固的基础，彻底地剥夺了极大多数农村居民，使农业和农村家庭手工业完全分离，铲除了农村家庭手工业的根基——纺纱和织布。这样，它才为工业资本征服了整个国内市场。"③ "虽然种地的人数减少了，但土地提供的产品和过去一样多，或者比过去更多，因为伴随土地所有权关系革命而来的，是耕作方法的改进，协作的扩大，生产资料的积聚等等。"④

手工业以生产资料的私人占有与个体劳动为基础，使用工具简单，依靠手工劳动，从事小批量的商品生产。除对农业、畜牧业产品进行加工外，手工业主要围绕对生产工具、日用品、工艺品、奢侈品等的社会需求组织生产。它具有生产领域广泛，产品种类繁多，标准化程度低，劳动资料简单，生产成本高、效率低、周期长，资本有机构成低等特点。作为近代机器大工业的前身，手工业的发展经历了小（家庭）手工业、工场手工业两个历史阶段。

手工业技术是在漫长的手工劳动过程中形成和发展起来的。它以人力、畜力或自然力为驱动力，技术系统尺度也多限于可与人体尺度相比拟的范围，难于向超小型或超大型活动领域拓展，可区分为生产手艺技术形态与产品技术形态。生产手艺技术是在劳动者操作技能的基础上发展起来的，外在的物化技术成分比例较小，是零星的物化技术因素逐步纳入操作

① 马克思恩格斯全集：第 10 卷. 北京：人民出版社，1998：212.
② 马克思恩格斯全集：第 5 卷. 北京：人民出版社，1958：504.
③ 马克思恩格斯全集：第 44 卷. 北京：人民出版社，2001：858 - 859.
④ 同③855.

技能序列的结果。以工具为核心的物化技术因素替代了肢体及其动作技能，改变了人们原有目的性活动的操作序列或方式，从而建构起以目的实现过程为组织线索的松散的历时性结构。手艺技术以劳动者肢体技能为建构基础，体系结构简单，可塑性较大，适应性较强。操作工具的动作技能（手艺）的娴熟程度，标志着该技术形态水准的高低。"改进手艺，不外是发现一种新方法，可以**比以前用更少**的人或者（也就是）**用更短的时间**制成产品。"①

在小手工业阶段，手工业者往往依次从事产品生产的多道工序，生产工具简单，生产手艺技术主要表现为生产流程中手工业者的手艺或操作技能。"一个在制品的生产中依次完成各个局部过程的手工业者，必须时而变更位置，时而调换工具。由一种操作转到另一种操作会打断他的劳动流程，造成他的工作日中某种空隙。……劳动生产率不仅取决于劳动者的技艺，而且也取决于他的工具的完善程度。"② 在这一发展阶段，分工很不发达，"每个劳动者都必须熟悉全部工序，凡是用他的工具能够做的一切，他必须都会做……因此，每一个想当师傅的人都必须全盘掌握本行手艺"③。

在工场手工业阶段，分工协作取代了简单协作。"各种操作不再由同一个手工业者按照时间的先后顺序完成，而是分离开来，孤立起来，在空间上并列在一起，每一种操作分配给一个手工业者，全部操作由协作者同时进行。"④ 进入这一历史阶段，工人的手艺开始趋于专门化，生产手艺技术形态呈现为生产过程的分工协作、工人操纵专门工具（机器）进行生产的技能等，这就促进了生产工具的定向化、多样化发展，为机器的出现

---

① 马克思恩格斯全集：第 32 卷．北京：人民出版社，1998：392.
② 马克思恩格斯全集：第 44 卷．北京：人民出版社，2001：395.
③ 马克思恩格斯选集：第 1 卷．北京：人民出版社，2012：187.
④ 同②392.

创造了条件。因此，"工场手工业时期通过劳动工具适合于局部工人的专门的特殊职能，使劳动工具简化、改进和多样化。这样，工场手工业时期也就同时创造了机器的物质条件之一，因为机器就是由许多简单工具结合而成的"①。

机器大工业是在近代工场手工业"母体"里孕育和成长起来的。从18世纪中期开始，欧美一些主要资本主义国家，先后出现了以机器大工业代替工场手工业为核心的工业革命。"分工，水力特别是蒸汽力的利用，机器装置的应用，这就是从上世纪中叶起工业用来摇撼世界基础的三个伟大的杠杆。"② 伴随着工业革命而展开的是劳动技术与生产组织方式的一系列重大变革，手工业技术为工业技术所代替，手工工场为使用机器的工厂所代替，从而形成了机器大工业。

工业技术形态是在手工业技术基础上形成和发展起来的，可划分为工艺流程技术形态与工业产品技术形态。机器或机器体系并入生产活动序列，不断替代手艺技术流程中的肢体动作或简单工具的功能，形成了以机器或机器体系为骨架的工艺流程技术系统。工艺流程技术形态运行的特点是："**生产的连续性**（也就是原材料加工所经历的各阶段的连续性）；**自动化**（只有在排除偶然故障时才需要人）；**运转迅速**。由于使用机器，更可以进行**同时作业**了，例如，在制造钢笔尖时，机器在一次运转中就对钢'坯'进行切割、穿孔和开缝"③。与手艺技术形态不同，在工艺流程技术形态中，工人的动作技能逐步退居次要地位，而技能物化的机器或机器体系占据了工艺技术的主导地位。

机器技术形态源于对手工劳动者动作技能的模仿，是技术开发者巧妙

---

① 马克思恩格斯全集：第 44 卷 . 北京：人民出版社，2001：396.
② 马克思恩格斯文集：第 1 卷 . 北京：人民出版社，2009：406.
③ 马克思恩格斯全集：第 47 卷 . 北京：人民出版社，1979：443.

构思、精心设计和精密制造的产物。正如马克思所说，手工劳动者"使用劳动工具的技巧，也同劳动工具一起，从工人身上转到了机器上面。工具的效率从人类劳动力的人身限制下解放出来"①。马克思还以对手艺技术形态的分析为基础，运用比较、类比等方法揭示了工具机与手工工具之间的相似性。"如果我们仔细地看一下工具机或真正的工作机，那么再现在我们面前的，大体上还是手工业者和工场手工业工人所使用的那些器具和工具，尽管它们在形式上往往有很大改变。不过，现在它们已经不是人的工具，而是一个机构的工具或机械工具了。……因此，工具机是这样一种机构，它在取得适当的运动后，用自己的工具来完成过去工人用类似的工具所完成的那些操作"②。在以作业机械化为核心的工业革命进程中，工人的劳动技巧不断外化为机器的精致结构，工作机的运转代替了工人的手工操作，这是工艺流程技术的特征之一。同时，机器发明的大量涌现，迫切需要强大而稳定的驱动力。蒸汽机的改进以及并入多种机器体系，是当时工艺流程技术体系的又一重要特征。

工艺流程技术是循着产品形成过程而构成的多环节技术体系，其中物化技术的成分越来越多，对生产者操作技能的依赖也越来越弱。工艺流程技术形态的形成与发展总是围绕着实现新产品的批量生产，或提高原有产品生产效率而展开的，经历了一个漫长的发展和完善过程。在《1861—1863年经济学手稿》等著作中，马克思曾专门考察了磨、纺织、造纸、铸字、钢笔制造等工艺流程技术及其演进。工艺流程技术不仅使工业生产成本下降、产量增加，而且也刺激了工业产品种类与规格数量的扩张。种类繁多、功能完善的工业产品，使人类结束了商品匮乏、价格昂贵的手工业时代，而迈进市场供给充裕、生活丰富多样的工业文明时代。

----

① 马克思恩格斯全集：第44卷. 北京：人民出版社，2001：483.
② 同①429-430.

（2）管理技术体系。

在简单的个体劳动过程中，生产的组织与协调问题并不突出。然而，对于社会化的劳动过程而言，生产的组织与管理就成为不可或缺的条件。因为社会化生产需要许多人共同使用生产资料，许多道工序相互衔接，许多企业相互配合才能进行；同时，用于生产的人力、财力、物力等方面的资源，也需要通过市场进行合理的配置。马克思正是从这个意义上说："一切规模较大的直接社会劳动或共同劳动，都或多或少地需要指挥，以协调个人的活动，并执行生产总体的运动——不同于这一总体的独立器官的运动——所产生的各种一般职能。一个单独的提琴手是自己指挥自己，一个乐队就需要一个乐队指挥。一旦从属于资本的劳动成为协作劳动，这种管理、监督和调节的职能就成为资本的职能。这种管理的职能作为资本的特殊职能取得了特殊的性质"①。如何有效地组织和管理生产活动，就成为管理技术所要解决的核心问题。

管理是人类目的性活动的主要类型，广泛存在于社会生活的许多领域，大到一个国家，小到一个家庭都离不开管理活动。资本与雇佣劳动之间的对立决定着资本主义生产的组织与管理，是以榨取雇佣工人的剩余劳动为目标的，这也是当时生产管理技术体系建构与运转的价值指向。"资本家的管理不仅是一种由社会劳动过程的性质产生并属于社会劳动过程的特殊职能，它同时也是剥削一种社会劳动过程的职能，因而也是由剥削者和他所剥削的原料之间不可避免的对抗决定的。同样，随着作为他人的财产而同雇佣工人相对立的生产资料的规模的增大，对这些生产资料的合理使用进行监督的必要性也增加了。……如果说资本主义的管理就其内容来说是二重的，——因为它所管理的生产过程本身具有二重性：一方面是制

---

① 马克思恩格斯全集：第44卷. 北京：人民出版社，2001：384.

造产品的社会劳动过程，另一方面是资本的价值增殖过程，——那么，资本主义的管理就其形式来说是专制的。随着大规模协作的发展，这种专制也发展了自己特有的形式。……现在他把直接和经常监督单个工人和工人小组的职能交给了特种的雇佣工人。正如军队需要军官和军士一样，在同一资本指挥下共同工作的大量工人也需要工业上的军官（经理）和军士（监工），在劳动过程中以资本的名义进行指挥。"[1] 可见，生产管理技术是社会化大生产所必需的，也是资本有效榨取剩余价值的根本保障。

在马克思看来，资本主义生产管理技术的特点主要有：一是对生产过程进行全程监督。尽可能多地获取剩余价值的资本本性，使资本主义生产的对抗性尤为突出。这就使对工人劳动的监督成为生产管理技术的必要环节和重要职能，以保证生产过程的高效、有序推进。"工人在资本家的监督下劳动，他的劳动属于资本家。资本家进行监视，使劳动正常进行，使生产资料用得合乎目的，即原料不浪费，劳动工具受到爱惜，也就是使劳动工具的损坏只限于在劳动中它被使用时损耗的必要程度。"[2] 可以说，"现代工业已经把家长式的师傅的小作坊变成了工业资本家的大工厂。挤在工厂里的工人群众就像士兵一样被组织起来。他们是产业军的普通士兵，受着各级军士和军官的层层监视"[3]。

二是对生产过程进行组织和调度。随着家庭手工业过渡到机器大工业，生产资料、劳动分工和生产过程日趋复杂，加之原料的采购与产品销售涉及的市场因素复杂多变，迫切要求制订生产计划，按时组织生产活动，并根据原料、产品销售以及生产各环节的进度等具体情况，对生产活动进行动态调节，以提高生产效率。在机器大工业发展初期，与直接劳动

---

① 马克思恩格斯全集：第44卷. 北京：人民出版社，2001：384-385.

② 同①216.

③ 马克思恩格斯选集：第1卷. 北京：人民出版社，2012：407.

过程中工人之间的分工协作和专门化相适应，初步形成了一个以工场主为顶点，以不同合伙人负责各部门，并由少数熟练工人控制劳动过程的金字塔型管理组织。"随着许多雇佣工人的协作，资本的指挥发展成为劳动过程本身的进行所必要的条件，成为实际的生产条件。现在，在生产场所不能缺少资本家的命令，就像在战场上不能缺少将军的命令一样。"① "在生产过程中，资本发展成为对劳动，即对发挥作用的劳动力或工人本身的指挥权。人格化的资本即资本家，监督工人有规则地并以应有的强度工作。"②

三是对工人劳动进行规范。建立在机器大工业基础之上的劳动分工，虽然使工人的劳动简单化了，但对各工种的规范化、标准化要求却提高了。这就要求必须对工人的劳动进行培训和规范，使工人严格按各工种的操作规程劳作、有序衔接像机器一样精准。"一切在机器上从事的劳动，都要求训练工人从小就学会使自己的动作适应自动机的划一的连续的运动。只要总机器本身是一个由各种各样的、同时动作并结合在一起的机器构成的体系，以它为基础的协作也就要求把各种不同的工人小组分配到各种不同的机器上去。"③ "自动工厂的主要困难在于建立必要的纪律，以便使人们抛弃无规则的劳动习惯，使他们和大自动机的始终如一的规则性协调一致。"④

四是工厂制度的确立与完善。如果说在资本主义发展初期，对生产过程的组织和管理还是经验性的、不正规的，那么随着劳动社会化程度的不断提高，生产管理技术的规范化、科学化程度则明显增强。随着机器之间的简单协作或机器体系的推广应用，生产组织与管理问题趋于复杂，从而催生了一种新的生产组织形式——工厂。工厂制度是生产管理技术体系

---

① 马克思恩格斯全集：第 44 卷．北京：人民出版社，2001：384.
② 同①359.
③ 同①484.
④ 同①488.

化、正规化、制度化的产物，是资本家意志的具体体现，也是组织和管理机器大生产的社会技术体系。"发达的、同资本主义基础上的机器体系相适应的劳动组织，就是**工厂制度**，这种制度甚至在现代的大农业中——由于这一生产领域的特点而或多或少发生一些变形——也占统治地位。"①

从社会技术角度看，工厂就是一架巨型机器，每一个生产组织单位都是其中的一个部件，每一个工人都是其上的一个零件，都有各自的任务与职责。这些部件或零件只有按照机器所赋予的职能努力工作，彼此协同，才能使工厂这架巨型机器高效运转。工厂制度的完善，其一，按机器体系运行的客观要求，建立起相应的劳动组织。"在各种操作分离、独立和孤立之后，工人就按照他们的特长分开、分类和分组。"② 其二，建立和完善各类规章制度。按规章制度组织和推进生产活动，使工人们明确各自的岗位职责，进而规范工人操作和生产组织运作。其三，推进企业的标准化建设。创设和引进各类生产标准，加强工人的技术培训，按标准进行系列化生产，是工厂制度建设的重要方面，也是生产管理技术科学化的基本内容。

### 3. 工艺学的自觉应用

工艺学的诞生是产业技术史上的划时代事件，工艺学成果的推广应用开始成为资产阶级追求利润的自觉行动。如前所述，工艺学是以追求工艺流程技术形态体系的效果与效率为目标的一种技术认识形式，广泛存在于各类具体生产过程之中，是技术科学化的产物。不同门类的工艺学具体阐述了各种生产过程中的工艺流程，反映了人们对各种生产过程及其环节的认识成果。"工艺学揭示出人对自然的能动关系，人的生活的直接生产过程，从而人的社会生活关系和由此产生的精神观念的直接生产过程。"③

---

① 马克思恩格斯文集：第 8 卷．北京：人民出版社，2009：313.
② 马克思恩格斯全集：第 44 卷．北京：人民出版社，2001：404.
③ 同②429，脚注89.

从认识论角度看，工艺学直接回答了"怎样做""如何做更有效"的问题，体现了知行统一的技术认识特征。科学所追求的是知识，力求达到对自然规律的认识，然而科学认识的目的却在于行；技术所追求的是行，它的根据又是知，从而达到知与行的统一。行中包含知，因而比知更具体。"机器生产的原则是把生产过程分解为各个组成阶段，并且应用力学、化学等等，总之应用自然科学来解决由此产生的问题。这个原则到处都起着决定性的作用。"① 在工艺学中，科学认识转化为技术认识，是从抽象上升为具体的运动。

工艺学源于生产实践，是一门以产业技术问题为研究对象，以生产应用为导向的实用科学。"大工业的原则是，首先不管人的手怎样，把每一个生产过程本身分解成各个构成要素，从而创立了工艺学这门完全现代的科学。社会生产过程的五光十色的、似无联系的和已经固定化的形态，分解成为自然科学的自觉按计划的和为取得预期有用效果而系统分类的应用。"② 工艺学的研究成果，主要表现为对生产流程中技术体系的设计及其技术单元相互关系的揭示，进而形成最优化的程序、方法和操作规则，以规范和引导生产活动的展开。"工艺学也揭示了为数不多的重大的基本运动形式，尽管所使用的工具多种多样，人体的一切生产活动必然在这些形式中进行，正像机器虽然异常复杂，力学仍会看出它们不过是简单机械力的不断重复一样。"③ 总之，在工艺学基础上建构的合理、优良工艺，能够充分保证产品的质量，提高生产效率。

在马克思看来，工艺学是对科学有目的、有计划的应用。它的出现是产业技术发展史上的重大事件，标志着科学与技术的融合及其在生产领域

① 马克思恩格斯全集：第44卷．北京：人民出版社，2001：531.
② 同①559.
③ 同①559-560.

中的广泛应用。从此，产业技术的演进开始摆脱经验摸索的老路，走上了在理性之光照耀下的自觉探索之路。社会的合理化进程必然要求生产的科学化，而生产的科学化必然导致工艺学的兴起。近代以来，工艺学已成为适应社会发展，应对产业竞争的重要手段。事实上，任何社会生产活动都有各自的程序和方法，普遍存在着追求最佳效果与最高效率的问题。这就意味着源于工业生产活动的工艺学原理，可以拓展应用到其他生产领域，"使生产过程转化为科学在工艺上的应用"[①]，引导和支持各类生产活动的不断优化。在技术科学化的进程中，各个生产部门都发展出了各种工艺学，机械制造工艺学、化工工艺学、冶金工艺学、造纸工艺学、建筑工艺学、农艺学、园艺学、牧艺学等的相继出现，就是这一产业技术发展趋势的具体体现。

例如，农艺学是以农作物栽培为研究对象的一门应用性科学。进入资本主义时代，随着化学、生物学等相关学科的迅速发展，农艺学逐步摆脱了传统的经验摸索模式，走上了以科学理论为基础的发展道路，成为孕育新型农业技术的温床。"随着自然科学和农艺学的发展，土地的肥力也在变化，因为可以使土地的各种要素立即被利用的各种手段发生变化……有的土地所以被看作坏地，并不是由于它的化学构成，而只是由于某些机械的、物理的障碍妨碍它的耕作，所以，一旦发现克服这些障碍的手段，它就变为好地了。"[②] "资本主义生产方式的巨大成果之一是，它一方面使农业由社会最不发达部分的单凭经验的和刻板沿袭下来的经营方法，在私有制条件下一般能够做到的范围内，转化为农艺学的自觉的科学的应用……一方面使农业合理化，从而才使农业有可能按社会化的方式经营"[③]。总

---

① 马克思恩格斯全集：第 44 卷. 北京：人民出版社，2001：720.

② 马克思恩格斯全集：第 46 卷. 北京：人民出版社，2003：870.

③ 同①696 - 697.

之，农艺学的发展推进了农业技术的自觉开发，机器大工业为新型农业技术体系的建构提供了先进的技术装备，从而使小农生产方式转化为社会化大生产，实现了农业生产的工业化经营。

工艺学是科学与技术合流的产物，也是当代技术科学与工程科学的前身。正是由于工艺学的这一学科属性，马克思有时也直接用科学指代工艺学。例如，"有了机器纺纱，就必须有机器织布，而这二者又使漂白业、印花业和染色业必须进行力学和化学革命"①。其实，这里的"力学和化学"主要是在工艺学意义上使用的。进入 20 世纪以来，在科学与技术高度分化与高度综合的大背景下，工艺学又进一步发展为技术科学、工程科学的形态。而现代意义上的工艺学，则蜕变为只是工程科学的一个具体门类，已经融入整个科学技术体系之中。

## 二、资本暴力下的科学技术

资本的出现是人类历史上划时代的事件，它巨大的渗透力与整合力改变了科学技术的面貌，并影响着其发展进程。作为价值增殖的"酵母"，资本在科学技术身上找到了完成自身使命的有效途径，通过资本的技术化，使资本按照科学技术的规则分配而高效运作。可以说，正是资本"绑架"了近现代科学技术，科学技术则迫于资本的势力而"入伙"。

### 1. 与资本"联姻"、被资本"绑架"的科学技术

资本的形成以及向社会生活诸领域的全面渗透，是资本主义社会的基本特征。以获取剩余价值为宗旨的资本运作冲击着传统社会体系，并要求按照资本的目的整合资源、建构资本主义的社会运行体系。"资本主义生

---

① 马克思恩格斯全集：第 44 卷．北京：人民出版社，2001：440．

产的始终不变的目的，是用最小限度的预付资本生产最大限度的剩余价值或剩余产品：在这种结果不是靠工人的过度劳动取得的情况下，资本的一种趋势就是：力图用尽可能少的花费——节约人力和费用——来生产一定的产品，也就是说，这是资本的节约趋势，这种趋势教会人类节约地花费自己的力量，用最少的资料来达到生产的目的。"① 在资本主义的发展进程中，不仅社会生产活动被纳入资本的运行体制，科学与技术的发展也受到了资本的调制与整合，成为资本扩张的主要"帮手"，出现了所谓的资本化倾向。

追求剩余价值的资本与追求效率的技术之间具有同一性：提高认识水平与技术效率，必然会创造出比原先更多的价值，这正是资本所渴求的；追求剩余价值的资本运作，肯定会优先支持科学研究与技术开发，把科学技术纳入自己的运行轨道，这也是科学技术发展所企求的。马克思揭示了科学技术与资本之间的这种内在联系。"正像只要提高劳动力的紧张程度就能加强对自然财富的利用一样，科学和技术使执行职能的资本具有一种不以它的一定量为转移的扩张能力"②。基于这种天然的联系，资本与科学技术很快"联姻"，二者的融合与互动促使人类社会迈入了资本主义时代。资本与科学技术的关联是资本主义社会的基本关系，马克思对科学技术的考察，一开始就是以对资本问题的探究为出发点和归宿。也正是在探求资本及其运动规律的过程中，马克思剖析了资本与科学技术的内在联系，揭示了资本主义制度下科学技术的许多重要属性。

科学与技术是在资本形成之前早就存在的文化现象。科学是人类认识客观世界的产物，具有满足人们的求知欲望、丰富精神生活等多重文化功能；技术是人类目的性活动的序列、方式或机制，可以有效地实现人们的

---

① 马克思恩格斯全集：第 34 卷．北京：人民出版社，2008：619.
② 马克思恩格斯全集：第 44 卷．北京：人民出版社，2001：699.

各种目的，支持着人类社会的健康运行。科学与技术兼具多重社会功能，体现出多维价值指向。然而，近代以来，在资本的渗透与扩张进程中，科学与技术的发展却被逐步纳入了资本的运行轨道，受到了资本的选择与调制，呈现出资本主义的时代特征。"只有资本主义生产才把物质生产过程变成**科学在生产中的**应用——被运用于实践的科学——，但是，这只是通过使劳动从属于资本，只是通过**压制**工人本身的智力和专业的发展来实现的。"① 这里应当说明的是，产业技术处于科学技术向现实生产力转化的最后环节，科学在生产过程中的应用也是通过产业技术的形式间接实现的。

科学与技术的资本化就是从资本价值观念出发，按照能带来剩余价值的多少、快慢，评价和调控科学与技术发展的过程；或者说，它是科学与技术自觉地服务于资本运作，按照获取剩余价值的需要而调整自身发展方向的过程。马克思在批判尤尔为科学的资本化做辩护时指出："尤尔还证明，'被招募来为资本服务的科学'在资本与劳动的一切冲突中虽然迫使工人**'无条件投降'**，并保证资本享有'合法权利'，来充当工厂**头脑**并把工人降低到工厂的没有头脑的、没有意志的肢体的地位，然而**资本招募来的科学并没有被用来**压制'被压迫阶级'。"② 显然，在这里，马克思认为，资本招募来的科学已经资本化了，是被用来压制工人阶级的。在科学与技术资本化的进程中，科学与技术的经济功能被摆到了首要地位，而其他文化功能则受到了抑制或阉割。从此，是否有利于促进生产力发展，开拓市场，创造利润，维护资本的统治地位，开始演变为资本选择和支持科学与技术发展的主要依据。

科学与技术的资本化，改变了科学与技术的原有进程和本来面貌。马

---

① 马克思恩格斯文集：第 8 卷 . 北京：人民出版社，2009：363.
② 同①362－363.

克思在论述科学技术的资本化时指出："自然科学本身〔自然科学是一切知识的基础〕的发展，也像与生产过程有关的一切知识的发展一样，它本身仍然是在资本主义生产的基础上进行的，这种资本主义生产第一次在相当大的程度上为自然科学创造了进行研究、观察、实验的物质手段。由于自然科学被资本用做致富手段，从而科学本身也成为那些发展科学的人的致富手段，所以，搞科学的人为了探索科学的**实际应用**而互相竞争。另一方面，**发明**成了一种特殊的职业。因此，随着资本主义生产的扩展，**科学因素**第一次被有意识地和广泛地加以发展、应用并体现在生活中，其规模是以往的时代根本想象不到的。"① 他还指出，资本化进一步强化了科学与技术服务于生产的发展趋向，生产的拓展也反过来刺激了科学与技术的发展。这样一来，"生产过程成了**科学的应用**，而科学反过来成了生产过程的因素即所谓职能。每一项发现都成了新的发明或生产方法的新的改进的基础。只有资本主义生产方式才第一次使自然科学为直接的生产过程服务，同时，生产的发展反过来又为从理论上征服自然提供了手段。科学获得的使命是：成为生产财富的手段，成为致富的手段"②。

　　马克思进一步指出，科学与技术的资本化使它们沦为资本剥削工人劳动、追求剩余价值的帮凶。"**尤尔**在这里告诉我们，科学为资本服务，就使劳动的反叛之手就范——据他说，由罢工引起的发明就特别明显地证明了这一点"③。尤尔在这里所说的发明就是技术创造活动。"在这里，机器被说成是'主人的机器'，而机器职能被说成是**生产过程**中（'生产事务'中）**主人的**职能，同样，体现在这些机器中或生产方法中，化学过程等等中的**科学**，也是如此。科学对于劳动来说，表现为**异己的**、**敌对的**和**统治**

---

① 马克思恩格斯文集：第 8 卷. 北京：人民出版社，2009：358 - 359.
② 同①356 - 357.
③ 同①359.

的权力"①。在科学资本化的同时，技术也被资本招募为它的帮凶，共同榨取工人的剩余价值。马克思在论述作为技术成就的机器的"帮凶"角色时指出："为了进行对抗，资本家就采用机器。在这里，机器直接成了缩短必要劳动时间的手段。同时机器成了资本的形式，成了资本**驾驭**劳动的权力，成了资本镇压劳动追求独立的一切要求的手段。在这里，机器**就它本身的使命来说，也成了与劳动相敌对的资本形式**。棉纺业中的走锭纺纱机、梳棉机，取代了手摇并纱机的所谓搓条机（在毛纺业中也有这种情况），等等，——所有这些机器，都是为了镇压罢工而发明的"②。这里需要说明的是，机器是当时技术成就的典型代表，机器的资本化也是技术资本化的主要表现形式。

马克思认为，在科学与技术资本化的进程中，科学与技术独立于生产的分化发展，也抑制了工人智力的全面发展，进而剥夺了他们生存与发展的基本权利。"**科学成为**与劳动相对立的、服务于资本的**独立力量**，一般说来属于**生产条件成为**与劳动相对立的**独立力量**这一范畴。并且正是科学的这种分离和独立（最初只是对资本有利），同时成为**发展科学**和知识的**潜力的条件**。"③"而科学的应用一方面表现为靠经验传下来的知识、观察和职业秘方的集中，另一方面表现为把它们发展为科学，用以分析生产过程，把自然科学应用于物质生产过程，科学的应用是建立在生产过程的智力同单个工人的知识、经验和技能相分离的基础上的，正像生产的〔物质〕条件的集中和发展以及这些条件转化为资本是建立在使工人丧失这些条件，使工人同这些条件相分离的基础上的一样。况且，工厂劳动使工人只能获得某些操作方法的知识；因此，随着工厂劳动的推广，学徒法废除

---

① 马克思恩格斯文集：第 8 卷 . 北京：人民出版社，2009：358.
② 马克思恩格斯全集：第 32 卷 . 北京：人民出版社，1998：387.
③ 同①366.

了；而国家等为争取童工至少学会写字和阅读的斗争表明，科学在生产过程中的上述应用和在这一过程中压制任何智力的发展，这两者是一致的。当然，在这种情况下会造就一小批较高级的工人，但是，他们的人数决不能同'被剥夺了知识的'大量工人相比。"①

**2. 机器的资本主义应用**

在工业化进程中，机器与机器体系的涌现，改变了以手工作业为基础的传统劳动方式，形成了以机器为主导的机械化劳动方式，推动了资本主义的飞速发展。然而，机器的资本主义应用却产生了一系列对立的社会现象。"同机器的资本主义应用不可分离的矛盾和对抗是不存在的，因为这些矛盾和对抗不是从机器本身产生的，而是从机器的资本主义应用产生的！因为机器就其本身来说缩短劳动时间，而它的资本主义应用延长工作日；因为机器本身减轻劳动，而它的资本主义应用提高劳动强度；因为机器本身是人对自然力的胜利，而它的资本主义应用使人受自然力奴役；因为机器本身增加生产者的财富，而它的资本主义应用使生产者变成需要救济的贫民，如此等等。"② 马克思对这些问题非常关注，进行了认真的剖析。它们也是马克思科学技术思想的有机组成部分。

（1）机器对工人的排斥。

机器的广泛应用使资本主义的劳动过程发生了重大变化，它以自然力代替人力，以自然科学的自觉应用与技术规范代替经验规则，于是劳动简化了，人力和手艺就变得不必要了。在机器大工业生产过程中，**"分工越细，劳动就越简单化**。工人的特殊技巧失去任何价值。工人变成了一种简单的、单调的生产力，这种生产力不需要投入紧张的体力或智力。他的劳动成为人人都能从事的劳动了。因此，工人受到四面八方的

---

① 马克思恩格斯文集：第 8 卷．北京：人民出版社，2009：358
② 马克思恩格斯全集：第 44 卷．北京：人民出版社，2001：508.

竞争者的排挤"①。马克思具体指出："由于机器使用同一的、简单的、最
多不过在年龄和性别上有区别的劳动，去代替有手艺的独立的手工业者和
由于分工而发展起来的劳动专业化，它就把一切劳动能力都变为**简单的劳
动能力**，把一切劳动都变为简单劳动，结果，劳动能力的总量就贬值
了。"② "机器用不熟练的工人代替熟练工人，用女工代替男工，用童工代
替成年工；因为在最先使用机器的地方，机器就把大批手工工人抛向街
头，而在机器日益完善、改进或为生产效率更高的机器所替换的地方，机
器又把一批一批的工人排挤出去。"③

通过对剩余价值生产的分析，马克思揭示了机器排挤工人的内在必然
性。"利用机器生产剩余价值包含着一个内在的矛盾：在一定量资本所提
供的剩余价值的两个因素中，机器要提高一个因素，要提高剩余价值率，
就只有减少另一个因素，减少工人人数。"④ 为此，马克思指出："大工业
时期的经济学家们反对在工场手工业时期还占优势的一种偏见，即认为雇
用最大**数量**的**工人**似乎符合国家——在这里就是资本家阶级——的利益。
相反，这里的任务是：尽可能减少生产剩余劳动所需要的工人人数和制造
过剩人口。"⑤

资本主义生产体系建立在工人出卖自己劳动力的基础上，而分工使这
种劳动力片面化，使它只具有操纵局部工具的特定技能。一旦工具由机器
来操纵，就会余出大量的劳动力，劳动力的交换价值就随同它的使用价值
一起消失，许多工人就被机器变成了过剩人口。这些人一部分在旧的手工
业和工场手工业生产反对机器生产的斗争中毁灭，另一部分则涌向比较容

① 马克思恩格斯选集：第 1 卷. 北京：人民出版社，2012：355 - 356.
② 马克思恩格斯文集：第 8 卷. 北京：人民出版社，2009：348.
③ 同①356.
④ 马克思恩格斯全集：第 44 卷. 北京：人民出版社，2001：468.
⑤ 同②352.

易进入的工业部门，增加了供资本随意剥削的劳动力的数量，从而使劳动力的价格更加便宜。"机器上的每一种改进都抢走了工人的饭碗，而且这种改进愈大，工人失业的就愈多。因此，每一种改进都像商业危机一样给某一些工人带来严重的后果，即匮乏、贫穷和犯罪。"[1]

在资本主义生产条件下，由于劳动资料逐步为机器所代替，所以它在劳动过程中就转变为资本，作为支配和吮吸活劳动力的死劳动而同工人相对立。马克思指出："使用机器的公式在于：不是相对地缩短**单个工作日**，缩短它的必要部分，而是缩减**工人人数**，即缩减由许多同时进行的工作日组成的总工作日，缩减这个总工作日的必要部分；换句话说，就是把一定量的工人当做剩余劳动的生产上过剩的人而抛弃和除掉，更不用说消灭由于分工而发展起来的专业化，以及因此而引起劳动能力的贬值了。"[2] 因此，机器的资本属性表明，机器数量的增加与工人人数的减少是同步展开的。生产过程的智力与体力劳动相分离，智力变成资本支配劳动的权力，是在以机器为基础的大工业生产中完成的。变得空虚了的单个机器工人的局部技巧，在科学面前，在巨大的自然力面前，在社会化的集体性劳动面前，作为附属品就显得微不足道了。

（2）机器异化为资本统治的帮凶。

追逐剩余价值是资本主义生产的绝对规律。资本总是力图把所有的生产因素都纳入它的运行轨道及其统治体系之中，使它们服务于获取最大剩余价值这一根本目的。在资本主义经济体系中，作为劳动资料的机器隶属于资本家，被打上了资本的烙印，被并入资本运作体系之中，充当资本统治的帮凶。马克思指出："资本主义生产方式使劳动条件和劳动产品具有的与工人相独立和相异化的形态，随着机器的发展而发展成为完全的对

---

① 马克思恩格斯全集：第2卷．北京：人民出版社，1957：421.
② 马克思恩格斯文集：第8卷．北京：人民出版社，2009：351-352.

立。因此，随着机器的出现，才第一次发生工人对劳动资料的粗暴的反抗。劳动资料扼杀工人。"① 在这里，机器（资本）同雇佣劳动之间的对立发展到了势不两立的地步。

在资本主义制度下，机器为资本家所拥有，机器技术进步带来的实际利益为资本家独占，工人的地位不断下降，处境趋于恶化。"由于工人的技能已转移到机器上，工人的反抗遭到破坏，现在工人失去了在工场手工业条件下还占支配地位的技能，他们不能奋起抵抗，而资本则能以非熟练的，因而也更受它支配的工人来代替熟练工人。"② "**分工**越细，劳动就越**简单化**。工人的特殊技巧失去任何价值。工人变成了一种简单的、单调的生产力，这种生产力不需要投入紧张的体力或智力。他的劳动成为人人都能从事的劳动了。因此，工人受到四面八方的竞争者的排挤"③。伴随着机器技术进步速度的加快，资本家对机器技术的依赖进一步增强，而对工人尤其是技术工人的依赖却趋于减弱。在机器生产过程中，以往工人所拥有的高超技能等失去了用武之地，与资本家抗争的优势地位也不复存在。正如"在谈到新式织机的发明时，尤尔接着说：'这样一来，一帮不满分子自以为在旧的分工线上构筑了无法攻破的工事，却发现他们已被从侧翼包围，现代机器战术使他们的防御手段毫无用处。他们只好无条件投降'"④。

机器分工使工人的才能片面发展，又进一步加深了工人对机器、工场与资本家的依赖。"由于工人的劳动能力转化为就其总体来说构成工场的那个总机构中某一部分的简单职能，因此工人就不再是商品的生产者了。他只是某种片面操作的生产者，这种操作一般来说只有同构成工场的整个

① 马克思恩格斯全集：第 44 卷. 北京：人民出版社，2001：497.
② 马克思恩格斯全集：第 32 卷. 北京：人民出版社，1998：376.
③ 马克思恩格斯选集：第 1 卷. 北京：人民出版社，2012：355-356.
④ 马克思恩格斯文集：第 8 卷. 北京：人民出版社，2009：301.

机构发生联系，才能生产某种东西。因此，工人是工场的活的组成部分，他通过他的劳动方式本身变成了资本的附属物，因为他的技能只能在一个工场里，只是作为一个代表资本的存在而与工人相对立的机构的环节才能发挥作用。"① "滥用机器的目的是要使工人自己从小就转化为局部机器的一部分。这样，不仅工人自身再生产所必需的费用大大减少，而且工人终于毫无办法，只有依赖整个工厂，从而依赖资本家"②。可见，机器技术进步使工人在生产活动过程中的能动作用减弱，在生产关系中的地位下降，与资本抗争的实力也减弱了。

在机器技术的进步过程中，与工人地位下降同步发生的就是资本统治地位的不断巩固。雇佣劳动是资本主义生产关系的基础，资本家占有生产资料，是生产活动的组织者与管理者，处于支配与统治地位。一方面，他可以通过机器技术革新的途径，进一步替代工人的劳动技能，使工人不断失去与资本抗衡的基础与实力；另一方面，机器对工人的排挤造成了劳动力的相对过剩，加剧了工人之间的竞争，使资本家可以无所顾忌地通过延长工作日、提高劳动强度等途径，占有工人更多的剩余劳动；同时，机器分工也造成了工人能力的片面发展，对资本的依赖加深，也进一步强化了资本的统治地位。因此，"企业主掌握着就业手段，也就是掌握着工人的生活资料，就是说，工人的生活依赖于他；好像工人甚至把自己的生命活动也降低为单纯的谋生手段了"③。资本家通过雇佣工人的劳动驱动生产资料，进行商品生产，创造剩余价值。而工人一无所有，只有靠出卖自己的劳动力与劳动技能，才能获得生活资料，处于被支配地位。

在资本主义制度下，生产力与生产关系处于对抗性的矛盾之中。然

---

① 马克思恩格斯全集：第 32 卷．北京：人民出版社，1998：319．
② 马克思恩格斯全集：第 44 卷．北京：人民出版社，2001：486．
③ 马克思恩格斯全集：第 6 卷．北京：人民出版社，1961：643．

而，马克思注意到，机器的发明及其推广应用，弱化了资本家对工人的依赖，减轻了罢工给资本家所带来的损失，从而扭转了资本家应对工人反抗的被动局面。"为了进行对抗，资本家就采用机器。在这里，机器直接成了缩短必要劳动时间的手段。同时机器成了资本的形式，成了资本**驾驭劳动的权力**，成了资本镇压劳动追求独立的一切要求的手段。在这里，机器**就它本身的使命来说，也成了与劳动相敌对的资本形式**。……所有这些机器，都是为了镇压罢工而发明的。"① 于是，"机器成了压制和破坏活劳动的要求的工具。……直接表现为一种武器，这种武器部分是用来把工人抛向街头，把他变成**多余的人**，部分是用来剥夺工人的专业和消除以专业为基础的各种要求，部分是用来使工人服从工厂中精心建立的资本的专制制度和军事纪律"②。可见，在资本主义条件下，作为工人劳动产品的机器与工人相异化，机器充当了资本家应对工人反抗的统治工具。

在资本主义生产关系中，作为生产资料的机器为资本家所拥有，机器的优越性为资本家所利用，进而转化为镇压工人反抗资本专制的利器。"机器不仅是一个极强大的竞争者，随时可以使雇佣工人'过剩'。它还被资本公开地有意识地宣布为一种和雇佣工人敌对的力量并加以利用。机器成了镇压工人反抗资本专制的周期性暴动和罢工等等的最强有力的武器。用加斯克尔的话来说，蒸汽机一开始就是'人力'的对头，它使资本家能够粉碎工人日益高涨的、可能使刚刚开始的工厂制度陷入危机的那些要求。可以写出整整一部历史，说明 1830 年以来的许多发明，都只是作为资本对付工人暴动的武器而出现的。"③ 因此，在资本主义体制下，"机器是资本家阶级手中用以实行专制和勒索的最有力的工具"④。这也是在资

---

① 马克思恩格斯全集：第 32 卷．北京：人民出版社，1998：387.
② 马克思恩格斯文集：第 8 卷．北京：人民出版社，2009：353.
③ 马克思恩格斯全集：第 44 卷．北京：人民出版社，2001：501.
④ 马克思恩格斯全集：第 21 卷．北京：人民出版社，2003：457.

本主义早期工人之所以捣毁机器的主要原因之一。

### 3. 资本剥削的技术形态

资本对雇佣劳动的剥削是通过剥削技术途径实现的，这些剥削活动目标明确，运作程序或方式稳定，符合技术原则和规范技术特征明显。马克思指出："只有资本主义的商品生产，才成为一个划时代的剥削方式，这种剥削方式在它的历史发展中，由于劳动过程的组织和技术的巨大成就，使社会的整个经济结构发生变革，并且不可比拟地超越了以前的一切时期"[1]。在这里，他虽然没有明确提出"剥削技术"概念，但却揭露了资本剥削技术的机理与形态；资本家也自觉或不自觉地通过这些技术模式盘剥工人。

（1）剥削剩余价值技术。

资本剥削技术体系的建构是围绕攫取剩余劳动展开的。在榨取剩余价值方面，资本家总是挖空心思，无所不用其极。绝对剩余价值的生产是资本主义体系的基础，延长工作日则是剥削绝对剩余价值技术系统建构的基本目标。为了获得尽可能多的剩余价值，资本家总是采取多种方式与措施，力图延长工作日的长度，从而绝对延长剩余劳动时间，榨取更多的剩余价值。"例如，由于加班加点，不用增加工人人数就可以增加劳动供给；或者，一部分工人加班加点，而另一部分工人完全无事可做或只做半工。这样就人为地造成了劳动供给过剩，而且，这种由于另外一些工人过度劳动而造成的失业工人的劳动供给，又总是会使工资（其中也包括在业工人的工资）降低。"[2]

剥削绝对剩余价值的技术形式五花八门，**"现今财富的基础是盗窃他人的劳动时间"**[3]。在《资本论》第一卷"工作日"一章中，马克思引用

---

①　马克思恩格斯全集：第 45 卷. 北京：人民出版社，2003：44.

②　马克思恩格斯文集：第 8 卷. 北京：人民出版社，2009：322.

③　马克思恩格斯全集：第 31 卷. 北京：人民出版社，1998：101.

大量第一手资料，详尽分析了不同行业的资本家如何挖空心思、拼命延长工作日的种种鄙劣行径，从中可以窥见许多剥削技术形态的机制与轮廓。例如，"'进行欺骗的工厂主在早晨 6 点前 1 刻就开工，有时还要早些，有时稍晚些，晚上 6 点过 1 刻才收工，有时稍早些，有时还要晚些。他把名义上规定的半小时早饭时间前后各侵占 5 分钟，一小时午饭时间前后各侵占 10 分钟。星期六下午到 2 点过 1 刻才收工，有时稍早些，有时还要晚些。这样他就赚到……每周多出来 5 小时 40 分钟，每年以 50 个劳动周计算（除掉 2 周作为节日或因故停工），共为 27 个工作日。''每个工作日比标准时间延长 5 分钟，一年就等于 2½ 个工作日。''这里捞一点时间，那里捞一点时间，一天多出一小时，一年 12 个月就变成 13 个月了'"①。

再如，"'靠超过法定时间的过度劳动获得额外利润，对许多工厂主来说是一个难于抗拒的巨大诱惑。他们指望不被发觉，而且心中盘算，即使被发觉了，拿出一笔小小的罚款和诉讼费，也仍然有利可图。''那么，视察员要想找出违法的证据就会遇到几乎不可克服的困难。'资本'零敲碎打地偷窃'工人吃饭时间和休息时间的这种行为，又被工厂视察员叫做'偷占几分钟时间'，'夺走几分钟时间'，工人中间流行的术语，叫做'啃吃饭时间'。……'有一位很可敬的工厂主对我说：如果你允许我每天只让工人多干 10 分钟的话，那你一年就把 1 000 镑放进了我的口袋。''时间的原子就是利润的要素'"②。如此等等。

马克思还以伦敦的缝纫业为例，说明了资本家是如何通过劳动浓缩方式榨取绝对剩余价值的。"在一年的几个月内，不但工作日最大限度地延长了，而且要狂热地赶着做活。在一年的其他时间内，工人大部分完全没有工作或工作很少。**必要劳动时间**，从而工资，不是由这个劳动兴旺时期

---

① 马克思恩格斯全集：第 44 卷 . 北京：人民出版社，2001：278 - 279.
② 同①281.

的劳动时间来决定，而是按平均劳动时间计算，因此，[在劳动浓缩和延长的月份内]这样得到的工资，就占了全年工资的很大部分。在这里，劳动的浓缩是同工作日的延长结合在一起的，但是，全部这种劳动时期不超过例如几个月或几周。这是对劳动进行剥削的最可怕的形式之一。"①

　　缩短必要劳动时间则是剥削相对剩余价值技术体系建构的出发点。"就相对剩余价值的生产来说，工作日一开始就分成必要劳动和剩余劳动这两个部分。为了延长剩余劳动，就要通过以较少的时间生产出工资的等价物的各种方法来缩短必要劳动。"② 要缩短必要劳动时间，就必须降低劳动力价值；而要降低劳动力价值，则必须提高生活资料生产部门以及有关的生产资料生产部门的劳动生产率。资本"必须变革劳动过程的技术条件和社会条件，从而变革生产方式本身，以提高劳动生产力，通过提高劳动生产力来降低劳动力的价值，从而缩短再生产劳动力价值所必要的工作日部分"③。事实上，"在资本主义生产中，发展劳动生产力的目的，是为了缩短工人必须为自己劳动的工作日部分，以此来延长工人能够无偿地为资本家劳动的工作日的另一部分"④。

　　在现实生活中，必要劳动时间的缩短往往是通过追求超额剩余价值的途径实现的。个别企业提高劳动生产率的直接目的是为了获得超额剩余价值；而所有企业都这样做的结果，就使得资本家普遍获得了相对剩余价值。"采用改良的生产方式的资本家，比同行业的其余资本家在一个工作日中占有更大的部分作为剩余劳动。他个别地所做的，就是资本全体在生产相对剩余价值的场合所做的。"⑤ 在马克思看来，协作、分工与机器都

---

①　马克思恩格斯文集：第 8 卷. 北京：人民出版社，2009：322 - 325.
②　马克思恩格斯全集：第 44 卷. 北京：人民出版社，2001：583.
③　同②366.
④　同②373.
⑤　同②370.

是剥削相对剩余价值技术体系的组成部分。"相对剩余价值的生产以特殊的资本主义的生产方式为前提；这种生产方式连同它的方法、手段和条件本身，最初是在劳动在形式上从属于资本的基础上自发地产生和发展的。"① 此外，计时工资与计件工资等也是剥削剩余价值技术的具体表现。

（2）加快资本周转速度技术。

资本只有在运动中才能带来剩余价值，运动的速度越快，所带来的剩余价值就越多，资本增殖的能量就越大，增殖的程度也就越高。马克思从资本循环与资本周转两个层面分析了产业资本的运转，揭示了资本家谋求剩余价值最大化的技术路径。资本的循环必须通过生产领域和流通领域两个阶段，在每一个阶段中都要停留一定的时间，两个阶段按时间顺序交替进行。流通时间和生产时间互相排斥，一定量资本的流通时间延长，生产时间就缩短，作为生产资本执行职能的部分也就缩小；反之，流通时间越短，资本的生产职能就越强，就越能自行增殖。"资本的流通时间，一般说来，会限制资本的生产时间，从而也会限制它的价值增殖过程。限制的程度与流通时间持续的长短成比例。"② 可见，资本循环各阶段的时间长短，直接影响到剩余价值的获取。因此，尽可能缩短流通时间与劳动过程的休止时间，延长劳动时间，是谋求剩余价值最大化的基本技术途径。

周而复始、不断重复的资本循环就是资本周转。资本周转一次的时间就是周转时间，它包括生产时间和流通时间两个部分。资本周转的时间越短，一年内周转的次数就越多，周转速度就越快，一定量资本所带来的剩余价值就越大；反之则越小。马克思指出，影响资本周转速度的因素主要有生产资本的构成与资本周转时间的长短。前者是指生产资本中固定资本与流动资本的比例，它是影响资本周转速度的首要因素。一般地说，固定

---

① 马克思恩格斯选集：第 2 卷. 北京：人民出版社，2012：237.

② 马克思恩格斯全集：第 45 卷. 北京：人民出版社，2003：142.

资本周转慢，流动资本周转快。在资本总量一定的前提下，固定资本的比重越大，预付资本总周转速度就越慢，反之就越快。后者是由资本的生产时间和流通时间构成，而这二者又有许多组成部分。不同资本的各个组成部分的周转时间不同，因而会不同程度地影响资本运动速度。

资本家加快资本周转的主要手段是延长工人的劳动日，实行日夜轮班作业制度，以及提高工人劳动强度等。此外，采用新的生产技术，提高劳动生产率，改进交通运输与通信设施，发展商业组织和信用制度，加强市场信息搜集等，都能大幅度缩短生产时间和流通时间，从而加快资本周转。"协作、分工、机器的使用，可以增加一个工作日的产品，同时可以在互相连接的生产行为中缩短劳动期间。例如，机器缩短了房屋、桥梁等等的建筑时间；收割机、脱粒机等等缩短了已经成熟的谷物转化为完成的商品所必需的劳动期间。造船技术的改良，提高了船速，从而缩短了航运业投资的周转时间。但是，这些缩短劳动期间，从而缩短流动资本预付时间的改良，通常与固定资本支出的增加联系在一起。另一方面，在某些部门，可以单纯通过协作的扩大而缩短劳动期间；动用庞大的工人大军，从而在许多地点同时施工，就可以缩短一条铁路建成的时间。在这里，周转时间由于预付资本的增加而缩短了。在所有这些场合必须有更多的生产资料和更多的劳动力在资本家的指挥下结合起来。……信用会引起、加速和扩大资本在个人手中的积聚，就这一点来说，它会促使劳动期间从而周转时间缩短。"[1] 当然，这些技术手段往往伴随着工人劳动强度的提高，直接或间接地加深了资本家对工人的剥削。

（3）节约不变资本技术。

资本周转原理表明，在生产资本构成中，不变资本的比重越大，资本

---

① 马克思恩格斯全集：第 45 卷．北京：人民出版社，2003：261 - 262.

周转速度就越慢，资本家的预付资本额也就越高。因此，为了谋求更多的剩余价值，资本家总是想法设法减少不变资本的使用量，构建不变资本节约技术体系。同时，资本又是靠牺牲工人健康来实现这种节约的。剩余价值率的提高受生活资料及其有关部门劳动生产率的限制，而不变资本在任何生产部门的节约，都会提高利润率。

延长工作日，一方面可以增加绝对剩余价值的生产；另一方面，也使不变资本的支出相对减少，从而节约了固定资本。因为工作日延长所引起的生产规模的扩大，只要求增加用在原材料上的不变资本的支出，并不要求增加用在机器设备、厂房这些最花钱的不变资本的支出上。对比工作日没有延长的情况，在同量利润的生产上，不变资本的支出减少了，利润率却提高了。马克思指出："在可变资本不变，也就是说，按相同的名义工资使用的工人人数不变的条件下，绝对剩余价值的增加，或剩余劳动从而工作日的延长，——不管额外时间有没有报酬都一样，——会相对地降低不变资本同总资本、同可变资本相比的价值，并由此提高利润率。"①

在一定条件下，要剥削一个较大的劳动量，就只有通过增加工人人数，或者提高劳动强度，或者提高劳动生产率，但这些场合都必然伴随着固定资本的相应增加。剩余价值虽然增加了，有助于提高利润率，但是它所引起不变资本的增加又会使利润率降低。如果不变资本增加的比例超过了剩余价值增加的比例，利润率甚至还会降低。而延长工作日不仅能节约固定资本，提高利润率，而且还能加速资本价值的再生产，节省监督费用、税收、保险费、常雇人员的工资等非生产性支出，以及减少机器设备的无形磨损。因此，随着资本有机构成的提高，固定资本在不变资本中所占的比重增大，通过延长工作日节约固定资本以提高利润率，就具有越来

---

① 马克思恩格斯全集：第 46 卷. 北京：人民出版社，2003：91.

越重要的意义。

技术进步也有助于节约不变资本。不变资本价值的减少不仅与本部门的社会劳动规模有关，而且还与向它提供生产资料部门的产品状况和劳动生产率有关。一是机器的不断改良所引起的节约。首先，制造机器的材料改良了，使它更加牢固耐久；其次，机器制造方法的改良，使它便宜了；再者，推动和带动机器工作的动力机和传动机方面的改良，使现有机器的使用更便宜、更有效；最后，机器的改良减少了废料。① 这些技术改进都会使生产过程中不变资本的支出减少。同时，机器坚固耐用，修理维护次数减少，相应地也降低了机器的价格。马克思指出，这些方面的机器改良所产生的节约，"在大多数场合又只有在存在着结合工人的情况下才可能实现，并且往往要在更大规模的劳动下才能实现，因而要求工人直接在生产过程中达到更大规模的结合"②。这就是说，机器不断改良所引起的节约，也是以结合工人的大规模社会劳动为前提的。因为只有结合工人的实践经验，才能确定机器改良的方向和方法；只有结合工人才能实现对机器的大规模改良，而性能优良的机器，又必然会推动劳动社会化的发展。

二是提供生产资料部门的劳动生产力的提高，也会带来不变资本的节约。例如，铁、煤、机器的生产或建筑业等部门劳动生产力的发展，使其产品更便宜，因而就会降低以这些产品为生产资料的部门的不变资本的价值，进而相应地提高这些部门的利润率。"产业的向前发展所造成的不变资本的这种节约，具有这样的特征：在这里，**一个**产业部门利润率的提高，要归功于**另一个**产业部门劳动生产力的发展。"③ 显然，在这里资本家得到的好处，仍然是社会劳动的产物，即社会分工制度的产物。"生产力的这种发展，最终总是归结为发挥作用的劳动的社会性质，归结为社会内部的分工，归结为脑力劳动特别是自然科学的发展。"①

"提高利润率的另一条途径，不是来源于生产不变资本的劳动的节约，而是不变资本本身使用上的节约。"② 工人的大规模协作，可以节省共同消费的生产资料，如厂房、仓库、取暖设备和照明设备等。一个资本在本部门的共同使用也是如此，它的节约包括两个方面：一是活劳动的节约，即工人有酬劳动的减少；二是物化劳动的节约，即用最节省的办法来使用生产资料，"也就是说，在既定的生产规模上，用最少的费用，来实现对他人无酬劳动的这种尽可能大的占有"③。不变资本使用上的节约，或者是直接由本部门的协作劳动引起的，或者是由机器的使用价值即效率比其价值的增加来得更快引起的。资本家狂热地节约生产资料还表现在生产要素的掺假上。这种掺假使资本家获得了双重的好处：既降低了不变资本价值，提高了利润率；又能以次充好，在商品的实际价值以上出卖商品，掠夺消费者。

工人一生的绝大部分时间是在生产过程中度过的，生产条件大部分也是工人的能动生活过程的条件或生活条件。由于这种条件的节约能够提高利润率，因此，资本家往往不惜用牺牲工人的健康和生命的方式实现节约。在《资本论》第一卷中，马克思揭露了工作日的无限延长，工作场所的极度狭窄，安全设备之缺乏，劳动条件之恶劣，对工人健康和生命所造成的严重危害。"资本主义生产比其他任何一种生产方式都更加浪费人和活劳动，它不仅浪费人的血和肉，而且浪费人的智慧和神经。"④ 马克思列举许多例证，说明资本主义生产方式尽管对生产资料十分节约，但对生

---

① 马克思恩格斯选集：第 2 卷．北京：人民出版社，2012：453.
② 马克思恩格斯全集：第 46 卷．北京：人民出版社，2003：96.
③ 同②97.
④ 马克思恩格斯全集：第 32 卷．北京：人民出版社，1998：405.

产者的生命却非常浪费。"资本主义生产方式按照它的矛盾的、对立的性质，还把浪费工人的生命和健康，压低工人的生存条件本身，看作不变资本使用上的节约，从而看作提高利润率的手段。"① 从社会方面看，摧残和浪费劳动力是从根本上破坏了生产力，是一个巨大的损失和浪费，但对单个资本家来说，却是他增加剩余价值生产、提高利润率的重要手段。

## 三、自由愿景中的科学技术

从青年时代起，马克思就确立了为人类幸福而奋斗的崇高理想，他的社会目标就是实现无产阶级和全人类的解放，最终建立共产主义社会。在马克思、恩格斯看来，科学技术是人类谋求发展、获取自由的基本路径，科学技术进步则是人类解放的强大推动力。马克思主义的归宿就在于，追求人类自由与社会进步，谋求人类解放，最终实现由必然王国向自由王国的跃进。

### 1. 科学、技术与人性

马克思对人性问题的探索经历了一个发展过程，这些成果奠定了马克思理论体系的基石。早年受黑格尔思想的影响，马克思把人的本质规定为自我意识和主体精神改造客体的自由劳动；后来他又接受了费尔巴哈关于人的类本质的观点。1843 年在《黑格尔法哲学批判》一书中，马克思意识到人是"现实的人"，必须在一定的物质生产关系中把握人的本质。在《1844 年经济学哲学手稿》中，他认为人与动物的根本区别就在于劳动。"一个种的整体特性、种的类特性就在于生命活动的性质，而自由的有意识的活动恰恰就是人的类特性。"② 1845 年，随着《关于费尔巴哈的提纲》

---

① 马克思恩格斯全集：第 46 卷．北京：人民出版社，2003：101.
② 马克思恩格斯选集：第 1 卷．北京：人民出版社，2012：56.

和《德意志意识形态》的问世，马克思从根本上解决了人性问题，为唯物史观的确立奠定了基础。

人性就是人作为社会的类存在物所具有的各种共同属性的总和，是社会属性与自然属性的统一，也是人有别于动物的根据。马克思认为，人性是随着人类的诞生而出现，并伴随着人类的发展而不断丰富的，并不存在凝固不变的永恒人性。人类社会的历史就是人性的发展史，"整个历史也无非是人类本性的不断改变而已"①。"想根据效用原则来评价人的一切行为、运动和关系等等，就首先要研究人的一般本性，然后要研究在每个时代历史地发生了变化的人的本性。"② 人既有物性的多重特征，又有物性所不具有的、超越物性的特质。人性的特殊性恰恰就是由这些超越物性的特殊要素构成的。意识性和实践性是人性的核心部分，也是人性本质力量的基础。

马克思认为，对人性的探究应当到人们的物质生产活动之中去寻找。"个人怎样表现自己的生命，他们自己就是怎样。因此，他们是什么样的，这同他们的生产是一致的——既和他们生产**什么**一致，又和他们**怎样**生产一致。因而，个人是什么样的，这取决于他们进行生产的物质条件。"③ 在马克思看来，人性主要是由生产方式决定的，而与生产方式密切相关的"生产什么""怎样生产"以及"进行生产的物质条件"等都是产业技术的具体形态。也就是说，人性既取决于生产方式，更取决于人们所建构的产业技术形态，因而离不开科学技术的进步。

产业技术既是形成人性的基础，也是认识人性的重要途径。"动物遗骸的结构对于认识已经绝种的动物的机体有重要的意义，劳动资料的遗骸对于判断已经消亡的经济的社会形态也有同样重要的意义。"④ "**工业**的历

---

① 马克思恩格斯选集：第 1 卷 . 北京：人民出版社，2012：252.
② 马克思恩格斯全集：第 44 卷 . 北京：人民出版社，2001：704，脚注 63.
③ 同①147.
④ 同②210.

史和工业的已经生成的**对象性的**存在，是一本打开了的关于人的**本质力量**的书，是感性地摆在我们面前的人的**心理学**；对这种心理学人们至今还没有从它同人的**本质**的联系，而总是仅仅从外在的有用性这种关系来理解。"① 正如当代美国技术哲学家麦吉恩（Robert E. McGinn）所指出的，马克思对技术的认识是一种从人类活动方式上对技术的理解，更多地强调了它的形成和意义，而不是它的构成；马克思把技术视为实践者的精神系统的特定部分，它同人的活动和存在的所有方面相关联，包括技术实践的结果、目的、知识资源、方法和文化环境等。②

马克思对人性问题的探索是沿着简化还原思路回溯的：人的本质根源于人的社会性，人的社会性又源于物质生产活动，而物质生产活动总是在一定的科学背景与技术基础上展开的。这就是说，人的本质和力量应该在劳动、生产、工业及其历史演变中得到诠释。"工艺学揭示出人对自然的能动关系，人的生活的直接生产过程，从而人的社会生活关系和由此产生的精神观念的直接生产过程。"③ 科学技术进步必然推动生产力的发展，"随着新生产力的获得，人们改变自己的生产方式，随着生产方式即谋生的方式的改变，人们也就会改变自己的一切社会关系"④。社会关系的改变势必带来人性的丰富和发展。

在马克思的人学思想中，如果有所谓人的本性，那也就是人以技术性的生产劳动改造世界；反过来，技术形态及其相应的社会组织结构则是人性的外在显现。"正是在改造对象世界的过程中，人才真正地证明自己是**类存在物**。这种生产是人的能动的类生活。通过这种生产，自然界才表现

---

① 马克思恩格斯全集：第 3 卷．北京：人民出版社，2002：306.

② Robert McGinn. What is Technology. Paul T. Durbin (ed). Research in Philosophy and Technology. Greenwich, Conn.：Jai Press, 1978：178-198.

③ 马克思恩格斯全集：第 44 卷．北京：人民出版社，2001：429，脚注 89.

④ 马克思恩格斯选集：第 1 卷．北京：人民出版社，2012：222.

为**他的**作品和他的现实。因此，劳动的对象是**人的类生活的对象化**：人不仅像在意识中那样在精神上使自己二重化，而且能动地、现实地使自己二重化，从而在他所创造的世界中直观自身。"① 正是基于对技术性在人性中的基础地位的深刻洞察，才促使马克思形成了所谓的元技术观念。

任何个体总是出生在一定的社会体制和人工自然之中，并在特定的科学技术世界中成长的。从衣、食、住、行、用到精神文化需求的实现，无一不受到科学技术的直接或间接影响。因此，人们必须自觉或不自觉地学习科学知识，适应、引入和建构多种技术形态。在这一过程中，自然的人就被塑造成技术的人，技术模式就内化为人们的思想观念与行为方式。事实上，每一种新技术的引入，都要求在人与人、人与自然、人与社会之间建立一种新的关系；每一种新技术都为人类打开了一扇通向新领域的大门，促使人的观念发生变化。从这一点上说，人的技术化又是人的社会化的基础，二者同步展开，互动并进。

在人的技术化问题上，马克思更多地关注资本主义制度下的人性异化现象。在马克思看来，以机器为核心的产业技术隶属并服务于资本运作技术体系，工人劳动对象化的结果就是与自己的劳动产品相异化。"在资本主义制度内部，一切提高社会劳动生产力的方法都是靠牺牲工人个人来实现的；一切发展生产的手段都转变为统治和剥削生产者的手段，都使工人畸形发展，成为局部的人，把工人贬低为机器的附属品，使工人受劳动的折磨，从而使劳动失去内容，并且随着科学作为独立的力量被并入劳动过程而使劳动过程的智力与工人相异化；这些手段使工人的劳动条件变得恶劣，使工人在劳动过程中屈服于最卑鄙的可恶的专制，把工人的生活时间转化为劳动时间，并且把工人的妻子儿女都抛到资本的札格纳特车轮下。"② 不

---

① 马克思恩格斯选集：第 1 卷．北京：人民出版社，2012：57.
② 马克思恩格斯全集：第 44 卷．北京：人民出版社，2001：743.

断被技术化的工人演变为资本主义社会繁荣的牺牲品。

### 2. 人类解放的技术路径

英文的"解放"（Liberation）与"自由"（Liberty）二词同根同源，"解放"意即"使其自由"。在这里，"自由"就是对必然性的顺应和把握，意味着对各种限制或束缚的超越。作为万物之灵的人类，对自由的追求一直就是他们生活的轴心，也是科学研究与技术发明的终极目的所在。"解放"就是摆脱束缚，获得自由与进步的过程，而"自由"又总是相对于束缚而言的。因此，"解放"与"自由"是同等程度的概念。所谓人类解放，就是将人类从束缚自身的各种枷锁中解救出来，就是人类自由与幸福程度不断增加的历史进程。

然而，离开了现实的自然、社会、思想观念等关系的承载与约束，也就无所谓人类的解放或自由。正如恩格斯所言："自由不在于幻想中摆脱自然规律而独立，而在于认识这些规律，从而能够有计划地使自然规律为一定的目的服务。……自由就在于根据对自然界的必然性的认识来支配我们自己和外部自然；因此它必然是历史发展的产物。最初的、从动物界分离出来的人，在一切本质方面是和动物本身一样不自由的；但是文化上的每一个进步，都是迈向自由的一步。"① "当我们不知道自然规律的时候，自然规律是在我们的认识之外独立地存在着并起着作用，使我们成为'盲目的必然性'的奴隶。一经我们认识了这种**不依赖于**我们的意志和我们的意识而起着作用的（如马克思千百次反复说过的那样）规律，我们就成为自然界的主人。"② 可见，自由与解放并不是要在幻想中摆脱必然，而是对必然性的自觉认识、利用和支配。科学技术正是完成这一任务的基础环节。一般而言，人们对必然性的认识愈深入，对必然性的支配也就愈多；

① 马克思恩格斯选集：第3卷.北京：人民出版社，2012：491-492.
② 列宁选集：第2卷.北京：人民出版社，2012：152-153.

同时，技术发明创造愈多、效率愈高，人们所得到的自由与解放程度也就愈高。

事实上，人类解放总是在现实生活的诸多领域同步展开的，是一个立体推进的系统进化过程，涉及内容广泛。撇开这些丰富的文化内涵不谈，它们的共同基础都是以先进的科学技术替代落后的科学技术，拓展人类活动领域，提高目的性活动效率。恩格斯在论述技术发明及其应用，对人类进化的积极意义时就曾指出："肉食引起了两个新的有决定意义的进步，即火的使用和动物的驯养。前者更加缩短了消化过程，因为它为嘴提供了可说是已经半消化了的食物；后者使肉食更加丰富起来，因为它在打猎之外开辟了新的更经常性的肉食来源，除此以外还提供了奶和奶制品之类的新的食品，而这类食品就其养分来说至少不逊于肉类。这样，对于人来说，这两种进步就直接成为新的解放手段。"① 在人类文明的初期，石器的制作、弓箭的发明、火的使用和动物的驯养等原始技术的发明创造，既推动了人类肢体与大脑的进化，同时也把人类从多重自然束缚与奴役状态下解放出来。

技术是人的基本属性，始终与人类结伴同行。技术的工具角色表明，它是人类建构文明大厦的脚手架，技术世界是人类解放必须依赖的现实基础。技术在人类生活中的这一基础地位与积极作用，就决定了它是促进社会发展、谋求人类解放的基本路径。马克思在批判费尔巴哈有关人类解放的观点时曾指出："只有在现实的世界中并使用现实的手段才能实现真正的解放；没有蒸汽机和珍妮走锭精纺机就不能消灭奴隶制；没有改良的农业就不能消灭农奴制；当人们还不能使自己的吃喝住穿在质和量方面得到充分保证的时候，人们就根本不能获得解放。'解放'是一种历史活动，

---

① 马克思恩格斯选集：第 3 卷．北京：人民出版社，2012：994 - 995.

不是思想活动，'解放'是由历史的关系，是由工业状况、商业状况、农业状况、交往状况促成的"①。在这里，马克思明确指出了人类解放是一种现实的实践活动，是不断推进的历史过程，不可能在短期内或一次性完成。同时，他也认为，技术是人类解放的现实基础，技术进步是人类解放的根本路径；没有技术进步的支持与推动，社会生产力就难于取得重大发展，工业、商业、农业乃至人们之间的交往模式就难以发展和更新，社会的进步与人类的解放也就无从谈起。

在广义技术视野中，作为主体目的性活动的序列、方式或机制，技术进步与社会发展和人类解放进程息息相关。技术不仅体现出生产力属性，通过社会基本矛盾途径促进社会发展与人类解放，而且还通过向人类活动诸领域的立体渗透，以及提高人类活动效率的基本途径，把人们全方位、多侧面地从自然、社会以及落后思想观念的束缚中不断地解放出来。社会发展史表明，人类的每一次解放都是在技术发明与改进的基础上取得的，都是在生产力的飞跃与社会体制的变革中实现的。例如，电灯的发明把人们从黑暗的束缚中解放出来；电话、互联网等技术发明，把人们从信息的空间阻隔与禁锢中解放出来；广播、电视、微信大众传媒技术的发展，把人们从对领导人及其政治活动的神秘感中解放出来；在科学实验技术基础上取得的科学认识成果，把人们从宗教迷信的蒙蔽中解放出来；专家组、顾问团等社会分工协作形式的出现，把人们从各自学科的狭隘禁闭中解放出来；等等。如果看不到技术的巨大解放作用，就必然会无视人类解放与社会进步的成果。

在现实生活中，科学技术的解放作用随处可见，正如爱因斯坦所指出的："科学最突出的实际效果在于它使那些丰富生活的东西的发明成为可

---

① 马克思恩格斯选集：第 1 卷．北京：人民出版社，2012：154.

能，虽然这些东西同时也使生活复杂起来——比如蒸汽机、铁路、电力和电灯、电报、无线电、汽车、飞机、炸药等等的发明。此外，还必须加上生物学和医药在保护生命方面的成就，特别是镇痛药的生产和贮藏食物的防腐方法。所有这些发明给予人类的最大实际利益，我看是在于它们使人从极端繁重的体力劳动中解放出来，而这种体力劳动曾经是勉强维持最低生活所必需的。如果我们现在可以宣称已经废除了苦役，那么我们就应当把它归功于科学的实际效果。"① 在这里，爱因斯坦生动地揭示了技术的解放作用。不难理解，人类解放与社会进步就表现为不断挣脱束缚，创造新的生活方式，提升生活品质的历史过程，技术在其中扮演着支撑平台与发动机的角色。

尽管现代西方人文主义者对科学技术多持批判态度，但他们并不否认技术的解放作用。例如，舒尔曼曾指出："解放了的技术于是就将能医治人们'凭借自然'而生活其中的困难环境。它将提供一种对生活机会的扩大，减轻工作的苦痛和困难，抵御自然灾害，征服疾病，改善社会安全状况，扩大联络，增加信息，扩大责任，大大地增加与精神健康相和谐的物质繁荣，消灭自然、文化和人的异化。技术解放了人的时间，促进了新的可能性的发展。有了这些可能性，文化将会进展到新的揭示。技术也将为多面性的工作——为细心的、创造性的、充满爱心的工作提供余地。"②马尔库塞认为："机械化、标准化的技术过程可以使个人的能量释放到一个超出必然性的未知的自由王国中。人类生存的结构将会被改变；个人将会从把异己的需要和异己的可能性强加于他的那个工作世界中解放出来。个人将会对他自己的生活自由地行使自主权。如果能把生产机制组织和引

---

① ［美］爱因斯坦. 爱因斯坦文集：第三卷. 许良英，等，编译. 北京：商务印书馆，1979：135.

② ［荷］E. 舒尔曼. 科技文明与人类未来：在哲学深层的挑战. 李小兵，等，译. 北京：东方出版社，1995：382.

导得满足根本需要的话，那么它的控制力可以很好地集中起来；这种控制力将不会妨碍个人的自主权，而是使得这个自主权成为可能。"① 此外，还有很多其他学者都有类似论述。

人类的历史表明，科学技术上的每一次重大突破都意味着一种更大自由的来临，但人类往往也会从这种大自由中感受到一些新的不自由。尽管现实生活中的技术形态展现出多种负效应或奴役性，但技术并不是万恶之源。反科学主义者所倡导的放弃现代技术成就，回归原始质朴生活状态的设想，是因噎废食的幼稚之举。它是以人类解放与社会发展的巨大倒退为代价，换取现代技术困境或奴役性的部分消除的。然而，意识到新技术困境的萌发，就意味着争取更大自由的开始。这种开放的、不断拓展的自由进化趋势表明，人类始终保持着一种谋求发展、自觉追求自由与解放的价值取向。因此，人类解放的目标不是要放弃技术，而是要解决如何合理地、善意地开发和使用技术的问题。在科技进步的过程中，人们将逐步扩大技术的功能或正效应，减轻技术风险与负效应，追求更多的自由、幸福、尊严与发展。

### 3. 超越技术困境的曲折历程

一部社会发展史就是人类从必然王国走向自由王国的历史，而科技进步正是人类不断获得自由的阶梯。人类解放与超越技术困境是在自由增加与束缚减少的过程中逐步实现的。受时代的局限，马克思、恩格斯对技术困境问题的思索主要集中在技术异化问题上。而他们对技术异化与技术困境问题的剖析，一开始就是在人类解放的大背景下展开的。马克思总是从具体技术形态出发，客观、辩证地看待技术的属性与发展趋势。例如，在阐述分工的必然性时，他既充分肯定了分工技术在提高生产效率方面的积

---

① ［美］马尔库塞. 单向度的人. 张峰，吕世平，译. 重庆：重庆出版社，1988：4.

极作用，同时也指出了社会分工技术的消极影响。这就是说，分工技术既是提高人类活动效率的基本途径，又必然使人类为分工技术所奴役和限制。这就是人类所处的分工技术困境。

在马克思看来，技术困境是在社会发展进程中形成与演进的，是技术矛盾性的具体表现，具有时代性和地域性特征。在资本主义时代，"我们的一切发明和进步，似乎结果是使物质力量成为有智慧的生命，而人的生命则化为愚钝的物质力量。现代工业和科学为一方与现代贫困和衰颓为另一方的这种对抗，我们时代的生产力与社会关系之间的这种对抗，是显而易见的、不可避免的和毋庸争辩的事实"①。同时，技术困境又是作为物种的人类所必须应对的现实问题，它的更替与消解必将是一个长期的历史过程。

从长远来看，无产阶级推翻资产阶级的统治，社会主义战胜资本主义，是历史发展的必然趋势。而无产阶级的政治解放是消除技术异化，走出技术奴役困境的基础和前提。"当社会成为全部生产资料的主人，可以在社会范围内有计划地利用这些生产资料的时候，社会就消灭了迄今为止的人自己的生产资料对人的奴役。不言而喻，要不是每一个人都得到解放，社会也不能得到解放。因此，旧的生产方式必须彻底变革，特别是旧的分工必须消灭。代之而起的应该是这样的生产组织：在这个组织中，一方面，任何个人都不能把自己在生产劳动这个人类生存的自然条件中所应参加的部分推到别人身上；另一方面，生产劳动给每一个人提供全面发展和表现自己全部的即体力的和脑力的能力的机会，这样，生产劳动就不再是奴役人的手段，而成了解放人的手段，因此，生产劳动就从一种负担变成一种快乐。"②

马克思指出，政治解放是人类解放的基础和重要形式。随着阶级、私

① 马克思恩格斯选集：第1卷．北京：人民出版社，2012：776.
② 马克思恩格斯选集：第3卷．北京：人民出版社，1995：644.

有制和国家的消亡，在共产主义社会里,.技术异化有望消除。"**政治解放**当然是一大进步；尽管它不是一般人的解放的最后形式，但**在**迄今为止的世界制度**内**，它是人的解放的最后形式。"① "从异化劳动对私有财产的关系可以进一步得出这样的结论：社会从私有财产等等解放出来、从奴役制解放出来，是通过**工人解放**这种**政治**形式来表现的，这并不是因为这里涉及的仅仅是工人的解放，而是因为工人的解放还包含普遍的人的解放；其所以如此，是因为整个的人类奴役制就包含在工人对生产的关系中，而一切奴役关系只不过是这种关系的变形和后果罢了。"② 在论述巴黎公社的进步意义时，马克思指出了无产阶级解放科学技术的历史使命。科学家们感到："只有工人阶级能够把他们从僧侣统治下解放出来，把科学从阶级统治的工具变为人民的力量，把科学家本人从阶级偏见的兜售者、追逐名利的国家寄生虫、资本的同盟者，变成自由的思想家！只有在劳动共和国里面，科学才能起它的真正的作用。"③ 这就是说，政治解放为克服资本主义条件下科学与技术的异化创造了必要条件。

分工技术所导致的异化现象是技术异化的重要形式。马克思认为，随着资本主义的灭亡与共产主义的兴起，分工技术的异化有望缓解，这一技术困境可望逐步消除。"在共产主义社会高级阶段，在迫使个人奴隶般地服从分工的情形已经消失，从而脑力劳动和体力劳动的对立也随之消失之后；在劳动已经不仅仅是谋生的手段，而且本身成了生活的第一需要之后；在随着个人的全面发展，他们的生产力也增长起来，而集体财富的一切源泉都充分涌流之后，——只有在那个时候，才能完全超出资产阶级权利的狭隘眼界，社会才能在自己的旗帜上写上：各尽所能，按需分配！"④

---

① 马克思恩格斯全集：第 3 卷．北京：人民出版社，2002：174.
② 马克思恩格斯选集：第 1 卷．北京：人民出版社，2012：61.
③ 马克思恩格斯选集：第 3 卷．北京：人民出版社，2012：149 - 150.
④ 同③364 - 365.

同样，随着技术的不断进步，当分工技术发展到自由分工阶段，分工技术的异化也有望得到消解。"自动工厂中分工的特点，是劳动在这里已完全丧失专业的性质。但是，当一切专门发展一旦停止，个人对普遍性的要求以及全面发展的趋势就开始显露出来。"① 特别是到了共产主义社会，"任何人都没有特殊的活动范围，而是都可以在任何部门内发展，社会调节着整个生产，因而使我有可能随自己的兴趣今天干这事，明天干那事，上午打猎，下午捕鱼，傍晚从事畜牧，晚饭后从事批判，这样就不会使我老是一个猎人、渔夫、牧人或批判者"②。这就是说，在技术进步与生产力发展的基础上，社会的未来发展将为固定分工的消亡创造必要的技术条件。

马克思从生产劳动的视角，论述了人类走向自由王国的基本条件。他说："这个自然必然性的王国会随着人的发展而扩大，因为需要会扩大；但是，满足这种需要的生产力同时也会扩大。这个领域内的自由只能是：社会化的人，联合起来的生产者，将合理地调节他们和自然之间的物质变换，把它置于他们的共同控制之下，而不让它作为一种盲目的力量来统治自己；靠消耗最小的力量，在最无愧于和最适合于他们的人类本性的条件下来进行这种物质变换"③。这就是说，要在物质生产领域获得自由，一方面要以"消耗最小的力量"的高级产业技术为基础；另一方面还要对产业技术的开发与运行进行合理调节和共同控制。而要达到这一理想状态并非易事，一要有高度发达的科学技术；二要有完善的社会制度；三要有人性的升华与意志的统一。这些条件在阶级社会里是很难满足的，只有共产主义社会才可能具备这些条件。

马克思认为，人类解放以及对技术异化的克服，必然要以生产力的高

---

① 马克思恩格斯选集：第 1 卷．北京：人民出版社，2012：249.

② 同①165.

③ 马克思恩格斯全集：第 46 卷．北京：人民出版社，2003：928 - 929.

度发达为基础，以人性的完善为前提，以共产主义制度的确立为前进方向。在他看来，共产主义社会是人类解放与超越技术困境的高级形态。届时，"各个人的**全面的**依存关系、他们的这种自然形成的**世界历史性的**共同活动的最初形式，由于这种共产主义革命而转化为对下述力量的控制和自觉的驾驭，这些力量本来是由人们的相互作用产生的，但是迄今为止对他们来说都作为完全异己的力量威慑和驾驭着他们"①。恩格斯也从人类解放的高度指出，只有共产主义制度的确立，才能在社会关系方面最终把人类从动物状态中提升出来，实现从必然王国向自由王国的跃进。也就是说，只有到那时，"人终于成为自己的社会结合的主人，从而也就成为自然界的主人，成为自身的主人——自由的人"②。而"人们自己的社会行动的规律，这些一直作为异己的、支配着人们的自然规律而同人们相对立的规律，那时就将被人们熟练地运用，因而将听从人们的支配。人们自身的社会结合一直是作为自然界和历史强加于他们的东西而同他们相对立的，现在则变成他们自己的自由行动了。至今一直统治着历史的客观的异己的力量，现在处于人们自己的控制之下了。只是从这时起，人们才完全自觉地自己创造自己的历史；只是从这时起，由人们使之起作用的社会原因才大部分并且越来越多地达到他们所预期的结果。这是人类从必然王国进入自由王国的飞跃"③。

马克思认为，应当辩证地、历史地看待人类所处的技术困境及其演变。他在论述犹太人解放问题时指出："只要犹太人和基督徒把他们互相对立的宗教只看做**人的精神的不同发展阶段**，看做**历史**撕去的不同的蛇皮，把人本身只看做蜕皮的蛇"。"只要这样，他们的关系就不再是宗教的

---

① 马克思恩格斯选集：第 1 卷 . 北京：人民出版社，2012：169.
② 马克思恩格斯选集：第 3 卷 . 北京：人民出版社，2012：817.
③ 同②671.

关系，而只是批判的、**科学的**关系，人的关系。那时**科学**就是他们的统一。而科学上的对立会由科学本身消除。"① 当然，这里的科学也包括作为科学应用部分的技术。在马克思看来，如果把人类所摆脱的具体技术困境"看做**历史**撕去的不同的蛇皮"，那么人就是"蜕皮的蛇"。在经历过一次次技术困境的磨难与考验之后，人类必将更加成熟，更为合理地使用技术，共同走向自由和光明的未来。

_____

① 马克思恩格斯文集：第 1 卷 . 北京：人民出版社，2009：23.

# 第二篇　马克思科技审度的焦点

在马克思有关科学技术的论述中，蕴涵着丰富的科学技术批判的思想。特别是他围绕科学技术与生产力的关系、科学技术与异化的关系、科学技术与自由的关系所进行的探讨，以及由此展开的对科学技术的批判，已成为人类历史上的最为宝贵的精神财富之一。这其中的很多思想，是马克思科技审度的精华，它们对于如何正确看待现代社会中的科学与技术，具有非常重要的借鉴意义。

# 第三章　科学技术与生产力

　　科学技术是第一生产力，这是我们最熟悉的马克思主义基本原理之一，从国家层面的科教兴国战略，到企业层面的技术创新和高新技术产业化，科学技术在我们经济社会发展中发挥着越来越重要的作用，并已成为建设社会主义和谐社会、实现中华民族伟大复兴的最强大动力。然而，在社会主义发展史上，科学技术是生产力这一原理却长期得不到应有的认识，科学技术的生产力功能被我们有意或无意地遮蔽了。直到1978年，邓小平在全国科学技术大会开幕式上引用马克思"生产力也包括科学技术"的讲话，并指出科学技术是生产力之后，科学技术生产力论才逐渐成为我们的理论共识和行动指南。

　　事实上，正如邓小平指出的那样，科学技术是生产力，是马克思主义的一贯观点。马克思的《1844年经济学哲学手稿》与《资本论》以及其他一些著作、手稿中，包含着非常丰富的科学技术思想，马克思早就明确指出，科学技术是生产力，科学技术对生产力诸要素起决定作用，科学技术是最高意义上的革命力量。

## 一、科学技术与自然力的征服

四百多年前，被马克思称为"英国唯物主义和整个现代实验科学的真正始祖"的弗朗西斯·培根（Francis Bacon，1561—1626）喊出了"知识就是力量"的时代最强音。从此，伴随着蒸汽机的轰鸣和社会财富的急剧增长，科学技术对改造自然、征服自然的作用就逐渐进入研究经济社会发展的观察家特别是经济学家的视野。但是，只有马克思准确地把握了科学技术和自然力的关系，把科学技术放到一个更为广阔的社会背景上加以审视，使科学技术成为马克思的伟大的社会变革计划框架的重要因素。因为，只有马克思认识到了自然史和人类史之间的相互制约，此外，他既看到了科学技术和工业对自然界的变革与支配之现实，又强调外部自然界的优先地位，并以此为基础，指出科学技术和工业的本质是人类对自然界的理论关系和实践关系。

### 1. 自然和人是人类社会历史的物质前提

众所周知，人类社会从自然界演化发展而来，是自然界长期发展的产物，自然界是人类社会产生和发展的物质前提。人类诞生以后，其自身的生产和物质生产同样成为人类社会存在和发挥作用的基本因素。

然而，在对马克思的自然和人的关系的理解中，长期以来，存在着两种影响深远而观点迥异的范式：苏联模式的马克思主义者把世界看成一个只按自己规律运动，而与人的社会实践毫无干系的纯客观的存在；西方马克思主义者则认为，世界通过主体而得到中介，现实中的客体都是人的"思想的客体"或"感性的客体"，都是经过人类活动，剥去其"自然发生的独立性"之后，才开始为人类所感知和改造。

事实上，马克思从不讳言自然界的基础性，强调自然界的优先地位。

在《德意志意识形态》中，马克思借费尔巴哈的眼睛，展示了自然科学和工业对自然界的巨大改变，令人信服地说明：人类的感性劳动和创造以及生产活动，是整个现存感性世界的非常深刻的基础。但马克思也非常明确地告诉我们，即使"在这种情况下，外部自然界的优先地位仍然会保持着，而整个这一点当然不适用于原始的、通过自然发生的途径产生的人们"①。然而，马克思绝不是对自然顶礼膜拜的圣徒，他曾用略带嘲讽的口气揶揄那些自然崇拜者："自然崇拜不过是小镇居民礼拜天散步时知道杜鹃把卵产在别种鸟的巢里，知道眼泪有使眼睛表面保持湿润的作用等等的事情而像孩子一样吃惊，最后以敬畏的心情颤抖地向他的孩子朗诵克洛普施托克的春天颂"②。苏联模式的马克思主义者坚持并无限放大了自然界的优先地位的观点，却无视或遮蔽了马克思的实践思想，结果把马克思主义变成了不食人间烟火的庙宇圣像。

西方马克思主义者则刚好相反，他们强调从主观方面把事物当作实践去理解。西方马克思主义的鼻祖卢卡奇就反复重申："自然是一个社会范畴"③。施密特也指出："一开始就把马克思的自然概念同其他概念区别开来的是马克思自然概念社会——历史性质"④。确实，马克思说过："**整个所谓世界历史**不外是人通过人的劳动而诞生的过程，是自然界对人来说的生成过程"⑤。马克思还说过："在人类历史中即在人类社会的形成过程中生成的自然界，是人的**现实的**自然界；因此，通过工业——尽管以**异化**的形式——形成的自然界，是真正的、**人本学的**自然界"⑥。西方马克思主

---

① 马克思恩格斯选集：第 1 卷 . 北京：人民出版社，2012：157.
② 马克思恩格斯全集：第 10 卷 . 北京：人民出版社，1998：254.
③ G. Lukács. History and Class Consciousness. Cambridge：The MIT Press，1971：234.
④ Alfred Schmidt. The Concept of Nature in Marx. London，Nib.，1973：15.
⑤ 马克思恩格斯全集：第 3 卷 . 北京：人民出版社，2002：310.
⑥ 同⑤307.

义者看到了苏联模式的不足，企图通过对这种解释范式的批判，走近马克思，彰显马克思的本来面目，但由于他们放弃甚至否定自然的优先性，结果却把马克思主义变成了任人打扮的小姑娘，从一个极端走到了另一个极端。

其实，马克思从来都是辩证地看待人与自然关系的。"历史可以从两方面来考察，可以把它划分为自然史和人类史。但这两方面是不可分割的；只要有人存在，自然史和人类史就彼此相互制约。"① 马克思一方面把人类实践引入到本体论中，认为人类的感性活动是现存世界的基础，强调要从主观方面去理解事物，把事物当成人的实践活动去理解；另一方面，马克思则始终强调外部自然的优先性，强调自然和人是人类社会历史的物质前提。

英国古典经济学家威廉·配第曾说过一句名言："劳动是财富之父，土地是财富之母。"像威廉·配第一样，马克思也从来都没有吝啬过对自然及其价值的赞叹。作为辩证唯物主义者，马克思向来认为自然和人是人类社会历史的物质前提，自然界是劳动的基本条件。在《1844 年经济学哲学手稿》中，马克思非常肯定地指出："没有**自然界**，没有**感性的外部世界**，工人什么也不能创造。它是工人的劳动得以实现、工人的劳动在其中活动、工人的劳动从中生产出和借以生产出自己的产品的材料。"② 在这里，马克思指出了自然界的三重作用：自然界是工人劳动得以实现的基础，工人的任何劳动都离不开自然界；自然界是工人的劳动环境和场所，工人可以在其中劳动；自然界（的物质）构成工人的劳动产品，是劳动产品的基本材料。接下来，马克思又进一步指出，不仅生产劳动离不开自然界，人的生活更加离不开自然界："自然界一方面在这样的意义上给劳动提供**生活资**

① 马克思恩格斯选集：第 1 卷．北京：人民出版社，2012：146，脚注 1．
② 马克思恩格斯全集：第 3 卷．北京：人民出版社，2002：269．

料，即没有劳动加工的对象，劳动就不能**存在**，另一方面，也在更狭隘的意义上提供**生活资料**，即维持**工人**本身的肉体生存的手段"①。马克思还在更一般的意义上强调了自然界的重要性："一切人类生存的第一个前提，也就是一切历史的第一个前提，这个前提是：人们为了能够'创造历史'，必须能够生活。但是为了生活，首先就需要吃喝住穿以及其他一些东西。因此第一个历史活动就是生产满足这些需要的资料，即生产物质生活本身"②。

马克思不仅强调自然界是劳动的基本条件，而且是劳动资料和劳动对象的源泉，也是财富的源泉。针对庸俗经济学家和别有用心的资本家所提出的"劳动是一切财富的源泉"的观点，马克思提出了严厉的批判："如果认为，劳动就它创造使用价值来说，是它所创造的东西即物质财富的**唯一源泉**，那就错了。既然它是使物质适应于这种或那种目的的活动，它就要有物质作为前提。"③ 在《德国工人党纲领批注》中，马克思更加明确地指出："劳动**不是**一切财富的源泉。**自然界**同劳动一样也是使用价值（而物质财富就是由使用价值构成的！）的源泉，劳动本身不过是一种自然力即人的劳动力的表现。上面那句话在一切儿童识字课本里都可以找到，并且**在**劳动具备相应的对象和资料的**前提下**是正确的。"④ 从这段话中，我们可以看到马克思非常严谨地区分了财富与使用价值，物质资料即自然界是财富的有机组成部分，是一切劳动资料和劳动对象的第一源泉。对劳动来说，"只有一个人一开始就以所有者的身份来对待自然界这个一切劳动资料和劳动对象的第一源泉，把自然界当做属于他的东西来处置，他的劳动才成为使用价值的源泉，因而也成为财富的源泉"⑤。

---

① 马克思恩格斯全集：第 3 卷 . 北京：人民出版社，2002：269.
② 马克思恩格斯选集：第 1 卷 . 北京：人民出版社，2012：158.
③ 马克思恩格斯全集：第 31 卷 . 北京：人民出版社，1998：428 - 429.
④ 马克思恩格斯全集：第 25 卷 . 北京：人民出版社，2001：8.
⑤ 马克思恩格斯选集：第 3 卷 . 北京：人民出版社，2012：357.

### 2. 现代自然科学和工业一起变革了整个自然界

人是我们这个物质世界中最高级、最复杂的生命，人是自然界的产物，但人又有不同于一般的自然物的特殊性。人除了和动物植物一样，能够利用自然界中的物质为自己服务，还能依靠自己的智能变革自然界，改变自然物的形态、结构和功能，甚至能创造出自然界没有的新物品、新物种。而且，人类在工业革命以后的短短几百年里使自然界发生了天翻地覆的改变。正如马克思所言："费尔巴哈在曼彻斯特只看见一些工厂和机器，而 100 年以前在那里只能看见脚踏纺车和织布机；或者，他在罗马的坎帕尼亚只发现一些牧场和沼泽，而在奥古斯都时代在那里只能发现罗马富豪的葡萄园和别墅。"① 在这里，马克思借费尔巴哈的眼睛，一方面描述了因为人类活动而改变的自然界；另一方面也为我们指出了导致自然界发生变革的原因——现代自然科学和工业。

自然界是人类的财富之源，是人类生产和生活须臾都离不开的生产资料和生活资料之源，但自然界从来都不会自动成为人类的生产资料和生活资料，只有借助科学技术和工业，自然界才会改变其形态、结构，形成新的价值和新的功能。马克思在《资本论》第一卷中分析商品拜物教时，对这一现象曾有过精辟的分析："很明显，人通过自己的活动按照对自己有用的方式来改变自然物质的形态。例如，用木头做桌子，木头的形状就改变了。可是桌子还是木头，还是一个普通的可以感觉的物。但是桌子一旦作为商品出现，就转化为一个可感觉而又超感觉的物。它不仅用它的脚站在地上，而且在对其他一切商品的关系上用头倒立着，从它的木脑袋里生出比它自动跳舞还奇怪得多的狂想。"②

我们知道，马克思向来赞赏费尔巴哈的唯物主义态度，但对费尔巴哈

---

① 马克思恩格斯选集：第 1 卷．北京：人民出版社，2012：156．
② 马克思恩格斯全集：第 44 卷．北京：人民出版社，2001：88．

看不到工业和科学所引发的自然界的变革却颇有微词："他没有看到，他周围的感性世界决不是某种开天辟地以来就直接存在的、始终如一的东西，而是工业和社会状况的产物，是历史的产物，是世世代代活动的结果，其中每一代都立足于前一代所奠定的基础上，继续发展前一代的工业和交往，并随着需要的改变而改变他们的社会制度。甚至连最简单的'感性确定性'的对象也只是由于社会发展、由于工业和商业交往才提供给他的。大家知道，樱桃树和几乎所有的果树一样，只是在几个世纪以前由于**商业**才移植到我们这个地区。由此可见，樱桃树只是**由于**一定的社会在一定时期的这种活动才为费尔巴哈的'感性确定性'所感知。"① 从这里可以看出，马克思对费尔巴哈式的直观唯物主义相当不满，对费尔巴哈完全撇开人的社会生活，撇开科学技术和工业来理解世界、物质、感觉、思维和精神的做法提出了严厉的批判。

这样的思想在马克思的著作中随处可见，或者在对前辈学者思想的正面评价中流露，或者在对当时资产阶级学者的反面批判中呈现。在评论格·弗·道梅尔《新时代的宗教——创立综合格言的尝试》这个两卷本时，马克思毫不客气地批判了道梅尔对科学技术和工业的作用的无知："现代自然科学和现代工业一起对整个自然界进行了革命改造，结束了人们对自然界的幼稚态度以及其他幼稚行为，对这种现代自然科学却只字不提。相反，我们却听到了神秘的暗示，听到了关于诺斯特拉达穆斯的预言、苏格兰人的未卜先知以及动物的磁性等等令人惊讶的庸人猜测。然而巴伐利亚的落后的农村经济，即僧侣和道默②之流都同样赖以滋生的土壤，总有一天要用现代耕作法和现代机器来翻耕的。"③

---

① 马克思恩格斯选集：第 1 卷．北京：人民出版社，2012：155 - 156.
② 道默，即道梅尔。
③ 马克思恩格斯全集：第 10 卷．北京：人民出版社，1998：254 - 255.

### 3. 物质生产是人类在科学帮助下对自然力的统治

自远古时代起，科学技术就成为了人类变革自然的工具和手段，一部人类发展史就是人类借助科学技术对自然施加影响，不断变革自然，扩大人化自然的历程。从早期原始部落聚居点的灰烬，到岩洞的壁画；从中世纪的石板路到四轮马车，再到伟大的蒸汽机时代，人类借助科学技术以及近代的工业，创造了一个无与伦比的、辉煌的物质世界。而在此过程中，人类对自然的认识日益加深，变革自然的能力不断增强，范围日益扩大，以至于到了近代，人们有了支配自然的力量，成了自然的统治者、征服者，在人所能及的每一个地方都打上了自己的印记。

弗朗西斯·培根无疑是最早认识并推动这一历史进程的思想家。当整个欧洲都对古希腊文明赞赏有加甚至顶礼膜拜时，培根却石破天惊地给了古希腊世界观狠狠的一击。在他那部不朽名作——《新工具》中，培根把柏拉图、亚里士多德和荷马的全部著作贬为有争议的学问。他批评希腊人整日清谈，一事无成；他指责希腊人只坐而论道，却从不"进行任何一项旨在改善人类生存条件的实验"。在培根看来，应该把科学作为一种改造世界的新方法，去开拓人类帝国的疆域，驾驭自然万物，他最早告诉人们科学将是无所不能的。

培根超越希腊人的地方在于希腊人只想通过科学来认识世界，达到心灵愉悦，而培根则希望借助科学改变世界，推进物质文明。法国人笛卡尔因为强调演绎法在获取知识方面的决定性作用而与重视归纳法的培根不一样，但在倡导人类成为自然界的主人方面却毫不逊色于培根。他认为，只要撇开经院的思辨哲学，把火、水、空气、星辰、天空以及周围一切物体的力量和作用认识清楚，我们"就可以因势利导，充分利用这些力量，成为支配自然的主人翁了"[1]。

---

[1] ［法］笛卡尔. 谈谈方法. 王太庆，译. 北京：商务印书馆，2001：49.

马克思无疑继承了培根和笛卡尔的光荣传统。而且马克思比培根更幸运地生活在科技更为昌盛、科技力量更为强大的 19 世纪，因而马克思对科学技术的认识也比培根和笛卡尔更为深刻。一方面，马克思见证了科学技术武装起来的人对自然界的占有。"一切生产都是个人在一定社会形式中并借这种社会形式而进行的对自然的占有。"① 人要改造自然，首先要占有自然物和自然材料，因为任何劳动过程都离不开作为劳动对象的土地以及劳动资料。劳动资料是劳动者置于自己和劳动对象之间、用来把自己的活动传导到劳动对象上去的物或物的综合体。劳动者利用机械的、物理的和化学的属性，把这些物当作发挥力量的手段，然后依照自己的目的作用于其他物。正如恩格斯所说："在这些矫揉造作的词句背后隐藏的只是这样一个不朽的发现：人在任何状态下都要吃、喝等等……他在任何状态下都应该为了满足自己的需要到自然界去寻找现成的外界物，并占有它们，或者用在自然界发现的东西进行制造"②。

另一方面，马克思也告诉人们，借助科学技术，人类可以拥有支配自然、控制自然的力量。马克思以批判和推翻资产阶级，建立社会主义和共产主义为己任，但这并不影响他对资本主义社会的客观评价。马克思看到了在资本主义时代，人们把物质生产变成了在科学技术帮助下对自然力的统治："资产阶级历史时期负有为新世界创造物质基础的使命……把物质生产变成对自然力的科学统治。资产阶级的工业和商业正为新世界创造这些物质条件，正像地质变革创造了地球表层一样。只有在伟大的社会革命支配了资产阶级时代的成果，支配了世界市场和现代生产力，并且使这一切都服从于最先进的民族的共同监督的时候，人类的进步才会不再像可怕

---

① 马克思恩格斯全集：第 30 卷．北京：人民出版社，1995：28．
② 马克思恩格斯全集：第 19 卷．北京：人民出版社，1963：419-420．

的异教神怪那样，只有用被杀害者的头颅做酒杯才能喝下甜美的酒浆"①。英国著名诗人蒲柏曾这样称赞牛顿之伟大：自然界和自然界的规律隐藏在黑暗中，上帝说，让牛顿去干吧，于是，一切变得光明。在《1844 年经济学哲学手稿》中，马克思也这样来形容工业和自然科学的巨大威力："人越是通过自己的劳动使自然界受自己支配，神的奇迹越是由于工业的奇迹而变成多余"②。"任何神话都是用想象和借助想象以征服自然力，支配自然力，把自然力加以形象化；因而，随着这些自然力实际上被支配，神话也就消失了"③。有了科学技术，人类就可以像神一样拥有支配自然的能力，有了像神一样创造财富的能力，因为财富也是人对自然力统治的结果："财富不就是人对自然力——既是通常所谓的'自然'力，又是人本身的自然力——的统治的充分发展吗？财富不就是人的创造天赋的绝对发挥吗？"④

另外，马克思还解释了人类拥有控制自然力量的原因，那就是只有认识了自然界的规律，才可能去利用自然界的规律并获得控制自然的力量。马克思以古代人对水利和土壤肥力规律的认识为例，在考察了从埃及、伦巴第、荷兰等地的治水工程，到印度、波斯等地的人工渠道进行灌溉的历史，以及阿拉伯人统治下的西班牙和西西里岛产业繁荣的秘密后，指出通过这些认识自然的活动，不仅使土地获得必不可少的水，而且使矿物质肥料同淤泥一起从山上流下来。"社会地控制自然力，从而节约地利用自然力，用人力兴建大规模的工程占有或驯服自然力，——这种必要性在产业史上起着最有决定性的作用。"⑤

---

① 马克思恩格斯全集：第 12 卷．北京：人民出版社，1998：251－252.
② 马克思恩格斯全集：第 3 卷．北京：人民出版社，2002：275.
③ 马克思恩格斯全集：第 30 卷．北京：人民出版社，1995：52.
④ 同③479－480.
⑤ 马克思恩格斯全集：第 44 卷．北京：人民出版社，2001：587－588.

马克思热情歌颂了自然科学和工业的丰功伟绩，赞美了科学技术和工业对自然的改造利用甚至统治和征服，但如果因此把马克思称为科学技术决定论者显然有失偏颇。因为马克思也是最早看到科学技术的负面效应以及科学技术异化的思想家，这一点我们将在下文论述。

**4. 自然科学和工业是人类对自然界的理论关系和实践关系**

蒸汽机的轰鸣声打破了中世纪的宁静和沉寂，让最保守的人们也感受到了自然科学和工业的威力，自然科学和工业也因此得到了无与伦比的赞誉，催生了一个又一个最绮丽的乌托邦想象：从托马斯·摩尔的《乌托邦》（1515）到约翰·安德里的《基督教城堡》（1610），从托马斯·康帕内拉的《太阳城》（1620）到培根的《新大西岛》（初稿成于 1622—1624 年，遗作发表于 1627 年），无不显示出科技进步对社会的不可或缺性。正如 1688 年，约瑟夫·格兰维尔（Joseph Glanvill）在为新成立的皇家学会的辩护词中所言，新自然哲学的目标就是保证："认识自然，使其被控制、管理和运用来为人类生活服务"①。

事实上，这样的观念在马克思以前的时代随处可见，通过自然科学和工业的发展逐步实现对地球的控制甚至统治的观念日益深入人心，成为一种不证自明的基本信念。马克思的睿智在于比任何前代思想家，以及同时代的思想家更早地、更深刻地揭示了自然科学和工业的本质。他把自然科学和工业、人以及自然界成功地联系在一起，指出自然科学和工业是人类对自然界的理论关系和实践关系。

第一，自然科学和工业总是与人的历史连在一起的。自然科学是人的科学，是人的实践活动；工业也是人的工业，人的实践活动，有了人，才有所谓的自然科学和工业活动。针对当时颇具影响的青年黑格尔派的布鲁

---

① ［加］威廉·莱斯. 自然的控制. 岳长岭，等，译. 重庆：重庆出版社，2007：71.

诺·鲍威尔把思维和感觉、灵魂和肉体、自身和世界分开，把历史同自然科学和工业分开的观点，马克思和恩格斯反问道："难道批判的批判以为，只要它把人对自然界的理论关系和实践关系，把自然科学和工业排除**在**历史运动**之外**，它就能达到，哪怕只是**初步**达到对历史现实的认识吗？难道批判的批判以为，它不把比如说某一历史时期的工业，即生活本身的直接的生产方式认识清楚，它就能真正地认清这个历史时期吗？"① 从这里，我们可以看到，马克思和恩格斯对鲍威尔的观点是不认同的。他们还进一步指出了鲍威尔的错误所在：一旦把历史同自然科学和工业分开，就会认为历史的发源地不在尘世的粗糙的物质生产中，而是在天上的云雾中。

第二，自然科学和工业是人和自然之间的过程，是调整与控制人和自然之间的物质变换的过程，是人对自然界的现实的实践关系的反映。它"不再是工人把改变了形态的自然物作为中间环节放在自己和对象之间；而是工人把由他改变为工业过程的自然过程作为中介放在自己和被他支配的无机自然界之间"②。在《德意志意识形态》中，针对圣麦克斯的平淡无奇的、亘古不变的神创宇宙，马克思用他惯常的讽刺语言：圣麦克斯"因自己不能使太阳跳康康舞而不满，因无力使大海平静而烦恼，因不能不让山峰耸入云霄而愤怒"。"在他那里，每逢'世界'需要起重要作用时，世界立刻就变为**自然**。'唯一的'自然科学一开始就承认自己的无能为力。它不是考察由工业和自然科学所决定的人对自然的现实关系，而是宣布人对自然的幻想关系。"③

第三，马克思以工业和自然科学为中介，提出了人与自然的辩证法。自然是全部人类活动的场所，是一切社会劳动过程的普遍基础。人在活动

---

① 马克思恩格斯文集：第 1 卷．北京：人民出版社，2009：350.
② 马克思恩格斯全集：第 31 卷．北京：人民出版社，1998：100.
③ 马克思恩格斯全集：第 3 卷．北京：人民出版社，1960：202.

中既改变了自然世界，又改变了自身。在这种转变中，由于机器的使用，人从繁重而简单的劳动中解放出来，变成一种新型的人，而这种具有无限创造性的人类，借助科学技术和工业使得自己可以在更大规模和程度上应用和改造自然。自然科学和工业正是这种人与自然的理论关系和实践关系的反映，而 19 世纪的自然科学和工业则代表了"人对自然的理论关系和实践关系"的最高形式。

## 二、科学技术是第一生产力

纵观人类思想发展史，我们不难发现，很少有思想观念一提出就被接受并广为传播。不管是在中国还是苏联和东欧国家，科学技术的生产力功能都长期被遮蔽，革命思维和革命范式大行其道。正如邓小平所说，"科学技术是生产力"是马克思主义的历来观点，马克思有着丰富而深刻的关于科学技术生产力论的思想。他考察了科学技术与生产力相互推进的历史脉络，提出了科学技术是生产力的科学论断，分析了科学技术对生产力诸要素的决定作用，揭示了科学技术转化为生产力的现实途径，事实上论证了科学技术是第一生产力的基本原理。

### 1. 历史上科学技术对生产力的推动作用

任何严肃的思想家都会把其理论建构在不可辩驳的历史事实上，马克思也是这方面的典范。为了写作《资本论》，为了研究科学技术与生产力的关系，马克思阅读了大量的科学史、技术史、工艺史和经济史著作，对科学技术对生产力促进作用的历史进行了非常详细的考证。

马克思考察了古老的手工业时代的科学技术。他曾对磨的历史进行了专业级别的考察，为我们展示了在磨的发展历史上，按一定顺序相继采用的，而在很长时间内又是同时并用的所有种类的动力：人力、畜力、水力、船磨、风磨、马车磨和蒸汽磨。然后，他又以磨为例，有力说明了科学技术对作为生产力的劳动工具的改进的巨大作用。在研究了钟表业的起源和历史后，马克思写道："**钟表**是建立在手工艺生产和标志资产阶级社会黎明时期的学术知识基础上的。钟表提供了关于自动机和在生产中采用自动运动的观念。与钟表的历史齐头并进的是匀速运动理论的历史。"①事实上，马克思还考察了手工时代的其他技术形态，如榨油业、玻璃业、马车业、纺织业等。

　　当然，对于中国人来说，我们最熟悉的是马克思对四大发明的高度评价。火药、指南针、造纸术和印刷术是中国古代科学技术中最有影响的成就，对推动中国和世界文明发展做出了杰出贡献。在论述了三大发明在欧洲的传播史和对欧洲各国生产力的推动作用后，马克思给出了高度评价："**火药、指南针、印刷术**——这是预告资产阶级社会到来的三大发明。火药把骑士阶层炸得粉碎，指南针打开了世界市场并建立了殖民地，而印刷术则变成新教的工具，总的来说变成科学复兴的手段，变成对精神发展创造必要前提的最强大的杠杆。"② 由于种种原因，马克思没有把造纸术的发明归到中国人名下，但他在研读了波佩的《工艺学历史》后指出：造纸过程是机械过程和化学过程的结合，是科学技术和工业生产的结合。

　　在以蒸汽机为标志的近代机器大工业时代，科学技术对生产力的推动作用达到了无与伦比的高度，这也是马克思科学技术生产力论的最重要源泉。马克思当然不会忽视这一伟大时代。他在考察这一历史进程时，秉承了其一贯的追根溯源的风格，首先考察了标志着工场手工业开端的两大发明——纺纱机和最初的纽可门蒸汽机（在马克思看来，蒸汽机既是工场手工业时代的产物，又是机器大工业时代到来的标志）的历史发展，指出了

---

①② 马克思恩格斯文集：第8卷．北京：人民出版社，2009：338.

这两大发明以及其他一些发明都是这一时期科学技术的产物："纺纱机和蒸汽机的制造也同样是以制造这些机器的手工业和工场手工业，以及在上述时期已有所发展的力学科学等等为基础的。"①

马克思向来崇尚凭数据说话，他在考察机器大工业时代科学技术推动生产力快速发展这一现象时，就为我们很好地展示了数字的力量。在《机器、自然力和科学的应用》这本笔记中，马克思详尽地考察了由于使用经过瓦特改良的蒸汽机后英国工业的发展状况，查阅了大量的书籍报刊和政府文献资料，掌握了大量英国工业发展的第一手材料，以不可辩驳的数据向我们展示了大机器时代科学技术对生产力的推动作用。这里以规模、从业人员和发展水平都是最高的棉纺业为例，见表3-1：

表3-1　联合王国棉纺织厂发展概况②

|  | 1838 年 | 1850 年 | 1856 年 | 1861 年 |
|---|---|---|---|---|
| 工厂总数 | 1 819 | 1 932 | 2 210 | 2 887 |
| 工人总数 | 259 104 | 330 924 | 379 213 | 451 569 |
| 使用马力数 | 59 803 | 82 555 | 97 132 | 294 100 |
| 机械织机数 | 108 751 | 249 627 | 298 847 | 399 992 |

这些数据不仅有力地展现了机器大工业对于生产力与社会发展的推动作用，也表明在机器大工业时代，"整个生产过程不是从属于工人的直接技巧，而是表现为科学在工艺上的应用……资本的趋势是赋予生产以科学的性质，而直接劳动则被贬低为只是生产过程的一个要素"③。随着社会生产的发展，"如果说直接劳动在量的方面降到微不足道的比例，那么它在质的方面，虽然也是不可缺少的，但一方面同一般科学劳动相比，同自然科学在工艺上的应用相比，另一方面同产生于总生产中的社会组织的、

---

① 马克思恩格斯文集：第8卷．北京：人民出版社，2009：340.
② 马克思恩格斯全集：第47卷．北京：人民出版社，1979：496-498.
③ 马克思恩格斯全集：第31卷．北京：人民出版社，1998：94.

并表现为社会劳动的自然赐予（虽然是历史的产物）的一般生产力相比，却变成一种从属的要素"①。

现代科学和前现代科学的最大差异在于方法论的变化以及对自然态度的重大转变。从亚里士多德以后，直到中世纪以来统治着人们的科学观一直把重点放在解释自然物的"是什么"和"为什么"上，而现代科学家最关心的问题则变成了"怎么样"生产出更多、更好的物品来。马克思敏锐地捕捉到了这种变化，描述了科学技术推动生产力发展的历史轨迹，说明了"科学、巨大的自然力、社会的群众性劳动都体现在机器体系中"②，论证了"劳动生产力是随着科学和技术的不断进步而不断发展的"③。

**2. 科学技术是直接生产力**

生产力是人们解决社会同自然矛盾的实际能力，是人类利用和改造自然使其适应人类需要的一切物质的、技术的要素的总和。客观地说，在马克思的时代，甚至是马克思以前的时代，就有很多思想家看到了科学技术对生产力的推动作用，但只有马克思第一个对科学技术的生产力性质进行了深入而全面的理论分析，首先明确提出了科学技术是生产力的思想。如在《经济学手稿》（1857—1858 年）中，马克思写道："同价值转化为资本时的情形一样，在资本的进一步发展中，我们看到：一方面，资本是以生产力的一定的现有的历史发展为前提的——在这些生产力中也包括科学——，另一方面，资本又推动和促进生产力向前发展。"④ 所不同的是，科学是人们对自然界和人类社会的性质与规律的认识，多以知识形态出现。只要把科学应用于生产领域，转化为对生产活动的实际作用，就能创造出更多的物质财富。

---

① 马克思恩格斯全集：第 31 卷. 北京：人民出版社，1998：94.
② 马克思恩格斯全集：第 44 卷. 北京：人民出版社，2001：487.
③ 同②698.
④ 同①.

要理解马克思关于科学技术是生产力的思想，需从马克思对社会生产力及其构成的理论分析开始。因为，"生产力是标志人类改造自然的实际程度和实际能力的范畴，从根本上体现了人与自然之间的现实关系"①。马克思认为，生产力是由一般生产力和直接生产力构成，劳动力、劳动工具和劳动对象这些直接进入生产过程的生产力是直接生产力，而尚未显化为劳动力的技能、尚未物化为劳动工具的科学知识，以及作为劳动力的后备军的少年儿童等尚未进入直接生产过程的生产力则构成一般生产力。

根据以上划分，当科学以一般的知识形态或理论形态存在时，就是一般生产力："**科学**这种既是观念的财富同时又是实际的财富**的发展**，只不过是**人的生产力的发展**即财富的发展所表现的一个方面，一种形式"②。当科学转化为劳动者的技能或物化为劳动工具时，就变成了直接生产力："固定资本的发展表明，一般社会知识，已经在多么大的程度上变成了**直接的生产力**，从而社会生活过程的条件本身在多么大的程度上受到一般智力的控制并按照这种智力得到改造。它表明，社会生产力已经在多么大的程度上，不仅以知识的形式，而且作为社会实践的直接器官，作为实际生活过程的直接器官被生产出来"③。可见，科学是一种潜在的、观念形态的生产力，只有当它直接或间接地应用于生产过程，参与价值创造活动，改善生产力要素及结构，才能转化为直接的现实生产力。

曾有学者争辩道，马克思只是说科学可以"变成"直接生产力，但没说过科学"是"直接生产力，这种看法当然是不对的。马克思在他的很多著作中都明确告诉我们，科学技术是生产力。在分析资本与科学的关系时，马克思说："科学的力量也是不费资本家分文的另一种生产力"④，

---

① 李秀林，等. 辩证唯物主义和历史唯物主义（第五版）. 北京：中国人民大学出版社，2004：101.
② 马克思恩格斯全集：第30卷. 北京：人民出版社，1995：539.
③ 马克思恩格斯全集：第31卷. 北京：人民出版社，1998：102.
④ 马克思恩格斯全集：第47卷. 北京：人民出版社，1979：553.

"另一种不费资本分文的生产力，是科学力量"①。在谈论工人的财富不会因社会财富的增加而同步增加时，马克思更是明确把科学、发明都作为生产力的一种类型："文明的一切进步，或者换句话说，社会生产力的一切增长，也可以说劳动本身的生产力的一切增长，如科学、发明、劳动的分工和结合、交通工具的改善、世界市场的开辟、机器等等所产生的结果，都不会使工人致富，而只会使**资本**致富；也就是只会使支配劳动的权力更加增大；只会使资本的生产力增长"②。更为重要的是，马克思把科学技术作为一种独立的力量，一种独立于生产力其他构成要素的独立因素，一种生产手段，一种致富工具："**自然因素**的应用……是同**科学**作为生产过程的独立因素的发展相一致的。生产过程成了**科学的应用**，而科学反过来成了生产过程的因素即所谓职能。……科学获得的使命是：成为生产财富的手段，成为致富的手段。"③

马克思的科学技术生产力理论不仅在《资本论》《机器、自然力和科学的应用》及其他后期手稿中大量存在，就是在马克思的早期著作中，我们也可发现这一思想的萌芽。早在 1845—1846 年，马克思和恩格斯在写作《德意志意识形态》时，就把科学技术与生产力联系在一起了："那种一开始就和机器，即使是最原始的机器联系在一起的劳动，很快就显出它是最有发展能力的"④。在 1847 年写作的《哲学的贫困》一书中，马克思不仅看到了科学技术对生产力的巨大作用，而且已经有了科学技术是生产力的朦胧思想："手推磨产生的是封建主的社会，蒸汽磨产生的是工业资本家的社会。"⑤ 在批判蒲鲁东的混乱逻辑和错误观点时，马克思讽刺道：

---

① 马克思恩格斯全集：第 31 卷．北京：人民出版社，1998：168．
② 马克思恩格斯全集：第 30 卷．北京：人民出版社，1995：267．
③ 马克思恩格斯文集：第 8 卷．北京：人民出版社，2009：356 - 357．
④ 马克思恩格斯全集：第 3 卷．北京：人民出版社，1960：62．
⑤ 马克思恩格斯选集：第 1 卷．北京：人民出版社，2012：222．

"如果普罗米修斯只是教训我们说：分工、使用机器以及利用自然力和科学的力量可以增加人的生产力，并且能比孤立的劳动提供剩余产品，那末这位新的普罗米修斯的不幸就是出世太晚。"① 在这里，马克思以反问的方式道出了科学技术是生产力的思想。

以上论述充分表明，"科学技术是生产力"是马克思的一贯观点，是马克思考察科学技术发展和生产力发展相互演进的逻辑结论。马克思的思想是深邃的、超越时代的。马克思以后，很多思想家也把兴趣聚焦在科学技术与生产力的关系上，但却鲜有实质上的突破性见解。马克思的科学技术生产力论的真正价值，就在于它开辟了一个新理论领域，奠定了这一理论的基石，构建了这个理论大厦的基本框架，指出了这一理论的发展方向和发展空间，以至于后来的马克思主义者和亲近马克思的思想家们，都能在他的著作中找到对他们来说十分充分的思想源泉。

### 3. 科学技术对生产力具有决定作用

今天，我们说科学技术是第一生产力，就是指科学技术在生产力诸要素中最为重要，对生产力诸要素起决定作用。阅读马克思的著作，可以发现，马克思早就非常明确地告诉我们，科学技术是生产力中的一个独立因素，它既是一般生产力，又是直接生产力；更为重要的是，科学技术是生产力中最活跃、最革命的因素，也是生产力发展的决定性因素。在研究了工厂制度对于工场手工业和家庭劳动的反作用后，马克思指出，科技的发展不仅导致生产规模的扩大，而且使生产过程和生产性质也发生了变化。"机器生产的原则是把生产过程分解为各个组成阶段，并且应用力学、化学等等，总之应用自然科学来解决由此产生的问题。这个原则到处都起着决定性的作用"②。创造更多的财富是人类社会的永恒主题，也是社会生

---

① 马克思恩格斯全集：第 4 卷. 北京：人民出版社，1958：134.
② 马克思恩格斯全集：第 44 卷. 北京：人民出版社，2001：531.

产的最重要目的，科技的发展使得财富的创造也越来越取决于科学及其应用。"随着大工业的发展，现实财富的创造较少地取决于劳动时间和已耗费的劳动量，较多地取决于在劳动时间内所运用的作用物的力量，而这种作用物自身——它们的巨大效率——又和生产它们所花费的直接劳动时间不成比例，而是取决于科学的一般水平和技术进步，或者说取决于这种科学在生产上的应用"①。

马克思曾深入地研究过生产力的构成要素，指出"劳动过程的简单要素是：有目的的活动或劳动本身，劳动对象和劳动资料"②。而科学技术对生产力的决定作用则表现在以下几个方面：科学技术可以使构成生产力的三大要素——劳动力、劳动对象和生产工具发生质的变革和优化；它可以使产业结构不断提升，整个生产力呈现加速发展态势。具体表现在：

第一，科学技术对生产力诸要素的决定作用。

首先，科学技术可以武装劳动者，使劳动者素质不断提高，劳动能力不断提升。劳动者是具有一定劳动能力，并且从事生产实践的人。在生产力诸要素中，劳动者是生产过程的主体，是生产力中能动的，起主导作用的要素，其他要素都要通过劳动者才能发挥作用。随着科学技术的发展，劳动者的劳动技能、劳动素质的提高越来越取决于科学技术发展水平。"生产过程的智力同体力劳动相分离，智力转化为资本支配劳动的权力……科学、巨大的自然力、社会的群众性劳动都体现在机器体系中，并同机器体系一道构成'主人'的权力。"③ 在《资本论》中，马克思在分析不变资本使用上的节约时指出，生产部门中劳动生产力的发展，总是和自然科学及其应用联系在一起的："生产力的这种发展，最终总是归结为

① 马克思恩格斯全集：第31卷．北京：人民出版社，1998：100．
② 马克思恩格斯全集：第44卷．北京：人民出版社，2001：208．
③ 同②487．

发挥着作用的劳动的社会性质，归结为社会内部的分工，归结为脑力劳动特别是自然科学的发展"①。

在这里，我们要特别注意不要混淆科学技术的决定作用与劳动者的主导作用的关系。因为"两者说的不是同一问题，前者是就生产尤其是劳动者本身中智能因素和体力因素的关系而言，智能因素日趋重要，位居第一；后者是就生产力中人与物的关系而言，劳动者是生产力的主体，是惟一具有能动性的因素，因而处于首位。归根到底，两个命题其实是一致的"②。也就是说，生产力的发展主要靠劳动者科学技术素质的提高，而掌握了科学技术的劳动者则是生产力的主体。

其次，科学技术导致了劳动资料的飞跃性发展。劳动资料是人们在劳动过程中用以改变或影响劳动对象的物质资料或物质条件，其中最重要的是生产工具。生产工具是劳动者和劳动对象之间的中介，是衡量人类生产力发展水平的重要尺度。在某种程度上，人类的发展史就是生产工具不断改进的历史，而生产工具的改进直接就是科学技术发展的结果。从石器时代到青铜时代，从铁器时代到蒸汽时代，从手工时代到工场手工时代，再到大机器时代，工具的进化大大地提高了劳动效率，提高人类的生产水平。正如马克思在考察了精纺机技术改良和革新而大大提高生产效率的情况后所说："资本主义生产方式所特有的工业革命，正是起源于同加工的材料直接接触的那一部分工具的变革，并且为把每台走锭纺机上安装的纱锭数量从6个增加到1 800个铺平了道路。"③

最后，科学技术带来了劳动对象的拓展和高级化。劳动对象是劳动过程中能加工的一切对象，通常包括两种类型：一是未经加工的自然物，二

① 马克思恩格斯全集：第46卷．北京：人民出版社，2003：96．
② 刘大椿．科学技术哲学导论（第2版）．北京：中国人民大学出版社，2005：50．
③ 马克思恩格斯文集：第8卷．北京：人民出版社，2009：329．

是经过加工的人造物。由于科学技术的发展，人类能够利用的未经加工的自然物越来越多，如青铜冶炼技术的发展使原来被忽视的铜矿变成可用资源，潜水泵的发明则使得在高地下水位区域采煤成为可能。正如马克思所言："撇开自然物质不说，各种不费分文的自然力，也可以作为要素，以或大或小的效能并入生产过程。它们发挥效能的程度，取决于不花费资本家分文的各种方法和科学进步"①。科技的发展更使得经过加工的人造物品类日益繁多，结构日趋复杂，质量日益提高，功能日益强大。马克思在考察了纺织机械及其动力的改良历程后指出："以前曾是独立的工具，现在仅仅作为一整套同类工具的一个组成部分而起作用；或者在于：随着动力功率的增大，现在的工具获得了大得无比的规模。"② 马克思还看到由于科学技术的发展，人们甚至可以创造新的材料，新的劳动对象，或者使原来的肥料变废为宝："化学的每一个进步不仅增加有用物质的数量和已知物质的用途，从而随着资本的增长扩大投资领域。同时，它还教人们把生产过程和消费过程中的废料投回到再生产过程的循环中去，从而无需预先支出资本，就能创造新的资本材料"③。而且，由于科学技术的发展，劳动对象在生产力要素中的重要性与日俱增，至今依然如此。

第二，科学技术使产业结构不断升级，整个生产力呈现加速发展态势。

产业结构是指构成某一产业的各要素的互换关系和连接方式；产业结构的升级则是指低级产业逐渐被高级产业取代，高级产业在产业结构中的作用和地位不断提升的过程；简单地说，就是产业结构的高级化过程。

今天，当我们说到科学技术的社会作用时，经常会情不自禁地说科技

---

① 马克思恩格斯全集：第 45 卷．北京：人民出版社，2003：394.
② 马克思恩格斯文集：第 8 卷．北京：人民出版社，2009：331.
③ 马克思恩格斯全集：第 44 卷．北京：人民出版社，2001：698－699.

进步使社会发展日新月异，其实，马克思早就看到了这一现象。马克思在考察了近代科学技术的快速发展，以及由此导致的历史上最伟大的产业革命——蒸汽革命的历史过程，见证了近代科技革命在欧洲大陆特别是在英国的巨大成就后指出："英国社会的一个工作日的生产率在 70 年间增加了 2 700%，即 1840 年每天所生产的是 1770 年的二十七倍。"① "资产阶级在它的不到一百年的阶级统治中所创造的生产力，比过去一切世代创造的全部生产力还要多，还要大。"② 但是，与科技促进生产力的飞速发展相比，马克思认为，更重要的是科学技术导致了产业结构的升级和高级化，这才是社会生产力飞速发展的根本原因。

马克思曾把社会发展阶段划分为采集和渔猎时代→农业时代→工业时代→自动化时代，这是一种典型的以科技发展水平为度量的划分方式。任何对社会产业发展阶段的划分都是建立在对社会发展的整体把握上的，这种分类无疑是马克思关于科学技术促进经济结构和产业结构变迁思想的最好表现。在《哲学的贫困》中，马克思非常明确地表达了这种思想："随着新生产力的获得，人们改变自己的生产方式，随着生产方式即谋生的方式的改变，人们也就会改变自己的一切社会关系。手推磨产生的是封建主的社会，蒸汽磨产生的是工业资本家的社会。"③

准确评价现有科学技术对产业结构的作用也许并不需要太多的创造性，但马克思不仅能如此，还可以看到尚处在萌芽阶段的科学技术的巨大价值，并预测可能带来的社会经济的变革。对电力革命的不寻常关注就表现出了马克思的敏锐洞察力和前瞻力。在 19 世纪 40 年代末，电学中的新发现和新发明还未进入实用阶段，马克思就开始关注这些技术，并从中看

---

① 马克思恩格斯全集：第 4 卷．北京：人民出版社，1958：135.
② 马克思恩格斯选集：第 1 卷．北京：人民出版社，2012：405.
③ 同②222.

到了即将到来的电气时代的曙光。据李卜克内西回忆，1850 年的某一天，马克思曾非常高兴地谈到了电学中新进展的意义："蒸汽大王在前一世纪中翻转了整个世界，现在他的统治已到末日，另外一种更大无比的革命力量——电力的火花将取而代之。……这件事的后果是不可估计的。经济革命之后一定要跟着政治革命，因为后者是前者的表现而已"①。1882 年，也就是马克思逝世前一年，在慕尼黑国际电气展览会上，法国工程师马赛·德普勒（1834—1918）展出了架设在米斯巴赫和慕尼黑之间的世界上第一条输电线路。重病中的马克思对此非常关注，他请龙格找来德普勒的远距离输电实验报告，并要求恩格斯对这一成就进行评价。恩格斯根据马克思的意见，对德普勒的成果做出了高度评价："德普勒的最新发现……如果说在最初它只是对**城市**有利，那么到最后它必将成为消除城乡对立的最强有力的杠杆。而且非常明显的是，生产力将因此得到大发展，以至于越来越不再需要资产阶级的管理了。"②

### 4. 科学技术转化为直接生产力的基本途径

科学技术能增进人类改变自然以满足自己的需要的能力，科学技术比任何其他力量更能满足人对自然的控制欲望。这个问题长期以来对绝大多数人来说都是如此显而易见，以至于很难引起人们对这一问题进行更深入研究的热情。而马克思却能见人之未见，想人之未想，在常人不注意的地方，发现隐藏于其中的一般规律。首先他认识到科学技术是经济发展的内生变量，指出科学技术转化为直接生产力的基本途径。这也是马克思留给后代经济学家的最重要遗产之一。

今天，谈到经济增长与科学技术的关系，我们会想到科布—道格拉斯生产函数及其改进模型，传统的生产函数可表示为：

---

① ［德］威廉·李卜克内西. 忆马克思//回忆马克思恩格斯. 北京：人民出版社，1973：35.

② 马克思恩格斯选集：第 4 卷. 北京：人民出版社，2012：556.

$$Y = A(K,L) \tag{3-1}$$

其中，Y 为产出，K 代表资本，L 代表劳动力，A 表示技术水平。在这个传统模型中，科学技术只是个外生变量，要通过资本和劳动力这两个内在要素发挥作用。后来罗默把科学技术视为内生变量，并把劳动力（人力资本）引入生产函数，于是这一模型就变为：

$$Y = AK^{\alpha}L^{\beta}B^{\gamma} \tag{3-2}$$

3-2 式中，B 为人力资本，$\alpha$、$\beta$、$\gamma$ 分别为资本、劳动和人力资本的产出弹性。在这里，科学技术就成为生产函数的内生变量，是与土地、资本、劳动、人力资本等同时发挥作用的生产要素。

其实，马克思很早就已经视科学技术为与资本、劳动等一样的生产要素。马克思系统地考察了资本主义社会的工资、价格和利润的形成机制；在科学技术对生产的作用远不像今天这样明显的情况下，他敏锐地把握住了科学技术对生产的内生性质。马克思非常明确地指出："除了各个人的先天的能力和后天获得的生产技能的区别，劳动生产力主要应当取决于：首先，劳动的**自然**条件，如土地的肥沃程度、矿山的丰富程度等等；其次，**劳动的社会力**的日益改进，引起这种改进的是：大规模的生产，资本的积聚，劳动的联合，分工，机器，改良的方法，化学力和其他自然力的应用，利用交通和运输工具而达到时间和空间的缩短，以及其他各种发明，科学就是靠这些发明来驱使自然力为劳动服务，劳动的社会性质或协作性质也由于这些发明而得以发展。"① 在《资本论》中，马克思也表达了同样的观点："劳动生产力是由多种情况决定的，其中包括：工人的平均熟练程度，科学的发展水平和它在工艺上应用的程度，生产过程的社会结合，生产资料的规模和效能，以及自然条件"②。

---

① 马克思恩格斯全集：第21卷．北京：人民出版社，2003：184.
② 马克思恩格斯全集：第44卷．北京：人民出版社，2001：53.

　　马克思这一观点的首创性是毫无疑问的。被公认为技术创新经济学的创始人的美国经济学家熊彼特就公开宣称，马克思是他思想的重要渊源，因为马克思比任何一位西方学者都更早看到技术创新对经济的推动作用。尽管熊彼特经常会有意识地与马克思保持距离，甚至还一度靠攻击马克思来与马克思划清界限。但正如金斯基所言："熊彼特是明显的马克思论者"①。"就体系的独立性和涉及范围的广泛性而言，熊彼特的经济学说在近代经济学史上恐怕是独一无二的。如果说尚有哪一位经济学可以和他相提并论的话，那只有马克思一人而已。"②

　　金斯基的评价虽然没有明辨马克思与熊彼特之间的根本差异，但在某种程度上无疑是正确的，因为马克思确实是最早视科学技术为经济发展的内生变量的经济学家。一方面，马克思强调科学技术是生产过程的独立因素，是不费资本家分文的生产力，是生产财富的手段和致富的手段；另一方面，马克思又指出了作为观念形态的生产力或一般生产力的科学技术进入生产系统，转化为直接生产力的基本条件——资本主义生产方式和基本途径——物化、人格化与科学管理。

　　时势造英雄，马克思能做出如此伟大的前瞻性发现，是与他生活在科学技术大发展的 19 世纪分不开的。科学在希腊时代就散发出理性的璀璨光芒，却在增进希腊人的福利方面鲜有作为。在中世纪，那种原始的经济根本不需要科学技术，也不能为科学技术大发展提供机会。文艺复兴也是科学复兴，但科学理论与生产实践的差距依然很大。只有到了资本主义时代，由于工业的需要，"科学才第一次有可能在工业生产方法的变革中起决定性作用"③。19 世纪，由于工业革命蓬勃发展，科学更是成为不可或

①　[日]金斯基.熊彼特经济学.林俊男，金全民，编译.北京：北京大学出版社，1996：132.
②　同①35-36.
③　[英]贝尔纳.科学的社会功能.陈体芳，译.北京：商务印书馆，1982：52.

缺的独立的生产要素，生产过程变成了科学的应用，每一项发现都成了新的发明或新的生产方法的基础。正如马克思所言："只有资本主义生产方式才第一次使自然科学为直接的生产过程服务"。在这里，马克思实际上指出了科学技术转化为直接生产力的基本条件。比如说，封建时代的手工艺人也会有很多奇思妙想，如果他不付诸实际，就毫无用处，但资本主义时代的工程师头脑中的设计方案，甚至一个点子就价值连城。不仅如此，马克思还指出，资本主义生产方式既使得科学技术进入生产成为可能，也使得科学技术成为生产中的必要因素，生产过程成为了科学的应用，而科学反过来成了生产过程的因素即所谓职能，成为生产物质财富的手段，成为须臾不可离开的决定性因素。"只有在这种生产方式下，才产生了只有用科学方法才能解决的实际问题。只有现在，实验和观察——以及生产过程本身的迫切需要——才达到使科学的应用成为可能和必要的那样一种规模。"①

资本主义生产方式的出现使得科学技术进入生产、成为直接生产力变得既有了可能，也成为必要。接下来要探讨的问题便是科学如何转化为直接生产力，也即科学转化为直接生产力的途径。

科学在很大程度是观念形态的生产力，是精神生产力，马克思有时候也称科学技术为一般生产力。劳动者、劳动对象和劳动资料通常被人们理解为生产力的三要素。② 科学技术转化为直接生产力的途径，就是通过物化转化为劳动对象和劳动资料。在劳动过程中，掌握着一定技能和技艺的劳动者借助劳动资料使劳动对象发生预定的变化，生产出劳动产品。这种

---

① 马克思恩格斯文集：第 8 卷 . 北京：人民出版社，2009：357.
② 马克思本人其实从未视劳动工具、劳动对象和劳动资料为生产力三要素，只不过把它们作为劳动过程的三要素。马克思对生产力的要素的理解是相当宽泛的，马克思甚至把消费、分配与交换都视作生产的构成要素。关于这点，可参考刘大椿 . 科学技术哲学导论（第 2 版）. 北京：中国人民大学出版社，2005：447.

劳动产品实质上就是经过形式变化而适合人的需要的自然物质，是人的劳动过程中技能和技艺的物化。因此，"劳动与劳动对象结合在一起。劳动对象化了，而对象被加工了。在劳动者方面曾以动的形式表现出来的东西，现在在产品方面作为静的属性，以存在的形式表现出来。劳动者纺纱，产品就是纺成品"①。以劳动工具为核心的劳动资料，是生产劳动不可或缺的物质条件。工业革命之前的劳动工具主要是手工工具，是长期劳动经验与手工技能的物化，其中的科学成分很少；工业革命之后，手工工具逐步为机器与机器体系所代替，劳动资料主要表现为科学成果的物化。如此一来，科学实际上成为了"物化的知识力量"。而"因为机器的使用要遵照严格的科学规律，能够更多地节约它的各个组成部分和它的消费资料的消耗"②，因此，科学地使用机器就可以降低成本，提高效率。

　　科学技术向直接生产力转化的另一种方式，就是通过人格化来武装劳动者，提高劳动者的技能和技艺。专业化的职业培训就是科学技术人格化的重要形式，马克思把这一过程称为再生产劳动力。在分析劳动力的价值时，马克思指出：劳动力的价值是由生产它的必要劳动量来决定的，包括维持自己生活所必需的生活资料，养育子女、延续种族的生活资料，"为了发展他的劳动力，使他获得一种技能，还需要另外花费一定数量的价值"③。因此，通过岗前培训、岗位教育、再教育等方式，科学技术并入生产过程，成为直接生产力。此外，马克思还注意到，科学技术还可以武装企业管理者，提高企业管理人员的文化水平、科技水平和管理能力。比如说，科技的发展使单个资本家可以有计划地生产，提高他们预测、决策和协调能力，实行计划生产（当然，全社会的无政府状态在资本主义阶段

---

① 马克思恩格斯全集：第44卷. 北京：人民出版社，2001：211.
② 同①445.
③ 马克思恩格斯全集：第21卷. 北京：人民出版社，2003：189.

是无法避免的），减少生产和经营中的浪费和损耗；也可以使资本家优化工艺流程，调整生产结构，提高整个企业的生产效率等。

## 三、科学技术与哲学文化

科学技术像文明中的其他因素，如宗教与艺术一样，一直都在深深地影响着我们这个星球的文明进程。但科学技术在我们所经历的文明中的地位和作用，从来就是一个见仁见智的问题。自文艺复兴以来，科学技术是人类文明的主导力量的观点曾一度深入人心，但在 20 世纪 70 年代以后这一观点却遭遇了前所未有的挑战，"客观性的终结""理性的终结"甚至"科学的终结"以及诸如此类的主张，使得对年轻人的教育、公众对科学的理解以及科学资助的获得等危机重重。

从前贤的思想中寻找智慧，是我们文明的优良传统。回到一代伟人马克思的世界里，追寻马克思对科学技术与文明的关系的思考，对我们应对今天的困局无疑是非常有益的。

### 1. 科学是最高意义的革命力量

文明是人类走出蒙昧状态，不断地认识和改造世界的物质成果和精神成果的总和。一部人类文明史就是人类的物质文明和精神文明不断进化的历史。物质文明是人类所创造的全部物质成果的总和，表现为物质生产的进步和物质生活的改善；而精神文明则是人类全部精神生产和生活成果的集成，表现为思想、道德、政治水平的进步。

从人类文明进化的历史看，文明进步与科技发展具有很大的同构性，在某种程度上说，科学技术的发展史就是人类文明进步史的一个缩影。科学技术创造了一个又一个辉煌的物质文明奇迹，引领人类从石器时代走向青铜时代，由铁器文明进入蒸汽时代，从电气文明跨入信息时代；同时，科学技术也带来了精神文明的繁荣。从蒙昧时代到神话时期，从理性爱智之光在希腊初现，到仁义忠孝之花在中国盛开，从民主契约的观念在欧洲诞生，到公平正义的声音传遍全球，都离不开科学技术的进步与发展。科学技术还决定社会政治经济结构的变迁。生产关系从原始社会、奴隶社会、封建社会向资本主义社会和社会主义社会的依次更替，世界霸主从意大利、荷兰、葡萄牙、西班牙到英国、法国、德国、美国的相继崛起，科学技术都在其中发挥了不可替代的作用。

马克思不是严格意义上的科学家，但他却给予了科学技术无与伦比的关注。马克思的毕生理想是建立一个公平公正、自由幸福的共产主义社会，而科学技术则是实现共产主义这一人类最高程度文明的最重要手段之一，也是这一最高文明的应有之义。从这一点看，马克思与其先行者培根以及那几位著名的空想社会主义者是心灵相通的。

托马斯·莫尔是最重要的乌托邦思想家之一。在著名的《乌托邦》中，莫尔描述了他心中的理想社会：一个由 54 个城市组成的与世隔绝的美丽而富饶的海岛，实行民主的、平等的政治制度，一切财产都公有，实行计划经济，消费原则是按需分配。令我们感兴趣的是，在莫尔的《乌托邦》中，科学技术具有非常重要的地位。首先，科学技术是乌托邦人精神自由和心灵完美的保证。莫尔认为，真正的快乐除了身体健康，精神方面的快乐同样重要，而这种快乐应从科学、艺术、音乐等方面去获得。乌托邦宪法中明确提出了他们所追求的唯一目标："在公共需要不受损害的范围内，所有公民应该除了从事体力劳动，还有尽可能充裕的时间用于精神上的自由及开拓"[1]。其次，莫尔强调要提高乌托邦人的科学文化水平。莫尔设想乌托邦人工作、睡眠和就餐之外的时间，要尽可能用于学术探

---

[1] ［英］莫尔. 乌托邦. 戴镏龄，译. 北京：商务印书馆，1982：57.

讨。那些个性良好、智力超常、学习兴趣浓厚的人，作为专职学术研究人员，可享受特殊的待遇。在乌托邦，由于人民都参加社会的生产劳动，劳动时间大大缩短，每人每天只工作六小时，就可以保证人人有充分的物资供应。其余时间便留给个人支配，"空闲一般是用于学术探讨"①。

《太阳城》是意大利的康帕内拉心目中的理想社会制度。康帕内拉借一位热那亚的航海家和朝圣香客招待所管理员的对话，描述了一个没有私有财产，没有剥削，人人劳动，生活幸福的美好社会。在太阳城中，科学技术的重要性与莫尔的乌托邦相比，毫不逊色。太阳城的最高领导"太阳"，必须由通晓各民族的历史、风俗、宗教礼仪和法律，并且精通物理、数学、天文学和占星学的人来担任。作为"太阳"的三个助手也必须研究和懂得他们管理范围内的科学，而且还必须是哲学家、历史学家、政治家和物理学家。太阳城非常重视儿童的教育，而科学知识则是儿童们的必学内容。在太阳城里，不仅人人从事体力劳动，而且也从事脑力劳动，他们每天工作四小时，比乌托邦的工作时间还要短两个小时，其余的时间都用来研究学术、读书、开座谈会、散步或做些体育活动。

当然，要说对科学技术的重视，对科学技术力量的依赖，培根的《新大西岛》可谓登峰造极。《新大西岛》是一个科学主宰一切的社会，科学是治岛之本。在培根看来，有了科学，有了发明和发现，并应用于工业生产和农业生产，以及其他一切事业，社会财富自然就能增加，人民幸福也指日可待。培根一生研究科学，实践科学，倡导科学，把发展自然科学和社会实践活动结合起来，极大地推动了科学的繁荣和进步。

从这些伟大的思想家对未来社会的展望中可以看到，科学技术早已不是一种单纯的人类活动，也不是一种普通的、可有可无的智力游戏，而是

---

① ［英］莫尔．乌托邦．戴镏龄，译．北京：商务印书馆，1982：60.

已成为人类文明的精华和核心，成为实现人类文明中那些最美好理想，如自由、公正与幸福一样的最重要因素。在柏拉图的《理想国》中，国王要由哲学家（在柏拉图的时代，科学家就是哲学家）来担任；在康帕内拉的《太阳城》中，作为最高首领的太阳及其助手都必须是学识渊博的科学家；在几乎所有的乌托邦式文明中，人人必须研习科学技术，科学与文明的关系何其密切。

马克思看到了这一切，对于科学技术的力量，他当然不是只把它简单地理解为生产力，理解为人类改造自然的一种手段和工具，而是把科学技术放在人类文明不断演进的序列当中进行考量。"在马克思看来，科学是一种在历史上起推动作用的、革命的力量"①，是"历史的有力的杠杆"②，是"最高意义上的革命力量"③。马克思以批判资本主义，建立社会主义和共产主义为己任，但他对资本主义文明时期的科学技术却给予了很高的评价。由于科学技术的发展，"资产阶级在它的不到一百年的阶级统治中所创造的生产力，比过去一切世代创造的全部生产力还要多，还要大"④。

不过，在马克思看来，在资本主义社会，科学技术的力量远远没有得到充分发挥。因为在资本主义制度下，由于资本的强大暴力，科学技术被奴役了，科学技术所发挥的作用因而也就大打折扣。马克思认为，只有在共产主义这一文明形态中，科学技术才能真正发挥作用，科学才能得到真正的繁荣和发展。马克思对共产主义时期的科学技术给予了高度赞扬，他说："只有工人阶级能够把他们从僧侣统治下解放出来，把科学从阶级统治的工具变为人民的力量，把科学家本人从阶级偏见的兜售者、追逐名利

①　马克思恩格斯全集：第25卷.北京：人民出版社，2001：597.
②③　马克思恩格斯全集：第19卷.北京：人民出版社，1963：372.
④　马克思恩格斯选集：第1卷.北京：人民出版社，2012：405.

的国家寄生虫、资本的同盟者，变成自由的思想家！只有在劳动共和国里面，科学才能起它的真正的作用。"① 在共产主义社会中，科学的革命性质得以显现，科学的革命力量得以释放，把生产变成科学在工艺上的自觉应用，科学的成就在实践中充分实现。

**2. 科学技术与全球化**

人是一种关系动物，自从有了人和人类社会，就有了人的交往行为。费尔巴哈认为，孤立的个人并不具有真理性，只有在人与人的交往中，才能获得人的本质。马克思则认为：人的本质"是一切社会关系的总和"②。更广泛地说，交往不仅是人与人相互作用的一种中介，社会交往还是人的生存方式和生活方式。从狄尔泰的"生活关联体"、胡塞尔的"生活世界"，到维特根斯坦的"生活形式"、海德格尔的"世界中的存在"、伽达默尔的"视域融合"等，不同时代的思想家都以他们特有的概念思考着社会交往方式。而今天，最吸引人们眼球的无疑是全球化问题。

社会交往方式是具体的、历史的，不断发展的。黑格尔认为，人的普遍关系是在个人主观性经历了契约、道德、伦理（家庭、市民社会）、国家和世界历史等个人普遍化存在的中介形式，达到普遍自由和个人主观自由相互统一的过程。马克思考察了人的交往方式变迁的历史，揭示了社会交往方式的变迁和科学技术的发展之间的内在联系，形成了独具特色的社会交往理论。

马克思描绘了人类交往方式发展的辩证图景。他认为，社会交往方式的变迁大体上要经历三个大的阶段：其一，以人的依赖关系或统治服从关系为基础的交往；其二，建立在交换价值基础上的一切产品、能力和活动的私人之间的交往；其三，作为自觉联合起来的自由人联合体成员的个人

---

① 马克思恩格斯选集：第 3 卷．北京：人民出版社，2012：149 - 150．
② 马克思恩格斯选集：第 1 卷．北京：人民出版社，2012：139．

之间的交往。①

在第一次工业革命前的漫长的农业文明时代，是以语言、文字和印刷术为主要交往手段的时代，由于科技相对落后，与之相应的主导交往方式是以血缘和地缘为媒介的交往方式，即马克思所说的以人的依赖关系为特征的前现代时期。随着工业文明的到来，以交通、通信为标志的交往手段，使人的交往方式突破了地域和血缘的限制，交往空间和范围得以扩大，形成了马克思所说的"以物的依赖关系"为特征的市民社会。马克思所说的第三阶段则是由于科技的进一步发展，交往方式从物质交往走向精神交往，从区域交往走向全球交往，从个体交往走向群体交往的阶段，也即所谓的个人全面发展阶段。

马克思所处的时代，地域性的历史向世界性的历史转变的趋势已经表现出来，人们已经可以直接体验到这种现实的世界联系。面对这种趋势，马克思和恩格斯指出："各个相互影响的活动范围在这个发展进程中越是扩大，各民族的原始封闭状态由于日益完善的生产方式、交往以及因交往而自然形成的不同民族之间的分工消灭得越是彻底，历史也就越是成为世界历史。"② 在这样一个交往日益世界化、紧密化的时代，孤立的民族史、国家史都成为过去，世界日益成为一个整体。

马克思考察了人类交往方式变迁的历史，看到了因科学技术进步而导致的交往手段和交往方式的进化，特别是看到了 19 世纪因为交通工具的改进、通信手段的进步而出现的社会交往的世界性趋势，以及"世界历史"形成的可能性。在《共产党宣言》中，马克思和恩格斯指出，由大工业建立了由美洲的发现所准备好的世界市场，然后世界市场引起航海、商

---

① 刘奔.当代科技革命与交往手段的变革//叶汝贤.马克思与我们同行.北京：中国社会科学出版社，2003：327.

② 马克思恩格斯选集：第1卷.北京：人民出版社，2012：168.

业等和陆路交通工具的大规模发展，使得各国的生产与消费都成为世界性的，生产、交换、消费和分配的国际化，必将造成世界性的普遍交往。在马克思看来，世界交往和世界历史的形成是社会生产力和现代科学技术发展的必然结果。

首先，科技发展改变了人们的时空观念，形成了面向世界的社会交往观念。

一般说来，社会交往的空间距离越大，交往耗费的时间就越多。在马克思看来，解决的办法就是"用时间去消灭空间"①。也就是说要发展快捷的交通工具和通信工具。以轮船、铁路和电报为代表的近代交通工具和通信工具的技术发明及其不断改进，正好满足了人们的要求。这些新型的交通工具和通信工具大大缩短了人们交往的地理距离，大大方便了人们的交往；地理距离的缩短，从另一个方面看则是扩大了人们的交往空间。以至于太平洋将"起着伟大的世界水路交通线的作用；而大西洋的地位将要降低，而像现在的地中海那样只起一个内海的作用"②。时空缩短，交往扩大将使人们从长期以来封闭的庄园经济和小农意识，走向世界，形成世界观念。"它首次开创了世界历史，因为它使每个文明国家以及这些国家中的每一个人的需要的满足都依赖于整个世界，因为它消灭了各国以往自然形成的闭关自守的状态。"③

其次，科技发展推动了生产和消费的国际化，生产和消费成为真正的世界历史。

19世纪科技发展引发的交往方式变革在生产和消费领域的表现就是促进了商品经济的大发展，并建立起世界范围的经济联系。单个人的劳

---

① 马克思恩格斯全集：第30卷. 北京：人民出版社，1995：521.
② 马克思恩格斯全集：第19卷. 北京：人民出版社，2006：152.
③ 马克思恩格斯选集：第1卷. 北京：人民出版社，2012：194.

动，作为交换价值才能存在。"每个个人的生产，依赖于其他一切人的生产；同样，他的产品转化为他本人的生活资料，也要依赖于其他一切人的消费"①。而科学技术进步则加剧了这一趋势，使得生产和消费日益成为世界性的生产和世界性的消费。正如马克思所言："电报已经把整个欧洲变成了一个证券交易所；铁路和轮船已经把交通和交换扩大了一百倍。"②

再次，现代科技加速了文明在全球范围的传播，导致了越来越普遍的世界交往。

科技发展引发的交往方式变革不仅促成了世界生产和消费市场的形成，而且促进了语言、社会秩序、自由正义等精神文化在全球范围的传播，导致了越来越普遍的社会交往。

语言是社会交往最重要的载体之一，国际贸易与邮政通信的发展，促进了语言的融合，出现了很多通晓多国语言的语言天才，马克思和恩格斯就可以用英语、德语、法语、拉丁语、希腊语等多种语言熟练读写。恩格斯写信告诉马克思："在宗选维特，农民在小饭馆里交替使用丹麦语、低地德意志方言和高地德意志方言；可是在那里以及在宗德堡，我常常用丹麦语同别人谈话，对方却总是用德语来回答。"③ 语言不断融合的结果就是出现了像英语和法语等世界性语言。

交往方式的变革还加速了传统社会的解体，促进了资产阶级民主政体的建立以及自由正义观念的普遍接受。中世纪的欧洲是庄园地主的天下，庄园割据，小国林立，关卡遍地。工业革命后，奔走于各国的商人不断挑战这一状况，真正革命性的变化也许源自轮船铁路和电报等现代科技的巨大力量。马克思对此曾有过精辟分析。在马克思看来，铁路的出现，使得

①　马克思恩格斯全集：第30卷．北京：人民出版社，1995：105.
②　马克思恩格斯全集：第10卷．北京：人民出版社，1962：653.
③　马克思恩格斯全集：第31卷．北京：人民出版社，1972：7.

那些资本主义还不是很发达的国家也被迫建立起与它们的传统不相称的上层建筑，使这些国家的社会经济关系发生了由前现代向现代的转变："毫无疑问，铁路的敷设在这些国家里加速了社会的和政治的解体"①。

全球化在今天引起了一浪高过一浪的争议，从欧美等发达资本主义国家到非洲的原始部落，对全球化的反对之声不绝于耳。但我们必须承认，全球化是一个客观事实，我们能做的首先是正视其存在，然后是研究其规律，探讨其利弊，寻找正确的应对之策。在这一过程中，我们当然不应该无视马克思和恩格斯的智慧，他们在全球化兴起时的深思熟虑，应当成为我们今天解决问题的思想源头。

### 3. 科学技术决定论与历史唯物主义

马克思也许是有史以来最富有争议的学者，他的追随者从迥然相异的角度解读他的思想，而反对者更是凭一些断章取义的词句攻击他。科学技术决定论就是关于马克思思想的众多争议中的一个。

当科学的力量日益强大，而科学的副作用尚未凸显时，人们对科学充满了毫无保留的赞美，科学万能、科学无敌、科学至尊之音几乎打动了每一个人。伯恩斯坦就是在这一背景下成功地把科学技术和马克思主义联系在一起，他甚至把马克思主义都变成了科学。因为在他看来，只有这样才足以表达对马克思主义的景仰，才足以显示马克思主义的先进性。

当科技因远离人文而陷入危机，反科学主义、生态主义、社会建构主义、后现代主义等成为时髦时，马克思的反对者们给马克思罗织的罪名之一就是马克思是科学主义者，马克思的历史观是经济决定论，是科学技术决定论。波普尔就是其中的典型代表。梅斯特内（E. G. Mesthene）也将马克思主义的技术观划归为技术决定论。②

---

① 马克思恩格斯选集：第4卷. 北京：人民出版社，2012：532.
② 陈文化，李立生. 马克思主义技术观不是"技术决定论". 科学技术与辩证法，2001（6）：34.

所谓科学技术决定论，至今仍没有公认的定义，简单地说，就是认为科学技术是社会经济发展的决定力量甚至是唯一决定力量的观点。这种观点在今天有很多流派，如技术乐观主义、技术悲观主义等。

如前所述，马克思确实很看重科学技术的社会功能。他认为科学技术是生产力，是生产力中的决定性因素，是最高意义的革命力量。但认真研读马克思的著作后，我们就会发现马克思并不是科学技术决定论者。这一点甚至连一些科学知识社会学者（SSK）也是承认的。如迈克尔·马尔凯在《科学与知识社会学》中这样总结马克思的科学观："马克思主义科学分析的中心观点是：把科学看作是一种社会创造，并强调对其发展的结果、应用和方向的认识应联系到更广阔的社会背景。""马克思倾向于认为，自然科学的定律也是达到社会性目标的一种手段。"[①]

首先，科技决定论把科学技术等同于全部生产力，抹杀了生产力中其他要素的作用。马克思的唯物史观强调，生产力决定生产关系，经济基础决定上层建筑，社会存在决定社会意识，社会生产力是社会发展的真正动力。但这种动力是一个有机整体，科学技术是生产力，但生产力并不完全等同于科学技术，而只是生产力中的一个因素。生产力中还有其他因素，如具有主观能动性的劳动者，以及劳动对象和劳动资料等。对于这一问题，恩格斯曾有过明确的说法。恩格斯在致柏林大学学生约瑟夫·布洛赫的信中明确指出：历史事件的发生是"有无数互相交错的力量，有无数个力的平行四边形……起着作用的力量的产物"[②]。恩格斯的看法当然是真实可信的，"根据唯物史观，历史过程中的决定性因素**归根到底**是现实生活的生产和再生产。无论马克思或我都从来没有肯定过比这更多的东西。

---

① [英]迈克尔·马尔凯. 科学与知识社会学. 林聚任，译. 北京：东方出版社，2001：10 - 11.

② 马克思恩格斯选集：第4卷. 北京：人民出版社，2012：605.

如果有人在这里加以歪曲，说经济因素是**唯一**决定性的因素，那么他就是把这个命题变成毫无内容的、抽象的、荒诞无稽的空话。经济状况是基础，但是对历史斗争的进程发生影响并且在许多情况下主要是决定着这一斗争的**形式**的，还有上层建筑的各种因素"①。

其次，科学技术决定论企图以唯心史观取代唯物史观。马克思的唯物史观否认社会历史发展进程中存在某种绝对不变的本质性始基，却不否认社会历史的客观规律，但这种规律不是"先定的本质"，它只存在于社会历史活动中。社会历史只能是人的历史，唯有人才是历史的主体。人类必须在自由与必然的张力场中寻找和发现能使自己更好生存的途径。这就要求人们在把握客观必然性的前提下，寻求自由，创造自己的未来。但科技决定论者把人类的命运和未来交给了冰冷的机器，使人不仅受制于具有必然性的过去，而且受制于无法改变的未来。这实际上是一种唯心主义的宿命论调。正如马克思所言："正是**人**，现实的、活生生的人在创造这一切，拥有这一切并且进行战斗。并不是'历史'把人当做手段来达到**自己**——仿佛历史是一个独具魅力的人——的目的。历史**不过**是追求着自己目的的人的活动而已。"②

纵览历史，我们会发现，科学技术是一座宝山，山中有无尽宝藏，它不会让每一个游客空手而归，但你最终能有多大收获，则取决于你对科学技术的悟性。认识有多深，收获就会有多大。2500 年前，崇尚理性和浪漫的希腊人收获了人类最早、最璀璨的科学文明。2000 年前，实用至上的罗马人建立起了奢华无比的技术帝国。把实用主义和人伦心性完美结合的中国人则领先了世界 1500 年。400 多年前，培根在希腊声誉如日中天之际，让经历了文艺复兴的欧洲人华丽转身，重新走上了对实用科技的追

---

① 马克思恩格斯选集：第 4 卷．北京：人民出版社，2012：604.
② 马克思恩格斯文集：第 1 卷．北京：人民出版社，2009：295.

寻之路，缔造了辉煌至极的现代文明。100 多年前，马克思在世人对科学技术日益顶礼膜拜时，敏锐地发现了科学技术的双面性质，致力于拯救已被奴役的底层民众和行将异化的科学技术，建立一个自由、公正、幸福、快乐的共产主义社会。今天，我们依然在追逐着美好幸福的新生活，仍然需要马克思及前辈的智慧，更需要我们自己的觉悟和努力。只有重新审视科学技术的本质，把握科学技术的发展规律，制定正确的行动方案，我们才能走向更加美好的明天。

# 第四章　科学技术与异化

　　在唯物辩证法看来，世界上不存在纯粹善的东西，科学、技术亦是如此。从本质上看，科学、技术是推动社会进步的革命性力量——这是马克思科学技术论的基调。但在具体的历史处境中，尤其是在资本主义社会中，科学、技术并非是完全造福人类的，而是首先屈服于资本的逻辑，为资本服务的。在资本主义社会中，资本为王，概莫能外，科学、技术也是如此。因而在资本逻辑中运行的科学技术，或者说资本主义社会的科学技术在推进社会生产力大发展的同时，也执行着资本的旨意压迫工人阶级。这就是所谓马克思的科学技术异化问题。

　　所谓异化，其概念甚至可以追溯到《圣经》，其后经过包括卢梭、霍布斯等诸多大家的阐发，在理论上蔚为大观，流派纷呈。而马克思使用"异化"一词，大致是继承了黑格尔与费尔巴哈的传统。黑格尔的异化指的是绝对精神的对立统一，主体异化出反对自身的客体。费尔巴哈的异化主要涉及宗教的异化，即"宗教是人跟自己的分裂，他放一个上帝在自己的对面，当作与自己相对立的存在者"①。从主旨上说，"异化"在马克思这里用来描述这样一种非常荒谬又无奈的困境：人创造出某物，某物却反过来与人对抗，甚至压迫、奴役人。

创作者被创造物束缚，在现实中随处可见。比如，我们修建了高楼大厦，却成为了"房奴"；我们创造各种知识，却不得不为挣得一个学位而历经痛苦折磨。可以说，在现实中，异化就发生在每一个人的身边。在各种纷繁复杂的异化现象中，马克思抓住了劳动异化，把它视为一切异化之中最根本的异化。这与马克思将自觉自由的劳动视为人的本性是相一致的。

从某种意义上说，马克思的全部理论都是对资本主义有理有据的控诉，以及在此基础上寻找资本主义之后可能的未来之路。从批判资本主义的角度看，马克思对劳动异化、科学技术异化的分析都是为控诉资本主义服务的。一言以蔽之，马克思的劳动异化论是对如下事实的控诉：资本主义把人变成了工人。人成为工人，仅仅作为工人，仅仅作为可供资本驱使的劳动力（商品）而存在，而不再是其他的，因而失去了人的所有丰富性、可能性。马克思认为："一个种的整体特性、种的类特性就在于生命活动的性质，而自由的有意识的活动恰恰就是人的类特性。"② 作为工人的人，不再有自由，只有被强迫劳动，人性被"单向度化"。人本不是工人，现在它只是工人，这就是资本主义劳动异化的结果。是谁让这一切发生？是资本，是资本家。因而，劳动异化论归根结底控诉的是资本主义所有制和生产关系，它们维护着资本、资本家对无产阶级的残酷剥削和无情压迫。因此，异化问题根本上是人的问题，尤其是人在资本主义社会中的历史处境问题。

---

① ［德］费尔巴哈. 费尔巴哈哲学著作选集：下卷. 北京：三联书店，1962：60.
② 马克思恩格斯全集：第 3 卷. 北京：人民出版社，2002：273.

在劳动异化中，科学、技术扮演何种角色？在资本的逻辑中，科学技术物化成劳动资料，尤其是机器以及以其为基础的工厂，进而帮助资本压迫工人。在马克思的理论中，科学技术异化实际是劳动条件异化的一个环节，表现为科学技术物化成的劳动资料与工人之间的对抗关系。科学技术本来也是人的创造物，现在却反过来束缚、压迫和奴役人，就是科学技术的异化。

在《1844 年经济学哲学手稿》、《德意志意识形态》、《经济学手稿(1861—1863)》以及《资本论》第 1 卷中，马克思、恩格斯对科学技术异化问题，尤其是机器异化问题，进行了细致、生动的分析，留下了丰富的科学技术异化思想史料。实际上，马克思科学技术异化论是资本主义社会中的科学技术异化论，主要以自由资本主义时代的社会物质条件为立论的基础。到今天，资本主义社会的很多情况发生了变化，但是马克思、恩格斯批判资本主义扭曲科学技术的主旨仍然是正确的。如果说资本主义社会今天工人处境改善了，那我们必须清醒地意识到：马克思主义所激发社会主义运动、工会运动在促成资产阶级对工人局部妥协方面做出了至关重要的贡献。

## 一、科学的物化与技术的异化

在马克思时代，科学技术一体化的进程才刚刚开始，还远未成型，就被马克思敏锐地观察到了。但是，无论是在现实世界，还是马克思、恩格斯的理论世界，科学与技术当时仍然是两个分立的概念。因而，科学异化与技术异化是两个不同的领域。当然，马克思、恩格斯在分析科学技术异化问题时，并没有刻意区分这两个概念。因为他们关注的是资本主义工业生产中的科学技术应用，而不是把注意力放在作为理论形态的科学技术上。大致来说，科学异化主要指的是科学的工具主义倾向，科学成为资本家和资本的统治工具；技术异化主要指的是技术的极权主义倾向，人成为技术的奴隶和附属物。归根结底，和劳动异化一样，马克思科学技术异化论讨论的是人的问题，具体是指科学、技术在资本主义社会中与人的关系问题。

### 1. 社会分工和交换的发展

科学技术异化何以会出现？它是分工和交换发展的结果。从总体上说，马克思对分工的分析包括社会分工和生产分工两个相互关联的领域，它们都与科学技术异化的出现有关。

首先，从社会的角度看，分工导致了所有制的发展，促成了私有制以及资本主义所有制的诞生，这是大规模的科学技术异化出现的现实背景。一般认为，马克思把科学技术异化的根源追溯为"机器的资本主义应用"——

　　　　一个毫无疑问的事实是：机器本身对于工人从生活资料中"游离"出来是没有责任的。机器使它所占领的那个部门的产品便宜，产量增加，而且最初也没有使其他工业部门生产的生活资料的数量发生变化。因此，完全撇开年产品中被非劳动者挥霍掉的巨大部分不说，在应用机器以后，社会拥有的可供被解雇的工人用的生活资料同以前一样多，或者更多。而这正是经济学辩护论的主要点！同机器的资本主义应用不可分离的矛盾和对抗是不存在的，因为这些矛盾和对抗不是从机器本身产生的，而是从机器的资本主义应用产生的！[①]

进一步而言，资本主义制度是社会分工与发展的必然产物。在《德意志意识形态》中，马克思、恩格斯对分工推动历史发展尤其是所有制形式

---

① 马克思恩格斯全集：第 44 卷．北京：人民出版社，2001：508.

发展进行了详细的分析。在他们看来，分工水平是生产力水平的重要标志——"一个民族的生产力发展的水平，最明显地表现于该民族分工的发展程度。"① 并且，"分工的各个不同发展阶段，同时也就是所有制的各种不同形式。这就是说，分工的每一个阶段还决定个人在劳动材料、劳动工具和劳动产品方面的相互关系"②。个人与劳动的材料、工具和产品的关系就是生产关系，其中最重要的是所有制关系，即谁拥有生产资料的问题。因此，按照马克思、恩格斯的逻辑，一切所有制包括资本主义私有制都是分工的产物。

分工导致的生产力、社会状况和意识之间的矛盾是所有制产生的原因。马克思认为，分工使物质活动和精神活动、享受和劳动、生产和消费由不同的人分担成为可能，同时也成了历史的现实，而且出现了利益矛盾。并且分工伴随着分配，不平等分配导致了利益矛盾，"因而产生了所有制，它的萌芽和最初形式在家庭中已经出现，在那里妻子和儿女是丈夫的奴隶"③。有人动手，有人动脑；有人劳动，有人享受；有人生产，别人消费——劳而无获与不劳而获并存，这是现实社会的常态，也是一切社会利益冲突的根源。

马克思、恩格斯对分工如何催生资本主义所有制进行了分工史的研究。最初的分工只是男女在性交繁殖方面的分工，后来由于每个人的天赋（比如体力）、需要等不同出现了自然分工。比如，身强力壮的从事重体力劳动等。但是，"分工只是从物质劳动和精神劳动分离的时候起才真正成为分工"④。也就是说，从这里开始的分工不再是出于自然的原因，而是出于社会的原因。在社会范围内，首先是工商业劳动与农业劳动分离，从

---

① 马克思恩格斯选集：第 1 卷. 北京：人民出版社，2012：147.
② 同①148.
③ 同①163.
④ 同①162.

而引起了城乡分离和对立，而"物质劳动和精神劳动的最大的一次分工，就是城市和乡村的分离"①。接下来，在城市中，商业劳动和工业劳动发生了分离。同时，在不同部门内部，共同劳动的不同个体之间的生产分工也愈来愈细致。这些细致的生产分工实际是由农业劳动、工业劳动和商业活动的不同经营方式所决定的。随着分工的不断推进，生产力不断发展，所有制从部落所有制、古代公社所有制发展到了国家所有制、封建的或等级的所有制。

资产阶级是城市分工和市民分化的结果。城市的出现需要基本的公共政治机构，比如行政机关、警察部门、税务部门等。于是，城市中出现了普通居民和管理者两大阶级。接下来，随着商业和生产的分离，商业阶级出现了。之后商业活动扩大，影响超出了某个城市，市民阶级开始崛起，并逐渐分裂成为资产阶级和无产阶级。随着工场手工业的出现、行会的消失以及被工业取而代之，资本主义所有制出现了。在资本主义环境中，科学技术被异化，在某种程度上成了工人的对立物。

其次，从个体的角度看，分工使人的自由自觉的活动受到限制，进而资本主义社会中的异化出现，而科学技术在其中扮演着推波助澜的角色。马克思、恩格斯指出：

> 最后，分工立即给我们提供了第一个例证，说明只要人们还处在自然形成的社会中，就是说，只要特殊利益和共同利益之间还有分裂，也就是说，只要分工还不是出于自愿，而是自然形成的，那么人本身的活动对人来说就成为一种异己的、同他对立的力量，这种力量压迫着人，而不是人驾驭着这种力量。原来，当分工一出现之后，任何人都有自己一定的特殊的活动范围，这个范围是强加于他的，他不

---

① 马克思恩格斯选集：第1卷. 北京：人民出版社，2012：184.

能超出这个范围：他是一个猎人、渔夫或牧人，或者是一个批判的批
判者，只要他不想失去生活资料，他就始终应该是这样的人。①

也就是说，非自觉自愿的分工本身就是一种异化。原初的人就是人本身，
就是具有丰富规定性和无限可能性的人。劳动本应是人的自觉自由的活
动。在不同的劳动中，人表现出其天性的某个方面，它参与的各种不同活
动之整体是其完整本质的表达，并且它也在不同的自觉自由活动中发展其
天性的不同侧面。换句话说，固定职业本身就是异化的产物，人不能是猎
人、渔夫、牧人或批判者，任何一种分工促成的职业规定都是对人性的削
足适履的束缚。当然，不能否定分工极大地促进了生产力的发展，但这种
发展是与人的异化相伴的。这就是分工的辩证法。

在资本主义社会中，分工与资本相互刺激，异化达到极致。马克思认
为："资本的积累扩大分工，而分工则增加工人的人数；反过来，工人人
数的增加扩大分工，而分工又增加资本的积累。一方面随着分工的扩大，
另一方面随着资本的积累，工人日益完全依赖于劳动，依赖于一定的、极
其片面的、机器般的劳动。……在工厂制度下工人的这种状况达到了顶
点。"② 资本积累、工人增加与分工扩大是同一个历史实践过程的三种结
果，三者相互促进、相互支持。更多的资本意味着可以雇佣更多的工人，
更多的工人意味着更细的分工，反过来也是如此。在这样的情形中，科学
技术的化身——机器"助纣为虐"，加剧了工人在资本主义生产中的异化
状态。对此，马克思指出："分工使工人越来越片面化和越来越有依赖性；
分工不仅导致人的竞争，而且导致机器的竞争。因为工人被贬低为机器，
所以机器就能作为竞争者与他相对抗"③。"对抗的竞争者"就是科学技术

---

① 马克思恩格斯选集：第1卷. 北京：人民出版社，2012：165.
② 马克思恩格斯全集：第3卷. 北京：人民出版社，2002：228.
③ 同②229.

在资本主义生产中所扮演的异化角色。

**2. 物化的科学**

科学最基本的状态是作为知识、作为智力活动的成果而存在。作为真理，科学自有其认识论价值。但是，科学的巨大威力更多地来源于其改造世界的巨大威力。当然，按照唯物辩证法，认识世界与改造世界应该相互支持、相互促进。科学之所以能在人类改造世界的过程中大显身手，就在于它从知识形态、智力形态转化为具体的、物质的形态。譬如，质能公式 $E=mc^2$ 描述了能量与质量的关系，具有某种简单性的美学意味，但只有这一公式以原子弹、核电站的物质形态呈现在人面前，科学的力量才得以直观表达。科学从精神形态转化为物质形态，就是科学物化的过程。对此，马克思指出："自然界没有造出任何机器，没有造出机车、铁路、电报、自动走锭精纺机等等。它们是人的产业劳动的产物，是转化为人的意志驾驭自然界的器官或者说在自然界实现人的意志的器官的自然物质。它们是**人的手创造出来的人脑的器官；是对象化的知识力量**。"[1]

具体来说，科学物化有多种渠道。科学可以物化成生产工具，比如计算机、挖掘机、大铲车、搅拌机和炼钢炉；也可以物化成劳动对象、原材料，比如塑料、乙醇、泡沫、人工杂交水稻；也可以物化为实验仪器和科学设备，比如显微镜、光谱仪、高能粒子加速器、哈勃望远镜；还可以物化为生活用具，比如榨汁机、洗衣机、空调、冰箱……科学的物化并不是科学单独转化为物质形态，而是科学知识与某种物质相结合而被固化的过程。

显然，科学物化是科学的必然命运，因为科学之所以是科学而不是别的什么精神产品，就是因为它有通过物化而进入人类实践的基本倾向。如

---

① 马克思恩格斯全集：第 31 卷. 北京：人民出版社，1998：102.

果科学不物化，就只能是神话而不是现实中的科学。反过来，人类实践对科学的物化是持开放态度的。数千年的文明史表明，物化的科学极大地促进了人类的实践能力，为人类摆脱自然的控制立下了汗马功劳。我们说"科技是第一生产力"，科学只有物化以后才能成为真正的生产力，否则只能是虚无缥缈的精神力量。

然而，科学物化不仅是一个自然力与精神力单纯的结合问题，同时也是一个社会过程。也就是说，具体的社会历史条件对科学的物化过程具有决定性的影响。譬如说，克隆人目前从科学上完全是可能的，但是在目前的宗教道德文化环境下，大多数国家都反对克隆人科技的实际应用。因此，在不同社会历史阶段，科学物化表现出不同的基本倾向和基本框架。因此，必须将自然属性和社会属性结合起来分析科学的物化过程。

马克思对科学在资本主义社会中的物化过程进行了分析，指出了科学被异化是在资本逻辑下科学物化的基本特征，即资本主义将科学异化为为资本服务的工具：一是帮助资本榨取更多利润；二是帮助资本家对抗工人。科学因而成为人的异己力量而压迫人。

在马克思看来，科学的发展与资本主义时代关系极其密切。他指出：

> **自然因素**的应用——在一定程度上自然因素并入资本——是同**科学**作为生产过程的独立因素的发展相一致的。生产过程成了**科学的应用**，而科学反过来成了生产过程的因素即所谓职能。每一项发现都成了新的发明或生产方法的新的改进的基础。只有资本主义生产方式才第一次使自然科学为直接的生产过程服务，同时，生产的发展反过来又为从理论上征服自然提供了手段。科学获得的使命是：成为生产财富的手段，成为致富的手段。①

---

① 马克思恩格斯文集：第 8 卷. 北京：人民出版社，2009：356 - 357.

　　从历史上看，资本主义兴起与现代科学兴起是同步展开的。一方面，资本主义发展给现代科学的发展提供了良好的条件。资本主义为科学提供了诸多需要解决的实际问题，以及进行研究、观察和实验的材料、手段和资金。比如，蒸汽机早在古罗马的希罗时代就具备了雏形，但到了瓦特时代，资本主义对"万能动力"的强烈需求才促进蒸汽机很快就发展成形。资本主义为科学发展提供强大的动力，即有意识地应用于资本主义生产以创造更多的利润。同时，科学家也有发财致富的渴望，因而科学职业化过程伴随着资本主义兴起而发展，极大地促进了科学的发展。无论是英国的"业余科学"与英国皇家学会，还是法国的"国家科学"与法兰西学院，都与新兴资产阶级的支持有关。① 反过来说，科学发展帮助资本主义获得了更大的力量，科学发展帮助资本家榨取更多的利润和剩余价值。马克思指出："资本还添加了这样一点：它采用技艺和科学的一切手段，来增加工人的剩余劳动时间，因为它的财富直接在于占有剩余劳动时间；因为它的**直接目的**是**价值**，而不是使用价值。"② 科学帮助资本获得了更大的权力，尤其是支配劳动的权力。马克思认为："文明的一切进步，或者换句话说，**社会生产力**的一切增长，也可以说**劳动本身的生产力**的一切增长，如科学、发明、劳动的分工和结合、交通工具的改善、世界市场的开辟、机器等等所产生的结果，都不会使工人致富，而只会使**资本**致富；也就是只会使支配劳动的权力更加增大；只会使资本的生产力增长。"③ 马克思甚至把"发展人的生产力，把物质生产变成对自然力的科学统治"，视为除了"造成以全人类互相依赖为基础的普遍交往，以及进行这种交往的工具"之外的资产阶级的另一历史使命。④

———————————

① ［以］本·戴维. 科学家在社会中的角色. 赵佳苓，译. 成都：四川人民出版社，1988.
② 马克思恩格斯全集：第 31 卷. 北京：人民出版社，1998：103.
③ 马克思恩格斯全集：第 30 卷. 北京：人民出版社，1995：267.
④ 马克思恩格斯全集：第 12 卷. 北京：人民出版社，1998：251.

在资本主义社会中，资本占有科学，科学成为资本主义生产过程中的职能因素，这是资本与科学的最根本关系。马克思指出："资本不创造科学，但是它为了生产过程的需要，利用科学，占有科学。"① 也就是说，在资本主义社会，尤其是在资本主义生产中，科学本质上是资本的"雇工"，而不再是什么纯粹的求真活动，而资本家对科学的支持，是主人对听话的奴隶的喜欢。

被资本雇佣之后，科学就成了与劳动、与工人相对抗的异己力量。马克思指出："生产过程的智力同体力劳动相分离，智力转化为资本支配劳动的权力，是在以机器为基础的大工业中完成的。变得空虚了的单个机器工人的局部技巧，在科学面前，在巨大的自然力面前，在社会的群众性劳动面前，作为微不足道的附属品而消失了；科学、巨大的自然力、社会的群众性劳动都体现在机器体系中，并同机器体系一道构成'主人'的权力。"② "科学成为与劳动相对立的、服务于资本的**独立力量**，一般说来属于**生产条件成为**与劳动相对立的**独立力量**这一范畴。并且正是科学的这种分离和独立（最初只是对资本有利），同时成为**发展科学**和知识的**潜力的条件**。"③

科学被资本利用，与资本一起成为了主人，而工人和劳动成为了奴隶。并且，科学在资本主义社会中的发展正是得益于它站在了无产阶级的对立面！"然而，自然科学却通过工业日益**在实践上进入人**的生活，改造人的生活，并为人的解放作准备，尽管它不得不直接地使非人化充分发展。"④ 这是多么令人痛心的异化！科学原本是理想主义、对自然的好奇心和对真理的热爱之结果，可以帮助人从自然的统治下解放，现在却沾满

---

① 马克思恩格斯文集：第 8 卷 . 北京：人民出版社，2009：357.
② 马克思恩格斯全集：第 44 卷 . 北京：人民出版社，2001：487.
③ 同①366.
④ 马克思恩格斯全集：第 3 卷 . 北京：人民出版社，2002：307.

了金钱的铜臭味，帮助资本赚钱谋利和压榨工人，因而"不可避免地要加深社会对比和加强社会对抗"①。

### 3. 异化的技术

唯物史观认为，技术是科学在实践中的应用。对于科学技术问题，马克思最为关心的是科学在资本主义生产活动中的技术应用。因为"**工业**是自然界对人，因而也是自然科学对人的**现实的**历史关系"②。要弄清楚自然、科学与人之间的关系，就必须在工业的大背景中去寻找。总体上看，就科学在工业上的应用结果而言，马克思、恩格斯主要研究两个方面，即机器与工艺学。前者是对自然力的征服，后者指向对劳动过程的控制；前者是技术最直接的物质体现，即"机器技术"，后者是技术原则在劳动操作中的体现，即"劳动技术"。它们均遵循工业生产的科学原则的指导。马克思认为："机器生产的原则是把生产过程分解为各个组成阶段，并且应用力学、化学等等，总之应用自然科学来解决由此产生的问题。这个原则到处都起着决定性的作用。"③

在马克思看来，机器是技术在资本主义生产中最直观的表现，相互配合的很多机器组成了庞大的机器体系——"工厂的躯体，即机器体系的构成"④，而诸多的工厂就构成了资本主义的大工业。因此，机器是整个资本主义工业的单元和核心，资本主义生产的一切都必须围绕着机器展开，机器吞没了一切。面对着机器的工人，不再是机器的支配者，而是机器的附属物，按照机械的资本主义工艺学原则来劳动；在工人的对面，是束缚他、压迫他和奴役他的机器。本来机器是人造物，应该为人服务，现在却成为至高无上的"主人"——为机器异化，也就是马克思所谓的技术

---

① 马克思恩格斯全集：第 21 卷．北京：人民出版社，2003：10.
② 马克思恩格斯全集：第 3 卷．北京：人民出版社，2002：307.
③ 马克思恩格斯全集：第 44 卷．北京：人民出版社，2001：531.
④ 同③481 - 482.

异化。

资本为什么热衷于采用机器？马克思说得很清楚："但是，这（指的是减轻人的辛劳。——引者注）也决不是资本主义使用机器的目的。像其他一切发展劳动生产力的方法一样，机器是要使商品便宜，是要缩短工人为自己花费的工作日部分，以便延长他无偿地给予资本家的工作日部分。机器是生产剩余价值的手段。"① 在资本主义社会中，机器更多的是作为赚钱的工具，但实际上又促进了社会生产力的大发展——这就是机器的辩证法。从本质上说，机器属于不变资本，而逐利是资本的本性。

马克思对机器进行了分析，指出所有发达的机器在本质上都是由发动机、传动机构、工具机或工作机组成。其实，工具机的出现对于整个机器发展最为关键，对工人的影响也最大。工具机出现之后，人仅仅在动力领域发挥其肌肉的力量，就很容易被风、水、蒸汽等等取代。而且工具机的出现提高了直接处理劳动原料的能力，也提出了比人力更大的动力机的要求，因而动力机摆脱人力就是必要的了。所以，工具机的发展直接威胁到工人在劳动中的位置。换言之，在资本主义社会中，机器站在了工人的对立面。对此，马克思写道："但是，**在机器上实现了的科学**，作为**资本**同工人相对立。而事实上，以**社会劳动**为基础的所有这些对科学、自然力和大量劳动产品的应用本身，只表现为劳动的**剥削手段**，表现为占有剩余劳动的手段，因而，表现为属于资本而同劳动对立的**力量**。"② 并且，机器的出现加剧了资本与工人之间的对立，也让对立成为直接对抗性的激烈矛盾。

因此，在马克思时代，工人破坏机器的运动层出不穷。但是，在资本主义社会中，工人与机器的斗争注定要失败，因为机器的分工逻辑使得工

---

① 马克思恩格斯全集：第 44 卷．北京：人民出版社，2001：427．
② 马克思恩格斯选集：第 2 卷．北京：人民出版社，2012：851．

人变成了机器的一个零件，不得不受机器的支配：

> 在工场手工业中，分工的形成，是由于待完成的特殊**作业**只能由特殊**专业化的**劳动力来完成；因此，这里不仅应该按这些专业组配备劳动，而且应该按这些专业组实行真正的**分工**。相反，在机械工厂里，**专业化**的是机器，而由机器同时进行的工作，尽管完成的是同一总过程的顺次进行的阶段，却要求为它们**分配**特殊的工人小组，每一组都始终完成同一的、同样简单的职能。这与其说是**专业化的劳动力**之间的分工，倒不如说是把工人分配给**专用机器**。在前种情况下，专业化的是使用特殊劳动工具的**劳动力**；在后种情况下，**专业化的**是特殊的工人小组所看管的**机器**。①

也就是说，工场分工服从的是劳动逻辑，而机器分工服从的是机器逻辑。只有在资本主义社会，生产分工才达到一种前所未有的程度，以至于表面上劳动分工在缩小，甚至消失。在工场手工业时代，学徒要学习很多年才能独立工作，今天工人只需要很短暂的培训就可以工作，甚至完全无须训练就可直接上岗。

在机器分工逻辑下，工人成了完完全全的奴隶。对此，马克思指出："在工场手工业和手工业中，是工人利用工具，在工厂中，是工人服侍机器。在前一种场合，劳动资料的运动从工人出发，在后一种场合，则是工人跟随劳动资料的运动。在工场手工业中，工人是一个活机构的肢体。在工厂中，死机构独立于工人而存在，工人被当作活的附属物并入死机构。"②

而在奴隶的对面，机器成了工人的主人。"在这里，机器被说成是

---

① 马克思恩格斯全集：第 47 卷．北京：人民出版社，1979：524．
② 马克思恩格斯全集：第 44 卷．北京：人民出版社，2001：486．

'主人的机器'，而机器职能被说成是**生产过程**中（'生产事务'中）**主人的职能，**同样，体现在这些机器中或生产方法中，化学过程等等中的**科学，**也是如此。"① 死物成了活人的主人！但是，没有思想如何能做主人？真正的主人是机器背后的资本，是资本的人格化身——资本家。因此，机器与工人的对抗实质上是资本家与无产阶级的对抗，机器对工人的压迫实际是资本家对无产阶级的压迫，机器对工人的权力实际是资本家对工人阶级的经济权力以及以其为基础的其他权力。在这里，马克思又回到了对万恶资本主义的批判上，回到了消灭资本主义的主张中。实际上，无论是科学异化、技术异化，还是劳动异化，在马克思看来，都只有消灭资本主义才能解决。资本主义是万恶之源，资本主义终结也是罪恶的终结。

## 二、对科学技术异化的批判

对于科学异化、技术异化尤其是机器异化，马克思、恩格斯进行了非常详细的批判。他们的分析主要是在工业劳动的大背景下来进行的，即分析资本主义具体生产过程中的科学异化、技术异化现象。总的来说，他们的具体分析主要集中于三个方面：一是劳动过程中机器如何压迫工人，二是科学技术劳动本身如何被异化，三是科学技术在人与自然关系恶化中扮演的负面角色。

在资本主义生产中，科学技术物化为机器，成为劳动过程中的生产资料尤其是生产工具。这种生产资料本质上只是商品的一种，被资本家购买后成为不变资本的一部分。在同一劳动过程中，无产阶级出卖劳动力商

---

① 马克思恩格斯文集：第 8 卷. 北京：人民出版社，2009：358.

品，成为工人，被资本家购买后成为可变资本。在资本主义劳动中，人与任何其他的可能性无关。"除了具有正在发挥作用的劳动能力的存在以外，不具有任何其他存在"①。因此，劳动异化出现，劳动成为一种折磨，劳动产品不再为工人所有并与之对立，人的类本质被异化，人与人之间的关系被异化。在异化劳动中，劳动对象、劳动工具都成为劳动者的对立面。作为生产工具，机器与科学真理无关，仅仅作为赚钱工具存在。它本来是人的创造物，现在反过来压迫人，"单纯作为不依赖于工人而支配着工人的劳动资料的存在形式，同单个工人相对立"②。在资本主义生产中，科学技术、劳动力原本都是资本购买的商品，都是资本家的奴隶，可是机器却被异化为压迫人——包括劳动中的工人、科学技术劳动者和作为自然物的人——的帮凶。

### 1. 机器对工人的统治

在很多地方，马克思、恩格斯对工人受资本主义机器压迫进行了详细的分析。在《资本论》中，马克思有一段总结性的话：

> 在资本主义制度内部，一切提高社会劳动生产力的方法都是靠牺牲工人个人来实现的；一切发展生产的手段都转变为统治和剥削生产者的手段，都使工人畸形发展，成为局部的人，把工人贬低为机器的附属品，使工人受劳动的折磨，从而使劳动失去内容，并且随着科学作为独立的力量被并入劳动过程而使劳动过程的智力与工人相异化；这些手段使工人的劳动条件变得恶劣，使工人在劳动过程中屈服于最卑鄙的可恶的专制，把工人的生活时间转化为劳动时间，并且把工人的妻子儿女都抛到资本的札格纳特车轮下。③

---

① 马克思恩格斯全集：第32卷. 北京：人民出版社，1998：60.
② 马克思恩格斯选集：第2卷. 北京：人民出版社，2012：850.
③ 马克思恩格斯全集：第44卷. 北京：人民出版社，2001：743.

（1）机器排挤工人。

显然，机器要求自然力取代人力，机器的效率百倍千倍于工人。采用机器后生产同样多的产品将需要更少的人，先进机器的使用会直接导致工人失业。对此，马克思举例说："1829 年在曼彻斯特 36 个工厂中有 1 088个纺纱工人。到 1841 年纺纱工人总共只有 448 人，可是他们所照管的纱锭却比 1829 年的 1 088 个工人所照管的还要多 53 353 个。假定采用手工劳动的数量随着生产能力的发展而相应增长的话，则工人的数量应达1 848 人；也就是说，机械的改进使 1 100 个工人失去了工作。"[①] 在农业领域，这种现象非常明显，农业工业化在西方发达国家几乎消灭了传统意义上的"农民"，而代之以少量雇佣农业工人。

（2）机器贬低工人。

在机器工业中，机器是劳动的主角，而"随着大工业的发展，现实财富的创造较少地取决于劳动时间和已耗费的劳动量，较多地取决于在劳动时间内所运用的作用物的力量，而这种作用物自身——它们的巨大效率——又和生产它们所花费的直接劳动时间不成比例，而是取决于科学的一般水平和技术进步，或者说取决于这种科学在生产上的应用。……工人不再是生产过程的主要作用者，而是站在生产过程的旁边"[②]。当工人在资本主义生产中的地位岌岌可危时，他将无力再要求什么，他作为劳动力的仅有价值在资本秩序中急剧下降。机器替代人工，劳动力直接贬值。机器生产使得再生产劳动力商品即提供工人必要的生活资料变得更便宜，劳动力间接贬值。

（3）机器雇佣妇女和儿童。

机器劳动不要求劳动者有很大的力量。"就机器使肌肉力成为多余的

---

① 马克思恩格斯文集：第 1 卷. 北京：人民出版社，2009：753.
② 马克思恩格斯全集：第 31 卷. 北京：人民出版社，1998：100.

东西来说，机器成了一种使用没有肌肉力或身体发育不成熟而四肢比较灵活的工人的手段。因此，资本主义使用机器的第一个口号是妇女劳动和儿童劳动！这样一来，这种代替劳动和工人的有力手段，就立即转化为这样一种手段，它使工人家庭全体成员不分男女老少都受资本的直接统治，从而使雇佣工人人数增加。"① 为了生存的需要，越来越多的妇女和儿童进入工厂，妇女在家庭范围内的自由劳动时间，儿童的游戏学习时间都被剥夺了。同时，妇女和儿童比成年男性工人更少的报酬，也更容易欺负、更驯服，因而资本家也愿意雇佣他们，于是成年男性劳动力因为妇女和儿童的竞争而贬值了。

（4）机器延长工作时间。

马克思指出："如果说机器是提高劳动生产率，即缩短生产商品的必要劳动时间的最有力的手段，那么，它作为资本的承担者，首先在它直接占领的工业中，成了把工作日延长到超过一切自然界限的最有力的手段。一方面，它创造了新条件，使资本能够任意发展自己这种一贯的倾向，另一方面，它创造了新动机，使资本增强了对他人劳动的贪欲。"② 首先，机器生产使得工人成为整个资本主义生产环节中唯一的自然因素，这激起了资本家征服这最后一个自然因素的冲动。其次，为了减少机器的无形损耗，资本家要延长工作时间。无形损耗指的是由于更新、更先进的机器发明而导致原有机器的贬值。因此，在新机器淘汰老机器之前，资本家要尽量更多地从老机器上转移价值，避免无形损耗。再次，在机器生产中，延长工作时间，可以提高剩余价值率。如果不延长时间，在现有机器和厂房等不变资本情况下，多一倍的利润要多雇佣一倍的工人。但是，如果延长工作日，工资支出增加，但不变资本即机器厂房等投入

---

① 马克思恩格斯全集：第44卷. 北京：人民出版社，2001：453-454.
② 同①463.

还是一样。因此，剩余价值率提高了，榨取剩余价值所必需的开支减少了。又次，如果是在全社会内率先采用新机器，可以榨取超额剩余价值，在别人没有跟进之前要多生产，因而要延长工作时间。最后，资本主义机器生产对可变资本的矛盾态度导致工作时间延长。"利用机器生产剩余价值包含着一个内在的矛盾：在一定量资本所提供的剩余价值的两个因素中，机器要提高一个因素，要提高剩余价值率，就只有减少另一个因素，减少工人人数。"① 但是，剩余价值是工人创造的，只有更多人工才创造剩余价值。所以"一旦机器生产的商品的价值随着机器在一个工业部门普遍应用而成为所有同类商品的起调节作用的社会价值，这个内在矛盾就会表现出来；但正是这个资本没有意识到的矛盾又重新推动资本拼命延长工作日，以便不仅增加相对剩余劳动，而且增加绝对剩余劳动，来弥补被剥削的工人人数的相对减少"②。总之，资本主义机器有无限延长劳动时间的倾向。

（5）机器提高劳动强度。

机器延长工作日的倾向必然要受到工人的生理状况限制。当威胁到工人生命的时候，必然引起全社会的反抗，因此提高劳动强度就成为另外一个合理的选择。首先，虽然机器不需要劳动者很大的力量，但随着机器的进步，机器的效率越来越高，配合机器劳动的工人的劳动强度自然也越来越大。其次，在机器生产条件下，提高工人的劳动强度很容易执行。此时，资本家不需要更多的监工，只需要提高机器的运转速度，或者增加一个工人看管机器的数量，劳动强度就提高了。最后，工厂围绕机器运转规范，制定工人连续、划一的标准操作方式，以此为基础形成严格的纪律，工人的劳动强度因此大大增加。

---

① 马克思恩格斯全集：第44卷. 北京：人民出版社，2001：468.
② 同①469.

（6）机器打击罢工。

罢工是工人反抗资本家剥削的主要手段，而机器却帮助资本家对抗工人罢工。马克思指出："罢工大部分是为了阻止降低工资，或者是为了迫使提高工资，或者是为了规定正常工作日的界限。同时，这里的问题总是关系到限制绝对的或相对的剩余劳动时间量，或者关系到把这一剩余时间的一部分转给工人自己。为了进行对抗，资本家就采用机器。在这里，机器直接成了缩短必要劳动时间的手段。同时机器成了资本的形式，成了资本**驾驭**劳动的权力，成了资本镇压劳动追求独立的一切要求的手段。在这里，机器**就它本身的使命来说，也成了与劳动相敌对的资本形式**。棉纺业中的走锭纺纱机、梳棉机，取代了手摇并纱机的所谓搓条机（在毛纺业中也有这种情况），等等，——所有这些机器，都是为了镇压罢工而发明的。"[①] 有了新机器，需要的工人人数大大减少，罢工就更好对付了。而工人罢工威胁不到资本家时，他们对资本家的依附就更强了。

（7）机器恶化工人生活。

机器使工人工资越来越低，越来越贫困。"在机器逐渐地占领某一生产领域的地方，它给同它竞争的工人阶层造成慢性的贫困。在过渡迅速进行的地方，机器的影响则是广泛的和急性的。"[②]

机器使工人生活动荡。"工业的生命按照中常活跃、繁荣、生产过剩、危机、停滞这几个时期的顺序而不断地转换。由于工业循环的这种周期变换，机器生产使工人在就业上并从而在生活状况上遭遇的没有保障和不稳定性，成为正常的现象。"[③]

机器使工人无聊和堕落。与手工劳动相比，机器劳动非常机械、单

---

① 马克思恩格斯全集：第 32 卷．北京：人民出版社，1998：387.
② 马克思恩格斯全集：第 44 卷．北京：人民出版社，2001：496.
③ 同②522.

调，"**不是**真正的**劳动**，而是纯粹的无聊，是世界上最折磨人最使人厌倦的无聊"①。而且，"**工人们不分男女老少聚集**在一个劳动场所；他们不可避免地互相接近；没有受过任何智育和德育教育的**人们聚集在一起**；比较'没有教养的'人聚集在一个场所，——这一切都是机械工厂所特有的"②，这会导致工人道德堕落。

同时，以机器为基础的工厂制度制定了最严苛的劳动纪律。"工人在技术上服从劳动资料的划一运动以及由各种年龄的男女个体组成的劳动体的特殊构成，创造了一种兵营式的纪律。这种纪律发展成为完整的工厂制度，并且使前面已经提到的监督劳动得到充分发展，同时使那种把工人划分为劳工和监工，划分为普通工业士兵和工业军士的现象得到充分发展。"③

（8）机器损害工人身体。

以上种种问题，最终导致工人的身体受到极大的摧残。"机器劳动极度地损害了神经系统，同时它又压抑肌肉的多方面运动，夺去身体上和精神上的一切自由活动。甚至减轻劳动也成了折磨人的手段，因为机器不是使工人摆脱劳动，而是使工人的劳动毫无内容。"④"在这里我们只提一下进行工厂劳动的物质条件。人为的高温，充满原料碎屑的空气，震耳欲聋的喧嚣等等，都同样地损害人的一切感官，更不用说在密集的机器中间所冒的生命危险了。"⑤

值得注意的是，机器对工人的种种摧残，实质上是资本家对无产阶级的压迫。显然，无生命、无意志的机器本身不会压迫工人，而是"机器的

---

① 马克思恩格斯全集：第47卷. 北京：人民出版社，1979：532.
② 同①528.
③ 马克思恩格斯全集：第44卷. 北京：人民出版社，2001：488.
④ 同③486－487.
⑤ 同③490.

资本主义应用"压迫工人。在共产主义社会，机器就会从压迫者变成有力的、革命性的工具。因此，对于工人破坏机器的行动，马克思是同情但不赞成的。他指出："工人要学会把机器和机器的资本主义应用区别开来，从而学会把自己的攻击从物质生产资料本身转向物质生产资料的社会使用形式，是需要时间和经验的。"①

马克思、恩格斯上述分析是以当时即自由资本主义时代的社会历史条件为立论基础的。必须承认，一百多年后资本主义社会发生了很大的改变，上述有些具体结论可能不那么准确了。比如，被工业所排挤出来的工人，现在更多地被第三产业所接受；目前发达资本主义国家人工劳动变得很昂贵，而机器产品却变得很便宜；童工早已被法律严厉制止，而妇女争取同等的劳动权利而不是被迫去劳动；等等。马克思不是神仙，不能预见一百多年后的事情不奇怪。但是，马克思的基本判断仍然成立："机器的资本主义应用"必然阻碍人类的解放，机器被资本家掌握，更多的是为剥削无产阶级服务，而不是自觉自愿地为每个人的自由而努力。

### 2. 发明成为职业

归根结底，科学、技术都是人的创造物，是千千万万科学劳动者、技术劳动者劳动的产物。在资本主义社会中，所有的劳动都被异化，包括科学劳动与技术劳动在内。从这个角度说，科学技术异化包括科学技术劳动异化的现象，即科学劳动、技术劳动成为与人相对抗的东西。

马克思指出，在资本主义社会中，科学技术劳动成果被资产阶级无偿占有。唯物史观认为，科学技术从根本上说是人民群众创造的。对此，马克思写道："大不列颠的千百万工人第一个奠定了新社会的真实基础——把自然界的破坏力变成了人类的生产力的现代工业"②，"如果

① 马克思恩格斯全集：第44卷. 北京：人民出版社，2001：493.
② 马克思恩格斯全集：第13卷. 北京：人民出版社，1998：134.

有一部考证性的工艺史，就会证明，18 世纪的任何发明，很少是属于某一个人的"①。而恩格斯写道："我常常会听到一些穿着褴褛不堪的粗布夹克的工人谈论地质学、天文学及其他学科，他们在这方面的知识比一些有教养的德国资产者还多。"② 然而，"生产过程中劳动的分工和结合，是不费资本家分文的机构。资本家支付报酬的，只是单个的劳动力，而不是他们的结合，不是劳动的社会力。科学的力量也是不费资本家分文的另一种生产力"③。也就是说，资本家只需支付购买机器的钱，而不需直接为购买科学劳动、技术劳动而付费。

资本主义使科学劳动、技术劳动职业化，这意味着对无产阶级从事科学劳动、技术劳动的压制。马克思指出："只有在大工业已经达到较高的阶段，一切科学都被用来为资本服务的时候，机器体系才开始在这条道路上发展；另一方面，现有的机器体系本身已经提供大量的手段。在这种情况下，发明就将成为一种职业，而科学在直接生产上的应用本身就成为对科学具有决定性的和推动作用的着眼点。"④ 也就是说，工业发展对科学技术的强烈需求直接促成了科学技术劳动的专业化，即科学技术劳动由专门人员来进行，而与工业劳动、工人相分离。对此，马克思指出："科学对于劳动来说，表现为**异己的**、**敌对的**和**统治的权力**，而科学的应用一方面表现为靠经验传下来的知识、观察和职业秘方的集中，另一方面表现为把它们发展为科学，用以分析生产过程，把自然科学应用于物质生产过程，科学的应用是建立在生产过程的智力同单个工人的知识、经验和技能相分离的基础上的，正像生产的［物质］条件的集中和发展以及这些条件转化为资本是建立在使工人丧失这些条件，使工人同这些条件相分离的基

① 马克思恩格斯全集：第 44 卷．北京：人民出版社，2001：428 - 429，脚注 89．
② 马克思恩格斯选集：第 1 卷．北京：人民出版社，2012：131．
③ 马克思恩格斯全集：第 47 卷．北京：人民出版社，1979：553．
④ 马克思恩格斯全集：第 31 卷．北京：人民出版社，1998：99．

础上的一样。况且，工厂劳动使工人只能获得某些操作方法的知识；因此，随着工厂劳动的推广，学徒法废除了；而国家等为争取童工至少学会写字和阅读的斗争表明，科学在生产过程中的上述应用和在这一过程中压制任何智力的发展，这两者是一致的。当然，在这种情况下会造就一小批较高级的工人，但是，他们的人数决不能同'被剥夺了知识的'大量工人相比。"①

在机器劳动中，工人无须掌握什么特别的技能，只需要对机器进行简单的操作就可以了。他不需要学习任何高深的知识，"他没有发展任何专业。不过，这里实际上发展着某种**无内容的专业**"②。科学技术劳动由专门人士完成，机器的秘密掌握在少数人手中，最终被资本家所掌握。在工厂的工人中，某种"平等"出现了，即除了极个别能修理机器的高级工人之外，大家都一样是机器上的零件。"现代工厂和手工工场雇用的大部分儿童从最年幼的时期起就被束缚在最简单的操作上，多年遭受着剥削，却没有学会任何一种哪怕以后只是在同一手工工场或工厂中能用得上的手艺。"③ 对于这种情况，列宁评论道："有才能的人在人民中间是无穷无尽的，可是资本主义却把他们成千上万乃至成百万地摧残、压制和窒息了"④，"科学和技术为富人、为有产者所享有；资本主义把文化只给予少数人"⑤。

在资本主义社会中，科学技术劳动本身不再是被一种追求真理的冲动所左右，而是被金钱所左右，因而成为对科学劳动者、技术劳动者的一种束缚。马克思指出："由于自然科学被资本用做致富手段，从而科学本身

---

① 马克思恩格斯文集：第 8 卷. 北京：人民出版社，2009：358.
② 马克思恩格斯全集：第 47 卷. 北京：人民出版社，1979：526.
③ 马克思恩格斯全集：第 44 卷. 北京：人民出版社，2001：557 - 558.
④ 列宁选集：第 3 卷. 北京：人民出版社，2012：375.
⑤ 列宁全集：第 36 卷. 北京：人民出版社，1985：48.

也成为那些发展科学的人的致富手段，所以，搞科学的人为了探索科学的**实际应用**而互相竞争。"① 当金钱左右科学技术活动的时候，致富的欲望就迷住了科学技术劳动者的眼睛，引发他们之间的残酷竞争和各种不择手段的欺骗越轨行为。

在资本主义社会中，大多数科学技术工作者并不是自觉自由地从事科学研究，而是在为了谋生而工作。因此，"他在自己的劳动中不是肯定自己，而是否定自己，不是感到幸福，而是感到不幸，不是自由地发挥自己的体力和智力，而是使自己的肉体受折磨、精神遭摧残"②。也就是说，在类本质方面，科学技术劳动者同样遭遇了异化问题。马克思指出："……有意识的生命活动把人同动物的生命活动直接区别开来。正是由于这一点，人才是类存在物。或者说，正因为人是类存在物，他才是有意识的存在物，就是说，他自己的生活对他来说是对象。仅仅由于这一点，他的活动才是自由的活动。异化劳动把这种关系颠倒过来，以致人正因为是有意识的存在物，才把自己的生命活动，自己的**本质**变成仅仅维持自己**生存**的手段。"③ 在资本主义社会中，科学研究劳动被贬低为"仅仅维持自己生存的手段"。因此，"只要肉体的强制或其他强制一停止，人们会像逃避瘟疫那样逃避劳动"④ 的情况，在当今资本主义科学技术活动中同样是广泛存在的。

与其他异化劳动一样，科学技术劳动异化最终是人与人关系的异化。首先，科学技术劳动者之间的关系被异化，残酷的竞争、致富的欲望扭曲了他们之间的关系，斗争、排挤、打击和倾轧总是无处不在。其次，科学技术劳动者与社会其他成员之间的关系被异化，相互之间缺乏沟通，敌意

① 马克思恩格斯文集：第 8 卷. 北京：人民出版社，2009：359.
② 马克思恩格斯全集：第 3 卷. 北京：人民出版社，2002：270.
③ 同②273.
④ 同②270－271.

强烈，知识分子鄙视工人，工人痛恨知识分子。最后，科学技术劳动者与资本家之间的关系被异化，不再有平等的对话。资本家高高在上，他们是出资的老板，知识分子必须服从他们的旨意。"资产阶级抹去了一切向来受人尊崇和令人敬畏的职业的神圣光环。它把医生、律师、教士、诗人和学者变成了它出钱招雇的雇佣劳动者。"①

实际上，科学技术劳动的职业化同样对资本家也造成了某种异化。"资本像吞并他人的劳动一样，吞并'他人的'科学。但是，对科学或物质财富的'资本主义的'占有和'个人的'占有，是截然不同的两件事。尤尔博士本人曾哀叹他的亲爱的、使用机器的工厂主们对力学一窍不通。李比希也曾述说英国的化学工厂主们对化学惊人地无知。"② "从来也没有比我们现代的资产者更无知的人了。"③ 也就是说，资本主义对科学技术活动的制度安排，同样把资本家变成了科学技术上的蠢人。

当工人被剥夺了科学技术活动的权利，而资产阶级也变得对科学技术研究变得无知时，资本主义就对科学技术发展造成了某种阻碍。因此，列宁才会说："它（指的是资本主义。——引者注）解决了极复杂的技术问题，但是由于千百万人的贫困和无知，由于一小撮百万富翁愚蠢的吝啬，它又阻碍了技术改良的实现。"④ 资本主义给现代科学技术的发展提供了巨大的动力，同时也制造了阻力。这就是科学技术与资本主义关系的辩证法。

### 3. 自然的反抗

马克思、恩格斯注意到：在资本主义社会中，人与自然的关系恶化，科学技术在其中扮演了一个推波助澜的角色。人与自然关系恶化，最终会

---

① 马克思恩格斯选集：第1卷．北京：人民出版社，2012：403．
② 马克思恩格斯全集：第44卷．北京：人民出版社，2001：444，脚注108．
③ 马克思恩格斯选集：第3卷．北京：人民出版社，2012：200．
④ 列宁全集：第24卷．北京：人民出版社，1990：19．

危害科学技术的创造者。因此，科学技术在环境问题中的负面角色也属于科学技术异化的范畴。

在《自然辩证法》中，恩格斯有一段广为流传的评论："但是我们不要过分陶醉于我们人类对自然界的胜利。对于每一次这样的胜利，自然界都对我们进行报复。每一次胜利，起初确实取得了我们预期的结果，但是往后和再往后却发生完全不同的、出乎预料的影响，常常把最初的结果又消除了。美索不达米亚、希腊、小亚细亚以及其他各地的居民，为了得到耕地，毁灭了森林，但是他们做梦也想不到，这些地方今天竟因此而成为不毛之地，因为他们使这些地方失去了森林，也就失去了水分的积聚中心和贮藏库。阿尔卑斯山的意大利人，当他们在山南坡把那些在山北坡得到精心保护的枞树林砍光用尽时，没有预料到，这样一来，他们就把本地区的高山畜牧业的根基毁掉了；他们更没有预料到，他们这样做，竟使山泉在一年中的大部分时间内枯竭了，同时在雨季又使更加凶猛的洪水倾泻到平原上。在欧洲推广马铃薯的人，并不知道他们在推广这种含粉块茎的同时也使瘰疬症传播开来了。因此我们每走一步都要记住：我们决不像征服者统治异族人那样支配自然界，决不像站在自然界之外的人似的去支配自然界——相反，我们连同我们的肉、血和头脑都是属于自然界和存在于自然界之中的；我们对自然界的整个支配作用，就在于我们比其他一切生物强，能够认识和正确运用自然规律。"①

在这里，恩格斯描述了人类在科学技术的帮助下征服自然的同时所遭遇到的自然界的反抗。按照辩证法，每一种事物都有其对立面，人类需要从自然统治中解放出来，但是征服自然同时又伴随着对人类自身的伤害。

正如恩格斯所言，自然界不是人之外的异己之物，相反人是站在自然

---

之中的自然之物。对此，马克思指出："在实践上，人的普遍性正是表现为这样的普遍性，它把整个自然界——首先作为人的直接的生活资料，其次作为人的生命活动的对象（材料）和工具——变成人的**无机的**身体。自然界，就它自身不是人的身体而言，是人的**无机的身体**。人靠自然界**生活**。这就是说，自然界是人为了不致死亡而必须与之处于持续不断的交互作用过程的、人的**身体**。所谓人的肉体生活和精神生活同自然界相联系，不外是说自然界同自身相联系，因为人是自然界的一部分。"① 按照马克思的观点，自然界是人的无机身体，资本主义劳动把自然界作为异己之物来征服，本身就是人的类本质的异化，即对于人作为自然之物的反动；人类对自然界的征服实质是对自己无机身体的征服，对自然界的奴役最终是人对自身的奴役。因此，"随着人类愈益控制自然，个人却似乎愈益成为别人的奴隶或自身的卑劣行为的奴隶。甚至科学的纯洁光辉仿佛也只能在愚昧无知的黑暗背景上闪耀"②。

历史发展证明了马克思论断的正确性。进入 20 世纪下半叶，随着对自然的支配、征服和奴役走到极端，环境问题、能源问题、气候问题和人口问题等全球性灾难日益突出，业已成为威胁整个人类生存的巨大挑战。从表面上看，这些问题是保护自然界的问题，实质上是人与人、人群与人群、国家与国家之间的关系问题，尤其是穷人与富人、落后国家与发达国家之间的关系问题。这些问题表面上威胁的是自然界，实质上威胁的是人本身。这一点可以从世界多数人能源短缺与美国人浪费能源的现象中看得出来，也可以从 2009 年哥本哈根世界气候大会上的争吵看得出来。毫无疑问，如果自然生态系统彻底崩溃，人类也很难苟活，起码在目前文明的高度下不可能幸免。

---

① 马克思恩格斯全集：第 3 卷. 北京：人民出版社，2002：272.
② 马克思恩格斯选集：第 1 卷. 北京：人民出版社，2012：776.

在马克思看来，资本唯一关心的是利润，并不关心其他，为了增殖而肆无忌惮地破坏环境。"光、空气等等，甚至**动物的**最简单的爱清洁，都不再是人的需要了。**肮脏**，人的这种堕落、腐化，文明的**阴沟**（就这个词的本义而言），成了工人的**生活要素**。完全**违反自然**的荒芜，日益腐败的自然界，成了他的**生活要素**。他的任何一种感觉不仅不再以人的方式存在，而且不再以**非人的**方式因而甚至不再以动物的方式存在。"① 20 世纪60、70 年代，环境保护运动在全球范围内兴起，资产阶级也开始参与环境保护，这只是因为资产阶级也意识到环境恶化毁灭的不光是无产阶级，而是所有人类。因此，马克思关于资本先于自然考虑利润的结论并没有错，只是对于资本家而言生命更在利润之前。

为了应付自然环境恶化的问题，马克思、恩格斯实际提出了两条相关的途径。首先，是要依靠科学技术认识自然规律，从而解决环境问题。恩格斯指出："事实上，我们一天天地学会更正确地理解自然规律，学会认识我们对自然界习常过程的干预所造成的较近或较远的后果。特别自本世纪自然科学大踏步前进以来，我们越来越有可能学会认识并从而控制那些至少是由我们的最常见的生产行为所造成的较远的自然后果。而这种事情发生得越多，人们就越是不仅再次地感觉到，而且也认识到自身和自然界的一体性，那种关于精神和物质、人类和自然、灵魂和肉体之间的对立的荒谬的、反自然的观点，也就越不可能成立了，这种观点自古典古代衰落以后出现在欧洲并在基督教中得到最高度的发展。"② 认识自然规律，按照自然规律办事，是恢复自然环境的基础。其次，最终要解决环境问题，还是要让无产阶级掌握科学技术，推翻资本主义制度。环境问题在近两百年急剧恶化，是"机器的资本主义应用"的结果。在资本的逐利动机之

---

① 马克思恩格斯全集：第 3 卷．北京：人民出版社，2002：341.
② 马克思恩格斯选集：第 3 卷．北京：人民出版社，2012：998 - 999.

下，自然被忽略、污染和抛弃是不可避免的。"我们知道，要使社会的新生力量很好地发挥作用，就只能由新生的人来掌握它们，而这些新生的人就是工人。工人也同机器本身一样，是现代的产物。"① 认识自然规律，但可能不按自然规律办事，这就是在资本主义社会发生的实际情况。

事实上，依靠科学技术与推翻资本主义是相互关联的，要使科学技术得到健康的发展，也必须推翻资本主义制度，因为资本主义异化了科学技术。按照马克思的观点，劳动异化问题、科学技术异化问题、环境问题、人与自然关系问题其实是同一个历史实践过程的不同结果，因而只有一个相同的根本解决办法，即走向共产主义。在共产主义社会，按自然规律办事，实现绝大多数人的利益，阶级消灭，环境问题就迎刃而解了。

### 4. 重建主客体统一的科学

主体与客体是在对象性活动中辩证统一的。从主体方面来看，主体首先是属于自然界的。人具有自然属性，不能离开自然界而存在。"一个存在物如果在自身之外没有对象，就不是对象性的存在物。""就是说，它没有对象性的关系，它的存在就不是对象性的存在。"② 主体是对象性的存在物，通过对象性活动，才能把自己的本质力量对象化。一方面创造出历史的客体，同时也让自身成为现实的、历史的主体。"一个存在物如果在自身之外没有自己的自然界，就不是**自然**存在物，就不能参加自然界的生活。"③ 从客体方面看，自然界是人生存于其中的自然界，自然具有社会属性，没有主体的自然界只能是无。因此，"自然界，就它自身不是人的身体而言，是人的**无机的身体**"④。自然界在主体的对象性活动被人化，成为历史的存在。因此，马克思理论中的主客体是统一的。

---

① 马克思恩格斯选集：第 1 卷. 北京：人民出版社，2012：776.
②③ 马克思恩格斯全集：第 3 卷. 北京：人民出版社，2002：325.
④ 同②272.

然而，在资本主义制度下，主客体关系被异化，人与自然之间不是统一的，而是对抗的。马克思指出："当现实的、肉体的、站在坚实的呈圆形的地球上呼出和吸入一切自然力的**人**通过自己的外化把自己现实的、对象性的**本质力量设定**为异己的对象时，**设定**并不是主体"①。也就是说，当人与自然关系异化时，威胁的不仅是客体，更包括主体。因此，马克思主张人的本质复归。所谓人的本质复归，并不是让人回到蒙昧时代，而是在彻底的、自觉的、保存了以往发展的全部丰富成果的基础上向共产主义前进。共产主义是以往全部历史运动的结果，是自然界向人的生成。自然界通过人类社会的生产活动，通过工业变成了完全属人的自然界，即符合人的本质需要的自然界，所以是完成了的自然主义，完成了的自然主义也就是完成了的人道主义。也就是说，共产主义是人和自然界之间的矛盾的真正解决。

在资本主义社会中，科学被资本家控制，为剥削工人服务，加深了主体与客体之间的异化和对抗。对此，马克思指出："大工业则把科学作为一种独立的生产能力与劳动分离开来，并迫使科学为资本服务。"② 因此，必须要重建一种主客体统一的科学，即共产主义的科学。这种科学是建立在人的本质复归基础上的科学，是完成的自然主义和人道主义的科学。

主客体统一的科学要彻底消灭分工，包括脑力与体力的分工，把劳动变成真正自觉自由的活动。在马克思看来，"**分工**也无非是人的活动作为**真正类活动**或作为**类存在物的人的活动的异化的、外化的设定**"③。分工意味着资本、劳动资料与劳动的分裂。分工愈发达，分裂就愈剧烈。在生产过程中，科学技术呈现出主要为机器生产资料形态，分工将劳动者与科学技术分割开来，科学技术被异化为压迫劳动者的东西。只有完全彻底消

---

① 马克思恩格斯全集：第 3 卷 . 北京：人民出版社，2002：324.
② 马克思恩格斯全集：第 44 卷 . 北京：人民出版社，2001：418.
③ 同①353.

除分工，科学才能真正与劳动结合起来，才能成为为劳动者所拥有、所发展的推动生产力发展的革命性力量。

当分工的后果走到极端，消灭分工的历史条件就逐渐显现了。马克思指出："这种'**异化**'（用哲学家易懂的话来说）当然只有在具备了两个**实际**前提之后才会消灭。要使这种异化成为一种'不堪忍受的'力量，即成为革命所要反对的力量，就必须让它把人类的大多数变成完全'没有财产的'人，同时这些人又同现存的有钱有教养的世界相对立，而这两个条件都是以生产力的巨大增长和高度发展为前提的。"① 分工导致了异化，但在资本主义兴起之初却极大地促进了社会生产力的发展。

对于科学技术来说，消灭分工之后就与劳动者完全结合起来了，成为真正的人民的科学。在共产主义社会，"科学不仅成为人人有份的东西，而且也摆脱掉政府压制和阶级偏见的桎梏"②。在共产主义社会，分工被彻底消灭，人人都可以钻研科学，成为科学家——当然，同时成为别的什么人，或者说，在成为科学家的同时也成为可能成为的一切，即成为自己。对此，马克思指出："而在共产主义社会里，任何人都没有特殊的活动范围，而是都可以在任何部门内发展，社会调节着整个生产，因而使我有可能随自己的兴趣今天干这事，明天干那事，上午打猎，下午捕鱼，傍晚从事畜牧，晚饭后从事批判，这样就不会使我老是一个猎人、渔夫、牧人或批判者。社会活动的这种固定化，我们本身的产物聚合为一种统治我们、不受我们控制、使我们的愿望不能实现并使我们的打算落空的物质力量，这是迄今为止历史发展中的主要因素之一。"③

主客体统一的科学意味着科学向人的本质复归，成为真正人性化的科

---

① 马克思恩格斯选集：第1卷．北京：人民出版社，2012：165-166.
② 马克思恩格斯选集：第3卷．北京：人民出版社，2012：168.
③ 同①165.

学。科学本来是人的创造物，科学异化让科学站在人的对立面，人性化的科学要恢复科学技术的本来位置。首先，科学是建基于人的生活之上的。"说生活还有**别的**什么基础，**科学**还有别的什么基础——这根本就是谎言。//在人类历史中即在人类社会的形成过程中生成的自然界，是人的**现实的**自然界；因此，通过工业——尽管以**异化**的形式——形成的自然界，是真正的、**人本学**的自然界。"① 其次，科学是建基于人性基础上的。无论如何科学都是人造物，因而都是人性或人的本质力量的展示。所以，"自然科学往后将包括关于人的科学，正像关于人的科学包括自然科学一样：这将是**一门科学**"② 。也就是说，人性是自然科学和人的科学的共同基础。最后，科学是建基于人的目的性需求基础之上的。人之所以创造科学，归根结底是为人服务的。因此，科学是人性的，被异化的科学是非人性的，主客体统一的科学就是要让科学成为"人为"又"为人"的科学。

马克思之后，西方马克思主义者马尔库塞发展了马克思、恩格斯的主客体统一科学的观点，提出了自然解放与人性解放统一的观点。他认为，未来科技解放不光是科学技术自身的事情，从根本上说还是人性解放和自然解放。自然作为独立主体，本身具有解放的力量，解放的技术能够把资本主义时代作为统治工具的自然变成革命的同盟者，创造出人与自然的新的、和谐的关系。在马尔库塞看来，发达资本主义通过对人的本能管理而转移人的罪恶感，增加人的攻击性，资产阶级依靠对自然的征服和控制，达到了对人的有力操纵。人类不再相信可以在自然中重新发现自己，也不再相信人可以和作为独立主体的自然一起生存。

然而，虽然在资本主义世界里，自然已经成为被控制的工具和统治人的媒介，但自然本身蕴涵着的解放力量却也是不容忽视的，并且在建设一

---

① 马克思恩格斯全集：第 3 卷．北京：人民出版社，2002：307．
② 同①308．

个自由社会的过程中举足轻重。马尔库塞认为："自然的解放乃是人的解放的手段"①。作为人类生存的场所和社会变化的重要组成者，自然在人类反对剥削的斗争中是重要的同盟者。而且自然解放的目的"并不在于回到前技术状态，而是要推动它向前，以不同的方式利用技术文明的成果，以达到人和自然的解放，和将科学技术从为剥削服务的毁灭性滥用中解放出来"②。马尔库塞还提出了三条具体的解决途径：对自然的"人道的占有"，为了物而同物发生关系，"按照美的法则"塑造对象性世界。③

马尔库塞的学生芬伯格则继承和发展了马尔库塞的观点，在技术哲学领域提出了"重新设计技术"的观点。他认为，技术是社会文明史的一部分，不能独立于社会而存在，因而是由具体时代的文明整体所规划的。因此，"在任何社会关系是以现代技术为中介的情况下，都有可能引入更民主的控制和重新设计技术，使技术容纳更多的技能和主动性"④。芬伯格相信："一种本质上不同的文明形式将强调与文化资格和权力的更广泛的分配相一致的技术的其他属性。这些属性既存在于前工业的手工艺中，也存在于现代职业中。它们包括技术主体在它们工作中的职业投资、组织工会的权力平等的形式和不是仅仅追求利润或权力，而是改善生活的价值的大范围的技术综合。今天，技术的这些方面只有在工业社会民主的重新组织的情境中才能发挥作用，而这种情境是技术的这些方面使其成为可能的。"⑤ 也就是说，现有技术规划与民主有冲突，新的文明可以对技术从总体上进行规划，改变目前异化的规划，以便为更民主的社会服务。

---

① ［美］马尔库塞，等．工业社会和新左派．任立，编译．北京：商务印书馆，1982：127.

② 同①128.

③ 向薇．现代科技统治下人的异化与解放——马尔库塞人学思想研究．北京理工大学硕士学位论文，2010.

④ ［美］安德鲁·芬伯格．技术批判理论．韩连庆，曹观法，译．北京：北京大学出版社，2005：中文版序言2.

⑤ 同④40.

# 第五章　科学技术与自由

　　科学技术与自由之间的关系是科学技术相关问题研究中一个不可忽视的重要问题，历代科学技术研究者都对此极为关注。马克思则更为重视。事实上，如何最大限度地实现人的自由而全面的发展，本来就是马克思思想中的一个核心问题。因此，从人的本质出发，探讨在科学技术的作用和影响下人的生存状态与未来发展，便成为马克思关于科学技术与自由的思想的基本论题。

## 一、科学技术与人的本质的生成

　　中国人从来没有像今天这样纠结于自己的身份以及外部世界对自己的认同。政治家们在谈论中国特色、商人们在追逐中国气派、学者们在建构中国学派，诸如此类的概念和表达显示了国人对近几十年来所取得成就的一种自我肯定，对未来光明前景的期许和信心，但也暴露了曾经受尽欺凌和蔑视的中国人渴望被承认、认同和尊重的急切心态。从某种意义上说，这是当今中国的一种文化自觉，是中国人集体表达的身份认同过程。

在这种身份认同的背后，隐藏的是对人的本质属性的追问这一自人类产生以来最复杂的问题：人是什么？人的本质是什么？人的本质是如何形成的？这是我们应该关心的问题。

## 1. 科学技术与身份认同

身份是一个人区别于他人或能将一个人与他人区分开来的一种特质或属性。在现代社会中，每个人都会有很多的属性和特质，让别人知道自己是谁。这种身份可以因性别、宗教、民族而异，可以凭地域、国籍、职业为界，甚至爱好、婚姻、年龄等都可以成为广义的身份。身份认同则是指身份中的某种特质或属性被其他个人或群体识别和解释的过程。这种认同过程可以是主动的展示，也可以是被动的鉴定，还可以是互动的商谈。

从历史上看，这种身份认同过程与科学技术及其发展密切相关。随着科学技术的发展，科技逐渐成为影响身份的一种重要元素，促进了个人身份的形成和强化。在现代社会中，科技的发展还为个人身份特质和属性的展示与传播提供了良好条件。随着科技成分越来越多地介入个人身份中，科学技术成为个人身份的最重要标示之一，成为个人身份认同和辨识的最重要因素之一。

"人猿相揖别。只几个石头磨过"。这是毛泽东脍炙人口的词句，是毛泽东的读史感悟。确实，如毛泽东所言，制造和使用工具是人和动物的分野，类人猿也好，猿人也罢，不管它能否直立行走或直立奔跑，只有当它拿起地上的石块割肉；或者捡起地上的石头，折个树枝去跟猛兽搏斗时，它才成为人。使用石头或树枝，是人类最早的劳动行为，石头或树枝是人类最早的劳动工具，打制或磨制过的石块、石刀、石斧是人类最早的技术产品。对于这一过程，恩格斯在《劳动在从猿到人的转变中的作用》中有过精辟论述，马克思对这种区分猿和人的技术行为也有过深入分析。马克思看到了在人类历史的初期，经过加工的石块、木头、骨头和贝壳的作用后指出："劳动资料的使用和创造，虽然就其萌芽状态来说已为某几种动物所固有，但是这毕竟是人类劳动过程独有的特征，所以富兰克林给人下的定义是'a tool making animal'，制造工具的动物。……劳动资料不仅是人类劳动力发展的测量器，而且是劳动借以进行的社会关系的指示器"①。马克思的这段话表明，劳动资料，不管它如何简单，这种物化的技术都已成为人的一部分，成为了人区别于动物的一个重要的身份标志。

随着科技的发展，科学技术不仅合乎情理地成为个人身份的一部分，而且日益强化着这种身份。比如说，早期的人类很快就发现了制造和使用工具的巨大价值，因为这些工具，如石器、钓钩和弓箭等，使他们确立了对动物的优势，大大增强了他们的捕猎能力。这就促使他们不断地制造、使用和改进更多的工具，从天然石器到打制石器，再到磨制石器、陶器、玉器等。工具种类越来越多，工艺越来越精细，功能越来越强大，也使得人越来越多地和动物区分开来。

这种以科技成果来标示身份的现象也发生在部落、族群甚至国家层次。古代中华文明是以汉民族为主体的文明，它比周围其他地区的文明都要先进得多。因此，中国人很早就把自己的国家称为中国。"中国"这种称号当然不是随便可以叫的，它是早期中国人中心观念与优越感的一种流露。中国人认为他们的国家比任何周边国家都要先进，他们把自己的国家称为中央之国，中心之国，其他国家则称为蛮夷之邦。这种思想影响深远，以至于当年利玛窦进献给明朝皇帝的地图上，也特意把中国调整到地图的中心位置，以迎合中国人的中心观念。

这样的故事后来又在欧洲重演。经过了文艺复兴和工业革命重新崛起

---

① 马克思恩格斯全集：第44卷．北京：人民出版社，2001：210.

的欧洲人，也把自己视为文明的中心，按地理上的远近来称呼别的国家，土耳其地区是近东，阿拉伯地区是中东，中国和日本则成为远东。哥伦布远航，踏上了美洲大陆，欧洲人欢呼发现了新大陆。其实，美洲大陆的历史和欧洲一样久远，美洲的土著人已在那里繁衍生息了几万年甚至更长的时间，哪里用得着哥伦布去发现呢？这分明是一种建立在坚船利炮基础上的欧洲中心论调。

更广泛地说，这也是后来身份建构的一个特点，即强调自己所拥有的身份优越，排斥与自己不同的人及人群。身份建构是维系欧洲帝国霸权和殖民统治的重要手段，西方列强将想象的"他者"形象强加给殖民地国家和人民，成为奴役和压迫它们的思想枷锁。赛义德在《东方主义》和《文化和帝国主义》中对这些问题曾有过详细讨论。

如果说原始技术的出现和发展把人和动物区分开来，形成并强化了人的身份的话，那么科学技术的进一步发展则为人们展示和传播自己的身份标识提供了良好的条件，也使身份认同过程更容易完成。埃尔斯特在分析了马克思关于人与动物之区分的论述后总结道："在马克思看来，人之最鲜明的特点是人对自身的认识及其对语言的使用。……只有人的认知能力才能解释人与其他动物所共有的制造工具和使用工具的能力何以能获得更大的发展——提供需要和适当的环境条件。"[1] 这就表明，当人的认知能力与语言能力随着科学技术的进步而不断提高时，人区别于其他动物的特性与身份也就相应地更加明显了，并体现在现实的社会生活中。

一般说来，个人或族群身份认同的标志包括建筑、语言、服饰、行为、工艺品、节日礼仪、祖先起源和迁徙传说等。这些标志大多是科学技术的物化成果。比如说，今天，我们可以从教堂建筑的不同风格和外观辨

---

[1]　Jon Elster. Making Sense of Marx. New York：Cambridge University Press，1994：68.

认伊斯兰教徒、佛教徒或基督教徒。我们也可以从公共场所（如人大、政协会场或电视媒体）少数民族人们的服饰打扮中确定他们属于哪个民族。

一种属性成为身份，在很大程度上是由于这种属性的反复展示。持续一段时间后，它就作为习惯、传统或常识固定下来。但个人身份从来都不是固定不变的，身份认同是一个过程，是一个多样化的、不断变化的体验，并且是历史的产物。马克思在论述社会关系时说道："人们按照自己的物质生产率建立相应的社会关系，正是这些人又按照自己的社会关系创造了相应的原理、观念和范畴。所以，这些观念、范畴也同它们所表现的关系一样，不是永恒的。它们是**历史的、暂时的产物**"①。

身份认同因以去中心（de-centering）为特征的后现代主义的出现而变得复杂起来。自启蒙主义以来，稳定而且连贯的完整自我（a complete self）受到怀疑，首先是来自尼采的挑战。他认为，主体并非给定的，它是某种添加、发明和投射到已有事物背后的东西。精神分析大师弗洛伊德从心理学的角度质疑完整主体的不切实际，结构主义否定主体作为意义创造者的地位，后结构主义进一步分化瓦解主体的整体意识，加剧了主体的身份认同危机。福柯则提出主体是可以被建构的，个体不是给定的实体，而是权力运作的俘虏。个体，包括他的身份和特点，都是权力关系对身体施加作用的结构。哈贝马斯认为身份在一定程度上是我们自己的设计。

其实，在多数时候，身份认同是一种商谈的过程，身份是个体和周围环境中的"他者"商谈、博弈的结果。就是在这种互动中，身份被确立起来。马克思认为，社会生产过程既是人类生活的物质生存条件的生产过程，又是生产和再生产生产关系的过程，也是生产和再生产这一过程的承担者、他们的物质生存条件和他们的相互关系，即他们的一定的社会经济

---

① 马克思恩格斯选集：第1卷.北京：人民出版社，2012：222.

形式的过程。"这些物质条件，和这些社会关系一样，一方面是资本主义生产过程的前提，另一方面又是资本主义生产过程的结果和创造物；它们是由资本主义生产过程生产和再生产的。"① 也就是说，身份认同是一个生产力和生产关系的互动过程，也是社会关系和物质条件的生产和再生产过程。

**2. 科学技术与人的社会化**

现代国家大都经历了一个文明的转型，即从传统社会向现代社会的转变。有的国家是主动地升级，如最早进入资本主义的欧美列强；有些国家则是被动地改变，如大多数亚非拉国家。文明转型是一个文化问题，但科技无疑在其中扮演着非常重要的角色。科学技术不仅导致了传统社会和传统家庭的崩溃，也加速了人的现代化进程。正如马克思所说：率先掌握了现代科技的资本主义列强"迫使一切民族——如果它们不想灭亡的话——采用资产阶级的生产方式"，"迫使它们在自己那里推行所谓的文明，即变成资产者"②。

近代中国具有一段不堪回首的历史，西方列强用坚船利炮打开了中国的国门，古老的田园牧歌式的庄园经济在机器大工业的蚕食下土崩瓦解。第一波冲击来自机器纺织业。在其冲击下，延续了几千年的男耕女织图景一点点被撕裂，家庭棉纺业这个自给自足的庄园经济的技术内核风雨飘摇。马克思考察了这一段历史，如此描述了古老中华帝国的悲剧："成千上万的英美船只开往中国；这个国家很快就为英国和美国用机器生产的廉价工业品所充斥。以手工劳动为基础的中国工业经不住机器的竞争。牢固的中华帝国遭受了社会危机"③。"这样一来，旧有的小农经济的经济制度

---

① 马克思恩格斯全集：第 46 卷．北京：人民出版社，2003：927.
② 马克思恩格斯选集：第 1 卷．北京：人民出版社，2012：404.
③ 马克思恩格斯全集：第 10 卷．北京：人民出版社，1998：277.

（在这种制度下，农户自己也制造自己使用的工业品），以及可以容纳比较稠密的人口的整个陈旧的社会制度也都在逐渐瓦解。"① 传统中国的政治经济文化和社会结构的危机日益严重。终于，中国被西方列强抛入了现代世界，被迫开始了现代化的艰难探索。

现代化是指 18 世纪工业革命以来，从传统社会向现代社会转变的历史过程及其变化。这种转变主要表现在四个方面：第一，由农业社会向工业社会转变或者由农业文明向工业文明转变；第二，由人治社会向法治社会转变；第三，由臣民社会向公民社会转变，即人的身份、社会地位的提高；第四，一元向多元转变，即人的思想和思维由简单化向复杂化转变。现代国家大都经历了这种从传统社会到现代社会的文明转型。

科技的发展不仅带来了物的现代化，也引发了人的现代化。实际上，19 世纪末 20 世纪初，就有人提出"人自身现代化"的问题，最早是德国的马克斯·韦伯，但当时没有引起人们足够的重视。随着第三次科技革命的展开，这一问题开始引人注目。美国社会学家因克尔斯组织一批社会学家进行调查研究，于 1962—1964 年先后出版了《走向现代化》和《探讨个人现代化》等著作。在这些著作里，他提出了现代化的 12 个特点，其中最重要的是三个方面：开放性、乐于接受新事物；自主性、进取心和创造性；对社会有信任感，能正确对待自己和他人。

今天，更多的人关注着现代人的问题，虽然世界各国国情不同，价值观念、文化传统各异，但以下几方面还是赢得了人们的基本认同：一是观念和思维方式的现代化。观念方面包括价值观念、法制观念、信息观念、人才观念；思维方式方面则包括系统性、精确性、敏捷性、创造性、预测性等。二是行为方式的现代化，即现代人应该具备自主性、创造性、高效

---

① 马克思恩格斯选集：第 4 卷．北京：人民出版社，2012：655.

性以及竞争与协作精神，特别是能够把参与竞争、迎接挑战、互利共赢协调起来。三是生活方式的现代化，生活方式包括物质、精神两个方面，人们既要追求物质生活的富足，也要追求精神生活的充实。科技的发展要求人们应该有更高尚的道德水准和文明的生活方式。科技的发展（比如试管婴儿、克隆技术）给人们的伦理道德、婚姻家庭等带来很多新问题、新困惑。

　　人的现代化既是一个自发自然的内源性历史过程，更是一个人为自觉的外源性能动选择和追求过程。马克思从"能动的生活"着的"现实的个人"出发，运用逻辑与历史相统一的科学方法，客观而全面地"考察了原初的历史的关系的四个因素、四个方面"[①]，高度概括出了各种社会形态和生活于其中的人的现实共性，揭示了生产活动和社会生活的辩证关系。那就是：人的"现实生活的生产和再生产"决定并推动着人及其社会生产活动的形成与发展，而社会生产活动及其他各种社会活动的发展又制约和丰富着社会生活，进而制约着人的内涵发展。马克思的这一思想为现代化社会和现代化人勾勒出了一个基本轮廓，即随社会生产水平的提高和社会制度的变革，人们将既能全面驾驭工业化大生产，又能享有人类创造的一切成果，最终全面占有自己的本质，获得全面发展。

　　从马克思的这一说法中，我们可以看到：第一，人的现代化归根结底是人的内涵的丰富化以及现实生活的极大改善和优化，是现实生活中人的更好的、更合目的的生存与发展，人们必须从现实生活的人及其能动的现实社会生活出发，把握人的现代化的终极目的、基本标准和现实取向，否则人的现代化也就失去了它应有的价值和意义。第二，现代化的人要想积极适应并创造现代化的社会生产，并在这个过程中不断丰富自己、实现自

---

① 马克思恩格斯选集：第 1 卷．北京：人民出版社，2012：160.

我，全面占有自己的本质，真正有效地生活于现代化社会生活之中，改善和优化自己的现实社会生活，就必须从现代化社会生产活动及其由它决定的其他社会活动提供的各种条件可能性和实际要求中，确定现实生活中人的现代化的具体内容和特征。第三，现代化生活中的人要想更好地参与现代化生活和生产，更全面占有自己的本质，就必须彻底摒弃狭隘的文化民族主义或地域主义，从各种社会形态及其发展历程中，寻找共同的代表着社会进步和人的发展的因素。

现实生活中的人作为一种客体性和主体性内在统一的现实社会存在，是一定的需要和相应的能力有机结合的生命实体。事实上，"人们的存在就是他们的现实生活过程"[①]，不断地运用一定的能力支配和驾驭一定的工具、工艺的过程，通过个人间的合作与对自然界的改造和利用，创造出一定的社会财富以满足一定的需要，就构成了现实生活中的人及其能动生活的主体内容和基本过程。能力的不断运用和需要的不断满足，又引起人们需要与能力的不断更新和发展，从而形成现实生活中的人生生不息的生存发展史。现实生活无可辩驳地告诉我们："个人怎样表现自己的生命，他们自己就是怎样"[②]。也就是说，个人具有什么样的需要与能力和怎样运用这种能力满足这种需要，他就是怎样的人。换句话说，具有不同社会时代和社会类型所赋予和要求的不同人格的现实生活中的人，归根结底取决于他所具有的特定社会时代和社会类型赋予并要求他的特定需要与能力。因此，具有现代化社会生活赋予和要求的，进而借此来能动地参与、创造和享有现代化社会生产的特定需要与能力，就成为现代化人区别于以往社会时代和其他社会类型所赋予并要求的人格的基本内容和特征。

现代科技对现代人的建构是全方位的，涉及"个体内那些决定个人特

① 马克思恩格斯选集：第1卷．北京：人民出版社，2012：152.
② 同①147.

有行为与思想的心身系统的"① 各个方面，但从最核心部分和最概括层次与共性上来说，是指用现代科技全面武装起来的、具有科技理性和科技能力的人格。

首先，现代化人能够以科技理性来正确地认识、把握人类需要的客观存在、地位、功能和价值。他懂得，丰富合理的需要不仅是人类个体生命存在的基本形式和现实生活的主要内容与主导方面，是人类个体能动行为积极活动的内驱力，而且也是人类社会产生、发展以至现代化的初始生长点和原动力。正如马克思所言："人们首先必须吃、喝、住、穿，然后才能从事政治、科学、艺术、宗教等等"②。正是现实生活中的人"为了生活"，为了满足"吃喝住穿以及其他一些东西"③ 这些需要，他才进行直接的物质生活资料的生产和人类自身的生产活动；而"已经得到满足的第一个需要本身、满足需要的活动和已经获得的为满足需要而用的工具又引起新的需要"④，进而促使人们去创造更新的工具、更丰富的活动。如此循环递进，直到创造出现代化生活和生产。没有现实生活中的人的需要及其日益丰富，他们就不会付出艰辛甚至遭受危险努力去拼搏、去开拓、去创新、去竞争，牺牲掉一时的安逸和舒适，克服个人的局限和不足，也不会挖掘自身的潜能和资源，去发现、制造和改进工具，联合起来组成群体合作行动，去同险恶的环境和凶猛的野兽或敌人展开搏斗，从而也就不会有采集业、畜牧业的出现和工业文明的诞生，更不会有社会和人的现代化。

现代人能够清晰地把握丰富合理需要与本能冲动贪欲的界限，深知本

---

① ［美］J.P. 查普林，T.S. 克拉威克. 心理学的体系和理论. 林方，译. 北京：商务印书馆，1984：9.

② 马克思恩格斯全集：第 25 卷. 北京：人民出版社，2001：594.

③ 马克思恩格斯选集：第 1 卷. 北京：人民出版社，2012：158.

④ 同③159.

能冲动的可致善亦可致恶的非理性特征，懂得丰富合理的需要是本能冲动得以科技理性化的最高表现，是科技理性对欲望给予规范、引导和驾驭的结果；而贪欲恰恰是本能冲动的无节制爆发，是欲望对科技理性的背叛、强暴和扭曲，是科技理性被弱化和嬗变的结果。失去科技理性引导、规范和驾驭的本能冲动或欲望就像脱缰野马，横冲直闯，只能导致人欲横流，人类互相掠夺惨杀，给人类造成灾难甚至毁灭。

其次，现代化人能够以科技理性对待他人和自己的需要和欲求。现代化人能够坦率地承认自己的丰富需要和永恒欲求，光明磊落地为满足自己的需要和欲求而充分投入工作和行动；同时，他也能真诚地尊重并平等地对待他人的需要和欲求，决不去无端地阻挠他人满足丰富合理需要和欲求的行动。现代化人既不会随意鄙视、限制或压抑个人或他人的需要和欲求，推行禁欲主义，像道学家那样高喊"存天理，灭人欲"，使其需要萎缩和变形，造就出人格双重化的"伪君子"；也不会随意滥用、放任个人或他人的需要和欲求，奉行纵欲主义，鼓吹"上帝死了"，使其欲求恶性膨胀或畸形发展，形成人格非人文化的"生物人"。现代化人平等地对待个人或他人的各类需要，决不厚此薄彼。他既能重视衣、食、住、行、性等"似本能性需要"[①] 的满足，也能努力丰富并实现工具、活动和社会等再造性需要；他不仅为匮乏性需要的满足而勤奋工作，而且也为丰富性需要的满足执着追求。现代化人更能够积极探索超前需要，严肃规范奢侈需要，热情肯定那些代表着社会生活、生产发展方向和高水平的新需要，不断把这些需要吸收同化到自己的需要结构之中，为自己的人格注入富有活力的营养，形成个人讲自尊、重平等、懂消费、会谋财、敢创新的现代化人格。

最后，现代化人享有丰富合理的需要。他不仅有人类重复了数百万年

---

① ［美］A. H. 马斯洛. 动机与人格. 许金声，等，译. 北京：华夏出版社，1987：89.

的再生性的吃、穿、住、行等基本的"似本能性需要"，并不断通过物质财富的创造、满足对象的扩展和满足方式的改善，而使其得到更好的满足和实现。使"似本能性需要"非匮乏化、非动物化、享有化、新颖化和人文化。衣着方面不仅要遮体、御寒、防晒，而且要得体、款新、式美、类丰、质优；饮食方面不仅要果腹、止饥、供能，而且要量适、味美、色佳、品全、境雅；居住方面不仅要隔风、避雨、防敌，而且要宽敞、舒适、光足、自然、境美；行动方面不仅为觅食、逃逸、迁徙，而且要便捷、合用、安全、舒心、自由。

**3. 整体的科学与全面的人**

"人的全面发展"是人类永远追求而又永远没有止境的目标，是人性的内在向往和本能的自然追求，也是社会进步和发展的外在要求。马克思指出："承认工人尽可能多方面的发展是社会生产的普遍规律"①，现代生产必然要求"用那种把不同社会职能当作互相交替的活动方式的全面发展的个人，来代替只是承担一种社会局部职能的局部个人"②。在社会化机器大生产的条件下，如果劳动者不能成为各种能力得到自由发展的个人，就不能适应现代生产的交替变换职能和极其不同的劳动需要。因此，人的全面发展是现代生产生死攸关的事情。

根据对马克思关于人的全面发展学说的理解，全面发展应包含三个层面的内涵，即完整发展、和谐发展和自由发展。完整发展是指人的各种最基本或最基础的素质必须得到完整的发展，我们可以把它理解为"做人"与"做事"两个方面的完整发展；理解为"身"与"心"两个方面的完整发展；理解为我们通常所说的德、智、体、美诸方面的完整发展；理解为真、善、美的完整发展。和谐发展是指人的各种基本素质必须获得协调的

①② 马克思恩格斯全集：第 44 卷 . 北京：人民出版社，2001：561.

发展，个人应该在可能的条件下，根据个人发展的需要和社会生活的要求，尽可能地追求个人素质和能力的多方面发展，以避免人的发展的单向度。自由发展是指人自主的、具有独特性和富有个性的发展。马克思关于人的发展学说中，全面发展和自由发展是两个关系极为密切的概念，他有时提"人的全面发展"，有时提"人的自由发展"，有时又把二者并列起来提"人的全面而自由的发展"。"全面发展"与"自由发展"的区别在于，前者主要是就人的发展的完整性、统一性和和谐性而言的，后者主要是就人的发展的自主性、独特性和个别性而言的。正因为如此，马克思才把"每个人的全面而自由的发展"作为未来社会的基本原则，特别强调"个人独创的和自由的发展"，极力提倡人的"自由个性"。

"人的全面发展"是一个相对的概念，全面是相对于片面而言的。人的片面发展的实质是指人在发展上受强制、遭奴役，以及由此而造成的人在发展上的分裂、失衡、扭曲和畸形。在片面发展的状态下，人所感受到的是痛苦、折磨和摧残，是自由和自主的沦丧。与之相对应，"全面发展"的实质是指人在发展上的自由、自主、和谐、丰富、流动和变化。在全面发展的状态下，人所感受到的是幸福和愉悦，是自我价值和尊严的实现和确立。

在马克思看来，大工业生产不仅对人的全面发展提出了客观要求，同时也为人的全面发展提供了可能性。马克思特别注意到科学技术对实现人的全面发展的重要意义。

第一，科学技术为实现人的全面发展提供物质前提。科学技术的发展为人类创造了丰富的物质财富，也为人的全面发展的实现提供了物质前提。生产力的发展创造了日益丰富的物质生活资料，使人才能在摆脱贫困状态、满足生活需要的前提下，追求精神层面的享受和自由个性的发展。

第二，科技发展消灭私有制和旧式分工，是实现人的全面发展的根本条件。在资本主义私有制下，资本家占有生产资料，工人除了劳动力之外一无所有。工人为了谋求生活资料，被迫出卖自己的劳动力，造成人的发展的片面性、被动性。大工业在它的资本主义形式上再生产出旧的分工及其固定化的专业，这种分工把一个人变成农民，把另一个人变成鞋匠，把第三个人变成工厂工人，把第四个人变成交易所投机者……只要他不想失去生活资料，他就始终是这样的人。旧的分工是生产力发展到一定阶段的产物，是受私有制决定的。它在某种程度上推动了社会发展，是以人的全面发展机会的丧失作为代价的。因此，只有消灭私有制和旧式分工，才能消灭城乡差别、工农差别、脑力劳动与体力劳动的差别，使劳动成为真正自由的活动，实现劳动者全面而自由的发展。

　　第三，科技发展带来的自由时间的增加是个人全面发展的基础。自由时间是指人们可以自由支配的时间，即可以用于从事科学、艺术、社会活动等非物质生产活动的时间。有了充分的自由时间，个人才能全面发展。马克思认为："时间是人类发展的空间。一个人如果没有自己处置的自由时间，一生中除睡眠饮食等纯生理上必需的间断以外，都是替资本家服务，那么，他就还不如一头载重的牲畜。"① 一个仅仅局限于为满足生理需要而进行物质生产的人，是不可能得到全面发展的。单纯的物质劳动只能培养单方面的能力。要实现人的全面发展，社会就必须为所有个人提供从事各种精神活动的条件和机会。要实现这一点，就必须减少物质劳动时间，增加自由劳动时间。因为"正像在单个人的场合一样，社会发展、社会享用和社会活动的全面性，都取决于时间的节省。一切节约归根到底都归结为时间的节约"②。"节约劳动时间等于增加自由时间，即增加使个人得到充分发展的时间"③。这样一来，当"社会为生产小麦、牲畜等等所

---

① 马克思恩格斯全集：第21卷．北京：人民出版社，2003：204.
② 马克思恩格斯全集：第30卷．北京：人民出版社，1995：123.
③ 马克思恩格斯全集：第31卷．北京：人民出版社，1998：107-108.

需要的时间越少，它所赢得的从事其他生产，物质的或精神的生产的时间就越多"①。

马克思的以上论述表明，个人的全面发展必须依赖于把社会必要劳动时间减少到最低限度，给所有人增加自由时间。他认为，人类社会越是向前发展，为满足生存需要而从事物质生产的社会必要劳动时间就会越少，从事文化、教育、娱乐和科学研究的时间就会越多。到了共产主义社会，劳动生产率已得到极大提高，在越来越短的劳动时间内创造的物质财富，就可以满足人们的物质生活和精神生活的需要。劳动时间的减少、劳动强度的降低，把物质劳动者从沉重的体力劳动中解放出来，给了人们更多的时间和精力学习科学技术知识，陶冶自己的情操，培养多方面的兴趣以及从事多样性的具有创造性的活动，从而更加自由地丰富和完善自己，实现自己的价值。因为这种多样性的具有创造性的活动，人的潜能得到最大限度的发展，人的全面性也由此展现。正如马克思所说："例如一个人，他的生活包括了一个广阔范围的多样性活动和对世界的实际关系，因此是过着一个多方面的生活，这样一个人的思维也像他的生活的任何其他表现一样具有全面的性质。"②

## 二、科学技术与人的生活世界

作为与人的本质生产及其生活密切相关的一种巨大力量，科学技术自产生之日起就注定了与人的现实生活及其生活世界之间的相互纠结。从生活方式到人的生存状态，从群体的人类到个体的人，科学及其技术应用不断改善着现实的人的生存方式与生存状态，也改变着人在生活世界中的地位。

---

① 马克思恩格斯全集：第30卷. 北京：人民出版社，1995：123.
② 马克思恩格斯全集：第3卷. 北京：人民出版社，1960：296.

## 1. 存在还是存在者

从古到今，对存在的思索耗尽了哲学家和思想家的青春与激情。存在为何？何谓存在？何以识别和把握存在？存在的价值和意义何在？如此问题构成了哲学史的主线。当然也有人不这么看。如最著名的反对者海德格尔就认为，哲学史就是一部"存在"被遗忘的历史。海德格尔的观点是建立在对"存在"和"存在者"的区分上的。在海德格尔看来，"存在"（sein）不是"存在者"（seienden）。世界上任何一种东西都可以称之为"存在者"；宇宙就是一种"存在者"——最大的"存在者"，它可以生发"存在"，但不能简单地等同于"存在"。"存在"是最普遍的概念，但它又不是"种的普遍性"，而是一种"超越者"，超越于所有的存在者。"存在"是无法定义的，世间任何可以定义的东西都只是"存在者"；人是一种特殊的"存在者"，海德格尔称之为"此在"（dasein）。人之所以能够认识万物，是因为人已经融合于世界万物之中。这是人与其他存在者的不同之处。在海德格尔看来，"存在"是我们把握不住的，我们只能面对"存在者"，哲学就要来理解"存在"是如何转化为"存在者"的。

海德格尔的思想是独特而深刻的，他的哲学史观以及他对西方哲学史所做的梳理，为我们重新认识西方哲学史提供了新的视角与思路。海德格尔在考察了西方哲学史后指出，西方传统哲学一直在追问着"存在"和"存在者"，但是，自泰勒斯始，从柏拉图到黑格尔，西方的传统哲学大都把"存在者"当作了"存在"。"在西方思想的历史中，尽管人们自始就着眼于存在而思考了存在者，但存在之真理始终还是未曾被思的，它作为可能的经验不仅向思想隐蔽起来了，而且，西方思想本身以形而上学的形态特别地、但却一无所知地掩盖了这一隐瞒事件。"①

---

① ［德］马丁·海德格尔. 林中路. 孙周兴，译. 上海：上海译文出版社，1997：219.

我们生活在这个现实的世界上，我们希望自己能认识这个世界，改造这个世界，让这个世界为我们服务。可是当我们面对这个存在者时，却经常会陷入困惑甚至痛苦：在我们之外是否存在一个独立于我们的客观世界？我们能否知道这个在我们之外的客观世界？

当古希腊米利都学派的自然哲学家开始朦胧的哲学思考时，他们就有了一种比较强烈的信念：人与宇宙是同质同构的，任何自然界都是存在之链上的一个元素，哲学家的任务就是找出它的唯一本原，水、空气、种子、原子甚至数都成为了万物之源。但海德格尔却认为，古希腊哲学在它的奠基之初，就混淆了"存在"与"存在者"之间的差别。古希腊哲学家大都追问的是"存在者"，只有阿那克西曼德（始基是"无限"）、巴门尼德（存在与非存在），才追问了"存在"。因此，海德格尔把泰勒斯和阿那克西曼德、巴门尼德一起视为前苏格拉底时代，以"整体存在本身"作为研究对象的三位伟大的哲学家。但是，亚里士多德的"概念论"和"纯形式"所体现的客体化的取向，却成为以后西方哲学发展的主流。

近代的理性主义哲学成为主流。从培根开始的经验论者开始关注可感觉、可经验的具体存在者，洛克从经验的层面深入地探讨了认识论的有关问题。但是由于他们不能越出经验的界限，所以对"存在者"的本质依然不能做出确实的判定，更无法去关注每个存在者的"存在"。唯理论者看到了经验论的局限，力图从经验之外去寻找保证知识具有普遍必然性的途径。笛卡尔将"思维"与"存在"当作两种实体，斯宾诺莎把"思维"与"存在"从两种"实体"下降为从属于神的两种"属性"，莱布尼茨则用他的"单子"来对应"存在者"。德国古典哲学从康德开始，经费希特、谢林到集大成者的黑格尔，把西方传统中占主流的理性主义哲学推到了顶峰。康德既有"经验论"的原则，又有"唯理论"的原则，在整合二者的基础上重新建构了认识论体系，追问了本体论问题。黑格尔以自己独创的辩证逻辑取代亚里士多德的形式逻辑，以彻底客体化的绝对理念呼应着柏拉图的客体化理念，成为理性主义哲学之集大成者，成为现代现象学和存在哲学之重要来源。但在海德格尔看来，从笛卡尔到黑格尔的整个近代西方哲学，同样是"思考了存在者而遗忘了存在"。

在从"存在"（先验）到"存在者"（经验）的追问过程中，自然哲学成为最大的受益者，科学技术由此获得了极大发展。科学主义思潮在黑格尔的基础上，挖掘并放大了古典理性主义的支柱，并对其进行了经验论的改造，建立起了实证主义的科学大厦。尽管其中一直存在着主体与客体、现象与本质、决定论与非决定论、实在论与反实在论、整体论与还原论等的争论，但科学家、技术工程师以及科技工作者的共同努力却使科学之树越来越繁茂。科学技术已成为人类追求宇宙与人生本质的一种方式，成为人类对存在与存在者追问的具体体现，也成为人类特有的追问终极价值和意义的一种方式。正如海德格尔所说："只要在现代形而上学的范围内存在者之存在被规定为意志，并因而被规定为自我意愿，而自我意愿本身是自我认识，那么，存在者，即根据、一般主体，就以自我认识的方式成其本质。存在者自行显现出来，而且是以'我思'方式向其自身呈现出来。这种自行呈现，即表现（也即表象），就是作为一般主体的存在者之存在。自我认识便成了绝对主体。在自我认识中聚集着一切认识及其可认识的东西。它是认识的聚集，犹如山脉是群山的聚集。……作为主体性的形而上学，现代形而上学是在意志意义上思考存在者之存在的。"[①]

## 2. 科学技术与生活世界

自胡塞尔提出生活世界概念以来，"生活世界"一词就成为现代哲学中使用频率颇高的词汇。胡塞尔试图用"生活世界"来消解现代科学那种

---

① ［德］马丁·海德格尔. 林中路. 孙周兴，译. 上海：上海译文出版社，1997：249.

主客对立的、先在的、独断的"物质世界"和"精神世界"，摧毁那个隐藏在事物背后的永恒的、自在的、绝对超感性的存在者，把科学拉回到人的"生活世界"中来。许多现代哲学家都在一定程度上和一定境遇中使用过这一概念。有些哲学家虽然没有明确提出"生活世界"的概念，但在其语境中也有着与"生活世界"类似或相近的概念。现代科学主义思潮认为把握生活世界应该靠实证、分析和逻辑，对生活世界的价值判断标准是实用、方便和有效，对生活世界的展现是语言。这一"生活世界"概念因缺乏人文旨趣而饱受批判。现代人本主义思潮主张以人自身为本位，用人的本能、情感、意志、诗性把握生活世界；对生活世界的价值判断标准是意义的体现、诗意的安顿、人性的张扬，对生活世界的展现靠语言的"表达"。这种生活世界观因遮蔽了人的理性和理智同样屡遭质疑。只有马克思才真正打开了"生活世界"的大门，让科学在生活世界中诗意地栖居。

马克思的"生活世界"是"理智"与"意义"相统一的属人的生活世界，是从现实的人出发的生活世界。在《德意志意识形态》中，马克思指出自己的哲学批判的前提是："这种考察方法不是没有前提的。它从现实的前提出发，它一刻也不离开这种前提。它的前提是人，但不是处在某种虚幻的离群索居和固定不变状态中的人，而是处在现实的、可以通过经验观察到的、在一定条件下进行的发展过程中的人。只要描绘出这个能动的生活过程，历史就不再像那些本身还是抽象的经验主义者所认为的那样，是一些僵死的事实的汇集，也不再像唯心主义者所认为的那样，是想象的主体的想象活动"①。马克思还指出，这种哲学批判不是从观念出发，也不是从抽象的人出发，而是从有血有肉的现实的人出发："我们不是从人们所说的、所设想的、所想象的东西出发，也不是从口头说的、思考出来

---

① 马克思恩格斯选集：第 1 卷．北京：人民出版社，2012：153．

的、设想出来的、想象出来的人出发，去理解有血有肉的人。我们的出发点是从事实际活动的人，而且从他们的现实生活过程中还可以描绘出这一生活过程在意识形态上的反射和反响的发展。甚至人们头脑中的模糊幻象也是他们的可以通过经验来确认的、与物质前提相联系的物质生活过程的必然升华物。"①

马克思的生活世界是实践的意义世界。马克思始终关注着现实的人的价值和意义。事实上，从中学时代起，马克思就树立起为全人类工作的理想，他的一生都在为社会主义、共产主义而奋斗。科学技术作为共产主义这个大框架中的一个重要元素，当然也应该与人结合，与劳动者结合，只有这样，科学技术才能走出奴役，获得自由和更大的发展。在《关于费尔巴哈的提纲》中，马克思说道："从前的一切唯物主义——包括费尔巴哈的唯物主义——的主要缺点是：对对象、现实、感性，只是从**客体**的或者**直观**的形式去理解，而不是把它们当做**人的感性活动**，当做**实践**去理解，不是从主体方面去理解。因此，结果竟是这样，和唯物主义相反，唯心主义却把**能动的**方面发展了，但只是抽象地发展了，因为唯心主义当然是不知道现实的、感性的活动本身的"②。海德格尔曾批评马克思"仍然保持在黑格尔的形而上学里"③。但此评价显然失之草率。海德格尔寻求超越，却没能领会马克思思想的超越性内涵，海德格尔长于思辨，却不赞成马克思思想中一贯的现实的思辨。马克思的生活世界是形下与形上辩证统一的形下之学。

马克思的生活世界是主客统一的。马克思强调，实践是人的本质力量的直观和确证，人通过生产劳动改变了物质存在形式，实现了自己的预期

---

① 马克思恩格斯选集：第 1 卷．北京：人民出版社，2012：152.
② 同①137.
③ 张祥龙．海德格尔与中国天道．北京：三联书店，1996：446.

目的，从而把自然生存条件置于自己的控制之下，成为自然界的主人。马克思说："在我个人的活动中，我直接**证实**和**实现**了我的真正的本质，即我的**人的本质，我的社会的本质**。"① 在这里，马克思告诉我们，实践的动机中包含着人要突破和超越自然界的限制，人从自己的需要出发，支配和利用外物，使物按照人的意愿存在和发展变化。创造性实践的过程及其产物使人的本质力量以直观的方式呈现出来了。"正是在改造对象世界中，人才真正证明自己是**类存在物**……劳动的对象是**人的类生活的对象化**：人不仅像在意识中那样在精神上使自己二重化，而且能动地、现实地使自己二重化，从而在他所创造的世界中直观自身。"② 所以说，人在进行改造客观世界的创造活动的同时，实现着自己的生存。而且，创造性实践活动使人成为社会的主人。社会关系"不是什么外部的东西……是个人的自主活动的条件，并且是由这种自主活动产生出来的"③。人是一切社会关系的总和，受社会关系的制约，但人是能动的主体，人可以通过劳动实践活动创造新的社会关系，使人成为社会的主人。创造性实践是社会发展的现实动力。社会关系和社会设施等并不是在人之外的彼岸的东西，它们是人所创造的，而且是为人的生存和发展服务的，人是社会的主人。

## 三、科学技术与人的自由解放

自由是对必然的认识和对客观世界的改造，马克思从来不抽象地谈论自由，自由是现实的人的自由，是自由人的联合体的自由。现实的人的自由总是具体的和历史的，人类关于自由的观念、自由的实现是随着人类认

---

① 马克思恩格斯全集：第 42 卷. 北京：人民出版社，1979：37.
② 马克思恩格斯全集：第 3 卷. 北京：人民出版社，2002：274.
③ 马克思恩格斯选集：第 1 卷. 北京：人民出版社，2012：203 - 204.

识能力和实践能力的提高、生产力的发展以及社会制度的变革而不断发展的。几千年的文明史，是一部人类争取自由的历史。先是反奴隶制的社会革命的胜利，使广大奴隶获得了人身自由；后是反封建的民主革命胜利，使广大民众获得了政治自由；再是反资本主义的社会主义的胜利，使广大民众获得了全面自由，而推动这一历史进程的则是不断进步的科学。

### 1. 通向自由之路

"自由"是少数几个从古至今仍没有达成共识的极少数概念之一。古往今来，几乎每一位思想大师都会对自由品头论足。从古希腊的苏格拉底、伊壁鸠鲁到中世纪的奥古斯丁、托马斯·阿奎那，从英国的洛克、密尔到法国的贡斯当、托克维尔，再到现代的伯林、阿克顿勋爵、罗尔斯、阿马蒂尔·森等，这些思想大师们演绎了一个又一个涵义各异的自由概念。

自由也是自古以来所有人都在追求的最重要的价值观念之一。2000多年前，被西方人誉为自由摇篮的古希腊人就已经开始享受他们的自由民主生活，以至于他们奋起反抗波斯大军时，最能激起人民斗志的口号就是："为自由而战"。500多年前，文艺复兴巨子重新唤起了人们一度被压抑的自由之思；其后，启蒙运动领袖和自由思想家则不断地倡导人们去追求一种全新的自由生活。今天，资产阶级学者也在全球不停地鼓吹他们的自由理念。哈耶克把资本主义看成通向自由之路，弗里德曼则直接把资本主义与自由等同起来。马克思则通过对"自由"的重新诠释，唤起了一代又一代的无产者对人的自由而全面发展的强烈向往。

纵观自由思想的演变历程，我们发现，思想家们一方面在关注什么是自由；另一方面，他们更关注自由何以可能，即人们如何达成自由、实现自由的问题。条条大道通罗马，基于对自由的不同理解，思想家们设计的自由之路亦有千条万条。面向来世的宗教徒把自由寄托在天国中；同样面向未来的空想家构建了一个又一个自由幸福的乌托邦；道德论者则在尘世中寻找自由和快乐，认为超越了单纯的自利和动物式物欲，便走向了自由；制度论者认为自由的实现离不开制度的规约，自由之路就隐藏在自由和制度之张力中。而马克思则认为，探讨自由问题，首先必须以社会主体——人为视角，在主体和客体的相互关系，即人与自然、人与社会的相互联系、相互作用中加以辩证的考察。也就是要探索作为自由主体的人在大自然面前和社会历史发展过程中有多大的作为，在客观的历史必然性面前有多大活动余地的问题。

马克思一贯主张，自由问题是伴随人类的出现而产生的，自由是属人的东西。只有具有主体意识并从事实践活动的人，才是自由的真正主体。马克思断言自由的主体是现实的人，处于一定社会历史条件下的具有社会历史性的人，从事改造世界活动的创造性实践的人，也就在自由主体问题上同一切唯心主义自由观、旧唯物主义自由观划清了是非界限。所以，自由是人的本质的体现，人通过实践活动所创造的自由是人所特有的，是人同自然界中其他存在物的区别所在。马克思在《1844 年经济学哲学手稿》中指出："自由的有意识的活动恰恰就是人的类的特性"。为什么说自由的活动是人类的特征呢？因为人与动物不同，动物与它的生命活动直接同一，它没有理性意识，不能把自己与自己的生命活动区别开来。人则把自己的生命活动本质变成自己的意志和意志的对象。人的理性意识不单单把客观世界当作认识对象，而且把人与客观世界之间的相互联系、相互作用的方式和整个世界都作为自己的认识对象，并进而能够进行改造客观对象的实践活动。这样一来，人就不像动物那样被动地受客观环境的奴役和摆布，人就能够作为能动的认识主体和实践主体，使自然界表现为人按照美的规律加以塑造的创造物。人作为实践活动的主体，只有积极发挥人的主观能动性，不断地利用已有条件同各种必然性的束缚抗争，不断地超越或摆脱其历史形成的各种限制性；立足现实，认识必然，恰当地解决人类生活的各种现实矛盾，方可显示和实现人的自由。正是由于这个缘故，人的活动才是自由的活动，自由才成为人的类特征。

从马克思对自由的实现途径的分析中，人们发现，科学技术也有助于人们走向自由。科技的发展可以使个人自由更好达成，而社会自由的实现也离不开科学技术。

**2. 科学技术与个人自由的达成**

马克思是革命家，是科学社会主义的创立者，是伟大的哲学家，是一流的经济学家。很多的西方学者则把马克思视为卓越的社会学家，文学家们甚至会津津乐道马克思的优雅文风。其实，马克思在自然科学领域一样成绩斐然，他对当时科学进展之洞悉，对数学特别是微积分之独到见解，以及与他那个时代的科学家们的友好交往，很多职业科学家都自叹弗如。知马莫若恩，马克思逝世后，恩格斯在马克思的墓前，非常沉痛但又满怀崇敬地说："一生中能有这样两个发现，该是很够了。即使只能作出一个这样的发现，也已经是幸福的了。但是马克思在他所研究的每一个领域，甚至在数学领域，都有独到的发现，这样的领域是很多，而且其中任何一个领域他都不是浅尝辄止"①。在这里，恩格斯视马克思有关自然科学的基本思想同马克思的另两大发现一样重要。这段话既传神地刻画了马克思终生不渝的科学情怀，也高度评价了马克思求真务实的科学成就。

回顾马克思的科学之旅，人们发现，马克思的科学之旅实际上是自由之旅。在科学活动中，马克思追求自由，体验自由，享受自由。

自由是对必然的认识，要获得自由必须认识客观世界的规律性。因为

---

① 马克思恩格斯全集：第 25 卷．北京：人民出版社，2001：597．

主体的自由不可能建立在对客体的一无所知上。诚如黑格尔所言："无知者是不自由的，因为和他对立的是一个陌生的世界"①。恩格斯曾明确指出："自由不在于幻想中摆脱自然规律而独立，而在于认识这些规律，从而能够有计划地使自然规律为一定的目的服务"②。这就是说，当人们不认识必然的时候，是没有任何自由可言的，只有认识了必然，才有自由可谈。人的认识越是同必然相一致，行动越是符合必然性，主动性、自由度就越大、越多。

在马克思的心中，自由是科学的本质，也是人类永恒的追求。所以，在《马克思的自白》中，马克思把斯巴达克和开普勒视为自己最喜爱的英雄人物。斯巴达克是为人格自由而战的奴隶领袖，是一个壮志未酬的英雄；而开普勒是为精神自由而战的科学大师，是一个为天空立法的英雄。

通过数学研究，马克思掌握了经济分析的定量方法，实现了科学研究方法论上的自由。数学是马克思科学研究生涯必不可少的工具。马克思相信：一种科学只有在成功地运用数学时，才算达到了真正完善的地步。③因此，当马克思掌握了微积分这种方法并且能自如地在经济学研究中运用这种方法时，他快乐无比。因为，面对经济学研究中曾经的数学束缚，他解放了、自由了。

通过数学研究，马克思写出了在他自己看来可以和《资本论》相提并论的《数学手稿》，体验了科学创新的自由。在所有的自然科学中，马克思对数学可以说是情有独钟。因为写作《资本论》的需要，马克思走进了数学王国。而马克思一旦进入这一神奇的领域，就有了一种近乎宗教式的皈依。数学成为马克思生命中的一种元素，融入了马克思的血液中。在数学

① ［德］黑格尔. 美学：第1卷. 朱光潜，译. 北京：商务印书馆，1979：125.
② 马克思恩格斯选集：第3卷. 北京：人民出版社，2012：491.
③ 中共中央马克思恩格斯列宁斯大林著作编译局：回忆马克思. 北京：人民出版社，2005：191.

研究中，马克思充分体验着自由的科学研究的快乐。马克思的数学水平之高，对数学特别是微积分理解之深刻，甚至超出很多同时代的专业数学家。马克思生前非常珍爱自己的数学研究手稿，临终前依然念念不忘，特别交代恩格斯和他的女儿爱琳娜，多关心《资本论》和《数学手稿》的出版。

通过广泛涉猎包括从物理到化学，从天文到地理，再到生物，以及一些新兴、交叉学科，如农业化学、电学、地质学、生理学、气候学等，使得马克思在《资本论》的写作中得心应手，游刃有余。李卜克内西在《纪念卡尔·马克思——生平与回忆》一文中写道："马克思特别关心和重视自然科学（包括物理和化学）和数学领域里的每一种新事物和新成就。摩莱肖特、李比希、赫胥黎（我们曾认真参加过他的'普及讲座'），这些人的名字常常被我们这群人提到，就像李嘉图、亚当·斯密、麦克库洛赫以及苏格兰和意大利的国民经济学家的名字一样。当达尔文对自己的研究做出结论并将它公之于世时，连续好几个月我们除了谈论达尔文以及他的科学成就所产生的革命威力，什么也不谈。"[1]

数学还是马克思的"独特的精神休养方式"。由于经常进行数学研究，马克思对数学倾注了丰富的情感，数学成为马克思独特的精神休闲法。工作之余，马克思以数学为休闲，数学成了马克思的精神寄托之一。对马克思来说，数学是工作间歇期的休闲，是病中最好的安慰，甚至是逆境中生活和工作的动力之一。在病中，马克思同样坚持研究数学。对此，恩格斯曾有过专门的记述："1870 年以后，又有一个间歇期间，这主要是由马克思的病情造成的。他照例是利用这类时间进行各种研究。农学，美国的特别是俄国的土地关系，货币市场和银行业，最后，还有自然科学，如地质学和生理学，特别是独立的数学研究，成了这个时期的许多札记本的内容。"[2]

---

① 中共中央马克思恩格斯列宁斯大林著作编译局：回忆马克思. 北京：人民出版社，2005：64.
② 马克思恩格斯全集：第 45 卷. 北京：人民出版社，2003：7.

在其亲密伴侣燕妮病重期间，马克思依然心系数学。更确切地说，这时，研究数学成为了马克思的精神支柱之一，成为双双病重、相依为命的他和燕妮的祛病良方。保尔·拉法格在《忆马克思》中写道："除了读诗歌和小说，马克思还有一种独特的精神休息方式，那就是演算他十分喜爱的数学。代数甚至是他精神上的安慰；在他那些惊涛骇浪的生活中最痛苦的时刻，他总是借此自慰。在他夫人病危的那些日子里，他不能再继续照常从事科学工作，在这种沉痛的心情下，他只有把自己沉浸在数学中才勉强得到些微的安宁。"①

在长期的科学研究中，马克思和当时很多自然科学家建立了良好的关系，尽情享受着科学交往的乐趣和心灵相通的自由。从化学家肖莱马到业余数学家赛姆·穆尔，从生物学巨匠达尔文到赫胥黎，还有动物学家雷伊·朗凯斯特，他们或是在学术探讨和交流中互相激发灵感、创造欲望，或是在日常生活和交往中互相帮助、享受人生。达尔文的《物种起源》出版后，引起了巨大争议，马克思却为此欢欣鼓舞，感到无比喜悦。在给恩格斯、裴·拉萨尔等人的信件中，马克思毫不吝啬地表达了对达尔文的赞誉，并主动地把《资本论》第一卷寄给达尔文。达尔文收到书后，给马克思写了一封热情洋溢的回信。两位科学巨匠心心相通的相互理解和真切情谊，不正是科学自由的最好写照吗?!

### 3. 科学技术与社会自由的实现

按亚里士多德的说法，科学始于闲暇和惊奇。科学是自由的人对自然现象及其规律的自由探索，是人们为了解答心中疑惑，摆脱未知恐惧而进行的思维活动。科学家（哲学家）凭借心中强大的认知冲动，"穿透了以叙事方式统一编织起来的、偶然性的现象表层，从而撕开了深层和表层结

---

① 中共中央马克思恩格斯列宁斯大林著作编译局：回忆马克思. 北京：人民出版社，2005：191.

构、本质和现象之间的缺口，第一次赋予人类以反思的自由与直接性之深渊拉开距离的能力"①，把人从世系链条和神秘力量的任意意志中解放出来。

在希腊人那里，科学是一种无蔽的科学，科学的自由本性显露无余。泰勒斯可以只关注天上的星斗而不顾地下的深坑，欧几里得可以用几个铜板打发企图从几何学中发家致富的学生，阿基米德则请求杀红了眼的士兵不要弄乱了他的几何图形。因为，在这时，科学就是科学，它只是社会中一种普通的存在，没有高人一等的地位，也没有统治社会的力量；它与价值无涉，超越了现实的功利和世俗的虚华，也不受所谓的社会干预和控制。于是，科学在其共同体内，生生不息，日益壮大，形成了繁荣的希腊科学。在这种自由的科学研究中，回荡着希腊人内在的、深沉的生命意识和人文意蕴，展示了希腊人争取自由与解放的外在行动。

公元 1 世纪后，随着罗马人的兴趣从科学转移到技术，再加上以信仰和服从为核心的基督教的发展和壮大，崇尚理性和批判的科学的生存空间遭到挤压，落后的蛮族入侵更使得科学的处境雪上加霜。终于，诸多力量使科学成为宗教的婢女和奴仆，科学一旦超出宗教设定的范围，便会招致无情的打击。科学失去了自由，也失去了生存和发展的空间，变成了被奴役的对象。

科学是自由的，科学是人们认识自然、改造自然的精神力量和物质力量。科学曾引领希腊人走出蒙昧，也曾通过技术带来繁荣的罗马文化，科学同样是欧洲人走出中世纪的重要武器。当弗朗西斯·培根喊出"知识就是力量"的口号时，科学是欧洲人开疆拓土、建功立业的动力。当牛顿统

---

① Juergen Habermas. A Conversation About God and the World: Interview with Eduardo Mendieta//Juergen Habermas. Religion and Rationality: Essays on Reason, God and Modernity. Cambridge: The MIT Press, 2002: 158.

一天上和地面物体的运动，让自然规律显露无遗时，科学是欧洲人张扬自由意志和自我精神的支柱。当瓦特的蒸汽大王降临人间时，科学成为了欧洲人向自然进军的法宝。

人们都在期待科学，期待科学的发展给人类带来更多的福祉和自由。然而，一个怪物，一个强大无比的资本怪物诞生了。它以前所未有的巨大力量整合着社会中的一切资源，也以史无前例的粗暴方式摧毁了社会中的一切力量，科学也难逃其神奇魔力。在资本的暴力下，科学背离了自己，成为一种异化的科学。

毫无疑问，马克思是最早研究资本主义社会中科学异化的学者。他以其非凡的洞察力看到了资本对自由的科学的奴役和异化。

马克思看到了资本的强大威力。只有资本才创造出资本主义社会，并创造出社会成员对自然界和社会联系本身的普遍占有，由此产生了资本的伟大的文明作用。与这个社会阶段相比，以前的一切社会阶段都只表现为人类的地方性发展和对自然的崇拜。只有在资本主义制度下，自然界才不过是人的对象，不过是有用物；它不再被认为是自为的力量，对自然界的独立规律的理论认识本身不过表现为狡猾，其目的是使自然界（不管是作为消费品，还是作为生产资料）服从于人的需要。资本摧毁一切阻碍发展生产力，扩大需要，使生产多样化，突破利用和交换自然力量、精神力量的限制。

就是在资本的强大暴力下，科学被一步一步异化。资本导致了科学与劳动的分离，遮蔽了科学的自由和独立的本质，使科学成为服务于资本的力量。资本使科学异化，也使科学家失去了自由的立场，成为资产阶级的官方学者。

马克思在分析资本对科学的异化和奴役的同时，也充分肯定了资本主义时代的科学发展和进步。马克思认为，只有在资本高度集中的地方，在生产高度发达的地方，科学才有可能得到真正的发展。"18 世纪，数学、力学、化学领域的进步和发现，无论在英国、法国、瑞典、德国，几乎都达到了相同的程度。**发明**也是如此，例如在法国就是这样。然而，在当时它们的资本主义应用却只发生在英国，因为只有在那里，经济关系才发展到使资本有可能利用科学进步的程度。"① 离开了资产阶级，离开了资本，科学很难取得像今天这样的高速发展。"资产阶级历史时期负有为新世界创造物质基础的使命：一方面要造成以全人类互相依赖为基础的普遍交往，以及进行这种交往的工具；另一方面要发展人的生产力，把物质生产变成对自然力的科学统治。"②

　　资本主义下的科学当然不是马克思心中真正的科学。就像为无产阶级设计了未来的理想社会——共产主义社会一样，马克思也憧憬了未来的理想状态下的真正自由的科学。马克思希望在重构整个社会经济基础的同时，重构整个社会的科学，让科学重新获得它本来就拥有的自由。马克思认为："只有工人阶级能够把他们从僧侣统治下解放出来，把科学从阶级统治的工具变为人民的力量，把科学家本人从阶级偏见的兜售者、追逐名利的国家寄生虫、资本的同盟者，变成自由的思想家！只有在劳动共和国里面，科学才能起它的真正的作用"③。

　　所谓重构，当然是一个既解构又建构的过程。马克思认为，资本主义科学应该被彻底解构，解构的过程实际上就是一个去蔽的过程，是去除遮蔽科学的各种力量的过程。遮蔽科学的主要力量当然是资本，而资本又借着政府权力、阶级成见和宗教势力抑制并奴役科学。因而，解构主要方式就是让科学摆脱阶级成见、宗教势力和政府权力的桎梏。"随着常备军和

① 马克思恩格斯文集：第 8 卷. 北京：人民出版社，2009：367.
② 马克思恩格斯全集：第 12 卷. 北京：人民出版社，1998：251.
③ 马克思恩格斯选集：第 3 卷. 北京：人民出版社，2012：149-150.

政府警察的废除，物质的压迫力量即被摧毁。宣布一切教会不得占有财产；从一切公立学校中取消宗教教育（同时实施免费教育），使其成为私人生活范围之内的事，靠信徒的施舍维持；使一切教育机构不受政府的监护和奴役——随着这一切的实现，精神的压迫力量即被摧毁，科学不仅成为人人有份的东西，而且也摆脱掉政府压制和阶级偏见的桎梏。"①

一旦去除了遮蔽科学的种种力量，科学就将成为自由的科学。而这一点，马克思是毫不怀疑的。因为，在巴黎公社中，马克思已经看到了这一自由科学的雏形。马克思高度赞扬了因为公社的出现而带来的新气象，公社"能够使他们既享受产生于社会需要、而目前则作为一种敌对因素不断侵犯着他们利益的现代农艺学之利，又无损他们作为真正独立生产者的地位"②。

接下来就是一个建构自由的科学的过程。如何建构呢？马克思认为答案就在科学与劳动的有机结合中。真正自由的科学，只有在新型的社会主义劳动，即合作劳动中才能实现。马克思认为，真正导致科学被资本奴役和异化的原因是科学与劳动的分离。"**科学成为**与劳动相对立的、服务于资本的**独立力量**，一般说来属于**生产条件成为**与劳动相对立的**独立力量**这一范畴。并且正是科学的这种分离和独立（最初只是对资本有利），同时成为**发展科学**和知识的**潜力的条件**"③。也就是说，科学从劳动中的分离和独立才是导致科学异化的原因，科学与劳动分离后，就不得不拜倒在资本的脚下，成为资本的御用工具，而科学家则成为资本家的御用学者，成为官方的代言人和利益盟友。因此，科学要解放，首先得与资本主义劳动分离，逃离具有强大魔力的资本。因此，马克思辩证地指出，科学解放的

① 马克思恩格斯选集：第 3 卷. 北京：人民出版社，2012：167.
② 同①147 - 148.
③ 马克思恩格斯文集：第 8 卷. 北京：人民出版社，2009：366.

途径就隐藏在曾经导致科学奴役的现象中。

人是一切社会关系的总和，科学也是一种人的社会性活动。"甚至当我从事**科学**之类的活动，即从事一种我只在很少情况下才能同别人进行直接联系的活动的时候，我也是**社会的**，因为我是作为**人**活动的。不仅我的活动所需的材料——甚至思想家用来进行活动的语言——是作为社会的产品给予我的，而且我**本身的**存在**是**社会的活动；因此，我从自身所做出的东西，是我从自身为社会做出的，并且意识到我自己是社会存在物。"① 作为人的活动的科学只有与人有机地结合起来，才能真正发挥作用。

基于此，马克思指出：共产主义科学是合作的科学，是组织起来的科学。马克思认为，科学和艺术一样，都必须组织起来。因为，过细的分工导致了艺术家不得不屈从于地方局限性和民族局限性。在未来的共产主义社会中，由于合作，"没有单纯的画家，只有把绘画作为自己的多种活动中的一项活动的人们"②。马克思在分析商品价值的形成因素时，高度肯定了科学的作用。科学通过技术达到了时间和空间的节约，通过各种发明驱使自然力为劳动服务，劳动的社会性质或协作性质也是由于这些发明而得以发展起来的。

马克思敏锐地看到了合作劳动对科学发展的巨大意义。在他看来，对由工人自己创办的合作工厂的意义，不论给予多么高的估价都是不算过分的。因为这是科学的自由之路，也是社会借助科学获得解放之途。在《国际工人协会成立宣言》中，马克思指出："工人们不是在口头上，而是用事实证明：大规模的生产，并且是按照现代科学要求进行的生产，在没有利用雇佣工人阶级劳动的雇主阶级参加的条件下是能够进行的；他们证明：为了有效地进行生产，劳动工具不应当被垄断起来作为统治和掠夺工

① 马克思恩格斯全集：第3卷．北京：人民出版社，2002：301-302.
② 马克思恩格斯全集：第3卷．北京：人民出版社，1960：460.

人的工具；雇佣劳动，也像奴隶劳动和农奴劳动一样，只是一种暂时的和低级的形式，它注定要让位于带着兴奋愉快心情自愿进行的联合劳动。"①

在共产主义阶段，真正的科学一旦建构，就会成为推动物质文明和精神文明建设的强大动力，成为人们摆脱盲目必然性束缚，从必然王国走向自由王国的重要工具。"**共产主义**是**私有财产即人的自我异化的积极的扬弃**，因而是通过人并且为了人而对**人的本质的真正占有**；因此，它是人向自身、向**社会的**即合乎人性的人的复归……它是人和自然界之间、人和人之间的矛盾的**真正解决**，是存在和本质、对象化和自我确证、自由和必然、个体和类之间的斗争的真正解决。"②

科学的发展极大地提高了劳动生产率，创造了越来越多的物质财富，对解除人类的物质匮乏意义重大。对于这一点，马克思甚至给了资本主义时代的生产毫不吝啬的赞扬：资本主义在短短的几十年里创造的财富要比几个世纪以来创造的财富还要多。但熟悉马克思的人都知道，马克思真正推崇的是社会主义、共产主义条件下的有组织的、有计划的社会化大生产，有组织的、崇尚合作的科学，以便让生产更有效率。

科学的发展导致了物质资料和生产资源的节约，减少了人类对生产资料不足的忧虑，促进了社会的持续发展和繁荣。在马克思的时代，资源相对充足，但马克思的慧眼却穿透了时空，准确预言了因生产发展可能带来的资源匮乏，并给出了解决的良方。

科学的发展带来了劳动时间的节约，使人类有更多的闲暇时间从事科学研究和艺术创作活动。在资本主义阶段，劳动时间的节约就已经是一种普遍的社会现象。这一始于资本主义的过程，在社会主义、共产主义阶段将继续进行下去，并且将有更多的人真正受惠于此。

---

① 马克思恩格斯全集：第21卷．北京：人民出版社，2003：13.
② 马克思恩格斯全集：第3卷．北京：人民出版社，2002：297.

科学是人类文明中最精致的智力成果，是引领人们走出必然王国、走向自由王国的最重要手段。虽然工具制造技术是人和动物分野的重要标志，但人类精神的进化却是科学和技术共同推动的结果。天文历算教人洞悉天之奥妙，物候地理让人窥测地之玄机，科学成果伴人度过沧桑世事，科学精神引人走向自由境界。

第二卷 | 科学主义与反科学主义

# 第三篇　科学主义的悖论

　　回顾科学技术的成长历程，可以发现，科学在近代欧洲的诞生及其自 17 世纪以来所取得的大发展，可以归结为科学力量不断壮大、科学所发挥的作用日益扩张的历史。作为一种新兴的文化与社会力量，科学不仅开启了人类在认知领域的大拓展，也创造了人类在改造自然方面的辉煌成就，编织了工具主义的科学神话。随着其间科学主义思潮的泛化，科学的工具主义特征更是被发挥到极致。

# 第六章　科学主义的兴起

科学主义的兴起与发展，可以追溯至近代科学产生时期。换句话说，近代自然科学的形成和不断成长，科学独立地位的取得及其所取得的巨大成就，不仅使科学成为人类有史以来最强有力的一种文化，也预示着科学主义思潮的萌生和壮大。

## 一、告别神学，脱离哲学，走向舞台中心

科学的繁荣是科学主义产生的外在原因，科学主义是伴随着近代科学的快速发展而产生的。而近代科学的产生过程，就是其脱离宗教与哲学的权威、不断从神学与传统形而上学的思想束缚中解放出来的历史。近代科学产生之前，整个西方社会呈现出一幅神学化的世界图景，即宗教的、神化的思潮占据着西方文化的主流。特别是在中世纪，宗教世界观更是成为占据统治性地位的主导世界观，"严格的希伯来道德、基督教的爱的福音、希腊对理性的笃信以及希腊化时期的禁欲主义——所有这些因素和力量被

融为一体，整合而成为一个恢宏的世界观"①。对上帝的敬仰与对教会的虔诚因而成为当时社会的基本认同。在这样的时代背景下，科学为了摆脱神学的束缚，不仅经历了与宗教神学的斗争，而且也经历了与传统形而上学的博弈。也因此，近代科学才能从宗教神学的土壤中艰难地成长起来，从哲学中分离出来，从而登上了人类舞台的中心。

### 1. 在"赞美"上帝中研究自然

人类对于自然所进行的研究，从古希腊时期就已开始了。出于对自身所生存的这个世界的好奇，古希腊的思想家们"把自然中心灵的存在当作自然界规则或秩序的源泉"②，力图探究它的本质与规律，并建立了自然哲学。但到了中世纪，宗教的思想统治却导致了早期自然哲学的神秘化色彩与古代科学的衰退，对自然的探究因而被压抑了；不过，在中世纪晚期，它却从上帝那里又重新获得了生存的合法性，并由此开启了近代科学发展史上新的序幕。简言之，通过研究上帝的作品——自然来颂扬其伟大，这一活动从表面上看是以上帝之名而被允许、被鼓励的，但它却在客观上推进了对自然本身的科学认识与实证化研究，因而结果必将远离那最初的上帝。

从人类文明与社会发展的现实出发，可以看到，近代以前的世界图景整体上呈现出一幅神秘景象，宗教、哲学、迷信、科学等各种文化混杂在一起，且尤以宗教为突出。特别是对于西方世界而言，进入中世纪以后，宗教的统治地位迅速上升，上帝被视为世界的主宰，对上帝的信仰与教会的虔诚也因而成为社会的主导价值观；同时，宗教与政治权力结合在一起，教会成为控制整个社会的政治、经济、思想文化等诸多领域的庞大权力机构。因此，基督教义作为一种意识形态在精神领域具有了绝对的统治权，《圣经》因而成为唯一正确的学说，教会则成为唯一合法的统治机构。

---

① ［美］W. H. 沃克迈斯特. 科学的哲学. 李德荣，等，译. 北京：商务印书馆，1996：1.
② ［英］R. G. 柯林伍德. 自然的观念. 吴国盛，柯映红，译. 北京：华夏出版社，1999：4.

中世纪的西欧之所以被称为是人类社会发展的"黑暗时代"，最主要的原因就在于，这一时期基督教会的思想统治使个人自由思想被严重压抑着，并导致文明的进程几乎停滞。

黑暗中往往孕育着光明的希望，文明几乎停滞的中世纪同样也孕育了科学的曙光。尽管中世纪宗教与社会发展的时代特征从总体上看是令人沮丧且毫无希望的，但其中却也孕育了近代科学兴起的机会与条件。那就是"对神的理性的坚定信念"，坚信整个世界是被上帝按照某种秩序很好地安排了的，是神的理性的产物，因而遵循着特定的规则而运行。事实上，近代科学之所以可能存在，前提就在于，"相信事物之中存在着一定的秩序，尤其是相信自然界中存在着秩序"这样"一种本能的信念"①，而基督神学则为其提供了这一假设。所以怀特海在论及近代科学的起源时会说，这种"在现代科学理论还没有发展以前人们就相信科学可能成立的信念是不知不觉地从中世纪神学中导引出来的"②。

随着中世纪后期开始的学术复兴，对自然的研究再次被提上了议事日程。特别是发生于西欧的文艺复兴运动与宗教改革运动，在基督教无所不包的、统一的世界观上打开了一个缺口，为进行自然的研究这一活动提供了思想的基础与自由的空气。

文艺复兴运动以复兴希腊知识为己任，不仅复兴了希腊的文化遗产，也重新发现了人，把人从宗教神学的束缚中解放出来，并树立起了尊重自然的精神。这对于自然的研究有着非常重要的意义。克莱因分析指出，"希腊人的著作，使人们恢复了对人类理性至高无上威力的信赖，鼓舞着文艺复兴时期的人们利用这种力量去解决那个时代所面临的问题。不带偏见地探求真理的热情复苏了，而且这种探求本身是直接探索自然界的规

---

① ［英］怀特海．科学与近代世界．何钦，译．北京：商务印书馆，1959：4.
② 同①13.

律，而不是从《圣经》中支离破碎地寻找教义。人们研究上帝创造的天地万物，而不是研究上帝本身。好像是从漫长的昏睡中醒过来一样，欧洲人发现了一个生机勃勃、令人惊奇的'美丽的新世界'，在这其中，人本身作为一种生物，一种物质现象，最值得进行观察和研究。人们怀着极大的好奇心凝视天空，津津有味地听着那些外出航海和到新大陆探险者们所讲的新鲜事。长期以来，美一直被视为是异教徒地狱里的东西而受到谴责，现在人体美又在文学艺术和物质世界中重新发现了，原罪、死亡和惩罚，被人们以寻求美丽、欢乐和享乐取代了。人不应该作为一个原罪者，因而人的尊严又重新得到了肯定。最重要的是，人的精神得到了解放，可以自由自在地在世界里尽情遨游"①。在文艺复兴运动的推动下，普遍的革命和自由的气氛促进了科学的发展，特别是 1543 年哥白尼《天体运行论》的发表，其积极意义不仅在于标志天文学革命的开始，更在于宣告了自然科学与神学的决裂，从而走上了独立发展的道路。

宗教改革运动对于近代科学兴起起到了间接的推动作用。它在引导人们去赞美上帝的"能力、智慧和仁慈"的过程中，树立了相信上帝创造的世界是有秩序的、可以通过理性把握的信念，世界符合一定的秩序并可以通过理性加以把握的信念对于近代科学的兴起尤为重要，但是，这种信念对科学的作用却是潜在并隐含于宗教改革的运动中的。以当时最为突出的加尔文教为例。按照加尔文教的宗旨，整个尘世的目的就是为了上帝的荣耀，因而也就要求教徒通过社会活动来为上帝服务，从而有助于根据上帝的圣诫来组织社会生活。因此，"为了宗教的目的而运用科学被 17 世纪加尔文教派看成是一件重要事情，尤其是英国的清教徒总强调宗教的职责是做'有益的事情'，并把科学活动看做是一种对人类有益的工作"②。

---

① ［德］M. 克莱因. 西方文化中的数学. 张祖贵，译. 上海：复旦大学出版社，2004：102.
② ［英］斯蒂芬·F. 梅森. 自然科学史. 周煦良，等，译. 上海：上海译文出版社，1980：164.

默顿关于清教主义与科学之间关系的讨论，也表明了作为加尔文新教主义分支之一的清教主义对英格兰科技发展的重要作用。其中最为重要的，是清教所具有的核心价值观念很好地迎合了当时科学发展的需要，特别是"清教的不加掩饰的功利主义、对世俗的兴趣、有条不紊坚持不懈的行动、彻底的经验论、自由研究的权利乃至责任以及反传统主义，——所有这一切的综合都是与科学中同样的价值观念相一致的"。它既引导"迄今为止求助于神学、修辞学或哲学的人们走向科学道路，又促进了一种功利主义和实证主义的科学"①。于是，"科学被征募来为个人、社会和上帝服务……它们不仅构成了一份争取合法性的声明，而且提供出种种难以轻易受到忽视的刺激"②。对于近代科学的发展而言，这是更为重要的。

从总体上看，中世纪这一时期，由于宗教神学的统治地位，自然科学的发展是在证明上帝的智慧中潜移默化地进行的。对于这一情形，哲学家怀特的描绘颇为形象。他说，"在早期的教会和整个中世纪，所有这类研究都是按照神学的模式来进行的。不以说明《圣经》或给人以精神上的启示为目的，这些研究就会被认为是无用的；人们普遍认为，过分热心于探索大自然的奥秘，无论对肉体还是对灵魂来说都是危险的；这类研究只有为了彰显上帝创世的荣耀及其目的时，才是值得称颂的"③。换言之，关于自然的所有研究，都必须借以上帝之名方才可能，从而在"赞美"上帝中研究自然也成了近代科学兴起之初自然科学发展的独特道路。

也正因如此，尽管科学与理性的力量已经开始体现出来，但在中世纪

---

① Cohen, I. Bernald, ed. Puritanism and the Rise of Modern Science. New Brunswick, NJ: Rutgers University Press, 1990: 122.

② [美] R. K. 默顿. 十七世纪英格兰的科学、技术与社会. 范岱年，等，译. 北京：商务印书馆, 2006: 124.

③ [美] 安德鲁·迪克森·怀特. 基督教世界科学与神学论战史（上）. 鲁旭东，译. 桂林：广西师范大学出版社, 2006: 33.

的思想中，"理性始终只是启示的仆从（tanquam famula ct ministra）。理性所具有的只是自然的理智力量和心理能力，它就在此范围内把人引向启示，并为启示准备基础"①。也就是说，在这一时期，科学还只是手段而不是目的，对自然现象所进行的科学研究也只是宗教徒们颂扬上帝这一造物主之伟大的有效手段。

对于那些近代科学初期的科学家而言，他们大多都是虔诚的基督徒，因而其研究的首要目的和基本宗旨是要赞美上帝。例如，哥白尼"把对上帝之爱倾注为对科学之爱"，并力图通过天文学的研究来赞颂这位"至善有序的创造主"之伟大；开普勒在归纳出行星运行三大定律后，他说，"我们天文学家是至高无上之神在大自然方面的代言人，大自然提供我们研究的机会，并非让我们自命不凡，而是为了荣耀神"；波义耳也曾指出，"……要尽我们所能使上帝之爱获得应有的尊敬，因而除了信仰的行动，还应该用理性的行动去颂扬和感谢上帝，在我们通常所具有的关于上帝之威力和智慧的一般的、混乱的和懒散的观念，跟关于这些特质的独特的、理性的和动人的概念之间，一定存在着巨大的差异，后者是通过对各种创造物的仔细考察而形成的，并在这些创造物中最容易认识到，它们也正是为此目的而被创造出来的"②。

由此可见，"在现代技术科学形成的岁月中，基督教依然强有力地统治着欧洲人的思想；他们的信仰所承认的形象被描绘为新科学的倡导者提供的借以解释其成就的现成的范畴。被设想为胜利地控制了自然的科学似乎只是在自然地完成《圣经》关于人应当是地球的主人的允诺"③。然而，尽管真理的追求在这一时期尚未明朗化，但这一过程中所谓"上帝的荣

---

① ［德］E. 卡西勒 . 启蒙哲学 . 顾伟铭，等，译 . 济南：山东人民出版社，1988：38.

② ［美］R. K. 默顿 . 社会理论和社会结构 . 唐少杰，齐心，等，译 . 上海：译林出版社，2008：857.

③ ［加］威廉·莱斯 . 自然的控制 . 岳长岭，等，译 . 重庆：重庆出版社，2007：27.

耀"，却是体现在对自然的研究当中的，因而鼓励着对自然研究活动的进一步开展。

**2. 颠覆形而上学**

对于自然科学的发展而言，尽管近代科学是在形而上学的基础上发展起来的，它的生存也离不开形而上学为其提供的思想土壤。然而，它与形而上学之间的关系却是很微妙的：时而紧张，时而相互依存，但在总体上又呈现一种科学颠覆与反转形而上学的趋势。

自然科学与形而上学明显不同，它们分属于不同的概念体系，因而代表着不同的思维方式，这一点毋庸置疑。大体说来，自然科学以实证与分析为主要特色，是在经验基础上形成的对自然探究的成果；形而上学则与此不同，它采用一种纯粹思辨性的方式来认识世界。作为哲学中的一个核心概念，形而上学的历史颇为悠久。在我国古代有"形而上者谓之道，形而下者谓之器"的说法；在西方则是 Metaphysics，有"物理学之后"之意。我们通常所说的近代科学诞生以前的传统"形而上学"，则主要是指由亚里士多德所开创的古希腊哲学体系。它以"是""存在"等的讨论为核心，试图寻找存在于事物背后的那个东西。按照亚里士多德的观点，形而上学知识是最高级的知识，是非功利性的知识，它不是为了其他事物或为了达到某种外在目的而形成的知识，而是以自身为目的的纯粹知识，它与经验是无涉的。

在中世纪及以前，由于人类思维与认识的局限，纯粹思辨的形而上学是人们最主要的认识方式。占据主导地位的形而上学的思维模式，则是早期由柏拉图与亚里士多德等发展起来的古典西方哲学式的形而上学，并在中世纪到处弥漫的神学气氛中演变为超验且具严密逻辑的经院哲学。笛卡尔适应时代要求提出的二元论形而上学所导致的哲学的分裂，虽经康德与黑格尔等人的努力补救而获得了暂时的解困，但事实上却是加速了"传统形而上学的终结"。近代自然科学的成长与发展，在总体上频频冲击着那些形而上学的思维方式，并不断颠覆着那些曾经根深蒂固的观念与思想。随着自然科学研究的逐步开展，形而上学整体上呈现了一种衰退的趋势。也正因如此，牛顿才警告说："物理学，当心形而上学啊！"恩格斯也才在《自然辩证法》一开篇就指出："在自然科学中，由于它本身的发展，形而上学的观点已经成为不可能的了。"①

从自然科学的发展来看，当中世纪关于神的理性信念以及后期兴起的自然主义为其提供了生存的前提与对自然本身的兴趣之后，科学所缺少的推理能力也从数学方面借来了，从而就有了近代科学的一个重要特征——自然的数学化。然而，这一能力"是希腊理性主义的遗迹"②，肇始于古希腊毕达哥拉斯学派的"数"即世界本原的观点（即自然的本质在于其数学结构）被柏拉图发扬光大，"柏拉图用数学取代物理，用数学取代自然界本身，从而把数学的地位推向了极端"③。这种自然的本质在于数学化的观点对近代科学之初的哥白尼、开普勒等人产生了重要的影响。哥白尼日心说最大的特点就是数学上的简单性，其后开普勒提出的行星运动三定律则成为近代科学对自然进行数学化所效仿的典范，以至于作为近代科学方法创始人的伽利略提出了"实验＋数学"研究模式，这也标志着科学的数学化的真正开端，它不仅使科学跳出了高度强调思辨的传统形而上学的窠臼，而且也使量化研究成为近代科学的一个最突出的特征。乃至于以此为根基的 16、17 世纪的科学革命，"不仅以经院哲学的黯然失色，而且以亚里士多德物理学的崩溃而告结束。因而，它使基督教兴起以来产生的一切事物相形见绌，同时把文艺复兴和宗教改革降到仅仅是一支插曲、仅仅

---

① 恩格斯.自然辩证法.于光远，等，译编.北京：人民出版社，1984：3.

② ［英］怀特海.科学与近代世界.何钦，译.北京：商务印书馆，1959：16.

③ 杨寿堪，等.20世纪西方哲学：科学主义与人本主义.北京：北京师范大学出版社，2003：152.

是中世纪基督教体系内部改朝换代的等级"①。

18 世纪开始，自然科学的大踏步前进不断扩展着科学的领域，哲学形而上学所占据的地盘则越来越小。马克思和恩格斯曾描述这一时期科学从形而上学的束缚中挣脱出来的态势时指出："实证科学脱离了形而上学，给自己划定了独立的活动范围。全部形而上学的财富只剩下思想之类的东西和天国的事物，而正是在这个时候，实在的东西和尘俗的事物却开始吸引人们的全部注意力。"② 自此之后，近代科学逐渐开始从哲学中分化出来，沿着一条不同于传统形而上学的道路不断前进，并逐渐形成了自己独立的形态。

到 19 世纪特别是其末期，科学与形而上学之间的关系越发紧张起来，自然科学的新发现甚至曾一度颠覆了形而上学的基本思想。当时颇为普遍的一个现象就是，"自然科学家自己感觉得到，这种纷扰和混乱如何厉害地统治着他们，现在流行的所谓哲学又如何绝对地不能给他们以出路。在这里既然没有其他任何出路，没有达到思想清晰的任何可能性，那么就只有以这种或那种形式从形而上学的思维复归到辩证的思维"③。如康德的星云假说就以一种联系的、发展的观点，第一次有力地冲击了具有形而上学特征的机械自然观。这也在一定意义上表明，形而上学与科学的思维方式是格格不入的。如恩格斯曾分析指出的，形而上学在 18 世纪末期以前之所以还可以勉强存在，是因为当时科学的发展尚未超出力学的范围；但一旦科学超出了力学的范围并获得新的发展，旧有的作为思想基础的形而上学就不再适用了，一种新的哲学思想代替形而上学成为自然科学的基础，即辩证法的思想。

---

① ［美］赫伯特·巴特菲尔德. 近代科学的起源（1300—1800 年）. 张丽萍，郭贵春，等，译. 北京：华夏出版社，1988：引言 1.
② 马克思恩格斯文集：第 1 卷. 北京：人民出版社，2009：329.
③ 恩格斯. 自然辩证法. 于光远，等，译编. 北京：人民出版社，1984：48.

实证主义大师奥古斯特·孔德曾将人类认识的发展分为三个先后相继的阶段，即神学阶段、形而上学阶段和实证阶段，对科学与宗教、形而上学之间的关系进行了科学的说明。神学阶段或称虚构阶段，它是人类精神和思维发展的初始阶段，这一阶段的人们企图探索万物的内在本性，探究事物的最后原因，但又由于对于自然界的力量和某些现象感到惧怕，因此人们便求助于超自然的力量，以信仰和膜拜来解释自然。形而上学阶段是神学阶段的变相，又称作抽象阶段，作为人类精神发展的过渡阶段，人们试图以形而上的抽象的概念代替超自然力来解释一切现象，获得关于事物本质的绝对知识，并独断地把这些抽象概念当作绝对知识。实证阶段即科学的阶段，它是人类智力发展的最高阶段，也是人类知识发展的最高阶段。在这一阶段，人们认识到绝对知识是不可能的，因而放弃了对全部始因和终极目的的追求，转而"致力于研究现象的规律——即现象的稳定的相继关系和相似关系"①。即，通过推理和观察这些认识手段，以实证的事实和经验为基础，探求事物彼此间的关系。通过这一划分，在孔德看来，从神学阶段到形而上学阶段，再到实证阶段，表明了知识与科学发展的规律；用科学代替形而上学，用科学的实证方法代替哲学的思辨方法，则是思想发展与社会进步的必然。因此，近代科学必然取代神学与形而上学的位置，作为知识发展的新阶段开始成长与发展起来。而孔德为自己所规定的主要任务，就是要把科学从形而上学和神学中划分出来。

在孔德的后继者、作为新实证主义代表的逻辑经验主义者那里，对形而上学的排斥、解构与颠覆更进了一步。在他们所发展的那种新的科学的哲学中，首要任务就是要把形而上学从科学中驱逐出去，并明确宣称要

---

① 孔德.实证哲学教程//吴晓明，主编.二十世纪哲学经典文本：序卷.上海：复旦大学出版社，1999：305.

"拒斥形而上学"。他们"把一切思辨的、追求事物本质或本源的本体论研究看作毫无益处的"①，而是以逻辑分析与经验实证原则为基础，试图通过对科学中概念和命题意义的语言和逻辑分析而把形而上学视为完全无意义的，从而将其排除在自然科学之外，完全消除科学中形而上学的影响。这不仅表明科学兴起与发展的过程中所伴随的对那种绝对、单一的哲学思维方式的否定、批判与颠覆，而且也表明了对实证科学的过分强调必将导致它与思辨哲学的分离与陌路。

可以说，近代科学一诞生，科学与形而上学特别是传统形而上学之间的分裂就开始了；随着自然科学的发展，科学与哲学之间更是呈现一种分离的趋势：伽利略、开普勒和牛顿的工作使物理学作为一门学科与形而上学分离，达尔文的《物种起源》使生物学和哲学分离，到了 20 世纪，心理学作为一门独立学科也从哲学中分割出来，哲学对逻辑做了长达千年的关注，这种关注最终导致了计算机科学的诞生。可见，科学也就是在这样的过程中不断取得独立并成长发展起来的。对于科学与哲学发展的这一历程，伽达默尔曾概括道："从 17 世纪以来，我们就发现，今天所说的哲学处在一种变化了的情势中。面对科学，它开始以过去从未有过的方式，为自己的合法性寻找证明；而且在直到黑格尔和谢林去世的整整两个世纪中，哲学实际上是在反对科学的自卫中被建构的。上两个世纪的体系大厦表现为调和形而上学传统与现代科学精神的一系列努力。此后，随着进入孔德以来所谓实证时代，人们从相互冲突的世界观的大风暴中，企图用一种对哲学的科学特性的纯学术的严肃态度，把自己挽救到坚实的土地上。哲学因而就进入了历史循环论的泥塘，或者搁浅在认识论的浅滩上，或者徘徊在逻辑学的死水中。"②

① 常健，等．欧美哲学通史（现代哲学卷）．天津：南开大学出版社，2003：21.
② ［德］伽达默尔．科学时代的理性．薛华，等，译．北京：国际文化出版公司，1988：5-6.

### 3. 从边缘到中心

从文化的角度来看，近代科学兴起并不断成长的过程，实际上体现了其在人类文明中的地位由低到高、从边缘到中心的改变。与科学从哲学中的分离相伴随的，还有它从宗教神学束缚中的解放，以及对宗教文化统治性地位的逐步取代。

在近代科学产生初期，与宗教及其他文化形态相比，科学明显是处于边缘地带的。在近代科学前夕，"中世纪把意识形态的其他一切形式——哲学、政治、法学，都合并到神学中，使它们成为神学中的科目。因此，当时任何社会运动和政治运动都不得不采取神学的形式"[①]。这种情形对于学术研究领域来说也是一样。当时，由于宗教所具有的统治性地位，以及教会文化，特别是基督教文化在思想文化领域的高度镇压与严格控制，其他宗教之外的文化要想生存下来是极不容易的事。因此，以自然的研究为主要任务的自然科学也只能在宗教外衣的掩护下，在主流的宗教文化周围，找寻自己生存的机会与可能。

14—16 世纪在欧洲兴起的文艺复兴与宗教改革运动，虽然使传统的基督教文化受到了冲击，但并未从根本上改变宗教的强势地位，而只是完成了基督教的资本主义化改造，使新教更加适应了资本主义发展的需要。正是在这一历史情境与文化背景下，近代科学在上帝的名义下得以成长并发展了起来。然而，由于科学与宗教不同的研究方式以及不同的价值追求，近代科学产生之初在证明"上帝荣耀"的同时也对传统的宗教观念造成了或多或少的冲击。

最初的冲击来自哥白尼日心说所引发的近代科学革命。在哥白尼之前，人们普遍信奉一种以地球为中心的宇宙学说，因为托勒密的地心说不

---

① 马克思恩格斯选集：第 4 卷．北京：人民出版社，2012：262.

仅是《圣经》所肯定的，更与人们的日常经验相符合。然而，1543 年哥白尼发表的《天体运行论》却宣称太阳才是宇宙的中心，是地球围绕着太阳在旋转而不是相反。这就彻底颠覆了人们一直以来把人作为宇宙中心的世界观，并与《圣经》的观念相左。同时，它还标志了自然科学的独立以及近代科学的开端，"从此自然科学便开始从神学中解放出来……科学的发展从此便大踏步地前进，而且得到了一种力量，这种力量可以说是与从其出发点起的（时间的）距离的平方成正比的"①。但尽管如此，科学的发展在此时却仍难以改变宗教文化的强势地位。

　　不过随着科学的进一步发展，科学与宗教各自的地位开始发生了改变。作为近代最伟大的科学家与虔诚的宗教信徒，牛顿的科学研究在一开始似乎是确证了传统宗教教诲中的一些核心因素，特别是创世论；但随着牛顿学说的进一步发展，"它就开始采用一种反宗教的调子了，最典型的就是它被解说为暗示着在宇宙的活动中不再需要上帝"②。达尔文的进化论给了基督教最致命的冲击。在人的起源问题上，达尔文认为，人和动物一样，都是由猿猴进化而来的；就起源而论，人和动物在这一点上是没有任何区分的。这就对"创世论"提出了最严厉的挑战，用"进化论"取代了《圣经》的"创世论"，直接否定了作为《圣经》之根基的上帝造人说。从此，科学开始摆脱宗教神学的羁绊，步入了全面快速发展的时期。人们心目中的《圣经》变得不再是那么的可靠了；相反，科学则在人们的心目中赢得了一席之地。

　　其实，自第一次科学革命中以牛顿为代表的一大批科学家确立了近代自然科学的体系以降，科学文化取代基督教文化中心地位的进程便已开

　　① 恩格斯. 自然辩证法. 于光远，等，译编. 北京：人民出版社，1984：7-8.
　　② [英] 阿利斯科·E. 麦克格拉思. 科学与宗教引论. 王毅，译. 上海：上海人民出版社，2008：46.

始。在学术研究领域，牛顿方法越来越多地应用到整个自然科学当中，理性传统与经验传统实现了决定性的整合；在社会生活方面，科学与技术的结合日益紧密，并越来越多地应用到了社会的工业生产过程当中，科学的社会地位因而日渐提升。于是，到 17 世纪末，科学的成功已使宗教在其面前相形见绌，《圣经》的权威地位也不再是被深信不疑的。可见，"科学在抛弃权威以及提高人类自身能力方面已走得如此之远，也就是说，这种提高的本身已到了使权威（宗教的权威。——笔者注）无立足之地的程度了"①。

正如韦斯特福尔所指出的，"到 17 世纪末，近代自然科学已经在欧洲舞台上成为突出的因素。单枪匹马的研究（像哥白尼在东普鲁士被孤立的情况下所从事的研究）的时代已经过去了，科学运动的不断发展此时得到它所创立的有组织的学会的保障。当科学的范例使人们想到有可能把西方文明重建为一个整体时，欧洲文化的其他方面也已受到了科学运动的影响，并且这种影响直指 18 世纪的启蒙运动。可以毫不夸张地说，从 17 世纪起，西方历史可以概括成科学所起作用的不断扩大，它将原来以基督教为中心的文化变革为现在的以科学为中心的文化。早在科学革命完成之前，这种变革就已经开始了"②。

当然，近代科学之所以能够迅速成长并逐渐取代宗教、哲学等传统文化形态，而上升为社会的主流文化形态，也得益于当时社会发展的现实需要。其中首要的原因在于，它适应了资本主义制度兴起与发展的需要，并迎合了资本扩张的内在要求。经过与封建教会的长期较量，历经 17、18 世纪的资产阶级政治革命，新兴的资产阶级终于夺取了政权，建立了资本

---

① ［美］理查德·S. 韦斯特福尔. 近代科学的建构——机械论与力学. 彭万华，译. 上海：复旦大学出版社，2000：125-126.

② 同①127.

主义制度，而资本主义制度又是以确保剩余价值的最大化及其实现为优先目标的。率先开发或引进先进技术，既能促使个别资本家获得超额剩余价值，又能促使所有资本家获得更多的相对剩余价值，因而得到资本主义制度的支持和鼓励。其次，得益于竞争环境的助推。弱肉强食、优胜劣汰的丛林法则，是资本主义社会的游戏规则。谋求经济生活中的优势地位，是每一个资本家的强烈愿望，而发展科学技术则是提高竞争实力的最有效途径。因此，激烈的经济竞争成为促进科学技术快速发展的温床。同时，对外扩张、拓展市场是资本发展的内在要求，这一进程往往伴随着侵略战争。科学技术尤其是军事科学技术，是强化竞争实力，赢得战争的可靠保障，因而势必得到重点发展和优先发展。最后，也是最重要的一点，即生产实践的现实需要。生产劳动是人类最基本的实践形式，也是科学技术成长的沃土。当范围愈来愈广泛、内容愈来愈复杂的生产实践活动不断遇到凭经验难以解决的难题，就催生了科学与技术的蓬勃兴起。恰如恩格斯所说："如果说，在中世纪的黑夜之后，科学以意想不到的力量一下子重新兴起，并且以神奇的速度发展起来，那么，我们要再次把这个奇迹归功于生产。"① 即便在科学的发展超越了技术与生产的现实需求之后，受资本约束和调制的科学与技术也始终是以生产和经济活动为中心的。

科学与技术在社会层面获得了生存的合法性，其在社会生活领域的地位也得以不断提高。到 19 世纪，科学的进一步发展及其在社会生产生活领域所取得的巨大成就，使得科学在人类社会的地位和作用在国家层面得以认可，并逐渐被推向人类文化的高峰。尽管科学的工具理性一再受到一些哲学家的批判，但是，科学在文化中日益强势的地位却没有因此而被削弱。华勒斯坦在描述当时的情形时曾感慨地指出："科学（物理学）到处

---

① 马克思恩格斯选集：第 3 卷. 北京：人民出版社，2012：865.

受到顶礼膜拜，而在许多国家，哲学则被排挤到大学系统中一个越来越小的角落"①。可见，科学在这时已经取代宗教、艺术、伦理等传统文化形态，成为决定人类命运与社会发展的最主要的力量，并进入了整个人类发展的核心。特别是进入 20 世纪以来，科学技术的经济与社会功能显著增强，逐步取代了宗教文化的主导地位，而上升为一种强势文化形态。

## 二、信心和力量源于主客二分

与近代自然科学的发展相适应，在哲学领域，二元论思想所开创的主客二分的思维方式与自然科学的发展不谋而合，并为其提供了新的哲学与形而上学基础。可以毫不夸张地说，主客二分思想是近代科学诞生于西方并得到快速发展的深层次的根本因素。近代科学在诞生之初所以能够迅速发展并获得其存在的合法性，很大程度上就是源于哲学领域主客体分离的思想，以及由此所彰显的主客二分的思维模式。事实上，正是这种主客二分的思维方式，加剧了科学功利性效用的发挥，从而为近代科学的发展奠定了理论前提与基础。

### 1. 主体退隐与客体张扬

主体、客体及其相互之间的关系，向来是哲学探究所关注的一个核心问题。关于主客体之关系的问题讨论，尽管是近代以后才日渐升温，但其概念的最初形成则可追溯至古希腊哲学时期。早在亚里士多德那里，主客二分的哲学思路与思维方式就已开始萌芽。在其著名的《工具论》中，亚里士多德通过对事物存在的十对范畴中最基本的范畴——"实体"（substance）的讨论，通过形式（form）与质料（matter）的区分，确立了生

---

① ［美］华勒斯坦，等 . 开放社会科学 . 刘锋，译 . 北京：三联书店，1997：12.

存论意义上的主体。即，它作为一种独立存在的实体，是事物属性、状态、运动变化等的载体和承担者。在此一时期前后出现的"人是万物的尺度""认识你自己""人是一种理性的动物"等说法与名言，也都体现了对人的主体性地位的强调。到了中世纪，由于上帝所具有的绝对权威与封建神权的压迫统治，主体性逐渐被遮蔽并迷失在宗教的神秘景象之中；但主客二分的哲学思路在宗教神学的外衣下依然得到了发展，如新柏拉图主义的神秘主义理论、奥古斯丁的神学理论等，都是以一种主客二分的认识论模式为基础的。从文艺复兴开始直至启蒙运动的一系列思想解放运动则再次发现了人，并高举人文主义的旗帜，确立了现代社会中人的主体性地位。不幸的是，主体性并未因此而得以不断张扬，反而是随着科技的发展与资本主义制度的建立而走向了它的反面，甚而导致了"主体的退隐"。

尽管从古希腊到文艺复兴时期，主客二分的思想及其核心要旨——主体性原则得到了一定的发展，但是，主体性原则的真正觉醒是近代哲学以后的事。随着近代自然科学的发展，人类的认识领域向纵深拓展，认识论问题成为科学和哲学的当务之急。因为，"当科学知识发展到了一定阶段时，如果对认识主体自身缺少进一步的认识，那么科学知识就很难向前发展。结果，主体性原则不仅是近代哲学的基本原则，而且构成了西方文明的基本观念，其影响至今仍然在发挥着作用"①。

从哲学层面来看，主体性原则觉醒的基础是主客二分。主体与客体之间的分离与对立，既是近代西方哲学特别是认识论思想中的一个主要特点和共同倾向，同时也为自然科学的成长提供了所必需的基础，其中最为重要的一点是从主体性原则中滋生了一种备受 20 世纪西方哲学家质疑的人类中心说，这不仅仅是简单地继承古希腊延续下来的理性精神和古代科

---

① 张志伟，欧阳谦，主编．西方哲学智慧．北京：中国人民大学出版社，2000：77.

学，而是为其增加了一个新的维度——主体征服客体的维度。

主客二分思想的形成并进入哲学专门讨论的视野，是由笛卡尔开启的。作为近代西方哲学的重要代表人物，笛卡尔高举文艺复兴以来的"科学"与"人"这两面大旗，并赋予"自我"极为重要的地位与意义。特别是他关于"我思故我在"的思想，更是把"我思"作为认知的主体，赋予理性与主体以从未有过的优先地位，人也被分化为理性（精神）主体与实体（物质）主体。如此一来，就导致了人性的本质在于思维（思想），以及心物（心身）根本分离、主客相互对立的结论。可见，从主体（"意识实体"即精神）与客体（"广延实体"即物质）的区分出发，笛卡尔把主体与客体严格地区分开来，并创立了认识论的主体性哲学，确立了主客二元分立的思维模式与认识框架。因此，从总体上来说，笛卡尔的主客二分的理性主义认识论加深了主客体的分离，并提高了主体的能力，凸显了理性的力量。而这里的理性不再是古希腊哲人所倡导的逻各斯或努斯的统一体，而是近代哲学家们所倡导的科学理性，它在哲学领域孕育了机械决定论的自然观，当哲学家们以这种自然观为根基试图将科学方法应用到人类知识的所有领域，并期盼将形而上学变成科学时，必然将人和自然物等同起来，认为人和自然物在同样服从共同的自然法则，人和自然物并无二致，人也不过是比自然物复杂一些的机器而已。这不仅导致人自身的自由、价值和尊严成了问题，"更严重的是，正是形而上学企图成为科学的理想缔造了一种科学思维方式，并且形成了科学万能的观念，尽管这种'科学世界观'促进了自然科学的进步和发展，但是它亦将我们迫入了有可能丧失自由、泯灭人性的困境之中"①。从而造就了一个新的、残缺的、抽象的主体，而真正的主体已经"退隐"。

---

① 张志伟，主编.西方哲学史.北京：中国人民大学出版社，2002：536-537.

如果说笛卡尔开启了主体觉醒的旅程，那么，主体性原则的真正确立和完全阐明则是由康德完成的。康德面对的问题恰恰是近代哲学没有解决的问题，即严格遵守自然法则的人有没有价值和尊严的问题。在康德看来，这些问题都与知识问题相关。为此，他从知识问题入手，另辟蹊径，通过逆转对象与主体的关系的"哥白尼式的革命"——让对象符合知识（即主体）——来解决笛卡尔没有解决的问题。这不是简单的颠倒，而是真正的逆转：过去真理符合论倡导知识必须符合对象，即主体围绕客体转；而现在是对象符合知识，即客体围绕主体转。可以说，康德这种独特的证明科学知识普遍必然性的方法，更加突出了主体在认识中的地位和能动性。为了实现这一目标，康德一方面以主体先天认识形式来确立科学知识的普遍必然性，另一方面通过对认识能力做出限制为人的自由、价值和尊严铺平道路。他通过对人类理性的批判，赋予理性两大权力：一是"知性为自然立法"；二是"理性为自身立法"。前者由于立法者和守法者分离，从而体现了主体的有限性；后者则因为立法者和守法者统一，从而张扬了主体的能动性。至此，康德将原先局限于认识论领域的主客体关系问题拓展到了实践领域。他通过高扬人的主体性再次提升了人作为理性主体所具有的统治性的地位。结果使得主体在主客关系中居于优先与主导的地位，客体则处于从属地位；但它同时也潜存着先验理性对主体自由遮蔽的可能。特别是到黑格尔那里，绝对精神成为最高的主体，思维与存在、主体与客体也在这里得到了统一。然而，由于人的主体性在先验的范畴内已经被绝对化、抽象化、客观化和神化了，因而所谓主客体的统一实际上便成为主体自身作为精神性客体与客体本身的统一。主体失去了它的丰富性内涵，变得更加抽象而绝对了。

尽管开始于笛卡尔，完成于康德的主体性问题似乎获得了完整的阐发，而且康德阐发的主体性原则更加重视伦理学意义上的主体能动性，他试图去引导哲学研究关注"主体的隐退"问题。但是，主体性原则所包含的内容却潜在地助长了主体与客体在自然科学领域及其发展过程中的分离与对立。从总体上看，以下主体性原则包含的内容助推着自然科学领域主客体关系的变化[①]：

一是理性原则。主体性哲学认为，人是理性的动物，理性是人高于动物的内在规定性，是人的本质所在。人与自然、人与社会、人与人之间的关系都能依据理性原则构建。这一原则决定了只有人类才能成为科学的缔造者，成为认识与改造自然客体的唯一主体。

二是人类中心原则。主体性哲学认为，只有人才是世界的中心和主人，只有人才是世界万物之目的，自然界也是为人而存在的，是为人实现各种维系自身生存与发展的目的而存在的。

三是自我完善原则。主体性哲学认为，作为主体的人是可以自我完善和自我创造的。为了实现自我完善，人创造了各种文化，其中，在近代之后最能见证人本质力量的文化就是科学技术文化。

主体性原则上述内容契合了近代科学技术认识与改造自然的需要，随着人们关于人类能力与外部自然界之间关系看法的改变，主体与客体之间的分立变得更为明显，自然被外化为一个与主体无关的纯粹客体而存在着。如果说，"达尔文主义使宇宙失去了精神上的魅力，也使古代社会存在的条件消融了；取而代之的是灵与物质的对立。……人被从物的世界中分割出来，物的世界被看为纯粹物质；个人又和其他人分割开，成为孤立的人"[②]，那么，当上帝从人类舞台被驱逐出去之后，在主体性原则的支撑下，"人类不再是受上帝驱使的有机体的一个部分。男男女女就这样遭

---

① 张志伟，欧阳谦，主编．西方哲学智慧．北京：中国人民大学出版社，2000：89．
② ［奥］弗里德里希·希尔．欧洲思想史．赵复三，译．桂林：广西师范大学出版社，2008：414．

受到了培根、笛卡尔和牛顿让自然遭受的同样命运，沦为在冰冷的机械的宇宙中与其他支离破碎的物质发生关系的纯物理现象"①。这就肇始了一种机械的、纯客观的哲学思潮，从而为近代科学的成长与发展提供了基础与支撑。如爱因斯坦就曾指出，"相信有一个与感觉主体无关的外在世界，是一切自然科学的基础"，突出体现了主客二分思想对于科学的重要性。"主体"与"客体"的二元分裂不断加剧着人与自然的对立，作为具体的、现实的、丰富的存在的主体因而逐渐退隐，取而代之的是抽象的、祛除了丰富性的个体；与此同时，客体得以不断张扬，科学的迅速发展不断彰显着人类理性的力量，功利性的、工具主义的思想也因此找到了可以依靠的哲学基础。

事实上，在近代科学产生之后，就不断导致了自然的对象化与客体化。在作为主体的人与作为客体的自然之间、作为主体的人本身与作为对象的人之间，都存在着一种不断加剧的分裂与对立。正如胡塞尔所明确指出的，"伽利略在从几何的观点和从感性可见的和可数学化的东西的观点出发考虑世界的时候，抽象掉了作为过着人的生活的人的主体性，抽象掉了一切精神的东西，一切在人的实践中物所附有的文化特性。这种抽象的结果使事物成为纯粹的物体，这些物体被当做具体的实在的对象，它们的总体被认为就是世界，它们成为研究的题材"②。

由此可见，人的主体性提高的过程，实际上伴随着人的对象化、客体化与抽象化。近代以来主体地位提升，严格说来只是对"抽象主体"的强调。以增强人的主体性、凸显人的主体性为目的科学活动，结果却导致了主体性的退隐，人逐渐消失在自己所从事的活动之中。也正因如此，才有

---

① [美] 里夫金·霍华德. 熵：一种新的世界观. 吕明，袁舟，译. 上海：上海译文出版社，1987：20.

② [德] 胡塞尔. 欧洲科学的危机和超验现象学. 张庆熊，译. 上海：上海译文出版社，1988：71.

福柯所谓的"人之死"；后现代主义者也才宣称，在后现代境况中，"所谓的主体性只是形而上学思维的一种虚构而已"，"事实上真正的主体性并不存在"①。然而，姑且不论后现代主义者的这一观点是否过于极端，科技的发展已导致主体的退隐确实是不容置疑的事实：对对象性与客体性事物的关注不断推动着科学的发展，并扩展着科学活动所涉及的范围与领域，至于人本身，却似乎不再那么重要了。

主体逐渐退却到人类大舞台的背后，客体的力量却得以不断张扬，这既是现代性发展的一个悖论，也是科学技术发展的必然结果。正是由于科技的大发展，以及随之而来的理性力量的膨胀，加之近代哲学家主张将科学方法推广到一切知识领域，从而导致了主体自身的相对退隐；反之，也正是这种理性力量的膨胀与客体性的张扬，推动着科学技术的成长与发展。这两方面因素的相互推动作用，实际上构成了近代以来科技发展的基本态势。

**2. "知识就是力量"**

如果说肇始于笛卡尔的主体性哲学给予了近代科学主体性的力量，那么，近代科学另一鼻祖培根则为近代科学提供了方法论的工具。二者殊途同归，最终都是为了实现古代科学向近代科学的转变，而这种转变的关键在于：由过去强调对纯粹知识的崇尚，转向对知识功用性和力量性的追求。

"知识就是力量"这一观念，源自近代英国唯物主义和整个现代实验科学的真正始祖弗朗西斯·培根。它不仅颠覆了以往关于纯粹知识的观念，也从功利性价值的角度赋予自然科学及相关研究以新的合法性。

作为英国实验科学的创始人，培根出身于贵族官僚家庭，因而自幼就

---

① ［法］让-弗·利奥塔，等. 后现代主义. 赵一凡，等，译. 北京：社会科学文献出版社，1999：38.

受到很好的教育，并在学习过程中逐渐发现了当时占据主流的经院哲学和亚里士多德哲学的弊端。他嘲笑中世纪以神学为主要内容的、繁琐论证的经院哲学，蔑视那种以形而上的、玄妙的事物为主要对象的亚里士多德式哲学，主张哲学的任务应该是研究自然、控制自然，并在此基础上最大限度地为人类服务。正是在这一思想背景下，培根提出了他关于"知识就是力量"的思想。

"知识就是力量"的主张，在培根思想中是贯彻始终的。早在 1605 年出版的《学术的进展》（*Do Augmentis Scientiarum*）一书中，培根就详细论述了知识所具有的巨大功用，较为全面地展现了知识所具有的作用。在他看来，知识不只具有装饰和美化的作用，促使人们有效赞美上帝的荣耀，并对无信仰和错误提供非凡的救助和防治；对于尘世生活及其中的个人来说，知识和学问也具有非常重要的作用。在国家统治方面，知识的价值在于"可以抑制人与人之间的纷争，弥补人天性上的缺陷"，特别是对于议员和顾问等政府人员，他们更能依靠可靠而牢固的原则做事，而不是仅凭经验，进而更好地改善人们的生活，为公益服务。在战争和军事方面，"学问带给君主的荣耀"往往为赢得战争的胜利提供了最好的武器。就个人的道德和品性而言，学问的功用更是不可小觑：一是"可以消除人们头脑中的野性、愚昧、残忍，并免除人们心中虚假的羡慕"；二是"对人们心智上的各种疾病具有特殊的补救功效"，如清除不良情绪、除去心中障碍、提高领悟能力、增强求知欲望、治愈心理上的创伤和溃疡等等；三是赋予道德和人性以权威，因为"在这个世界上，在人们的精神和灵魂中，在人们的思索、想象、观念、信仰中，除了知识和学问再没有什么可以声称具有至高无上的权威"；四是为个人带来好运和恩惠；五是借助"满足和欲望的交替"给予人情感方面的快乐与喜悦。最后，培根总结道："知识和学问的价值在于人们最渴望得到的不朽或延续，正是人们渴望不朽的愿望促使人们繁殖后代，修建房屋，养育子女；不朽的渴求还造就了许多的房屋、建筑、纪念碑；不朽的期望还铸就了回忆、名声、颂扬；实际上人类其他的各种愿望也正是来源于对不朽的追求。"①

在 1620 年出版的《新工具》一书中，"知识就是力量"的主张正式成型。在该书一开端，培根就明确指出，"人作为自然界的臣民和解释者，他所能做、所能懂的只是如他在事实中或思想中对自然进程所已观察到的那样多，也仅仅那样多；在此以外，他是既无所知，亦不能有所作为"，从而表明了认识自然的重要性以及人在自然界中的地位和作用。他继而强调指出："人类知识和人类权力（又译'力量'）归于一；因为凡不知原因时即不能产生结果。要支配自然就须服从自然；而凡在思辨中为原因者在动作中则为法则。"② 这样，就形成了"知识就是力量"这一思想的雏形。这一思想产生了两大后果，一方面，它向世人表明，"现代科学是力量型科学，现代科学是有用的科学"③。另一方面，它也向人们表明，知识力量的充分发挥与人类福祉的有效实现必须要征服自然，要征服自然必先服从自然，而欲服从自然必先了解自然。"怎么了解？……不是你坐在一边看着自然界，应该把自然抓起来拷问它，让它供出自己的秘密。所以培根的思想实际上为近代的实验科学提供了一个重要的哲学依据。"④ 因此，人类要想控制自然、驾驭自然，前提就是必须要准确把握自然及其规律的方法。

在此基础上，培根重新确立了科学活动的目标。他说，"科学的真正的、合法的目标说来不外是这样：把新的发现和新的力量惠赠给人类生活"⑤；而科学在过去之所以只取得了很小的进步，原因就在于把科学的这一

---

① ［英］培根. 学术的进展. 刘运同，译. 上海：上海人民出版社，2007：52.
② ［英］培根. 新工具. 许宝骙，译. 北京：商务印书馆，1984：7-8.
③ 吴国盛. 技术哲学讲演录. 北京：中国人民大学出版社，2009：201.
④ 同②202.
⑤ 同①58.

目标摆错了。这样一来，就正式确立了科学征服自然、造福人类的研究旨向。

不仅如此，培根还为人们征服和了解自然提出了科学的方法。他批判了亚里士多德以及后来经院哲学中对演绎法过分依赖的三段论，强调进行科学认识的新工具，即实验归纳法，从而把科学建立在了经验的基础之上，使其成为真正的实验科学。此外，他还通过揭露认识中谬误产生的根源，即四假象——种族的假象、洞穴的假象、市场的假象和剧场的假象，对经院哲学和神学权威进行了批判；并且指出，"以真正的归纳法来形成概念和原理，这无疑乃是排除和肃清假象的对症良药"①，从而把归纳法确立为真正的科学方法。换言之，只有从经验出发，去研究大自然和客观事物；真正的知识，只能从对客观事实的研究中，从经验获得。这也就是培根所说的："要像蜜蜂一样，既采蜜，又收集"。

可以说，当近代科学刚刚从中世纪宗教神学的土壤中艰难地成长起来之时，培根关于"知识就是力量"的论断所具有的冲击性影响无疑是巨大的。17 世纪的欧洲，空洞而繁琐的经院哲学与为学问而学问的观点占据思想主流，近代自然科学的力量虽已有所显现，但总体而言仍处于神学色彩的笼罩之下。然而，培根却冲破神学的束缚，突破人们普遍认为知识"只是用来探索世界万物之所以然的"的传统观点，转而用一种与众不同的眼光来看世界，并努力寻求一种征服自然的途径。他坚信，以自然界的发展规律为内容的科学知识将会是一种巨大的力量，并试图建立"一种用于知其然的科学"。这样一来，他就宣告了科学在人类生活领域所具有的重要性及其对人类福祉的促进作用，凸显了科学所具有的工具性力量。

"知识就是力量"的宣称，改变了自古以来人们关于知识的看法，并强调知识对于人类社会的发展与进步所具有的功利性效用，从而给了知识

———————————

① ［英］培根. 新工具. 许宝骙，译. 北京：商务印书馆，1984：19.

一种新的合法性。同时，它也开创了近代科学研究的经验论传统，使科学建立在了经验和实用的基础之上，从而影响了后续科学的发展。结果也就导致了近代科学的先驱者们的"最大愿望是，这新科学与旧的书本知识不同，将非常实用；新的知识将赋予人类以力量，使人类得以成为自然界的主人"①。这实际上也表明了培根在近代科学发展过程中所具有的开创性作用，奠定了他在科学史上所具有的特殊重要地位。如英国学者莫里斯·克兰斯顿（Maurice Cranston）就曾评价说，培根"是第一位科学哲学家。这并不是说他本人有什么科学发现，而仅仅是他提出了科学能够拯救我们的信条……一旦人们掌握了自然是如何工作的，他们就可以利用大自然做对自己有利的事，通过科学革命克服农业上的供应不足，通过科学研究战胜医学疾病，且通过技术与工业上的各种进步从总体上改善人们的生活"②。

然而，需要注意的是，对科学所具有的功利性效用的强调，不仅推动着近代科学的发展，它对科学所抱持的这一乐观积极心态，同时也萌生了一种科学主义的心态。正是基于对知识与科学力量的无限信任，在《新大西岛》（1627 年）中，培根描绘了一个科学主导一切的乌托邦的理想社会，并预言科学、机械、技术将操纵时代，改善人类生活。在培根所设想的这一"所罗门之宫"中，它的目的是"探讨事物的本源和它们运行的秘密，并扩大人类的知识领域，以使一切理想的实现成为可能"③。而这样的社会，正是培根所设想的最为理想的社会，也是科学发展的方向。

总之，在近代科学诞生之初，"知识就是力量"的观念极大地推动了科学的发展，并促使着人类不断地张扬着自身所具有的理性能力，发挥理

① ［英］沃尔夫. 十六、十七世纪科学技术和哲学史. 周昌忠，等，译. 北京：商务印书馆，1985：520.

② Maurice Cranston. Philosophers and Pamphleteers. Oxford：Oxford University Press，1985：48//Scientism. 1991：34 - 35.

③ ［英］培根. 新大西岛. 何新，译. 北京：商务印书馆，1959：28.

性的力量。但与此同时，"知识就是力量"（Knowledge is Power）中所蕴涵的"权力"（Power）观念，也随着人类改造自然信心的增强以及理性力量的彰显而慢慢地滋生起来了。也因此，"近代科学跟希腊科学不是两门完全不一样的科学，而是源与流的关系，但近代科学提供了一个新的维度。……就是力量的维度、征服的维度、实验的维度"①。从这以后，科学的能力不断地得到承认与赞美，它的社会地位也不断上升，并同时张扬着一种客体文化。

### 3. 以退为进，左右逢源

当科学的功利性效用在 17 世纪被培根发掘出来，并在 18 世纪以后凭借这一功利性特征而一跃成为影响社会发展的重要力量，科学就开始了它大踏步前进的征程。特别是在今天，科学已经成为社会发展过程中最具革命性、最富创造力的一种伟大力量。然而，在这之前，科学的演进过程并不是一帆风顺的，科学的处境是极微妙的。

在上帝作为统治者的中世纪里，科学要想赢得生存的机会是一件很困难的事。尽管它已经在上帝的名义下从事一些初步的自然研究，并且取得了一定的成果，但从其在社会中的地位而言，科学的处境仍是极为尴尬的。一方面，科学要为了赞美伟大上帝的荣耀而积极探索，并努力扮作神学"最忠实的婢女"，以为自身的生存寻求合法性；另一方面，它又由于对自然界事物无法抑制的好奇心与探究的渴望，而极力发展着自己独有的一套规则体系。科学在此时就犹如一个"跳梁小丑"，到处找寻着自己可以存活的地方。而对于宗教而言，"教会始则轻视继而敌视一切企图凭借独立的理性之光来探索自然知识的人"②，所谓的理性探索与科学探究在

---

① 吴国盛.技术哲学讲演录.北京：中国人民大学出版社，2009：203.
② ［英］沃尔夫.十六、十七世纪科学技术和哲学史.周昌忠，等，译.北京：商务印书馆，1985：13.

宗教那里是不被允许的。因此，科学只有在不宣称对宗教等其他文化的反对与攻击的情况下，以上帝的名义，为自身寻找生存的空间。

不过，这样一些初期的研究行为已经开始逐渐迎合了人类的需要，并不断扩大着科学所涉及的领域，壮大了科学的队伍。以"赞颂上帝的伟大"为名，科学实际上是在为自己开辟着新的领地，并且成就了一种"隐性的成长"。

在这一时期，科学与占据主导地位的宗教以及其他文化之间，形成了一种协调发展、和平共处的局面。姑且不谈中世纪基督教的思想统治及其对其他文化形态的压制，单从客观的角度来讲，在科学与宗教之间，实际上形成了一种互动关系，并且是互为促进的。一方面，科学对自然的探究为证明上帝这一造物主的伟大提供了确实的证据，并在一定意义上支持了基督教会的统治；另一方面，宗教也为科学的探究提供了其所需要的物质设备、仪器以及工作场所等硬件方面的支持，同时更重要的，是它允许对自然进行分析性的研究，因而从客观上推动了这一时期自然科学的发展与进步。而在这一互动关系的表面，所显现出来的是科学为宗教服务的"婢女"身份，以及科学对于个人所具有的积极意义。

尽管如此，后期经院哲学的独裁主义仍然制约着科学的发展，"当经院哲学获胜，并渗入人类学问的一切方面时，曾经成为大阿尔伯特和罗吉尔·培根两人的特征的思想独立和实验精神受到了约束和抑制，而独裁主义取代了自由研究"①。面对这种状况，"科学的先驱者立场坚定地反对颓废的经院哲学和对权威的无益信仰。他们厌恶本体论的思辨和唯理主义演绎的杜撰。他们不相信辩证法，也不相信'权威'"②。之后，伴随着弗朗西斯·培根的经验主义和笛卡尔的二元论思想，一方面，近代科学迎来了

---

① ［美］W. H. 沃克迈斯特. 科学的哲学. 李德荣，等，译. 北京：商务印书馆，1996：11.
② 同①14-15.

曙光；另一方面，自然被一步步对象化了，"带来的是'自然中既不存在上帝的拯救计划，也不存在魔鬼的破坏计划，只有非人的规律'，量化方法杀害了自然中的精神，使它成为一个事实，导致了一种新的人与自然的关系，自然成为没有意义的东西"①。主体与客体的分化不仅造成了自然的对象化，也在同时强调了人作为认知主体的身份，以及人相对于自然界所具有的主导性地位。

主客二分的哲学思路为近代科学的发展提供了新的契机。这是因为，科学作为以自然为主要研究对象而进行的活动，它的发展往往依托于人们关于自然的认识与见解。因此，当自然在主客二分的思维框架下被对象化与客体化后，在表面看来，就是提升了人的主体地位而贬低了自然客体的地位，结果带来的应该是主体的张扬和客体的对象化与边缘化。但其实不然，当自然被对象化成为纯粹的、抽象的客体，"自然失去了神秘性，它不过是上帝为人类准备的家园，因而虽然研究自然被看做是没有出息的甚至亵渎神灵的事情，因而严重地阻碍了自然科学的发展，但是它却以'祛魅'的方式消解了自然的神秘性，这就为近代科学和哲学的机械论自然观开辟了道路"②。如此一来，对象化的自然就适应了近代科学发展的需要，并在进一步的发展中成为更抽象的客体，加剧着人与自然之间的分裂。

对于作为主体的人来说，主客二分的思维模式强调了其认知主体的地位，并在与自然的关系中居于主导性地位。然而，由于人类理性能力的充分发挥以及自然的对象化，结果便导致了主体本身作为一个丰富性存在的消失，以及客体的过分张扬导致的科学力量的凸显。这样，原本应得以张扬与肯定的主体——人——慢慢退隐到了人类活动的背后，取而代之的是客体理性的张扬，也即科技理性的彰显。结果，科学借着科技理性所具有

---

① ［荷］E. 舒尔曼. 科技文明与人类未来. 李小兵，等，译. 北京：东方出版社，1995：139.
② 张志伟. 西方哲学史. 北京：中国人民大学出版社，2002：335.

的工具性与功利性成长了，而人本身则消退了。

## 三、工具主义：科学王国的独立宣言

19 世纪被丹皮尔等科学史家称为"科学的世纪"，表明了科学在这一时期已取得了自己独立的地位，并获得了自身生存的合法性。然而，尽管哥白尼的伟大著作《天体运行论》的发表一直被当作科学独立的标志，我们却不可忽视，在科学取得独立并快速提高其社会声望的过程中，其所具有的功利性和工具性效用发挥了极为关键的作用。特别是在科学产生以后的多数日子里，"工具主义模式（instrumental model）支配着所有其他的科学形态，它还支配着许多见多识广且具有社会影响力的人们对科学的理解"①。

### 1. 上帝等于我不知

"上帝等于我不知"，这是恩格斯对僧侣主义目的论自然观所做的简明概括。

按照神学目的论的观点，上帝就是为了人类的目的而创造的，正是人类的无知决定上帝的存在。这样，就把"上帝意志"作为了一切现象的原因，而唯一的理由是对其他原因的无知这一情形。如霍尔巴赫在分析宗教起源时也说，正是人的无知产生了神圣的宗教，恐惧则创造了全能的上帝，"无知、恐惧——这就是一切宗教的支柱。人对上帝所抱有的怀疑态度，恰恰也就是他服从宗教的原因。无论在身体方面或在精神方面，一切未知的东西，一切模糊的东西都会引起人们的恐惧。恐惧一成为习惯，就会变成需要，那时在人看来，如果不害怕某种事物，似乎缺乏了什么东西"②。

---

① ［英］约翰·齐曼. 真科学：它是什么，它指什么. 曾国屏，等，译. 上海：上海科技教育出版社，2002：20.

② ［法］霍尔巴赫. 健全的思想. 王荫庭，译. 北京：商务印书馆，1966：26.

对于这一观点，斯宾诺莎予以了批评。在《伦理学》第一部分的附录中，斯宾诺莎指出，"人们尽都循目的（finis）而行，亦即以追求有利于自己的东西为目的。所以他们对于所发生的任何事情只求知道它们的目的因（causa finalis），只要他们听到这些事情的究竟目的何在，他们便心满意足，因为他们以为除此以外再也没有什么可以探讨的原因了。……因此他们便把一切自然品类，都看成是对于自己有用的工具（media［means］）。他们也知道，这些工具只是他们现成地得到的，并不是他们自己制造出来的。于是他们便推想到必然另外有一个人创造了这些工具，以供人们使用。……因而推想到世界上必定有一个真宰（rectores［ruler］），或多数真宰，具有人的自由，宰制一切，创造一切，以供他们使用"①。这样就逐渐形成了人们心目中的"无知的上帝"。然而，无知并不是充足的理由。换言之，未知领域的存在并不足以证明上帝的存在。

从人类发展史来看，上帝的观念是根深蒂固的。因此，科学取得独立地位的第一步，就是要把上帝从人类的认识领域中驱逐出去，从而使人们所获得的是一种完全的、科学的认识。这一任务首先是在牛顿的科学工作中取得了进展。

牛顿作为 17 世纪最伟大的科学家，其科学工作的最伟大成就，就是他关于整个宇宙体系及其运行规律、关于机械运动基本规律的讨论，以及由此得出的力学规律。在伽利略之后，牛顿在系统总结伽利略、开普勒和惠更斯等人工作的基础上，提出了著名的万有引力定律和牛顿运动三定律，从而给出了关于宇宙与自然之运转的一种纯粹机械的解释。按照牛顿的理论，整个宇宙的运行都遵循着严格的因果性原则，物质运动的具体过程中完全没有上帝插手的余地。这就"首次提出了一个不诉诸神力的宇宙

_____

① ［荷］斯宾诺莎 . 伦理学 . 贺麟，译 . 北京：商务印书馆，1997：37 - 38.

动力学模型"，从而把上帝排除在了宇宙与自然运行的体系之外，即我们通常所说的"第一推动力"。正像柯瓦雷在评价牛顿的《自然哲学之数学原理》时指出的那样，"自然之书似乎又一次揭示了上帝的存在，只不过这次是一个机械师的上帝，他不仅把世界造成了一座大钟，而且还必须不断地监护它，以在必要时能够及时修补（莱布尼茨反驳说，牛顿的这个上帝是一个糟糕的钟表匠），这样才能表明他的存在和对造物的兴趣。唉，可惜这种逐渐揭示出造物主完美技艺及其作品无限完美性的牛顿科学，其后来的发展却给上帝的介入留下了越来越少的余地。世界这座大钟似乎越来越不需要拧紧发条或进行修补，它一经启动，就会永远地走下去，创造的工程一经完成，牛顿的上帝——如笛卡尔的上帝对物质第一次（和最后一次）弹指一挥之后——就可以隐退了。与笛卡尔和莱布尼茨的上帝——这遭到牛顿学说的信奉者的激烈反对——类似，他与世界再也没有什么关系了"[①]。

因此，当牛顿把上帝仅仅放到第一推动力的位置上，将其排除在宇宙具体的、真正的运行过程之外，自然就削弱了上帝所拥有的统治的能力并缩小了上帝的地盘。这在自然科学争取独立地位的历史上是有着很重要的意义的。如恩格斯就曾指出，"哥白尼在这一时期的开端给神学写了绝交书；牛顿却以关于神的第一次推动的假设结束了这个时期。这一时期的自然科学所达到的最高的普遍的思想，是关于自然界安排的合目的性的思想"[②]。从此之后，上帝不再作为目的而存在，因为自然界本身就是目的，它是自为的。这同时也表明，17 世纪的自然科学已经开始形成了一种寻求确定性的、合目的性的规律的思想，上帝则慢慢被驱逐到这一领域之外了。

---

① ［法］亚历山大·柯瓦雷. 牛顿研究. 张卜天，译. 北京：北京大学出版社，2003：15.
② 恩格斯. 自然辩证法. 于光远，等，译编. 北京：人民出版社，1984：10.

不过，尽管教权在牛顿的时代已经开始衰落，但宗教的广泛社会影响力却仍未有什么削减。对于那些当时比较著名的一些科学家，如牛顿、波义耳等来说，作为虔诚的宗教信徒，上帝的观念在他们的思想意识中自然是根深蒂固的，不可能直接就被驱逐出去。因此，上帝在牛顿的体系中并不是完全不发挥作用的，而只是被放到了第一推动的位置上。如他在描述宇宙体系时说道："即使这些星体沿其轨道维持运动可能仅仅是由引力规律的作用，它们绝不可能从一开始就由这些规律中自行获得其规则的轨道位置。"① 在《自然哲学之数学原理》一书最后的"总释"中，牛顿对他心中所认定的那个作为最初始源的上帝进行了说明。他写道："只有拥有统治权的精神存在者才能成其为上帝：一个真实的、至上的或想象的统治才意味着一个真实的、至上的或想象的上帝。他有真实的统治意味着真实的上帝是能动的，全能全智的存在物，而他的其他完美性，意味着他是至上的，最完美的。他是永恒的和无限的，无所不能的，无所不知的；即，他的延续从永恒直达永恒；他的显现从无限直达无限；他支配一切事物，而且知道一切已做的和当做的事情。他不是永恒和无限，但却是永恒的和无限的；他不是延续或空间，但他延续着而且存在着。他永远存在，且无所不在；由此构成了延续和空间。"②

总的来看，在牛顿所构筑的那个纯粹机械的宇宙中，已经极力消除了上帝的影响。虽然在这一因果性规律的源头仍可见上帝的身影，但它只是在宇宙一开始的时候，在那未知的领域发挥着作用，具体的宇宙过程中则完全没有上帝的参与。在这一意义上，牛顿实际上就是"上帝等于我不知"这一信条的实际践行者。

---

① ［英］牛顿.自然哲学之数学原理.王克迪，译.袁江洋，校.北京：北京大学出版社，2006：347.

② 同①348.

在牛顿之后，康德则更进一步，把上帝从第一推动力的位置上赶了出去。针对当时自然科学研究取得了巨大成就的情形，康德指出，对于 17 世纪、18 世纪的许多唯物主义自然科学家来说，"如果人们对于宇宙的一切秩序可以找到自然的原因，而这些原因又能从物质最普遍和主要的性质中促成宇宙的一切秩序，那就不需要再乞灵于最高主宰了"①。这一方面表明，随着自然科学研究的深入与研究领域的不断扩大，上帝所具有的绝对权威与神圣光环开始衰退了。另一方面也说明，在康德的意识中上帝已经不是那么重要了。尽管如此，康德还是给上帝留出了地盘，也依然承认了上帝的存在。他指出，"在最高的善这个观念里面含蕴着一个存在者，他是自然的最高原因，而且通过他的理智和意志是自然的原因，是自然的创造者，就是上帝"②。因此，在道德领域中，我们是无法拒绝承认上帝的存在的。

虽然康德对以往关于上帝存在的各种证明，包括上帝存在的本体论证明、宇宙论证明和目的论证明进行了批判，却也提出了他关于上帝存在的证明和依据，即"上帝等于我不知"。只不过，康德的上帝已不同于以往神学家们所宣扬的那个上帝。在他看来，以往所说的那个经验的、实实在在的上帝已经死了，现在所存在的上帝是处于经验世界之外的、道德世界与内心希望之中的人格化的上帝。这样，康德就把上帝划归到了道德的、信仰的范畴，而那个全知全能的、作为救世主的上帝却不存在了。

对于牛顿把上帝作为宇宙始因、作为第一推动力的观点，康德并不苟同。他认为，承认世界的始因存在就等于肯定上帝存在，但我们在自然科学的研究中却找不到上帝存在的证据；反过来，承认世界的始因不存在就

---

① ［德］康德. 宇宙发展史概论. 全增嘏，译. 上海：上海译文出版社，2001：前言 3.
② ［加］约翰·华特生，编选. 康德原著选读. 韦卓民，译. 武汉：华中师范大学出版社，2000：251.

等于否定上帝存在，但这在感觉经验中同样得不到证明。因此，唯一的结论是"上帝等于我不知"，把上帝置于人类未知的领域。可见，在自然科学研究中，康德是比牛顿更加彻底的"上帝等于我不知"这一信条的践行者。

当上帝所具有的荣光逐渐逝去、所统辖的领域越来越小，人所具有的理性能力便在同时提升了人在宇宙中的地位，并使人成为宇宙的主宰。这时，上帝所负责和统辖的，只是那些人的理性能力所不能处理、无法理解的事物；但这些无知的部分也不能因此就作为科学的依据。在此之后，上帝逐渐退隐到人类历史舞台的背后，而自然科学家们往往也只是在遇到自己无法解释的原因时，才会请出上帝来帮忙。在大多数时候，上帝是不管这些俗世事物的。及至最后，"牛顿的那位依据自己的自由意志与决定来使宇宙实际'运行'的威力无比、精力旺盛的上帝，很快成了一种保守力量，一种超世的智慧，一位'无所事事的上帝'"①。

可以说，随着那些身为虔诚基督徒的科学家们为了"赞美上帝之荣耀"而进行的不懈努力，上帝的观念却反而变得淡薄起来，并不断缩减着原本属于自己的疆域。无怪乎恩格斯会说："上帝在信仰他的自然科学家那里所得到的待遇，比在任何地方所得到的都更坏。……在现代自然科学的历史中，上帝在他的保卫者那里受到的待遇，就像耶拿战役中的弗里德里希-威廉三世在他的武将和文官们那里受到的待遇一样。在科学的猛攻之下，一个又一个部队放下了武器，一个又一个城堡投降了，直到最后，自然界全部无限的领域都被科学所征服，而且不再给造物主留下一点立足之地。"②

---

① ［法］亚历山大·柯瓦雷. 从封闭世界到无限宇宙. 邬波涛，张华，译. 北京：北京大学出版社，2003：226.

② 恩格斯. 自然辩证法. 于光远，等，译编. 北京：人民出版社，1984：33.

**2. "给我空间与运动，我就可以造出宇宙来"**

当上帝在认知领域中所占据的地盘变得越来越小时，人作为宇宙主宰的地位也就相应地变得突出起来了。笛卡尔的著名口号："给我空间与运动，我就可以造出宇宙来"，便是这一过程中一个最为有力的宣称，因为它直接宣告了一个不需要上帝的宇宙的存在。

对于宇宙起源的探究，是人类一直以来所追寻的梦想。在 17 世纪特别是文艺复兴以前，上帝一直被当作那个带来一切的无所不能的神，当作事物运动和变化发展的终极原因，一切都是上帝所决定的。不过在文艺复兴之后，近代哲学家们对神学决定论的批判大大减弱了人们对追寻宇宙起源和变化原动力的迷恋，虽然他们仍然坚信物质世界的运动变化有其自身的原因，但却更多把这些原因看成是单一的、线性的和机械的，为机械决定论的思想、机械世界观的形成提供了重要基础与前提。

具体说来，最先为机械决定论观点保驾护航的是近代实验科学的奠基人培根。在他 1620 年出版的《新工具》中，培根告诫人们要按照世界的本来面目去改造世界，并倡导通过科学实验来认识自然的方法，从而直接对抗了亚里士多德的工具论，也为"机械论"的宇宙运行规律指明了方向。

机械论观点的真正确立则是笛卡尔的功劳。在对物质进行主客二分的基础上，笛卡尔勾勒出了一幅机械论自然观的世界图景。在这一图景中，自然与人是完全不同的两类东西，整个自然界和宇宙（包括人在内）都被当作是一架机器，其中的具体事物由无生命的物质微粒构成；自然中的一切事物都按照因果性的规则构成，它们的分解与组合，构成了世界万物；自然界只有物质和运动，一切事物的运动变化，都遵循力学规律的机械位移运动。基于此，他明确宣称："给我空间与运动，我就可以造出宇宙来"。这样一来，"笛卡尔成功地把自然界整个地转化成了运动中的简单物质。他把质量完全变成了数量，并充满信心地宣称世界上最重要的只有空间与地点"①。从此，宇宙与自然界不再是由上帝来决定的、完全遵守上帝安排的神的产物，而是具有严密秩序的、可按数学模式和机械规律来认识和改变的，上帝逐渐被人们遗忘在未知的角落里。

过去只专属于上帝的创世工作，在笛卡尔"给我空间与运动，我就可以造出宇宙来"的呐喊中不再与上帝有任何关系，而是成为了人类可以理解和把握的工作。由此可见，笛卡尔的这一宣称，不仅表明了世界按照机械论的方式在运转，同时也给人类树立了"征服世界，成为世界主宰"的信念，肯定了人类理性所具有的认识世界、改造世界的能力。在他看来，借助于自然哲学，我们就可以使自己成为"自然的主人和统治者"，而无须借助神的力量。培根从增进人类福利出发所树立的"征服自然"的理想在这里得到了回应，征服自然、控制自然从此成为人类理性活动的主要目的与任务。可以毫不夸张地说，从 17 世纪起，"西方历史可以概括成科学所起作用的不断扩大，它将原来以基督教为中心的文化变革为现在以科学为中心的文化。早在科学革命完成之前，这种变革就开始了"②。

如果说笛卡尔的机械论观点还有一定形而上学性的话，那么，康德的星云假说则在这种形而上学自然观上打开了一个缺口。而且康德在对宇宙规律、人类理性进行了更加细致的考察的基础上，进一步提升了理性的能力。由于对牛顿将上帝置于"第一推动力"的安排并不满意，并且坚信"大自然是自身发展起来的，没有神来统治它的必要"③，所以康德一直在努力找寻一个不用上帝来推动的宇宙运行规律，他"要在整个无穷无尽的

① ［美］里夫金·霍华德. 熵：一种新的世界观. 吕明，袁舟，译. 上海：上海译文出版社，1987：16-17.

② ［美］理查德·S. 韦斯特福尔. 近代科学的建构——机械论与力学. 彭万华，译. 上海：复旦大学出版社，2000：127.

③ ［德］康德. 宇宙发展史概论. 全增暇，译. 上海：上海译文出版社，2001：4.

范围内发现把宇宙各个巨大部分联系起来的系统性，要运用力学定律从大自然的原始状态中探索天体本身的形成及其运动的起源"①。在康德看来，天体的运动从始至终都和上帝没有任何关系，而是一个天体自身从起源到消亡的过程，呈现出"一个确定的自然规律：一切东西，一旦开始，就不断走向消亡"②。他根据当时天文学观测的经验资料，以及吸引与排斥相互作用的力学规律所提出的关于太阳系起源与演化规律的"星云假说"，就是这一努力的最好成果。按照这一假说，宇宙中最初充满了各种原始的物质微粒，即"原始星云"，它们由于相互的吸引而不断聚集，同时由于排斥而发生旋转，逐渐向一个平面集中，最后便形成了行星围绕太阳运转的有规则的天体系统。这样，康德就以纯粹力学的原因说明了宇宙的运行规律，而不需要"上帝的直接插手"，从而也就完全排除了上帝对宇宙过程的干扰与操纵。

也正因如此，康德才敢大胆宣称："我觉得，我们在这里可以在某种意义上毫不夸张地说，给我物质，我就用它造出一个宇宙来！这就是说，给我物质，我将给你们指出，宇宙是怎样由此而形成的。因为如果有了在本质上具有引力的物质，那么大体上就不难找出形成宇宙体系的原因。"③他甚至还指出："自然界的最高立法必须是在我们心中，即在我们的理智中，而且我们必须不是通过经验，在自然界里去寻求自然界的普遍法则，而是反过来，根据自然界的普遍的合乎法则性，在存在于我们的感性和理智里的经验的可能性的条件中去寻求自然界。"④这也就是著名的"人为自然立法"这一观念的最初表述，这一表述实际上是再次提升了人的理性

---

① [德]康德.宇宙发展史概论.全增嘏，译.上海：上海译文出版社，2001：3.
② 同①203.
③ 同①前言10.
④ [德]康德.任何一种能够作为科学出现的未来形而上学导论.庞景仁，译.北京：商务印书馆，1978：92.

所具有的能力，人所具有的主体地位，特别是人的理性所具有的伟大力量在康德这里得到了更为充分的肯定。

此外，这一口号中还蕴涵了决定论的思想，即只要有空间与运动，就可以知道宇宙的未来。从初始状态便可推知宇宙的未来，这一观念在拉普拉斯那里发展到了极致。在《概率论》一书的引言中，他明确写道："我们应当把宇宙目前的状态看作是它先前状态的结果，并且是它以后状态的原因。暂时设想有一位神灵，它能够知道施于自然界的所有作用力以及自然界所有组成物的各自位置，它并且能够十分广泛地分析这些数据，那么，它就可以把宇宙中最重物体和最轻原子的运动，均纳入同一公式。对于它，再没有什么事物是不确定的，未来和过去一样，均呈现在它的眼前。"① 无论是宇宙的过去，还是未来，都遵循一种严格的机械决定论和因果关系，偶然和非决定在世界转动的齿轮上面不起作用，这实际上就是一种极端化了的决定论思想。

事实上，机械决定论的思想并不是近代才开始出现的。早在古希腊时期，作为当时物理学家的阿基米德就曾根据杠杆原理而自信断言，"只要给我一个支点，我就可以把地球撬起来"，不仅宣称了人所具有的伟大力量，同时也蕴涵了宇宙运行要遵循机械运动规律的思想。而且，作为近现代科学最根本的指导性观念，机械论的思想不仅推动了科学成为一种独立的力量，也促使人类理性的能力不断得到更充分的发挥。也正是在这一机械论观点的支配下，自然科学从此开始大踏步前进，并在各领域中取得了一个又一个伟大胜利。

### 3. 有用就是真理

"有用就是真理"，即用经验上的功效与后果来判定理论或观念的真理

---

① 李敬革，王玉梅. 拉普拉斯决定论的成因及其历史地位. 自然辩证法研究，1998（9）.

性，强调知识的真理性是由其效用决定的；反过来，无效的便不是真理，而是谬误。这是功利主义的科学思想在真理问题上的突出体现，也是现代实用主义（Pragmatism）在真理问题上的基本观点。

将真理与效用等同的工具主义的科学思想，是伴随着近代科学的诞生而出现并不断成长起来的。早在近代科学刚刚兴起的 17 世纪，培根就曾明确指出，"真理和功用在这里乃是一事。各种事功自身，作为真理的证物，其价值尤大于增进人生的安乐"①。换言之，知识的真理性与其所达到的功用是紧密相关的，功利性效用的高低直接决定了其所具有的真理性。这样，培根就将知识的真理性与工具性联结在了一起，并以工具性作为评判真理的重要标准。

对于近代科学的成长与发展过程来说，培根这一思想所具有的影响和重要性是毋庸置疑的。可以说，在近代科学诞生之初，这种功利主义的考量就极大地影响着科学的发展与进步，并且构成了近代科学的一个鲜明特点。正如科恩所指出的，"新科学的一个革命性的特点是增加了一个实用的目的，即通过科学改善当时的日常生活，寻求科学真理的一个真正目的必然对人类的物质生活条件起作用。这种信念构成了近代科学本身及其特点"②。不仅如此，科学及与之相关的技术所具有的可计算性，甚至还提供了现代西方资本主义的合理性。一方面，它"依赖现代科学的独特性，尤其是以数学及准确而又合理的实验为基础的自然科学"；"但另一方面，科学和有赖于科学的技术的发展，由于具有资本主义利益集团所关心的实际经济用途，因而从资本主义利益集团中得到了巨大的刺激"③。这就说明，在科学带来了巨大的经济效益与功利性效用的同时，这种经济效用又

---

① ［英］培根. 新工具. 许宝骙，译. 北京：商务印书馆，1984：98.
② ［美］科恩. 牛顿革命. 颜锋，等，译. 南昌：江西教育出版社，1999：5.
③ ［德］马克斯·韦伯. 新教伦理与资本主义精神. 彭强，等，译. 西安：陕西师范大学出版社，2002：23.

反过来促进了科学的发展。

因此，一定意义上可以说，在近代科学产生初期，正是对科学功利性的追求通过其物质力量的展现，为科学奠定了坚实的社会地位。科学之所以能在与宗教等各种意识形态的较量中取得胜利并发展为一种独立的力量，很大程度上也是得益于其所具有的功利性价值，以及其中所蕴涵的工具主义的主张。正是它们，开启了科学赢取独立地位的征程，并成为科学取得独立地位、上升为主要社会力量这一过程中最有力的宣言。

科学的这种工具性与功利性特征在现代实用主义那里得到了进一步张扬，并发展为一种影响极广的哲学思潮。它肇始于皮尔士，经过詹姆士的发展，到杜威那里，已发展成为一种影响极广的真理观。

皮尔士（Pierce）是实用主义的创始人。在真理问题上，他认为，"真的东西不过是认识中令人满足的东西"，断言了真理就是"效果"，就是导致行动成功的信念，或者说是那种将引起满足我们当时愿望的行动的信念。他对事物及观念的意义所具有的实际效果的强调，确立了实用主义真理观的基本原则："一个观念或信念的意义不是通过单纯考察其本身就能确定的，相反，我们要在实际的操作过程中对其意义进行探究。观念的意义问题首先是这样的问题：一个特定的观念将引导我们从事什么样的特定的行动？这些行动又会在经验中引出什么样的可感效果？"① 这也就如詹姆士所说的，"我们思考事物时，如要把它完全弄明白，只须考虑它含有什么样可能的实际效果，即我们从它那里会得到什么感觉，我们必须准备作什么样的反应。我们对于这些无论是眼前的还是遥远的效果所具有的概念，就这个概念的积极意义而论，就是我们对于这一事物所具有的全部概念"②。由此可见，根据结果而断言观念是否为真理的实用主义的基本立

---

① 常健，等．欧美哲学通史（现代哲学卷）．天津：南开大学出版社，2003：29.
② ［美］詹姆士．实用主义．陈羽纶，孙瑞禾，译．北京：商务印书馆，1979：27.

场在皮尔士这里已经形成，实用主义的序幕也因此被皮尔士缓缓拉开。

威廉·詹姆士（William James）是实用主义发展过程中的重要人物。他既致力于实现实用主义的体系化，也创立了实用主义的真理观，并提出了实用主义关于真理的基本观念和原则：有用即真理。他认为，真观念所产生的效用或价值，表现在真观念能使人的需要得到满足，给人带来某种利益，或者使人取得某种成功。在他看来，"真理不过是许多证实过程的一种集体名称，正如健康、富裕、强壮等等都是和生活相关的其他过程的名称一样，我们追求它们也是因为追求它们是合算的。真理正如健康、富裕、强壮等等一样，也是在经验过程中形成的"①。因此，"'它是有用的，因为它是真的'，或者说，'它是真的，因为它是有用的'，这两句话的意思是一样的。也就是说，这里有一个观念实现了，而且能被证实了。'真'是任何开始证实过程的观念的名称。'有用'是它在经验里完成了的作用的名称"②。可以看出，詹姆士观念中的"有用"是对"真"的证实，是从经验层面上的功利性效用对理论的真理性的证实。不仅如此，詹姆士还明确地提出"工具"这个概念，认为"我们的一切理论都是工具性的，都是适应实在的精神方式，而不是神圣创造的宇宙之谜的启示或神智的答案"③，从而突出了理论知识的工具性以及真理的工具性特征。而且这种工具主义的观念已经根深蒂固，并被充分张扬。在他看来，任何观念只要符合个人的需要，都应予以肯定。正如他所说的："实用主义没有任何偏见，没有阻碍性的教条，关于什么可以称作证据也没有严格的标准。它是完全温和的。它会容纳任何假设，它会考虑任何证据。……实用主义愿意承认任何东西，愿意遵循逻辑和感觉，并且愿意考虑最卑微的纯粹是个人

---

① ［美］詹姆士. 实用主义. 陈羽纶，孙瑞禾，译. 北京：商务印书馆，1979：112.
② 同①105.
③ 同①100.

的经验。只要有实际效果，实用主义还愿意考虑神秘的经验。实用主义愿意承认那生活在污浊的私人事务里的上帝。"① 可见，詹姆士的工具主义倾向无疑为科学技术功利性效用的最大化提供了有利的思想依据。

杜威（Dewey）是实用主义的集大成者，他不仅发展了实用主义的基本理论，也使实用主义的真理观在工具层面上有了更深入的发展。他明确指出，"其实，所谓真理即效用，就是把思想或学说认作可行而拿来贡献于经验改造的那种效用"②。因此，杜威甚至将实用主义以及这一实用主义的真理观直接称作工具主义。其基本含义是：观念、思想、理论是人用以使其行动取得成功的工具，因而它们能否使人的行动取得成功便成为其真理性的标准。"如果观念、意义、概念、学说和体系，对于一定的环境的主动的改造，或对于某种特殊的困苦和纷扰的排除确是一种工具般的东西，它们的效能和价值就会系于这个工作的成功与否。如果它们成功了，它们就是可靠、健全、有效、好的、真的。"③ 同时，他强调一切知识都具有工具性，观念、思想、理论等"与一切工具一样，它们作为工具来说的价值不在于它们本身，而在于它们在所造就的结果中显示出来的功效"④。而且，工具、手段与目的、后果是同等重要的。他说："知识是具有工具性的，但是，我们全书讨论的主旨却在于颂扬工具、手段，这些东西与目的、后果具有同等的价值，因为没有工具和手段，目的和后果都是偶然的、杂乱的和不稳定的。"⑤ 这样，杜威就赋予一切知识（包括科学）以工具性，并且因其效用而获得真理性。进一步地，杜威还将科学的工具

---

① ［美］詹姆士.实用主义.陈羽纶，孙瑞禾，译.北京：商务印书馆，1979：44.
② ［美］杜威.哲学的改造.许崇清，译.北京：商务印书馆，1958：85.
③ 同②84.
④ 同②73.
⑤ ［美］杜威.确定性的寻求.资产阶级哲学资料选辑（第9辑）.上海：上海人民出版社，1966：226.

主义特性泛化，他一再强调工具主义不是把科学概念、理论的真理性仅仅归结为使个人取得成效或成功与否，而是使大家、公众取得效用或成功。他指出："例如当真理被看作一种满足时，常被认为是情绪的满足，私人的安适，纯个人需要的供应。但这里所谓满足却是观念和行动的目的和方法所由产生的问题的要求和条件的满足。这个满足包含公众的和客观的条件，它不为乍起的念头和个人的嗜好所左右。"① 由此可见，杜威在从个人的满足转向公众的满足时，也没有肯定科学知识反映客观实在的意思，从而他不仅将科学知识庸俗化，而且还将科学推向了工具主义的极限，从而掩盖了科学知识的价值维度，助长了科学主义盛行的气焰。

与詹姆士不同，杜威的观点不仅是工具主义的，他也试图通过"工具"的概念把自己同科学、实验等联系起来，从而带有了科学的色彩。在这一工具主义的、实用主义的真理观中，科学、经验、工具性、真理性四者得到了统一；其中所隐藏的科学主义的、工具主义的思想也因此暴露无遗，科学主义也借着功利性的思想而发展起来了。

---

① ［美］杜威. 哲学的改造. 许崇清，译. 北京：商务印书馆，1958：85.

# 第七章 工具理性的扩张

自近代以来，经培根和笛卡尔等的奠基、由牛顿所开创的科学传统开启了自然科学研究的经典时期，并确立了客观性的理想与追求。科学的普遍性、客观性、精确性等特征，成为科学活动的基本准则与指向所在。然而，这种客观性的理想却不断增强着一种科学主义的信念，其与哲学的科学化愿望以及工具主义的科学主义倾向合流，一并提升了科学在社会生活中的地位；同时，与客观性理想的追寻相伴随的人类认识自然、改造自然能力的不断增强，却也导致了人类理性逐渐向工具理性的倾斜，造成了价值理性的迷失。

## 一、对普遍性、客观性的向往

对于现代科学而言，客观性的理想并不是一个空洞的概念，而是作为自然科学研究的原则与基础而存在着的。它不仅贯穿于自然科学的各个领域，甚至一度影响到社会科学领域，成为社会科学研究的指导原则。但不论是自然科学领域，还是社会科学领域，对普遍性与客观性的向往都成为最首要的基本特征，规范着具体的科学研究。这突出体现在科学所具有的统一性与普遍性特征、客观性与中立性特征，以及对程式化与标准化的追求方面。

**1. 统一性与普遍性**

自然科学从一开始，就以探索宇宙和自然界事物的统一性与普遍性为己任，致力于寻求知识的统一与科学的统一。这在根本上是因为，"物理上真实的东西一定是逻辑上简单的东西。也就是说，它在基础上具有统一性"[①]。因此，实现科学的统一，一直以来都是诸多领域的科学家与哲学家所追求的目标。

对科学统一性的追求与向往，首先是建立在事物的普遍联系这一认识之上的。反过来，实现科学统一性的努力也增强着这种联系的普遍性与广泛性。如雅斯贝尔斯所说，正是这种"关于各门科学统一的观念产生了所有知识的联系，对此联系的努力探求是显而易见的"[②]。这也是一直以来经典科学的研究所遵循的一个基本规律。

从科学的发展来看，当17世纪牛顿在万有引力定律和牛顿运动三定律的基础上建立了经典力学的基本理论体系，把所有力学知识整理成一个演绎的知识体系，从而确立了经典物理学大厦的基本结构。这就在科学发展史上第一次实现了知识的综合与统一，同时也论证了宇宙在各层次上基本统一的观念。从此以后，建立一个囊括所有方面知识的大一统的科学理论，构建一个完善的科学大厦，便成为科学家们所努力追求的目标。19世纪在科学领域所完成的几大综合，如电磁统一理论的建立、元素周期律

---

① [美]爱因斯坦. 爱因斯坦文集（第1卷）. 许良英，范岱年，编译. 北京：商务印书馆，1976：299.

② [德]雅斯贝尔斯. 历史的起源与目标. 魏楚雄，俞新天，译. 北京：华夏出版社，1989：101.

对化学与元素知识的统一、达尔文进化论对生物学知识的综合等，更是增强了科学统一性的信心。20 世纪初期开始，爱因斯坦基于各种力都可用一种理论来说明这一信念，试图把电磁场和引力场统一起来。虽然这一努力并未成功，但却从此开启了科学家们想要用一种统一的理论来解释引力、电磁力、弱（核）力和强力这四种不同力的尝试，如"电弱统一理论"就是这一努力的一个重要成果。即便是在今天，理论物理界的诸多科学家们也依然是在苦苦求索，试图建立起一个有关物理相互作用的、前后一致的、统一的理论，用统一的规律和科学体系来解释所有现象。这些都生动反映了科学家们对于科学统一性的不懈追求。

从哲学领域来看，这种对科学统一性的信念与实现科学统一的目标在实证主义那里体现得最为明显。从孔德到马赫的各种实证主义思想，都致力于统一的科学系统的建立。

早在 19 世纪 30、40 年代，孔德就试图通过他的科学分类思想来统一各门科学，这在《实证哲学教程》和《论实证精神》中有所体现。以实证精神为基础，孔德强调，科学是一个有机体，在对科学进行分类时应以观察为基础，从事物的普遍联系中区分各个特殊的系列，并依次归类和排列，同时注意各门科学间的有机联系，特别应注意吸收植物学和生物学的分类方法。在具体进行科学分类的过程中，孔德借鉴了拉马克的生物进化论思想，将科学分为六类：数学、天文学、物理学、化学、生物学和社会学。孔德认为，从数学到社会学体现着一种普遍性递减复杂性递增的规律，这种分类方法正是顺从各门相应学科的真正亲缘关系形成的，处于中间位置的四门学科，就其涉及最简单的现象而言，每一门与前一门相通，而就其牵涉复杂现象而言，则与后一门相通。① 结合"三阶段规律"，孔

---

① ［法］奥古斯特·孔德. 论实证精神. 黄建华，译. 北京：商务印书馆，1996：70 - 71.

德认为，在他所处的时代，从数学到生物学都已进入实证阶段，只有社会学还停留在形而上学阶段，当时法国社会长期动荡不安的原因也正在于此。因此，要建立实证的社会学，并要在实证科学的基础上建立实证哲学，使实证哲学成为一个不可分割的知识体系，正是孔德给自己提出的历史使命。

孔德统一科学的追求和努力在马赫那里得到继承，并且马赫认为统一科学是解决 19 世纪 60 年代到 20 世纪初自然科学危机的有效办法。针对当时力图解决危机的机械唯物论和"机体论"两条路线，马赫提出了以要素一元论统一科学世界的第三条路线。马赫指出："谁想把各种科学集而成为一个整体，谁就必须得寻找一种在所有科学领域内都坚持的概念。如果我们将整个物质世界分解为一些要素，它们同时也是心理世界的要素，即一般称为感觉的要素。""如果跟进一步将一切科学领域内同类要素的结合、联系和相互依存关系的研究当做科学的唯一任务，那么，我们就有理由在这种概念的基础上形成一种统一的、一元论的宇宙结构，同时摆脱恼人的、引起思想紊乱的二元论。"[①] 有鉴于此，马赫从物理学、心理学和生理学的研究出发，确立了以"要素"为基础，统一物理世界、生理世界和心理世界，从而统一科学世界的研究路线。他通过把要素理解为心理世界和物理世界的共同基础，来彻底取消二者间不可逾越的鸿沟。[②] 在对要素进行分类之后，马赫明确宣称："心理的东西和物理的东西之间决不存在不可逾越的鸿沟，也不存在内部和外部；也不存在这样一种感觉，它和不同于感觉的外界事物是相应的。仅有一类要素，它们构成所谓内部和外部。至于要素本身，则是按照临时的考察方式来区分内外的。"[③] 这样一

---

① ［奥］马赫. 感觉的分析. 洪谦, 等, 译. 北京: 商务印书馆, 1996: 240.

② 马赫将要素分为三类: 物体的复合体构成要素, 身体的复合体构成要素, 意志、记忆、印象的复合体构成要素。三类要素分别对象物理世界、生理世界和心理世界。

③ 同①238.

来，他就把要素作为了一切科学研究的出发点，因为"这种观点能够使各种科学研究牢固地稳定下来，不因研究领域的不同而有所改变，例如我们从物理学的研究领域进入生理学和心理学的领域，仍能够以这种观点作为出发点"①。最终，不同的科学领域就有了共同的基础，达到可通约进而科学可以统一的目的。

作为科学最忠实的捍卫者，逻辑实证主义在追求科学的统一性上更为努力，并试图以物理学语言为基础统一科学。在逻辑实证主义者看来，统一的科学世界的建立是很重要的，因为这不仅是其从哲学中清除形而上学的重要武器，也是排除精神科学与自然科学对立的重要武器。之前的老实证主义者（主要是孔德和马赫）没能完成这个任务，主要是因为他们没能找到解决科学陈述的"主体间性"（即主观间的共同性）和"普遍性"的基础语言。换句话说，这种语言首先必须是主体间的语言，每个人都能理解，它的符号对每个人都具有相同的意义；其次，它必须是一种通用语言，可以表达任何事实。因此，要想统一科学，就要首先实现科学语言的统一。对此，逻辑实证主义者主张以物理学语言为基础，用物理主义来统一科学。而所谓物理主义，就是"以物理学为基础，应用行为主义的心理学方法，从物理的物的语言方面，将心理现象还原为物理现象，将心理学命题译为物理学命题，从而把'心理的'与'物理的'、'身体的'与'心灵的'统一起来，进而把一切经验科学还原为物理科学"②。用卡尔纳普的话来说，"物理主义的论点宣称物理学的语言是科学的普遍语言……科学的任何领域内的语言可以保存原来的内容翻译成为物理学语言。因此可以做出这样的结论：科学是一个统一的系统，在这个系统之内并无原则上不同的对象领域，因此自然科学与精神科学并不是分裂的。这就是统一科

---

① ［德］M. 石里克. 哲学家马赫. 洪谦，译. 自然辩证法通讯，1988（1）.
② 洪谦. 论逻辑经验主义. 北京：商务印书馆，1999：103.

学的论点"①。如此一来，各门科学就具备了彼此间的沟通和统一的"主体间性"和"普遍性"了。

在以上所提到的对于科学统一性的探求中，实际上已经暗含了科学普遍性的信念，对科学统一性的追求也将有助于实现其普遍性。对科学的统一性与普遍性的向往，最终是一致的。如雅斯贝尔斯曾指出的，"现代科学致力于研究最个别的现象，寻求其本身的普遍的相互关系。它不能领悟上帝的宇宙，但能领悟科学的宇宙。科学的万物皆有一致性的观念使它不满足于任何孤立的认识。现代科学不仅是普遍的，而且为追求科学的统一而生存，尽管它永不能达到这一目的"②。但严格说来，与统一性的追求相比，普遍性可以说是科学更为基本的特征与更为一般的向往。

查尔默斯曾指出，"无论我们把科学看成是物质控制还是其提供的理解，普遍性都是其独具的特点之一"；而普遍性之可以作为科学追求的目标是因为，"科学能够是，而且常常已经是并且现在也是，以一种服务于知识生产的旨趣，而不是以从属于其他个人的、阶级的和意识形态利益的方式来实践的"③。这就表明，普遍性不仅是科学的基本特征，也是科学所追求的目标之所在。

具体说来，对于科学普遍性的向往，主要可以区分为两大方面。一方面，是对科学自身所具有的普遍性的追求。即，科学就其本身而言是具有普遍性的，是一种普遍性的真理；而科学方法也具有使用上的普遍性。一般说来，科学是遵循普遍性的科学方法而获得并以数学的语言和逻辑规则加以表达的，因而具有一种不以个人意志为转移的、非个人的普遍性。另

---

① ［德］卡尔纳普．哲学与逻辑句法//洪谦，主编．现代西方哲学论著选辑（上）．北京：商务印书馆，1993：490．

② ［德］雅斯贝尔斯．历史的起源与目标．魏楚雄，俞新天，译．北京：华夏出版社，1989：99．

③ ［澳］查尔默斯．科学及其编造．蒋劲松，译．上海：上海科技教育出版社，2007：29，42．

一方面，科学的结论也是具有普遍性的。尽管科学总是在一定的社会历史条件下产生的，然而，在主流认识中，科学及其应用的效果则不因国家、民族、宗教、时代等社会历史条件的差异而有所不同，它在一切情境下都是普遍适用的。

不仅如此，"现代科学在精神上具有普遍性。在长时期中，它无不涉及，无一遗漏。无论自然现象、人类言行，或是人类的创造和命运，凡世上发生的一切都是观察、调查、研究的对象。宗教和各种权威都被加以审视。不仅每一实体，而且所有的思想可能性都成为研究的对象。调查和研究的范围没有任何限制"①。科学不仅是普遍的，也是范围上无限的、无止境的。

与其说实证主义和逻辑实证主义提出了统一科学的理论和观点，毋宁说是提供了科学统一的方法论，从孔德到卡尔纳普，实质上都在讨论科学统一的方法论路径，而其背后隐含着的则是对形而上学的取消和对科学方法万能的推崇。换言之，在统一科学的诸种观点背后是强调科学万能的信念，即相信自然科学的方法（特别是数学、逻辑分析、物理学的方法）可以作为其他学科的典范，具有广泛的普适性，是人类认识世界唯一正确、有效的方法，它应该被应用于包括人文社会科学在内的一切领域，甚至可以成为一切文化的基础方法。这种信念在逻辑实证主义的理论中体现得较为明显，对于逻辑实证主义者来说，有两个预设："其一是以经验作为科学和理性的最终衡量标准；其二是以逻辑为合理性的基本形式。"② 它对科学作了逻辑主义的理解，将科学理论的结构问题当作科学哲学的中心议题。只研究一切可能陈述的逻辑结构、理论的形式构架，而所谓科学理论

① [德]雅斯贝尔斯.历史的起源与目标.魏楚雄，俞新天，译.北京：华夏出版社，1989：98.

② 刘大椿.从中心到边缘——科学、哲学、人文之反思.北京：北京师范大学出版社，2006：31.

的结构问题，实质上就是探讨科学概念和命题间的逻辑关系。将科学方法论简单地归结为归纳逻辑，将对理论或假说的确认及其程度简单地归结为一类观察陈述（证据）同被检验的理论或假说之间的逻辑关系，试图说明一切科学理论都具备永久不变的公理结构，并且似乎存在着一种超越历史、永恒不变的方法论，这种方法论可以运用到科学以外的其他领域。至于科学发现的方法和过程则不在其讨论之列，科学方法论的任务只是分析和证明已经形成的知识，关于这些知识的科学发现过程，则是心理学家、社会学家需要研究的问题，科学的职责在于证明各种科学定律而不在于发现。这种对科学方法论的单一推崇，与当今既探讨证明逻辑又探讨发现逻辑的方法论发展趋势相比，其只占有了一极。另外，以这种方法论为指导的对科学的静态分析也排除了人、历史、社会和文化等诸多因素。显然，这种见解忽视了科学成长的人类社会、历史和文化的土壤。就是在科学内部，科学方法万能的思想也遭到了一部分生物学家和心理学家的反对，在科学外部，则遭到了人文主义学者的批判。但是，毋庸置疑的是，透过逻辑实证主义统一科学的努力，也折射出了工具理性对于人文社会科学的渗透与影响是非常深厚的。

## 2. 客观性与中立性

科学的客观性作为一种不容置疑的理想，自近代以来就成为科学特别是经典科学所追求的目标与方向。而科学之所以与众不同，最首要的特征也在于其所具有的客观性。正如舍夫勒所特别强调指出的，"客观性的理想是科学的一个最根本特征，这一理想要求所有的科学陈述都要经受独立的、无偏见的标准的检验，并认识到在认知领域中没有个人的权威"[①]。

那么，人们一直以来所追求的客观性到底是怎样的呢？我们可以一般

---

① Scheffler, Israel. Science and Subjectivity. Indianapolis: Hackett Publishing Company, 1982: 1.

性地认为，客观性的主张和观点包含着两个基本的方面：一是本体论层面上客体指向的本体论的客观性；二是指非个人的、认识论意义上的客观性。① 就第一个层面的主张而言，意味着不同的科学研究可以使用一个共有的认识客体，在此情形下，"客观性在主客二元对立中形成，科学认识则被解释为对独立的客体的表象"②；而从第二个层面的主张来看，"科学认识不能从任何特殊的或异质的视角加以理解，在个人与公众之间以及个人的、主观的观点和共享的、公共的观点的对立中，它只能表现为一种无立场的客观性，或者叫中立性"③。

因此，客观性首先意味着科学作为一种知识本身所具有的客观特征。作为一种特殊的知识体系，科学是对客观对象及其规律的正确反映，因此其内容是客观的，具有客观真理性。科学的客观性与真理性密切相关。科学客观性的第一指标，就是指科学正确反映了自然界的真实面貌，是一种真理的知识体系。因而可以说，科学客观性的理想与追求实际上是以对象的客观性为前提的，当对象被赋予一种与主体无关的客观的存在之后，它也才成为科学研究的主题。在此前提下，我们才可以认为科学认识及其知识是客观的而非主观的；换言之，对于所有理性的人来说，只有认识客体是客观的，科学知识才是客观有效的。这也是自古希腊哲学以来哲学家们一直坚持的共同理念，为了保护这一理念，哲人们进行了激烈的争论和辩护，直到近代自然科学产生之后，哲学家们提出了用科学方法来解决这一问题，"通过近代自然科学的方法，绝对科学客观性的现代理想才在一个新的原创中产生出来：科学有效的东西应当摆脱任何在各自的主观的被给

---

① Rescher，Nicholas. Objectivity：The Obligations of Impersonal Reason. University of Notre Dame Press，1997：3 - 4.

② Lorraine Daston. Objective and the Escape from Perspective. Social Studies of Science，1992 (4)：607.

③ 周丽昀. 当代西方科学观比较研究. 上海：上海社会科学院出版社，2007：172.

予性方面的相对性。科学可认识的世界的自在存在被理解为一种与主观经验视域的彻底无关性"①。

从这一意义上来说，科学的客观性其实是一种预设的、绝对的客观性。它"产生于一种理性主义的先入之见，集中于寻求对必然性的保证以及通往'真理'的条件，以一种强烈的形而上学色彩相信世界固有的秩序——这种秩序本身是由神圣的理性决定的，或被认为是与内心最迫切的祈求相一致的一种绝对基本的要求"②，因而是先验的、无条件的。

当科学所具有的客观性反映到价值层面，就突出体现为科学本身是价值中立的、无偏见的，以及科学后果的价值无涉性。由客观性的特质所决定，科学被当作仅仅是一种纯粹的、绝对的知识，是价值无涉的，因而只具有工具的意义。因此，客观性还意味着，科学家在进行观察、提出理论、进行检验的整个过程中都是不偏不倚的、不掺杂任何主观因素的。理想情境下，科学家从来都是无偏见的仲裁者，并被赋予了超于常人的道德品质。

坚信科学在道德领域的中立性，以及科学是价值中立的，这是许多科学家甚至哲学家都认可并且在努力证实的观点。如爱因斯坦曾指出，"科学的思维方式还有另一个特征。它为建立它的贯彻一致的体系所用到的概念是不表达什么感情的。对于科学家，只有'存在'，而没有什么愿望，没有什么价值，没有善，没有恶，也没有什么目标。只要我们逗留在科学本身的领域里，我们就决不会碰到'你不可说谎'这样一类的句子"③。而且，"科学直接产生知识，间接产生行动的手段。如果事先建立了确定

① ［德］埃德蒙德·胡塞尔.生活世界现象学.倪梁康，张廷国，译.上海：上海译文出版社，2002：34.
② ［法］让·拉特利尔.科学和技术对文化的挑战.吕乃基，译.北京：商务印书馆，1997：88.
③ ［美］爱因斯坦.爱因斯坦文集（3）.许良英，等，编译.北京：商务印书馆，1979：280.

的目标，它就导致有条理的行动。至于建立目标和作出对价值的陈述则超出了它的作用的范围"①。罗素也曾排除了科学对于善恶所具有的道德判断能力，他说，"科学是不讲价值的，它不能证实'爱比恨好'，或'仁慈比残忍更值得向往'诸如此类的命题。科学告诉我许多实现欲望的方法，但它却不能判断一个欲望比另一个欲望更可取"②。由此可见，承认科学的价值无涉与中立，"极其严肃地代表着理论与实践分离，伦理关怀被逐出科学之外，自然被祛魅"③。

具体来讲，客观性被当作科学的一个独特特征，并成为科学活动的追求和基本标准，是从笛卡尔开始的。17 世纪时，当笛卡尔通过"广延实体"与"思维实体"的区分，把上帝与"思维实体"排除在自然科学讨论的范围之外，他就捍卫了自然科学的神圣性和客观性，同时也开辟了追求经典的客观性理想的近代自然科学传统。而且，作为以牛顿力学为代表的经典物理学出发点的基本假设，正是建基于笛卡尔的"广延实体"之上的，且突出地体现了始自笛卡尔的经典客观性理想。对于近代自然科学思维方式来说，物质世界或"广延实体"服从严格的力学规律，在描述世界时，我们应该也能够排除"思维实体"或主体的影响，因而经典的客观性理想是完全可以实现的。当然，这一理想实现的前提是要通过正确的科学方法予以保证，任何想成为科学知识和科学方法之规则的制定者的认识主体，必须严格遵循因果原则，并且要运用正确的科学方法。

以逻辑实证主义为代表的传统科学哲学对科学的客观性做了最有力的辩护，并直接把对客观性的追求作为科学与非科学区分的重要标准之一。

---

① ［美］爱因斯坦. 爱因斯坦文集（3）. 许良英，等，编译. 北京：商务印书馆，1979：253.
② ［英］罗素. 宗教与科学. 徐奕春，译. 北京：商务印书馆，1982：91.
③ ［加］瑟乔·西斯蒙多. 科学技术学导论. 许为民，孟强，崔海灵，陈海丹，译. 上海：上海世纪出版集团，2007：149.

从科学所具有的可证实性出发，逻辑实证主义认为，对科学知识的客观性追求首先要保证科学知识是可证实的，不可证实的知识则不是科学知识，从而把客观性建立在了科学的可证实性的基础之上。按照逻辑实证主义的观点，"科学的最终目标就是发现有关外部世界的真理。科学研究是由公正的研究者进行的，他们按照逻辑和经验事实所决定的方式进行科学活动。而且，科学家工作的成果是公开受到公众检验的，可以通过检验和批判来保证其客观性和正确性"[①]。如此一来，科学的客观性通过可重复的可检验性而得以确保，科学也就成为了最具客观性、最正确、最公正的真理性知识体系。

与这一"强"客观性的追求相应，美国科学社会学家默顿在同一时期提出了科学运行过程所必需遵守的几条规范，并明确指出，"普遍主义、公有性、无私利性以及有组织的怀疑态度，构成了现代科学的精神特质"[②]。在这些规范中，普遍主义和公有性规范主要体现了科学所具有的普遍性特征及其对于普遍性理想的追求。其中，普遍主义通过科学知识的标准及科学完全独立于国界、种族和信仰说明科学来源的普遍性，"普遍主义直接表现在下述准则中，即关于真理的断言，无论其来源如何，都必须服从于先定的非个人性的标准：即要与观察和以前被证实的知识相一致。无论是把一些主张划归在科学之列，还是排斥在科学之外，并不依赖于提出这些主张的人的个人或社会属性；他的种族、国籍、宗教、阶级和个人品质也都与此无关"[③]。公有性则通过科学的社会群体或个体共同占有说明科学所有权的普遍性，"科学上的重大发现都是社会协作的产物，

---

①　Riggs, Peter. Whys and Ways of Science: Introducing Philosophical and Sociological Theories of Science. Melbourne: Melbourne University Press, 1992: 10.

②　[美] R. K. 默顿. 科学社会学（上册）. 鲁旭东，林聚任，译. 北京：商务印书馆，2004：365.

③　同②365-366.

因此它们属于社会所有。它们构成了共同的遗产，发现者个人对这类遗产的权利是极其有限的"①。无私利性及有组织的怀疑态度这两个规范则集中体现了科学对于客观性与中立性的寻求。其中，无私利性是对中立性的遵守以及实现客观性的保障，"对无私利性的要求在科学的公众性和可检验性中有坚实的基础，可以说，这种环境有助于科学的正直"②。有组织的怀疑态度则从制度层面上尽力避免了个人的主观权威对客观性可能产生的影响。因此，这实际上从社会层面上体现了科学实现客观性与中立性的向往和努力。

不过，在逻辑经验主义那里，对客观性的追求是建立在经验的可靠性基础之上的，正是观察的中立性与无偏见性确保了科学知识所具有的客观性。但是，"观察渗透理论"与观察的非中立性的发现，却使这一基础出了问题，客观性的根基就不再那么牢靠了。尽管如此，对客观性的追逐却并未到此结束。作为批判理性主义的主要代表，波普尔在对科学客观性进行了全面探讨之后，并没有放弃对于客观性的追求，他甚至提出了"客观知识"的理论。在他看来，追求客观性并不意味要完全排斥其中非理性的、主观的因素，正如波普尔所言："我所说的客观理论，是指可加以论证、可以承受理性批判的理论，或者可以更恰当地说是可检验的理论；而不是仅仅诉诸我们主观直觉的理论。"③ 波普尔虽然反对那种绝对的客观性，但却并不否认科学客观性的存在，而是采取了与实证主义相反的思路，从证伪的角度证明科学所具有的客观性。

可见，从机械论的世界观树立了客观性的理想开始，直到波普尔以前，客观性理想都被当作理所当然的、完全正确的追求。甚至在社会科学

---

①② ［美］R. K. 默顿. 科学社会学（上册）. 鲁旭东，林聚任，译. 北京：商务印书馆，2004：366.

③ ［英］波普尔. 波普尔思想自述. 赵月瑟，译. 上海：上海译文出版社，1988：192 - 193.

领域，客观性也被当作社会科学研究者所要实现的目标。他们相信，"知识不是先验的；通过研究，我们能够学会我们以前所不知道的东西，能够突破原有的期待，体会到种种意想不到的惊奇"；它还可"被看成是人类学习的结果，它代表着学术研究的意图，并且证明了学术研究的可能性"①。客观性与中立性追求的过程，实际上伴随了科学在各个领域的扩张。

当然，不可否认，由经典科学研究所确立起来的这一客观性理想与中立性的追求是过于绝对化、理想化了的，因而才遭到了自库恩以后的科学哲学家们的批判，在今天甚至被质疑、解构并且引发了经典科学的危机。"社会学家和历史学家认识到科学研究的与境性并且开始拒斥对普遍规则和价值的本质主义信念。他们或者将客观性理解为主体间性，或者是某种科学交流或科学参与，或者仅仅理解为一种个人的信念和认识行为的客观背景。"② 尽管自然科学领域之外的学者对科学知识的客观性问题进行了有理有据的质疑，但是大部分科学家们认为那些质疑是冗长乏味甚至是思想混乱的，他们对近代科学全部发展的决定性因素——科学知识具有客观性——的信念仍未动摇，因为他们将追求科学知识的客观性视为科学家必备的态度，并对科学态度的正面作用确信不移。正像罗杰·G. 牛顿所言："受玩世不恭的人和空想家的抨击，客观性是一个不可忽视的组成目标，尽管存在个人偏好，科学家必须克服这些困难，为客观性而奋斗。追求真理和客观性的理念，即科学家不言而喻所取的和现实的目的和价值，并不总是显而易见地成功的，这也许可以称为'科学态度'。尽管目前有持续的批评，科学态度仍然大大促进了文明。"③ 由此可见，科学知识的客观

---

① ［美］华勒斯坦，等. 开放社会科学. 刘锋，译. 北京：三联书店，1997：97-98.
② 周丽昀. 当代西方科学观比较研究. 上海：上海社会科学院出版社，2007：175.
③ ［美］罗杰·G. 牛顿. 科学哲学历史导论. 邱仁宗，等，译. 武汉：华中工学院出版社，1982：66.

性与中立性笃信和追求在科学家们的信念中是多么地根深蒂固。

### 3. 程式化与标准化

程式化与标准化可以说是科学的普遍性追求与客观性理想中最突出、最具影响的一个方面，也是科学客观性理想的核心内容。科学自近代以来不断取得的研究成果以及广泛的社会效用，一再证明着科学方法的客观普遍性，以及科学自身所具有的优越性，更增强了人们对于程序化与标准化理想的追求。其结果，导致了无论是在科学研究领域之内或之外，程式化与标准化的追求都随处可见。

科学中程式化的追求首先始于科学家们对于科学方法的关注，并主要体现在对科学方法的追求之中。在具体的科学探究过程中，方法往往是取得成功的前提与保障，并影响着整个科学过程的顺利进行。在大多数人看来，只要掌握了方法，就可以解决一切问题，克服所有困难。因此，对方法的渴求实际上就代表了对程式化的追求。在这一意义上，对科学程式化的追求主要就是对科学方法程式化的希望。实际上，也正是在对科学方法日益精确、完善、标准化的探求过程中，程式化的追求体现到了极致。因为，正如苏联著名生理学家巴甫洛夫曾指出的："方法是最主要最基本的东西"，"科学的跃进往往取决于方法上的成就。研究方法每前进一步，我们也仿佛随之升高一层，从那高处，我们就可以望见广阔的远景，望见许多先前望不见的事物。因此，我们头等重要的任务，乃是制定研究方法"①。

从科学发展的历史来看，至少从伽利略的时代起，人们就开始了对程式化的追求。撇开亚里士多德三段论式的演绎方法不谈，在近代科学史上，伽利略最早从亚里士多德的方法论出发，以分解法、组合法、实验确证为例对科学程序进行了评论。这就在近现代的意义上探讨了科学方法与

---

① ［苏联］巴甫洛夫. 巴甫洛夫选集（中文1版）. 吴生林，等，译. 北京：科学出版社，1955：4.

科学程式化的问题。不过，真正开科学程式化追求之先河，并将对方法的探究与强调提上议事日程的，则应归功于近代实验科学的创始人弗朗西斯·培根。从这以后，科学开始被确认为是一项程式化的事业，并致力于追求一种终极的、一劳永逸式的科学方法。

培根特别强调科学研究过程中方法的重要性，甚至可以说是新科学方法论的先知。他在批判了亚里士多德方法的基础上，提出了著名的"归纳法"；并以方法论的探求为主旨而写就了《新工具》一书。在该书中，培根明确指出，当前所使用的方法已太过狭隘化了，这势必影响到对事物的认识。因此，要深入事物内部，探求事物的本质，首先就必须有一个"更好和更准确的方法"。这种"新"的科学方法，就是"强调逐步的、渐进的归纳和排除法"①。在当时，培根对于作为科学方法的归纳法的探讨，意义是十分重大的，它不仅推动着科学的发展，也奠定了归纳逻辑的基础。不过，培根关于方法与程序的观点似乎有些过于绝对化了。他甚至断言，"钻求和发现真理，只有亦只能有两条道路。一条道路是从感官和特殊的东西飞越到最普遍的原理，其真理性即被视为已定而不可动摇，而由这些原则进而去判断，进而去发现一些中级的公理。这是现在流行的方法。另一条道路是从感官和特殊的东西引出一些原理，经由逐步而无间断的上升，直至最后才达到最普遍的原理。这是正确的方法，但迄今还未试行过"②。培根在科学方法的观点，一定程度上反映了他思想中所蕴涵的科学主义成分。

自培根的归纳程序观以降，直到 19 世纪末，近代科学成熟并开始向现代科学过渡，具有现代性色彩的 procedural 成词，程序理念也日渐成

---

① ［美］约翰·洛西．科学哲学历史导论．邱仁宗，等，译．武汉：华中工学院出版社，1982：66.

② ［英］培根．新工具．许宝骙，译．北京：商务印书馆，1984：12.

熟，程序方法也因其规则性（规范性）、人为性、分析性、形式性、秩序性和公开性的日益明确和丰满而成熟起来，现代科学中的程序化思想，已经呼之欲出。

到了 20 世纪，程式化的理想在逻辑经验主义那里不仅得到了更充分的强调，科学作为一种标准化的知识也在同时得到了严格的逻辑证明。正如实证主义的经验批判主义者马赫所说，"我们必须承认，任何一种科学成果，如果没有方法，是不能在主要之点上完完全全达到的"①。作为实证主义发展的新阶段，逻辑经验主义对方法的重视走得更远。从逻辑与经验出发，通过对归纳逻辑与证实原则的论证和强调，表明了科学所内含的程式化与标准化特征，并确保了科学所具有的合理性。在那些正统的科学哲学家以及科学捍卫者们看来，程式化的理想与标准化的追求作为科学发展过程中方法论探求所追寻的目标，集中体现了科学作为一种不同于其他非科学知识的优越性，也是科学努力的方向。因为，科学是一种有条理的知识与方法，其研究必然遵循一定的程式与方法，并具有一定的标准，这实际上构成了程式化与标准化追求的首要前提。这种"科学主义的归纳程序观"不仅在 19 世纪占据主导地位，在 20 世纪前半叶依然有巨大的影响力。

几乎与逻辑经验主义者同时，美国实验物理学家布里奇曼有感于经典物理学及其理念遭遇的危机，通过反思自己的实验工作，提出了操作主义的程序观。布里奇曼认为，大可不必因为经典物理学及其概念遭受的危机而丧失对科学和真理的信仰，"只要将恰当概念定义之来源由属性（properties）改为实际操作，我们就不需要冒任何风险去更新我们对自然的态度"②。根据这种认识，布里奇曼认为，只要摒弃物理概念反映客观实在

---

① ［奥］马赫. 力学的发展. 孙小礼，译. 王大庆，校//洪谦，主编. 现代西方哲学论著选辑. 北京：商务印书馆，1993：41.

② Bridgman, P. W. The Logic of Modern Physics. New York: Macmillan Company, 1932: 6.

的观点，将所有科学概念与经验过程、操作①过程联系起来，通过树立"概念与相应的操作同义"的理念，就可以解决经典物理学的概念危机。从这一观点出发，布里奇曼提出了概念意义的操作标准："即概念的意义取决于相应的操作：有操作与之对应的概念，就是有意义的概念；没有操作与之相对应的概念，就是无意义的概念；操作的可行性，成为概念意义的判断标准；有什么样的操作，就有什么样的意义。以概念的意义标准为基础，《现代物理学的逻辑》（布里奇曼1927年出版的作品。——引者注）还指出了公式、描述、命题（或曰问题）、知识乃至社会行动等意义也取决于实际操作的标准。"②依据布里奇曼的上述观点，如果将物理现象即概念只视为操作活动，那么科学真理就不再是主观与客观相符合的范畴，而仅仅是为了实用和方便。例如，以"超距说"被"场的学说"所取代，并不是因为后者比前者更准确地反映了客观实在，而只是由于人们采用后者比前者更方便。显然，布里奇曼提出的科学概念意义的操作标准过于绝对化，他因此受到了卡尔纳普和爱因斯坦等人的批判。但是，作为科学家的布里奇曼本人对其操作主义程序观之于科学研究的意义和作用坚信不疑，甚至于他认为这种程序化的科学认识方法一样可以应用于社会领域，如他早在1935—1936年就试图将这种操作主义程序观向社会生活领域（如法律、思维活动等）推广。③尽管他后来提出要慎用"操作主义"一词，改用操作方面、操作分析等词汇，但毋庸置疑的是，其科学主义的倾向一览无遗，以至于马尔库塞针对科学的程序化问题批判地认为，制度

---

① 布里奇曼所说的操作主要指实验操作，也包括非仪器的操作，即精神操作。他把精神操作分为两类：一类是"纸和笔的操作"，指数学运算和逻辑运算；另一类为"言语操作"，不仅包括科学家的全部言语活动，而且还包括科学家的思维活动。

② 涂明君. 程序化的哲学阐释. 北京：中国人民大学出版社，2008：174.

③ Bridgman, P. W. The Nature of Physical Theory. Princeton：Princeton University Press，1936：5-7.

化、程序化的科学已经成为导致社会危机（包括经济危机、精神危机等）加剧、社会异化严重、高度的机械化与自动化吞噬了自由和创造的意识形态。①

20 世纪中叶，以程序为基础的电子计算机的出现，把科学中的程序化追求推向了一种极致，一个完美境界。作为现代科学研究的最新成果，电子计算机本身就是程式化的产物。它在具体的运行过程中完全排除了人的因素，而且按照事先存储并设定好的程序，自主地来处理各种复杂信息。既定的程序与规则、固定安排的指令与系统，几乎就是计算机的全部；但其在精准化程度上却堪比人脑，并且有着人脑所不能达到的速度与效率。也正因如此，电子计算机及其应用在今天已经遍及人类生活的各个领域，而在其基础上发展起来的人工智能，也成为人类对程式化的新追求。

总的来看，程式化与标准化追求的历史，实际上就是在对世界的机械化认识的基础上，以归纳和逻辑来简化世界、重塑世界的过程。从归纳逻辑开始的方法论的探求，到以电子计算机为标志的程式化产物的出现，基本上遵循着这一逻辑。有观点指出，"程式化的理想，由下述两股巨大的潮流所光大，它们是：第一，源自柏拉图的传统试图把全部推理都归纳成明晰的规则，把世界规约为不需解释地运用这些规则的原子事实；第二，发明了数学电子计算机，一种通用的信息加工装置，它可按明晰的规则进行计算，并把数据当成逻辑上相互独立的原子元素而加以接受"②。这是颇有见地的。

可以说，程式化的追求与标准化的向往是贯彻人类历史始终的。程式

① ［美］赫伯特·马尔库塞. 单向度的人：发达工业社会的意识形态研究. 刘继，译. 上海：上海译文出版社，1989：101－105.

② 刘大椿. 科学哲学. 北京：中国人民大学出版社，2006：255.

化因科学方法的成功而被强调并成为人类追逐的梦想，又因其对规则化、系统化、标准化的追求而进入一切领域。因此，程式化与标准化的理想发展到后来甚至扩展为一种社会领域的程式化与标准化的追求。所有的社会事务与社会工作都被要求按照一定的程式、规则与方法来加以改造，并积极寻求一种标准化的结果，同时尽力消除其中所有可能的变动性与差异性。于是，包括社会公共设施的建设、工厂中人员的管理等等，都是在迎合这个现代化社会的理性标准与客观原则，并与之一起建造着一个干瘪的、机械化的、理性化的现代社会。

生产过程的程式化和标准化是其中最突出的例子。如商品的生产被要求奉行一种标准化的生产模式，并按照规范化的程序来进行，结果导致流水线式作业成为各行各业所纷纷效仿并不断被推广开来。但是，在生产线上，"人不见了，剩下的只是根据精细的劳动分工而进行精密科学测定的基础上安排的'手'和'物'"①。而教育的程式化与标准化甚至已发展成为当前社会的一种弊病。当学校教育被一套固定程序的教育标准所限制着，对教育成果的评价往往由标准化的答案所决定，学习中的自主性、创造性等也就被压抑了，这对于人类文明的成长是很不利的。

## 二、对精致性、完备性的追求

与科学的客观性与普遍性一样，对精致性、严谨性、完备性等的追求也是科学一直以来的主要目标。近代科学与古希腊科学的最大不同就在于，"始终坚持尽可能精确定量的描述和定律的理想"②，并以此为基本原

---

① ［美］丹尼尔·贝尔．后工业社会的来临．丁学良，译．北京：商务印书馆，1986：390.

② ［英］沃尔夫．十六、十七世纪科学技术和哲学史．周昌忠，等，译．北京：商务印书馆，1985：9.

则。正是基于这样一种不懈的努力，使科学成为了一门特殊的知识，同时也发展成为最具严密性、最具潜力的学问。

## 1. 思维经济原则

在对科学精致性与严密性的追求中，奥地利物理学家和哲学家马赫所提出的"思维经济原则"是一种极具代表性的理论，且一度作为科学简单性的主要表达，发展为科学方法论的一个重要基本原则。

受达尔文进化论思想的影响，马赫从适者生存的角度出发，提出了人的思维必须遵循经济原则的理论。在 1872 年的《功的守恒定律的历史和根源》一书中，马赫首次提出了思维经济的想法，即设想世界上只有我和我的感觉存在，那么这样的思维是最经济的。在后来发表的《力学的发展》一文中，马赫明确提出了"思维经济"的原则，并赋予其简单性的意义。"由于人的生命短促，人的记忆能力有限，任何一项名副其实的知识，如果没有最大限度的思维经济，都是不能得到的。因此，可以把科学看成一个最小值问题，这就是：花费尽可能最少的思维，对事实做出尽可能最完善的陈述"①。1882 年 5 月 25 日，马赫在维也纳的奥地利帝国科学院成立周年纪念大会上做了题为《物理研究的经济本性》的演讲，并在一开始就指出，"当人类思维凭借其有限的能力企图反映世界上丰富多彩的生活，而其自身只不过是这一世界的一小部分时，显然，它是不可能穷尽这一认识的。鉴于此，人们不得不经济地思维。因此，各个时代的哲学家都表达了同样的趋势，即通过少数基本的思想来把握实在的根本特征"②。这就再次强调了思维经济原则的重要性与必要性，而且揭示了人类思维与认识发展的必然趋势。

---

① ［奥］马赫. 力学的发展. 孙小礼，译. 王大庆，校//洪谦，主编. 现代西方哲学论著选辑. 北京：商务印书馆，1993：41.

② ［奥］马赫. 物理研究的经济本性. 茆俊强，译. 自然科学的哲学问题，1987（2）：21.

实际上，"思维经济"的思路早在中世纪初期就已出现，当时著名的经院哲学家奥卡姆所提出的"如无必要，毋增实体"这一哲学命题，可以说就是思维经济原则的早期版本。按照这一原则，我们在进行思维时就应该把那些无用的、多余的赘物，像用快刀剃头一样统统剃掉，因而在哲学上往往被称为是"奥卡姆的剃刀"。因此，这一追求思维的逻辑简单性与经济性的原则，对于人类寻求认识的效率而言是意义重大的。

马赫对思维经济原则在科学中的重要性颇为重视。在他看来，思维经济应该被看作我们文明的特殊形式的一条基本原则，并且呼吁："在科学中……我们要关心方便和节约思维"。他宣称，"科学的目的，是用思维中对事实的模写和预测来替代经验，或者节约经验"[①]，而且，科学的这种经济功能是贯穿于科学的整个生命过程之中的。

教育中的思维经济也是马赫所关注的。他关于思维经济的见解，实际上就是在他自己和许多科学家的科研实践经验以及自身教学实践的基础上经哲学概括而得出的。他说："我的关于思维经济的见解，是从我的教学经验中，从实际教学工作中发展出来的。早在 1861 年，当我开始以私人讲师的身份开课的时候就已经有了这种见解。"[②] 他进一步指出："一切科学都是通过事实在思维中的模写和表现来替代经验和节省经验；这样的模写较之与经验直接接触更为简易，而且在一定条件下可以代表经验。这个贯彻科学整个本质的经济的功能，可以用最普通的例子来说明，而且这个具有经济性质的认识可以将所有神秘物从科学中排除出去。科学教育就是将这个人的经验转给另一个人，因而节省另一个人的经验。就是整个一代的经验通过图书馆的保存转给后一代，也是为了节省后一代的经验。"[③]

---

① ［奥］马赫. 力学的发展. 孙小礼，译. 王大庆，校//洪谦，主编. 现代西方哲学论著选辑. 北京：商务印书馆，1993：35.

② 同①46.

③ 洪谦. 论逻辑经验主义. 北京：商务印书馆，1999：227.

可以说，马赫的思维经济原则是具有很丰富的蕴涵的。它既涉及科学的目的，也与科学的方法论原则、理论评价标准等密切相关。如布莱克默就将思维经济区分为十一种不同的类型，即思维的经济、精力的经济、功和时间的经济、方法论的经济、作为数学简单性的经济、作为缩略的经济、作为抽象的经济、作为不完备的逻辑的经济、本体论的经济、自然界中没有经济和语言的经济等。但是，马赫所最为突出强调的应是思维的简单性与逻辑性方面。在马赫看来，思维的经济实际上"是一个纯粹的逻辑理想，直到它的逻辑分析已达完善之后，也仍然保持着自己的价值。一门科学的系统化方式，是可以以许多不同的方式从同一的原理中推出来的，但是有一些演绎系统比其他的演绎系统更符合思维经济原则"①。当一个科学理论在逻辑结构上达到的简单性与经济性的程度越高时，它所包含的公理与内容就越丰富，意义也就越大，理论本身所达到的完善程度与深刻程度也就越深。无疑，这样一种追求思维的逻辑性与简单性的理想，对于实现科学的严谨性与精密性而言是具有极重要意义的。爱因斯坦将思维经济原则称为"马赫的经济原理"——逻辑简单性原理，他在创立相对论时，曾在这种简单性原理中获得启发。

马赫还将思维经济原则作为了他在哲学上反对"形而上学"的有力的思想武器。根据此原则，马赫认为，科学中一切离开感觉经验，不能还原到经验的东西都应加以取消，例如现象背后的物自体、因果概念的东西都是"消极"的，只能引起人们思想上的混乱。因此，应按照思维经济原则，将这些"形而上学"的东西在科学中彻底剔除。

当然，除理论本身的思维经济要求所可能达到的效果外，思维经济原则对于科学的具体思维形式以及方法论的选择也具有积极的意义。因为

---

① ［奥］马赫．力学的发展．孙小礼，译．王大庆，校//洪谦，主编．现代西方哲学论著选辑．北京：商务印书馆，1993：48.

"语言本身就是一种经济发明和经济手段"，越简单实用的符号，就越充分表现出思维形式所具有的简单性与经济性。而在科学方法论方面，思维经济原则要求科学家在进行研究时要采取尽可能简捷的思路和尽可能经济的思维方式，尽可能用最简单的方法和实验步骤，获取尽可能充分、完备的知识。通过整个科学过程中的思维经济的考量，努力实现最精致、最完善的知识，提高认识的效率，就是思维经济原则在认识中所要达致的目标。

### 2. 计算主义

计算主义是当前科学与哲学界都颇为关注的一个概念。它可以一般地理解为，认为从物理世界、生命过程直到人类心智的所有领域都是算法可以计算的，甚至整个宇宙也完全是由算法所支配与控制的这样一种哲学主张。因此，计算主义所倡导的，就是从计算的角度去审视一切，去认识世界、把握世界。

我们今天所说的"计算主义"（computationalism），是以认知科学的研究纲领这一面目出现的。它源自 20 世纪 50—70 年代认知革命领域所兴起的一股"计算主义"的思潮，是当代认知科学和人工智能领域关于心灵或认知的一种理论。计算主义的基本思想是认为心理状态、心理活动和心理过程都是计算状态、计算活动、计算过程，换言之，认知就是计算。而计算机科学技术的进步及其在社会各领域中的广泛应用，更是使现代社会成为一个由计算所控制的、充满计算的世界。算法与计算几乎成为诸学科领域所共同关注的核心概念，也是其一直都在追求和使用的方法。然而，计算主义及其所包含的对于"数"的观念的重视与强调，则可以追溯至毕达哥拉斯时期"万物皆数"的思想，以及由其而开创的数学与数学化传统。

一直以来，对数字的信念都是人类寻求精致性的最好表达，也是人类实现精确性的最佳工具。因此，自然或世界可计算的传统在人类发展史上具有着悠久的历史。早在两千多年前的古希腊时期，毕达哥拉斯学派就将数作为万物的本原来加以强调。在毕达哥拉斯看来，世界是由数所构成的，一切产生于数，并复归于数；数作为一种实在是构成事物的本原，只有通过数学表征的和谐关系才是完美的，因此，也只有数学才是万物生灭变化的原因。300 多年前，伽利略明确宣称了自然界的数学特征，声言"自然界这本大书是用数学语言写的"。而开普勒也因惊讶于行星运动规律的完美与自洽而感叹道："上帝一定是个几何学家！"17 世纪的笛卡尔则为当时正在形成的机械论世界观提供了一种有效的数学模式，认为万物都有一个量化的问题，都可以归结为数学，从而使一切都变得精确无误。此后的科学发展，基本上都是按照牛顿所开创的经典科学传统，在机械论自然观的世界图景内进行的，"按照这种机械论自然观的世界图景，整个宇宙机器的运行遵循既定的、统一的物理规律；这些规律能够被人获知，写成数学方程；这些方程可以计算。数理科学试图通过计算，对大自然进行干预。于是，大自然成为人类研究、分析、计算、控制、改造、重构的对象。大自然失去了其曾经的地位，变成了纯粹的客体，人类相信自己有能力、有权力对自然进行控制和改造"①。从而，以对数的强调、以量化的指标来衡量科学发展水平的实验科学传统由此沿袭并不断发展起来。

可见，自近代以来的科学发展已经表明，"现代科学的力量就在于以量的取向来研究自然，以测量和计算对物质宇宙的运作，作出数学描述"②。由此导致的结果是，测量与数字不仅成为科学研究的工具与手段，遍及整个科学领域，科学的进展更使得计算支配了我们的生活，深入到了社会生活的各个角落。法国诗人保罗·华莱里曾形象地描述这一情形，整

---

① 田松. 警惕科学. 上海：上海科学技术文献出版社，2014：153.
② [美] 查尔斯·赫梅尔. 自伽利略之后：圣经与科学之纠葛. 闻仁杰，等，译. 银川：宁夏人民出版社，2008：124.

个科学领域已被测量所征服，连不能测量的科学部门也要测量。应用科学几乎完全被测量所征服。生活本身已经被半征服、被限制、被整合以及被降到屈从状态，因而难以保护自己免遭时间表、统计数、定量测量和精密仪表的蹂躏。这个过程还在继续减少生活的多样性和易变性，但同时又加剧整个生活按照既定的路线呆板地发展。

也就是说，自笛卡尔开始，一种"超然理性模式"就已成为人们所追逐的梦想，因而纷纷致力于建立一个数理理性和科学理性基础上的机械的、精致的、严密的世界运行模式。甚至在社会范围内，"能够宣称是建立在这种计算之上的论证、考虑、评议，在我们的社会里有巨大的说服力，哪怕这种推理，像这种类型的思维在社会科学和政策研究中所证实的那样，并不真的切合主题。经济学家用其精致的数学迷惑了立法者和官僚，哪怕这是用带有潜在灾难性后果的不成熟的政策思维包装了的"①。

20世纪中期在认知领域兴起的计算主义思潮为上述观点提供了一种哲学理论方面的支持，数演化为计算并主要以计算的面目控制着整个社会，从而迎合了自然科学追求精致性和精确性的理想。20世纪80年代以来，随着人工生命科学、遗传算法理论、生物信息学、引力量子理论和DNA计算机等新型学科的相继涌现，计算作为一种哲学性的观念与方法开始广泛渗透到生命科学和物理科学等诸多学科领域。它们大都以计算作为自己研究的观念和方法，主张生命就是一种算法，一个程序，一个能实现自我复制、自我构造和自我进化的算法，并试图以计算来揭示生命以及实在的本质等问题，从而将计算的观念扩展到了生命学科领域。特别是在今天颇为受到关注的基因组与人工生命领域，计算的观念甚至决定着生命的形式与质量，因为不仅大脑和生命系统，甚至整个世界都被发现是一个

---

① ［加］查尔斯·泰勒. 现代性之隐忧. 程炼，译. 北京：中央编译出版社，2001：118.

巨大的计算系统，遵循着计算的规律。更夸张的情形是，"计算不再只和计算机有关，它决定我们的生存。庞大的中央计算机——所谓'主机'（main-frame）——几乎在全球各地，都向个人电脑俯首称臣"①。人类进入了尼古拉·尼葛洛庞蒂（Nicholas Negroponte）所说的"数字化生存"时代。

元胞自动机理论的创立者之一史蒂芬·沃尔弗拉姆（Stephen Wolf-ram），关于计算主义的一段话向我们细致描述了它当前的处境。他说："在科学地认识世界的过程中，人类已经开始运用计算的思想来统一地理解和解决诸如心智、生命和实在的本质等最基本的问题。显然，这种计算主义的思潮并非凭空产生：从深层次上看它是人类认识世界的智力传统的延续和新发展，而更直接的原因则是电子计算机的问世、广泛应用以及所取得的巨大成功。在当今世界上，计算无处不在，已经成了我们这个时代的基本特征。这不仅表现在基于计算机和网络技术，计算渗透进了人类社会的方方面面，改变着人们学习、工作和生活的方式，还在于计算的观念和方法已经或正在改变我们认识世界的视角和从事科学研究的基本过程，所产生的影响无疑是革命性的。从历史上看，科学或技术的重大变革往往会改变人类对于世界和自身的基本看法，例如，牛顿力学的巨大成功曾导致人们把宇宙看作是一个巨大的钟表，并形成了机械决定论的世界观。类似地，电子计算机所引发的革命直接导致计算主义思潮的产生和发展，于是在人们的心中开始形成这样一种对世界的基本看法：'宇宙中的每一个物理系统，从旋转的星系到碰撞的蛋白质，在某种意义上说都是专用的计算机：它们各自执行着这样那样的计算。'"②

可见，随着科学发展的不断深入，特别是计算机科学的发展，相信整个世界都是由算法控制并按算法所规定的规则演化的，已成为科学研究的

---

① ［美］尼古拉·尼葛洛庞蒂. 数字化生存. 胡泳，译. 海口：海南出版社，1996：前言.
② 郦全民. 计算与实在——当代计算主义思潮剖析. 哲学研究，2006（3）：82-90.

一个前提性认识。结果导致"数字"与"计算"逐渐控制了我们的全部生活，世界从此笼罩在数字与计算的规则之下。对精致化与数学化的极致追求，导致伽利略的"自然这本大书是用数学语言写的"这一说法被改写成了"自然这本大书是用算法语言写的"。在这种转换中，伴随着的是哲学认识方面的突破和困境。一方面，计算主义使哲学与自然科学的连接更加紧密。从"认知＝计算"到"认知＝算法"的计算主义理论的发展来看，作为人工智能和计算机科学发展的基本信念——"人是机器"——不仅在计算主义那里找到了哲学依据，而且得到了计算主义的理论支持，即"计算主义揭示了生物体与机器的共性，发现了心理表征类似于计算机的数据结构，心灵中的毕达哥拉斯数类似于计算机的算法，从而为我们用计算机来研究认知和计算开辟了道路"①。另一方面，计算主义也面临着困境和局限。虽然说"人＝机器"这一机械自然观的观点在计算主义这里得到了一定的现代发展，即"人＝机器人"和"人的认知＝算法"，但是，我们仍然不能进入人脑内部去直接研究人的内心世界，我们也只能通过研究人智能行为中的算法和程序片段来间接认识人的内心世界，从而使得人的意识和情感如何表征和计算的问题，以及机器智能和生物智能的差异问题成为了计算主义的最大困境和局限。"自计算主义诞生之日起，从彭罗斯（Penrose）的'皇帝新脑'到塞尔（Searle）的'中文房间'，对认知可计算的种种质疑不绝于耳，计算主义纲领面临前所未有的挑战。"②

### 3. 完美主义

经典科学研究的一个重要目标，就是要建立一个无所不包的、普遍适用的完备的自然科学体系。同时，这一体系还必须是建立在严密逻辑基础上的，并尽可能达到精致化、精确化的程度。追求科学的完备性，使其达

---

①　任晓明，张昱．计算主义纲领的功过得失．科学技术与辩证法，2008（6）：10.

②　同①58.

致一种最完美的境界，因而成为近代以来科学家们进行研究活动时所努力追求的目标和方向。

科学对精致性与完备性的追求在这里突出体现为科学过程中完美主义的追求。诚然，对美的追求是人类几千年来经久不衰的话题，科学研究领域也不例外。无论是早期科学，还是近现代科学，追求自身的完美都是作为科学探究的一个基本原则而存在着的。然而，科学中的完美主义追求更多是建基于科学之上的。它以科学理性与审美的完美结合为前提，最终目标是要实现"最完整的和最精确的对于宇宙的可能的解释"①。也就是说，科学中的完美主义追求是与科学本身密切关联的一种完善性、全面性与正确性，其中蕴涵了对科学的精确性、确定性、完备性等方面的追求。

科学是完美的，首先，意味着科学具有精确性。这种精确性，是指科学是一种严密而精确的概念范畴体系，且通常都能够用数学的公式、图形或数据等加以表达。因此，在经典科学传统下，"对于任何一个既定的具体系统，当把物理科学的概念框架运用于它时，就可以列出一个精确的微分方程系统。这些方程既刻画了系统的现状，也使得导出关于该系统的任何一部分由于该系统的任何其他部分的微小变化而将经历变化的确定性陈述因素成为可能"②。

其次，意味着科学具有确定性。在以严格的机械还原论以及精确的数学实验方法为基本指南的经典科学中，确定性不仅是其所追求的目标，也是最基本的特征之一。也就是说，当已知事物或现象发生的初始条件时，就可以确定性地预见未知的事物或想象。如此一来，对于确定性的追寻作为人类经久不衰的话题，奠定了长期以来人们关于科学知识具有确定性的这一信念。同时，由于其中所蕴涵的因果性规律，它便给了科学的完美主

---

① ［英］詹姆斯·W. 麦卡里斯特. 美与科学革命. 李为，译. 长春：吉林人民出版社，2000：4.
② ［美］巴伯. 科学与社会秩序. 顾昕，译. 北京：三联书店，1991：15.

义追求提供了可靠的前提与基础。

最后，意味着科学具有完备性。科学本就是由一系列概念、判断和推理所构成的具有严密系统性和逻辑性的知识体系，科学具有完备性。而寻求一个大一统的、能够囊括一切知识并解释所有问题的科学理论体系，则是科学一直以来不变的追求。

牛顿所创立的经典力学体系，就是科学的完美主义追求过程中的一个显著例子。作为近代科学的主要标志，牛顿力学把天上与地上的运动统一起来，构造了一个完备的知识体系，从而实现了对科学的完美主义追求。

科学发展过程中对完美主义的追求，往往具体化为对科学理论的形式美的追求，以及对于科学理论的完备性诉求。这两个层面各自发展，共同为实现科学的完美主义诉求而努力。

就形式而言，科学对完美主义的追求主要体现为寻求科学理论的简单性、严密性、自洽性等方面。简单性主要是通过理论在表达的形式上的简洁而实现的，并一般体现为数学的形式；严密性要求整个科学理论看起来是一个严谨的系统，具有逻辑上的严密性；自洽性要求理论各部分之间是不矛盾的，自身构成一个和谐统一体。科学在形式上对完美的追求，就体现在这些简单性、严密性和自洽性的原则中。例如，麦克斯韦的成就启迪爱因斯坦等人自觉地追求其数学表述的自洽性和完备性，从而使其所建立的理论成为具有更高对称性、更完美结构的形式体系。

科学之所以强调追求形式上的美，主要原因在于，"科学理论的主要目的在于表达被发现存在于自然中的和谐，因此我们马上明白，这些理论必定具有审美价值。对一个科学理论成就的估量其实就是对它的审美价值的估量……"① 正因如此，美在历史上才受到了特别关注，并成为当前科

---

① ［美］钱德拉塞卡. 科学中的美和对美的追求. 朱志芳，译. 中国青年科技，2001（2）：40-41.

学理论评价的主要标准之一。从历史上看，早在 2500 多年前，毕达哥拉斯学派就提出了"美是和谐与比例"的美学思想；欧几里得发现大自然美丽、和谐的数学比例，大多接近 1：1.618，即符合黄金分割原理；此后的"奥卡姆剃刀"，则实现了人们对科学中简单美的追求。在具体的科学评价中，臻美原则已成为科学过程中必须考虑的一个基本原则，并突出体现为理论评价的简单性原则。

就内容而言，科学对完美主义的追求主要体现为对理论的完备性的信念，以及对科学应用的绝对正确性的信任中。所谓理论的完备性，即要求科学理论本身是完美无缺的、全面的，它既试图完备一切领域的知识，也致力于所取得理论自身的全面性。科学兴起以前，古希腊的亚里士多德所建立的统一的物理学，将古代欧洲人对完备性的追求推到了一种极致；近代科学兴起以后，牛顿所建立的大一统的经典力学体系确立了物理学大厦的根基，并实现了科学的完美统一；20 世纪初量子理论以及爱因斯坦的相对论的创立，为现代科学创造了新的辉煌成就。不同时期的科学综合体系的创立，都体现了对科学完备性以及完美主义的追求。

而对科学应用后果的正确性的信任，则在现实层面上反映了科学追求完美主义的态度。无论是哪一领域、哪一程度的科学，其社会应用都被赋予一种增进人类福利、促进社会发展的责任与期待。由于科学曾经取得的成功，使人们确立了科学是万能的、无往而不胜的信念，因而也成为所有科学都努力追求的目标。科学力图通过其正确的社会应用证明科学应用的绝对正确性，从而实现科学的完美主义追求。

科学中的完美主义追求是一个不断发展着的、生生不息的过程和趋势，每一时期都有每一时期作为完美代表的理论。史蒂芬·霍金曾认为，爱因斯坦的广义相对论在 20 世纪初期曾被奉为"经典理论"，但却并不是"永恒的完美的真理"；随着更科学、更完美的理论的出现，它也将逐渐成为一个历史传统内容，它的部分内容已成为缺陷。就连爱因斯坦自己也说，希望"有人会发现一种比我的命运所能找到的更加合乎实在论的办法，或者说得妥当点，会发现一种更加明确的基础"①，以发现世界的完备定律和秩序。今天，对于科学的完美主义追求与完备性追求在很大程度上已演化为一种"完美机器"的理想。按照这一理想，"人们用一种理想的、精确的机械主义来思考和感受宇宙，宇宙中的万物不能有一丝一毫的偏差，每一部分都是有驱动它的发条和齿轮决定的"②。整个世界也就因此成为一个由严格的机械化规律所引导的精致的、严密的体系。

当然，对于科学的这种完美主义追求，并非所有人都持肯定的态度。如费耶阿本德就认为，现代物理学中的那些特设性近似掩盖甚至完全排除了定性的困难，从而"给人造成我们的科学是完美的这种虚假印象"③；但事实上，现代科学远比 16—17 世纪时的近代科学更为含糊，且更具欺骗性。抛却科学的社会建构主义主张，单就科学理论自身来看，其完美主义追求注定是一种"理想"。一方面，就科学理论内容的完美主义追求而言，波普尔及其追随者就直言科学知识的可错性，强调科学理论及其有关世界上存在种种实体的断言已经被证伪，并被完全不同的、更为优秀的理论所替代。"我们能够宣称过去的理论是假的，这个事实本身表明我们对这些过去的理论未能达到的理想具有一个清楚的想法。"④ 另一方面，就科学理论描述的方式而言，迪昂（Duhe）则提出异议："不能将理论在字面的意思看做对实在的描述，因为理论描述是理想化的，而世界不是。"⑤

① ［美］爱因斯坦. 爱因斯坦文集（1）. 许良英，范岱年，编译. 北京：商务印书馆，1976：415.
② ［美］大卫·格里芬. 后现代科学. 马季方，译. 北京：中央编译出版社，1995：123.
③ ［美］法伊尔阿本德. 反对方法：无政府主义知识论纲要. 周昌忠，译. 上海：上海译文出版社，1992：40. 法伊尔本德即费耶阿本德.
④ ［澳］艾伦·查尔默斯. 科学究竟是什么. 邱仁宗，译. 石家庄：河北科学技术出版社，2010：351.
⑤ 同④353.

例如，"我们都可回忆起，我们在学校里学习的科学例如无摩擦的平面、点质量和不能伸展的线这些东西，我们大家都知道世界没有东西可与这些描述相匹配"①。上述观点确实指出了科学理论在描述方面的理想化问题，科学史也证明了这一点，如，牛顿在科学理论中将行星看作点或匀质球体；量子力学在推导氢原子的性质时，也将其看作带负电的原子在带正电的质子附近运动，而将氢原子与环境分离开来；而卡诺循环中的理想气体在现实中也没有对应物。因此，"理论描述是种种方式的理想化，不可能与现实世界境况相符合"②。诚然，科学追求完美主义是科学发展的必然要求，但是这种理想化的追求也只能是一种注定了的"永远在路上"的追求。

## 三、工具理性的彰显与价值理性的迷失

工具理性与价值理性是人类理性的两个不同维度，前者强调工具性与科学性，后者则更注重人文性与精神性的层面。自近代以来的科学发展历程，总体上呈现一种工具理性不断提升，而价值理性却日渐衰微的发展趋势。当客观性理想的追寻推动着科学发展的不断精深化，科学的进步及其广泛应用不断带来社会发展的繁荣，人类理性的力量得到了最充分的发挥与彰显时，价值理性却慢慢迷失在了这繁华之中。

### 1. 登上圣殿的科学

尽管科学的萌芽在原始时期就已出现，并在古希腊时代获得了一定的发展，然而近现代意义上的科学却是中世纪晚期才开始出现的。我们今天

---

① ［澳］艾伦·查尔默斯. 科学究竟是什么. 邱仁宗，译. 石家庄：河北科学技术出版社，2010：353.

② 同①354.

所谓带来社会大发展并创造了现代性神话的科学，则是 18 世纪以后的事情。

当 17 世纪的伟大科学家们在探究自然的过程中取得了从未有过的伟大胜利，人类认识自然与改造自然的信心也就随之树立起来了。特别是以牛顿力学为代表的经典科学的伟大成就的取得，以及包括弗朗西斯·培根的归纳法、笛卡尔的演绎法和伽利略的实验与数学方法在内的科学方法的形成并初步完善，使得科学逐渐开始成为一门完善的学问了。而培根关于"知识就是力量"的宣称，在提醒人们科学知识对于人类社会的发展所具有的巨大功利性效用的同时，也提升着科学在社会大系统中的地位。因此，当科学技术研究的成果向社会生活领域不断渗透，科学便由此获得了一定的社会声望。人类理性的能力也由于找到了可以发挥的途径与方式，从此得到了更为充分的重视与强调。

到了被称为是"理性时代"的 18 世纪，由于启蒙理性的批判特性，整个社会的政治、经济、宗教与文化等一切领域都受到了无情的批判。理性则在破除了宗教神学的权威之后，确立了自己至高无上的世俗权威，并为科学向自然各领域的进军奠定了基础。恩格斯曾在分析这一时期科学的发展时指出，"各门科学在 18 世纪已经具有自己的科学形式，因此它们终于一方面和哲学，另一方面和实践结合起来了。科学以哲学为出发点的结果就是唯物主义（牛顿的学说和洛克的学说同样是唯物主义的前提）、启蒙运动和法国的政治革命。科学以实践为出发点的结果就是英国的社会革命"①。可见，科学自 18 世纪开始就已经上升为政治与社会领域中一支不可或缺的重要力量了。

从这一时期开始，科学的理性主义信念越出了纯粹知识的范畴，且更

---

① 马克思恩格斯全集：第 3 卷．北京：人民出版社，2002：536 - 537．

多体现在社会生产生活领域；宗教所具有的不可知的、神秘性质的权威逐渐为科学所具有的可见的、实用性质的现实权威替代了。特别是在 19 世纪这一科学的黄金时代，科学研究成果的实际价值得以广泛彰显，那种"为知识而知识"的纯粹科学也走到了技术发明与应用的前头；科学研究的国际化与科学应用的普遍化更是凸显了其所具有的特殊社会地位。因此，随着科学在理论上所取得的巨大进步及其技术应用的日益广泛与深入，科学的成就已遍及社会的各个领域，因而获得了科学与社会领域的广泛认可。从此，科学不再只是少数有闲又有钱阶层的业余爱好，技术也不再是代代相传的、不受尊重的手工技艺，而是成为广受尊重的学术研究活动与应用实践。

这与科学早期的情形显然是不同的。因为，"当数学和其他合理的科学在希腊人中发达起来的时候，科学的真理未曾反映到日常经验去。它们只孤立着，隔离着，而且是高高在上的。医术得到了最大量的实际知识，但攀不上科学的尊严地位，只是一种方术。而且其他实用的技术里，也没有什么有心的发明或改善。工人只依照相传下来的模样去做，离开了定型、定则，常常造出低劣的产品"①。但现在，与早期科学相比，无论是从范围上、内容上，还是地位上来说，现代科学都得到了很大的提升。

美国著名社会学家华勒斯坦在《开放社会科学》一书中指出："到 19 世纪初，科学终于大获全胜，其独尊地位在语言上得到反映。人们把不带限定性形容词的科学一语主要地（而且经常是唯一地）与自然科学等同了起来。"② 这就表明，当科学一次次取得了对自然征讨的胜利之后，当科学在社会领域发挥了越来越重大的作用之后，它就开始登上了至尊的宝

---

① ［美］杜威 . 哲学的改造 . 许崇清，译 . 北京：商务印书馆，1933：50.
② ［美］华勒斯坦，等 . 开放社会科学 . 刘锋，译 . 北京：三联书店，1997：7.

座，成为时代最受瞩目、最具影响力的一种文化力量。无论是在理论方面还是在实践领域，科学所带来的成功都一再验证着科学力量的伟大，而且已经为它赢得了社会的尊重，并编织了不朽的圣殿神话。可以说，正是科学业已取得的巨大成功，为人类编织了一个"科学万能"的理性神话，而科学则处于这一神话的中心。

在科学获得了它在整个社会领域的至尊地位之后，它所具有的力量由此得到了更为充分的彰显，它的影响力也开始遍及一切社会领域。特别是，由于科学一路以来的不断高唱凯歌树立了它无坚不摧、无所不能、正确可靠的正面形象，加上逻辑经验主义等正统科学哲学家们的渲染，这一主流的看法日渐蔓延开来，并在无形中给科学增添了不少的光辉与支持。科学"圣洁"与"万能"的形象因此确立下来了，科学功能的发挥也随之获得了更大的社会舞台，并塑造了一个由科学技术与工具理性为根基所建造起来的现代世界。

因此，20 世纪的科学与以往相比显得更加不一样了。美国著名科学史家普赖斯就曾说："现代科学不仅硬件如此辉煌不朽，堪与埃及金字塔和欧洲中世纪大教堂相媲美，且用于科学事业人力物力的国家支出也骤然使科学成为国民经济的主要环节。现代科学的大规模性，面貌一新且强而有力使人们以'大科学'一词来美誉之"。而从社会影响层面上来看，在现代社会，"科学是力量的重要——在我们的时代，可能是最重要的——基础，这个力量是重建世界的力量，是摆脱灭亡厄运的力量，是为人们带来财富和安适的力量，是尽可能摆脱无法逃避的命运的力量"①。科学成为带来社会财富最重要也最有力的方式与手段，也成为个人提高社会地位、获取社会尊重的一种重要途径，它无所不在且影响广泛。

---

① ［美］诺曼·列维特. 被困的普罗米修斯——科学与当代文化的矛盾. 戴建平，译. 南京：南京大学出版社，2005：20 - 21.

不仅在自然研究与社会生活领域，即便是在社会科学研究中，科学所赢得的尊重与地位也彰显了出来。"实验科学在 20 世纪已经日益成为'科学'的典范，对其他学术性学科甚至非学术社会实践的评价，都以其为参照。"① 在知识与学术研究领域，科学作为一种神圣的事业，成为学术研究的标准，并获得了所有学科领域的崇拜与尊重。尽管"这种标准通常被不加批判地采用，仿佛自然科学中理想的知识就可简单地认定是标准化可接受的"②。如社会学大师涂尔干所说："今天，概念只要贴上科学的标签，通常就足以赢得人们特殊的信任，这是因为我们信仰科学。"③ 科学似乎成了衡量一切事物与行为的标准。

可见，与人类已有的各种文化传统相比，科学被赋予了太多神圣的色彩与非凡的能力。在大多数人眼中，"科学并不是一个平原，一个大家都站在位于社会一般能力之上的同样高度的平原，毋宁说它是基础已被大大抬升的陡峭山峰"④。从它内在的经验基础、实证方法与数理传统，到它所表现出来的科学知识与科学方法，都被赋予了客观的、正确的、完善的特征。结果却使它不仅成了控制社会、控制人的力量，也开始统治整个社会与文化，甚至成为支配人的力量。这也就是那些所谓的科学卫士们，特别是逻辑经验主义阵营的学者们所极力捍卫客观、普遍、永远正确的"科学圣殿"的后果。只不过，这些神圣理想在科学的社会研究者以及后现代主义者那里变得似乎不堪一击，漏洞百出，从而削弱了这一"圣殿"的光辉。正像科学史家丹尼尔所说："科学可以越出自己的天然领域，对当代思想的某些别的领域以及神学家用来表示自己的信仰的某些教条，提出有

---

①② ［美］史蒂夫·富勒. 科学的统治：开放社会中的意识形态与未来. 刘钝，译. 上海：上海科技教育出版社，2004：10.

③ ［法］涂尔干. 宗教生活的基本形式. 渠东，汲喆，译. 上海：上海人民出版社，1999：575.

④ ［美］诺曼·列维特. 被困的普罗米修斯——科学与当代文化的矛盾. 戴建平，译. 南京：南京大学出版社，2005：3.

益的批评。但是，要想关照生命，看到生命的整体，我们不但需要科学，而且需要伦理学，艺术和哲学。"[①]

可见，当科学登上圣殿，取得了在科学领域的颇高声望并赢得了社会的尊重之后，作为其重要标志的客观的抽象法则却逐渐支配了整个社会和文化；工具理性的彰显凸显了科学所具有的功利性效用，反过来却使其甚至成了压迫人的巨大力量。工具理性的过分张扬导致了其被放大和泛化，"形成了理性化的技术、理性化的政治、理性化的经济和理性化的文化。在经济上，将发展等同于经济增长，以各种物欲性的指标来衡量现代化水平和发展程度，形成了一种追求最大物质利益、占有最多物质享受的潜在的精神；在政治上，官僚科层制在组织安排上剔除了给予价值信仰、传统习惯和人格魅力的不可测量因素，根据合理化的技术指标实现职能分工，忽视对人的终极关怀，造成不但没有实现自由、民主，反而禁锢了人们的思想和行为；在文化上，将理性凌驾于价值之上，取消价值的合法地位，使理性成为不受价值约束的绝对原则，理性的独断导致了文化的单一、刻板和贫乏"[②]。所有这一切，都潜伏着科学的危机。

## 2. 从分析哲学到计量史学

自 19 世纪特别是 20 世纪以来，自然科学所具有的权威与理性能力得以不断张扬，导致了学术研究中独尊科学（自然科学）的主张和趋向。即，科学（特别是物理学）是唯一的、标准的科学，科学方法则是实现知识的唯一正确的方法，所有的科学，包括社会科学都必须以此为依据。这一观念的结果，就是社会科学的实证研究的兴起。于是，所有的科学研究，甚至社会科学的研究都开始纷纷仿效自然科学，并以实证科学为标

---

① ［英］W. C. 丹尼尔. 科学史. 李珩，张今，译. 北京：商务印书馆，1975：21.
② 艾志强. 理性的扭曲与缺位——风险社会视野下的技术发展. 贵州大学学报（社会科学版），2007（2）：28.

准，试图用实证主义的理性方法来改造自身，建立以科学为范式的、实证精神与分析方法基础上的学科"科学化"。这就出现了所谓的"学术研究科学化"思潮，诸如"哲学科学化""政治科学化""艺术科学化""史学科学化"等，都是这一潮流的重要表现。

分析哲学可以说是早期社会科学实现科学化的主要代表，它以逻辑和语言分析为主要标志，是哲学科学化的产物。它于 19 世纪末 20 世纪初开始出现，后逐渐成为英美哲学中占据主导地位的一种哲学思潮，并发展为 20 世纪西方哲学的主要思潮之一，以至于 20 世纪被称为"分析的时代"。

从分析哲学的主要倡导者和早期代表人物摩尔、罗素等人的思想来看，分析哲学是对传统的形而上学式哲学的颠覆与反叛。它一改往日的纯粹思辨手法，转而以实证和分析的方法进行哲学探究；它抛弃传统的形而上学式思维，代之以逻辑的和概念的分析；它借用 19、20 世纪之交的现代数学特别是数理逻辑研究的成果，将数学与逻辑引入哲学，力图使哲学建立在科学的、可靠的基础之上。因此，分析哲学实际上是一种与近现代实证科学相对应的实证式哲学，是科学化了的哲学。作为分析哲学创始人之一的罗素对于这一点确信无疑，他在《西方哲学史》最后一章"逻辑分析哲学"中清楚地表达了他对于将科学方法引入哲学并使分析哲学具有科学性质的态度："以上我谈的是现代分析经验主义的梗概；这种经验主义与洛克、贝克莱和休谟的经验主义的不同在于它结合数学，并且发展了一种有力的逻辑技术。从而对某些问题便能得出明确的答案，这种答案与其说具有哲学的性质，不如说有科学的性质。现代分析经验主义和体系缔造者的各派哲学比起来，有利条件是能够一次一个地处理问题，而不必一举就创造关于全宇宙的一套理论。在这点上，它的方法和科学方法相似。我毫不怀疑，只要可能有哲学知识，哲学知识非靠这样的方法来探求不可；

我也毫不怀疑，借这种方法，许多古老问题是完全可以解决的。"① 从这段话可以看出，罗素不仅对哲学的科学化坚信不疑，甚至于认为所有的哲学知识的形成都要靠这种方法方有可能，可见，科学主义的信念在罗素那里是多么牢不可摧。

与传统哲学不同，分析哲学把哲学研究直接归结为语言研究，开创了哲学研究的新时代与新阶段，罗素等人所开创的哲学的分析方法则成为主要的哲学研究方法。之后，随着维特根斯坦的《逻辑哲学论》的发表，维也纳学派逐渐形成，20 世纪的哲学获得了进一步发展。以此为标志，分析哲学进入了全面发展的鼎盛时期，以逻辑经验主义为代表的学说则成为当时最主要的哲学思想。在这一新的哲学体系中，形而上学被清除了出去，意义的澄清与证实成为哲学的最主要的任务和目标。哲学的性质也发生了转变，它不再"是一种知识的体系，而是一种活动的体系，这一点积极表现了当代的伟大转变的特征；哲学就是那种确定或发现命题意义的活动"②。以这一信念为基础，20 世纪 30—40 年代，以逻辑经验主义为代表的分析哲学曾创造了哲学探究的辉煌，其影响甚至遍及哲学研究的各个分支领域。

不过自 20 世纪 50 年代之后，分析哲学却走向了衰退。70 年代之后，分析哲学进入了"后分析哲学"时代，但在所关注的问题与所讨论的思路方面，仍具有分析哲学的特征。总体而言，逻辑经验主义之后的分析哲学"基本上沿着科学主义的思路向前推进。其信念是：哲学是科学的继续，它不关心理论的建构，而是为了增加人类关于实在的知识"③。这也从一个侧面反映了实证科学的深远影响。

---

① ［英］罗素．西方哲学史．何兆武，等，译．北京：商务印书馆，1976：395.
② ［德］石里克．哲学的转变//洪谦．论逻辑经验主义．北京：商务印书馆，1999：9.
③ 刘放桐．新编现代西方哲学．北京：人民出版社，2000：297.

在分析哲学之后，当前社会科学研究科学化的代表性学科当推计量史学。作为历史研究科学化的成果，计量史学把自然科学中的数学、统计学和电脑技术等结合起来，运用到历史研究当中，实现了历史研究的科学化与数学化。它在当下的迅猛发展与广泛影响，有力地表明了社会科学领域所出现的研究科学化趋势。

20 世纪 60 年代中期开始，美国出现了一大批专门从事历史计量研究的计量史学家，一个运用统计学的方法分析历史事实、进行历史研究的学派随之兴起。1963 年，美国历史协会成立了一个"历史计量资料委员会"，负责收集美国及欧、亚、拉等地的计量资料，计量史学从此风靡欧美各国并波及整个世界。

与传统的史学研究相比，计量史学最大的特征就在于，运用自然科学中的数学方法对历史资料进行定量分析，并以电子计算机作为历史计量研究的主要手段。不仅如此，历史计量所使用的方法也日趋复杂，从一般的描述性统计过渡到相关分析、回归方程、趋势推论、意义度量、线型规划、动态数列、超几何分布、投入产出分析、因子分析、马尔科夫链等数学模型、模糊数学，还有博弈论、对策论、曲线拓扑理论等。而且，在计量数学的基础上，形成了一系列新的历史分支学科，如新经济史、新政治史、新人口史、新社会史等。可以说，计量史学一直以来的发展目标就是要改造传统的史学研究，并试图把史学研究从对新理论的强调转向对新方法的强调。而在那些科学化了的史学研究中，计算与数学已成为史学研究的新特点、新方法与新工具。

这些新兴的计量史学学科的迅速涌现，一方面促使历史研究走向精密化，并以计量为基础，检验和修正了一些传统看法，反映了当代社会科学和自然科学的融合趋势以及对于学科发展的积极作用；但另一方面，这一社会科学研究的科学化趋势却也表明了自然科学方法及其所代表的科技理性在学术领域的不断扩张，以及社会发展的工具化与科技化趋向。事实上，也正是科技理性的有效性与功利性，以及科技的不断繁荣，凸显了科学的优越性以及实证方法的准确可靠性。

从早期的分析哲学到当前的计量史学，鲜明地体现了以自然科学为代表的实证精神向社会科学领域的渗透，这就学科本身的发展而言未必是一件坏事。因为这种渗透促进了自然科学与社会科学在研究方法上的交叉，由此而兴起的跨学科研究与跨学科领域对于人类知识的总体而言是有益无害的。然而，这种社会科学研究的科学化趋势，实际上也体现了科学主义者们一直以来所追求的以自然科学来统一所有学科的统一化科学理想。它所包含的实证主义与理性主义的扩张，极有可能导致知识领域认识的单一与科学的霸权，最终必然会威胁到整个社会与人类文化的健康、平衡发展。

科学的进步是与理性能力的增强相伴而生的，这既是科学发展的规律，也是科学发展的必然结果。然而，不幸的是，科学不断取得的进步与荣耀只是在宣扬理性中工具性的一面，科技理性因而实际上成了工具理性的代名词；科学研究领域的扩大以及科技影响的广泛，实际上只是在彰显现代社会中的工具理性。正像汤林森在《文化帝国主义》中指出的，"来自于现代世界所展示出来的理性，虽然具备了各种不同的面向，但这些面向无法以均衡的方式发展、无法均衡地制度化"[1]。从而导致的结果是，虽然理性在社会各个领域展开，但是形成的却是只有工具理性这一单一维度的"理性化的经济生活、理性化的技术、理性化的科学研究、理性化的军事训练、理性化的法律和行政机关"[2]。因此，除科学向知识学术领域的泛化外，在政治生活、经济活动以及思想文化等领域，工具理性的影响

---

① ［英］汤林森. 文化帝国主义. 冯建三，译. 上海：上海人民出版社，1999：275.
② ［德］马克斯·韦伯. 新教伦理与资本主义精神. 于晓，等，译. 北京：三联书店，1987：15.

都已无所不在。

### 3. 价值理性的迷失

从科学的客观性理想与完备性追求的过程中，我们看到了科学自近代产生以来就一直在努力的目标与方向。在这一过程中，科学理性中所包含的工具理性的方面也由此得到了不断张扬，并给人类带来了实实在在的好处。科学技术的迅速发展不断彰显了人类理性的伟大光辉和科技的巨大力量，从而带来了工具理性在社会各个领域的广泛渗透。可以说，从学术研究到社会进步、从政治统治到经济发展模式，科技时代的社会已成为一个建立在科学技术基础上的、科技理性或工具理性统治下的世界。

然而，正如前面已隐约提到的，工具理性不断扩张的结果，必然会导致理性中工具性维度的过分张扬，以及价值理性维度的衰落、困惑与迷失。与工具理性不同，价值理性作为人类理性的另一重要维度，它主要关注的是工具性世界之外的那个精神的、人文的世界，注重的是人生中意义的探求与生命的追寻。工具理性与价值理性各尽所能，相得益彰，是人、自然、社会和谐发展的基本前提与根本保障。然而，工具理性为主导的时代却破坏了这一平衡，造成了价值理性的失落。

对于整个人类而言，"人类是理性的动物。理性赋予人在天地万物中的主体地位，给人类生活设定了目的和意义。理性作为人类把握世界的方式，有工具理性和价值理性之分。工具理性是人类厚生利用的手段，价值理性是人类安身立命的根基。两种理性之关系简称为'工具'与'目的'之关系。工具理性是人类观察世界的科学之眼，价值理性是人类观察世界的人文之眼，人类的'双眼'只有在视力平衡时，才能看到一个'合理性'的世界——物性与人性统一的世界"[1]。但是现实的情况却是：当工

---

① 李振纲，方国根 . 和合之境：中国哲学与 21 世纪 . 上海：华东师范大学出版社，2001：68.

具理性的过度张扬导致了价值理性的日渐式微，人们被推到了科学技术所缔造的工具理性的"铁笼"之中，成了没有精神诉求的专家或不懂感情的纯粹享乐者。正是拜科技所赐，科技化时代中的"人似乎正在变成实现目的的手段，变成没有自己的目的和意义的东西"①，人性也因而逐渐迷失在物欲的繁荣与精神的虚空之中。因此，"个人或者被对自己的深刻不满所压倒，或者以自我忘却来解脱，把自己变为机器的一个零件，自暴自弃，不去思考其至关重要的存在，其存在变得失去个性，在不必怀疑的、不受检验的、静止的、非辩证的、易于交换的伪必然性的邪恶魅力引诱下，丧失了对过去和将来的认识，退缩到狭隘的、对他并不真实的、为自己需要的任何目的而作交易的现实中去"②。

就社会而言，由于科学技术的发展所带来的工具理性的扩张，"技术已给人类环境中的日常存在造成了根本的转变，它迫使人类的工作方式和人类社会走上全新的道路，即大生产的道路，把人类的全部存在变为技术完美的机器中的一部分，整个地球变成了一个大工厂。在此过程中，人类已经并正在丧失其一切根基。人类成为在地球上无家可归的人。他正在丧失传统的连续性。精神已被贬低到只是为实用功能而认识事实和进行训练"③。机械化的运作方式成了社会运行的基本规律，在所有地方、所有领域，一切都以经济与效率为最终考量。

而在更广泛的层面上，科学的快速发展与工具理性的扩张导致了社会的专门化发展趋势，工具理性的张扬与价值理性的缺失并存这一特征在这里也就表现得更为明显。以大科学的发展及其导致的科学官僚化为例，官僚化机制保证了科学所需要的资源及其量化指标的出现，但却有着丧失真

---

①　[德]卡尔·雅斯贝斯. 现时代的人. 周晓亮，宋祖良，译. 北京：社会科学文献出版社，1992：38. 雅斯贝斯，即雅斯贝尔斯。

②③　[德]卡尔·雅斯贝斯. 历史的起源与目标. 魏楚雄，俞新天，译. 北京：华夏出版社，1989：114.

正科学意义的危险。一个最重要的原因就在于，"科学的官僚化使科学家面临自治的威胁，即造成了科学研究的目标和方法的失控与智力活动产品的失控，同时造成了人们日常生活意义的丧失"①。为人的科学最终却失去了对于人的意义，这不能不说是现代科学发展中的一大悖论。

科学技术的发展与工具理性的过度张扬之所以导致价值理性的迷失，并造成人类社会发展进程中的诸多问题，最主要的是因为，一直以来，科学技术的发展都在谋求一种物质性的进步，彰显一种工具性的力量，却忽略了对生命意义与生存价值的追求。也就是说，"科学并没有为人类的价值、目的、伦理或希望留有余地。科学远离对人的日常来说最重要的东西"②。这样发展起来的科学，自然就是一种"无人的"科学，是剥离掉了人的丰富内涵的单一的、纯粹的科学。换言之，当科学取代了上帝与神的权威，成为人类新的、全知全能的"救世主"，整个世界就从此笼罩在科学的统治之下。随着上帝魔法的消失，世界也同时失去了曾有的庄严与美感，失去了诗意和魅力，人类从此生活在一个遗失了精神与价值的物质的、机械的世界之中。

由此也可看出，科学技术偏离价值理性，以及价值理性的失落，更深层的根源在于作为技术理性基础的机械化思维方式。正是机械化基础上对纯粹功利性的追求，疏离了理性中价值维度的考量。正如马克思所指出的："资产阶级在它已经取得了统治的地方把一切封建的、宗法的和田园诗般的关系都破坏了。它无情地斩断了把人们束缚于天然尊长的形形色色的封建羁绊，它使人和人之间除了赤裸裸的利害关系，除了冷酷无情的'现金交易'，就再也没有任何别的联系了。它把宗教虔诚、

① Cotgrove, Stephen & Box, Steven. Science, Industry and Society: Studies in the Sociology of Science. London: Routledge, 2008: 4.
② [美]诺曼·列维特. 被困的普罗米修斯——科学与当代文化的矛盾. 戴建平，译. 南京：南京大学出版社，2005: 20.

骑士热忱、小市民伤感这些情感的神圣发作，淹没在利己主义打算的冰水之中。"① 雅斯贝尔斯在分析时代的生活秩序状况时也曾指出，当整个世界笼罩在机器的统治之下，人所具有的价值和尊严就逐渐消失了，甚至成为达到某一目的的纯粹手段，沦为没有目的或意义的东西。换言之，"当所有一切都归结为生活利益的目的性时，关于整体之实质内容的意识便消失了"②，由机器的统治所带来的技术力量与工具理性因而成为社会的决定因素。

如果从理性的角度来看，17 世纪后半叶产生于英国、后扩展至西欧各国的启蒙运动，是人类理性发展史上一场声势浩大的思想解放运动。它继承文艺复兴以来的思想文化成果，高举理性的旗帜，从而使理性从宗教信仰中解放了出来，甚至确立了经验观察基础上的自然科学方法的重要地位。启蒙以后，理性的地位更加突出。但是，随着科技的不断发展与进步，启蒙却开始走向了它的反面；曾经标榜人的解放与精神自由的启蒙精神，而今却在证明着工具理性的合理性。恰如霍克海默（M. Horkheimer）和阿多诺（T. W. Adorno，也译阿道尔诺）所指出的，"那个旨在征服自然和把理性从神话的镣铐下解放出来的启蒙精神，由于其自身内在的逻辑而走到了它的反面，成为新的神话。启蒙运动走向自杀的道路，而完全受到启蒙的世界却充满着巨大的不幸"③。

于是，技术理性将自身呈现为"近代理性主义的最高级形态"，在它的统治之下，"不计其数的概念、价值、信念、规范和制度被归入这一不受欢迎的范畴之内，倘若有人严肃地看待它们，那将被认为是不科学的。在许多情况下，这些可供选择的世界观及其倡导者都遭到了遗忘和压抑，

---

① 马克思恩格斯选集：第 1 卷. 北京：人民出版社，2012：402 - 403.
② ［德］卡尔·雅斯贝斯. 时代的精神状况. 王德峰，译. 上海：上海译文出版社，2003：90.
③ ［德］霍克海默，阿多诺. 启蒙辩证法. 洪佩郁，蔺月峰，译. 重庆：重庆出版社，1990：26.

被从现代社会的集体记忆中抹去了"①。

因此，当科技理性与工具理性开始上升为理性的主导形式，"分离、任性、统治的冲动以及权力的分化，这些都击中了自身不受任何约束的理性弊病。当理性一边舍弃价值、一边在工具合理性的坦途上发足狂奔的时候，它同时还养成了高高在上、唯我独尊、宰割一切的品格"②。作为一种进步力量的人类理性，由于在工具理性维度上的片面化发展与不断扩张，成为一种异化的力量而失去了其曾经具有的积极内涵。特别是其对于价值理性的疏离，不仅导致了理性自身的分裂，也造成了科技社会中人的价值失落与价值理性的迷失。

回顾历史，理性从一开始就有工具理性和价值理性两个部分，这二者是并存于西方的理性传统中的，"没有纯粹独立的工具理性，也没有纯粹独立的价值理性；任何工具理性都内在地蕴涵着一定的价值目标，而任何价值目标的实现又都离不开工具理性的支撑。这是当代重塑工具理性与价值理性的基本理论前提"③。因此，"我们既要肯定价值理性的价值，又要肯定工具理性的合理性。但在二者之间，还需要确定主次关系。人是根本，代表'人是目的'的价值理性是核心和本质，所以要用'价值理性'来校正和引导'工具理性'，以'价值理性'来纠正现存文化理念的偏失，从而使'价值理性'成为全球时代与'工具理性'相契合的文化理念"④。正像舒尔曼指出的："在现代文明的历史进程中，始终存在着两股相反相成、此消彼长的强劲思潮。一是尊崇科学—进步—发展这一现实取向的科学主义；一是追求精神—价值—意义这一永恒主题的人本主义。如果说科学主义和工具理性是现代社会的驱动系统，如引擎、车轮，那么人本主义

---

① ［美］华勒斯坦，等. 开放社会科学. 刘锋，译. 北京：三联书店，1997：93.

② 李公明. 奴役与抗争——科学与艺术的对话. 南京：江苏人民出版社，2001：90.

③ 刘大椿. 自然辩证法研究述评. 北京：中国人民大学出版社，2006：75.

④ 同③78.

和价值理性就是其操作系统，如方向盘、刹车。如果只有驱动系统而无操作系统，那么或者只能呆在原地，停滞不前，或者失去控制，迷失方向。"① 所以，确立起价值理性，并以其引导工具理性的方向是当下科学技术发展过程中的当务之急。

---

① ［荷］舒尔曼.科技时代与人类未来.李小兵，等，译.北京：东方出版社，1996：61-62.

# 第八章　乐观主义：科技万能论

近代以来，随着科学发展的不断精深化与专业化，以及相应的技术应用的日益广泛，科学逐渐树立了其在经济社会领域的权威地位，并进一步衍生出了一种科学主义的霸权。结果，科学无所不及、无所不能的断言，俨然成为了一种流行观念。

科学主义霸权的一个最突出表现，就是坚信科学万能神话的乐观主义态度。它是与近代科学相伴而生，并与现代科学的进步与发展相适应的一种态度，在某种程度上支持着人们对于科学的积极的渴望与信念。在科学技术所塑造的现代性社会，很容易盛行科学的万能主义神话。

## 一、科学进步观：科学合理性的一个辩护

从科学乐观主义的态度来看，"进步"的观念是与其相符合的首要观念。在科学哲学领域，科学进步观也一直是一个重要问题，因为科学理论如果没有进步是与人们对科学的信仰相违背的。在科学哲学发展过程中，

关于科学进步的问题与科学合理性问题往往是纠结在一起的。自逻辑实证主义以来的科学哲学家的诸多论述，也都是要解决科学的进步与合理性问题。他们试图告诉人们，科学是进步的，进步是合理的。在这些理论中，对科学的乐观主义态度或多或少都有所体现，而它们关于科学进步的思想和观点，也给我们勾勒出了科学理论在演化过程中的基本特征。

**1. 归纳与证伪之争：从静态结构到动态发展**

在正统的科学哲学中，对于科学进步问题的研究大体分为两种进路：一是以逻辑主义为导向的证实和证伪两种模式；二是以历史主义为导向的历史主义和新历史主义。

证实模式的主要代表是逻辑实证主义。逻辑实证主义不仅继承了孔德以来的实证理念，而且"还有英国经验论、罗素的逻辑原子论、维特根斯坦的《逻辑哲学》"[①]。逻辑实证主义没有明确提出科学进步的模式，但是他们按照归纳主义的观点对科学知识的增长特征给予了说明。逻辑实证主义者将科学的发展模式描绘成一幅科学进步的静态图像，认为科学的发展是一个平缓的、直线的、连续的累积过程。他们关心的是科学理论的内部结构问题，把科学理论的内部结构归结为组成理论的各种陈述之间的逻辑关系，只有得到经验证实的理论才是科学的理论，而科学的进步就是得到证实的科学理论不断积累的过程。后继学者往往把这种理论发展模式称为"中国套箱模式"，例如，牛顿的力学体系就是通过伽利略的力学定律与开普勒定律等归并得到的。在内格尔看来，这种模式是符合科学史的，他指出："一个相对自足的理论为另一个内涵更大的理论所吸收，或者归化到另一个内涵更大的理论，这种现象是不可否认的，而且是近代科学史一再出现的特征。"[②] 逻辑实证主义的累积模式立足于科学理论发展的连续性。

---

① 沈清松，主编．哲学概论．贵阳：贵阳人民出版社，2004：105.
② ［美］约翰·洛西．科学哲学历史导论．邱仁宗，等，译．武汉：华中工学院出版社，1982：193.

在他们看来，无论是在科学发展的常规时期，还是在科学革命时期，科学的发展都是连续的，而不是间断的。但是，由于逻辑实证主义本质上属于归纳逻辑，而在单称陈述的经验事实到有严格的普遍成熟形式的科学理论之间没有必然的逻辑通道，所以立足于归纳逻辑的科学进步的累积模式受到了波普尔的批判。

回顾历史我们知道，从休谟开始，人们就对归纳推理的合理性问题产生了怀疑，尽管后来赖欣巴哈认为对归纳原理应"无保留的接受"，康德也把它看作是"先验地正确的"。但是，波普尔认为归纳原理的合理性是不可能得到确证的，他明确指出："归纳法是无效的，因为它或者导致无穷后退，或者导致先验论。"①

基于全称陈述与单称陈述之间逻辑的不对称性，波普尔主张抛弃归纳法，反其道而行之，在科学理论研究中使用演绎证伪的原则。于是，他提出了将"可证伪性"作为检验理论是否具有科学性的标准。他指出："理论的科学标准，就是理论的可证伪性，或可反驳性。"② 波普尔可证伪性理论的提出很大程度上受到了爱因斯坦的启发，他曾在自传中写道："1919 年 5 月，爱因斯坦关于日食的预言，被两个英国探险队成功地验证了。由于这些验证，一个新的引力理论和一门新的宇宙学，不仅仅作为一种可能性，而且作为对牛顿引力理论的一次真正的改革——更好地接近真理而突然出现了。"③ 波普尔认为："这意味着，任何理论不管曾获得何等的成功，也不管曾经受过何等严格的检验，都是可以推翻的。"④ 受爱因斯坦的启发，波普尔认为，对理论的证伪要比对理论的证实重要得多。因

---

① ［英］卡尔·波普尔. 客观知识——一个进化论的研究. 舒炜光，等，译. 上海：上海译文出版社，1987：92.
② ［英］卡尔·波普尔. 猜想与反驳. 傅季重，译. 上海：上海译文出版社，1986：37.
③ 张庆熊，周林东，徐英谨. 二十世纪英美哲学. 北京：人民出版社，2005：512.
④ ［英］卡尔·波普尔. 科学知识进化论. 纪树立，译. 北京：三联书店，1987：51.

为逻辑实证主义的证实原则所追求的是一种高逻辑概率的理论确证，按照这样的要求，像占星术这类的非科学也可以获得大量经验证据的支持。而事实上，概率高并不意味着理论本身不包含很多虚假的内容，占星术就属于证实原则下的反例。因此，在波普尔看来，逻辑实证主义证实原则所追求的逻辑概率不能成为一个理论科学性强弱的测度。反之，只有在逻辑上或事实上具有可证伪性的理论才是科学，不具有可证伪性的理论则是非科学。

这样，波普尔就将可证伪性作为了自己哲学的逻辑起点。逻辑起点的不同决定了波普尔与逻辑实证主义者所关心的问题的不同。与逻辑实证主义者关注科学理论的内在结构不同，波普尔更加关心科学理论之间的外在关联，即科学理论是如何通过不断证伪而获得动态的发展的。将科学哲学的研究重心从对科学知识的静态结构研究转向关注科学知识的动态发展可以说是波普尔为科学哲学做出的一大贡献。波普尔不仅把科学观的核心问题由知识的静态结构转向了科学的动态发展，而且他还试图把科学发展的动态发展模式概括为一个四段论的图式：

P1—TT—EE—P2

在这个图式中，他提出，科学既不是始于观察，也不是始于理论，而是始于某个问题 P1，为了解决问题，人们提出尝试性的解答或尝试性的理论 TT，它可能在部分或整体上是错误的，因此，TT 必须经受消除错误的阶段 EE，EE 可以由批判讨论或实验组成，在 EE 阶段的证伪环节，人们通过创造性活动使新的问题 P2 自发地从新的领域涌现出来，新问题较之旧问题将具有更大深度和更大的丰富性。波普尔指出："我们可以通过 P1 和 P2 之间的深度差和预期度差数适当地估计任何一门科学中的进步；最好的试探性理论（所有理论都是试探性的）就是能引发最深刻和最出人意料的问题的那些理论。"① 可见，在波普尔的视野中，科学就是通过不断的证伪的循环激发新问题而获得进步的。

对于同一个问题，往往存在很多试探性理论，因此，波普尔在《客观知识》中将四段式图式进一步拓展，以不同的方法来表达：

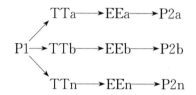

这个四段图式表明：针对同一问题，在可能的情况下，可以提出许多理论作为解答的尝试，并且通过批判地考查每个试探性解决方案发现每个理论引发的新问题。如果新问题，比如 P2b 只是老问题 P1 的转化，那么，在某些情况下，就可以批判性地否弃试探性理论 TTb。波普尔认为，尽管通过证伪有些理论会被否定，但是，"进步性是我们要求优越的试探性理论应具有的东西之一，它是通过对理论实行批判性讨论而出现的：如果我们的讨论表明，理论真正对我们要解决的问题产生了影响；也就是说，如果新突现的问题和旧问题有所不同，那么，这个理论是进步的"②。可见，尽管和逻辑实证主义的证实主义立场不同，但是波普尔始终还是坚信科学是进步的。

在波普尔的四段式图式中，最重要的就是消除错误阶段 EE 的批判性讨论应怎样进行。与逻辑实证主义者一样，波普尔同意用经验证据与理论的关系来批判性地评价理论。但是，波普尔更加关心证据的质如何保证，为此，他提出了"先验检验"③ 和"后验检验"④ 的评价方法。先验检验

---

① ［英］卡尔·波普尔. 客观知识——一个进化论的研究. 舒炜光，等，译. 上海：上海译文出版社，1987：298.

② 同①299.

③ 不是康德意义上的先验，是指对竞争理论的评价在一定程度上是先于检验的。

④ 不是有效性意义上的后验，是指对竞争理论的评价在一定程度上是后于检验的。

与理论的经验内容和实际解释能力密切相关，内容越多，解释能力越强，则理论的证伪程度就越好。后验检验是指理论经受严格的和精巧的检验的情况，理论受到的检验越严格越好，它说明经验证据对理论的支持强度大。"因此，对理论的后验评价取决于它的先验价值，如果先验地乏味（即内容很少）的理论并不需要接受检验，因为它们的可检验程度低，从而先验地排除了它们会受到真正有效并且有意义的检验的这种可能性。"[①]

证伪和证实的一个主要区别体现为对科学目的的认识不同，在证实主义者看来，科学的目的就是追求真理，而在波普尔看来，"科学的目的是追求逼真性，这种说法显然优越于'科学的目的是追求真理'这一简单的表述"[②]。因此，波普尔认为，与探索真理相比，探索逼真性是更现实的目标。虽然，人们不能达到真理，但是却有能力取得接近真理的进步。可见，波普尔眼中的科学进步是指人们对于科学真理的逼近。所谓逼真性，是指一个陈述"真理性内容不断增加而虚假性内容不断减少"[③]。为了描述理论在多大程度上逼近真理，波普尔引进了一个测度，即逼真度。根据逼真性的概念，逼真度包括以下两个内容：

真理性内容的量：$ct_T(a)$

虚假性内容的量：$ct_F(a)$

如果用 $VS(a)$ 表示理论 $a$ 的逼真度，那就得到如下公式：

$$VS(a) = ct_T(a) - ct_F(a)$$

这就是说，一个理论 $a$ 的逼真度等于它的真实内容的量与虚假内容的量的差值。波普尔认为，若果两个理论 $T_1$ 和 $T_2$，如果 $T_1$ 的真内容比 $T_2$ 少，或者 $T_1$ 的真理性内容并不比 $T_2$ 的真理性内容多，而 $T_1$ 的假内容却

① ［英］卡尔·波普尔. 客观知识——一个进化论的研究. 舒炜光，等，译. 上海：上海译文出版社，1987：153.

② 同①61.

③ 同①52.

比 $T_2$ 的假内容多，那么，就可以说 $T_2$ 比 $T_1$ 更接近真理或者更近似真理。按照逼真度的概念，科学理论的进步实际上就是指理论的逼真性的增大，即指理论的发展日益接近于真理。

综上可见，波普尔所认识的科学进步的过程，实质上是新理论不断归并和归化旧理论的过程。与逻辑实证主义者所描述累积的、连续的、线性的过程不同，科学进步在波普尔那里体现为间断的、跳远的和突变的过程。"显然，波普尔的证伪主义对科学的目标、方法及进步模式的预设也是片面的，过于简单化的，它只看到科学发展的间断性和革命性的一面，而忽视了科学发展还存在着连续性和渐进性的一面。"① 这样的缺陷给历史主义留下了批判的空间。

### 2. 历史主义科学进步观：对归纳与证伪的超越

科学哲学中对科学进步进行合理性辩护的另一进路是由库恩于 20 世纪 60 年代开辟的历史主义传统。库恩的思想出发点是科学史的实际发展状况，他正是从当时的科学发展实际状况出发来建构自己的科学哲学的。那么，库恩所处的时代科学实际发展状况是怎么样的呢？

一方面，与近代的科学发展相比，20 世纪 40 年代到 60 年代是科学技术发展的转型时期。在这一时期，计算机技术、空间技术和自动控制技术等现代高新技术都已得到长足发展，新兴技术与系统论、控制论和信息论的密切结合，使科学技术出现了日益综合化、交叉化和集体化的特点。所谓综合化，是指随着很多边缘学科和综合学科的出现，自然科学内部学科间的森严壁垒不断被打破，各门学科间的交叉引起研究者的充分重视，科学知识体系的整体化趋势日益增强。所谓交叉化，是指科学的发展不仅体现在自然科学内部的交叉，还体现在自然科学与人文社会科学的交叉也

---

① 刘大椿. 科学哲学通论. 北京：中国人民大学出版社，1998：307.

得到发展，科学的形象也在发生着变化，它不再简单地被视为一种知识体系，而是被视为一种生产知识的社会活动。所谓集体化，是指科学的建制化已日臻成熟，科学技术活动不再是科学家个人的事情，而是一项集体化的事业，很多重大的科学发现都要依靠集体攻关来完成，科学技术社会化的趋势在社会上逐渐确立起来。科学技术发展的以上特点被库恩所洞察，他认识到对于科学的哲学研究，不能再像逻辑实证主义和证伪主义那样只从科学的内部进行逻辑的、经验的和理性的诠释，而是要充分重视社会历史因素、科学家共同体以及科学家本人的心理、品格和个性等因素对于科学发展的重要作用，只有这样才能深入地探查科学的社会化特征。

另一方面，20 世纪中叶以来，随着原子弹的爆炸、全球性的环境污染、生态危机、能源资源危机、人的精神危机等的爆发，科学技术的负面效应逐渐显现出来，科学技术的"双刃剑"的角色也逐渐为人们所认识，科学主义科学观的片面性也日益彰显出来。面对这样的局面，人们不得不重新思考这样的问题：科学是带给人类福祉还是带给人类更大的伤害？人类是否具有对自然无限开发的权力？科学是否是人性的？在这样的困境下，无论是科学主义科学观对科学之真的颂扬，还是证伪主义挽救科学之善的努力，都不能对科学的本质做出客观的说明。旧的科学进步观和科学合理性标准都不能说明科学的新发展和新变化。因此，科学哲学迫切需要一种重建科学合理性的新范式。

正是在这样的科学背景和哲学诉求下，库恩一反传统的逻辑实证主义和证伪主义进路，在结合科学史实际状况的基础上，广泛吸纳格式塔心理学、皮亚杰儿童心理学、历史学和社会学等最新研究成果，提出了一套与旧理论大相迥异的新理路，开创了科学哲学的历史主义进路。在库恩看来，将科学事件或事实仅仅看作科学家或科学共同体的一种描述性获得，进而断言它们与哲学无关的观点是逻辑实证主义的狭隘哲学观，实际上，经验科学中也涉及哲学。库恩在论证自己理论的合理性时指出："历史诚如我们通常所说的，是一门描述性学科。然而上面所揭示的论点则往往是诠释性的，而有时则是规范性的。同时，我的许多概括涉及科学家的社会学或社会心理学；然而我的一些结论至少在传统上属于逻辑或认识论。"①

库恩认为，无论是逻辑实证主义的归纳模式，还是波普尔的证伪模式都没能对科学知识的增长和进步做出合理的说明。逻辑实证主义忽视科学史中的非累积史实，看不见科学革命的作用，过分强调科学发展的连续性；而波普尔把科学革命看作科学的全部，看不见常规科学活动的作用，过分强调科学发展的间断性。因此，这两种模式都背离了科学史的发展，特别是与科学发展的新情况不相适应。基于两种模式的不足，库恩主张应历史地、动态地看待科学的进化，科学是以"范式"为中心、以常规科学和科学革命的交替出现而获得进步的。

库恩的科学进步模式，可以用以下图式来表示：

前科学（无范式）→常规科学（建立范式）→科学危机（范式动摇）→科学革命（范式转换）→新常规科学（新范式）……

在库恩的这一模式中，居于核心地位的是"范式"。范式这一概念是与科学共同体紧密相连的，要理解范式，首先必须理解科学共同体。所谓科学共同体，是指由接受过同样的教育和培养训练，具有共同的研究主题、追求目标和语言的科学家所组成的具有派系性特征的集团。科学共同体在科学研究中体现出层次性的特征，就最广泛的意义而言，是指自然科学家的全体。处于这一层次之下的是各科学专业团体，如物理学家共同体、化学家共同体、生物学家共同体、天文学家共同体等。

---

① ［美］托马斯·库恩. 科学革命的结构. 金吾伦, 胡新和, 译. 北京：北京大学出版社, 2003：7.

　　将科学共同体凝聚在一起，使之能够进行共同的学术交流和研究的共同因素就是范式。范式在库恩的著作中具有多层含义，是一个包括科学、哲学、社会因素的综合体。范式在某种意义上说可以理解为规范的近似词，我们可以将其内容概括为三个方面："科学意义的范式"，包括科学共同体所具有的研究传统、理论框架、科学模式和具体运用的范例；"哲学意义的规范"，包括某时期科学家用于指导科学研究和认识世界的科学观、世界观；"社会学意义的规范"，即影响科学家进行科学研究的社会因素，包括价值标准、社会需求、社会心理、科学家取得共识的科学研究中的原则、规则和评价标准等。

　　根据范式的内容，库恩的科学进步模式中的"前科学"时期，是指尚未形成统一科学范式的阶段，体现为一个科学家百家争鸣、彼此竞争的过程。"常规科学"时期是指通过前科学时期的发展，科学共同体确定了公认的范式作为专业研究的基础，科学发展进入了阶段性的成熟发展时期，科学家在范式的指导下从事解谜的活动，并形成解决难题的各种科学方法，从而推进范式日臻完善。在常规科学时期，反常现象也会日益增多，当现有的范式不能解答诸多反常现象时，人们就会逐渐丧失对现有范式的信心，进而去探寻新的范式，科学从而陷入危机，导致科学革命的爆发。"科学革命"意味着新范式取代旧范式而占据支配地位，随之，科学在新范式的指导下进入到"新常规科学"阶段。可见，在库恩的哲学视野中，科学的进步就是常规科学与科学革命不断交替，以至循环往复的过程。

　　从上述科学理论的演化过程可以看出，库恩所刻画的科学进步模式与科学史的发展更加贴近，它超越了片面强调连续性和单纯强调间断性的归纳主义模式和证伪主义模式，特别是库恩对于常规科学和科学革命两种形式在科学发展中作用的强调，突出了科学发展中量与质的结合，体现了科学发展的辩证过程。

但是，应该指出，库恩的科学进步模式也存在一定缺陷。这主要表现在新旧范式的连续性问题上，库恩提出了"不可通约性"问题。他指出："范式的改革的确使科学家对他们研究所及的世界看法变了……在革命之后，科学家们所面对的是一个不同的世界。""革命之前科学家世界中的鸭子到在革命之后就变成了兔子，在一些熟悉的情况中他必须学习去看一种新的格式塔。在这样做以后，他所探究的世界似乎各处都会与他以前所居住的世界彼此间不可通约了。"① 库恩的不可通约性包括以下三层含义：第一，竞争的模式的支持者具有相异的科学标准和科学定义，他们对于任何候补规范必须解决的问题的清单往往会不一致。第二，同样的术语、概念和实验的内涵的相互关系在新旧范式中产生了差别，在新规范的范围以内，老的术语、概念和实验同其他东西发展了新的关系。虽然术语并不完全正确，不可避免的结果是我们必须称之为两个竞争学派之间的误解。第三，因为竞争者的规范的支持者通常是在不同的世界里从事他们的事业的，所以他们的世界观也不同。需要说明的是，库恩所指的新旧范式的不可通约，主要表现为科学家在直觉、视觉、心理和整个世界观等方面的格式塔转换。

毋庸置疑，按照库恩的理论，新旧范式的不可通约确实存在。但是，当他把这种差别强调到不可相容的程度时，他就犯下了将科学知识的继承和创新割裂开来的错误，从而一度被很多科学哲学界同仁认为是一种相对主义和非理性主义。尽管库恩在其后期思想中曾借助语言学和语词分类学做过辩护，但是都没能把新旧理论范式的不可通约性问题诠释清楚。以至于他后来用"专业母体"（包括符号概括、模型和范例）代替"范式"来对科学的演化进行解释。

---

① ［美］托马斯·库恩. 科学革命的结构. 金吾伦，胡新和，译. 北京：北京大学出版社，2003：101-102.

从范式到专业母体，虽然显示出库恩某种程度的退却，但是，库恩始终对科学的进步抱着乐观主义的态度。他对科学进步和科学合理性的种种辩护都彰显着他力图以一种固定框架或唯一模式去囊括整个科学发展历程的目的。那么，作为一种复杂文化的科学是否能够用单一的模式就能够描绘清楚呢？历史主义进路的另一分支新历史主义对此有不同的解答。

**3. 新历史主义的科学进步观：对历史主义的批判**

（1）逻辑与历史的结合：拉卡托斯的科学进步观。

无论是逻辑进路的归纳主义和证伪主义模式，还是库恩历史进路的科学革命模式，都是从逻辑与历史对峙的角度来研究科学的进步问题的。而科学作为一种复杂的文化现象，它总是受到逻辑、历史、社会和文化等诸多因素的影响，力图通过某一种模式将科学的演化刻画清晰显然是不符合科学发展现实的。前面三种科学演化的模式都存在着将科学发展过程单一化的不足，这一不足被以拉卡托斯和劳丹为代表的科学哲学家们所洞察，他们力图通过一种"新历史主义"使西方科学哲学走出对峙的困境，开辟一条逻辑与历史相结合的新道路。

拉卡托斯认为，对于科学进步模式的诠释关键在于如何解释科学进步的合理性问题。对于这一问题的回答应密切结合科学史。当科学史没有证明科学合理性的理论时，人们有两种选择：一是放弃对科学成功做出合理的说明，库恩对这问题的回应是借助社会心理学通过"范式"的不可通约加以解释的。二是继续波普尔的道路，但是必须努力减少证伪主义中的约定成分，放弃朴素的证伪主义，用一种能为证伪主义提供新的理论基础的新的证伪主义取而代之。拉卡托斯选择了第二条道路，他为自己确立的哲学目标是：挽救科学方法论，维护关于科学理论的合理性评价，对科学进步做出合理性的说明。他在对波普尔朴素证伪主义模式和库恩科学革命模式修正的基础上，提出了精致证伪主义的科学研究纲领方法论。他对波普尔和库恩的修正主要表现在两个方面：一是批判了波普尔证伪主义模式与科学史的脱离性，继承了其基于理性主义的"发现逻辑"的观点；二是批判库恩的"非理性主义"，吸取了其历史主义的方法论。总的来说，拉卡托斯的科学研究纲领由硬核、保护带和启发法三部分构成。

首先，科学研究纲领方法论关键点之一：用"硬核"取代了单个理论作为科学进步评价的基本单元。拉卡托斯认为，波普尔的科学理论演化模式具有朴素性的特点。这一特点主要表现为波普尔把单个理论作为评价科学进步的单元，认为检验是理论与经验间的"两角战斗"，这一对抗的唯一结果是证伪，这是不符合科学史的。因为科学史的实际发展告诉我们：检验至少是相互竞争的理论与实验之间的"三角战斗"，而且有些实验对理论的检验结果是确证而不是否证。并且，科学理论并不是单独地接受检验，而是同它的辅助性假说和初始条件等一起接受检验的，特别是被检验理论必须同它的先行理论一起接受评价。那么，这样一来，将单个理论作为科学进步的评价单元显然是不合适的。因此，拉卡托斯认为，评价科学进步的单元不能是单个理论，而应是一系列理论，包括基本假设、初始条件和科学的基本原理等。这一理论系列被拉卡托斯称为"硬核"。这样，与朴素证伪主义相比，"精致证伪主义就由如何评价理论的问题转换到了如何评价理论系列的问题。只能说一系列理论是科学的或不科学的，而不能说一个孤立的理论是科学的或不科学的；把'科学的'一词用于单个的理论是犯了范畴的错误。"①

其次，科学研究纲领方法论关键点之二：用"保护带"保证科学理论的自主性。所谓保护带，是指在硬核的外围的弹性地带，它由许多"辅助

---

① ［英］伊·拉卡托斯.科学研究纲领方法论.兰征，译.上海：上海译文出版社，1986：48-49.

假说"所构成，其功能是保护硬核不受反驳，"我们不认为反常反驳了硬核，而是认为反驳了保护带中某个假说"①。保护带调整的方法有两种：一是修改辅助假说，例如，哥白尼纲领的硬核"日心说"同它规定的行星轨道是圆形的相矛盾时，通过引进"本轮"和"均轮"来修正；二是增加辅助假说，例如，当人们发现天王星的运行轨道与牛顿理论发生冲突时，人们不是认为牛顿理论有错误，而是通过增加"海王星"的摄动现象这一新假说来保护牛顿纲领的硬核。拉卡托斯认为，通过保护带中辅助假说的修改、增加并复杂化，在一定程度上可以保证科学理论的相对自主性，确保研究纲领硬核的独立发展。

再次，科学研究纲领方法论关键点之三：用"启发法"保证研究纲领的连续性。拉卡托斯比库恩进步之处还在于提出了确保研究纲领连续性的方法论规则。在库恩的理论中，科学是始终处于"反常"的包围之中的，而科学家由于对"范式"的坚信往往置"反常"于不顾，因此，在库恩那里，是没有应对"反常"的方法论问题的。拉卡托斯基于对波普尔规范方法论观点和他在研究数学哲学时发现的"数学启发法"的启发，提出了两条应付"反常"的方法论规则。一是"反面启发法"，它是一种禁令性的规则，禁止人们将否定后件式对准纲领的"硬核"，同时告诉人们要避免哪些研究道路，从而起到保护硬核不受反驳的作用。例如，在牛顿的纲领中，反面启发法禁止人们把否定后件式指向牛顿力学的三定律和万有引力定律。因为，"根据支持者的方法论决定，这一'内核'是'不可反驳'的；反常必须只在辅助、'观察'假说和初始条件构成的'保护'带中起变化"②。二是"正面启发法"，"包括一组部分明确表达出来的建议或暗示，以说明如何改变、发展研究纲领的'可反驳的变体'，如何更改、完

① ［英］伊·拉卡托斯. 科学研究纲领方法论. 兰征，译. 上海：上海译文出版社，1986：250.
② 同①67.

善'可反驳的'保护带"①。正面启发法告诉人们要寻求哪些道路，使科学家不被大量的反常所迷惑，它规划出一个纲领，"这一纲领开列出一连串越来越复杂的模拟实在的模型：科学家的注意力专注于按其纲领正面部分规定的指示来建立他的模型。他不管实际的反例，即可资利用的'材料'"②。因此，在拉卡托斯看来，决定科学家选择问题的是正面启发法，而不是反常。只有当正面启发法的动力减弱时，科学家才会予以反常更多的关注。

最后，科学研究纲领方法论关键点之四：用多元化标准评价科学的进步与退化。由于确定了研究纲领（理论系列）作为评价科学进步的单元，拉卡托斯就将对单个理论的评价问题转换成了如何评价研究纲领的问题。拉卡托斯对这问题的回答是，提出了科学演化的研究纲领模式：

> 科学研究纲领进化阶段→科学研究纲领退化阶段→新的进化的研究纲领取代退化的研究纲领→新的研究纲领的进化阶段……

在这个模式中，拉卡托斯给出了研究纲领整体进步、退化或淘汰的三个检验标准。

一是，理论进步标准。理论预见力的大小：在一系列理论中，"如果每一个新理论与其先行理论相比，有着超余的经验内容，也就是说，如果它预见了某个新颖的、至今未曾料到的事实，那就让我们把这个理论系列（研究纲领。——引者注）说成是理论上进步的（或'构成了理论上进步的问题转换'）"③。

二是，经验进步标准。如果新理论中超余的经验内容有些得到了确证，也就是说，"如果每一个新理论都引导我们真的发现了某个新事实，

---

①　[英] 伊·拉卡托斯. 科学研究纲领方法论. 兰征，译. 上海：上海译文出版社，1986：69.
②　同①69-70.
③　同①47.

那就让我们再把这个理论上进步的理论系列（研究纲领。——引者注）说成是经验上进步的（或'构成了经验上进步的问题转换'）"①。

三是，启发法进步标准。如果一个研究纲领具有一套详细和广博的启发法，并使之比竞争纲领具有更大的启发力，那么，这个研究纲领就是进步的。"成熟科学不同于缺乏想象力的试错法，是具有启发力的。"②

根据上述三个进步标准，我们可以看出，在拉卡托斯那里，科学的进步是分层次。首先，理论进步标准是根本标准，这是科学进步的第一个层次。"只有问题转换至少在理论上是进步的，我们才'接受'它们作为'科学的'，否则，我们便'拒斥'③它们作为'伪科学的'。"④ 其次，当研究纲领取得了理论上的进步后，并进一步取得了部分或全部的经验的超余内容的证实，即达到了经验上的进步，理论就达到了第二个层次的进步。"如果一个问题转换在理论上和经验上都是进步的，我们便称它为进步的，否则便称它为退化的。"⑤ 最后，当研究纲领不仅达到了理论上和经验上的进步，而且具有比竞争对手更大的启发力，那么，研究纲领就淘汰了竞争对手，达到了最高层次的进步。"如果一个竞争的研究纲领说明了其对手先前的成功，通过进一步表现出启发力而胜过了其对手，便提供了这样一个客观的理由（即拒斥或淘汰先前具有硬核和建立了保护带的研究纲领的理由。——引者注）。"⑥

拉卡托斯把理论预见经验事实的能力作为衡量科学进步的根本标准，

———————————

① ［英］伊·拉卡托斯．科学研究纲领方法论．兰征，译．上海：上海译文出版社，1986：47．
② 同①95．
③ 拉卡托斯认为，拒斥就是淘汰先前的研究纲领，但是，当研究纲领取得了理论上的进步时，只处于第一个层次的进步，还能完全淘汰先前的研究纲领，所以拒斥要加引号予以限定，是一种特指。科学的、伪科学的加引号也是因为这个原因。
④ 同①48．
⑤ 同①47 - 48．
⑥ 同①95．

这是符合科学理论预见性之特点的。但是，科学史告诉我们科学理论预见的经验事实往往要经过很长时间才能得到确证，因而，对于一个研究纲领是否优于另一个研究纲领的判断更多的是事后行为，这样一来，就使对科学理论进步的评价增加了操作性的难度。拉卡托斯对这一点是有充分认识的，他指出："要断定一个研究纲领什么时候便无可挽救地退化了，或什么时候两个竞争纲领中一个对另一个取得了决定性的优势，是非常困难的，这尤其是因为不应要求纲领步步都是进步的。在这一方法论中，正如在迪昂的约定主义中一样，不可能有即时的（更不必说机械的）合理性。不论逻辑学家证明有矛盾，还是实验学家对反常的判决，都不能一举打败一个研究纲领。人只能事后'聪明'。"① 实际上，这也是拉卡托斯反对即时性判决实验的原因。因此，与波普尔相比，拉卡托斯对科学理论持一种更加宽容的态度，他强调对于那些不能即时证明对错的研究纲领，应用一种历史的眼光去看待，让科学史证明它们的优劣，用拉卡托斯的话说，可以将其"暂时搁置"② 起来。从拉卡托斯这种宽容的态度可以看出，他对于科学进步问题的乐观主义心态和对科学进步具有合理性的信心。可以说，拉卡托斯在逻辑与历史相结合的新科学哲学道路上还是基本成功的。

（2）进步与解题的结合：劳丹的科学进步观。

从波普尔开始，科学问题的重要性被科学哲学家们所重视。劳丹继承了这一研究倾向，他把科学进步问题与科学理论的解题能力联系到一起，于 20 世纪 70 年代提出了依解题能力而进步的科学演变模式，从而确立了他在科学哲学中的地位。这一模式可以用如下公式表示：

问题 1——理论 1——问题 2——理论 2……

---

① ［英］伊·拉卡托斯. 科学研究纲领方法论. 兰征，译. 上海：上海译文出版社，1986：156.
② 同①155.

在这个图式中，劳丹的理论基点虽然也是科学问题，但是与波普尔的不同之处在于：他并不认为科学进步的目的是真理或逼近真理（即后继理论比前驱理论更接近真理），而是在于后继理论比前驱理论能解决更多的问题，或者说后继理论比前驱理论具有更高的解题能力。据此劳丹提出了两个基本论点：

论点 1：对任何一个理论最为重要的检验是看这个理论是否对引起兴趣的问题提供可供接受的答案。换句话说，看这个理论是否对重要的问题提供了满意的答案。

论点 2：在评价理论的价值时，问理论是否对重大的问题构成了适当的解答，比问理论在当代认识论的框架内是否是"真的""确证了的""充分证实的"或是"可辩护的"更为重要。①

既然科学理论的进步源于科学理论解决问题的能力，那么科学所要解决的问题有哪些类型呢？这是劳丹的科学进步观所要解决的一个重要问题。劳丹把科学问题分为经验问题与概念问题两类。经验问题以自然界的事物为主要内容，只要人们对自然界中任一事物感到新奇或进行解释，就构成了一个经验问题。依据经验问题在理论评价中作用的不同，劳丹把经验问题分为：其一，已解决的问题，即已经被同一研究领域内所有理论都认为解决了的问题；其二，未解决的问题，即还没有被任何一种理论有效解决的问题；其三，反常问题，即某一理论没有解决，而却被该理论的竞争对手解决了的问题。这样的问题构成了对前一理论的反常。在劳丹看来，已解决的问题是对一个理论的支持，反常问题构成对一个理论的反证，而未解决的问题则指明了将来理论努力的方向。

---

① ［美］拉里·劳丹. 进步及其问题——科学增长理论刍议. 方在庆，译. 上海：上海译文出版社，1991：5-6.

　　突出强调概念问题的重要性是劳丹对科学哲学的一个重大贡献。在劳丹看来，如果说经验问题是关于物质实体的"一阶问题"，那么概念问题则是关于概念结构（例如理论）的充足理由的"高阶问题"。概念问题分为两种，一种是内部概念问题，这类问题产生的原因是理论内部逻辑不一致或基本分析范畴含糊不清。另一种是外部概念问题，这类问题产生的原因有三：其一，同一领域或不同领域的两个理论之间的冲突和矛盾；其二，同一理论与有关科学共同体的方法论冲突；其三，理论与当时占主导地位的世界观冲突。

　　将科学问题分成经验问题和概念问题是劳丹确立科学进步模式的重要基础，特别是他对概念问题的强调，为他确立科学进步的标准提供了一个新的维度。劳丹认为，科学进步的标志应针对不同的问题而不同，具体而言，对于经验问题来说，"科学进步的标志之一是把反常问题和未解决的问题变为已解决的问题"①。而对于概念问题来说，科学进步的标志应体现为概念问题的消减和解决。综合这两个进步的标志，劳丹给出了其科学进步模式的核心假定：已解决的问题（经验的或概念的）是科学进步的基本单元；科学的目的旨在最大限度地扩展已解决的经验问题的范围，最低限度地缩减反常与概念问题的范围。② 也就是说，单个理论进步的状况取决于该理论已解决的问题的总量与未解决的问题总量的差额，差额越大，说明已解决的问题数量越多，该理论就越进步。用劳丹的话说，"一种理论的总的解决问题的有效性是通过估价这种理论解决的经验问题的数量和重要性以及减少该理论产生的反常和概念的数量和重要性来决定的"③。

　　进一步地，劳丹把上述对于单个理论进步与否的评价尺度用于多个理

---

① ［美］拉里·劳丹. 进步及其问题——科学增长理论刍议. 方在庆，译. 上海：上海译文出版社，1991：11.
② 同①65.
③ 同①67.

论间的比较评价，就给出了科学进步的标准。与拉卡托斯将科学进步标准分出层次性相类似，劳丹把对科学理论进步性的评价与科学发展的连续性和间断性结合起来，给出了两种评价标准：

标准Ⅰ：就在较长的历史时段中发展的科学理论而言，"当且仅当在任一领域中科学理论的连续发展显示出解决问题的有效性程度逐渐增加时，才有可能产生进步"①。

标准Ⅱ：就特定的时间范围内发展的科学理论而言，"任何时间我们修改一个理论或用另外的理论取代它，这个改变是进步的，当且仅当后来的理论能比以前的理论更有效地解决问题时"②。

在给出了两种科学进步的评价标准后，劳丹还特别强调了解题模式与其他进步模式的区别，这种区别主要体现在进步的评估方式上。解题模式的进步评估方式主要体现为三种：

方式Ⅰ：所有其他评级因素不变，只扩展已解决的经验问题的领域，在这一条件下，如果理论 2 比理论 1 解决了更多的经验问题，则用理论 2 代替理论 1 是进步的。

方式Ⅱ：已经解决的经验问题的范围没有扩大，甚至缩小时，通过修改理论来消除反常或概念问题，理论也可以取得进步。

方式Ⅲ：如果新理论引起了比先前理论更尖锐的反常或概念问题，即使新理论已解决的经验问题指数增加，新理论也可被看作是非进步或退化的。

劳丹认为，由于大多数哲学家唯一强调的是经验问题以及对这些经验问题的解决，因而他们提出的进步模式只重视了科学进步的第一种评估方式，而忽视了后两种评估方式。从劳丹提出的进步的评价标准和评估方式

---

①② ［美］拉里·劳丹. 进步及其问题——科学增长理论刍议. 方在庆，译. 上海：上海译文出版社，1991：67.

可以看出，除了重视经验问题的解决外，他更加重视反常和概念问题，这是劳丹与众不同之处，也是他对科学进步模式及其评估的重要贡献。

给出科学进步的解题模式的基本假设只是劳丹的第一步工作，在他看来，仅停留在这个程度的进步模式还是梗概的、粗糙的，因为在上面的讨论中，他用理论指代那些"理论复合体"，而这些复合体的解决问题的能力也应予以评价。因此，除了讨论科学问题的分类外，探讨理论及其复合体也是十分重要的，这种讨论构成了解题模式的另一半天空。

在劳丹看来，建立理论的目的是要为其探究的经验问题提供解决方法，并避免或消除其先前理论产生的各种反常问题和概念问题。因此，对任何一个理论的检验都要包括对它的解题能力的评价。而对于理论解题能力的评价首先应是一个比较的评价，即科学理论与科学理论之间的比较。

那么什么是科学理论呢？劳丹认为，通常所说的"科学理论"可分为两种，一种是用来表示一组非常具体的可以做出具体实验预测，并对自然现象给予解释的相关学说（通常称为"假说""公理"或"原理"）的理论，如麦克斯韦的电磁理论、爱因斯坦的光电效应理论等。另一种是用来表示更一般、更不易受到检验的几组学说和假设的理论，如"原子论""进化论"和"气体运动论"等。这种理论被劳丹称为"更大理论"，即不是一个单独的理论，而是单个理论的整个谱系。在劳丹看来，研究传统是理解和评价科学进步的基本手段。在这一点上，他同意库恩和拉卡托斯的"整体主义"观点。但是，他认为前两者的科学进步评价模式对这些更大理论是什么、它们如何发展等问题并没有给出令人满意的解释。因此，劳丹提出用"研究传统"取代"范式"和"研究纲领"。所谓研究传统，是一组关于"做什么"和"不做什么"的本体论和方法论的规则，它为具体理论提供指导方针。本体论的指导方针说明存在于一个研究传统中基本实体的类型，研究传统中的具体理论通过把研究传统中的所有经验问题"还原"为研究传统的本体论来解释这些经验问题。方法论的指导方针说明某种程序模式，这些模式构成了研究传统中研究者可以接受的、合法的研究方法，如实验技巧、理论检验和理论评价的模式等。本体论的指导方针和方法论的指导方针是紧密相关的，人们对合适的研究方法的看法通常与人们对研究对象的看法相一致。例如笛卡尔研究传统的数学本体论认为，所有的物理变化都是量的变化，那么，其在方法论上就要采纳在数学上产生的演绎主义和自明的方法论。

劳丹认为，无论是什么样的研究传统，都有以下共同特征：首先，每个研究传统都包含许多具体理论，这些理论说明并部分构成研究传统。其次，每个研究传统都显示出某些形而上学和方法论的信奉倾向，这些信奉倾向使研究传统成为一个整体区别于其他研究传统。最后，每个研究传统都得到过各种详细的表述，并一般都有一段较长的历史。

就研究传统与理论的关系而言，理论是用来详细阐明所属研究传统的本体论以及说明或满足它的方法论的。在研究传统内，许多理论可能彼此不一致、相互竞争。这些理论一般可由经验检验，但研究传统不是解释性的、预测性的，也不是直接可检验的。研究传统对于理论的作用在于：可对其包含的理论做出的断言进行辩护；可用来标明某些理论是否为研究传统所允许；可影响到对其构成理论的经验问题和概念问题的评估；能对具体理论的产生或修改提供启发性的指导。

劳丹认为，正是由于研究传统具有历史性的特征，因而研究传统是可以进化的，正是这种进化促进了科学的进步。研究传统的进化主要有两种方式：其一是通过构成研究传统的具体理论的进化而获得进化。当科学家发现一个比以前理论具有重大改进的理论时，他们会放弃以前的理论，用新理论取而代之。其二是通过研究传统最基本的核心部分——本体论和方法论的变化而得以进化。当科学家发现修改具体理论不能消除经验问题和概念问题时，就会对研究传统更深层次的本体论和方法论做"小手术"，当对研究传统的几个假定的修补不能消除反常问题和概念问题时，科学家就会放弃原来的研究传统。劳丹把这种进化称为研究传统的"自然发展"①。

从以上劳丹关于解题模式的论述可以看出，解题能力是评价科学理论的核心尺度。但是，由于在具体的评价过程中，一种理论解决科学问题的数量和权值往往是很难计算的，这就致使劳丹的解题模式的操作性大大降低，这个缺陷引起了很多哲学家的批判。为了对其解题模式进行辩护，同时解决该模式遇到的困难，劳丹在20世纪80年代后对其解题模式进行了调整，他不再把解题看作唯一的价值取向，并且对研究传统的概念进行了扩充，在本体论和方法论的层面增加了价值论的维度，进而提出了科学合理性的"网状模型"。在这个模型中，劳丹放弃了整体主义的观点，将研究传统的本体论、方法论和价值论三个层次置于一个相互制约、相互协调的网状结构中，认为科学的变化不是整体的变化，更多的是逐项的变化，进而科学的进步呈现出阶段式的图景。增加了价值论的层次并没有解决解题模式所面临的困境，劳丹本人也承认即使是网状模型也没有解决科学进步评价的操作性低的问题。但是，不可否认，劳丹的科学进步模式为我们开辟了一个新的研究方向，他对于概念问题的强调是以往科学哲学家所忽视的，他对于科学进步模式的形式化和非形式化之间新的立足点的探寻是值得我们借鉴的。

纵观西方科学哲学的科学进步观，从逻辑模式到历史模式，再到逻辑与历史的结合模式，人们对于科学进步的评价经历了从静态到动态的转变。尽管在这些模式中包含着不同哲学思想的对抗和冲突，但是，无论是

---

① ［美］拉里·劳丹.进步及其问题——科学增长理论刍议.方在庆，译.上海：上海译文出版社，1991，100.

哪种模式，其背后都显示出科学哲学家们对于科学进步的乐观主义态度，为科学的进步提供合理性的辩护是他们共同的诉求。这种乐观主义的心态不仅来源于他们对于科学进步的信心，更来源于科学为现实世界带来的日新月异的变化。如果我们抛却诸种模式的不足就会发现，每一种模式对于科学进步的说明与辩护都是至关重要的，但是，不应忽视的是，对科学进步与合理性的辩护不只是对发展中的科学理论及其方法论的解释，更为重要的是，对于科学的哲学审视的重要目的是为了更好地推动科学实践。

## 二、后工业社会的来临

科学乐观主义的信念在现实社会层面的一个典型表现，就是由其所引发的后工业社会的来临。1973 年，美国当代最有影响的社会学家和未来学家丹尼尔·贝尔（Daniel Bell）将对科学的乐观态度与技术统治论的信念结合，从而形成了影响广泛的"后工业社会"理论。按照这一观点，人类社会的发展总共经历了三个不同阶段，即前工业社会、工业社会与后工业社会，当前已经前进到了后工业社会阶段。

在《后工业社会的来临——对社会预测的一项探索》一书中，贝尔对科技发展所带来的后工业社会及其特征进行了深入探讨，并且提出了一种科学技术决定论的历史观。该书中所包含的令人深省的科学技术决定论思想，大体上可以概括为以下三个方面：

### 1. 理论知识——后工业社会的"轴心"

在以往社会问题的研究中，社会学家多采用单一因果决定论或突出主要因素的影响，因而在方法上显得过分单纯和机械。贝尔不同意这种研究方法，基于对以往社会学家研究方法的扬弃，贝尔提出了"中轴原理"和"中轴结构"的思想。这一思想的本质在于：它"力图说明的不是因果关系（这只能用经验关系论来说明），而是趋中性。在寻找社会如何结合在一起这个问题的答案时，它设法在概念性图式的范围内说明其他结构环绕在周围的那种组织结构，或者是在一切逻辑中作为首要逻辑的动能原理"①。这种方法的优势在于多角度地解释社会结构的变迁，同时注重主要因素的影响。而在贝尔的中轴原理中，最突出的特征是理论知识成为了后现代工业社会的轴心。贝尔指出："在资本主义社会中，轴心体制是私有制；而在后工业社会，轴心体制是居于中心地位的理论知识。"② 在贝尔看来，知识对任何社会的运转都是必需的，但"后工业社会与众不同之处，在于知识本身所扮演的角色发生了变化。其中关键一点，是在形成决策和指导变化时，理论知识居于中心地位，以及知识被规范化为抽象的符号系统，从而可以用来说明许多不同经验领域的问题，其作用就如同各种公理系统一样"③。基于轴心体制向理论知识的转化，贝尔以代表理论知识变化最为显著的技术为中轴，将社会划分为前工业社会、工业社会和后工业社会三种形态。后工业社会与前工业社会和工业社会相比，有明显区别（见表 8-1），而这些区别突现了科学知识、技术知识对社会的巨大影响：

表 8-1　社会变化总表④

| 名称 | 前工业社会 | 工业社会 | 后工业社会 |
|---|---|---|---|
| 职业范围 | 农民、矿工、不熟练工人 | 半熟练工人、工程师 | 专业人员、技术人员和科学家 |
| 技术 | 原材料 | 能源 | 信息 |
| 设计 | 与大自然的争斗 | 与人为自然的争斗 | 人与人之间的争斗 |

① ［美］丹尼尔·贝尔. 后工业社会的来临. 高铦，等，译. 北京：新华出版社，1997：9.
② ［美］丹尼尔·贝尔. 后工业社会（简明本）. 彭强，编译. 北京：科学普及出版社，1985：28.
③ 同②5.
④ 同②28. 根据贝尔的总表索引。

续表

| 名称 | 前工业社会 | 工业社会 | 后工业社会 |
|------|-----------|---------|-----------|
| 方法 | 常识性经验 | 经验、实验 | 抽象理论：模型、模拟、决策论、系统分析 |
| 时间观 | 面向过去、特定的反应 | 特定的反应、推测 | 面向未来、预测 |
| 轴心原则 | 传统主义：土地/资源的限制 | 经济增长：国家或私人控制投资决策 | 理论知识的中心地位和规范化 |

首先，后工业社会是一个知识社会。贝尔认为，从知识与社会的紧密关联看，"显然，后工业社会是双重意义上的一个知识社会"①。一方面，由于研究与开发成为后工业社会革新的源泉，所以理论知识处于中心地位，科学理论的发展不断促进着技术进步。另一方面，如何培育出大量的拥有知识的专业人才是后工业社会的主要问题。由于后工业社会知识领域集聚了大量的社会力量，科技决定着国民生产总值和就业，所以，"后工业社会的主要资源是它的科学人员"②，包括工程师、教师、技术人员以及最重要的科学家。

其次，后工业社会的首要问题是对科学活动、大学、研究所等从事科学活动的主要机构进行组织和管理。这种变化的临界点是二战，二战后，科学能力成为国家发展中的决定因素，对研究和开发的重视程度明显高于一战前国家对工业生产的重视。"研究与开发"象征着科学、技术和经济三者的有机结构，这种结合诞生了以科学为基础的工业（计算机、电子、光学、聚酯等），它们日益凌驾于社会的制造部门之上，并成为发达工业社会的生产先驱。因此，后工业社会的核心政治问题是国家对科学的态度和支持科学活动的方式、科学的政治化、科学家对科学工作的有效组织和管理。

---

① ［美］丹尼尔·贝尔. 后工业社会的来临——对社会预测的一项探索. 王宏周，等，译. 北京：商务印书馆，1984：239.

② 同①250.

再次，轴心体制的变化，彰显了智力工作的"组织约束力"。这种约束力表现为年轻人的压力越来越大，绝大多数人想进大学，想成为一名"知识分子"。挑选一所好大学、选择一个好专业、进入研究生院等成为后工业社会中年轻人的一系列追求。随之而来的是在后工业社会中，科学技术人员的大量增加，后工业社会也因此成为一个英才社会，技术能力成为经济学家所说的"人才资本"。这带给人们一种明显的恐惧："蹬不上教育这座自动楼梯，就意味着被排斥于社会的特权地位之外。英才社会是一个'文凭社会'，在这个社会中，大学学位、专业考试证书、许可证等是高级就业的一个条件。"①

最后，知识成为取得权力的基础，知识与权力结成联盟。知识与权力的互动成为后工业社会发展所必需的"技术"。"技术是知识生产的状态，任何社会发展环节都必然以生成中的知识作为确立其自身合法性的根据，这种知识价值的体认乃是后现代思维在后工业社会的基本存在方式"②。在后工业社会，知识的价值更加重要地体现为其是获得权力的基础，因此，在后工业社会（知识社会），知识变得更加重要。但是，虽然知识化生出后工业社会的主要权力，但是"知识对于权力来说在实质上仍然是一个从属因素"③。政府通过权力不断加强对学术制度的控制，"在后工业社会中，学术制度表现出对政府的高度依赖性"。"在这种情况下，因为学术资源分配不再依赖于市场而是依赖于政府，而政治考量与学术考量是有差距的。"④ 基于此，贝尔认为，后工业社会的权力中心不是知识结构，而

---

① ［美］丹尼尔·贝尔．后工业社会（简明本）．彭强，编译．北京：科学普及出版社，1985：129.

② 臧峰宇，姚颖．后工业社会"概念性图式"的技术反思．理论与改革，2006（4）.

③ ［美］丹尼尔·贝尔．后工业社会的来临——对社会预测的一项探索．王宏周，等，译．北京：商务印书馆，1984：54.

④ 刘大椿，刘永谋．思想的攻防——另类科学哲学的兴起和演化．北京：中国人民大学出版社，2010：71.

是政治结构。

**2. 科学技术——社会结构变化的主导力量**

贝尔的科学技术决定论历史观的第二个突出表现在于，他认为社会结构发生的巨大变化，根源都在科学技术，是现代科学技术革命的产物。贝尔从历时性的角度考察了科学技术带给社会结构的变化。

在前工业社会，技术水平很低。在人与自然的争斗中，绝大多数劳动力只能凭借肌肉力量进行采矿、捕鱼、林业、农业等采掘性劳动，这铸就了一个按照传统方式构成的农业社会。

在工业社会阶段，技术水平大大提高。世界变得技术化与合理化了，机械技术占据支配地位，决定人们的生活节奏。在人与环境的争斗中，技术的发展使能源代替肌肉从而提供劳动力成为现实。工程师和半熟练工人取代了工匠，人与机器的关系成为了中心，机械化技术使人们的生活更加协调，使世界有计划、有时间地运作。人被当作物来运作，组织关心的是角色的要求，而不是人的要求，人们的格言是最大化和最优化，这一切塑造了工业社会的技术特征。

在后工业社会，科学技术变成了推动社会发展的主导力量。这种主导作用的最突出表现是使工业社会的产品生产经济转变为后工业社会的服务性经济。"后工业社会以服务为基础，因此它是一场人与人之间的争斗。受过教育和培训的专业人员是社会的中心人物，他们能够满足后工业社会对各种技能日益增长的需要。"① 服务性经济与科学技术密切相关，它来源于科学技术的三个主要影响：

其一，科学技术人员的大量增加。在后工业社会中，最重要的力量是专业人员和技术人员。根据贝尔的预测，到 1980 年，美国社会就业中专

---

① ［美］丹尼尔·贝尔. 后工业社会（简明本）. 彭强，编译. 北京：科学普及出版社，1985：36.

业人员和技术人员将达到 1 550 万，占总就业的 16.3％，比 1958 年增加了 5.3％。在美国，专业与技术人员阶级包括下列四个集团：公立与私立学校中的教师是最大的集团，占整个专业与技术人员阶级的 1/4；工程师；工程与科学技术人员（包括制图员与测绘员）；科学家（包括自然科学家与社会科学家），这是最重要的集团。

其二，一个可能成为社会新的统治阶级的集团——科学技术专家阶层兴起。在后工业社会，由于技术能力成为取得权力的基础，教育成为取得权力的条件，因此，以这种方式出现在权力领域的人是科学家、工程师等知识分子。他们不再像在工业社会中那样是一个单一整体，而是与其他各界人物（特别是政治集团）结成同盟，这使得后工业社会成为"科技治国"的社会，决定性的影响属于政府部门和经济部门中的技术人员。因此，贝尔认为，后工业社会的系统变革出现两个明显特点[1]：一是在政治过程中，必须将科学家，更广泛地说即技术知识分子作为一个阶层加以考虑；二是科学本身有一种处于统治地位与其他主要社会集团不同的内在精神，这种内在精神将使科学家倾向于以一种不同于其他集团的政治方式行事。

其三，技术决策与政策决策融为一体。决策是个权力问题，在后工业社会中，由于科技专家阶层的兴起，使科学家和研究人员成为中心人物，他们掌握着系统分析、线性规划、项目预算等新的决策方法，成为提出决策设计、进行决策分析的基本力量，"而现在任何政治判断都必须依据这些设计和分析才能做出"[2]。在这样的情况下，技术知识分子具有双重作用：一方面，他们的研究专长与在社会中的地位形成了一个新的选民集

---

① ［美］丹尼尔·贝尔. 后工业社会（简明本）. 彭强，编译. 北京：科学普及出版社，1985：105.

② 同①108.

团，他们的影响通过复杂的官僚行政系统表现出来；另一方面，技术专家又是政治当权者不可缺少的管理参谋。因此，贝尔认为，技术决策与政治决策将成为后工业社会公共决策中的最为关键的问题，"政治家和一般从事政治活动的人，都必须越来越通晓政策的技术特质，必须更深刻地了解决策影响的重要性"①。

### 3. 智能主导本能——针对工业社会的技术反思

贝尔科学技术决定论思想的第三个表现是对科学技术万能的确信。贝尔认为，在工业社会中，科学技术的发展是盲目的，以科学技术为主要力量的工业社会的生产使人与自然的和谐关系破裂并转为对抗，技术进步具有有害的副作用，具有为人们所忽视的并且完全出人意料的二级、三级后果。如廉价化肥的增加在引起农业生产率提高的同时，氮流入江河却造成了最为有害的污染；农药救活了作物却毁灭了野生动物和鸟类；内燃机比蒸汽机有效，却毒化了空气……贝尔认为："之所以出现这些问题，原因在于人们引进技术而不加以控制，以及技术创造者们只对某一级的效果感兴趣。"② 可以说，贝尔对于工业社会科学技术带来的负面问题的洞察是客观的，这也是当代人面临的重要问题。对于这些问题的解决，贝尔认为，科学技术完全有能力胜任，他提出了两种解决途径：

一是通过对技术的规划与控制。贝尔认为，在技术应用之前加以"评价"，可以解决技术的盲目性问题。但是，他也意识到这种控制和规划应与政治体制结合，他指出："技术评价是可以做到的，但这需要一种允许进行这类研究，并有助于制定技术控制标准的政治体制。"③ 由此，贝尔提出了建立专门的技术评估机构为政府服务的建议。技术评估机构的任务

---

① ［美］丹尼尔·贝尔. 后工业社会（简明本）. 彭强，编译. 北京：科学普及出版社，1985：112.

②③ 同①10.

是在技术使用之前按照一定的标准对技术进行评价与选择，即技术鉴定，有两种方式：一种是经济学方式，一种是社会学方式。关于经济学方式，贝尔认为它在现代西方社会具有重要的意义："经济学就是在互相争夺的各项目之间最合理地分配稀少的资源的科学；它是减少'浪费'的重要技巧——这是由主导的核算技术所规定的计量来衡量的。经济学化的条件是一种主持分配的市场机制，是一种适应不断变化的供求特点的流动价值体系。"① 按照经济学方式进行技术评估，要克服纯粹的经济学功利主义的谬论，做到：不仅要衡量经济商品，还要衡量"自由财富"，要考虑技术转化为产品后给人类环境带来的影响；要考虑技术的外溢因素（或外部成本），不要把技术的外部成本转嫁到社会中；要考虑技术生产的个人商品与公共商品的平衡，不要只考虑满足个人的私人消费。关于社会学方式，贝尔强调，这种方式"努力以更自觉的方式去判断一个社会的需要……就是以某种明显的'公共利益'观念去作判断"②。这种方式包括两个关键点：第一，使所有的人都纳入社会来有意识地确立社会公正。第二，为公共服务的社会物品服从公共需求或政治需求，而不是服从于个人需求。贝尔指出，以社会学方式进行技术评估，作为技术应用的企业不能只简单地服从于经济学方式，而是要重视实现社会学方式。企业必须树立"社会责任"意识，要在追求经济利益的同时，充分考虑工人的工作满足感、少数群体的就业、对社区与环境应承担的义务等。当经济利益与这些问题发生冲突时，应服从公众利益。对于经济学方式与社会学方式在技术评估上的作用，贝尔强调，决策者应更加重视社会学方式，能否正确预见社会与技术变革的影响，并根据对目标的不同代价来确立可供选择的其他途径将是

---

① ［美］丹尼尔·贝尔. 后工业社会的来临. 高铦，等，译. 北京：新华出版社，1997：301.
② ［美］丹尼尔·贝尔. 后工业社会（简明本）. 彭强，编译. 北京：科学普及出版社，1985：310.

技术规划与控制中的重要问题。

二是创造新的"智力技术"。所谓智力技术，就是"用规则系统（解决问题的规则）来代替直观判断"①。"新的智力技术与众不同之处，在于它力图确定合理的行动，并力图找到达到这一目的的手段。"② 在后工业社会中，由于科学技术与经济发展的复杂关系，使决策环境日益具有风险性和不确定性，决策者在决策过程中总是力求达到决策的最优化，即力求成果最大，损失最小，智力技术由于在系统分析方面的优势，将具有和工业社会中机器技术同样的作用。贝尔对新智力技术的重视来源于 1940 年以来科学技术的新进展，如信息论、控制论、博弈论、决策论、效用论和随机过程等新的研究领域的出现，这些领域的研究成果不断地被应用到有组织的复杂问题中，产生了线性规划法、决策统计论、马科夫链式应用法、蒙特·卡洛随机化过程、最小最大解等具体决策方法，这些方法借助于计算机而运行，从而使技术具有"智能"的特色，避免直观判断的不足。贝尔对新的智力技术信心十足，认为它在后工业社会能够对社会发展做出有效的规划与决策，克服科学技术应用中的诸多负面问题。

无疑，贝尔对于新智力技术在决策中作用的预测是具有合理性的，现代科学技术的发展中已经证实了科学技术自身解决很多社会问题的作用，但是应该看到，智能技术对于决策的科学化与合理化只能起到工具性的作用，决策中事实的客观性与全面性、利益的集团性与合理性等因素同样也是决策的重要影响因子。即使从技术的角度来看，数学模型和计算机等工具在模拟社会体系的过程中，往往在舍去一些有用的变量的同时，却歪曲了一些变量之间的关系，从而不能做到完全应对社会决策的复杂性局面。

纵观贝尔对于科学技术在后工业社会中作用的分析，我们可以清晰地

---

①② ［美］丹尼尔·贝尔. 后工业社会（简明本）. 彭强，编译. 北京：科学普及出版社，1985：12.

看到其唯科学技术的决定论思想，这与贝尔的思想渊源是分不开的，贝尔的思想直接传承于实证主义与科学技术决定论，他在充分综合圣西门、韦伯、凡勃伦、桑巴特、熊彼特、詹姆士等众多思想家思想的基础上，得出了科学技术重塑了当代社会关系和结构的结论。翻阅贝尔的《后工业社会的来临》一书，我们可以看到为数众多的计算图表、统计表格、各种指数对比图等等，从中可以反映出贝尔对于经验事实和客观性原则的重视，正是通过在诸多数据中运用归纳推理的方法，贝尔才能清晰描述各类社会现象之间的联系。但是，也应该看到他在这些分析中也不同程度地摒弃了价值因素和规范判断，从而使他的理论缺乏一种人文关怀。作为在 20 世纪成长起来的贝尔来说，他目睹了现代科技革命带给世界的翻天覆地的变化，他的思想也反映出了西方很多知识分子对科学技术的乐观主义心态，尽管贝尔与许多西方知识分子一样也意识到了科学技术带给人类的消极影响，并且提出了有针对性的解决办法，但是其怀揣的科学技术乐观主义心态还是暴露无遗的。

## 三、面对现代性危机的科技救世论

弗里乔夫·卡普拉在《转折点》一书的开篇就写道："在本世纪最后20 年伊始之时，我们发现我们自己处于一场深刻的、世界范围的危机状态之中。这是一场复杂的、多方面的危机。这场危机触及着我们生活的每一个方面——健康与生计，环境质量与社会关系，经济与技术及政治。这是一场发生在智力、道德和精神诸方面的危机，其规模和急迫性在人类历史上是空前的。"① 这段话生动地表明了当前人类社会所面临的危机状态。

---

① ［美］弗里乔夫·卡普拉. 转折点——科学、社会和正在兴起的文化. 卫飒英，李四南，译. 成都：四川科学技术出版社，1988：3.

面对这一由现代性而引发的危机，科技救世论者把目光仍然转回到了科学与技术那里。他们相信，凭借科学的力量，就足以把我们从当前的困境中解救出来。

**1. 理性的分裂：现代性危机的始作俑者**

现代性的真正开端通常被认为是 18 世纪的启蒙运动，在启蒙运动中，现代性的理想被确立，之后，"新的"世界体系与一种持续进步、合目的性、不可逆转的发展观念相伴而生。现代性运动是一项内嵌理性主义的运动，它得益于启蒙时代思想家对于理性的张扬，他们明确意识到，新时代人类的发展只能求助于依靠理性来建立一个"完美世界"，而作为理性主义进步观之基础的科学技术被赋予了建立"完美世界"的神圣使命。置身于现代性运动中的人们坚信，文明的进步就体现为科学知识的累积和技术的进步，现代性只有将科学技术的潜能转化为经济的发展，才能实现人们的美好梦想。从此，人类以自我为中心奏响了向自然进军的凯歌，现代性在带给人类欢愉的同时也滋生了令世人困惑的现代性危机。

现代性危机的突出表现是理性的片面发展，它仅仅被当作"工具理性"或"科技理性"。理性主义思想家就用这种理性为社会和其他文化的发展奠定基础并提供"合法化"辩护。但是，应该看到，将理性的片面性仅仅归咎于 18 世纪的启蒙思想家是有失偏颇的。实际上，在哲学和科学技术的发展之初，理性就已经开始走向了分裂，正是人们对于理性的断裂性理解，铸就了今天的现代性危机。

作为人类文化积淀的一种传统，对于理性的认识，我们要追溯到古希腊。在古希腊时期，理性的旨趣在于对世界本原的研究，是一种不带功利性的纯粹的爱智探求，这种探求最突出的特点就是对宇宙万物绝对本质的追寻。其中，毕达哥拉斯和柏拉图对后世的学者影响较大。毕达哥拉斯深信世界的本原是数字，得出了具有神秘色彩的"万物皆数"的把自然数学化的结论，数字代表一种确定性，它向人们昭示自然是确定性的、有秩序的、可以认识的。这种对于自然具有确定性的猜测鼓励了柏拉图对于绝对理念的寻求，柏拉图深信："理念是至高的、绝对的、永恒的，世界上的万物之所以存在是因为分有了理念，万物都是理念的摹本，理念创造着万物但不为万物所创造"①，人作为理性的存在，不是以感觉来掌握世界，而是以概念、判断、推理来理解世界，即以一种用数学和演绎逻辑得来的普遍抽象的概念系统来认识世界，由此，柏拉图便形成了以绝对理念为核心范畴的纯粹的真理体系，"它塑造了西方理性主义哲学传统，即超越事实和自然物、追求绝对真理并自由思考和自我决定的最理想的精神生活，坚信理性给予一切事物、价值和目的以最终的意义"②。

从 14 世纪开始，欧洲社会进入了一个新的发展阶段，从意大利燃起的文艺复兴之火，很快蔓延到欧洲的其他国家，以推崇人性反对神性为主旨的思想解放运动，使科学战胜了神学，导致了经院哲学的解体，使得近代理性得以形成。

伽利略、笛卡尔和牛顿对于近代理性的形成做出了巨大贡献。但是，当他们只注重自然数学化的同时，不仅排除掉了视觉、听觉、味觉、触觉和嗅觉，而且也把美感、道德感、价值观、品质、礼貌、情感、动机、意向、灵魂、意识和精神统统都赶出了科学的领域，而剩下的只有抽象的数学理性。结果，"对科学知识确定性、实证性与普遍性的探求必然与对科学知识的实用性、功利性与工具性的要求联系起来"③。因为，"既然万物的隐秘结构和重复性规律可以被精确地把握，那么从原则上讲，就有可能根据这种把握合理地设计一个操作目标，而后借助技术手段将其复制或制造出来"④。

---

① 陈华兴. 绝对：从柏拉图到黑格尔. 浙江社会科学，1999 (5)：110.
② 王翠英. 现代欧陆哲学的精神嬗变. 科学·经济·社会，2006 (2)：83.
③ 张成岗. 技术、理性与现代化批判. 自然辩证法研究，2004 (8)：58.
④ 张凤阳. 技术理性与现代人的经验方式. 南京大学学报，1995 (2)：101.

这样，技术就找到了驾驭和控制自然的理性工具，而理性本身也因为和技术的联姻具有了浓厚的工具主义色彩，至此，从古希腊延续下来的绝对理性已经演变成了追求功利性的工具理性。这种工具理性与技术的联姻，很快确立了工具理性自身在人类社会的霸主位置，使人类开始从手工业时代走向以技术的机械性为特征的机械工业时代，也宣告了各种有别于传统手工业时代的技术风险开始走上人类的舞台。

从 18 世纪 60 年代开始，英国开始了工业革命，同时出现了近代以来的第一次技术革命，即蒸汽机革命，以蒸汽机的广泛使用为标志，迅速扩展到了各行各业，这次革命的特点是解放了人的体力，提高了物质生产力，从而导致了工业革命的胜利完成。到 20 世纪初为止，法国、美国、德国、俄国、日本继英国之后也都相继完成了工业革命。工业革命的直接后果是资本的集中，现代市场经济和工厂制度的形成，农村大量城市化，西方资本主义国家经济得到迅速发展。对于技术主导的工业革命给人类带来的变化，直到今天一直令很多人惊奇和赞叹。但是，技术在给西方国家带来资本的同时，其带给人类的各种风险也成为现实。在培根"知识就是力量"的鼓舞下，在与数学理性的联姻中，技术更多地体现了它工具主义的一面，技术在资本主义的生产中，被当作资本家夺取剩余价值的唯一的有效工具，在利益最大化的驱使下，技术的发展体现为盲目地、无限制地向前推动，自然界仅仅被作为从属于人类满足剩余价值生产目的的工具和被征服、被控制的对象，一味被人类索取和控制，从而扩大了人与自然的分裂和对抗，技术风险的种种不良后果也在整个工业化过程中逐渐凸显：人沦为机器的奴仆，人在劳动中的主体性和创造性开始丧失；城市化进程加快，贫富差距增大；阶级矛盾尖锐化，工人运动风起云涌；生态平衡遭到破坏，环境污染日益严重……

19 世纪至今，随着科技的快速发展，人类进入了信息技术时代，电气化、电子化的生活设施使人们置身于一个安全、舒适、便利的人工世界；汽车、火车、轮船和飞机加速了人们的生活节奏；生物学和化学的发展大大减轻了人类的病痛；计算机、互联网缩短了人们的距离……这一切向人类展示了一个异彩纷呈的技术世界，人们在此世界中形成了一种新的生存方式。但是，"现代技术和现代科学并不是新的生存方式的主要发生器。实际的情形恰恰相反：现代技术和现代科学是由新的生存方式形成的"①。"更确切地说，计算性思考是现代人的生存方式的一种表现形式，是现代人的生存方式得以出现的条件，是现代'生活世界'得以存在的条件。"② 计算性思考是"理性的现代人"在以知识取代信仰之后的一种理性自觉，它是人对理性及理性运用能力的乐观主义的体现。秉持着乐观主义态度的现代人通过科学技术不断塑造着自己的生活世界。"形成现代生活世界的是将人工制品和人类能力转变为商品、将人类的技术策略转变为营销策略的实际的历史过程。"③ 在这一历史过程中，"一个'对象化'的世界对于人而言，仅仅是一个知识的领域，它等待人的征服。因此，作为人类认识对象化世界工具的'科学'成了一种新的'信仰'"④。人们不禁感叹：科学技术还有什么不能做？

但是，在科学技术成功的背后，一些潜在的危险正在浮出水面，不仅科学技术的发展没有解决机器工业时代的诸多问题，而且新的高技术的发展又在滋生更多的新问题：大气变暖、环境恶化、城市拥堵、人口膨胀、疾病流传、社会竞争中精神压力的无限加大……人类已然置身于现代性运动带来的危机之中。人们不得不面对这样的问题：科学技术是带给人类福祉还是带给人类更大的伤害？人类是否具有对自然无限开发的权力？科学

---

① ［克罗地亚］斯尔丹·勒拉斯.科学与现代性——整体科学理论.严忠志，译.北京：商务印书馆，2011：197.

②③ 同①198.

④ 黄其松.知识抑或信仰：现代性危机探源.社会科学论坛，2010（21）：166.

技术是否可以解决人类面临的一切问题？未来人类将走向何处？

**2. 科技改变未来：科技救世论的乐观情结**

面对现代性的危机，很多西方学者对世界未来的发展抱有一种客观主义的态度，此种乐观的心态主要来源于他们的科技客观主义信念。科技乐观主义产生于人类对科学技术的社会功能有所了解但又缺乏理性认识的特定历史条件下，其实质是"科学技术崇拜"或"科学技术救世主义"，其基本特征是把科学技术理想化、绝对化或神圣化，视科学技术进步为社会发展的决定因素和根本动力。科技乐观主义者大多坚信在科学技术的发展中，科学技术的社会功能远胜于科学技术的社会问题，他们认为，在使用科学技术中产生的社会问题都可以由科技创新来解决，因而对通过发展科学技术建立美好社会抱乐观态度。美国物理学家、数学家赫尔曼·卡恩是这种观点的典型代表。

卡恩是美国著名的物理学家、数学家，研究未来社会的乐观派代表。他长期致力于文化、政治、经济和技术方面的研究，论著颇多，其中《今后二百年——美国和世界的一幅远景》的影响颇大，在这本书中，卡恩和他的研究小组提出了应对现代性危机的"大过渡理论"。在该理论中，卡恩等研究人员提出了一种谨慎的乐观主义观点。

（1）人类未来将发展成后工业社会。

卡恩认为，从1800年前后到2200年的400年，可以分为两个阶段，前200年以"前工业阶段"为起点，后200年以"后工业阶段"为终点。在《今后二百年》一书中，卡恩开篇就提出了他对人类社会未来发展的乐观主义观点："在二百年以前，差不多世界各地的人口都比较少，贫穷，并且受自然力的支配；而预期二百年后，则几乎到处人口众多，富裕，并能控制自然力。"① 在卡恩看来，在长达400年的"大过渡"中，每个国家

---

① ［美］赫尔曼·卡恩，威廉·布朗利昂·马歇尔. 今后二百年——美国和世界的一幅远景. 上海政协编译委员会，译. 上海：上海译文出版社，1980：1.

都将因科学技术的进步找到自己经济进步的道路，完成或在很大程度上完成经济发展的任务，最后都将发展成工业社会和后工业社会。卡恩将一万年前在中东肥沃的新月地带产生的农业革命与 200 年前产生于荷兰和英国的工业革命视为人类历史的两大分水岭。他认为，正像农业革命扩展到世界各地一样，工业革命也会扩展到全世界所有国家，并且工业革命的扩展过程将不会持续一万年，而是在 400 年中就将完成，即在 20 世纪后期达到超工业社会，在 21 世纪早期达到后工业社会，大约在 22 世纪后期整个扩展过程将会完成，人类社会发展成为一个新的、适当的社会。为了说明这些变迁的性质，卡恩区分了四种经济活动：一是初级的经济活动，即采掘自然资源的活动——主要是农业、矿业、林业和渔业。在这种经济活动中，技术十分落后，人们主要是"跟自然合作和对抗"①，农村和城镇居民的比例是 20：1。二是第二级的经济活动，主要是建筑业和制造业。相应的社会和文化基本上是城市，技术相对发达，人们主要是通过"跟物资合作和对抗，以及跟自然相对抗"组织起来的，同时，科学技术通过有组织的战争也得以发展。三是第三级的经济活动，这种经济活动具有了服务性经济的一些特征，即为初级的和第二级的经济活动提供服务，如运输、保险、金融、管理、政府活动、教育和训练等。由于科学技术的发达，自然界变成一个比较可控的变量，物资的限制变得不再重要。此种经济活动对应的是市郊化大于城市化的社会和文化，人们的重要活动是"跟组织合作和对抗"。在分配权力和地位的过程中，组织上和专业上的考虑变得更加重要，知识成为主要财产。四是第四级经济活动或真正的后工业经济，这是一种预期将在 21 世纪实现的真正的服务性经济，这一目标的实现主要归功于科学技术和经济的高度发展。以"合作"多于"对抗"的第四期

① ［美］赫尔曼·卡恩，威廉·布朗利昂·马歇尔. 今后二百年——美国和世界的一幅远景. 上海政协编译委员会，译. 上海：上海译文出版社，1980：21.

社会将成为人类社会第三个分水岭，人们将能够充分控制世界，人们将去谋求开发地球以外的空间，但不只是因为经济和技术的缘故，而是人们将它看作是一个心理和精神上的新领域。①

（2）科学技术是解决各种问题，实现后工业社会的根本力量。

与卡恩的科技乐观主义相对立的是科技悲观主义，典型代表是"零增长"派。持有这种观点的人认为，科学技术的发展使资源将近枯竭，人类将面对很多问题，如环境问题是技术或技术人员带来的，如果进一步地去发展科学技术将危及人类的前途；再如技术进步不会改变有限资源对人口与工业增长的限制。卡恩坚决反对这种观点，他认为，持有这种观点的人是误解了当前的科学技术对于未来的意义。他以技术进步为轴线，从正反两个方面对"零增长"派的观点进行了反驳。

一方面，卡恩分析了技术进步给能源、粮食和环境带来的光明前景。在他看来，通过技术进步，可以开发多样化的能源和再生能源，从而使得能源变得充足。在技术进步的支撑下，"目前这一代拥有的原料是丰富的，未来各代的原料也是丰富的"②；随着技术与高级粮食生产的结合，"一个更为合理的预测应当是：粮食正在向终于会充足的方向发展"③；而在技术的支持下，未来200年的环境状况也必然是"空气清新、水质洁静、风景优美"④。

另一方面，卡恩也承认人类的发展中，科学技术确实带来了一些风险，如能源问题、原料问题、污染问题等。但这些问题的产生主要是因为科学技术还不足够发达，科学家、技术人员和工程师没有把这些问题考虑

---

① ［美］赫尔曼·卡恩，威廉·布朗利昂·马歇尔. 今后二百年——美国和世界的一幅远景. 上海政协编译委员会，译. 上海：上海译文出版社，1980：21-25.

② 同①90.

③ 同①111.

④ 同①45.

到科学技术方案的设计中。"零增长"论者夸大了这些危机，忽视了人类周围的自然界还有许多尚未开发的处女地，比如海洋、深层地质、宇宙太空等等，忽视了对已开发资源和能源的深加工，还忽视了"节流"和"修旧利废"。因此，卡恩认为，依靠更先进的科学技术，如建立比较完善的工艺流程等等，是可以补偿污染和资源枯竭问题的，生产的不断增长能够为更多的生产进一步提供潜力。以汽车和电厂带来的污染问题为例，卡恩认为，"在正常情况下，依靠自我约束的办法，至多只能把汽车排气污染减少二分之一或三分之二，但通过技术改进却可能减少五分之四乃至五十分之四十九"①。同时，可以通过技术采用干净燃烧的燃料，或者是使用改进的排气系统，或者干脆用电动汽车代替燃油汽车。电厂造成的污染问题则可以通过新技术开发太阳能、地热电力，或者通过核裂变或核聚变反应堆技术提供新的核动力来加以解决。污染问题可以依靠良好的管理和新技术来解决。因此，卡恩认为，科学和技术好像对我们文明的延续已构成了一种普遍的威胁的观点是错误的，任何阻挠科学技术进步的企图，必将会遭到失败或引起灾难性的反抗。

（3）应对"浮士德式交易"的未来任务。

卡恩把科学技术的发展类比于"浮士德式交易"②，处于现代科学技术浪潮中的人们就像浮士德一样，一旦开始了科学技术的发展，就要一直被迫加以利用，并不得不进行一项接一项的试验和设计，否则就永远被打入"地狱"。实际上，卡恩这里强调的是科学技术具有内在的逻辑，科学技术的发展对于未来人类社会的意义是远大于其带来的问题的。在卡恩看来，与其放弃科学技术的发展，还不如加速科学技术的发展，对于其可能

---

① ［美］赫尔曼·卡恩，威廉·布朗利昂·马歇尔. 今后二百年——美国和世界的一幅远景. 上海政协编译委员会，译. 上海：上海译文出版社，1980：157.
② 浮士德是歌德歌剧中的主人公，他为了获得知识和权力，就和魔鬼订约，魔鬼给他知识和权力，一旦他一朝看到满足以后，他的灵魂归魔鬼所有。

产生的各种社会问题，只要保持谨慎、警惕的态度，是可以解决的。用卡恩的话说，"即使代价和风险是巨大的，总的说来，努力去达到一个后工业社会还是值得一试的；再者，强调把技术进步和经济增长（但须谨慎小心）放在优先地位，似乎是可取的，而且大体上是有益的"①。从这段话可以看出，卡恩对于科学技术未来的发展抱有一种谨慎的乐观主义态度。

同时，卡恩也注意到科学技术在未来社会发展中可能带来多种风险，对于应对这些风险的办法，他反对技术评价的做法，因为技术评价在实际操作中很难实现。在卡恩看来，如果把技术评价当作一项通例，订出很高的评定标准，那么许多重要的技术革新方案就不会开始设计，对复杂的技术方案做出全面肯定的评价，往往是不可能的，因为事前人们无法预期新技术可能产生的所有后果。卡恩认为，要应对科学技术在未来发展可能带来的问题，可以通过成立一个能够说理的院外活动集团和一个"预警系统"加以解决。这个预警系统的第一个目的，应当是使科学技术界、政府和其他有关的上层人士保持警戒。当然，成立院外活动集团和"预警系统"不是要限制科学家同公众的联系，而是要使广大公众能够及早地对涉及他们切身利益的问题做出判断，从而确保自身的有利的地位。如果公众能够通过预警系统或院外活动集团事先知道专家和上层人士对于某一技术方案或技术问题的意见，那么，公众就可以表达他们不同的见解，从而保证公众的切身利益。卡恩乐观地相信，通过这样的措施，社会可以及时处理任何技术问题。

### 3. 新技术革命：拯救现代性危机的"灵丹妙药"

除了卡恩的"大过渡"理论外，阿尔温·托夫勒和约翰·奈斯比特则把拯救现代性危机的希望寄托于新技术革命，认为新技术革命是应对现代

---

① ［美］赫尔曼·卡恩，威廉·布朗利昂·马歇尔．今后二百年——美国和世界的一幅远景．上海政协编译委员会，译．上海：上海译文出版社，1980：20.

性危机的"灵丹妙药"。

美国社会学家、未来学家阿尔温·托夫勒在他的名著《第三次浪潮》中，借用美国史家伊莱亚斯的提法，将农业革命、工业革命和信息革命及其所诱发的种种巨变形象地喻为"浪潮"，在此基础上把人类的文明发展分为三个时期：第一次浪潮时期——农业阶段，历时数千年；第二次浪潮时期——工业阶段，不过300多年之久；第三次浪潮时期——以电子计算机的出现为主要标志，太阳能的利用、空间技术、海洋工程、遗传工程的出现为象征的信息化阶段，有人也称为新技术革命阶段。

可以说，在《第三次浪潮》中，托夫勒对人类社会所面临的现代性危机是有深刻洞察的，特别是第二次浪潮带给人类社会的诸多问题，因此，他对第二次浪潮技术给社会造成的消极作用进行了揭示。托夫勒认为，在第二次浪潮中各种性质的社会有一些共同点，即都是使用不能再生的化石燃料作为能源基础；技术的突飞猛进；大规模的销售系统。三者的结合形成并推动着第二次浪潮中技术领域的发展。由于技术与经济结合后的巨大诱惑，"不惜代价、不顾生态与社会危险，片面追求国民生产总值，成为第二次浪潮各国政府盲目追求的目标"①。这种盲目追求一方面带来了优越于农业文明的工业文明，另一方面也带给人类社会诸多危机：能源和矿产危机、环境危机、生态危机、人性危机……托夫勒认为，人类之所以面临这些危机，并不是科学技术本身的过错，而是因为处于第二次浪潮中的人们和各国政府持有一种"近视和自私的标准"②，持有一种工业社会所特有的"工业现实观"③。"工业现实观是工业化的产物，它贯穿在工业化一切观念意识形态中，指导我们去认识和理解这个世界。它是为第二次浪

---

① ［美］阿尔温·托夫勒. 第三次浪潮. 朱志焱，潘琪，张焱，译. 北京：三联书店，1984：8 - 9.

② 同①221.

③ 同①160.

潮文明，以这个文明中的科学家、企业家、政治家、哲学家和宣传家使用为前提而形成的。"① 工业化的现实观主要包括三个信念：征服自然的信念——自然是等待人类去利用和开发的对象；社会进化的信念——人类不仅是改变自然界，并且是不断发展，能够进化到顶峰；把征服自然和社会进化结合在一起的信念——历史的潮流奔向人类更美好的未来，势不可挡。包含有这三个信念的工业化的现实观为从事工业化的人认识和解释世界提供了有用的弹药。

因此，托夫勒认为，要解决人类的危机，不仅要推翻第二次浪潮的技术，更为重要的是要变革工业化的现实观：变"征服自然"为"与自然和睦共处"；赋予进化概念新的含义；提倡一种包含技术、物质、道德、美学、政治和环境共同进步的综合的社会进步观。托夫勒将这一任务赋予了第三次浪潮中"技术反叛者"，一个包括核工程师、生物化学家、物理学家、公共卫生官员、基因研究学者以及数百万普通公民的核心群体。他们不但可以推动第三次浪潮的新技术的发展，更为重要的是他们持有一种不同于工业化的现实观的新科学技术观：

第一，技术反判者并不反对科学技术本身，而是反对科学技术脱离控制，即反对不正确地反对科学技术，反对不负责任地滥用科学技术。他们认为，对那些不受限制的、将给地球和人类的生存带来威胁的新技术要进行控制和监督，要引进技术控制的生态维度，使新技术比第二次浪潮时的技术更严格地受到生态的制约。

第二，技术反叛者要求技术决策民主化。由于技术反叛者不再是少数的科学家、工程师、政治家和企业家，而是包括更多的普通公众，因此，群众要求对技术的控制的呼声会越来越高，要求技术决策民主化的热情也

---

① ［美］阿尔温·托夫勒. 第三次浪潮. 朱志焱，潘琪，张焱，译. 北京：三联书店，1984：160.

会空前增长。

第三，技术反叛者提倡"适度技术的工业设计"。他们认为"尖端"技术不需太大、太贵和太复杂。新的适度技术的工业设计应为人类提供职业，避免污染、节约用地，为个人或地方而不仅仅为国家和世界市场生产。①

第四，技术反叛者认为世界科学技术应平衡发展。"他们主张应对世界穷国的需要给予更多的技术关注，外层空间和海洋的资源也应平等地分享。他们认为不仅天空和海洋是人类共同的财富，而且如果没有从印度、阿拉伯到古老的中国那么多人民的历史贡献，先进技术本身也是无法存在的。"②

第五，技术反叛者主张生产体制的变革。即在向第三次浪潮前进的道路上，人类必须从第二次浪潮的资源浪费和导致污染的生产体制向更具有新陈代谢的生产体制前进，所谓新陈代谢的生产体制是指每个工业部门的产品和副产品都能用于下一生产环节，上一阶段的产品直接可供下一生产环节进一步加工，而没有浪费和污染问题。③这里，仿佛让我们看到了循环经济的影子。

与悲观主义不同，托夫勒虽然揭示了人类工业文明时代的诸多问题，但是他坚信新的技术革命将能够解决现代性危机带给人类的诸多困惑，带给人类更美好的未来。他指出："适合于新而持久的能源制度的合理技术，将一定会到来。这种新技术与新能源基础的结合，将使全人类的文明提高到一个完全新的水平。在这个新文明中心，我们将会发现一种以尖端科学为基础的'高流量'工业（生产完全符合严格的生态和社会管理）与同样

---

① ［美］阿尔温·托夫勒.第三次浪潮.朱志焱，潘琪，张焱，译.北京：三联书店，1984：225.

②③ 同①226.

尖端的'低流量'工业（这种工业生产规模较小，更适合于人类生产的规模）融为一体，这两种工业都是建立在与统治第二次浪潮技术领域极不相同的原则上的。这种工业结合在一起形成了明天的'制高点'。"①

与托夫勒的观点类似，美国社会学家奈斯比特在其著作《大趋势——改变我们生活的十个新方向》一书中，研究了科学技术的迅速发展和社会的信息化给社会生活带来的变化，把工业化社会之后的美国未来发展趋势归纳成十个方面②：从工业社会到信息社会的转变；从强迫性技术向高技术与高情感相平衡的转变；从一国经济向全球经济的转变；从短期考虑的社会结构向长期考虑的社会结构转变；从集中到分散的转变；从向组织机构求救到依靠自助的转变；从代议民主制到共同参与民主制的转变；从等级制度到网络组织的转变；从北到南的生活区域的转变；从非此即彼的选择到多种多样的选择的转变。在这十大趋势中，奈斯比特充分肯定了新技术革命为经济发展注入了新的动力，强调了信息在经济发展中的作用，指出了知识更新在信息社会中的第一重要性地位。

应该说，托夫勒和奈斯比特认为新技术革命能够拯救人类的现代性危机的根据是有一定合理性的。以托夫勒为例，首先，科学技术确实改变了人类社会的面貌，给人类带来了诸多的好处，使人们看到了科学技术的巨大力量，这成为他的立论根据。其次，托夫勒对于工业文明时代社会问题的揭示是很准确的，他批判了人类中心主义，改变了传统的以人为中心的"自然征服论"的价值观，从而强调人与自然的和谐发展，不能不说是认识上的一次飞跃。最后，他引入了科学技术进步的生态标准，形成了一种综合的进步观。但是，也应该看到，托夫勒和奈斯比特的新技术革命论也

---

① ［美］阿尔温·托夫勒.第三次浪潮.朱志焱，潘琪，张焱，译.北京：三联书店，1984：226-227.

② ［美］约翰·奈斯比特.大趋势——改变我们生活的十个新方向.梅艳，译.北京：中国社会科学出版社，1984.

有一定的不足,他们用新技术成就展望未来,将人类的一切成就都归功于科学技术,以技术形态代替社会形态,把新技术革命视为解决社会问题的灵丹妙药。其逻辑结果是人类面临的诸多问题也必然要由科学技术来承担,从而导致公众在现实问题的认识中,一旦遇到科学技术所不能解决的社会问题时,容易从科技乐观主义走向科技悲观主义。

纵观科技乐观主义的上述主张,不难看出其中的真知灼见,他们看到了科技进步对经济社会和人类文明的推动作用,并做出了谨慎抑或乐观的肯定。但是,他们在肯定科技进步对现代性危机之救世作用的同时,却将科技进步与社会进步间的复杂关系归于一种乐观的简单化,其中一个突出表现就是,忽略了人的道德观念和伦理价值等精神领域的变革对科学技术的重要影响,有意或无意地淡化了科学技术以外的其他社会因素对其发展的作用,片面夸大了科学技术的发展潜力,从而陷入了科学技术决定论的窠臼。虽然马克思主义者肯定科学技术的杠杆功能,并承认其对提高生产力的决定性作用,但这并不是我们要认同科学技术决定论,也不表示科技发展是人类社会发展的全部内容。针对科技乐观主义的局限,我们应该将科学和哲学结合起来,"在科学和哲学的帮助之下,我们可以采用经过深思熟虑、加以控制的办法,改变自己的生存方式"①。

① [克罗地亚]斯尔丹·勒拉斯.科学与现代性——整体科学理论.严忠志,译.北京:商务印书馆,2011:443.

# 第九章　悲观主义：无奈的恶之花

在科技乐观主义盛行的同时，西方社会也出现了另一个极端的思潮，即科技悲观主义。各种科技悲观主义者，不论是来自自然科学领域的科学家，还是来自人文领域的人文主义者，他们对于科学技术的悲观信念大都是源于对人类未来发展的担心，以及对于科技发展所引发的生态危机的困惑。而他们关于人类当前所面临的这些问题的探讨，以及在此基础上对于科技所进行的批判，不仅对当代实践产生了重要影响，也成了后现代反科学主义思潮的源头。

## 一、增长的极限凸显盛世危情

科技悲观论首先体现在许多未来学家的思想中，其分析的焦点主要集中在人类的生存环境与未来发展方面。科技悲观主义者大都对科学技术采取一种审慎的批判态度，反对盲目崇拜科学技术，主张改变现存的生产方式。这样一来，就同科技乐观主义者关于未来的发展是否存在极限展开了激烈的争论。

**1.《寂静的春天》——科技盛世的警钟**

20世纪后半叶，当人类陶醉于科技盛世的繁荣，大抒对科学技术的赞美之词时，在科技乐观主义用科学技术衡量社会的进步时，一种不同的声音出现在西方世界的美国。这就是1962年，美国生物学家蕾切尔·卡逊（Rachel Carson）出版的一部科普图书——《寂静的春天》。它的问世，敲响了人类终将因破坏环境而受到大自然惩罚的警世之钟。用为该书作序的美国副总统阿尔·戈尔的话说："《寂静的春天》犹如旷野中的一声呐喊，用它深切的感受、全面的研究和雄辩的论点改变了历史的进程。如果没有这本书，环境运动也许会被延误很长时间，或者现在还没有开始。"①在20世纪60年代，尽管已有些许关于科学技术负面影响的讨论，但是"环境主义"还没能引起人们足够的重视，在当时一些科技期刊中，更没有关于DDT及其他杀虫剂和化学药品的正在增长的、看不见的危险性的讨论。

该书的作者，蕾切尔·卡逊于1907年5月27日诞生于美国宾夕法尼亚州的阿勒格尼河低谷，1964年4月14日在马里兰的银春去世。她早年攻读生物学，并且喜欢文学，受大学老师的影响立志做一名生物科学家，但家境的困窘和世俗的偏见使得她的理想很难实现。就职于政府渔业部门的经历使她能够接触与海洋有关的资料，也找到了发挥她才能的最佳结合点——把生物科学家的志向与文学天赋有机地结合起来的科普写作。

在《寂静的春天》的开篇，卡逊为我们描绘了一幅可怕的场景：春天来了，唱歌的鸟儿却气息奄奄；苹果树花要开了，但在花丛中没有蜜蜂嗡嗡传递花粉；农场里的母鸡在孵窝，但却没有小鸡破壳而出；猪变得病快

---

① ［美］蕾切尔·卡逊.寂静的春天.吕瑞兰，李长生，译.北京：京华出版社，2000：前言.

快的，小猪生病后几天就死去。本来应该是生机勃勃的春天却变得异常寂静，找不到生命萌动的气息。<sup>①</sup>造成这一切的原因是什么呢？作者认为，不是魔法，也不是敌人的活动使这个受损害的世界的生命无法复生，而是人们自己害了自己，是 DDT 等有机农药的大量使用使春天变得死一般的寂静。

DDT 在化学中的名称叫二氯二苯三氯乙烷，DDT 最先是在 1874 年被分离出来，但是直到 1939 年才由瑞士诺贝尔奖获得者化学家 Paul Muller 重新认识到其对昆虫是一种有效的神经性毒剂。在第二次世界大战中，DDT 开始大量地以喷雾方式用于对抗黄热病、斑疹伤寒、丝虫病等虫媒传染病。战后，DDT 作为可以大量杀死蚊子及其他害虫而对人畜安全的灵丹妙药被广泛用于传染病防治和农业生产中。例如在印度，DDT 使疟疾病例在 10 年内从 7 500 万例减少到 500 万例。同时，对家畜和谷物喷 DDT，也使其产量得到双倍增长。到 1962 年，全球疟疾的发病已降到很低，为此，世界各国响应世界卫生组织的建议，都在当年的世界卫生日发行了世界联合抗疟疾邮票。这是最多国家以同一主题同时发行的邮票。在该种邮票中，许多国家都采用 DDT 喷洒灭蚊的设计。但是，在应用中，大量的有关 DDT 破坏环境、毒杀自然界中其他生物的证据不断被发现，DDT 的大量使用日益遭到质疑和非议。而且，由于政府和有关机构有意无意地忽视这些情况，化学工业界也结成了利益联盟，因而公众只是在很小的范围内接触到杀虫剂，而其不良后果普通人也很难通过确定的证据与杀虫剂的使用联系起来。

正是在这样的情况下，卡逊于 1962 年在《寂静的春天》中对 DDT 等有机农药提出了高度怀疑。她认为，DDT 进入食物链，最终会在动物体

① ［美］蕾切尔·卡逊. 寂静的春天. 吕瑞兰，李长生，译. 北京：京华出版社，2000：22.

内富集，例如在游隼、秃头鹰和鱼鹰这些鸟类中富集。由于氯化烃会干扰鸟类钙的代谢，致使其生殖功能紊乱，使蛋壳变薄，结果使一些食肉和食鱼的鸟类接近灭绝。一些昆虫也会对 DDT 逐渐产生抗药性，以对抗人类由于人口无节制增长而对自然界无休止的掠夺。卡逊通过诸多的事实论证了她的观点，同时表达了其深邃的生态学思想。

首先，自然界是一个普遍联系的自足的平衡生态系统，人并不优越于自然。卡逊认为："自然界没有任何孤立存在的东西。"① 害虫的杀灭，完全可以依赖于生物数量间巧妙的平衡，即借助大自然的智慧，培养害虫的天敌的方式来实现。如果只是因为对人类有害就对某一种生物采取灭绝的措施本身就是人类狂妄自大的表现。卡逊引用了加拿大昆虫学家 G. C. 尤里特的观点来支持自己的观点，"我们必须改变我们的哲学观点，放弃我们认为人类优越的态度，我们应当承认我们能够在大自然实际情况的启发下发现一些限制生物种群的设想和方法，这些设想和方法要比我们自己搞出来的更为经济合理"②。实际上，卡逊这里强调的是，科学技术不能破坏生态的平衡，而应通过自然界的自组织原理来达到生态的协调，一旦人以自我为中心，任意干扰和破坏生态系统的平衡，自然对人的报复是巨大的。

其次，卡逊反对人类中心主义。在《寂静的春天》中，卡逊反对科学革命早期遗留下来的陈腐观念，即人（主要指男人）是万物的中心和主宰者，科学史就是男人的统治史的观念。她认为，这种观念在当时的美国社会达到了一个近乎绝对的状态。实际上，卡逊的这种观点在《寂静的春天》发表后得到验证。当时的一位反对者罗伯特·怀特·史蒂文斯语气傲慢地反驳卡逊说："争论的关键主要在于卡逊坚持自然的平衡是人类生存

① ［美］蕾切尔·卡逊. 寂静的春天. 吕瑞兰，李长生，译. 北京：京华出版社，2000：66.
② 同①245.

的主要力量。然而，当代化学家、生物学家和科学家坚信人类正稳稳地控制着大自然。"① 美国的前农业部部长艾兹拉·塔夫特·本森在致德怀特·艾森豪威尔的信中更是声称："为什么一个没有结婚的老处女会如此关心遗传基因问题？"② 可见，卡逊对人类中心主义的反驳可谓是切中了要害。

最后，科学技术对于自然的干预不能以破坏人与自然的和谐关系为代价。自然界是人类生存的基本条件，人本身也是自然界这个大的生态系统中不可分割的一部分，这早已被古人所预示。但是近代以来，工业的发展，科学技术的进步、人类中心主义的盛行却使得人迷失了自我，人们开始对自然进行征服。在这样的进程中，人类虽然创造了前所未有的物质辉煌，但是也破坏了人类赖以生存的物质基础。卡逊对人类这样的境遇深表担心，她认为，在科学技术发展和应用的过程中，即使是采取十分慎重的态度，也不能完全保证人对自然界不会造成伤害。"她已经意识到即使是最进步和开明的自然资源保护政策也不能时时处处保护野生环境免遭工业发展或人类贪婪愚昧的破坏。"③ 问题的关键是，我们不能对已经出现的科学技术及其不恰当应用所带来的对自然界的伤害视而不见，甚至为了既得利益刻意去掩盖事实，这种态度是她所不能容忍的。这也是她后来遭到政府和产业界批判的重要原因。

从《寂静的春天》中，我们可以看到卡逊对科学技术带给环境以及人类的生物学损害的担忧，并向公众传达了一种环境危机意识。同时，在更深的层面上，我们也可以感受到卡逊对人类自近代以来"征服自然"这一思想合理性的质疑，以及对当代人对待自然的傲慢态度的无情批判。正像

---

① ［美］蕾切尔·卡逊. 寂静的春天. 吕瑞兰，李长生，译. 北京：京华出版社，2000：前言.
② ［美］林达·利尔. 自然的见证人——蕾切尔·卡逊传. 贺天同，译. 北京：光明日报出版社，1999：365.
③ 同②109.

她在《寂静的春天》的书末中所说的那样，"'控制自然'这个词是一个妄自尊大的想象产物，是当生物学和哲学还处于低级幼稚阶段时的产物，当时人们设想中的'控制自然'就是要大自然为人们的方便有利而存在。应用昆虫学上的这些概念和做法在很大程度上应归咎于科学上的蒙昧。这样一门如此原始的科学却已经被用最现代化、最可怕的化学武器武装起来了；这些武器在被用来对付昆虫之余，已转过来威胁着我们整个的大地了，这真是我们的巨大不幸"①。

如果说科技乐观主义的倡导者不太注重从道德和伦理层面反思科学技术的话，那么，卡逊则弥补了这样的不足，"《寂静的春天》警示人类，必须从自然观和道德观维度进行彻底反省，自觉提升生态系统平衡的自然主义诉求与公平正义持续的环境道德观念"②。当"把魔鬼从瓶子里放出来的人类已失去把魔鬼再装回去的能力"③ 时，思想意识的改变和伦理道德层面的反思必须被提上日程，人与自然和谐共生——这一被现代工业文明掩盖和忘记的基本价值观念由于卡逊的呐喊已被重新唤醒，这一意识的觉醒要求人类必须对工业社会以来形成的科学技术观和发展观进行彻底的反思，如何树立一种注重人与自然、经济与环境、科技与生活世界共生共赢的全新科学技术发展理念已成为当下亟待解决的问题。

**2. 《增长的极限》——工业文明的局限**

如果说《寂静的春天》是深层生态运动的开端，那么 10 年以后出版的《增长的极限》则把生态学运动推向了深入。《增长的极限》是"罗马俱乐部"成员、美国科学家德内拉·米都斯（Donella Meadows）在 1972年向"罗马俱乐部"提交的一份关于人类未来发展的研究报告。它被西方

---

① ［美］蕾切尔·卡逊. 寂静的春天. 吕瑞兰，李长生，译. 北京：京华出版社，2000：277.
② 夏承伯，包庆德. 细腻报告文学话语背后深层生态主义逻辑——蕾切尔·卡逊《寂静的春天》生态哲学思想解读. 自然辩证法研究，2014（5）：89.
③ 同①译序.

的一些媒体称作 20 世纪 70 年代的"爆炸性杰作"，前后出版、销售约 100 万册之巨，被译成 37 种文字，成为迄今为止最具影响力的研究报告之一。

《增长的极限》发表之时，正是西方社会经济发展的"黄金时代"，科技进步和经济的高速增长带给人们更多的是对未来的乐观信心和美好憧憬。因此，当时米都斯关于人类面临的空前的困境的悲观预言，人们普遍不能接受。然而，在 40 多年后的今天，当可持续发展深入人心之时，重温这本书的经典内容却会给我们更多的启发。

在《增长的极限》中，米都斯首先从人口、粮食生产、工业化、不可再生资源、环境污染五个因素出发，利用系统动力学建立了分析模型。他认为，这五个因素每年都在按指数增长，当上述不同的因素在一个系统中同时增长时，经历一个较长的发展过程后，每个因素的增长都会最终反过来影响系统自身，从而形成恶性循环，此循环达到极端状态就是地球上的不可再生资源会被耗尽，环境污染无法解决，粮食增长也会终止。最后，人与自然在双向互动中遭到灾难性的打击。

在这份报告中，米都斯除了得出增长有极限的结论外，还特别针对科技乐观主义进行了反驳，表达了他对科技的悲观主义态度。

首先，高技术不能解决污染问题。在乐观主义看来，随着技术的动态发展，新的高技术将能解决生产中带来的污染问题。但在米都斯看来，技术不是单纯的变量，试图把技术的动态含义集合和普遍化是不可能的。他以核技术为例，假设核技术可以提供新的能源和资源，但米都斯通过动力模型的研究却发现，核动力的出现，既没有增加也没有减少单位工业产品所产生的平均污染量。消耗矿物资源的某些副产品，如二氧化碳和二氧化硫会减少，而放射性副产品却会增加。即使在工业化地区大规模地发展了控制污染的新技术，从而严格控制了环境污染，但是，因为经济上的限制，要想完全控制污染是不可能的。因为，一方面，随着排放标准的严格化，经济费用会大量增加。另一方面，工业的发展会占用大量的耕地，这样一来，工业就会排挤农业，从而造成粮食产量的下降，当粮食产量降低到口粮水平以下时，死亡率会上升，最终导致人口增长终止。① 因此，米都斯认为，科技乐观主义寄希望于技术可以改变或扩展增长的极限的能力是不能实现的，因为，技术对于一个有限的、按指数增长的复杂系统问题基本没有影响。

其次，技术有副作用。米都斯认为，每项新技术都会对这个世界的物质系统和经济系统产生副作用，特别是技术产生的对社会的副作用影响更加强烈。例如对于农业技术来说，绿色农业技术可以大大提高粮食的产量，但是，新技术往往是被拥有资本的大农场主事先冒险应用的，例如在印度这个经济不平等的地方就是这样，占有大量土地的大农场主往往是先得利益者。这样一来，绿色革命不但不会解决粮食问题，还会趋向于扩大不平等，从而引发各种社会问题。在墨西哥的绿色革命虽然提高了粮食产量，但是，随着技术的提高，很多劳动力却无处就业，从而收入大大降低。即使在新技术应用之前，可以对其产生的社会副作用进行事前预测，但是这种预测也需要大量时间。况且政治制度和社会制度的变革往往会滞后于技术的发展，因此，技术的副作用几乎是不能消除的。

最后，技术有不能解决的问题。米都斯认为，技术上的解决办法可以定义为："仅仅需要自然科学方面技巧的变革，而无需考虑人类价值或道德方面的变革方式。"② 这种意义上的技术变革方式不能应对和解决许多社会问题，如城市中心区的犯罪、贫困、吸毒成瘾问题；核军备竞赛问题；种族紧张状态和失业问题等。米都斯还进一步悲观地认为，"即使社会的进步把所有期望的事情都付诸实现，还存在技术上所不能解决的

① ［美］米都斯. 增长的极限. 李宝恒，译. 成都：四川人民出版社，1983：149 - 157.
② 同①172.

问题，而这些问题的相互作用的结果，最后会带来人口增长和资本增长的终结"①。

虽然米都斯对科学技术乐观主义表示反对，但他并不是全盘否定科学技术，而只是反对不加思考地接受技术的好处，用他的话说就是："我们坚定地相信……许多技术发展——再循环、控制污染设备、避孕药——只要深思熟虑地与控制增长相结合，对人类社会的未来确实是必不可少的，正如我们在这里对不假思索地接受技术的好处表示反对一样，我们对不假思索地拒绝技术的好处同样感到很遗憾。"② 基于这种立场，米都斯提出了关于技术与社会进步的三种考虑：一是在新技术大规模引进前，考虑会有什么样的物质和社会副作用；二是在技术进步彻底完成之前，考虑什么样的社会变革是必要的，这种变革需要多少时间；三是在前两个问题都解决的前提下，由科学技术推动的增长的系统下一步会遇到什么样的极限，社会是否愿意承担这种发展预先设计好的要排除某一项极限的压力呢？③

纵观米都斯关于增长的极限的思想，可以看出，他对于人类面临的现实问题的揭示在某些方面还是准确的，特别是他提倡早发现问题，尽可能在问题没有显现时就加以防范，对解决当今全球性问题提供了一个前瞻性的思路。但是，这并不能掩盖他对人类未来和科学技术的悲观心态。与科技乐观主义者相比，米都斯走向了另一个极端，否定了科学技术的社会价值及其发展速度，也低估了人类发展的潜力，看不到人的主观能动性和对既成发展的突破性。即使人类像他所提倡的一样，在科学技术进步与社会进步之间事先做出综合的考量，仿佛人类社会始终会面临增长的极限问题，这就将工业化社会时期的问题普遍化了，从而容易使得人们形成一种

---

① ［美］米都斯. 增长的极限. 李宝恒，译. 成都：四川人民出版社，1983：172.
② 同①176 - 177.
③ 同①177.

对于科学技术和社会进步过度悲观的态度。

### 3. 没有极限的增长如何可能

《增长的极限》发表后，遭到了很多人的批判，甚至该书的资助者——罗马俱乐部都持完全否定的态度，认为该书的结论是不正确的，而且误导了公众，使他们惶惶不可终日。更大的批判来自于 1981 年出版的美国未来学家朱利安·林肯·西蒙的名著《最后的资源》，该书后来被我国学者编译出版，题为《没有极限的增长》。在这本书中，西蒙针对《增长的极限》表达了他对资源、人口和环境等问题的看法，提出了没有极限的增长如何可能的问题。

首先，西蒙批判了米都斯研究人类未来发展问题的方法，认为历史和现实都表明，用技术分析的方法预测未来，往往与历史的实际发展相差甚远。以资源问题为例，西蒙认为米都斯之所以得出增长有极限的结论，是由于其运用了技术预测的方法增加了一个预设，即人类的资源是一个"已知储量"。西蒙认为这是一个错误的判断，原因有二：其一，无论做出怎样严密的定义，地球的资源储量在任何时候都是一个未知数，因为各种资源只有在需要时才被人类寻找和开采。其二，即使我们精确地知道资源的储量，也没有什么经济意义，因为我们有能力利用科学技术开辟其他途径来满足人类的需要，比如用塑料代替木材和金属，用新方法和新技术开采现在看来似乎无用的低品位矿石，以及发展廉价的核电站开采这类矿产。因此，西蒙认为，使用工程的动力学方法不大可能做出正确的预测。[①] 他提出只有用历史外推的方法才是最切合实际的方法，即"基于技术分析的预测不如推断成本的历史趋势那样有说服力"[②]。

---

① ［美］朱利安·林肯·西蒙. 没有极限的增长. 江南，嘉明，秦星，编译. 成都：四川人民出版社，1985：196－197.

② 同①56.

其次，西蒙指出人类的能源永远不会枯竭。他的立论根据有四①：一是如果其他条件保持不变，提炼资源的成本将随着资源使用量的增加而增加；二是为了应对资源价格的上升，工程技术人员会主动改善开采技术；三是科学家和商人会寻找替代资源，如太阳能发电和核发电代替石油和资源，依靠科学技术，人们一定能够而且正在发现新材料、新能源，可供人类开发和利用的自然资源是不可穷尽的；四是即使资源价格上涨，乃至于整个世界能源资本也不会高到足以摧毁西方经济的地步，经济的力量会把能源市场价格压到接近于生产成本。

最后，人口的增长会推动科学技术的进步，新增人口的生产能力大于人口的消费能力。西蒙认为，所谓的"指数增长"不过是数字假说的产物，众多的人口与强大的经济相结合必将产生更多的知识创造者，从而使人类拥有防止、控制威胁自己生活和环境因素的强大武器。用西蒙的话说，"人之头脑较之口和手，对经济有更大影响。从长远观点看，人口规模和人口增长对经济最重要的影响，是新增人口的知识积累。从长期来讲，知识积累的贡献足以抵偿人口增长的费用"②。他认为，技术进步的程度取决于运用大脑的人的数量。"如果人类很早就拥有众多人口，那么技术应用的发展速度本来是会更快一些的。人口增长结果，不仅刺激新技术的发明，也推动现有技术的应用。"③按照西蒙的观点，人口越多，科学技术就会越发达，那么，为什么人口众多的中国和印度不是发达的国家呢？西蒙认为，这是因为这两个国家贫困，只有较少的人接受教育，从而没有强大的科学集团，如果不发达国家保持中等水平的人口增长，将会在长远的将来带来较高的生活水平。"总之较多的人口意味着创造较多的知

---

① ［美］朱利安·林肯·西蒙. 没有极限的增长. 江南，嘉明，秦星，编译. 成都：四川人民出版社，1985：59 - 70.

②③ 同①196 - 197.

识。更多的人会有更多的新思想。不同国家的比较证明，人口对于科学技术的创造有着积极的影响。"①

总之，在西蒙看来，米都斯所谓的增长的极限并不存在，反之，人类社会是一个没有极限的增长的社会：自然资源不会枯竭、生态环境日益好转、粮食在未来不会成为问题、人口也将在未来自然趋向平衡。从西蒙的《没有极限的增长》一书中，我们看不到多少哲学的论证，代之的是更多的图表、曲线和数据，这与米都斯有类似之处。他们都十分注重把自然科学和社会科学的方法应用于具体的分析，这一点是十分可取的，也增强了理论的说服性。与米都斯的悲观主义相比，西蒙更加乐观，他强调了科技的和社会的因素在增长过程中的重要性，意识到了科学技术的发展速度问题和人的潜力问题，这些都是其合理之处。但是，西蒙认为，只从科学技术进步和市场调节两方面就能解决人类发展中面临的诸多问题，却有失偏颇。"实际上，经济活动受到自然的有限性、热力学第二定律以及生态系统承载力三方面的限制，尽管技术的进步和不可再生资源的更多利用能够在一定程度上打破这一限制，但不可能超越这一限制。经济不可能无限地增长下去。"② 因此，西蒙没有看到任何既成社会确实存在着发展的极限问题，而极限的突破，不仅要依靠科学技术进步和市场调节，还要依靠社会形式的变革、伦理道德的完善以及全球各国的共同协作。所以，西蒙意义上的没有极限的发展是不可能实现的，西蒙的乐观的论调注定要面对一种悲观的结果。

## 二、生态危机与科技悲观论

与罗马俱乐部把分析集中在人类的生存环境上不同，人文主义者主要

---

① ［美］朱利安·林肯·西蒙. 没有极限的增长. 江南，嘉明，秦星，编译. 成都：四川人民出版社，1985：211.

② 刘大椿. 科学技术哲学导论（第 2 版）. 北京：中国人民大学出版社，2005：123.

从理性、人性和意识形态的层面对科学技术进行了浪漫主义批判，并把批判的矛头直接指向了科学技术本身。在他们看来，科学技术虽然给人类带来了物质的繁荣，但是也严重破坏了地球生态系统的稳定性和有序性，导致了人类的生态危机和生存危机。科学技术就像是一把双刃剑，一刃创造了现代物质文明，另一刃则提供了毁灭文明的高效手段。

**1. 生态危机与科技理性的批判**

当前，科学技术给人类的生存与发展所带来的重重困境，可以从根本上归结为生态危机的凸显，即由科技特别是它的应用所引发的人的生存环境的破坏与失调。而这一危机的根源，则可以追溯至近代科学诞生时期。

在 17 世纪，当培根确认了改造世界与控制世界的重要性之后，笛卡尔则进一步使这一观念变为可能。他首先在身心二元论的基础上确立了主体与客体的截然二分，之后又将世界当作一个纯粹机械运转的宇宙加以数学化，从而在凸显人类理性能力的同时加剧了人与自然之间的对抗关系。在二元对立的思维的催化下，人类的主体意识得以张扬，人类文明得以进化。但是，人们由于陶醉于工业文明的繁荣和科技万能论的彰显中，一部分人漠视人对自然资源和自然环境的依赖性，一味地对科学技术采取实用主义和功利主义的态度，从而加剧了人与自然的对立，导致了人们处于生态危机和生存危机的两难困境中。如此一来，"定位在现代工业文明上的现代社会陷入了一个大悖论：人在与自然的抗争中，固然取得了重大成就，但它们是以外在自然的破坏（生态危机）和内在自然的失落（生存危机）为代价的；二元对立在摆脱自然对人限制和压迫的同时，造成了人对自然的巨大威胁，反过来又倍增了自然对人的报复"①。

---

① 刘大椿. 从中心到边缘——科学、哲学、人文之反思. 北京：北京师范大学出版社，2006：247.

可以说，正是近代以来所形成的人与自然的主客体二元对立局面，导致了现代社会的一个悖论情形。即，工业文明的发展既增强了人类改造自然的能力，同时也强化了人与自然之间的对抗关系。

对于人类所面对的双重危机，西方马克思主义将其归结为对科学技术的资本主义使用，以及资本主义制度下对自然的不正确观念的影响。如西方马克思主义的创始人之一卢卡奇就曾指出，在资本主义制度下，因为人与自然之间的关系是异化的，所以资本主义社会必然会产生生态危机。可以说，卢卡奇的这一论断，一定程度上开启了西方马克思主义分析生态危机根源的理论先河。其后的继承者法兰克福学派继续探索这一课题，并进一步将科技理性视为造成生存危机的罪魁祸首。

在法兰克福学派的成员看来，在发达工业社会，科学技术并不是中立性的了，原因在于科学技术和理性结合而成的工具理性或科技理性已经取代了批判理性，从而排除了思维的批判性和否定性。科技理性已经渗透进了社会的总体结构和社会生活中，成为了社会对人进行全面统治的新的基础。当然，科技理性成为当代发达工业社会占统治地位的思维方式并不是突然发生的，而是经历了一个很长的历史时期。它实际上是启蒙精神张扬、理性观念演变和科学技术发展的必然结果。

霍克海默和阿多诺在《启蒙辩证法》中指出，人类在利用科学技术征服自然的同时，人没有成为自然的主人。相反，却导致人与自然关系的破坏，导致了自然对人的疯狂报复。更为糟糕的是，还导致了人与人之间的冲突，导致了人对人的统治，科学技术既是人征服自然的工具，同样也是人对人统治的手段。在发达工业社会，统治的原则发生了变化，原来那种基于野蛮力量的统治让位给一种更巧妙的统治，即借助技术手段。统治者的意志和命令内化为一种社会及个人心理，科学技术已控制了社会生活的各个领域。这种统治意志的内化主要是通过技术的手段实现的，随着技术的进步，经济上生产率的提高，使社会支配自然的力量空前提高。一方面，个人面对他所服务的机器俯首帖耳；另一方面，他比过去更有效地享受了技术带来的好处。群众的无权和受控制性，随着他们所分配到的物品的增加而增长。"下层人民的物质生活水平得到了显著的提高，但他们的社会生活水平的提高却是微不足道的，虚假地传播思想反映了这种情况。这种情况的真实是物化的否定。当这种状况固定为文化用品，并付诸消费时，这种情况就必然融化了。同时，精确的信息和经过精密设计的消遣用品的大量出现，都愚弄了人们，使人们变得愚蠢。"① 同时，霍克海默和阿多诺还认为，科学技术已经渗透到西方社会的文化工业中，实现了文化工业的技术化和产业化，从而导致工具理性支配了社会的所有领域。文化工业在调节公众生活的同时也控制了私人生活，并渗透进了人的心理结构。因此，工具理性的进步意味着非人化过程的加剧，意味着人的生存危机的加剧。

马尔库塞在《单向度的人》一书中阐明了理性由批判理性变成科技理性的过程，并且指出，极权主义的科技理性是理性观念演变的最新结果。马尔库塞认为，在工业社会中，理性变成科技理性有着两方面的原因，首先，由于科技理性的双重作用促进了科学技术的进步。这种双重作用表现为两个方面：一方面，劳动的科学管理和科学分工大大提高了经济、政治和文化事业的生产率，并且生活标准也相应得到提高；另一方面，这一合理的事业产生出一种为该事业最具破坏性和压制性的特征进行辩护和开脱的行为模式。科学技术理性和操纵一起结为一种新型的社会控制形式。其次，形式逻辑和数学构成了技术理性的方法论基础。借助数学和逻辑分析，自然被量化和形式化，现实与一切固有的目的、真与善、科学与伦理

---

① ［德］霍克海默，阿多诺. 启蒙辩证法. 洪佩郁，蔺月峰，译. 重庆：重庆出版社，1990：导言 4.

分离开来。① 在这种方法论之下，科学技术理性作为本质上中立的东西而出现。一切自然的探索只有在物理、化学或生物的规律范围内才具有科学的合理性，从客观现实中分离出来的价值变成了主观的东西，形而上学不过是个假定，人道主义、宗教、道德观念等不过是"理想性"的东西。在科学技术理性的极端形式中，自然界不过是一个可以量化的世界，所有自然科学的问题都被消解于数学和逻辑中。形式逻辑的形式化、抽象普遍性和排除矛盾性有其现实的基础，形式逻辑成了技术理性的基础并发展成了统治的逻辑。

马尔库塞还剖析了科技理性的危害。他认为，科技理性是在科学技术、理性和逻辑的基础上形成的，以自然科学的模式来衡量知识，尤其是以定量化、形式化作为知识标准把世界理解为工具，关心的是实用的目的，而将事实与价值严格区分。说到底，技术理性是一种单面性或肯定性的思维方式。因此，技术或工具理性先验地适用于维护社会的统治制度，它排除了思维的批判性和否定性，其本质就是统治的合理性。

### 2. 人性危机与现实生存的抗争

作为现象学创始人的胡塞尔则表达了对于欧洲人性危机的关注和担心。他认为正是盛行于欧洲的实证主义科学观导致了欧洲科学和人性危机。

胡塞尔认为，实证主义科学观的盛行是造成欧洲文化、哲学、科学和人性危机的直接根源。首先，由于实证主义拒斥形而上学，哲学自身成了问题，哲学面临着被怀疑论、非理性主义压倒的危险。这种危险主要体现在形而上学的可能性问题上，这涉及全部理性问题的可能性和意义。对形而上学可能性的怀疑，导致一代新人对于普遍哲学的信仰的崩溃，这就意

---

① [美]马尔库塞. 单向度的人——发达工业社会意识形态研究. 刘继，译. 上海：上海译文出版社，2006：133-134.

味着人们对理性信仰的崩溃。① 代替这种信仰的是一种新的哲学思维，即"客观主义"的思维方式，这种思维方式的特征是："它的活动是在经验给予的自明的世界的基础上，并追问这个世界的'客观的真理'，追问对这个世界是必然的，对于一切理性物是有效的东西，追问这个世界自在的东西。"② 而普遍地实现这个目标，被一代新人认为就是认识的任务、理性的任务，也是哲学的任务。

其次，哲学的危机引发作为哲学的分支的实证主义的科学的危机。这种危机主要体现在两个方面，一是实证主义拒斥形而上学导致拒斥事实科学本身。关于形而上学的可能性问题，必然也包括事实科学的可能性问题，因为事实科学正是在与哲学的不可分割的统一体中才有其相关的意义（即作为纯粹存在者领域的真理的意义），人的理性和事实是不可分割的，关于事实科学的理论归根结底是通过人的理性确立的，是人的理性确定什么是事实，什么不是事实，人的理性赋予存有者意义。二是实证主义的科学抛弃作为普遍科学的哲学的观念必然导致丧失科学研究的最内在动力。欧洲人自古希腊到实证主义科学的兴起一直就以普遍的存有作为自己的哲学研究和科学研究的根本目标，哲学和科学的进步都是在实现这个目标过程中发展起来的。但是 18 世纪以后，由于实证科学在理论和实践上的不断成功而形而上学的一再失败，科学家和科学领域以外的哲学研究者则对这一目标产生了怀疑甚至于放弃了这一目标，科学研究进步的动力也随之消失了。③ 科学研究内在动力的消失同时意味着，"一切现代科学在其作为哲学的分支而被奠定基础的意义方面，以及在它们继续在自身中承担这种意义的方面，正陷入特殊的、令人困惑

---

① ［德］胡塞尔．欧洲科学的危机和超验现象学．张庆熊，译．上海：上海译文出版社，1988：12－14.

② 同①81.

③ 同①12－13.

不解的危机"①。虽然这种危机不接触到特殊的、具体的科学在理论和实践上的成功，但是却彻底动摇了它们整个真理的意义。

最后，抛弃理性的、普遍的哲学理念的实证主义科学观必然导致欧洲人性的危机。在胡塞尔看来，"理性给予一切被认为'存有者'的东西，即一切事物、价值和目的以及最终的意义。这也就是说，理性刻画了自有哲学以来的'真理'——'自在的真理'——这个词和其相关的词'存有者'——'真正存有者'——之间的规范的关系"②。但是，由于实证主义的限制，科学、哲学的理念发生了变化，人们失去了对理性的信仰，失去了对赋予世界以意义的"绝对"理性的信仰，失去了对历史意义的信仰，失去了对人的意义的信仰，更加失去了作为人生存的理性意义之基的自我能力的信仰。人类失去这些信仰，也就意味着人们已经失去了对自己的信仰，失去了对自己真正存有的信仰。这将使人在与人和非人的周围世界的相处中不能自然地自我决定，不能自由地在他的众多可能性中理性地塑造自身和他的周围世界。从而，实证主义科学观导致了"只见事实的科学造成了只见事实的人"③的整个欧洲人性的危机。

如果说在胡塞尔的思想中还保存着理性主义的残余的话，那么，在存在主义那里，理性主义已经被赶出最后的避难所了，取而代之的是存在主义者的生存论思想。

海德格尔从存在论的角度出发思考科学和技术的本质，通过追问技术的"座架"本质，揭示了技术世界中人、存在物和自然被技术所统治的存在论境遇。在他看来，一方面，人作为技术的中介对存在物和自然进行促逼。现代技术的这种促逼"向自然提出蛮横要求，要求自然提供能够被开

---

① ［德］胡塞尔．欧洲科学的危机和超验现象学．张庆熊，译．上海：上海译文出版社，1988：13.

② 同①13-14.

③ 同①5-6.

采和贮藏的能量"①。此种促逼使技术成为一种物质化的展现，在展现中技术的权力意志得以充分体现：一切东西在事先因此也在事后都不可阻挡地变成贯彻着的生产的物质，地球及其环境变成原料，人变成人力资源，被用于预先规定的目的。另一方面，人自身也成了技术的持存物，从而丧失了人的独立性、个性和尊严。现代技术促逼人、要求人把自然作为研究对象来加以进攻，直到对象也消失在持存物的无对象性中。结果，就连人本身也成为单纯的物质，成为一种人力资源，人们为必要的目的来随意地操纵人——这种单纯的物质，凡是用人、人的本性能制造的东西都被制造出来，从而人在技术的物质化展现中失去了独立、尊严等所有的人的本真存在和本质，人反而被技术所控制。他认为，造成这一切的最终根源就是西方近代哲学对人之外的绝对存在者（上帝、身、绝对理念、物质性）的追寻，从而使人遗忘了存在。所以，他力图通过"思"与"诗"的二重奏来召唤"存在"，从而克服对象和主体、自然界和人之间的分裂和对立状态，将人和自然从技术世界中解放出来，从而使人在大地上诗意地栖居。

存在主义的另一个代表人物——雅斯贝尔斯则对科学技术带给人类的消极影响进行了深刻揭示。雅斯贝尔斯同海德格尔一样，认为科学技术束缚了人的存在、人性、自由。由于人们只注重科学技术的实用效果，只关注技术纯功利性的价值，从而使科学技术发生了"异化"，给现代社会带来了巨大的危险。对比于科学技术时代以前的轴心期，雅斯贝尔斯指出，"我们现在所处的状况是十分明确的，现在并非第二轴心期。与轴心期相比，最明显的是现在正是精神贫乏，人性沦丧，爱与创造力衰退的下降时期，只有一点仍可与以前的一切比美，那就是科学和技术的产生"②。科

---

① ［德］海德格尔. 技术的追问//海德格尔选集（下）. 孙周兴，译. 上海：上海三联书店，1996：932-933.

② ［德］卡尔·雅斯贝斯. 历史的起源与目标. 魏楚雄，俞新天，译. 北京：华夏出版社，1989：112.

学技术的伟大之处虽然带给了发现者和发明者快乐，但是人在现代技术中并不是作为具有包罗万象的伟大的灵魂的人而起作用的，相反，人的精神本身被技术过程吞噬了，甚至连科学也得服从技术。因此，"不能低估现代技术的侵入及其对全部生活问题造成的后果的严重性"①。

### 3. 社会视域的反思

科学及其技术应用所造成的生存困境与重重危机，引起了人文社会科学领域的学者，特别是人文主义者们的关注。他们从科技与社会发展的大局出发，对科学的飞速发展及其广泛技术应用进行了深入的反思与批判。其中，尤以法兰克福学派从意识形态层面对科学技术进行的反思与批判为突出代表。

作为关注社会现实的人文主义分子，法兰克福学派的成员们主要针对科学及其技术应用所带来的种种社会问题，将科学当作发达工业社会或晚期资本主义社会的一种新的控制形式与异化根源，从而对科技加以批判。在法兰克福学派的成员们看来，发达工业社会中科学的单面性、实证性、功利性、反辩证性及对现存事物的顺从主义使它们自身成为政治统治的工具，成为意识形态。如马尔库塞所指出的，"面对这个社会的极权主义的特征，技术'中立性'传统概念不再能够得以维持。技术本身不能独立于对它的使用；这种技术社会是一个统治系统，这个系统在技术的概念和结构中已经起着作用"②。换言之，科学技术已经成为一种新的意识形态，并执行着意识形态的功能。因此，展开对于科学技术的意识形态批判对于法兰克福学派来说是相当重要的。以此为出发点，霍克海默、马尔库塞、哈贝马斯等法兰克福学派的重要代表人物围绕科学所具有的意识形态功能

---

① ［德］卡尔·雅斯贝斯. 历史的起源与目标. 魏楚雄，俞新天，译. 北京：华夏出版社，1989：115.

② ［美］马尔库塞. 单向度的人——发达工业社会意识形态研究. 刘继，译. 上海：上海译文出版社，2006：7.

进行了批判。

关于科学技术是意识形态的观点，最早是由霍克海默所提出的。在《科学及其危机札记》一文中，霍克海默指出，"不仅形而上学，而且形而上学所批判的科学本身都是意识形态，因为科学保留着一种阻碍它去发现危机的真正原因的形式。当然，说科学是意识形态并不等于说科学实践者不关心纯粹真理。任何掩盖建立在矛盾之上的社会的真正本质的人类行为都是意识形态。那种认为哲学、道德、宗教等信仰行为、科学理论、法规、文化体制都具有这种功能的主张并没有揭示出那些始作俑者的个性，而今只是陈述了这些行为所起的社会作用"①。从这段话可以清晰地看出，霍克海默认为任何掩盖社会真正本质的人类行为都是意识形态，在他看来科学就是这种人类行为。

在《单向度的人》中，马尔库塞进一步阐述了意识形态随着科学技术进步融入现实的看法。他认为，"把思想意识吸入到现实之中，并不表明'思想意识的终结'。相反，在特定意义上，发达的工业文化较之它的前身是更为意识形态性的，因为今天的意识形态就包含在生产过程本身之中。以某种富有争议的形式，该命题揭示出先行技术合理性的政治成分"②。这段话主要有两层含义：第一，马尔库塞认为，在发达工业中，随着科学技术进步，意识形态不但没有终结，反而比以前更加支配人们的思想，因为意识形态已经融入生产过程中了。第二，科学技术之所以能执行意识形态功能在于现行技术包含着政治成分。换言之，在马尔库塞看来，科学技术作为生产力是非政治性的，但是当科学技术被资本主义用作统治人的工具时，它就获得了意识形态的特性。

---

① ［德］霍克海默. 科学及其危机札记//曹卫东，选编. 霍克海默集. 上海：上海远东出版社，1997：161-162.

② ［美］马尔库塞. 单向度的人——发达工业社会意识形态研究. 刘继，译. 上海：上海译文出版社，2006：12.

在继承法兰克福这些前辈观点的基础上，哈贝马斯进一步讨论了科学技术这种新意识形态的主要特点。具体包含以下三个方面：

一是较少的意识形态性。科学技术像以前旧的意识形态一样，同样具有欺骗功能，但与其他意识形态相比，科学技术对人的统治更加直接。哈贝马斯指出，"技术统治的意识同以往的一切意识形态相比较，'意识形态性较少'，因为它没有那种看不见的迷惑人的力量，而那种迷惑人的力量使人得到的利益只能是假的"①。这种较少的意识形态性，使科学技术的意识形态特性在发达资本主义社会更加隐而不显，它总是以非意识形态的面目出现，使公众难以看到其意识形态的本质。

二是更具难以抗拒性。科学技术由于给公众创造了丰富的物质财富，其本身的生产力性质得到了充分显现，在公众心里科学技术的地位日益提升，仿佛已成为第二个"上帝"，它已经渗透进人们生活的每个方面，从而也在生活中控制着人们。正像哈贝马斯说的那样："当今的那种占主导地位的，并把科学变成偶像，因而变得更加脆弱的隐性意识形态，比之旧式的意识形态更加难以抗拒，范围更为广泛，因为它在掩盖实践问题的同时，不仅为既定阶级的局部统治利益作辩解，并且站在另一个阶级一边，压制局部的解放的需求，而且损害人类要求解放的利益本身。"②

三是更具辩护性。哈贝马斯认为，晚期资本主义社会中，作为意识形态的科学技术为现状和为其本身对人的压制所做的辩护远胜于以往的意识形态。这是技术统治意识所具有的新特点，它不像以往的意识形态那样，将压制建立在集体压制之上，而是使人的交往行为与支配社会生活的行为标准相互分离，并将其非政治化，从而掩盖它对人的交往行为和人的本性的伤害，由于这种方式的非强制性，人们往往在潜移默化中不加反思地予

---

①② ［德］哈贝马斯. 作为"意识形态"的技术与科学. 郭官义，李黎，译. 上海：学林出版社，2002：69.

以认同。对于这个新的特点，哈贝马斯解释说："第一，今天，由于资本关系受确保群众忠诚的政治分配模式的制约，它建立的不再是一种没有得到改进的剥削和压迫。阶级对抗能够继续存在的前提是，给阶级对抗作基础的镇压，历史地被人们所意识，并且以不断变换的形式作为社会制度的特征被稳定下来。因此，技术统治的意识不能像旧的意识形态那样以同一种方式建立在对集体的压制上。第二，群众（对制度）的忠诚只有借助于对个人的需求的补偿才能产生。成就（大小）的解释——制度依据自己创建的成就来证明自身存在的权利（标准）原则上不允许是政治的；成就（大小）的解释直接涉及金钱和业余时间的公平分配，间接涉及用技术统治的观点为实践问题的不予考虑作辩护。因此，新的意识形态同旧的意识形态的区别就在于：新的意识形态把辩护的标准与共同生活的组织加以分离，即同相互作用的规范的规则加以分离；从这种意义上说，是把辩护的标准非政治化，代之而来的是把辩护的标准同目的合理性活动的子系统的功能紧紧联系在一起。"①

总体而论，科技悲观主论者对近代以来的理性至上、科学技术万能等观点进行了反驳，给人以警示，使人们从对技术的盲目崇拜转向对技术的审慎运用，这无疑具有着积极的意义。但是，将生态危机的根源完全归罪于科学技术本身，从而导致对科学技术的否定，却过于绝对，并带着某种程度的偏颇。科学技术作为人与自然的中介具有着双重属性：一方面，科学技术是人本质力量的外化和对象化；另一方面，科学技术也时刻在充当着调节人与自然关系的有效媒介。"在人类认识和改造自然的能力低下的时候，科学技术主要表现为'自然的'选择过程，而随着人类认识和改造自然能力的增强，科学技术的发展则越来越取决于人的'价值的'选择。

---

① ［德］哈贝马斯.作为"意识形态"的技术与科学.郭官义，李黎，译.上海：学林出版社，2002：70.

人的文化价值观成了规范科学技术的主导力量。"① 因此，科学技术不能也不应该对人类的生存困境负责；相反，正是人类自身担负着不可推卸的责任。人类对于科学技术的实用性、功利性、经济性和政治性的价值认识早已迷惑了人的双眼，从而导致人类在享受科学技术带来的繁荣时，不得不同时承受由于人类长期囿于统治自然的价值观所带来的违背人的更高目的或价值追求的负面价值。

### 三、明天的牛奶在哪里？

科学技术乐观主义和科学技术悲观主义的共同之处在于，它们都是绝对化地看待科学技术，即都属于科学技术决定论的观点。它们就像矛盾的对立双方，一方的存在以另一方的存在为前提，双方在相互反驳中共同发展。然而，直到当下，乐观主义者依然要面对困惑着人类的诸多全球问题，而悲观主义者也依然没有找到解决人类困境的真正出路。人们不禁要问，人类明天的牛奶究竟在哪里？进入 21 世纪，这已经成为一个全球性的问题。各个国家都在积极地寻找出路。虽然各个国家国情和立场不同，但是大家在一点上已经基本达成共识，那就是，人类要想可持续地生存下去，就要实现现代文明的生态转型；而这种转型需要价值观、发展模式和文明模式三个方面的转型作为支撑才可能实现。

#### 1. 从科技万能论到生态价值观

人在面对自然界时，总是有着多样化的价值选择。然而，在人类中心主义价值观的统摄下，这种价值选择的多样性已经被遮蔽了，自然界的一切价值似乎都要以人类的需要和利益为基点，人们所能看到的只是科学技

① 刘大椿. 从中心到边缘——科学、哲学、人文之反思. 北京：北京师范大学出版社，2006：269.

术的工具性应用所带来的满足人类诸多需求的自然改造之果。因此，那种将造成人类生存困境的根源归咎于科学技术的看法是有失偏颇的。相反，造成人类双重困境（生态危机和生存危机）的罪魁祸首正是支配着科学技术应用的人类自己的价值观。故此，生态危机和生存危机本质是由价值观危机造成的。因而，人类要想找到现代文明的生态转型之路，首要的任务就是进行价值观的转型。

自进入工业文明社会以来，科学技术在社会生产过程中得到了广泛的运用，人类时刻切身感受着科学技术赋予自身征服自然的威力。科学技术的所向披靡，似乎有理由使人类相信，只要有科学技术，征服自然的道路将是一片坦途。建立在"人类中心主义"之上的科学技术万能论，使一部分人的自我意识开始膨胀。他们漠视人类对自然环境的依赖，对科学技术一味地采取实用主义的态度，加剧了人与自然的对立，造成了环境污染、资源枯竭、生态失衡等全球性问题。生态危机导致了人类生存的危机，这是人类在征服自然之初始料未及的，生存的威胁终于使人类意识到科学技术的缺陷，开始采取一种审慎的批判态度，反对盲目地使用和崇拜科学技术并主张改变现存的生产方式，批判的声音也不绝于耳，科学技术万能论在批判的浪潮中宣布破产。科学技术万能论的破产唤醒了人类对于传统的人统治自然的价值观的反思，生态价值观就在这种反思中应运而生。

与传统的价值观将自然视为征服和改造的对象不同，生态价值观将自然看作是人类的良朋益友，"它以人与自然的协同进化为出发点和归宿，主张以适度消费观取代过度消费观；以尊重和爱护自然代替对自然的占有欲和征服行为；在肯定人类对自然的权利和利益的同时，要求人类对自然承担相应的责任和义务。……生态价值观反对不加区分地运用一切技术，反对刻意追求技术的工具效用。它对技术具有明确的价值选择，即技术的运用不仅要从人的物质及精神生活的健康和完善出发，注重人的生活的价值和意义，而且要求技术选择与生态环境相容"①。同时，"生态意识的基本价值观允许人类和非人类的各种正当利益在一个动力平衡的系统中相互作用"。在这种作用下，"世界的形象既不是一个有待挖掘的资源库，也不是一个避之不及的荒原，而是一个有待照料、关心、收获和爱护的大花园"②。

生态价值观不是一个狭义的定义，而是一个广义的概念，它不仅包括国家层面的生态价值取向，还包括个体层面的生态价值取向。就国家层面而言，一方面，国家应深刻理解生态价值观与社会制度之间的关系，寻求具体国情下的二者的有机契合；另一方面，政府和科学技术共同体应正确定位科学技术进步与生态环境之间的关系，坚持生态的科技观，在科学技术的发展中实现科学技术的"生态化"转型，使科学技术在人与自然之间发挥更大的作用。就个体层面而言，生态价值观应包括个人的生态生活观和生态实践观。一方面，个人应树立一种生态的生活观，即以保护生态环境为核心价值的生活观念，它包括个人应树立一种适度消费的观念、一种积极的生态参与精神和一种强烈的生态民主意识。另一方面，将生态的生活观贯穿于个人的衣、食、住、行、用等诸多方面，就会表现为一种生态的实践观，即在我们生活的方方面面都应身体力行地去体现我们的生态生活观，使我们的生活更富有生态的意蕴和情趣。

## 2. 从增长的极限到可持续发展

现代文明的生态转型的第二个重要支撑条件，就是转变经济的发展模式，从片面地强调传统的 GDP 的发展模式向一种可持续发展的模式转变。这在当前已经成为经济社会发展的共识。

① 刘大椿. 从中心到边缘——科学、哲学、人文之反思. 北京：北京师范大学出版社，2006：271.

② ［美］弗雷德里克·费雷. 宗教世界的形成与后现代科学//［美］大卫·格里芬. 后现代科学——科学魅力的再现. 马季方，译. 北京：中央编译出版社，2004：133.

　　工业化以来，经济活动成为了人类生存和发展的重要前提。特别是第二次世界大战以后，战后国家更是将经济发展提到了第一位，无论是发展中国家还是发达国家，都普遍认为经济的发展一定会带来国家整体实力的增长。因此，GDP 的增长无疑成为众多国家追求的目标，经济增长等于社会进步是大家公认的"真理"。但是，就发展本身来说，它不仅包括经济的发展，还应包括社会的发展，这意味着人口、资源、环境的协调发展。20 世纪 60 年代后，随着科学技术的不恰当运用所带来的环境危机以及一系列社会问题的不断彰显，人们开始反思并积极总结传统经济发展模式的弊端和矛盾，认识到发展不只是"量"的增长，更为重要的是要有"质"的提高；发展也不只是"脱贫致富"，还应包括人生存环境和精神世界的协调统一。就其本质而言，"所谓发展是指包括经济增长、科学技术、产业结构、社会结构、社会生活、人的素质以及生态环境诸方面在内的多元的、多层次的进步过程，是整个社会体系和生态环境的全面推进"①。

　　痛定思痛的反思终于在 1962 年开始开花结果，从卡逊的《寂静的春天》敲响第一声警钟，到 1972 年 6 月联合国在斯德哥尔摩召开的有 114 个国家代表参加的"人类环境会议"，并发表题为《只有一个地球》的人类环境宣言，发出保护环境、拯救地球的呼吁，可持续发展的思想开始初步形成。之后，1972 年出版的《增长的极限》一书则把这一过程推向了深入。

　　可持续发展观的正式形成和提出应归功于三个标志性事件：一是 1987 年世界环境与发展委员会起草的报告《我们共同的未来》正式通过并出版，该书的作者之一挪威首相布伦特夫人第一次明确提出了可持续发

---

① 刘大椿. 科学技术哲学导论（第 2 版）. 北京：中国人民大学出版社，2005：130.

展的定义："既满足当代人的需求，又不对后代人满足其自身需求的能力构成危害的发展"①，此定义成为今天大家广泛引用的经典界定。它明确了可持续发展的关键在于正确处理当代人利益与未来各代人利益的关系，其最低要求是当代人的发展不应对后代人的发展构成危害，同时，当代人也应为后代人的发展创造更多、更好的条件。正像莱萨诺维克·帕斯托尔所言："如果人类要生存下去，就必须发展一种与后代休戚与共的感觉，并准备拿自己的利益去换取后代的利益。"② 二是 1991 年联合国环境规划署、世界自然保护联盟和世界野生生物基金会共同编著的《保护地球——可持续生存战略》的出版，该书的最大特色是提出了可持续生存的道德问题，为可持续发展做了伦理的论证，丰富了可持续发展理论的内涵。三是1992 年在巴西里约热内卢召开的举世瞩目的联合国环境与发展会议，此次会议共 183 个国家的代表团和联合国下属机构等 70 个国际组织的代表出席了会议，102 个国家元首或政府首脑到会讲话。这次会议在以下问题上达成了共识：环境与社会发展密不可分；否定了工业革命以来的"先污染，后治理"的发展道路和"高生产、高消费、高污染"的发展模式；主张在建立可持续发展模式的过程中，建立"新的全球伙伴关系"；在强调全球性目标与责任的同时，表示了对发展中国家境况与利益的特别关注和政策倾斜。同时，会议还通过和签署了《里约热内卢环境与发展宣言》《21 世纪议程》《气候变化框架公约》《生物多样性公约》和《关于森林问题的原则声明》等文件。可以说，此次会议是人类历史上的一个里程碑，它标志着人类从传统发展模式向可持续发展道路的转变。

在可持续发展理论正式确立之后，不同学科的学者提出了各自不同的

---

① 世界环境与发展委员会. 我们共同的未来. 王之佳, 柯金良, 译. 长春: 吉林人民出版社, 1997: 52.

② [美] 莱萨诺维克·帕斯托尔. 人类处于转折点. 刘长毅, 等, 译. 北京: 中国和平出版社, 1987: 135.

可持续发展理念。在众多的思想中，普遍形成的共识是，可持续发展应包括人与自然关系的协调发展、人与人关系的协调发展以及人与社会关系的协调发展，与之对应的是实现自然的可持续发展、经济的可持续发展和社会的可持续发展，三种发展的最终目标是共同实现生态的可持续发展。就三种发展的关系而言：从总体上看，首先最为重要的是自然、经济和社会都要发展；其次是三种发展要可持续。从具体的相互关系看，首先，自然的可持续发展是指在保护自然环境的前提下，使之能够满足后两种发展的需要。自然的可持续发展是经济的和社会的可持续发展的重要基础。其次，经济的可持续发展是指在不破坏自然环境和资源的前提下，保持经济的持续和稳定增长，最大限度地增加国家的收入，使环境与资源具有明显的经济内涵。经济的可持续发展是可持续发展战略的"硬核"，它与自然的可持续发展相互推动，同时保证社会的可持续发展。最后，社会的可持续发展主要是指满足社会的基本需要，在同代人和代际间实现资源、收入的公平分配。它是可持续发展战略的最终目的。

实现可持续发展的原则大体上应包括以下四点：

一是公平性原则，是指机会选择的平等性，具有三方面的含义：其一是指代际公平性，即实现当代人与未来各代人之间的公平；其二是指同代人之间的横向公平性；其三是指国家间公平分配有限资源。

二是可持续性原则，可持续发展要求人们根据可持续性的条件调整自己的生活方式，在生态可能的范围内确定自己的消耗标准，从而确保代际间的均衡发展。

三是公众参与和全球合作原则，公众参与是推动社会进步和可持续发展战略实现的重要基础；超越社会制度的差异和民族国家的界限的全球各国的通力合作是可持续发展战略的重要保证。

四是共同性原则，为了保证可持续发展战略的实现，公平性原则、可持续性原则、公众参与和全球合作原则对于全世界各国而言是共同的。当然，共同性原则并不意味着产生和解决全球性问题，各国所负的责任相同。

综上可见，"可持续发展不是放弃发展，而是要放弃不合理的发展；它不是消极地限制发展，而是合理、协调、更为有效地发展"①。作为全球性的战略方针，可持续发展虽然对世界各国都适用，但是对不同的国家其表现和实现形式必然有所差别。对发达国家而言，调整发展模式是必然的要求；而对于发展中国家而言，规避发达国家"先污染，后治理"的老路，寻求新的发展模式则应成为发展过程中的重中之重。

### 3. 从工业文明到生态文明

生态价值观的建立，发展模式的转变，其最终目的就是实现文明的生态转型，从工业文明走向生态文明。近代以来的工业文明以征服自然为主要诉求，在世界工业化的进程中，征服自然的价值观念不但使科学技术得到迅猛发展，而且也使人类中心主义的文化理念发展到了极致。从哲学、人文、社会等不同视角对全球性生态危机所进行的反思，为文明的生态转型奠定了很好的基础。但是，应该看到，要真正实现工业文明到生态文明的转变并不是一朝一夕所能完成的。除了需要价值观的转变和发展模式的转变以外，我们更应该对生态文明本身有一个正确的认识，同时，对于生态文明下经济的发展、大众的消费文化和科学技术的发展有一个准确的定位。只有这样，一种超越于工业文明的生态文明才可能实现。

生态，一般指生物之间以及生物与环境之间的相互关系与存在状态，即自然生态。自然生态有着自在自为的发展规律，自然系统本身是一个复杂的自组织系统。人类社会改变了这种规律，把自然生态纳入到人类可以

---

① 林德宏. 科技哲学十五讲. 北京：北京大学出版社，2004：305 - 306.

改造的范围之内，这就形成了文明。关于生态文明，人们现在还没有达成一致的认识，但是通常以下观念为大部分人所接受：生态文明是在人类生态环境恶化，人类面临生态危机和生存危机的双重困境下替代工业文明的一种新型文明，主要指人类遵循人、自然、社会和谐发展这一客观规律而取得的物质与精神成果的总和；是指以人与自然、人与人、人与社会的和谐共生、良性循环、全面发展、持续繁荣为基本宗旨的文化伦理形态。它不仅使伦理价值和发展模式发生转变，而且也将使人类社会形态发生根本转变，从这个层面看，生态文明应是人类在生态环境改善和可持续发展的前提下取得的物质成果、精神成果、制度成果的综合。

　　对于如何实现生态文明，可谓仁者见仁，智者见智。但是，从可持续发展模式本身来看，强调经济的可持续发展是根本。而要建立一种可持续发展的经济模式，建立一种新的考察国家综合实力的绿色 GDP 指标体系是第一位的。传统的 GDP 更多的是重视市场上可见的劳务和产品的价格变化，而对于那些看不见的劳务往往予以忽略。而且，传统的 GDP 视角下的自然被看作是无限的，人们在经济生产中通常不考虑可能会带来的资源枯竭、环境污染、人口过剩等问题。而绿色 GDP 是指从 GDP 中扣除自然资源耗减价值与环境污染损失价值后剩余的国内生产总值，通常被称为可持续发展国内生产总值。绿色 GDP 能够反映经济增长水平，体现经济增长与自然环境和谐统一的程度，实质上代表了国民经济增长的净正效应。绿色 GDP 占 GDP 比重越高，表明国民经济增长对自然的负面效应越低，经济增长与自然环境和谐度越高。实施绿色 GDP 核算，将经济增长导致的环境污染损失和资源耗减价值从 GDP 中扣除，是统筹"人与自然和谐发展"的直接体现，对"统筹区域发展""统筹国内发展和对外开放"是有力的推动。同时，绿色 GDP 核算有利于真实衡量和评价经济增长活动的现实效果，克服片面追求经济增长速度的倾向和促进经济增长方式的转变，从根本上改变 GDP 唯上的政绩观，增强公众的环境资源保护意识。

在具体的经济发展中，除了建立绿色 GDP 指标体系外，还应以科学的发展观实现经济的稳态发展，即打破经济不断增长的迷梦，在以人为本的前提下，统筹经济发展、人口增长、财富分配、社会发展与自然发展，实现经济系统、自然系统和社会系统的和谐发展。在经济和社会发展中按生态规律办事，把生态学的理念、循环经济的模式和可持续发展的原则渗透到人类的全部活动中，用人与自然、社会协调发展的观点去思考生态系统的发展问题，建立人—社会—自然系统的和谐关系。

经济的发展离不开个人的消费，对于生态文明来说，形成一种可持续发展的绿色消费模式也至关重要。绿色消费模式的建立，首先要实现价值观的转变，将生态价值观的理念深入到个人的生活和实践中。工业化文明可以说采取了各种方式刺激着人们的消费欲望，如通过广告、电视、杂志、报纸、网络以及其他各种媒介。同时，在各种方式中也潜移默化地贯穿着消费者所关注的文化意义、目标、价值和理想等文化资源，通过文化与消费品的结合极大地促进消费者的消费。消费者在购买商品时不只是购买商品的使用价值，而且越来越关注商品对于个人的文化价值，这样必然导致消费者更加关注商品的符号象征价值和文化象征价值。在消费的过程中，人们"所消费的不单纯是或主要不是商品的物理功能，而是它的符号象征意义。这些使得消费社会中的消费呈现异化状态：浪费、感性消费、炫耀性消费、过度消费。所有这一切又会不可避免地引发严重的资源危机和环境危机"①。当前，反思消费主义文化，建构新的绿色消费文化已经为大部分人所重视。绿色消费，也被称作可持续消费，是指以适度节制消费、避免或减少对环境的破坏、崇尚自然和保护生态等为基本特征的新型

---

① 刘大椿. 科学技术哲学导论（第 2 版）. 北京：中国人民大学出版社，2005：137.

消费行为和过程。它不仅包括购买绿色产品，还包括注重物资的回收再利用，能源的高效实用，对生存空间和物种环境的保护等。在具体消费过程中，绿色消费主要体现在三个方面：一是提倡消费者转变消费观念，即从异化消费向崇尚自然、追求健康和生活舒适的转变；二是主张消费时选择没有污染或有助于健康的绿色产品；三是在消费中注重经济实惠、生态效益、减少非必要的消费、重复利用和再生使用的相互协调。

生态文明的实现对科学技术提出了更高的要求。因此，未来的科学技术首先应是一种人性化的、以人为本的科学技术。在历史跨入大科学时代后，科学技术已经成了时代主旋律，科学家、技术专家也成了社会精英，科学技术的角色开始转变，科学与非科学、伪科学，科学技术与人、自然与社会的关系日益复杂。科学技术的发展不再只是科学家、工程师和哲学家所关注的事情，而且还涉及政治、经济、文化、宗教等诸多领域的不同主体。除了科学家、工程师和哲学家以外，经济学家、社会学家、宗教人士、文学家、政治家以及普通社会公众都可以表述对于科学技术的见解，并且不同的主体对于科学技术的认识重点也会大不相同。科学技术与社会的关系、科学技术成果转化及其对经济发展的作用、科学技术的生态后果、科学知识与世俗性知识的关系等问题都直接或间接影响着科学技术的发展，也关系科学技术是否能可持续地发展。只有从关注人性、关注人的现实生活世界的基点出发，使科学技术不但在"硬"的方面促进经济发展，解决资源问题、环境问题和人口问题等，而且使科学技术的进步从"软"的方面陶冶人的情操、锤炼人的思维、赋予人科学的精神和创新的精神，从而使人在认识自然和改造自然的过程中正确认识和把握规律，自觉协调人与人、人与自然、人与社会的关系，方能促进科技与社会的和谐并顺利发展。

# 第四篇　反科学主义的滥觞

　　科学主义霸权走向极端，就是反科学主义的兴起与扩张。近半个世纪以来，一种对科学怀疑与否定的思潮引起了越来越多的关注。特别是到20世纪末期，这种对科学的质疑甚至变成对科学的全盘否定，不同领域的"终结论"甚嚣尘上。因此，一旦对科学进步的希望转变成对人类未来的绝望，理性的信念走向它的反面，便会出现反科学主义的滥觞。与此相对应的是，正统科学哲学为科学辩护的声音逐渐衰落，科学的传统形象受到严重冲击。

# 第十章　科学的危机与非理性主义的萌生

当科技进入飞速发展的时代，人类尽享科技所带来的繁荣与福祉之时，却也涌现出了科学的危机。不仅传统的由科学所缔造的乌托邦梦想开始破灭，现代性的隐忧与人类理性的困境也逐渐显现。与这一情形相适应，在认识领域，非理性主义萌生并日渐成长。

## 一、科学危机与科学乌托邦的破灭

在科学前进的征程中，危机并不是现代特有的现象，各种疑难、悖论的出现导致科学危机，这在科学中是常有的事。只是到了 20 世纪，科学的危机才凸显了出来，并直击其最深层的理性问题，从而引发了科学领域内外的广泛关注。如数学领域的罗素悖论，物理学领域的"以太悖论"与"紫外灾难"，等等，这些都堪称是世纪之交的巨大科学危难。但更大的危机，却是来自社会领域的、由科学的应用所导致的各种负面后果，以及相关的人与社会的生存危机。正是这后一层面危机的凸显，引发了学者们的广泛关注与讨论。

## 1. 科学危机的提出和内涵

最早明确提出"科学危机"的概念，并对这一危机及其根源进行了专门深入讨论的，当属胡塞尔。在他晚年所撰写的《欧洲科学的危机与超越论的现象学》①（简称《危机》）一书中，胡塞尔探讨了欧洲的科学危机及其拯救之道，并提出了"生活世界"的概念，开始了从注重对先验意识本质结构的分析向生活世界的转向。在胡塞尔看来，"科学危机所指的无非是，科学的真正科学性，即它为自己提出的任务以及为实现这些任务而制定方法论的整个方式，成为不可能的了"②。也就是说，由于科学危机的发生，不仅科学为自己所设定的任务无法完成了，完成这些任务所依存的科学方法也变得不可能了。与此相应，胡塞尔也就从两个方面展开了他关于科学危机的阐述，即一是从科学的功能方面，二是从科学的基础与方法方面。但总的来看，胡塞尔在《危机》中关于科学危机的阐述，主要来自他对"人的生活"的关注；而他所谓的科学危机，并不是指特殊的自然科学的精确性出现了问题，而是指一切科学的科学性出现了问题。具体来说就是，近代兴起的实证科学并不把"整个人生有无意义"这样的形而上学问题纳入其研究领域。这样的科学和古希腊将一切存有作为研究对象的科学背道而驰，从而导致了科学的"危机"，表现为科学丧失了其对生活的意义。可以说，胡塞尔所看到的不只是欧洲科学危机，而是一个总的危机——欧洲文化危机和人性的危机，科学危机正是这两类危机的表征。

胡塞尔从欧洲的历史事实出发对科学危机进行鞭辟入里的分析，在他

---

①　国内有两个翻译版本，一是张庆熊翻译的名为《欧洲科学的危机和超验现象学》，包括胡塞尔生前发表的《危机》的第一、二部分。二是王炳文翻译的《欧洲科学的危机与超越论的现象学》，除胡塞尔生前发表的前两部分外，还有未发表的第三部分的手稿。

②　［德］胡塞尔. 欧洲科学的危机与超越论的现象学. 王炳文，译. 北京：商务印书馆，2001：13.

的基础上，库恩在《科学革命的结构》一书中用"科学危机"来表述在科学发展的特定时期，由于原来的理论范式碰到反常，受到打击而使得科学家对该范式丧失信心的那种心理状态。库恩认为，危机是新范式出现的前提条件。由于危机，才有新的创造。但库恩对作为科学革命前提的"科学危机"没有做深入的讨论。之后贝尔纳、萨顿、斯诺、丹尼尔·贝尔、哈贝马斯和马尔库塞等人也分析了这一问题。那么，应该怎样更好地定义科学危机的内涵？在深入分析科学危机这一问题之前，有必要给出清晰的界定，如：科学危机和技术危机、生活危机是同等的吗？欧洲危机、欧洲的科学危机与科学危机之间的区别是什么？应该把什么样的事实或理论归入科学危机的范围，而非此类事件或理论为什么要剔除出科学危机的论述范围之外？实际上，只有对科学危机做明确界定，才能为人们讨论这一问题找到一个逻辑的、合理的起点。为此，可以把科学危机的内涵划分为以下几个层面：

第一，科学理论的真理性危机。到 19 世纪后期，科学的理论体系似乎已发展到非常严谨与完善的程度。所以，当时在科学界流行的观点是科学已发展到了顶峰，今后的任务，只是在小数点后面求精确化而已。然而，就在人们庆贺科学理论大厦完成的时候，一系列发现与问题令人困惑，引人注目。科学出现了危机，特别是物理学危机与数学危机。如：1875 年，韦伯通过测定金刚石、石墨、硼、硅的克分子热发现固体比热随温度降低而变小，而按传统物理学的观点（以能量均分为基础），固体比热应与温度无关。又如：赫兹发现了光电效应、巴尔末发现了氢光谱的谱线公式、伦琴发现了 X 射线以及数学领域里罗素悖论的提出等等。而胡塞尔所谓"科学的真正科学性"指的正是这一点。在这一意义上，霍根宣称的"科学终结"也可以归入科学真理危机的范围之内。此外，这一层面的科学危机的表现可以借用库恩理论归结为：当一种理论为解释实验现象而变得繁杂而不确切；当一种理论传统为了适应新的实验现象而出现了许多种变形；当一种理论在其领域内丧失了独一无二的地位并出现了多个与之竞争的理论；当一种理论所预言的现象同经验事实直接矛盾并无法用合乎逻辑的特设性假说解释。

第二，科学自身的生存危机。由于种种反科学行为的出现，科学处于一种生死存亡的关头。这种危机的由来也很久远，它与科学价值危机相伴相生。科学产生异化，而引起反科学、禁止科学直至摧毁科学的行为。贝尔纳在《科学的社会功能》中多次提及这种危机，麦金太尔则在其《德性之后》一书的开头，提出了一个科学被摧毁的可忧联想，美国科学家莫里斯·戈兰则在《科学与反科学》中论述了这种危机的多个实例。这些都是对这种危机的深刻体察。霍根是在当前"两种文化"分裂对立、反科学思潮盛行的情形下抛出《科学的终结》，它更多地被认为是反科学的宣言，是反科学思潮的一个高峰体现，由于其具有浓厚的科学悲观主义色彩，故而又可将之归入科学生存危机的类型。

第三，科学的价值无涉危机与其带来的生活、人性危机。以往，经验自然科学寻求的只是事实，科学世界由此被看作是一个保持价值中立的世界，科学与价值无涉，然而，"只见事实的科学造成了只见事实的人"[1]，尽管实证科学取得了巨大成功并大大促进了我们对自然的控制以及社会的繁荣，"就我们的深层需要来说，这种科学什么也没有告诉我们"[2]。在实证主义看来，科学的研究对象是客观事实和规律，科学与价值无涉，至于涉及主体的有关理性的问题更是超出了纯粹事实科学的范围，这些都是不能被经验所证实的。这使得科学的价值受到了严重质疑，也使得本来用以

---

① [德]胡塞尔.欧洲科学的危机和超验现象学.张庆熊，译.上海：上海译文出版社，1988：5-6.

② [荷]泰奥多·德布尔.胡塞尔思想的发展.李河，译.北京：三联书店，1995：494.

服务人类的科学，走向了破坏自然，毁灭人类。胡塞尔、斯诺、萨顿、马斯洛、马尔库塞等人论述的危机涉及这一范围。法国哲学家 R. 伽罗蒂认为"胡塞尔的现象学是在两种危机阶段上的连接点上产生的：一个是对许多最确定的真理发生怀疑的科学发展的危机阶段；一个是人类历史的危机阶段，这时人们对许多最确定的'价值'产生了怀疑，而向自己提出根本性的问题，如人的生存有何意义和人正在经历的历史有何意义等问题"①。海德格尔对科学危机的揭示与批判主要在于科学的异化方面，亦即指向科学价值危机，并且，他认为现代科学已为技术所涵盖，科学成了技术的基础与附庸。此外，正是在科学带来的生态和环境危机加剧的背景下，出现了卡逊的《寂静的春天》、米都斯的《增长的极限》等书籍。

总之，"科学危机"，即科学在其发展过程中所遭遇到的困境、难题与悖论。一般说来，科学危机首先就是指科学自身在理论方面的发展遭遇到了瓶颈，从而影响到了其进一步成长；同时也意味着科学在社会领域的应用所带来的问题，及其所引发的人类生存与社会发展的可能危机。然而，无论是在哪一个层面上，科学危机的出现都表明了科学是不可能无限增长的，科学所带来的也并不总是好的结果，从而直接向人们宣告了科学乌托邦梦想的破灭。

### 2. 危机之源与科学乌托邦的破灭

那么，科学危机产生的原因又是什么呢？且看各个哲学家的不同观点。

（1）胡塞尔：客观主义对理性精神的偏离。

在胡塞尔看来，起源于古希腊的欧洲精神应是科学、人性、哲学、理性、存在的内在统一体。所以，要认识欧洲危机和人性危机的实质，就必须对起源于古希腊的理性进行彻底的反思和澄清，只有这种理性是人性复

---

① ［法］R. 伽罗蒂. 人的远景. 徐懋庸，陆达成，译. 北京：三联书店，1965：22.

兴之根，也只有在这种理性精神中才能找寻到挽救欧洲人性危机或文化危机的康庄大道。通过追根溯源，胡塞尔找到了欧洲文化危机和人性危机之根——古希腊理性。他进一步指出，"欧洲文化危机在错误的理性主义中有着根源"①。所谓"错误的理性主义"，在胡塞尔看来，是指古希腊意义上的理性已经被曲解了。而这种曲解我们可以将其归纳为两方面：近代以数学为基础的自然科学对古希腊理性的异化，实证主义精神对理性主义的代替。

第一，近代以数学为基础的自然科学对古希腊理性的异化。进入近代以来，伽利略开创了近代科学的精确化和数字化的传统，数学被委以普遍性的任务，原本的希腊意义上的理性发生了异化，关于普遍哲学的观念和任务发生了重大变化。从近代开端，希腊古典理性对"宇宙本原"问题的求知欲被近代数学的自然科学理性所摒弃，伽利略将作为一般时空的形式的纯粹观念而存有的欧几里得几何同具体经验相结合，将毕达哥拉斯的纯粹理论变成为一种"应用的几何学"。数学方法使得人们克服了对世界的经验的主观相对性，从而将古希腊人思想中不同表象的世界统一为一个客观的世界，使这个客观世界在不同的主体间传递成为可能。这种新的数学方法很快延伸到自然科学，并且为自然科学创造了一种数理自然科学的全新观念，"当这个观念被成功地实施的时候，哲学（作为关于整个世界的科学，关于一切存有者的科学）的观念就发生了变化"②。胡塞尔认为，"在伽利略那里就以数学的方式构成的理念存有的世界开始偷偷摸摸地取代了作为唯一实在的，通过知觉实际地被给予的、被经验到并能被经验到的世界，即我们的日常生活世界"③。这种取代不仅为我们的生活世界量

---

① ［德］胡塞尔. 胡塞尔选集（下）. 倪梁康，选编. 上海：上海三联书店，1997：966.

② ［德］胡塞尔. 欧洲科学的危机和超验现象学. 张庆熊，译. 上海：上海译文出版社，1988：27.

③ 同②58.

体裁制了一件理念的外衣，即"数学和数学的自然科学"的理念的外衣，而且使得我们把只有一种方法的东西当作真正的存有，从而也就抽象掉了作为过着人的生活的人的主体，抽象掉了一切精神的东西，一切在人的实践中物所附有的文化特性。①

第二，实证主义精神对理性主义的代替。如果说17、18世纪启蒙运动时期偏执于自然主义和客观主义的理性主义是理性异化的初步表象，那么19世纪兴起的实证主义科学观，则把近代丧失了"生活意义"的数学的自然科学和物理学一起推崇为了"真正"的科学化身。这表现在以下几个方面：一是，实证主义的科学限制了科学的任务。在胡塞尔看来，实证主义主张科学的研究只能针对客观事实，这背离了以全部存有者为自己的研究对象的古希腊科学传统，科学研究范围既包括客观领域中的东西，也包括主观领域中的东西。有关意义、价值和理性的问题是科学研究的重要对象。因此，科学任务不应只局限于研究"纯粹的"客观事实。实证主义者主张科学只应研究客观事实是对科学任务的限制。② 二是，实证主义使自然科学遗忘自身的意义基础。在胡塞尔看来，按照实证主义所倡导的自然科学的方法会造成用公式的依存关系表示实在的依存关系，换句话说，如果人们一旦掌握了数学公式，就能对具体的实际的直观生活世界中的事实做出实践上需要的、具有经验的确定性预言。但是，胡塞尔进一步指出，随着技术发展和方法的实践，实证主义科学观所倡导的"公式意义"却发生了表面意义和本来意义的分离。"每一偶然的（或者也是'哲学的'）对技艺工作的真正意义的反思，始终停留在理念化了的自然上；他们没有把反思进行到底，不追问从前科学的生活和它周围世界中

---

① ［德］胡塞尔. 欧洲科学的危机和超验现象学. 张庆熊，译. 上海：上海译文出版社，1988：58-71.

② 同①9.

产生出来的新的自然科学，及其与之不可分割的几何学，是为何种根本目的服务的。"① 所以，数学的—物理学的自然被作为了客观的、真实的自然，而作为自然科学意义基础的前科学的直观的生活世界的自然被彻底遗忘了。三是，实证主义拒斥形而上学必然导致科学本身的危机。在胡塞尔看来，由于实证主义拒斥形而上学，哲学自身成了问题，哲学所涉及的全部理性问题的可能性和意义在实证主义科学观的偏执下都丧失了存在的空间，对形而上学可能性的怀疑，导致一代新人对于普遍哲学的信仰的崩溃，这就意味着人们对理性信仰的崩溃。② 代替这种信仰的是一种新的哲学思维，即"客观主义"的思维方式，这种思维方式的特征是："它的活动是在经验先给予的自明的世界的基础上，并追问这个世界的'客观的真理'，追问对这个世界是必然的，对于一切理性物是有效的东西，追问这个世界自在的东西。"③ 这就导致人们失去了对赋予世界以意义的"绝对"理性的信仰，失去了对历史意义的信仰，失去了对人的意义的信仰，更加失去了对为个别的和一般的人生存在赋予理性意义的人的能力的信仰。人类失去这些信仰，也就意味着人们已经失去了对自己的信仰，失去了对自己真正存有的信仰。

（2）海德格尔：科学不沉思。

在海德格尔看来，如果用一句话概括现代科学危机的原因，便是"科学不沉思"④，"沉思的本质在于：探讨意义"⑤。沉思要求我们摆脱科学理性的对象化的思维方式的束缚，学会面对事物本身，认识事物的自在本

---

① ［德］胡塞尔. 欧洲科学的危机和超验现象学. 张庆熊，译. 上海：上海译文出版社，1988：60.

② 同①12－14.

③ 同①81.

④ Martin Heidegger. What Is Called Thinging?. New York：Harp and Row，1969：8.

⑤ ［德］海德格尔. 海德格尔选集. 孙周兴，选编. 上海：上海三联书店，1996：944.

性。而这种"不沉思"表现在：第一，现代科学作为"现实之物的理论"永远无法达到对不可回避之物的完全解蔽。所有科学都依赖于它的不可回避之物（例如自然就是以物理学为代表的自然科学的不可回避之物），同时又都无法达到对不可回避之物的本质的完全揭示，这倒并不是因为每一门科学都正在"途中"，而是因为科学的对象化思维方式本身仅仅是不可回避之物显现自身的一种方式而不是全部方式。第二，现代实证科学对不可回避之物的解蔽是一种"遮蔽着的解蔽"。科学总是意味着对不可回避之物的某种程度的解蔽，这是不可否认的。但是当人们把科学的解蔽看成是独一无二的时候，这种解蔽在解蔽的同时就成了一种遮蔽。因为这样它就驱除了任何另一种解蔽的可能性。[1] 第三，现代实证科学对不可回避之物的解蔽总是一种狭隘而片面的解蔽，即它总是把不可回避之物解蔽为持存物。一旦无蔽领域甚至不再作为对象，而是唯一地作为持存物与人相关涉，而人成为单纯的持存物的订造者，那么人就走到了悬崖的最边缘，在那里甚至人本身也被看作持存物。[2]

（3）库恩：理论自身不可避免的局限。

在库恩看来，科学危机是由于理论碰到了与它不相吻合的经验事实，即所谓反常才发生的。当理论范式受到反常的打击而使得科学对范式丧失信心的那种心理状态，就被认为出现了科学危机。尽管库恩也承认并不是所有的反常都能引起科学的危机。大量的科学史实也说明，当一个科学理论处于进步阶段时，并不像证伪论者波普尔所断言的那样害怕出现反常。因为它并不会轻易地被反常所打击而陷于危机中。恰恰相反，它并不在乎出现反常，它常常是很善于化不利于自身的反常为有利于自身的证据，从而不断发展自己。例如，日心说提出之后很长的时间里，都伴随着观测不

_____

①② ［德］海德格尔．海德格尔选集．孙周兴，选编．上海：上海三联书店，1996：944.

到恒星视差这个反常。在牛顿做了最初计算后的 60 年间，预测的月球近地点的运动仍然只有观测的一半，只是到了 1750 年才有人证明是应用的数学错了。再如牛顿理论做出的计算与水星的实际运动之间的差距也是长期得到公认的，却没有因此对牛顿理论提出严重疑词。科学容忍甚至严重的反常存在不但是可以的，有时候也是正确的；即使在确实存在反常而不是差错的情况下，反常的持续存在和得到承认，也不一定引起危机。库恩认为科学理论并不是完全的真理，从这一点看来库恩只说明了危机之所以发生的抽象原因，而并没有继续对科学的危机的产生做出进一步分析。①

（4）科学在实践中带来的危害。

德国当代哲学家奥特弗利德·赫费认为，"科学作为提升人类力量的普罗米修斯，诚然也将人类力量不正常地引向傲慢"②。随着人类对大自然的干预和控制能力的日益扩大，一种全球性的、不可逆性的危机也相伴而来。现代科学所带来的工业化生产，不仅使人类赖以生存的生命系统和生物圈的平衡遭到破坏，而且使自然资源和能源的消耗日渐加剧，生态承受力抵达极限。可以毫不夸张地说："今天所有对自然奥秘的认识与探究就已经是一种对自然的操纵。"③ 事实已经证明，人类为了享受更多利益而利用现代科学技术实施对自然的控制，最终却破坏了人类自身的可持续发展。现代科学的无限扩张不仅造成人与自然关系的破坏，而且导致了人性的危机，即主体性和创造性的丧失以及价值的失落。人本身被纳入了技术之中，"被一股力量安排着、要求着，这股力量是在技术的本质中显现出来而又是人自己所不能控制的力量"④。科学的无限扩张在社会经济领

---

① ［美］托马斯·库恩. 科学革命的结构. 金吾伦, 胡新和, 译. 北京: 北京大学出版社, 2012: 48—71.

② ［德］赫费. 作为现代化之代价的道德. 邓安庆, 等, 译. 上海: 上海译文出版社, 2005: 256.

③ 郭广银, 杨明. 应用伦理的热点探索. 南京: 江苏人民出版社, 2004: 346.

④ 北京大学外国哲学研究所. 外国哲学资料（第五辑）. 北京: 商务印书馆, 1980: 178.

域集中地表现为片面地追求经济增长。人们将工业化作为促进社会发展的根本动力，将经济增长作为社会发展的基本目标，忽视人与自然的和谐共生对人类社会生存发展的重要意义，忽视人的主体性及社会与文化因素在发展中的综合优化作用。正如瓦托夫斯基所说，"一方面我们知道科学是理性和人类文化的最高成就，另一方面，我们同时又害怕科学业已变成一种发展得超出人类控制的不道德和无人性的工具，一架吞噬着它面前的一切的没有灵魂的凶残机器"①。这种以经济为唯一目标的社会发展，虽然维持了一种表面上的繁荣，但是却在客观上加速了对自然资源的耗费，最终必然使现代科学由社会发展的内在动力变为社会和谐的根本阻力，也成了科学自身出现危机的原因。

总之，关于科学危机产生的实证主义根源分析，无疑是严重地冲击了人们对现代社会所抱有的那种科学乌托邦的梦想。自培根发现"知识就是力量"，并构筑出一个以科学为中心的理想的"新大西岛"以来，致力于建立一个科学基础上的现代理想社会就成为人们的梦想。而科学自19世纪以来在社会各领域所取得的成功，更是加剧了人们对这一梦想的追求，以科学与技术为基础来改造世界、改变社会秩序也成为大多数持乐观主义态度的人们为自己规定的目标。然而，现代科学危机的出现，科学及其技术应用的各种社会负效应的频频凸显与日益加剧，却为这一理想未来的美好憧憬蒙上了阴影。甚至在一些人看来，科学乌托邦正在走向它的反面，即走向科学的"敌拖邦"。如果从认识论层面来看，现代科学正是以实证主义为理论根基的。因此，当胡塞尔通过对实证主义的批判来找寻科学所带来的生存危机之根源时，他就从根本上动摇了现代科学的理论大厦，彻底摧毁了实证主义基础上的"科学乌托邦"。一句话，在科学危机面前，

---

① ［美］瓦托夫斯基. 科学思想的概念基础. 范岱年，译. 北京：求实出版社，1982：3.

人类科学乌托邦的梦想破灭了。

**3. 科学危机的拯救之方**

面对已经发生的科学危机，如何挽救科学并拯救其于危难之中，成为首先应当考虑的问题。尽管不同的哲学家对危机的处理稍有不同，通过他们我们可以从科学研究的内容和方法、科学共同体应该遵循的原则以及从伦理等多个角度来拯救危机。然而，在众多的方法中，胡塞尔的先验现象学的方法影响最大，所以下面将集中论述他的解救方法。

在胡塞尔看来，既然实证主义以及它对作为其意义基础的生活世界的遗忘是造成这一切问题的根源，那么，要解决科学危机，要解决由此产生的文化危机与人性危机等，就需要回到生活世界这个被遗忘的基础上来，让实证主义所忽略的对主体的心理特征、人存在意义的分析等形而上学问题回到科学的视域中来。这也就是胡塞尔所给出的科学危机的拯救之方，即走一条回归生活世界之路。该回归之路的逻辑、步骤分为以下几个层次：

（1）现象学向原初理性精神的回归。

胡塞尔通过分析欧洲科学危机产生的原因，深刻地认识到：无论是近代以来的自然科学所使用的方法还是实证主义所秉承的原则，都偏离了古希腊以来的原初的理性。由此，向原初的理性的回归便成为其解决危机的逻辑起点。而在这条回归之路中，唯有悬置了一切先入之见（包括存在信念、科学理论等）的现象学才可以敞开精神这一全新的无限领域，以研究此无限领域为任务的哲学就是普遍哲学，普遍哲学的这一无限任务就是理性自身的任务。现象学就是这种普遍哲学，它对无限的精神领域的揭示正是对古希腊以来理性精神的回归，这一回归是近代哲学试图完成但最终没有完成的任务，所以胡塞尔说："现象学可以说是一切近代哲学的隐秘的憧憬。"①

---

① ［德］胡塞尔.纯粹现象学通论.李幼蒸，译.北京：商务印书馆，1996：160.

这里所说的现象学是指先验现象学，在胡塞尔看来，只有先验现象学才是最普遍的哲学，是彻底克服欧洲科学危机的希望所在。

（2）通向先验现象学的两条道路：生活世界之路和心理学之路。

在《欧洲科学的危机与超越论的现象学》中，胡塞尔认为通往先验现象学的道路有两条：一是从生活世界出发回溯到先验现象学，二是从心理学（现象学的心理学）出发进入先验现象学。

"生活世界"这一概念的含义，胡塞尔在他的著作中并没有明确界定，但是从其后期的著作中我们大致可以领悟出这个概念的基本含义。所谓生活世界，胡塞尔主要从日常生活世界和精神生活世界两个层面上来使用。日常生活世界意指"一个仅在精神领域内才有其地位的概念。我们生活于我们各自的周围世界中，我们的全部忧虑和痛苦都是关于这个周围世界的——这表明一种纯粹在精神领域中发生的事实，我们的周围世界是一种在我们之中和我们的历史生活之中的精神构成物"①。精神生活世界是一个主体间的世界或者说是一个交互主体的世界。胡塞尔认为，当我们通过意向性知觉到他人的同时也就知觉到了他人的自我，以及由自我和他人的自我组成的"主体间世界"，以及与此相关的"对象世界"的存在。换句话说，这个主体间的世界也就是自我与他人的自我共同生活于其内的精神生活世界，或者说是一个由自我和他我的纯粹意识共同构成的精神生活世界。由此，回归生活世界要经历两个阶段：首先，要从科学世界还原到日常生活世界。为了将生活世界作为一个主题来研究，进而说明客观科学的自明性在生活世界中如何获得其意义和正当性，就必须进行现象学的悬搁。第一步是对科学进行悬搁。这种悬搁不仅是意味着不考虑一切科学，而且意味着将诸科学的认识的任何共识进行悬搁，将对它们的真理和谬误

---

① ［德］胡塞尔．欧洲科学的危机与超越论的现象学．王炳文，译．北京：商务印书馆，2001：371.

的任何一种批判的态度进行悬搁，甚至将对于它们的关于客观的世界认识的指导理念的态度也悬搁起来。简而言之，这种对客观科学的悬搁是"针对我们作为客观的科学家或哪怕是作为渴求知识的人所具有的全部的客观的理论兴趣，全部的目的和活动"①。悬搁并不等于取消，在这种悬搁中，无论是科学还是科学家并没有消失，它们/他们仍旧是在预先给定的生活世界的统一关联中的一些事实。只不过因为悬搁，人们不再是作为具有共同兴趣的人，不再是作为合作者而起作用，而是在人们心中引起一种特殊的习惯的兴趣方向，当人们实现这种习惯的兴趣时，人们就对其本身其他的生活兴趣采取一种悬搁态度（尽管这些兴趣仍然是人们自己的，仍然继续存在着）。这种"现象学的态度，以及属于它的悬搁，首先从本质上说有能力实现一种完全的人格的转变，这种转变首先可以与宗教方面的皈依相比，但是除此以外它本身还包含有作为任务赋予人类本身的最伟大的实存的转变这样一种意义"②。其次，从日常生活世界回溯到精神生活世界。这涉及日常生活世界怎么样成为精神生活的成就并与之相关联的问题。胡塞尔认为，这需要通过意向性活动来完成。胡塞尔通过发展他的老师布伦塔诺的"意向性心理学"提出了"自我意识"或"纯粹意识"具有意向性的问题。在他看来，意向性是由意向性活动的主体（自我）、意向性活动和意向性活动的对象三种要素组成的。由于意向性活动，对象就必然包含在自我意识之中，自我意识或纯粹意识不仅包容对象，而且还能赋予对象意义。具体地说，某物之所以成为该物，是由于自我意识意向性的作用，自我意识赋予某物以特定的意义，是意识在自身的意向性活动中构造出了意识对象。当意识指向（意向）某对象就意味着带着特定的质料和意义意

①　[德]胡塞尔.欧洲科学的危机与超越论的现象学.王炳文，译.北京：商务印书馆，2001：164.

②　同①166.

指某对象。胡塞尔认为，不仅个别事物如此，就是整个客观世界也都是如此。

胡塞尔将心理学看作通向先验现象学的另一条重要道路。胡塞尔认为以往的经验心理学受自然主义和客观主义影响，将意识当作人和动物的自然属性，从而将心理学当作从属于人类学或动物学的分支学科。[1] 而事实上，心理学与先验哲学应当是统一的，统一的根据在于"自我"的自身统一性，因为无论是心理学中素朴的自我还是现象学中反思的自我都源自同一个"自我极"，即先验自我。因此，只要从心理学上的自然态度转向先验态度就能够找到"一条通过具体阐明的心理学而达到先验哲学的道路"[2]。胡塞尔想要实行现象学—心理学还原，希望揭示出心灵和实在事物之间的普遍的本质性关联，并赋予对象以"意义"，进而构造出交互主体性和语言—意义共同体的生活世界。在此过程中，生活世界中单纯主观的东西也就进入了心理学领域，并由此消除了心理学的客观主义倾向。

（3）先验现象学与哲学的重建。

胡塞尔认为普遍的哲学，即先验现象学，是一切科学的基础，拯救科学危机的希望在于哲学的重建。在胡塞尔看来，拯救危机就需要将反思进行到底，把哲学建立为一种严格的科学，可以作为一切其他科学能够从中找到自己意义的科学。"哲学本质上是一门关于真正开端、关于起源、关于万物之本的科学"，"形而上学，那关于最高的和最终的问题的科学，应当有科学皇后的荣誉，它的精神决定了一切其他科学所提供知识的最终意义"[3]。这是胡塞尔一生中一以贯之的对哲学科学具有的伟大理想。胡塞尔为自己提出了问题：哲学如何才能在近代科学的条件下建立一种与近代

---

① ［德］胡塞尔. 纯粹现象学通论. 李幼蒸，译. 北京：商务印书馆，1996：49.

② ［德］胡塞尔. 欧洲科学的危机与超越论的现象学. 王炳文，译. 北京：商务印书馆，2001：248.

③ ［德］胡塞尔. 哲学作为严格的科学. 倪梁康，译. 北京：商务印书馆，1991：69.

精确科学相称的作为严格科学的哲学。现象学的目的是拯救绝对的确实性，若没有这种确实性，哲学就不会成为科学。这是与近代哲学的基本特征相吻合的。确实性意味着精确性、自明性与普遍性三大原则。从目的论的和历史的角度看，无论是从生活世界出发还是从心理学出发通往先验现象学的道路都是人类自身沉思的哲学重建之路，它们殊途同归，都是要追溯那个作为构造世界的"阿基米德点"，即由纯粹自我和纯粹意识构成的精神生活世界，最终目的都是为了"理性的自我实现"。这样，胡塞尔就用先验现象学的方法对确实性进行了拯救，即一是通过去蔽确立确实性的真正标准；二是建构起无可非议的确实性。可见，通过以上的回归之路，胡塞尔给出了拯救欧洲科学危机、哲学危机和人性危机（文化危机）的药方，那就是回归生活世界。显然，回归生活世界的意义就在于我们曾经离开过它，然后带着一种全新的视角返回其中。回归现实生活世界并不是要人们沉醉于现实的生活中，而是保持一种新的哲学态度或观念，是哲学视野的根本置换。这意味着哲学要发展或把握自己的时代就必须持一种现实生活世界观，或必须确立回归现实生活世界的态度。保持这种科学观所面对的生活世界已经不再是包含着危机的自然态度中的生活世界了，它是一个基于超越论现象学的生活世界，是一个包含着自我极和他人的自我极的总体世界，是一个让世界显现为主观性的"极的系统"①。在这个系统中，我们一方面以自然态度生活于这个世界中；另一方面，又体验到那种自然的客观的世界生活，只是构成这世界的先验生活的一种特殊方式。同时具有自然的态度和超越论的态度，我们才能有对整个生活方式、对自我的生存状态进行改变的意识，才能完全超越于至今为止所有的生活经验之上，才能真正克服科学危机和人性危机。

---

　　① ［德］胡塞尔．欧洲科学的危机与超越论的现象学．王炳文，译．北京：商务印书馆，2001：646．

纵观胡塞尔后期的思想，有一条贯穿始终的线索，那就是他对理性主义精神的确信。正是因为胡塞尔认为理性主义精神是西方文明的根本特征，才会对实证主义对理性的片面理解进行批判；才会强调生活世界除了科学世界之外，还包括伦理世界、宗教世界、艺术世界、哲学世界等多种文化形式，并且强调这些文化形式与科学一样都具有实在性，都应该和科学一样作为一个整体进入生活世界，进入人类的研究视域。所以，胡塞尔始终秉承西方文明的理性主义的传统，但是，胡塞尔在强调向生活世界回归时又强调"本质的直觉"的现象学方法，使其哲学具有某种非理性主义的色彩。这使得理性主义与非理性主义成为了胡塞尔面临的一大难题，而当他用非理性的直觉方法去捍卫理性的时候，他就不可避免地陷入了悖论的困境。

综上所述，面对现代科学的种种危机，目光深邃的哲学家们，无论是胡塞尔、海德格尔，还是库恩、贝尔纳等都认识到了，科学危机的本质为哲学危机。值得注意的是，胡塞尔在清算导致欧洲人性危机的实证主义思潮的同时，亦从另一方面对加深这种危机的非理性主义思潮进行了批判。从某种意义上说，胡塞尔对非理性主义的批判比起对实证主义的批判更为严厉。实证主义的科学观尽管是一种残缺不全的科学观，但它毕竟是一种理性主义，不过是一种局限于事实科学的研究方面的狭隘的理性主义罢了。如果说，哲学的根本任务是理性地认识包括人生和自然在内的那个世界，那么，实证主义只丢掉了这个任务的一半，而非理性主义鉴于它完全拒绝理性的方法而整个地丢掉了这个任务。固然，非理性主义的确关切人生的意义问题，存在主义者就攻击逻辑实证主义者不研究人、不研究历史，应当说这与实证主义截然相对、与胡塞尔却相当一致，但是，由于它是用非理性的方法来研究人生的意义，致使它在不同的方向上比实证主义更为彻底地背离了"理性的目标"。因此，非理性主义如存在主义反对实证主义，实质上就是用一种非理性主义来反对一种理性主义；而胡塞尔反对实证主义，则是用一种完全的理性主义来反对一种残缺不全的理性主义。

## 二、非理性主义的产生及其主要形态

当胡塞尔为捍卫西方理性主义的哲学传统大声疾呼之时，在西方悄然出现了非理性主义的哲学思潮。非理性主义思潮的出现有着现实的时代背景，一方面，同胡塞尔一样，非理性主义的倡导者看到了两次世界大战和严重的经济危机，带给西方人生存的困境，使他们对用理性和科学建立起来的西方文明产生了怀疑。另一方面，非理性主义思想家不但看到了科学技术在造福人类的同时，带给人类的全球范围内的核战争威胁、能源危机、环境污染、生态危机、人口膨胀等问题；同时，也更加关注现代化进程中的人性异化、人格裂变、人情淡化等问题。这一切使他们对"科学万能"的理性主义和科学主义产生了怀疑，并激励着他们对其进行彻底的反思。

### 1. 非理性主义的兴起与哲学视角的转换

人们在谈到非理性主义的时候往往会将对其的批判指向非理性，这难免有失公道。非理性与非理性主义是有区别的两个概念。非理性是以一种思想的形式出现在人们视野中的，它是人的意识域内区别于理性思维的精神因素，如情感、直觉、幻觉、下意识、灵感等。提倡非理性思想，并不是要排斥理性思维，相反，非理性与理性思维是一个对立统一体，二者在人类思维的发展中是并行不悖的。作为一种思想，非理性有着自身的发展脉络，在先哲的思想领域中，非理性思维更多地体现为一种非理性观。最早的非理性观可以追溯到古希腊柏拉图的灵魂说，柏拉图认为人的灵魂有理智、意志、欲望三种德行，其中意志和欲望属于非理性因素。近代以来，则有笛卡尔的"天赋观念"说，康德的"想象力的再生综合"及其"实践理性"观点也包含着丰富的非理性思想。康德之后，黑格尔则借助辩证法把非理性和理性结合起来，但他把激情、意志、欲望等非理性因素视为是绝对理性发展的一个必然环节，从而使其有价值的非理性思想湮灭在他的理性主义哲学体系之中。同非理性相比，非理性主义虽然与非理性同是非理性观，但是非理性主义"则是一种系统的极致的非理性观"①，学界通常把 19 世纪中叶出现的叔本华的意志主义哲学作为西方非理性主义哲学开端的标志。其后，经历了生命哲学、存在主义、弗洛伊德主义等不同的阶段，非理性主义不但是当代人本主义哲学思潮的重要基础，而且很多后现代主义思想家也深受其影响。同西方理性主义哲学传统相比，非理性主义哲学传统具有截然不同的哲学视角和问题域。

首先，非理性主义普遍持有反理性的哲学立场。在西方理性主义哲学传统中，理性的作用是至高无上的，对于理性的追求是古希腊以来西方传统哲学的主流意识。此种主流意识通常认为理性不但是认识世界本质的主要途径，而且也是认识人自身的主要媒介。但是，非理性主义哲学思潮则对"理性至高无上"的传统思想提出了尖锐的批评。其一，非理性主义者大多认为，无论感觉或者理智都不能揭示宇宙万物的本质，只有通过意志、欲望、情感和本能才能洞察万事万物的本质。理性不过是意欲的工具，而人的内在意欲就是世界之本质和万物之实在。这个本质和实在必须通过人的心理体验和直觉去把握。其二，非理性主义不但在一定程度上否认理性的作用，而且还把非理性因素当成人的本质，断定人的心灵和行为都是受非理性因素支配的。因此，非理性的世界观才是真正合乎人性的，

---

① 张元洪，白雪晖. 非理性主义哲学历史演进研究. 学习与探索，2005（3）.

而理智与科学却不但是外在于人之本性的,并且往往会压抑人的本性。其三,非理性主义抓住理性不能完满地认识世界这一问题,认为理性主义只把理性当成认识世界的工具,这种认识的工具只能适用于生活实践领域,其所能认识的世界只能是表象世界,如果没有"意志""直觉""本能"和"生命冲动"的帮助,任何理性都不可能正确认识世界,不能正确认识人与世界的关系。

其次,非理性主义把人作为研究的主体和主要内容。非理性主义思想家尽管在具体学说上有不同之处,甚至有的截然相悖,但是共同之处在于都关注人的存在状况,关注现实社会中人生的价值和存在的意义。在哲学的任务上,与理性主义哲学关注人与世界的认知关系不同,非理性主义哲学所要解决的是人与世界的存在关系、意义关系问题。在哲学目标上,理性主义哲学力图去把握事物内在的本质和规律,通过寻求客观真理以达到对世界的理解和说明,而非理性主义哲学则希望通过对人生存状态、人的欲望和情感、人的幸福和苦乐感受等的反思,意欲复活被理性压抑的人的自由,安顿人的灵魂,从而确立人在世界中的独特地位和人生的意义。在思维方式上,理性主义哲学是一种求知、求真的思维方式,而非理性主义哲学则是一种求价值、求意义的思维方式。①

最后,非理性主义崇尚用非理性方法认识人和世界。在认识论的层面,西方理性主义哲学传统力主科学方法的作用,认为科学方法的精确性不仅在自然科学领域普遍适用,而且还可以推广到人文社会科学中。利用此确定性的方法认识世界、认识人与世界的关系是理性主义哲学的主要理论取向。而非理性主义哲学则在认识论的层面上批判科学方法,特别是批判科学方法万能的观点,主张认识是人通过非理性因素进行的自我体验,

---

① 杨楹. 非理性主义哲学思维方式论纲. 新疆师范大学学报(哲学社会科学版),1998(1).

强调直觉、本能、体验、情感等非理性方法才是认识世界、认识人与世界关系的正确方法。如叔本华认为，把握世界的本质——意志，只能凭借直觉。因为直觉在认识理念时，不用概念，不用推理，而是处在时间的空间之外，依靠纯粹的直观。尼采则反对传统哲学提倡的绝对认识，认为认识是相对的，因为对同一对象，不同的人由于不同的目的和需要，可以有不同"看"的视角，视角的不同会导致认识结果不同，从而形成不同的知识和真理。同样，柏格森也认为直觉是高于理性的最高级的认识方法。

一般而言，非理性主义的发展经历了以下几个阶段：古希腊非理性观、以宗教信仰为特征的非理性观、以人本主义为特征的现代非理性主义、科学哲学中的非理性主义、后现代主义的非理性主义等。其中，前两个阶段为理性主义的萌芽期，而后现代主义的非理性主义超越了哲学的边界，与文学、历史、艺术甚至社会现实更为贴近，故下面我们将对现代非理性主义和科学哲学中的非理性主义展开分析。

**2. 现代非理性主义的典型形态**

现代非理性主义思潮流派纷呈，关于现代非理性主义包含哪些典型形态，争论不一。一般来说，大部分学者都认同以德国叔本华和尼采为代表的意志主义、以德国狄尔泰和法国柏格森为代表的生命哲学、以奥地利弗洛伊德和瑞士荣格为代表的精神分析学说、以德国海德格尔和法国萨特为代表的存在主义属于非理性主义的阵营。在思想观点上，同属于非理性主义的各流派也彼此相异，但也具有作为同一种思潮的共性，这些共性主要是通过各自不同的理论所研究的共同主题体现出来的。如关于世界本原的问题、人的本质问题、认识论问题等等。在这里，我们主要介绍意志主义、生命哲学、精神分析学说这三个非理性主义形态，关于存在主义在后面的内容中将予以讨论。意志主义、生命哲学、精神分析学说共同之处在于都贬低人对经验世界的认识，而强调通过非理性的体验来把握或理解自我、人的意志和生命，从而同推崇理性的科学主义形成明显对立。

（1）意志主义。

意志主义是一种将人的情感意志加以夸大，使其成为一切存在的本质的唯心主义哲学流派。它产生于 19 世纪德国，在英、法、北欧各国影响较为广泛。它的创始人是德国哲学家叔本华，主要代表人物有哈特曼、尼采、克尔凯郭尔等人。尽管意志主义在理论形式上存在着差异，但具有以下共同特点。

首先，把意志看作世界的本原或万物的本质。与实证主义不同，意志主义者不把对世界的认识和解释局限于经验、理性所及的现象世界，重视经验世界以外的实在的世界的存在问题。他们反对西方传统哲学中在主客、心物二元对立范围以外寻求"自在的世界"，主张把非理性的人的情感意志、下意识的心理本能或生命当作一切存在的基础。叔本华认为，人的理性认识和经验所及的世界只是表象的世界。他在《作为意志和表象的世界》一书开篇就指出："'世界是我的表象'：这是一个真理，是对于任何一个生活着和认识着的生物都有效的真理；不过只有人将它纳入反省的、抽象的意识罢了。"[①] 叔本华对于现象世界的解释是沿着康德的思路展开的，但是，康德把自在之物当作不可知的世界，而企图对它做出具体的解释。"叔本华的独特之处在于要求超出以主客分立为特征的认识论方式去探索自在之物世界的奥秘，结果发现自在之物是非理性的意志，他把这种意志当作现象世界的最后根源。"[②] 尼采也同样认为意志是世界的本原和人的本质，但是，他不同意叔本华将意志看作现象之外的东西，而是认为它就存在于现象之中。同时，他认为，所谓意志不是叔本华所认为的单纯追求生存的意志，而是一种表现、扩大、超越自身并具有旺盛生命力

---

① ［德］叔本华．作为意志和表象的世界．石冲白，译．北京：商务印书馆，1982：25.

② 刘放桐．现代西方哲学（上）．北京：人民出版社，1981：79.

的意志，即权力意志。

其次，在认识论上，意志主义把意志看作理性的主宰，把理性看作意志的工具。意志主义者虽然不完全否定理性和科学的作用，但是，他们一般认为以主客对立为特征的认识形式以及由这些认识形式构成的科学和理论是认识实在世界的障碍。此种观点的形成是与其抬高非理性、贬低理性的特征分不开的。叔本华在非理性主义的体验论中就从抬高直觉和艺术入手，进而贬低理性和科学。在他看来，作为理性事业的科学只能认识各种表象，而不能认识实在，科学与理性不过是生存意志的工具而已。尼采则在《悲剧的诞生》一书中，把理性比喻为日神阿波罗，把非理性比喻为酒神狄奥尼索斯，并从狄奥尼索斯精神出发，认为哲学不应像传统理性哲学那样以认识论为中心，而是应以人的生活和行为为中心，使哲学成为伦理意义上的实践哲学。正是从这种立场出发，尼采批判了传统哲学的认识论，认为所有的认识都掺杂着人的目的，所以不是纯粹的，科学理论也只是科学家从主观需要出发，解释现象的权力意志的工具罢了。从而，尼采就否认了科学真理的客观性，把科学真理看作人主观臆造的产物。他直白地写道："唯有我才掌握着'真理'的准绳，我是唯一的仲裁者。"①

（2）生命哲学。

生命哲学是19世纪末到20世纪上半叶流行于德国和法国的非理性主义哲学思潮，其直接渊源可以追溯到叔本华、哈特曼的意志主义。生命哲学的理论对象、主题是人和人的生命。通过关心人的生命、生活和人的心理状态达到反思人的周围世界是生命哲学的主要理论旨趣。按照刘放桐在《现代西方哲学》中的分类，生命哲学有两类：一是关系到有机体进化的、带有生物学倾向的生命哲学；二是关注历史—文化研究，以反对实证主义

---

① 刘放桐. 现代西方哲学（上）. 北京：人民出版社，1981：91.

和绝对唯心主义为主题的生命哲学。前者以法国的柏格森为主要代表，后者以德国的狄尔泰为主要代表。这两种生命哲学的共同之处在于，都强调生命的精神创造和心灵世界的独特性，都强调人文科学方法的特殊性，柏格森以直觉方法为工具，狄尔泰则以解释和理解的方法为工具。[1] 两种类型的生命哲学虽然采用的方法和理论倾向不同，但是都具有非理性主义的特征，其中以柏格森的生命哲学最为突出。这里我们着重考察柏格森的生命哲学。

首先，柏格森致力于建立"科学的形而上学"。柏格森公开倡导非理性主义，并将狄尔泰的生命哲学进一步生物学化，提出宇宙的本质是一种"生命之流"，即一种盲目的、非理性的、永远流动不息的生命冲动。这种生命冲动是在时间上的自发的流转，柏格森称之为绵延或生命之流，它是一种心理体验。柏格森的生命哲学主要是围绕时间——生命问题提出了与科学主义和理性主义不同的见解。在柏格森看来，哲学与科学在对象和方法上是有区别的，科学关注的是空间对象，而哲学关注的是时间对象；科学认识生命的外观及生命所处的物质世界，而哲学则认识生命的本质和精神生活的内在世界。科学与哲学各有其价值。在这一点上，可以说柏格森指出了科学与哲学的各自适用范围，比意志主义更具有合理性。但是，当他力图推翻西方传统哲学中一切关于实在的认识见解，并力图建立一种以生命冲动为中心的"科学的形而上学"时，他又滑入了非理性主义的泥潭。因为，他把科学排除到了哲学以外，认为哲学只研究精神、意识、生命冲动等非理性因素。而一旦将科学与哲学截然分开，科学将丧失价值论、存在论和方法论之维，哲学也将失去现实根基。

其次，柏格森倡导直觉主义的体验论。在他看来，只有直觉才能把握

---

① 刘放桐. 现代西方哲学（上）. 北京：人民出版社，1981：196.

生命之流，获得关于实在的绝对真理，近代以来的一切科学发现都是直觉的产物，科学认识只能获得作为假象的自然知识。这是因为：其一，自然科学的观察和实验适用于认识处在空间之中的物质世界，因为在物质世界中空间的因果关系是可以观察和实验的。但是，生命之流存在于时间的绵延中，而不在空间中，因而观察和实验就不再适用。其二，科学之所以不能把握真理，原因在于它是基于分析性的思维方式，分析只适用于空间中的、可分解的物质世界，而对于处于时间中的、不可分的生命则是无效的。其三，科学的认识具有功利性，人们往往是在功利性的驱使下有选择地获得某些零星的知识，而不能认识生命之流这个整体。因此，柏格森得出结论，理性和科学只能认识作为假象的物质世界，获得相对真理，只有直觉才能认识永恒的生命之流，把握世界的本质。他写道："实证科学的职能是分析，就是运用符号进行研究。因此，即使自然科学中最具体的科学，即关于生命的科学，也只能限于研究生物的可见的形式，即它们的器官和解剖学上的要素……它们永远无法把握生命的本质。"[①] 那么，什么是直觉呢？在柏格森看来，直觉就是直接意识，就是把自我内省深入到生命之中。他指出："所谓直觉就是把自己置身于对象之内，是意志生命的交融"，"直觉……在一定意义上就是生命本身"[②]。

(3) 精神分析学说。

精神分析学说是探讨人的心理和精神病治疗的一种理论和方法。奥地利著名心理学家和精神病学家弗洛伊德（1856—1939），在研究和治疗精神病的基础上，于 20 世纪初创立了精神分析学说，又称弗洛伊德主义。他认为人的行为决定于无意识领域中被压抑的本能和欲望，从这一前提出发，建立起他的基本理论体系和精神分析技术。其主要研究的对象是无意

---

① 夏基松. 现代西方哲学. 上海：上海人民出版社，2006：101.
② ［法］柏格森. 形而上学导言. 刘放桐，译. 北京：商务印书馆，1963：67，65.

识的精神过程。把所谓的"欲望"归结为人的性欲冲动。视性本能为人们行为的唯一重要动机，是支配人的一切心理活动的"心理动力"。同时，认为社会生活习惯和伦理道德观念，压抑了欲望，特别是压制了性欲，这是精神病人致病的根本原因。他提出的精神分析治疗技术，主要是让患者通过自由联想，暴露无意识内容，产生情感转移。然后治疗者进行解释工作，使患者对被压抑的冲动和经验能恢复早期记忆或引入意识，从而达到消除症状、提高自知力、做深刻人格矫正的目的。弗洛伊德在精神分析心理学的研究中是有所贡献的。但作为一种心理学的理论体系，则由于他的泛性主义和本能论，使他的理论陷入了历史唯心主义和生物决定论的错误。后来该理论有了许多修正和发展。20 世纪 30 年代一批精神分析学家又形成了新精神分析学派，称为新弗洛伊德主义。他们批判了弗洛伊德的泛性主义和本能论，继承了他的无意识、压抑等概念以及心理分析等技术，强调文化和社会因素对人格的影响，并重视自我的作用。

由上可见，现代非理性主义把人的问题提高到了哲学的核心地位，探讨了人与生存环境的矛盾，它实质上是人生观和价值观、人生理想和人生信仰的哲学反思，它的结论虽然是消极的和悲观主义的，但毕竟触及了现代西方社会的种种矛盾和危机。现代非理性主义实质上是现代西方社会矛盾和危机在哲学上的折射与反映，它对批判现代西方社会，揭露在当代资本主义制度和科学技术条件下，人的处境和生存状况起到了一定的积极作用。

**3. 科学哲学中的非理性主义**

20 世纪 50 年代后期，尤其是 60 年代，非理性主义哲学思潮逐渐渗透到了科学哲学中，进而形成一股力量，猛烈冲击着西方正统的科学哲学。

科学哲学中的非理性主义思想对正统科学哲学的最大冲击，来自方法论层面的非理性主义。运用特定的方法论原则，考察和规划科学发展及其发展中科学的整体结构，追求一种程式化的理想，是正统科学哲学的目标之所在。一个最典型的代表就是逻辑经验主义。在当时，逻辑经验主义的时代，经典物理学和数理逻辑大行其道，而其在发展中孕育的理性主义和实证方法映射到逻辑经验主义的哲学中，便铸就了逻辑经验主义强的理性主义和实证主义特征。即，力图通过对科学命题和理论进行逻辑分析和语言分析，将科学命题的意义等同于证实它的方法的性质，并从经验证实的方法出发，摒弃科学研究中的非逻辑、非证实、非理性等因素，否认直觉、灵感等非理性形式在科学发现中的作用。对于这一点，艾耶尔曾公开指出："对于一个人在直觉上是确定的东西，可能对另一个人是值得怀疑的，或者甚至是错的。所以，除非可能提供一个标准，用这个标准可以来决定相互冲突的直觉哪一个是确定的，则检验一个命题的标准只诉诸直觉是没有价值的。"①

随着20世纪初量子力学和相对论的出现，打破了经典物理学一统天下的局面，这一新的科学背景为科学哲学的发展提供了新的契机。例如，爱因斯坦就在创立相对论过程中详细地阐述了从感觉经验到基本概念和基本原理的非逻辑途径，并充分肯定了约定在建造理论体系时的重要作用。其结果，不仅对归纳方法提出了挑战，而且也使人们看到了非理性因素在科学发现中的重要作用。从此，直觉和灵感等非理性方法进入了科学哲学家的视野，批判证实的方法、推崇非理性方法的作用成为很多科学哲学家的理论偏好，这无疑给传统的科学理性和实证特征蒙上了一层非理性主义的面纱。

批判理性主义是科学哲学中非理性主义的首要代表，并最先在科学哲

---

① ［英］艾耶尔. 语言、真理和逻辑. 尹大贻，译. 上海：上海译文出版社，1981：120.

学中挑起了非理性主义的开端。作为批评理性主义的创立者波普尔首先用证伪原则取代了证实原则，认为传统的归纳法已不再适用，科学家需要的是进行创造。进一步地，他提出了科学不仅需要经验和思辨，而且需要非理性的灵感和直觉，从而在方法论上打开了第一个缺口。拉卡托斯则认为，作为传统认识论标志的"即时合理性"的观点只是一个乌托邦的幻想，试图通过判决性实验来判定科学研究纲领是否退化是不可能的。同时，他认为，对于研究纲领的选择没有确定的合理性标准，事后检验和证明才是选择科学理论的合理方式，通过把研究纲领的评价方式转换为科学合理性的标准，我们看出了拉卡托斯理性主义立场的退却。与波普尔和拉卡托斯还在科学哲学中保留着理性主义的地盘不同，非理性主义的代表库恩和费耶阿本德则进一步把科学哲学引向了非理性主义的方向。库恩强调科学共同体的社会和心理因素在科学发现中的重要作用，以此对抗逻辑的和经验的方法论，在解释他的核心理论"范式"时，尽管库恩使用了多达21种的不同含义①，但是，认为范式是科学家共同体的共有信念，是科学家灵感、直觉的产物却是库恩理解整个"范式"概念的核心所在。进一步地，他认为，科学共同体正是通过蕴涵丰富的非理性因素的范式改变使解决了的问题数量和精确性达到最高。② 极端非理性主义的代表费耶阿本德则进一步把上述思想发挥到了极致，把非理性的方法引入他的多元方法论中，提出了科学方法论上的"怎么都行"原则，他在激烈抨击科学沙文主义和权威主义，否定任何方法论终极意义的基础上，把科学视为了一项无政府主义的事业。

从波普尔对逻辑经验主义的理性主义和实证主义的质疑到费耶阿本德

---

① 据英国剑桥学者玛格丽特·玛斯特曼（M. Masteman）研究，库恩的范式至少有21种含义。[英]拉卡托斯，等. 批判与知识的增长. 周寄中，译. 北京：华夏出版社，1987：83—84.
② [美]库恩. 科学革命的结构. 李宝恒，纪树立，译. 上海：上海科学技术出版社，1980：140.

的"怎么都行"，一系列批判和重建彻底动摇了正统科学哲学的根基，并最终形成了现代西方科学哲学中声势浩大的非理性主义思潮。科学哲学中理性主义与非理性主义的对峙并没有为科学发展保留理性和非理性的"双轮驱动"，而是打破了二者间的联动，将科学最终推向了非理性主义的怀抱。

## 三、非理性主义合法性的论辩

科学哲学中的非理性主义假借科学发展的历史基础，将科学中的非理性因素任意夸大，进而把科学视为一种非理性的事业。这就不仅颠覆了科学的理性主义传统，也完全抢夺了原先属于理性的地盘，自然不可避免会招致不少的批评。如后世学者将库恩称为典型的"非理性主义者"（尽管库恩自始至终不承认自己是非理性主义者），把极端非理性主义者费耶阿本德视为"科学的最坏敌人"[①]，普雷斯顿（J. Preston）等人甚至还专门编辑了《科学最坏的敌人？——费耶阿本德纪念文集》。这些来自科学哲学家的对非理性主义的种种批判，表明了这一非理性主义主张对正统科学哲学所造成的强烈冲击，及其所遭遇到的怀疑。当非理性主义面临着严峻的挑战，对于其自身合法性的辩护自然成为非理性主义者的重要工作。

### 1. 科学观察与非理性主义的合法性

为非理性主义的合法性辩护的第一个理论基础是《观察渗透理论》。观察与理论的关系历来是科学哲学中的重要问题。在逻辑实证主义者看来，科学是始于观察的。他们在把科学证明和科学发现分离的基础上，想在直接观察和理论之间进行截然的划分。通过这种划分，逻辑经验主义者

---

① ［德］P. H. 洪纳，［美］保罗·K. 费耶阿本德. 王彤，译. 世界哲学，1998（1）：26 - 35.

试图证明科学知识的基础是由没有成见或没有偏见的观察者进行的观察所提供的，理论只有在能被直接观察证实的范围内才是有意义的。因此，观察语言的解释在科学中独立存在，而与理论无涉是逻辑实证主义科学观的重要基础。但是，随着美国科学哲学家汉森"观察渗透理论"命题的提出，人们发现任何观察都不是纯粹客观的，具有不同知识背景的观察者观察同一事物，会得出不同的观察结果。"观察渗透理论"摧毁了逻辑实证主义所追求的科学合理性。

汉森的"观察渗透理论"思想对非理性主义者费耶阿本德影响很大，费氏不但接受了汉森的观点，而且还将这一思想进一步发挥到了极致。费氏首先反对逻辑经验主义将科学发现与科学证明截然区分的做法，他指出："支持获得的结果表明，应取消发现的前后关系和证明的前后关系之间的区别，并应忽略与之相关的观察词项和理论词项的区别。这两个区别在科学实践中都不起作用，试图加强它们则带来灾难性的后果。"[1] 在此基础上，费氏认为观察与理论是不可能分离的，事实是在理论指导下的观察的结果，"观察（观察语句）不仅渗透了理论（汉森、赫斯和其他人的观点），而且还是完全理论化的（观察陈述没有任何'观察核'）[2]。进一步地，费氏还否认发现之后的证明是合逻辑、合理性的观点，认为理论在观察之初、观察之中和观察之后都是左右一切的重要因素，纯粹的不掺杂理论的事后证明是不存在的。他指出："证明的标准常常禁止心理学的、社会—经济—政治的和其他的'外部'条件所引起的运动，而科学所以存留下来，只是因为这些运动被容许通过。"[3] 至此，费氏就根本否认了逻

---

[1] ［美］法伊尔阿本德. 反对方法：无政府主义知识论纲要. 周昌忠，译. 上海：上海译文出版社，2007：142.

[2] Paul Feyerabend. Realism，Rationalism and Scientific Method. Cambridge：Cambridge University Press，1981：10.

[3] 同①.

辑经验主义的科学始于观察的观点，并削弱了观察在科学活动中的作用，进而抬高了理论在科学活动中的地位。在他看来，理论与经验不仅相伴而行，而且任何科学活动没有理论就难以被理解和认识，所以，经验是毫无用处的，"没有经验的自然科学是可能的，想象没有经验的自然科学，不但可以有效地检验很多作为科学基础的假说，而且还是经验主义的必要条件"①。

可以看出，费氏以科学观察为非理性主义的合法性辩护是有一定道理的，科学活动中认识主体的背景知识确实具有一定的建构作用。过分夸大理论的作用，而贬低经验在科学活动中的作用，却走向了另一个极端。应该看到，理论虽然对科学活动起着重要作用，但是观察却是理论的基础，任何理论的凝练都离不开对大量观察事实的整理、加工和抽象。同时，理论的正确与否也要通过观察事实去经验和证明。理论以观察为基础，观察靠理论来引导，观察与理论正是在这样的相互作用中获得彼此的发展的。"言说科学事实与科学理论具有循环关系，这并没有否定客观事实的作用，而在于科学事实与客观事实有区别，况且这种循环发展关系仅当观察与科学发展到一定的水平时才可能呈现，同时，循环关系不是封闭的，而是对外部世界开放，因而科学理论具有进化性。"②

### 2. 科学历史与非理性主义的合法性

为非理性主义的合法性辩护的第二个依据来自于科学史的发展。关于科学史的划分问题，拉卡托斯曾提出"科学史的合理重建"问题，在他看来，科学史可以分为内部历史和外部历史。内部历史通常被定义为知识史，即研究科学理论的演化历史；外部历史被定义为社会史，即研究科学

---

① Paul Feyerabend. Realism, Rationalism and Scientific Method. Cambridge：Cambridge University Press，1981：135.

② 刘大椿. 科学哲学通论. 北京：中国人民大学出版社，1998：69-70.

的社会背景、心理背景和文化背景变迁的历史。拉卡托斯认为，科学史应与科学哲学相互学习，这主要体现在：第一，科学史的建立是在科学哲学的指导下建立的。拉卡托斯指出："规范的—内部的东西与经验的—外部的东西之间的重要分界对每一种方法论来说各不相同。"① "什么构成了他（指科学史家。——引者注）的内部历史，这取决于他的哲学，无论他是否认识到了这一事实。"② 因此，"科学哲学提供规范方法论，历史学家据此重建'内部历史'，并由此对客观知识的增长作出合理的说明"③。第二，科学哲学可以通过科学史的案例分析对相互竞争的科学理论做出合理评价和选择。"借助于（经规范地解释的）历史，可对相互竞争的方法论作出评价。"④ 第三，科学的外部历史是科学内部历史的必要补充。"对历史的任何合理重建都需要经验的（社会—心理的）'外部历史'加以补充。"⑤ 但是，拉卡托斯进一步认为，科学内部历史是主要的、理性的，外部历史是次要的、非理性的。他指出，"合理重建或内部历史是首要的，外部历史只是次要的，因为外部历史的最重要的问题是由内部历史限定的。外部历史对根据内部历史所解释的历史事件的速度、地点、选择等问题提供非理性的说明；或者，当历史与其合理重建有出入时，对为什么产生出入提供一种经验的说明"⑥。

可见，在卡拉托斯那里，理性主义还是占据主导地位的，即将科学主要看作理性的事业，将科学史看作是建立这一事业的史实记录过程，在这一过程中，科学向普遍理性不断接近。但是，相较于逻辑经验主义，拉卡托斯看到了非理性的外部因素对科学发展的影响。

---

① ［英］伊·拉卡托斯：科学研究纲领方法论．兰征，译．上海：上海译文出版社，1986：141.

② 同①164.

③④⑤ 同①141.

⑥ 同①163.

　　如果说拉卡托斯只是对科学历史发展过程中的非理性主义做出了让步，那么作为科学哲学中历史主义主要代表的库恩则进一步把这种让步扩大化了。他与拉卡托斯相同之处在于承认科学内史和外史间的相互作用。不同之处在于库恩更加强调非理性的心理、社会因素对于科学发展的重要作用，这主要体现在两个方面：一方面，库恩认为不是内史起主要作用，外史起次要作用，而是恰好相反，科学的发展经历了一个从以外史为主到以内史为主的转化过程。他指出："在一个新学科发展的早期，专业人员的注意力集中在主要是由社会需要和社会价值所决定的那些问题上。在此时期，他们在解决问题时所展示的概念，广泛地受到当时的常识、流行哲学传统或当时最权威科学的制约。"① 因此，在这一阶段，科学共同体受社会因素影响居多。随着思想的逐渐统一，科学共同体才由外史转向科学内史。另一方面，库恩强调范式是一个历史性的范畴。他认为，科学从前科学阶段到常规科学阶段，科学共同体达成了范式的统一，但是任何一个范式都不具有普适价值，而只具有相对稳定的结构，因为每种范式都是在一定社会历史条件下形成的，只具有特定历史条件下的历史合理性，因此，库恩认为，科学史上的各种范式都"不可通约"，科学理论在选择的过程中是非理性的。

　　与库恩相比，费耶阿本德是一个极端历史主义者，在《告别理性》一书中，他明确提出了"回到历史中来"② 的口号，从而将科学的历史发展推向了非理性主义的窠臼。费耶阿本德首先批判了拉卡托斯关于科学内史与外史的划分。在他看来，科学发展中蕴涵着更多的非理性因素和方法，因此，以理性为标准的内外史划分没有意义，也不可能实现。如他以哥白

① ［美］托马斯·库恩. 必要的张力：科学的传统和变革论文选. 范岱年，纪树立，译. 北京：北京大学出版社，2004：119.
② ［美］费耶阿本德：告别理性. 陈健，等，译. 南京：江苏人民出版社，2002：318.

尼的理论为例，哥白尼的理论属于科学内史，但是伽利略在论证其理论时却采用非理性的方法，如伽利略机智的说服技巧，他用意大利文而不是拉丁文写作，以及他向之求助的人在气质上都反对旧思想和与之相联系的学术准则。这样一来，如果按照拉卡托斯的划分标准，哥白尼的理论应属于外史。费耶阿本德不仅反对拉卡托斯的观点，同时他也拒绝承认库恩提出的常规科学时期科学具有相对稳定的结构的观点，在他看来，科学发展就是不断的历史流变，根本没有相对稳定、不被历史性吞没的普遍"结构"。[①] 他明确指出："即使最抽象的理论，虽然在意图和阐述方面是非历史的，但在应用中是历史的；科学和它的哲学前身是特殊历史传统的部分，而不是超越所有历史的实体"[②]。因此，费耶阿本德的结论是明确提出科学的发展不可能排除非理性因素，科学的胜利常常有赖于非理性手段和非理性方法的支撑。

### 3. 科学划界与非理性主义的合法性

为非理性主义的合法性辩护还与科学划界问题上的另类见解相关。在逻辑实证主义和批判理性主义那里，科学划界的标准奉行的是一种逻辑和理性的一元性标准，即针对科学分界问题，前者的划界标准是"可证实性"，后者的标准是"可证伪性"。从石里克、卡尔纳普、亨普尔到波普尔，他们都承认科学和非科学有明确的一元标准，都相信经验绝对可靠，并认为科学与形而上学、伪科学之间是"非此即彼"的关系，非理性因素在区分科学与非科学问题上没有地位。

历史主义的兴起，使科学划界的标准相对化和非理性化。库恩认为，所谓的"可证实性"和"可证伪性"只有在科学发展的非常时期才可能出现，在通常的大量常规研究中，并无这种"根本性"的判决检验。因此，

---

① ［美］费耶阿本德：告别理性. 陈健，等，译. 南京：江苏人民出版社，2002：317.
② 同①134.

以外的标准不足以把科学同非科学区别开。相反，只有范式的确立，才是科学成熟的标志，也才是区分科学与非科学或前科学的标准。因为范式本身包含着形而上学的信念和其他社会、心理、价值的因素，因而科学与形而上学、科学与非科学很难清晰划界。只有在常规科学时期的释疑活动中，科学与非科学才得以暂时划分。在"科学革命"时期，原有的界限被打乱，随着范式的更替，科学的标准也随之而改变。而在每个具体历史时期，科学与非科学的划界主要依靠科学共同体，科学共同体认为科学而合理的东西，就是科学的和合理的。

如果说库恩的范式标准是对科学划界的弱化，那么到了费耶阿本德这里，科学与非科学已经没有区别了，更无所谓的划界标准了。费耶阿本德把非理性因素在科学发展中的作用发挥到了极致，推出了方法论的"无政府主义"。他认为："科学与非科学的划分不仅是人为的，而且不利于知识的进步。如果我们想要理解自然，如果我们想主宰我们的自然环境，那么，我们必须利用一切思想、一切方法而不是对它们作狭隘的挑选。然而，断言'科学以外无知识'只不过是又一个最便宜不过的童话。"① 按照费耶阿本德的理解，在科学发展中，人们很难比较相互竞争的理论哪个更为科学，因为在科学活动中，每种理论都有用武之地。同时，费耶阿本德还把科学看作一种文化，并且此种文化只是文化传统中众多文化中的一种，它和其他文化相比并没有孰优孰劣之别。他指出："每一个陈述、理论、观点和证明都有利于推动文化向多元化发展。即使它们是相互对立的双方，也都有理由认为自己是真的，不存在单一真实的故事取代与之冲突故事的现实性。……科学再也不能与客观真理、理性划等号，它只是众多文化传统中的一种，并没有什么独特的方法论，科学与非科学分界是虚妄

---

① ［美］法伊尔阿本德. 反对方法：无政府主义知识论纲要. 周昌忠，译. 上海：上海译文出版社，1992：266.

的；科学与非科学，甚至伪科学一样，都只不过是一种文化传统，其中并无优劣好坏之分。"①

纵观对非理性主义所做的合法性辩护，非理性主义者围绕科学观察、科学发展历史和科学划界的争论，表明了正统科学哲学，特别是逻辑经验主义的狭隘性。科学哲学发展中理性主义与非理性主义的矛盾彰显了正统科学哲学的内在危机，非理性主义者对形而上学重要性的重视，对非理性因素的强调，对于打破正统科学哲学纯静态的、逻辑的、语言的分析无疑具有一定的启发意义，他们将科学发展视为一种方法多元的过程、一种活动的过程、一种历史的过程更符合科学发展的实际形态。但是，我们也应看到，非理性主义者在方法论层面片面夸大非理性因素的作用，完全贬低理性方法的作用，就将非理性方法推向了极端。在科学发展层面，过分强调理论之间的非连续性，甚至否认科学理论具有稳定的结构，就抹杀了科学理论的客观性和继承性。在科学划界层面，尽管费耶阿本德强调他不反对科学文化本身，只是倡导文化多元化，但是，消解科学与非科学界限，就会导致宗教、巫术、迷信等非科学文化对科学发展的干扰，对公众的迷惑。这样一来，非理性主义者就在批判逻辑经验主义的同时走向了另一个极端。

---

① 瑞雄. 两种文化的冲突与融合. 桂林：广西师范大学出版社，2000：132.

# 第十一章　解构唯科学主义的路径及其反思

　　科学技术的发展及其应用引发了越来越多、越来越严重的问题，那种曾经一味地维护科学、为科学辩护的观点遭到了质疑。取而代之的是对科学的解构与批判，以及对正统科学哲学所塑造的那些科学观念的肢解与剥离。这些基于批判科学的立场所确立起来的观点，由于对现代科学的反思与质疑，一度甚至掀起了一股反科学的思潮。

　　我们知道，唯科学主义有着丰富的内涵，如科学是统一的、科学是无界限的、科学方法是客观的、科学是有益于人类的等，而在这诸多丰富内涵中，唯科学主义最基本的内涵为：认为自然科学是唯一正确的、客观的方法，并且该方法可以推广应用于人文、社会科学等一切领域中。绝对的唯一性、价值的中立性和狭隘的工具理性是唯科学主义的基本特征。[①] 而伴随着科学哲学自身从辩护到批判到审度的发展[②]，人们对唯科学主义的

---

　　① 陈其荣. 唯科学主义：基本特征、合理性与局限性及其超越// 中国南北哲学论坛暨"哲学的当代意义"学术研讨会. 2005.

　　② 刘大椿，刘永谋. 思想的攻防. 北京：中国人民大学出版社，2010.

解构也便开展起来。从科学哲学的历史脉络来看，这种解构路径大概分为以下两种：其一，从认识论和方法论角度进行解构，奎因的"经验主义的两个教条"、波普尔的证伪、费耶阿本德的无政府主义等等都对传统的证实方法、科学是最完美的观点进行了批判与解构。其二，从价值论角度来进行解构，海德格尔的现象学科学论、哈贝马斯的"隐形意识形态"论断、法兰克福学派的社会批判理论以及福柯的知识考古学理论等观点，都对科学价值无涉的理论进行了不同角度的批判。尽管如此，以往我们对解构的分析多是从历史的、纵向的角度，通过分析不同时期、不同流派的观点来分析其路径，而在本章我们力图通过横向的、问题的方式来深入分析解构唯科学主义的路径。尽管在科学哲学中，解构的路径极其多样，但是就其解构的主要路径我们可以分为以下几类：

## 一、科学客观性的消解

在西方科学哲学进入"后逻辑实证主义"时期之后，与逻辑实证主义衰退相伴生的是非理性主义在科学哲学领域的兴起，其中，社会建构主义是比较典型的代表。从 20 世纪 70 年代开始，用社会建构论去分析自然科学知识的成因、地位和有效性逐渐成为西方学界的主流，将社会建构论发挥到极致的当属兴起于英国爱丁堡大学的科学知识社会学（Sociology of Scientific Knowledge，简称 SSK），又被称为爱丁堡学派，主要代表人物有布鲁尔、巴恩斯、夏平和早期的皮克林等。主要代表作有《知识和社会意象》《科学知识与社会学理论》《维特根斯坦：知识的社会理论》《利维坦与空气泵》《局外人看科学》等。SSK 虽然与之前的科学社会学和知识社会学有着联系，但是又不完全相同，试图将曼海姆的知识社会学推广到自然科学领域，并展开对科学知识的社会成因分析，进而使 SSK 成为一种自然主义经验科学，这便是该学派的主要追求目标。

从理论倾向看，SSK 拒绝承认传统哲学的主张，否认理性、客观性和真理的普遍标准，进而解构传统的"标准知识观"；对科学多采取怀疑论和不可知论立场，声称要集中清算长期在科学哲学界占统治地位的"正统科学观"，以科学的社会建构性研究取代科学的客观性描述，进而给出科学的社会、文化和政治成因解释。要达到这一目的，SSK 首要的工作就是要消解科学的客观性。在正统科学哲学那里，科学的客观性主要体现为科学对象的客观性、科学方法的客观性和科学理论评价标准的客观性。SSK 对科学客观性的消解正是针对这三方面展开的，即以科学的社会建构性消解科学对象的客观性，以信念多样性消解科学方法的客观性，以科学共同体的共同磋商性消解科学评价标准的客观性。

**1. 以社会建构性消解科学对象的客观性**

科学知识具有客观性，这是自近代以来建立在经典力学基础上的科学客观论的核心内容。按照传统的科学客观论的理解，科学知识是认识主体对自然对象的主观映像，是主观认识与客观实在相符合的结果，科学知识具有超越主体意识的客体性与价值中立性。延伸这种理解的空间，科学知识也一直被看作"自然之镜"，是经验事实和逻辑规则决定了什么是真正的科学，自然界作为科学争论的首要及最终仲裁人和确定者，具有举足轻重的作用。从实证主义到逻辑实证主义都具有如下的理论预设：科学事实是关于外在客观世界的事实；科学知识就是实证知识，不包含任何不可证实的因素；科学事实并不依赖或反映社会现实。①

然而，SSK 学者认为，科学知识是社会建构的，人们并非按照证实或证伪原则来选择科学理论的，自然界在科学知识生产的过程中所起的作

---

① 赵万里．科学的社会建构．天津：天津人民出版社，2002：60.

用很小，甚至不起作用。巴恩斯认为，事实本身是"经验赋予的"这一标准科学观的假设并不成立。因为，首先，"就这种假设（事实本身是'经验赋予的'。——引者注）的自然性和显著性而言，它遇到了一些严重的困难。其中最严重的困难的产生，是由于信念或陈述是用语言阐述的"①。而独立的、纯粹的观察语言是不存在的，"它们的用法包含着某些理论见解或观点，若非如此，它们的用法就非常依赖于语境，如果它要（事实陈述。——引者注）成为普遍可理解的，就需要用其他术语来阐释它"②。巴恩斯的观点和汉森的"观察渗透理论"有相似之处，不同的是，巴恩斯更加关注社会因素的作用，在他看来，任何科学术语只有在一定的语境中才能被理解，而语境是群体共享的，私人语言没有任何意义。他指出："像所有其他语言一样，观察语言也是通过社会学意义上的协商，在互动过程中被创造、维持和修改的。"③ 因此，"无论如何，揭示社会因素在对普遍认可之事实的界定中的作用，将是有价值的"④。其次，巴恩斯认为，科学知识是一种理论知识，完全是从理论而非从经验得来的，科学发展的实际情形是事实依赖于理论，而非理论来源于事实。他指出："科学是完完全全的理论性的东西，而并非在某种程度上是理论性的。科学知识就是我们或我们的前辈所发明的理论，是我们仍然同意暂且用来作为我们理解自然的基础的那些理论。"⑤

SSK 的另一代表布鲁尔也持相类似的观点，并且更进一步。在布鲁尔看来，包括自然科学知识和社会科学知识在内的所有知识都是社会建构中的信念。他写道："一个社会所具有的知识在很大程度上既不表示它的

---

① ［英］巴里·巴恩斯. 科学知识与社会学理论. 鲁旭东，译. 北京：东方出版社，2001：20.
② 同①21.
③ 同①29.
④ 同①24.
⑤ ［英］巴里·巴恩斯. 局外人看科学. 鲁旭东，译. 北京：东方出版社，2001：91.

个体成员们的感觉经验，也不表示可以称之为他们的动物性知识之总和的知识。毋宁说，它就是他们对'实在'的集体看法（vision），或者说是他们所具有的对'实在'的各种看法。因此，我们的文化所具有的知识——正像它在我们的科学中所表现出来的那样——并不是关于任何一个个体都可以为自己而经历或者学习的某种实在知识。"① 所以，布鲁尔认为，"我们应当使知识与'文化'等同起来，而不是使之与'经验'等同起来"②。可见，布鲁尔不仅将科学知识与其他文化等同起来，而且还否定了科学知识本身能够反映客观实在的特征。

在 20 世纪 70 年代，SSK 除了爱丁堡学派之外，还有以微观方法研究见长的巴斯学派和以人类学方法见长的巴黎学派，这两个学派与爱丁堡学派观点有相似之处。巴斯学派的柯林斯认为，在科学知识的构造中，自然界只起微不足道的作用，甚至不起作用，真正起作用的是科学家的偶然协商。在《人人应知的科学》一书中，柯林斯和平齐指出："科学是按自己的方式前进的，不是由于任何来自自然展示的绝对障碍，而是由于我们按自己的处事方式创造了我们的科学。"③ 以往对于科学知识的理解，一般相信自然界具有内在的稳定性和一致性，从这一观点出发，人们相信科学可以对自然界的事物和过程中的稳定联系做出精确的描述与解释。但是，巴黎学派的马尔凯认为，科学所力图解释的自然界的稳定性和一致性并非自然界本身的表现，而是科学家建构的结果。所以，马尔凯认为，自然界的一致性和稳定性不能作为科学家对自然进行概括的基础。科学家得出的事实陈述既不是独立于理论的，也不是在意义上永恒不变的。"一定的事实陈述的意义常常因科学共同体的派别的不同而不同……事实陈述的意义

① ［英］大卫·布鲁尔. 知识和社会意象. 艾彦，译. 北京：东方出版社，2001：20-21.
② 同①21.
③ ［英］哈里·科林斯，特雷弗·平齐. 人人应知的科学. 潘非，何永刚，译. 南京：江苏人民出版社，2000：150. 科林斯，即柯林斯.

依赖于其社会群体所运用的不同解释框架。因此，不但科学的事实'基础'是理论依赖性和意义可变性的，而且它们似乎还是社会可变性的。"①

综上可见，尽管不同的 SSK 学者在研究方法和思路上不尽相同，但是至少具有以下共识，即自然界对于真理性认识没有任何发言权，科学不是建立在经验证实或证伪原则上的高度客观化的事业，不是自然界决定科学知识的形成，而是科学家的社会行为决定了自然规律要如何界定。

**2. 以信念多样性消解科学方法的客观性**

在科学发展的过程中，科学客观性是由科学方法及相应的规范保证的，道德等价值因素在科学方法中没有发言权。自近代科学兴起以来，科学方法一直承担着保证科学客观性的"神圣"职责。从近代科学到现代科学，形成了传统的科学方法，概括起来，主要包括理性的方法和实验的方法②，其中理性认识的具体方法主要包括观察法、归纳和演绎、分析和综合等。有学者将近代这些传统科学方法的特点概括为两点，一是近代科学方法在心与物、知识与价值之间做出分离，并把因果性和机械论引入科学，其最大的特色就是实验方法的应用和牢固确立。二是实验观察和数学推理的结合。③ 在正统的科学哲学看来，科学的理性方法和实验方法在很大程度上是客观的，特别是在观察事实和实验资料方面，这种客观性体现得尤为明显。尤其是在逻辑实证主义那里，科学方法的客观性是一个毋庸置疑的问题。基于科学方法的客观性和在自然科学中的有效性，逻辑实证主义者提倡自然科学方法万能的观点，认为它可以推广到自然科学以外的一切领域，解决自然科学以外的问题，这种主张一直是逻辑实证主义确保科学知识客观性的一个重要砝码。但是，这种观点在 SSK 学者那里却受

① ［英］迈克尔·马尔凯. 科学与知识社会学. 林聚任，译. 北京：东方出版社，2001：46.
② 郝宁湘. 科学方法有效性质疑. 晋阳学刊，1994 (3).
③ 李醒民. 科学方法的特点. 湖南社会科学，2009 (1).

到了质疑，甚至于否定。

　　SSK 学者以信念的多样性为基点对科学方法客观性进行了消解。在 SSK 学者看来，科学知识是一种社会化的普通信念，与其他诸如宗教信念是一样的。比库恩强调社会因素对科学发现的作用更进一步的是：强纲领的 SSK 学者认为社会原因对于科学发现以及科学理论的形成起着首要的、决定性的作用。布鲁尔指出："隐含在'强'这个词语之中的'力量'所指涉的是下列观念，即所有知识都包含着某种社会维度，而且这种知识社会维度是永远无法消除的或者超越的"①。在强调知识存在着社会维度的基础上，布鲁尔强调各种科学理论、科学方法和可以接受的科学结论之所以被接受，是因为人们已经将其作为一种社会常规来接受，从而丧失了反思的维度，实际上，"这些常规都既不是不证自明的，也不是普遍的或者静态的。而且，各种科学理论和科学研究程序，都必须与一个社会群体中流行的其他常规和意图相一致"②。可以看出，布鲁尔在这里否认了科学方法具有的普遍性特征。在他看来，具体社会环境都会强加给任何一种科学以常规性的要求，"它们就是我们认为理所当然的科学方法，因为人们在各种各样的学科中所实践的正是这种科学方法"③。但是，布鲁尔认为，将科学方法视为一种常规来接受是强加给人们的精神建构过程的一种苛刻的行为准则，并且这种准则已经构成一种常规。问题在于，一个社会群体对于科学理论及其方法的接受并不意味着理论或者方法可以变成真实的。"真理这个概念中不存在可以允许信念把某种观念变成真实观念的任何成分"④。与对科学方法的"常规性"接受相反，布鲁尔认为，科学知

---

　　① ［英］大卫·布鲁尔. 知识和社会意象. 艾彦，译. 北京：东方出版社，2001：中文版作者前言 2.

　　② 同①65.

　　③ 同①67.

　　④ 同①65.

识及其方法都是出于一定社会建构过程中的信念，所有这些信念都是相对的、由社会决定的。因为，出于时代的不同、社会群体的不同、民族的不同，人们会基于不同的"社会意象"形成不同的信念，从而拥有不同的知识。所以，布鲁尔认为，"科学是一组具体的实践活动，而不是一种具有某种明确的方法论的活动。归根结底，科学是一种行为模式和判断模式——这种模式的基础并不存在于任何一种对那些普遍标准之抽象的和一丝不苟的陈述之中"①。由此，布鲁尔就以信念的多样性为论据否认了科学方法的客观存在。

爱丁堡学派的另一代表人物巴恩斯也持有同布鲁尔相似的观点，即普遍的科学方法论是不存在的。在他看来，人们之所以把多样性的关于自然的信念确认为科学，是因为人们通常认为科学包含着一组单独的程序约定和方法论约定。但是，巴恩斯对这种观点持否定态度，他指出："那种相信确实存在着'科学方法'的信念，是持续理想化的产物；一旦面对关于科学多样性的具体说明，它就无法持续下去了。"② 当然，这里巴恩斯并不是否定科学作为一个整体显示出的普遍特征，即现代科学具有的数学化的、量化的、独特的、抽象的、理论的特性。但是，他认为，"尽管这些特性具有方法论上的意义，并且在描述对问题的'科学探索'方面能起到一定的作用，但它们还算不上是一般性的科学方法论，因为它们不能更充分地说明怎样对有关科学知识的主张作出评价"③。巴恩斯进一步认为，既然人们要从这种意义上证明存在着一种普遍的"科学方法"，"那就有必要说明，科学家作为一个整体，认可并使用了一组例如波普尔所说的方法论约定或方法论规定。或者至少必须说明，按照这样一组约定，接受我们

---

① ［英］大卫·布鲁尔. 知识和社会意象. 艾彦，译. 北京：东方出版社，2001：90.
② ［英］巴里·巴恩斯. 科学知识与社会学理论. 鲁旭东，译. 北京：东方出版社，2001：64.
③ 同②65.

现已构成的科学知识是可理解的"①。但遗憾的是，人们无法做到这一点，因为，在已有的科学文化中，一直存在着信念的多样性，以至于人们提出的任何约定，似乎总会使现已认可的科学中相当大的一部分失去这种地位。这并不仅仅因为某些科学具有非实验性的偶然原因，也不仅仅因为人们的科学论述是不可观察的，"这只不过是因为科学家们并不具有任何一组大家共享的单一的约定，无论是关于程序还是关于评价的约定"②。巴恩斯最后得出结论，所有对科学方法全面描述的尝试都注定是失败的，因为人们在科学实践中总是有着方法论和程序上的多样化的信念，以至于形成多样化的约定。最终的结果是，"按照各具特色的普遍约定，科学活动简直就是不可理解的；人们并没有应用单一的一组普遍标准对科学知识的主张进行详细的审查。人们常常以为情况恰恰相反，但这种现象是一种先验信念的结果，而不是按照人们实际所认为和所从事的科学活动对其进行详细考察的结果"③。

从强纲领关于科学方法的主张可以看出，SSK 学者正是通过强调科学活动中科学共同体的信念这一非理性的因素，否定科学活动中的客观的、规范性的方法论规则。强调非理性因素对于科学方法的作用，这对全面认识科学合理性无疑有着积极的意义，但是，如果将信念的多样性任意夸大，进而否定科学方法的相对的普遍意义，这无疑将 SSK 推向了相对主义的泥潭。

**3. 以科学共同体的共同磋商性消解科学评价标准的客观性**

在正统科学哲学家看来，科学知识的客观评价会赋予科学以理性的特征，从证实标准到证伪标准，再到科学研究纲领，科学哲学家一直致力于

---

① ［英］巴里·巴恩斯. 科学知识与社会学理论. 鲁旭东，译. 北京：东方出版社，2001：65.
② 同①65－66.
③ 同①67.

为科学知识的评价提供一个合理的标准。在他们看来，科学知识具有客观的、明确的、先定的评价标准，这是一个自明的问题，也是他们从事科学哲学研究的一个基本理论预设。但是，这一切在 SSK 学者的眼中都成了问题，在他们看来，科学评价标准具有客观性、先定性这一预设不再是自明的。科学知识本身是负载利益和社会性磋商的，科学知识评价实际上是科学家的共同磋商及利益竞争博弈的结果。对于科学知识的评价来说，经验事实、重复性实验、逻辑分析、与已确立的知识的一致性、与证据的一致性等评价标准在对科学知识评价的过程中并不能为科学知识的正确与否做出合理性辩护。相反，科学的评价结果更多的是科学家基于自身利益共同磋商的结果，各种不同情境下的磋商活动具有一定的偶然性，同时，也需要科学家具有一定的修辞素养、语言技巧、权威地位以及解释和运用各种符号资源、文化资源的能力。在 SSK 学者看来，科学知识的社会磋商研究在过去的知识社会学和科学社会学中都被忽略了，在科学知识社会学中，此问题应成为一个主题，从而分析科学知识产生的社会成因。如马尔凯指出："知识的社会磋商是一个合法的、实质上是一个基本的、然而在很大程度上尚未得到探讨的知识社会学的主题。"①

爱丁堡学派的巴恩斯认为，科学产品和文化产品一样，其评价体现了行动者的目的和要求，以及这些目的和要求以什么方式构成不同群体特有的规范。他指出："一般说来，当行动者们询问文化产品有什么用时就会出现评价，或者，人们只发现这些文化产品适用于特定的需要和目的，并且不加反思就接受了它们。在科学中也是如此；评价取决于行动者的目的和要求，以及这些目的和要求结合成不同群体特有的规范模式的方式。"②巴恩斯认为，首先在库恩"范式"理论中的常规科学阶段，不存在普遍的

---

① ［英］迈克尔·马尔凯.科学与知识社会学.林聚任，译.北京：东方出版社，2001：156.
② ［英］巴里·巴恩斯.科学知识与社会学理论.鲁旭东，译.北京：东方出版社，2001：82.

科学评价标准。他写道："当一个科学进入'常态科学'时期时，一个特定的模型及其与之相关的范例本身有可能成为评价的标准。然而，在对基础模型及其范例的最初评价中所使用的那些标准也是不一致的。"① 其次，当现有的科学理论面对反常的攻击时，科学家由于对自身成就和希望的"珍视"，会不对科学中的反常问题做出反应，而是期望那些难点以后会自行清理干净。"只有在需要做出选择的情况下，科学家才会有真正自我意识并进行自我评价。"② 但是，更为现实的是，在此种情况下科学家用于评价的标准也都是相对的，都是受科学家自身目的限制的，"科学家面对这些选择所作出的反应，是无法根据任何不依赖环境的一般性标准来理解的"③。因此，巴恩斯认为，对科学家在评价科学理论过程的信念、目的和行动的评价，不存在普遍的因果解释，只能依据行动自己的理由去理解其社会成因。他指出："对于理解科学家们的选择来说，恰当的做法是考察他们的社会作用，而不是考察他们的境遇'逻辑'。"④

SSK 另外一位学者马尔凯也表达了同巴恩斯相似的观点，即评价科学知识的一般标准根本不存在，因为这些评价标准不是独立于社会环境的，这些标准常常有不同的解释，它们根据特定科学家的特定学术倾向、假设和目标被赋予意义。马尔凯指出："用以评价理论主张的标准，跟那些用于评价特定的观察结果的标准一样，其意义根据它们被应用的背景的不同而有所变化。所以，不能认为它们去提供一种评价知识主张的方法，而此方法又独立于具体的分析取向。"⑤ 因为，"尽管某些重要的概念已在哲学文献中被认为对于解释或拒绝知识主张来说是最基本的，但是这些概

---

① ［英］巴里·巴恩斯. 科学知识与社会学理论. 鲁旭东，译. 北京：东方出版社，2001：82-83.

②③ 同①84.

④ 同①85.

⑤ ［英］迈克尔·马尔凯. 科学与知识社会学. 林聚任，译. 北京：东方出版社，2001：70.

念必定是由科学家根据特定的理论概念和具体的分析条目去加以解释的。科学中的证据规则、一贯性标准等等都不是一成不变的。它们肯定有足够的灵活性为科学家解释证据留有相当大的余地，从而支持早已确立的假设"①。"总之，与标准观点不同的是，科学知识在意义上不是固定不变的，它不会独立于社会背景，而且不能应用被普遍认同的验证程序去加以证实。"② 在否定了科学评价标准的普遍存在之后，马尔凯进一步指出，所谓的科学理论的评价标准不过是科学共同体社会意义的磋商的结果，它包含着诸多主观的、社会的因素的影响，科学评价标准并不具有客观性，而是社会建构的产物。他写道："我们不能把知识的生产看做是遵从任何一套特定的规范形式的简单结果。相反，我已提出，把科学规范看做是研究者在获得他们自己的和他们同行的行为的磋商性意义的过程中所使用的词汇更为妥当。"③ "研究者接受一种解释而不是其他解释的程度，是社会互动或社会磋商过程的结果；即成员们交换观点且相互之间试图进行说服、劝说和施加影响，在这一过程中，这些观点可以得到修改、摒弃或加强。……它的结果受到诸如成员的利益、其学术和专业倾向、成员对有价值信息和研究条件的控制以及成员要求科学权威性的力量等因素的影响。"④

综上可见，SSK学者们并不认为存在区分科学知识真与假的判断标准，也不认为存在判断理论优劣的标准，因为任何评价标准都渗透着科学家的目的、要求、利益和价值等诸多社会因素，所谓的评价标准都是社会建构的，都掺杂着科学家相互磋商的"共识"。与正统科学哲学把科学进步建立在前后理论对自然的不同解释力的对比相异，强纲领通过社会化

---

① ［英］迈克尔·马尔凯. 科学与知识社会学. 林聚任，译. 北京：东方出版社，2001：77.
② 同①78.
③ 同①122.
④ 同①122－123.

的、集体约定主义的认识论已然消解了正统意义上的科学进步标准，进而为其消解科学的客观性服务。

## 二、对绝对科学观的质疑

纵观 SSK 内部不同学派的观点，虽然有所差异，但是总体上都具有浓厚的相对主义色彩，对于这一点，SSK 内部成员也公开承认。特别是强纲领更是表现得极为明显。在强纲领的发展过程中，其成员不仅要消解科学的客观性，而且还对科学实在论、科学实证论和科学主义提出了挑战，他们从社会建构论、约定主义、文化多元主义等不同的视角加以质疑，对上述科学观进行了解构。

### 1. 以建构质疑实在

科学实在论是实在论的一种，它的复兴源于对分析哲学传统的反思与批判，是在本体论实在论的基础上发展起来的。科学实在论者研究视角比较多样，概括起来有本体论视角的科学实在论、认识论视角的科学实在论、语义学视角的科学实在论和趋同论视角的科学实在论。虽然科学实在论的视角不一而足，但是还是存在着一定的共识，主要体现为两点：一是承认科学与实在存在着联系，科学中每个概念都指称外部世界相应的存在物；二是科学与真理紧密相连，科学理论真实地或近似地描述了外部世界。① 科学实在论与 SSK 的争论正是在这两个层面上展开的。

具体而言，典型的科学实在论主张：人们通过对客观世界的真实描述得到的真理只有一种，它是主观认识与客观实在相符合的科学理论，科学理论与客观实在存在着一一对应的关系，一个命题的真伪取决于该命题是

---

① 李建华. 科学哲学. 北京：中共中央党校出版社，2004：284 - 285.

否陈述了事物如其所是的本真面目。上述观点属于真理符合论，即承认语言性的真理和非语言性的实在之间不仅相互对应，而且还相互符合。按照这种观点，唯一决定科学真理的是独立于人思想或经验以外的客观事物，人的信念对于其真假不起任何作用。无论科学家持有什么样的信念，还是采取什么样的方法都对外在世界命题或陈述的真假没有影响。

科学实在论的上述观点遭到了 SSK 学者的诘难。SSK 学者虽然不直接否定真理，但是却不认同科学实在论的真理观。首先，布鲁尔对理论与实在之间的指称关系发起攻击，他认为，科学实在论中关于真理的概念是模糊不清的，理论与实在之间并不是一一对应的关系，当人们去描述理论与实在之间的符合关系时，总是运用"适合""匹配""图像"等各种各样的术语，而这些术语谁也不比谁更准确、更优越。"运用某种富有启发式的方式，是难以描述决定这种观念的知识与实在之间的符合关系所具有的特征的。"① 所以，布鲁尔建议科学知识社会学家不要执迷于界定真理的概念，而是应转换研究视角，采用新的研究方法，这种新的研究方法不关注真理的定义以及理论与实在的指称关系，而是去探究人们用真理这个概念做什么，以及"符合"这个概念实际怎么发挥作用。

其次，布鲁尔认为，所谓真理并不是理论与实在之间符合，而是理论与理论之间的符合。他指出："我们实际上使用的真理指标是理论可以发挥作用。如果我们得到了某种关于世界的、可以顺利地发挥作用的理论观点，我们就会满足。而有关错误的指标则是，我们未能建立和保持成功预见所具有的这种可以发挥作用的关系。"② 从这段表述可以看出，布鲁尔承认人们在现实中确实在运用真理符合论，可是问题在于，"这种符合并不是理论与实在的符合，而是理论与它自身的符合"③。人们常常将对一

① ［英］大卫·布鲁尔.知识和社会意象.艾彦，译.北京：东方出版社，2001：56.
②③ 同①57.

种理论的判断看作是一个内在过程，但是，布鲁尔认为，这是错误的，因为真理不是理论与实在相符合的产物，因而把对理论的判断看作是一个内在过程就掩盖了理论与理论相符合的"真实"关系。

再次，布鲁尔认为，理论与实在之间不仅不具有符合的关系，而且二者的关系还是模糊不清的。因为，"在任何一个阶段，我们都无法觉察、认识，甚至因此而从任何一个角度运用这种符合。即使我们想使实在完全与我们的理论相匹配，我们也永远不可能拥有必不可少的、独立地接近实在的机会"①。

最后，布鲁尔认为，真理并不像科学实在论主张的那样与信念无关，相反，真理也是一种信念，其特殊之处不过在于这种信念是科学家的信念。"与科学思想有关的各种思想过程，都可以而且必须根据那些内在的评估原则进行。它们都是由于——突然出现在我们那些理论、意图、兴趣、问题以及标准内部的——错误的感知推动的。"② 由于人的信念的多样性，科学家的目的和要求也不同，造成的结果是，"有多少要求，就会有多少种符合形式"③。因此，布鲁尔主张："所谓我们应当对各种信念进行选择和挑拣，所谓我们应当肯定这些信念，并且使共识具有权威性，所谓我们应当出于本能把各种信念与一个由原因组成的外部环境联系起来，都是非常容易接受的。"④ 从这里我们可以看到，布鲁尔不仅以相对主义的立场解构了科学实在论的真理观，也表达了强纲领认为真理是社会建构的理论倾向。

SSK 以相对主义的立场消解科学实在论的真理观不仅表现在对真理符合论的解构，还表现在对趋同实在论的真理观的质疑，在趋同实在论看来，科学发展是理论不断向客观真理的逼近，这显然是科学实在论在真理

---

① ② ［英］大卫·布鲁尔. 知识和社会意象. 艾彦，译. 北京：东方出版社，2001：59.

③ 同①60.

④ 同①63.

观上的一种弱化。但是，这种弱化了的真理观也为 SSK 的学者所不容。"社会建构论者认为就像工厂里制造产品的活动一样，科学是制造知识（包括概念、理论、观念和事实）的一项活动。科学家在制造知识的过程中所形成的科学信念是由社会因素决定的，科学知识是社会建构的产物，而不是社会发现。所以，科学的逼真不是真正意义上的逼真，而是一种表观现象，是人工伪造的逼真，是由理论的趋势、社会的比喻和具体的心理偏见所造成的。更进一步说，逼真现象的产生实际上是科学家的一种自我满足，是运用没有证明的假定来进行的论证。"①

应该看到，SSK 学者立足于科学知识社会学、人类学和文化学的视角理解科学的发展有可取之处，他们向人们表明了现代科学观的不足，即经验事实相对于理论的不确定性，也在一定程度上说明了科学理论存在相对性的原因。但是，他们过分强调社会因素（包括很多非理性因素）在科学知识建构活动中的作用，而贬低科学理论所具有的客观性，由此便助长了反科学情绪的滥觞。

**2. 以与境性质疑确定性**

传统的科学观通常认为科学知识具有确定性的特征，如实证主义追求命题的有意义性、可证实性，在实证主义的视域下，只要是满足了上述标准，科学就具备了确定性、有效性。虽然，其他的科学哲学学派与实证主义有不同的观点，但是，为科学知识的确定性特征进行辩护却是很多西方科学哲学家都热衷的工作。然而，SSK 的学者却对确定性——这一正统科学哲学辩护的对象进行了消解。在这个方面卓有成就的当属奥地利的卡林·诺尔-塞蒂纳。

塞蒂纳解构科学知识确定性的有力武器是提出了科学认知的与境性问

---

① 郭贵春，成素梅. 当代科学实在论的困境与出路. 中国社会科学，2002（2）.

题。"与境"英文为"context"，指的是事物的一种内在关联和前后联系。在塞蒂纳看来，科学知识社会学中"与境"的概念，"意指境况变量的建构"①，科学家的决定是基于这些变量之上的。根据塞蒂纳的著作，境况变量主要包括个体和科学家集体所处的社会环境和文化环境，由此类变量形成的"与境"构成了科学家个体或集体建构科学知识的内外部环境，这些环境不依赖于自然界的结构，而是处于社会建构中的不断变化的动态的"认知之网"的决定性要素。

塞蒂纳认为，科学知识的产生是一个具有与境性的过程，或者说是基于一种与境化的模型。科学知识并不像传统科学观认为的那样具有确定性的特征，相反，在这种与境化的模型中，科学知识具有更大的不确定性。此种不确定性主要表现为科学事实的建构性、发现与境的偶然性和理论选择的选择性三个方面。塞蒂纳从对实验室的微观研究入手，在以上三个方面对科学知识的确定性进行了消解。

第一，科学事实的建构性。在科学事实问题上，传统的科学观（如逻辑经验主义的科学哲学家和一些持实证立场的科学哲学家）认为世界是由事实构成的，科学知识的目标是提供一种关于世界真实面目的说明，科学的经验规律和理论命题就是实现这一目标的理论表征。按照这种观点，真实地反映客观事实就成为科学理论形成的重要前提和基础，而对于科学规律和理论命题的检验则是解释与证实的问题，是通过科学程序的逻辑而对世界进行建构的问题。然而，塞蒂纳认为，传统科学观所强调的依赖于自然界的科学事实并不是形成科学理论的基础，"事实并不是我们能想当然地认为或者认做是建构知识的坚实基础的东西"②。相反，科学理论不是

---

① ［奥］卡林·诺尔-塞蒂纳. 制造知识——建构主义与科学的与境性. 王善博，等，译. 北京：东方出版社，2001：21.

② 同①1.

描述性，而是建构性的，科学事实不是通过观察得到的，而是科学家在实验室中制造出来的。塞蒂纳指出："我们不把科学成果看做以某种方式捕获随便什么东西，而将科学成果理解为从所有存在的东西中选择性地挑出、转化和建构出来的。我们不考察在科学与科学所描述的自然之间的外部关系，而是将思考科学事业中那些我们认为是建构性的内部事件。"[①]在这样的研究中，"事实性的问题被重新定位，并被视为一种在实验室中建构的问题"[②]。塞蒂纳通过对实验室的微观研究得出的结论是，科学家所处理的大部分实体，不是"自然"或"实在"，而是完全人工或大部分预先建构的。科学家分析这些建构的事实所运用的词汇只是一种在实验室这一知识作坊与境中的对话，科学家正是通过对话对知识进行工具性制造，他们对于这种"人造"事实的关心胜过对"真理"和"自然"的关心，"真理"和"自然"成了实验室这一与境中的受害者。正如塞蒂纳所言："科学成果从与境方面说是特定的建构，这些建构带有创造科学成果过程的境况偶然性和利益结构的标志，没有对这些建构进行分析，就不可能充分地理解这些科学成果。"[③]

　　第二，发现与境的偶然性。关于科学理论的证实与发现问题，传统的科学观通常认为证明与境和发现与境是分离的、各自独立的，证实是科学共同体内的一致性形成过程，科学的发现可以不依赖于相关的外部环境。但是，塞蒂纳认为这种观点是错误的。在她看来，科学的发现与境具有很强的偶然性。一方面，科学家在生产知识的过程中渗透着科学共同体和外部社会环境的影响。"如果我们充分细致地思考知识生产的过程，结果会发现，科学家不断地把他们的决定和选择与所期待的'实证者'共同体特

　　①②　［奥］卡林·诺尔-塞蒂纳. 制造知识——建构主义与科学的与境性. 王善博，等，译. 北京：东方出版社，2001：5.
　　③　同①8-9.

定成员的反应联系起来，或者与他们想在其中发表论文的杂志的规定联系起来。""简言之，实验室的发现基本上是着眼于潜在的批评或接受（以及关于潜在的盟友与敌人）做出的，它是发现的实质性的重要组成部分。"①另一方面，科学发现的成果与发现的环境密切相关，而不是与科学事实紧密相连的。科学家在实验室中所得到的发现结果取决于谁提出结果、研究工作在哪里进行以及怎样进行。"科学家们谈论可能引起'发现'的动机和利益，谈论对那些研究者来说可以利用的物质资源，谈论谁是做出这些结果的幕后人物。他们几乎把结果与这些结果产生的环境等同起来。"②因此，对于科学知识论断做出反应时，不是科学事实起决定作用，而是科学共同体本身赋予了发现与境以决定性的地位。

第三，理论选择的选择性。关于科学理论的选择问题，传统的科学观认为科学家接受或证实一种理论是一个形成一致性的过程，此种一致性往往被看作个体科学家观点的集合体，而形成一致性的过程被视为"理性的"过程。实际上这关系到对证实过程的理解，很多正统的科学哲学家通常认为证实不存在于实验室中。对此，塞蒂纳持相反的观点，她认为，理论的证实不仅存在于实验室中，而且还涉及一个重要环节——选择。她指出："把科学研究看做建构的而非描述性就意味着，把科学成果看做是根据它们所包含的选择性而被高度内在地建构起来的东西。"③塞蒂纳认为，如果将科学成果视为建构性的，其中最重要的环节就是选择。在实验室里科学家通过选择来建构科学成果，而科学家在不断做出选择的过程是受环境、先前科学理论以及科学共同体的利益等因素制约的，从而使科学家对理论的选择具有了选择性，致使科学理论成为一种不确定性的理论。首

---

① ［奥］卡林·诺尔-塞蒂纳. 制造知识——建构主义与科学的与境性. 王善博，等，译. 北京：东方出版社，2001：13.
② 同①14.
③ 同①12.

先，科学家对于实验仪器的选择是不确定的。例如，当我们问科学家为什么选择一种科学仪器时，科学家的回答充满了不确定性，可能的回答如："因为它昂贵而且稀缺"或"就能量的消耗来说，它更经济合算"或"约翰建议使用它并向我展示如何来使用它"，甚至于科学家会反问："你还能有什么别的选择呢？"① 其次，科学家选择某种科学观点时受各种与境的影响。"这些与境包括午餐期间聊天、一场演讲后所进行的讨论、关于一篇论文（某人刚刚读过这篇论文并刚刚找到理由对之加以评论）。"② 科学家对观点的选择正是取决于所表达的与境的论点的，并且这些观点不一定在不同的与境中保持一致。最后，科学家建构科学知识时受已有理论的影响。"科学知识是一种被渐进地重新建构起来的知识，并且以对早期成果的整合与消解为基础，这种重新建构是一种复杂化的过程。"③ "先前的科学选择成了未来选择的资源，并因此引起了科学成果的选择性巩固与多样化。"④ 在塞蒂纳看来，不是确定性而是不确定性对科学知识的建构发挥了重要的作用。"没有不确定性，就不可能有这样的信息增长。……这种不确定性越来越明显地表现在，观察者没有能力来详细阐述合理性的一小组标准或原则，而这种重建（指科学知识对已有理论的吸收或消解后的建构。——引者注）就是按照这些标准或原则继续进行下去的。"⑤

　　总之，塞蒂纳认为，科学知识的建构从根本上说是一种社会化的过程，在这样的过程中，话语互动的社会属性、科学家集体的社会互动和商

---

　　① ［奥］卡林·诺尔-塞蒂纳．制造知识——建构主义与科学的与境性．王善博，等，译．北京：东方出版社，2001：17.

　　② 同①16.

　　③ 同①20.

　　④ 同①22.

　　⑤ 同①21.

谈、实验室建构的与境性等诸多因素使科学知识充满了不确定性。

### 3. 以文化相对主义质疑科学的权威性

SSK 具有很明显的相对主义倾向，主要表现在 SSK 学者不仅强调科学知识形式的相对性，而且还强调一切知识（特别是科学知识）都是相对的，都是基于社会意象的信念，他们强调科学知识与社会情境的密切关系，主张科学知识和其他的知识形态并没有本质的区别，认为只有对科学知识的内容进行具有相对主义的说明，分析其与社会文化因素的关系，才能真正把握现代科学的形象。为了达到这一目标，部分 SSK 学者把科学视为一种文化，以文化相对主义为工具，对科学的权威性提出了质疑。这方面的主要代表有巴恩斯和马尔凯。他们主要从以下三个方面对科学文化的权威性进行了相对主义的质疑。

第一，科学知识的形成受制于其他文化资源。巴恩斯认为，科学是一种高度分化的文化，它所具有的变迁的连贯性、文化内聚性已经使科学成为凌驾于其他文化之上的社会控制系统。他指出："作为一种文化，科学自身高度分化成了不同的学科和专业。科学专业正在逐渐被当做是一种有着相当不同的社会控制系统、相对自主的亚文化"①。但是，在他看来，科学文化和其他文化没有重大差异，科学也是文化的一部分。科学知识的形成并不完全是纯粹的科学研究中得到的，而是在相当大的程度上依赖于其他文化资源，在有效利用现有文化基础上形成的科学理论只是一种隐喻。他明确指出："理论是人们创造出来的一种隐喻，创造它的目的，就是要根据我们所熟悉的、已得到完善处理的现有文化，或者根据新构造的、我们现有的文化资源能使我们领会和把握的陈述或模型，来理解新的、令人困惑的或反常的现象。"② 巴恩斯通过科学的隐喻本质，旨在说

---

① ［英］巴里·巴恩斯. 科学知识与社会学理论. 鲁旭东，译. 北京：东方出版社，2001：68.
② 同①69.

明科学对其他文化的依赖性，用他的话说，"说明思想的隐喻本质，就是说明文化对思想特质的约束"①。

　　在科学文化对其他文化的依赖性问题上，马尔凯与巴恩斯持有相似的观点。他着重考察了社会大环境中的文化对于科学的影响。在马尔凯看来，科学知识是一个因情形而定的文化产物，它与其产生的社会大环境不可分离。而"所谓的科学的精神气质仅仅是科学文化知识的一部分，而决不是科学知识创造的最重要的部分。所以，不再有任何理由认为科学最好在一个社会真空中创造，在这个社会真空中制度化的民主价值使无私利的研究者提出'关于自然界的一个正确的说明'"②。"实际上在科学与社会大环境之间存在着不断的文化交换。"外部文化的解释性资源主要是通过非正式思考进入科学的，"在非正式磋商中它们得到提炼和修改；而且只有经过适当的改造之后它们才被允许进入科学的公共领域。这些解释性资源既不是产生于'自然事实'，也不是产生于一个完全隔离的研究共同体的社会生活。它们必须至少部分地被理解为更大的社会中的社会过程的产物"③。关于科学的隐喻性本质，马尔凯完全赞同巴恩斯的观点，并且他进一步认为，正是因为科学知识受其他文化的制约，所以科学文化并不像实证主义者所认为那样有效，相反，科学家正是运用了诸如哲学、神学、社会争论等非科学的外部文化的解释性资源才使科学知识获得了其合理性。"解释性问题并不直接依赖于对生物现象的观察。相反地，它们是从实践活动和哲学的、神学的和社会的争论的广泛领域中得出的，这些方面提供了有科学意义的观察的框架。"④

　　第二，科学文化传播与其他文化传播的无差异性。巴恩斯认为，从文

---

①　［英］巴里·巴恩斯．科学知识与社会学理论．鲁旭东，译．北京：东方出版社，2001：79．
②　［英］迈克尔·马尔凯．科学与知识社会学．林聚任，译．北京：东方出版社，2001：127．
③　同②130－131．
④　同②141．

化传播的视角看，科学文化的传播和其他文化的传播一样，都是要使人们相信科学家所传播的知识。在传播过程中，科学家将科学知识简化以增强其可信性。并且，科学家总是选择科学理论中成功的事例进行传播，他们并不向人们传授科学的合理性规则、科学的普遍方法或建构理论的标准。这样一来，科学的文化传播过程与其他文化的传播所采用的过程就没有重大差别了，"像预言一样，占星术士、巫医和科学教师也都处理他自己的可靠性问题；他所面临的任务就是传播专门的学问"①。尽管如此，"科学自身使可信性达到最大程度的方法，以及有益于文化传播的方法，已经开始制度化了，而且仍然很重要"②。简而言之，"科学并不是一种特殊的知识资源；它不得不面对可信性问题，面对任何环境中文化传播的专门的限制性因素。科学训练的环境，构成了一个把模型、典型程序和技能结合在一起才有意义的互联体系。没有人试图传授合理性规则……也没有人试图讲授一种普遍的'科学方法'……也没有人试图在任何训练层次上正式地讨论构成理论标准的是什么，或者在对新的著作进行评价时可以采用什么样的一般性标准。"③

第三，外在政治背景对科学文化应用的制约。在对科学和政治的传统分析中，科学文化常被视为是一套标准的社会规范形式和不受环境约束的知识形式。马尔凯极力反对这种观点，他赞同对科学与政治之间的关系进行历史研究，并坚持一种修正的科学文化观，这种科学文化观"表明科学家进入政治环境时，他们有选择性地以一种增加他们集体利益的方式来运用他们的文化条目"④。秉持这样的观点，马尔凯认为科学家对科学本质和科学价值观的典型解释是相当不充分的，科学家在政治环境中运用的标

① ［英］巴里·巴恩斯. 科学知识与社会学理论. 鲁旭东，译. 北京：东方出版社，2001：87.

② 同①88.

③ 同①91-92.

④ ［英］迈克尔·马尔凯. 科学与知识社会学. 林聚任，译. 北京：东方出版社，2001：145.

准的规范模式并不像科学家认为的那样是唯一正确可行的、具有内在价值的知识模式，相反，科学家在运用此种规范模式时是受政治环境及集体利益制约的。马尔凯指出："我们可以认为一个政治环境下占据不同地位的科学家，常常具有不同的预设，而且他们的非正式推理会受到他们所属的群体的主张的微妙影响。"① 因此，科学家对科学技术知识的解释常常受到其政治立场的制约，具体来说，"科学家对政治领域的参与在三个方面影响他们对其技术文化的解释：它影响他们对技术问题的定义；它影响在非正式推理过程中对所用的假定的选择；它使科学家服从于其结论应在政治上有用的要求"②。马尔凯最后得出的结论是，科学研究的所有领域都以环境性为特征，在特定的环境中，科学家关于同一种理论或技术文化可能有几种合理的不同观点，但没有哪种观点比其他观点更正确，在对这些观点进行选择时，科学家的政治责任和政治环境的压力起着最明显的作用。

## 三、以后现代主义对抗现代主义

在当代百家争鸣的科学哲学中，后现代主义知识分子的科学观是不能绕过的路标。后现代主义（postmodernism）作为一种思潮兴起于 20 世纪 60、70 年代，80 年代之后风靡学界。后现代主义主要是在对现代性和现代主义批判的基础上产生的，从最初发轫于文学、艺术领域到渗透到社会学、历史学、政治学和哲学领域，后现代思潮对当代西方社会的思想文化领域、人们传统的思维方式都带来了破坏性的冲击。广义地说，后现代主义也是一种人文主义。"但是，这种人文主义同传统的人文主义已有很大

---

① ② ［英］迈克尔·马尔凯. 科学与知识社会学. 林聚任，译. 北京：东方出版社，2001：150.

区别。如果说传统的人文主义还保留着进步、理想、境界、深刻、崇高、终极关怀等精神特征的话，那么，后现代主义则以多元论、无中心、反元话语、反元叙事、反本质主义或反体系性等名义将其统统解构了。"① 这种鲜明的特征充分体现在后现代科学观中，后现代主义在致力于解构科学知识的权威地位、科学认识论和传统的科学史研究的过程中张扬了一种批判精神，彰显了后现代主义对人类命运的深切焦虑。同时，后现代主义对科学的反思与批判也凸显了后现代知识分子看待科学的独特的、另类的视角，他们对科学的基本理解对正统科学哲学造成了颠覆性的打击，使当代科学哲学家不得不正视后现代科学观对正统科学哲学的挑战。

**1. 后现代科学哲学看待科学的另类视域**

作为一种哲学运动，后现代哲学的理论旨趣在于解构和颠覆现代主义哲学，"终结意识"是后现代哲学家共同的理论偏好，他们不仅要终结一切传统哲学，而且也要终结一切传统文化，其中自然也包括科学文化。正是在这样一场要以后现代主义终结现代主义的运动中，后现代主义与科学哲学合流，从而孕育了后现代科学哲学。与正统科学哲学相比，后现代科学哲学构不成流派，因为后现代科学哲学家并没有集中的问题域，也没有统一的研究脉络。但是，他们却秉持着颠覆一切的终结意识与信念，共同采用着相似的解构方法。如果说要概括后现代科学哲学的典型特征，那便是"家族相似"②，此种相似性在后现代科学哲学家审视科学的另类视域中得到了集中体现。

（1）反基础主义。

基础主义认为知识有其客观基础和衡量标准，这是认识趋向于真理的

---

① 孟建伟. 论科学的人文价值. 北京：中国社会科学出版社，2000：22.

② 维特根斯坦语。关于后现代主义的"家族相似"，西博格提出了反本质主义、绝对的相对化、概念的历史化、反基础主义与对起源和本源的怀疑等 4 个"家族相似"。[美]西博格. 后现代主义哲学通论//后现代主义哲学讲演录. 冯俊，等，译. 北京：商务印书馆，2003.

有力保证。如经验是经验主义为知识确立的客观基础，理性则是唯理论为知识确立的客观基础。意义与证实是逻辑经验主义衡量科学的有效标准，证伪是批判理性主义衡量科学的有效标准，范式则是历史主义划分常规科学与科学革命的有效标准。但是，后现代科学哲学家则认为，任何人都不能找到作为科学知识客观基础和衡量标准的阿基米德点，科学认识论中的所谓同一性追求是对人创造性和想象力的极大扼杀，只有寻求不可通约性、不确定性、差异性、多样性，倡导认识论的多元化才能还世界以复杂性的本来面貌。

（2）反本质主义。

本质主义认为世界有现象和本质之分，在多样的、变化的现象之后，事物总是存在着一个统一的、普遍的、共同的、唯一的本质；科学认识的任务就是透过纷繁复杂的现象去揭示事物的本质；当人的主观认识与客观实在相符合时，获得的认识成果就是科学真理，否则，就是伪知识或者是谬误。本质主义在逻辑经验主义那里主要表现为寻求达到一定确证度的"真知识"，科学的进步就是把这些"真知识"累积起来。而后现代科学哲学则认为，事物根本就没有本质，更不存在客观意义的"真理"，本质主义所谓的具有客观性的反映事物本质和规律的科学知识不过是一种"话语"或"元叙事"，它们随历史和语境的变化而变化，超出具体的历史或语境，科学知识不能提供关于实体的任何知识，如果非要说有科学知识，也不过是人们通过协商而达成的"共识"。因此，否定科学"话语"和"元叙事"，提倡语言游戏规则和小叙事是后现代科学哲学反本质主义的思想进路。

（3）推崇"表象的危机"，否认真理的存在。

表象作为动词的含义意指把对象带到思维面前，即人对对象进行再现。这就要求有中介的参与，因为主体不可能直接把对象本身纳入到人的思维中。在近代哲学当中，"观念"就扮演着中介的角色。近代哲学出现语言学转向后，语言替代观点充当了人对对象表象的中介，孕育于语言学转向的西方科学哲学继承了表象主义的范式，将科学视为对外在世界的表象，经过逻辑分析和语言分析的理论和命题则进一步充当了主体与外部世界的表象中介。这种表象主义的科学观在西方科学哲学中占据了长期的统治地位，逻辑实证主义、历史主义和科学实在论均可归为此类，因为它们都把科学看作一项表象世界的认识活动，并把理论、语句、概念和命题等作为优先的考察对象。但是，后现代科学哲学反对这种表象主义的科学观，推崇一种"表象的危机"，其思想进路是从反对主体，或者说去主体的角度粉碎表象的认识活动。这样一来，后现代科学哲学家不但否定了科学知识的客观性，也导致了对真理的否认。因为，科学既然不能看作是对外部世界的表象，那么，认识的真理性问题也就被彻底解构了。如费耶阿本德就提出科学理论没有真假、好坏之分；法因则大声疾呼真理根本是坚持表象主义的实在论者虚构的；范·弗拉森也认为通过理论和信念的表象中介而获得真理不是科学活动的本质。

（4）拒斥形而上学，倡导科学哲学的终结。

后现代科学哲学反本质主义、反基础主义和反表象主义的最终结果必然导致对传统哲学或形而上学的拒斥，因为传统的西方哲学追求真理目标的实现是建立在确定的本体论和认识论之上的。而一旦否定哲学，就意味着科学哲学的终结，因为科学哲学与哲学是须臾不分的，这已经为历史所证明。如爱因斯坦早就指出，科学如果没有哲学的帮助将变成原始的混乱的东西；玻恩也认识到，科学同哲学的思维是交织在一起的，对哲学文献认识的不充分就意味着科学工作的失败。恩格斯则更明确地指出：不管自然科学家采取何种态度，还是要深受哲学的支配。

**2. 科学的解构：知识与权力的共生**

从权力的维度来理解和反思科学，是后现代解构主义科学观的理论偏好。对于这项工作贡献尤其大的当属法国哲学家米歇尔·福柯。把科学和权力联系起来，致力于解构科学知识的权威地位是福柯主要的思想进路。具体而言，福柯的科学知识—权力观可以概括为以下几个方面的内容：

（1）生命权力取代君主权力：知识—权力共生关系的发生。

在福柯看来，知识与权力发生关联是伴随着权力的转变开始的，具体地说是在生命权力取代君主权力的同时，知识与权力开始形成一种共生的关系。所谓生命权力，是相对于君主权力而言的。在福柯那里，君主的权力主要体现为生杀大权，这是一种"让"别人死或"让"别人活的权力，"这里，权力首先是获取的权力：获取东西、时间、肉体和生命的权力。它在为了消灭生命而占有生命的特权中达到了顶点"①。然而，西方世界从古典时代②开始，权力机制发生了深刻的变化。这种变化主要体现为杀戮型、获取型的君主权力开始被关注生命的生命权力所代替。所谓生命权力是指，"提高生命、管理生命、繁殖生命、控制和调节生命的积极权力，它在生命、人类、种族和人口的层次上发挥作用"③。

（2）知识—权力共生的本质。

何谓知识与权力的"共生"？这可以从以下三方面理解：

首先，"共生"关系表现为一种知识与权力的相互依存。福柯认为，知识与权力是相互依存的，只要我们运用权力，就必须考虑科学知识；反过来，只要我们考虑科学知识，就必须涉及权力的运用，知识与权力在现代社会已经形成了一个知识/真理—权力的"共生体"，它们就像一个连体的兄弟一样，形成了一种"一体两面"的结构。

其次，"共生"关系表现为权力为科学知识生产提供环境的保证，科

---

① ［法］福柯. 性经验史. 佘碧平，译. 上海：上海人民出版社，2000：98.
② 福柯将现代性分为两个时期：古典时期（1660—1800）和现代时期（1800—1950）。
③ 汪民安. 福柯的界线. 北京：中国社会科学出版社，2002：229.

学知识本身则具有权力功能。"共生"不是彼此生产的意思，并不是说权力生产了真理，也不是说知识就是权力，而是指权力为知识的生产提供环境的保证，"一种权力，它不是与无知相联系的，而是相反，与保证知识之构成、投资、积累和增长的整个一系列机制联系在一起的"①。另外，科学知识本身也具有权力功能，"如果把科学仅仅看成一系列程序，通过这些程序可以对命题进行证伪，指明谬误，揭穿神话的真相，这样是远远不够的。科学同样也施行权力，这种权力迫使你说某些话，如果你不想被人认为持有谬见，甚至被人认作骗子的话"②。

最后，"共生"关系表现为真理为权力的合理性辩护。权力的运行需要真理为其提供合理性的基础，福柯指出："在很大的程度上来说，我们所生活的社会正在'迈向真理'。我指的是，这个社会生产和流通以真理为功能的话语，以此来维持自身的运转，并获得特定的权力。"③"如果没有真理话语的某种经济学在权力中，从权力出发，并通过权力运行，也就不能行使权力。"④

（3）"知识纪律化"：科学知识—权力模式的形成。

福柯认为，知识—权力发生作用的形式在 18 世纪开始产生，这就是"知识纪律化"。所谓"知识纪律化"，是一种"巨大的复杂的战斗，不是在认识与无知之间，而是一些知识对另一些知识的战斗——知识通过自身的形态，通过相互敌对的掌握者和通过它们内在权力的后果相互对立"⑤。也就是说，"知识纪律化"表现为知识间的斗争，这些斗争的实质不过是权力的运转，是掌握知识的不同主体之间的划分与冲突。之所以说"知识

① ［法］福柯. 不正常的人. 钱翰，译. 上海：上海人民出版社，2003：49.
② ［法］福柯. 权力的眼睛——福柯访谈录. 严锋，译. 上海：上海人民出版社，1997：32.
③ 同②37.
④ ［法］福柯. 必须保卫社会. 钱翰，译. 上海：上海人民出版社，1999：23.
⑤ 同④169.

纪律化"是权力的斗争，是因为它主要是通过国家直接或间接的干预完成的。国家的干预主要通过挑选知识、规范化知识、划分知识等级和对知识进行集中化四种途径完成。

通过这样四种途径，知识纪律化在整个 18 世纪得以进行，18 世纪以前不存在单数的科学，只存在复数的科学，存在知识，存在哲学。而在 18 世纪以后，科学作为知识纪律化的结果产生了，科学成为了纪律警察，它以真理的名义按照科学的规范来检查各种叙述知识，将知识相应地划分为自然科学与人文科学、科学与非科学、科学与伪科学、形式科学与实验科学等形式。这导致了认识论的解冻，产生了繁荣知识的新形式和新规则，最为重要的是产生了知识和权力之间的新模式，即真理—权力的形式被科学知识—权力的新模式所取代，科学从此取得了话语霸权。

（4）真理制度：科学知识—权力实践的产物。

福柯认为，当科学知识—权力的模式产生后，科学与权力之间的共生模式最终形成了现代社会的真理制度。那么什么是真理制度呢？这首先涉及福柯对于真理的理解，在福柯看来，"真理是指一整套有关话语的生产、规律、分布、流通和作用的有规则的程序"①。可见，福柯所说的真理并不是传统的科学认识论所指的真理符合论的真理，而是一种基于话语的真理，对于福柯来说，检验真理的唯一标准并不是社会实践，而是话语权力。实际上，福柯根本不承认有外在于意识、可供作为真理标准的"纯客观"的事实的存在，在他看来，所谓"事实"不过是强势话语的拟构。而真理的发展则是掌握知识的主体间权力斗争的结果。可以看出，福柯的真理观是一种"反科学"的真理观。

基于对真理的认识，福柯认为："每个社会都有其真理制度，都有其

---

① ［法］福柯．福柯集．杜小真，编选．上海：上海远东出版社，1998：447.

关于真理，也就是关于每个社会接受的并使其作为真实事物起作用的各类话语的总政策；都有其作用于区分真假话语的机制和机构，用于确认真假话语的方式；用于获得真理的技术和程序；都有其责任说出作为真实事物起作用的话语的人的地位。"① "真理以流通方式与一些生产并支持它的权力制度相联系，并与由它引发并使它继续流通的权力效能相联系。这就是真理制度。"② 真理制度是科学与权力相互渗透、相互支持的制度化、实践化的产物。就真理在历史上的政治经济学特点，福柯指出，它具有以下五个特征："真理以科学话语的形式和生产该话语的制度为中心；它受到经济和政治的不断激励（经济生产和政治权力对真理的需求）；它以各种形式成为广泛传播和消费的对象（它流通于社会机体中相对广泛的教育或新闻机构）；它是在某些巨大的政治或经济机器（大学、军队、新闻媒体）的非排他的、但居于主导地位的监督之下生产和传输的；最后，它是整个政治斗争和社会冲突（意识形态斗争）的赌注。"③ 真理制度在现代社会中处于极其重要的位置，福柯指出："该真理制度不只具有意识形态或上层建筑的性质；它是资本主义形成和发展的一个条件。在大多数社会主义国家里起作用的正是这一制度——只是有所改动（中国的问题我不了解，暂且搁在一边）。"④

从福柯以上关于真理制度与科学知识—权力的关系以及他的真理观可以看出，谱系学的研究是从话语—权力或者说科学知识—权力的维度来进行考察的，并且谱系学将这种话语实践与非话语实践联系起来，对于科学知识的考察不局限于精神的层面，而是深入到了社会制度和实践的层面，虽然其观点带有一定的偏颇性，但从其认识角度来说，无疑为科学史和科

---

① ［法］福柯. 福柯集. 杜小真，编选. 上海：上海远东出版社，1998：445 - 446.
② 同①447.
③ 同①446.
④ 同①447.

学认识论开辟了一个新的视角。

（5）规训技术：科学知识—权力"规训"现代"人"的支撑系统。

在分析微观科学知识—权力的运行机制的过程中，福柯特别关注权力的技术问题。福柯认为，权力的运行通过"规训"得以实现。规训是"一种权力类型，一种行使权力的轨道。它包括一系列手段、技术、程序、应用层次、目标。它是一种权力'物理学'或权力'解剖学'，一种技术学"①。从微观的权力技术来看，权力规训的实现必须具有一定的技术支撑系统。在福柯看来，这种权力的技术支撑系统包括微观和宏观两个层面。权力的微观技术支撑系统包括：酷刑、惩罚和监狱。权力的宏观技术支撑系统包括纪律、层级管理、规范化裁决和检查等。这些技术支撑系统都是用来完成"规训"的，它们使"规训"具有了几种技术手段相互配合的符合逻辑的有力的技术支撑系统。福柯分别在《规训与惩罚——监狱的诞生》《临床医学的诞生》和《性经验史》对不同的技术支撑系统如何影响和构建个体的认同、欲望、身体及"灵魂"，生产出符合社会规范的驯服的主体进行了考察。在福柯看来，凡是这些支撑系统起作用的地方，都有权力的运作，确切地说正是这些权力的支撑系统，保证了权力的运作，从而建构了知识。

（6）特殊型知识分子：反抗科学知识—权力统治不可替代的角色。

福柯认为，在寻求个体解放和反抗科学知识—权力统治的过程中，知识分子的作用非常重要。他将知识分子分为两类，即普遍型知识分子和特殊型知识分子。所谓普遍型知识分子是指那些自认为掌握了普遍的、典范的、对所有人都正确和真实的知识的人。他们因为掌握普遍性真理而被权力重视，因为握有真理就能对人行使权力，他们为公正而战。而特殊型知

---

① ［法］福柯. 规训与惩罚——监狱的诞生. 刘北成，杨远婴，译. 北京：三联书店，1999：242.

识分子在当代是指专家、学者，他们只认为自己掌握了某一领域的专业知识。特殊型知识分子之所以被权力所重视，是因为他们凭借局部科学真理来干预所处时代的政治斗争。特殊型知识分子在当代反抗科学知识—权力统治的斗争中发挥着不可替代的作用。因为，"对于知识分子来说，主要的政治问题不是批判可能同科学联系在一起的意识形态内容，或者使他的科学实践附带某种正确的意识形态，而在于了解是否可能建立一种新的真理政策。问题不在于改变人们的意识即人们头脑中的东西，而在于改变有关真理生产的制度、政治、经济规则"①。"知识分子的政治问题必须从真理与权力，而不是科学与意识形态的角度来思考。"② 因此，熟知科学知识—权力在某个领域运作的真相的特殊型知识分子，就在针对科学知识—权力的局部斗争中处于十分重要的位置。在这样的局部斗争中，特殊型知识分子并不是群众的代言人或导师，而是扮演顾问的角色。

纵观科学知识—权力观的内容，我们可以看出福柯把科学知识与权力看作是彼此内在的关系，这是福柯的科学知识—权力观区别于传统的关于科学与权力研究的一个突出特色。在福柯的视域中，科学由认识转向了权力，科学认识论被科学知识—权力观所取代。按照科学知识—权力观去看科学，科学知识不再是关于自然的"客观知识"，而是来自于人们协商和约定的结果，是一种权力建构的产物。

### 3. 语言游戏与科学知识合法性标准的重构

以话语体系的转换来重构科学知识的合法性标准，是后现代主义者解构现代性科学思想的另一种重要路径。这主要是法国后现代主义思想家让-弗朗索瓦·利奥塔（Jean-Francois Lyotard，1924—1998）的解构策略。在《后现代状态：关于知识的报告》及其他相关著作中，利奥塔着重考察

---

① ［法］福柯.福柯集.杜小真，编选.上海：上海远东出版社，1998：447.
② 同①446.

了当代西方社会中的知识状态，试图以语用学的观念、方法解释当代资本主义的社会变异和文化症状，并深入论证了作为西方文明维系网络与认知基础的"元叙事"的衰竭以及因此产生的科学知识合法性问题。其中，强调知识"不可通约"和重视不同语言歧见的后结构主义观念是利奥塔后现代科学观的理论基点。

（1）后现代知识的状况。

在《后现代状态》一书中，利奥塔首先考察了后现代的知识现状，他给出的判断是，从 20 世纪 50 年代后期西方社会进入后工业社会以及文化进入后现代时代以来，知识的地位、性质和状况已经改变了。科学知识已经成为一种话语，大部分尖端的科学技术都和语言相关，这些尖端的科学知识如：由特鲁别茨柯依开创的音位学与语言学理论、维纳等人开创的交流问题与控制论、冯·诺依曼等人开创的计算机与计算机语言、语言翻译问题与机器语言兼容性研究、存储问题与数据库、通信学与人工智能、悖论学等等，所有这些，虽不能穷尽现代知识的发展状况，但足以证明：现代科学技术的发展和语言密切相关。

利奥塔认为，现代科学的语言学转向及相关技术的变化对知识的两个主要功能——研究和传播——产生了重要影响。一方面，知识的研究方式发生了改变，很多高深的知识变得更容易被人理解；另一方面，由于信息技术的广泛使用，知识的传播渠道和传播速度都发生了新的变化。在这种普遍的变化中，知识的性质也发生了两个根本变化：一是知识的信息化。知识只有被转译为计算机语言才能成为可用和可操作的资料，一切构成知识的东西，如果不能被信息化，就会遭到遗弃。二是知识的商品化。传统的知识与认识者的外在关系，知识的获取与精神的培养或个人的教化密不可分的原则都已经过时。"知识的供应者和使用者与知识的关系，越来越具有商品的生产者和消费者与商品的关系所具有的形式，即价值形式。"① 知识的生产是为了出售，知识的消费是为了在新的生活中增殖。知识的"交换价值"取代了"使用价值"成为了知识自身的目的。知识本性的变化也引起了知识在社会中地位和作用的改变。这主要表现在以下三个方面：知识成为首要生产力；知识对经济结构和国家结构间的关系产生了重要影响；知识在社会上的流通方式也发生了变化。

（2）知识的合法化与语言游戏。

其一，知识的合法化。

在考察了后现代知识的基本状况之后，利奥塔认为，知识性质的变化导致知识的合法化或合法性问题的凸显。

那么，何谓合法化呢？利奥塔认为，"合法化"的词义比德国当代理论家（具体地说比哈贝马斯的合法化概念）所使用的含义要更广泛些。他举了两个例子来进行比较说明：一是以民法为例，合法化指特定类型的公民必须从事特定的行为。这里的合法化是一个过程，即由一个被认可的立法者颁布作为规范的法律的程序。二是以科学陈述为例，合法化指的是科学陈述服从规则的问题，即一个陈述要被承认是科学的，必须满足一系列条件。在这种情况下，合法化是这样一个程序，即科学话语的"立法者"有权设定一些决定一个陈述能否被科学共同体接纳为科学话语的公开条件（一般说来，这些条件是有关陈述的内在一致性和经验可验证性的）的程序。利奥塔认为，虽然从柏拉图开始，知识合法化的问题就与立法者合法化问题密不可分了，但是上述两个例子恰恰反映了确定"真"的权力与确定"正当"的权力是相互依存的。换句话说，利奥塔认为知识的合法化问题是一个"双重合法化"的问题，即知识的合法化与权力的合法化，知识和权力是一个问题的两个方面。在这里，我们看到了利奥塔和福柯的相似

① ［法］利奥塔. 后现代状态：关于知识的报告. 车槿山，译. 北京：三联书店，1997：3.

之处。

将这样的合法化概念应用到知识的合法化问题上，就滋生了以下问题：一是"何为知识？"或者说"怎样判断一个陈述是不是科学的陈述呢？"一个陈述被接受为科学的陈述，它必须要满足一套既定的条件。此条件决定着一个陈述是否能被包括在被科学共同体设定的那个话语之中。二是"谁决定什么是知识？谁知道应该决定什么？"[①] 在利奥塔看来，在信息时代，知识问题比以往任何时候都更是权力问题。

其二，批判的方法论：语言游戏。

利奥塔在分析后现代知识的方法上，吸收了维特根斯坦的语言游戏的方法，特别是继承了维特根斯坦语言游戏的后期思想，即语用学的方法。语用学强调语词的意义在于使用方式，一个词有多少种使用方式，就有多少种意义。通过这种方法找到的各种陈述就叫作语言游戏。这里所指的陈述包括指示性陈述、行为性陈述、规定性陈述等。指示性陈述以特殊的方式定位它的发话者（说出陈述的人）、它的受话者（接收陈述的人）和它的指谓（陈述谈论的东西）。行为性陈述又叫"言有所为"，其特点是它对指谓的影响和它的陈述行为同时发生。规定性陈述则包括命令、戒律、指令、建议、要求、祷告、乞求等等。

在利奥塔看来，语言游戏的这个概念意味着各种类型的陈述都应该能用一些指认它们性质和用途的规则来确定，正像在象棋游戏中用规则规定每个棋子的走法一样。语言游戏有三个特点：第一，游戏规则本身不能确定语言游戏的合法性，这种合法性只能是游戏者之间的契约。第二，没有规则就没有游戏，即使是一条规则最细微的改动也将改变游戏的性质，不符合游戏规则的"招数"或言说方式都不属于已经用规则定义的游戏。第

---

① ［法］利奥塔. 后现代状态：关于知识的报告. 车槿山，译. 北京：三联书店，1997：14.

三，每一种言说的方式都应该看作游戏中的一种"招数"。由上面的三个特点，利奥塔引申出两条原则：第一条原则是，说话就是游戏意义上的战斗，语言行为类似一般意义上的角斗和竞技。第二条原则是，可观察的社会联系是由语言的"招数"构成的，这条原则是对第一条原则的补充。

（3）叙事知识与合法性。

何为知识？利奥塔也认为，知识不限于科学，甚至不限于学问。学问（learning）、科学（science）和知识（knowledge）是三个外延各不相同的概念。学问是全部指示或描写物体的陈述，属于学问的陈述可以用真假来判断。科学则是学问的子集，它由指示性陈述构成，应满足两个条件：一是这些陈述所涉及的物体可以重复得到，即这些物体在可观察的条件中必须是可以达到的；二是人们可以判断每个这样的陈述所使用的语言是否属于专家们认定的相关语言。至于知识，它的外延最大，它不仅包括全部指示性陈述，而且还包括做事能力（know how）、处世能力（know how to live）、倾听能力（know how to listen）等意义。因此，知识是一个有关能力的问题，它远远超出了确定并实施唯一的真理标准这个范围，扩展了效率标准（技术资格）、正义和幸福标准（伦理智慧）、声色标准（听觉和视觉）等等。① 可以说，它涵盖了真、善、美的所有领域。

考察了知识的概念后，利奥塔将知识分为两类，即叙事知识与科学知识。他认为，在传统知识中叙事知识占主导地位，它本身就具有合法性。这由于叙事"界定了有权在文化中自我言说、自我形成的东西，而且叙事也是这种文化的一部分，所以通过这种方式使自己合法化了"②。因此，"从某种意义上说，人民只不过是那些使叙事现实化的人，他们的现实化

---

① ［法］利奥塔.后现代状态：关于知识的报告.车槿山，译.北京：三联书店，1997：40-41.

② 同①48.

方式不仅是讲述叙事，而且也是倾听叙事，同时也使自己被叙事讲述，总之在自己的体制中'玩'叙事：既让自己处在受述者和故事的位置上，也让自己处在叙述者的位置上"①。利奥塔指出，这种民间的叙述语用学与西方语言游戏（合法性问题，或者说作为提问游戏指谓的合法性）存在着不可通约性，后者是在探寻的游戏间涉及的对象。

（4）科学知识与合法性。

与叙事知识不同，科学知识有其自身的特点，主要包括：科学知识只需要一种指示性陈述，并且排除其他的陈述；研究游戏中只对陈述者有能力要求，对听话者和指谓都没有能力要求；科学陈述不能从它被讲述的事实本身获得任何有效性，而是需要通过论证或证明来获得证实；科学游戏意味着历时性，即一种储存和记忆，这种历时性以储存记忆和追求创新为前提的科学游戏基本是一种积累的过程，其"节奏"是变化不定的。

至于科学知识的合法性问题，利奥塔认为，虽然科学与叙事属于两种不同的知识，各有自己的游戏规则和判断标准，但是科学为了解决自身的合法化问题，又不得不求助于叙事知识。他指出："只要科学语言游戏希望自己的陈述是真理，只要它无法依靠自身使这种真理合法化，那么借助叙事就是不可避免的。"② 利奥塔这句话的意思是指：因为科学追求的目标是真理，其命题的可接受性要由命题的真值来判定，因此，科学需要自身以外的经验事实的检验，需要通过争论和证明来论证自己的合法性，而争论和经验都需要借助叙事知识。

利奥塔认为，到了现代，随着现代科学的发展，合法化问题出现了两个新的因素。其一，人们放弃了寻求第一证据或先验权威的形而上学研

① ［法］利奥塔. 后现代状态：关于知识的报告. 车槿山，译. 北京：三联书店，1997：47.
② 同①60.

究，转而重视"谁决定真理的条件？"的问题。人们意识到，真理的条件或者说科学游戏的规则是内在于游戏的，它们只能在一个自身已经是科学的辩论中建立，只有经过科学游戏中的专家们达成共识的规则才是好的，这样，科学的合法性就来自于科学家的"叙事"了。其二，在知识问题上明确地求助于叙事，是伴随着资产阶级摆脱传统权威的束缚而发生的。虽然对于知识的叙述形式的重视在古代已经开始，但是只有到了文艺复兴和启蒙运动发生后，伴随着资产阶级脱离封建贵族的约束，叙事才真正被当成是知识的主要形式。

通过对叙事知识与科学知识及其合法性的讨论，利奥塔认为，科学知识与叙事知识应具有平等的地位，科学知识并不比叙事知识优越。同时，他还把叙事知识当作有效的知识来重新加以引进，并论证了叙事知识具有为科学知识提供合法性的功能，从而将对科学知识合法性问题的讨论归结为对叙事知识合法性问题的讨论。

（5）对元叙事的解构。

既然科学的合法性要求助于叙事知识，那么叙事知识的合法性是否就值得肯定呢？利奥塔的回答是否定的。在他看来，任何时代都有占主导地位的"叙事"，他称之为"大叙事"或"元叙事"。这些"元叙事"或"大叙事"就是"具有合法性功能的叙事"，它们是无须论证、不可怀疑的绝对知识。他考察了近代以来合法性叙事的两个主要模式：一个偏重于政治性，一个偏重于哲学性。前者可以概括为启蒙运动关于人类解放的大叙事，后者可概括为哲学的思辨理性的大叙事。思辨理性的大叙事是德国古典唯心主义提供的，它的典范是黑格尔主义；人类解放的大叙事是现代启蒙思想提供的，它的典范是自由主义。但是，利奥塔认为，无论"思辨叙事"还是"解放叙事"在当代（后现代）社会和文化中都处于一种"非合法化"的过程，它们关于知识的合法化的说法都已失去了令人信服的说服力。他指出："在当代社会和当代文化中，即在后工业社会和后现代文化中，知识合法化的问题是以不同的术语提出来的。大叙事失去了可信性，不论它采取什么统一方式：思辨的叙事或解放的叙事。"①

利奥塔认为，之所以元叙事失去了合法性，最主要的原因是 19 世纪末开始的科学爆炸式的发展导致了科学知识大有取代叙事知识的势头，从而使元叙事的合法性原则发生了内在侵蚀。"这种侵蚀是在思辨游戏内部进行的，正是它解开了定位每门科学的百科全书式的巨网，使这些科学摆脱了束缚。"② 与此同时，"各学科领域的传统界限重新受到质疑：一些学科消失了，学科之间的重叠出现了，由此产生了新的领域。知识的思辨等级制被一种内在的、几乎可以说是'平面'的研究网络所代替，研究的边界总在变动。过去的'院系'分裂为形形色色的研究所和基金会，大学丧失了自己思辨合法化功能，被剥夺了研究的责任（它被思辨叙事扼杀了），仅满足于传递那些被认为可靠的知识，通过教学保障教师的复制，而不是学者的复制"③。在利奥塔看来，科学的发展已经使元叙事丧失了一般性的、控制全局的合法性基础。他慨叹道："我们可能从这种爆炸中得出悲观的印象：没人能使用所有这些语言，这些语言没有共同的元语言，系统—主体的设想是一个失败，解放的设想与科学毫无关系，我们陷入这种或那种特殊知识的实证主义，学者变成科学家，高产出的研究任务变成无人能全面控制的分散任务。思辨哲学，或者说人文哲学，从此只好取消自己的合法化功能，这解释了哲学为什么在它仍然企图承担合法化功能的地方陷入危机，以及为什么在它出于现实考虑而放弃合法化功能的地方降为逻辑学研究或思想史研究。"④

---

① ［法］利奥塔.后现代状态：关于知识的报告.车槿山，译.北京：三联书店，1997：80.

②③ 同①83.

④ 同①85－86.

（6）科学知识合法性标准的重建：误构。

既然元叙事的合法性丧失了，自然求助于元叙事的科学知识的合法性基础也就不存在了，对此，利奥塔并不悲观，他给出了科学知识合法性的新标准——误构（paralogy）。利奥塔认为这一标准并不是他个人的凭空臆想，而是以大量现代科学重要理论中的发现为根据得出的必然结论。他说："通过关注不可确定的现象、控制精度的极限、不完全信息的冲突、量子、'碎片'、灾变、语用学悖论等，后现代科学将自身的发展变为一种关于不连续性、不可精确性、灾变和悖论的理论。它改变了知识一词的意义，它讲述了这一改变是怎样发生的。它生产的不是已知，而是未知。它暗示了一种合法化模式。这完全不是最佳性能的模式，而是被理解为误构的差异的模式。"① 关于什么是误构，利奥塔没有给出明确定义，而是在比较中做了一些分析：

首先，误构不是大叙事，而是小叙事。利奥塔认为，在科学知识的合法性问题依靠元叙事的做法已经被排除后，寻找后现代科学话语的有效性时不能依靠精神辩证法，甚至也不能依靠人类解放，而应依靠"小叙事"。在利奥塔看来，在科学这个开放系统中，没有可以转写和评价一切语言的普遍元语言，科学游戏与其他语言游戏不可同化。② 可见，利奥塔在这里通过将科学游戏与其他语言游戏等同起来，最终否定了存在能够规定和评价科学研究及其学说的绝对真理或方法的思想。

其次，误构不是共识。利奥塔将"共识"分为两种：一种是指共识本身成为社会系统为了保持并改善性能而操纵的一个要素，此时共识的作用是成为一种用于使社会系统获得合法性力量的手段；另一种是指作为具有

---

① ［法］利奥塔. 后现代状态：关于知识的报告. 车槿山，译. 北京：三联书店，1997：125 - 126.

② 同①135 - 136.

认识智慧和自由意志的人通过对话方式取得的一致意见。利奥塔认为这两种"共识"都是"从未达到过的远景"①。针对第一种共识，利奥塔认为，为了共识的观点必然会造成对异质话语的压制，最终导致恐怖②主义。因为，在以共识为基础的同质话语中，一旦出现与此不同的异质话语，必然就会对此进行反驳，当异质话语最终变得强大时，决策者甚至可以用行政手段剥夺异质话语发言的权力。针对第二种共识，利奥塔认为，其最终的结果一样是恐怖状态的产生。因为，此种共识是基于所有对话者都会赞同那些对所有语言游戏都普遍有效的规则或元规定。但是，从语言游戏的异质性看，这显然是不可能的，因为这些规则或元规定违背了语言游戏的异质多样性的特点。进一步地，对话的目的是形成共识。但是，在科学语用学的分析中可以发现，共识只是讨论的一个状态而不是讨论的目的。"更确切地说，讨论的目的是误构。"③

再次，误构不是革新。利奥塔认为，应该区分严格意义上的误构与革新，革新是系统为了改善效率而控制或应用的东西，它往往是在系统同一的逻辑结构之内进行的；而误构是在知识语用学中使出的"招数"，它的重要性通常不能立即被人了解，它往往表现为与系统异质的逻辑关系。在他看来，科学知识"产生新思想"的合法化标准不是"革新"，而是"误构"。因为前者不像后者那样能够给系统带来新的冲击和能量。

最后，误构不是唯一方法。在科学方法问题上，利奥塔坚持一种"反方法话语"。他同意费耶阿本德的观点，认为"'科学方法'是不存在的，学者首先是某个'讲故事'的人，只是他有义务证实这些故事"④。在利

---

① ［法］利奥塔.后现代状态：关于知识的报告.车槿山，译.北京：三联书店，1997：131.
② 这里的恐怖，利奥塔意指通过把对话者从人们原先与他一起玩的语言游戏中除去或威胁除去而得到的效率。
③ 同①138.
④ 同①126.

奥塔看来，科学方法不存在，并不是说科学没有方法，而是认为科学方法是多元的，反对科学研究固守某些固定不变的方法论。

通过以上比较，利奥塔进一步强调了他提出"误构"的三个目的：一是区分各种语言游戏的差异；二是为科学语言游戏提供规则；三是强调科学语言游戏与其他语言游戏的平等性、多元性。为了达到以上目的，利奥塔强调必须做到以下五点：一是承认语言游戏的异质性；二是承认真正的共识是不存在的，即使有共识，也是局部的，经常可以废除的；三是承认有大量的、优先的元规定，即那些关于元规定的、在时空中受到限制的论证；四是承认在社会各个领域中临时契约正在取代永久制度[①]；五是承认"真实"的合法化以及敢于承担责任，"即按照本来面目认识语言游戏，决心承担游戏的规则和结果带来的责任，这里最主要的结果就是承认规则的采用有效，也就是追求误构"[②]。

综上，可以看出，似乎严格地去探问"误构"这个概念意义并不大。实际上，利奥塔的科学观就是要主张科学知识要尊重、容忍不同的推理，以更广阔的气度和胸襟尊重不同的见解，科学游戏不是求同，而是存异。

纵观福柯和利奥塔的科学观，我们看到了理解和反思科学的一个另类维度——权力。福柯和利奥塔的科学观的共同之处在于，都是从语言的角度对科学进行考察，将科学视为一种话语实践，一种语言游戏，把科学和权力联系起来，致力于解构科学知识的权威地位是他们主要的思想进路。在后现代科学观的视野中，没有任何语言游戏具有特权，真理只属于拥有权力的建构者。这种科学观实质上是解构了科学、科学认识论和传统的科学史研究，它很容易走向极端的相对主义，将科学同占星术、巫术看作是无本质区别的非理性的事业，从而抹杀科学本身的理性特征。

---

① ［法］利奥塔.后现代状态：关于知识的报告.车槿山，译.北京：三联书店，1997：138-139.
② 同①139.

# 第三卷 | 多元开放的科技世界

# 第五篇　互补的价值选择

当代科技世界呈现出一派斑杂景象：传统观点与建构主义的、后现代主义的看法夹杂在一起，相互竞争。未来的科技世界究竟为何，让人充满想象。无论如何，它应该是自由而开放的，应该倡导一种多元而互补的价值选择，即在单向度与多元性、客观性与独特性、普遍性与地方性、理性与非理性、工具理性与价值理性之间保持适当的张力。

# 第十二章　多元化的价值选择

正统科学哲学倾向于把世界视为一部没有人性的机器，整个世界都被肢解、剥离，并以一种数学化的精确方式呈现在人们面前。然而，这是一种"单一的眼光"，它在凸显人类主体性的同时也终极了人的能动性。从单一性走向多元互补、从抽象性走向丰富性，是科学在价值选择与评判尺度方面的重要转变。

## 一、科技价值趋向的形成与转变

随着科学的产生及其不断发展，人类几乎从蒙昧时代直接进入到了工业化时代，充满无尽奥秘的宇宙突然间失去了神秘性，世界从此变得更易理解和把握。然而，当科学用一种机械化的方式理解并改造世界时，它也通过技术的实践与应用越来越多地渗透到了整个社会生活中，甚至超越自身的界限而侵入人类生活的一切领域。

**1. 科学的祛魅与自然丰富性的削减**

科学的产生是人类文明史上具有革命性意义的里程碑，这一过程总被认为是与自然的祛魅同时进行的。在现代性特别是后现代性的视野中，一个基本的共识就是："科学和祛魅携手并进。一方面，它假定，科学只能适用于那些已经祛魅了（即去除生命）的事物。……另一方面，它假定，科学方法运用于一切事物这一事实就证明了祛魅观点的正确。它还假定，用纯粹的非人性化词汇就可使人足以理解它，因为非人性化的词汇不包括有创造性、以价值观或规范为根据的自决，以及一切被认作神圣的东西。"①

"祛魅"，从字面意思来看，就是指祛除魔性、消除神秘性，来源于马克斯·韦伯的"世界的祛魅"（the disenchantment of the world）这一说法。在韦伯看来，随着理智化和理性化的增进，"从原则上说，再也没有什么神秘莫测、无法计算的力量在起作用，人们可以通过计算掌握一切。而这就意味着为世界除魅。人们不必再像相信这种神秘力量存在的野蛮人那样，为了控制或祈求神灵而求助于魔法。技术和计算在发挥着这样的功效，而这比任何其它事情更明确地意味着理智化"②。从更深层的意义上来看，"祛魅"是与机械论哲学对自然的经验性与主体性的剥夺同时进行的。后现代主义者就曾明确表示，自然的祛魅，"从根本上讲，它意味着否认自然具有任何主体性、经验和感觉。由于这种否认，自然被剥夺了其特性——即否认自然具有任何特质；而离开了经验，特性又是不可想象的"；而且，"这种祛魅的世界观既是现代科学的依据，又是现代科学产生的先决条件，并几乎被一致认为是科学本身的结果和前提"③。

---

① ［美］大卫·格里芬. 后现代科学：科学魅力的再现. 马季方，译. 北京：中央编译出版社，2004：10.

② ［德］马克斯·韦伯. 学术与政治：韦伯的两篇演说. 冯克利，译. 北京：三联书店，2005：29.

③ 同①2.

在这种祛魅思想的指导下，机械论的世界观"用一幅形式的、预测到假定隐藏在一切外部经验背后的物质性粒子的运动之时空地图代替了我们的感官获得的证据。……数学和几何图形不再被那样设想为大自然内在的了。理论不再揭示完美，也不再沉思造物的和谐了。……自此以后，以前是揭开大自然的秘密之钥匙的'纯'数学，就严格地从以公式表示经验定律的数学应用中分离出来了。几何学成了抽象空间的学科，而自从笛卡尔把解析这个概念引入几何学以后，这两者就一起退到超越经验的领域里去了。数学体现了一切似乎必然真实的合理思维，而现实则是从被视为偶然的事件中总结出来的"①。从此，抽象的数学形式成为描绘一切事物的基本出发点，同时也奠定了一种逻辑实证式的认识方式。

事实上，在近代科学产生以前，人类在对自身存在与自然的关系的漫长认识历程中很早就已认识到，世界的运行是有秩序的，人们可以通过与神的交流获得控制自然的神力。但在此之前，人们眼中的自然是包括人、神在内的活的、充满灵魂的有机整体，是具有丰富意涵的神性存在。具体来说，在原始时期，由于经验和知识的贫乏，人们对各种不可抗拒的自然力感到无法理解，便往往凭借自己先天的直觉和思辨能力进行解释或猜测，认为是有神灵在主宰着一切，因而对自然持有一种原始的神秘观念与敬畏感。到了希腊时期，人类文明进入了一个新的阶段，科学萌芽也已产生，人们开始以思辨和直观的方式来认识自然。如泰勒斯"万物源于水"的论断、阿那克西曼德的"气"、阿那克萨哥拉的"种子论"等，都充满了思辨的成分，而不只是一种"基于神性的直观"。不过，在希腊人眼中，自然依旧是神圣的、活生生的、有机的整体，他们探究自然奥秘的目的只是想要更进一步地认识自然。进入中世纪时期，整个人类以及自然界似乎

---

① ［英］迈克尔·波兰尼. 个人知识——迈向后批判哲学. 许泽民，译. 贵州：贵州人民出版社，2000：12.

都成为为神学和宗教服务的婢女，自然的神秘性有所降低，却依然是作为一种神性的存在，人们对自然仍怀有一种崇敬之情。

然而，到了16、17世纪，近代科学革命以根本不同于以往的方式重新描绘了宇宙和自然的图景。科学力图发现隐藏在自然背后的真实，在探求自然神秘性的同时，也将上帝逐出了人类生活的领域。如牛顿力学体系把天上和地下的物体运动统一在一个理论中，将神（上帝）从无生命的研究领域中驱逐出去；达尔文的生物进化论把变异的自然选择看作生物起源的首要因素，证明了造物主（上帝）根本没有存在的必要，把神（上帝）从生物研究领域中驱逐出去，因而最终完成了驱逐上帝的任务。这就不仅驱逐了神的主宰地位，也揭示了自然、社会和人的感性属性及物质联系，从而开启了心智，去除了蒙昧。之后，笛卡尔的二元论"以外科手术般的精细态度，从物质本性中剔除精神的每一丝痕迹，留下一片由惰性的物质碎片杂乱堆积而成的、没有生命的疆域"①。从此，自然的神秘性消失了，它不再是一个神性的存在，而只是一架以机械化方式运转良好的机器；人的神圣性与神秘性也消失了，人只是广袤宇宙中的一个物种，人体只是一台设计巧妙的机器；甚至社会也成为按照某种机械化方式才能良好运行的机制。可以说，正是在对自然祛魅的基础上，在对人及至整个社会的祛魅过程中，科学不断地成长并发展了起来。

现代科学对自然进行还原、简化，并以一种数字化的方式来描述自然，从而实现了对自然的祛魅。在这一过程中，科学的求索不仅"经常表现为某种具有积极意义的东西，或表现为导致发现某些新物体、新特征和新关系的事业……还包含着强烈的消极成分。它不按照现象显示的样子接受现象，它改变了它们，不但在思想上（抽象）改变了它们，而且还实际

---

① ［美］理查德·S. 韦斯特福尔. 近代科学的建构——机械论与力学. 彭万华，译. 上海：复旦大学出版社，2000：32.

地干预了它们（实验）。这两种改变都包含了简化。抽象去除了某些特征，正是这些特征把一个物体从其他物体中区分开来；抽象还去除了一些普通性质，如气味和颜色等。实验则更进一步，它们去除或试图去除那些把每一个过程和周围环境连接起来的联系——它们创造了一个人工的并且在某种程度上是贫瘠的环境，由此去研究它的某些特征。在这两种情况下，事物从被包围着我们的整体环境中剥离出来，或'封闭'起来"①。

由此可见，建立在祛魅自然观基础上的科学逐渐抛弃了自然所具有的丰富性和多样性，转而以一种机械、单一的方式来认识自然。它坚信，"世界是一部机器，它由惰性物体组成，按物理必然性运动，且与各种思维存在物的存在无关"②。按照这一理解，"不仅在'自然界'，而且在整个世界中，经验都不占有真正重要的地位。因而，宇宙间的目的、价值、理想和可能性都不重要，也没有什么自由、创造性、暂时性或神性。不存在规范甚至真理，一切最终都是毫无意义的"③。反观科学产生以前的古代时期的景象，在那些富于流动性的希腊宗教中，"它的变化不已的神话是丰富多彩的，它既能适应诗意美和艺术美的需要，又随时可以吸收和装饰新的观念，因此，学术观点就具有了一种中古时代的意识所没有的自由和开朗的精神"④。这与现代时期追求严谨性与单一性的探求目标及学术旨趣是截然不同的。

可以说，"笛卡尔发展亚里士多德的思想，创立了更加纯粹抽象的科

---

① ［美］保罗·费耶阿本德. 征服丰富性：抽象与存在丰富性之间的斗争故事. 戴建平，译. 北京：中国人民大学出版社，2007：导言5.

② ［美］理查德·S. 韦斯特福尔. 近代科学的建构——机械论与力学. 彭万华，译. 上海：复旦大学出版社，2000：34.

③ ［美］大卫·格里芬. 后现代科学：科学魅力的再现. 马季方，译. 北京：中央编译出版社，2004：4.

④ ［美］W.C. 丹皮尔. 科学史及其与哲学和宗教的关系. 李珩，译. 桂林：广西师范大学出版社，2001：12.

学方法，把自然从古代人类的亲密伴侣降为仅仅供人进行科学研究的客观对象。从此，自然便失去了朦胧虚玄的神秘性、空灵高雅的艺术性、活泼刚健的生机性以及同人类朝夕相处的温情脉脉的亲和性，而沦为一呆板的、机械的、无灵的、苍白的纯粹物质性的死物"①。相应地，对生命的尊重和敬畏也慢慢消失了，取而代之的是将所有的生命——包括人在内——都当作是无限宇宙中按照规律发展与演化的一个群种。

在祛魅化的世界图景中，一切都变成可以理解、可以认识的了，而人类对自然甚至整个宇宙的控制能力也因此得到了前所未有的提升。科学的进步，将人类从被动的自然束缚中解放了出来，同时也开启了人类掌控自然的旅程。

**2. 主体性的彰显与人类中心主义的形成**

人的主体性地位是在漫长的历史过程中逐步形成的，近代科学的产生及其技术应用则最终强化并确立了人相对于自然的主体性，在张扬人的主体性的同时也将人置于同自然相分离的对立之中。

乍看起来，科学技术的兴起与发展将人类所居住的地球逐出了宇宙的中心，而后又将人类贬低为宇宙中与其他物种相比并无特殊性的一般生物，它似乎是在一步步地降低着人在宇宙中的地位。拉·梅特里认为，人不过是一台巧妙的机器，"人的身体是一架钟表，不过这是一架巨大的、极其精细、极其巧妙的钟表"②。这就使人成为了一个被动存在的群体。然而，这种新的科学观念非但没有从根本上推翻人类对自身在自然中优越地位的信念，反而是很好地适应并满足了人类改造自然的需要，增强了人对自身主体性地位的确信。特别是随着科学技术的不断推广应用，带来了人类改造自然能力的增强和社会生产力的大发展，从而凸显了人对于自然

① 蒋庆．心性儒学与未来世纪．中国文化，1995（11）：63.
② ［法］拉·梅特里．人是机器．顾寿观，译．北京：商务印书馆，1959：65.

的主体地位和主人翁身份。自此，通过理性的力量控制自然界乃至整个宇宙便逐渐成为多数人所坚信不疑的目标。

与此同时，在思想领域，文艺复兴和启蒙运动打破了中世纪神学一统天下的局面，将人从宗教的奴役下解放出来，从而带来了人类自我意识的觉醒与个性的解放。文艺复兴的思想家们高举人本主义的大旗，反对宗教神学和上帝的主体性，极力弘扬人所具有的主体性，并强调人的尊严和价值。通过对人性的提倡与对神性的反对，人类的精神发展开始进入主体意识阶段，不仅外在的权威已经动摇，人更发现了自身内在的力量。从此，人的主体性地位在思想文化领域越发得以彰显。

在哲学领域，近代唯心主义哲学家们关于主体性的先验性概括，进一步彰显并奠定了人的主体性地位。笛卡尔的"我思故我在"首先确立了人作为精神性存在的理性特征，宣告了人的"主体性的觉醒"；康德的"理性为自然立法"强调人在认识中的主体能动性，高扬了人对自然的主体性以及人对于自然的中心地位，使人从自然中解放了出来；黑格尔的"实体即主体"则把主体性提升到本体论的层面，从而把人的主体性抽象化、理性化为"绝对精神的自我运动"。但更重要的是，这些哲学观念中所蕴涵和确立起来的思维方式，不仅迎合了近代科学发展的需要，更提供了把整个自然界肢解与分离开来的机械自然观和还原主义方法。

在思想解放运动和科学技术革命的强大推动作用下，人的主体性得以充分的发挥，人的主体性地位也最大限度地得到了保障。从此，人不仅被看作历史活动的主体，而且成为哲学思维的主体。人的尊严和地位被提升到前所未有的高度，人的个性得到尊重，才能得以发展；人真正成为了自然的主人，并在改造自然的过程中创造了无尽的财富。但与此同时，由于人类主体性的过分发挥，以及人类主体性在理性维度的过度偏离，在人类肆意地征服、改造和奴役自然的过程中，人与自然之间的关系变得紧张，人的个体意识也日渐泛滥，从而为人类的生存和社会的长远发展带来了隐患。一些西方学者在反思中甚至发现，科学理性的发展似乎不是张扬了人的主体性，而是窒息了人的主体性。这是因为，近代科技革命以来所彰显的这种主体性其实并不是一种完全的、自觉的主体性，而是一种丧失了人的生命追求和生存意义的抽象的主体性。科学理性的扩张虽给人们带来了财富、繁荣和秩序，却不能满足人对审美、道德、信仰等多方面的精神追求。人们在科学理性的成就中，不是感受到自由和解放，而是受到巨大的束缚和压抑。

在这样一种主体性中，一个核心的思想预设就是：人是中心。人类的一切活动都应当是为人的，并以人为中心展开。随着科学技术提供给人类控制自然能力的日渐增强，人类的这种"自我中心"观念便进一步强化了。当这一观念支配下的人本主义理念与人类主体性发挥到极致，形形色色的"人类中心主义"也就产生了，如宇宙人类中心主义、神学人类中心主义等。尽管有这些不同形式的人类中心主义，但其始终是作为一种价值和价值尺度而被采用的，并把人类的利益作为价值原点和道德评价的依据，坚信有且只有人才是价值判断的主体。

从自然观的角度看，人类中心主义是在近代主客二分的机械自然观基础上形成的一种价值观念，也是现代科学技术背景下人的行为准则。与此前所流行的有机论的自然观对自然的尊重、热爱和敬畏不同，人在与自然的关系中不再处于被动的地位，而是积极地"为自然立法"。自然失去了自身的目的性，而成为了人们眼中实现自身目的的工具和提供资源的"能源库"。从物质领域到精神领域，从经济发展到政治生活，自然似乎就完完全全是为满足人类的各种需求而存在着的。

一定意义上可以说，"人类中心"的观念是人类本性的自然倾向。自人类有史以来，就已将自身置于万物的中心，为了自身生存而不断地进行着改造自然、征服自然的活动。古希腊哲学家普罗泰戈拉曾言，"人是万物的尺度，是存在的事物存在的尺度，也是不存在的事物不存在的尺度"①，肯定了人相对于其他事物的优先性与主宰性。柏拉图则以人的理念构造整个世界，主张人的心灵在其所有表现形式中都起着决定性的作用，心灵为自然立法，也为人类立法，这就将人特别是人的精神置于一切决定性的核心地位。欧洲几百年来的发展观，无不是以人为中心，并视自然为被征服、被利用的对象的。在某种程度上甚至可以说，以自身为中心是人类天然的秉性。如怀特所指出的，"人类长期以来抱有万能的幻觉。这种幻觉使人的自我感到满足和舒适。在过去，人相信能够控制天气，无数的原始民族为祈求雨水、平息大风和预防暴风雪而举行各种仪式。很多民族举行仪式，希望依赖它们而'控制'太阳在天空中的行程。随着科学的进展，人以自己为万能的信念已逐渐减弱了，但仍然认定人能控制自己的文明"②。

科学是人类探求自然奥秘的认知活动，技术是人类为自身生存而不断摸索并在科学基础上得以高度发展的努力，因此，科学技术为人类服务，这本是无可厚非的。然而，问题是，在运用科学技术改造自然和世界的过程中，人们往往过分强调了自身的眼前和局部利益，而忽略了人类整体的长远利益；过分关注于个人的得失和享受，却无视自然的承载力和其他非人类群体生存的权利。他们忘却了，人类不过是自然大家庭的一个成员，我们与其他物种一样都是自然的儿女。如果自然完全处于人的控制之下，屈从于人的权力意志，将会为自然环境的破坏埋下隐患，最终带来人的生存危机。这种情形就如舒马赫所言，"现代人没有感觉到自己是自然

① 北京大学哲学系外国哲学史教研室. 古希腊罗马哲学. 北京：三联书店，1957：138.
② ［美］怀特. 文化的科学：人类与文明研究. 沈原，等，译. 济南：山东人民出版社，1988：331.

的一部分，而感到自己命定是支配和征服自然的一种未来力量。他甚至谈到要向自然开战，而忘却了，假若他赢得了这种战争，他自己也将处于战败一方"①。

事实上，人类不可能完全地操纵与控制自然，人类对自然的利用与改造并不是无往而不利的，自然也并不是总是处于毫无抵抗能力的位置。在某种意义上，正是这种过于狭隘的人类中心主义思想，加剧了科学技术在促进人类社会发展的进程中可能遭遇的困境。

**3. 科技的社会渗透与价值选择的单一**

技术可以说是科学最有形也最有力的成果，科学对社会生活领域的影响因而主要是通过其技术应用来实现的。在这一过程中，科学的功利性价值和物质性效用得到了最大程度的发挥，并与社会的发展相互促进。

从 18 世纪末 19 世纪的工业革命开始，世界发生了巨大的社会变革，我们关于整个物质世界的科学理论也逐渐应用到了人类生活的各个方面。结果，在生产技术方面，工厂制代替了手工工场，机器代替了手工劳动；在社会关系方面，依附于落后生产方式的自耕农阶级消失了，工业资产阶级和工业无产阶级形成并壮大起来。之后，随着科学的进一步发展及其技术应用的日益广泛，整个社会都被科学技术按照一种新的方式重新塑造了。它不仅提高了社会的生产能力，改善着我们的生活水平，也改变着我们的工作和生活方式，高效的流水线式的工作方式、新的更加便捷的交通工具、现代化的休闲娱乐手段等已经充斥着现代人的生活。毫不夸张地说，科学技术已经渗透到了社会生产生活的一切领域，对社会的经济发展、文化进步、政治统治以及各种社会问题的解决都有着不可或缺的作用。

然而，当我们尽情享受着科学带来的巨大福祉时，却没有注意到，由

---

① ［英］E. F. 舒马赫. 小的是美好的. 虞鸿钧，郑关林，译. 北京：商务印书馆，1984：1-2.

于技术在社会领域的不断渗透和广泛运用，科学技术及其功能发挥已经不只是工具性的了。它不只是一种受控于人的被动客体，更成为社会主体的一部分，甚至一定程度上控制了我们的生活。如芬伯格所说，"今天，我们的机器的彻底的渗透性已经不可能把它们的影响确定在特殊的运用上。那些原先明确打算用来实现预先目的的设备已经变得如此具有侵略性，以至于它们破坏了自然景观并且把它们自己的要求强加在它们被造出来为之服务的人类身上。……总之，现代工具已经'内在地'改变了世界，而不受它们所为之服务的目的的制约。我们的工具已经成了一种生活环境，渐渐地，我们被融合进我们所创造的器械之中，并且服务于它的节律和要求"①。原本创造来为人类服务的事物，现在却反过来控制了人，使人受制于物，这的确是一种很大的讽刺。

更糟糕的是，科学技术所产生的各种社会负效应的频频凸显和日益加剧，不断加深着人们的忧虑。从二战后原子弹的爆炸造成的毁灭性后果，到农药 DDT 的严重生态环境危害的发现，再到转基因技术在农业领域的应用可能招致的巨大危险……科学技术已经把我们带入了一个风险社会之中，它的肆意入侵所导致的环境破坏和生态危机的日益严重，已经使人们的衣、食、住、行等日常生活都充满了风险。可以说，科学及其技术应用，正日益呈现一种不可控的态势。

在思想文化层面，随着科学技术在社会各个领域所取得的巨大成功及其社会地位的不断提高，科学逐渐成为社会中占统治地位的主流文化，具有了其他非科学的文化形态所没有的优越性。当这种文化上的优越性发挥到一种极致，科学就越出了自身研究领域的疆界，侵入到宗教、文化、艺术等人文领域，并排斥与摒弃其他非科学的文化形式，从而导致了人类文

---

① ［美］安德鲁·芬伯格. 可选择的现代性. 陆俊，等，译. 北京：中国社会科学出版社，2003：28.

化的单一与文明的失落。

早在一百多年前，马克思就指出："在我们这个时代，每一种事物好像都包含有自己的反面。我们看到，机器具有减少人类劳动和使劳动更有成效的神奇力量，然而却引起了饥饿和过度的疲劳。财富的新源泉，由于某种奇怪的、不可思议的魔力而变成贫困的源泉。技术的胜利，似乎是以道德的败坏为代价换来的。随着人类愈益控制自然，个人却似乎愈益成为别人的奴隶或自身的卑劣行为的奴隶。甚至科学的纯洁光辉仿佛也只能在愚昧无知的黑暗背景上闪耀。我们的一切发明和进步，似乎结果是使物质力量成为有智慧的生命，而人的生命则化为愚钝的物质力量。现代工业和科学为一方与现代贫困和衰颓为另一方的这种对抗，我们时代的生产力与社会关系之间的这种对抗，是显而易见的、不可避免的和毋庸争辩的事实。"[①] 不幸的是，这种情况在今天并未好转，却反而因为科学技术更为广泛的应用而有着日益加剧的趋势。与科学所带来的生产力的发展与社会的进步一样，科技应用正在以同样的速度和规模伤害着我们所生存的世界。人们不得不承认，"这个社会已经变得比以往更加世俗了，原因就在于，科学突飞猛进地发展，技术侵入了生活的每一个角落。科学技术实际上已经成为新的宗教。它被认为是一切自由和一切物质享受的来源。更有甚者，一些人相信医学将最终消灭世界上所有的疾病。于是，相信科学可以涉足道德领域和社会，甚至可以涉足对艺术及其演变的解释，也是顺理成章的了。任何东西都是可以测量的，认为生活拥有一种精神的成分越来越显得不合时宜了"[②]。

科学技术僭越至人类社会的各个领域，其所可能带来的种种风险日益

---

① 马克思恩格斯选集：第 1 卷．北京：人民出版社，2012：776．
② ［英］布赖恩·里德雷．科学是魔法吗．李斌，张卜天，译．桂林：广西师范大学出版社，2007：57．

威胁着我们的生活，然而，我们却不能简单地抛弃它。因为，科学技术在今天已成为整个社会体系中不可或缺的一部分，我们依然需要科学技术为我们创造的各种物质和精神财富来满足生存的需要并维系社会的健康运行。这种情形，就如费耶阿本德所言，"现在没有科学的本事我们什么也干不了。我们的世界已经被科学和以科学为基础的技术的物质、精神以及智力影响所改变了。它对这个转变的反应（多么奇怪的反应！）使我们深陷于科学的环境。我们需要科学家、工程师、研究科学的哲学家和社会学家等来处理这些后果"①。

对于科技社会中这种难以避免的悖论，多尔比曾分析道："科学是它自己成功的受害者。它把世界变成一个以科学知识创造、维持和应用的方式来判断更为严厉的世界。科学知识同时也变得更容易创造和批判。我们现在生活在这样一个世界上：它似乎减少了曾处于我们知识地平线之外的无数危险，但却使内在于我们的知识所指引的行为中的风险更明显地令人担忧。虽然科学在增加科学知识的精确度和范围的同时不断地消除着过去的错误，它还是发生了罕见的摒弃更早时明显确定性的革命。科学为使世界适合我们的欲求而赋予我们日益增强的力量，但是并未伴随着关于我们使用这种力量的最好方式的同等知识。"② 由此看来，要解决科学及其技术应用所带来的各种问题，归根结底还是要从科学自身出发。而"为了得到更多的我们所需求的东西和更少的我们所不需求的东西，我们必须改善我们对于科学应用的控制，因为这些应用最终会以新技术的形式向我们体现出来"③。

--------

① ［美］保罗·费耶阿本德. 征服丰富性：抽象与存在丰富性之间的斗争故事. 戴建平，译. 北京：中国人民大学出版社，2007：140.

② R. G. A. Dolby, Uncertain Knowledge：An Image of Science for a Changing World. Cambridge：Cambridge University Press，1996：1.

③ ［澳］汉伯里·布朗：科学的智慧——它与文化和宗教的关联. 李醒民，译. 沈阳：辽宁教育出版社，1998：111.

因此，要改变目前人类受控于技术的现状，制止科学技术向社会各个领域的僭越性发展，一个基本途径就是，通过对科学研究及其应用的各个环节进行严格控制，尽力将其影响控制在允许的范围和限度之内。

那么，如何实现对科学技术的控制呢？这通常可以从两个层面来考虑。一是政策层面的控制，即通过在科学研究及其技术应用之前对其后果进行预测和评估，也就是进行科学技术评价，来减少不良结果的产生。在国外，这一活动主要是作为"技术评估"的形式而存在的，其核心关注就是："系统的识别、分析和评估技术潜在的次生结果（无论是有益的还是有害的）及其对社会、文化、政治和环境系统及过程的影响，并向决策者提供中立的、以事实为依据的信息。"① 二是道德层面的控制，它主要是依靠科学技术专家的良知和社会道德责任感来实现对科学技术的控制的一种非强制性手段。当然，更根本的还在于，要在思想意识层面上对科学技术进行准确定位。要认识到，科学技术只是人类文明发展进程中的优秀成果之一，而不可能也不应该成为人类文化和社会生活的全部。

## 二、从单向度的人到多元视角

在近代机械论哲学基础上发展起来的科学，既带来了人类物质生活领域的巨大成功，也造成了社会与个人的同一化与单向度。这是 20 世纪尤其是 30、40 年代以后引发诸多学者的关注与批判的现象。试看法兰克福学派的学者们如何从社会与人的异化的角度展开对科学技术的现代批判；这些批判性的分析又如何要求价值考量从狭隘的单向度的人到多元视角中

---

① Coates J. F. 21st Century Agenda for Technology Assessment. Technological Forecasting and Social Change，2001，67（2）：303-308.

现实的人转变。

### 1. 单向度社会与单向度的人

"单向度"这一概念，最早是由法兰克福学派的主要代表人物赫伯特·马尔库塞（Herbert Marcuse）所提出的。在其最负盛名的著作《单向度的人》中，马尔库塞试图通过这一概念来表明，当代发达工业社会已成功地压制了人们内心中的否定性、批判性、超越性的向度，使整个社会成为单向度的社会，而生活于其中的人则成了单向度的人。

在马尔库塞看来，"单向度社会"就是当前的资本主义工业社会。在这样一个发达的工业社会，技术的合理性展示出它的政治特性，变成更有效统治的得力工具，并创造出一个真正的极权主义领域；它不是采取恐怖和暴力的手段去压服那些离心的力量，而是运用科学技术这一新的控制形式，来征服和同化所有的社会力量，"从而使一切真正的对立一体化，使一切不同的抉择同化"①。当前社会的这种单向度化，主要体现在四个方面：一是政治领域中对立派别间明显的一致或趋同。由于不断增长的技术生产力和不断扩展的对人和自然的征服，导致了资产阶级与工人阶级的同化，从而使工人阶级失去其革命性、否定性和批判性。二是生活领域人们生活方式的同化。发达工业社会创造了一种新的生活方式，去控制人们的物质生活，使人们的思想行为与现存社会相一致，并用现代社会中人们的虚假需求取代了真实需求。三是文化领域中高层文化与现实的一体化。通过屈从于流行在当代工业社会发达地区的俗化趋势，技术合理性的进步逐渐消除了"高层文化"中的对立性因素和超越性因素，并使高级文化与大众文化，以及高级文化中的理想与现实同化。四是思想领域中单向度思考方式、单向度哲学的胜利。实证主义和分析哲学的流行不仅使得多向度的

---

① ［美］马尔库塞. 单向度的人——发达工业社会意识形态研究. 刘继，译. 上海：上海译文出版社，2006：18.

语言被清洗成单向度的语言，日常语言的使用也受到了限制与干预，概念也失去了其语言表现力。

因此，马尔库塞所描述的"单向度社会"首先是一个"没有反对派的社会"。在他看来，科学技术的进步及其对整个社会的成功控制，已经使得发达工业社会成为一个没有反对派的新型极权主义社会。在这一社会中，"生产装备趋向于变成极权性的，它不仅决定着社会需要的职业、技能和态度，而且还决定着个人的需要和愿望。……它消除了私人与公众之间、个人需要与社会需要之间的对立"；"它有效地窒息那些要求自由的需要，即要求从尚可忍受的、有好处的和舒适的情况中摆脱出来的需要，同时它容忍和宽恕富裕社会的破坏力量和抑制功能"。通过技术的形式，发达工业社会已经同化了所有反对派的抵抗力量，并有效地压制了一切与它不相和谐的声音。技术因而成为"社会控制和社会团结的新的、更有效的、更令人愉快的形式"[①]。

"单向度社会"同时也是一个思想文化单一性的社会。在发达工业社会，高层文化在工业社会中曾经具有的思想和道德价值，以及指控和否定商业秩序的向度都消失了。它丧失了其更大部分的真理，改头换面成为现存社会秩序和社会观念的复制品，成为一种"肯定性的文化"，即肯定现实的文化。单向度的人认可现存制度和现存秩序，压抑个体灵魂，并使之顺从普遍的价值和普遍的存在；"他们不再想象另一种生活方式，而是想象同一生活方式的不同类型或畸形，他们是对已确立制度的肯定而不是否定"[②]。因此，"在技术的媒介作用中，文化、政治和经济都并入了一种无所不能的制度，这一制度吞没或拒斥所有历史替代性选择。这一制度的生

---

① ［美］马尔库塞. 单向度的人——发达工业社会意识形态研究. 刘继，译. 上海：上海译文出版社，2006：导言7-8.

② 同①55.

产率和增长潜力稳定了社会，并把技术进步包容在统治的框架内。技术理性已经变成了政治的合理性"①。

当然，"单向度社会"最突出的特征还在于其中"单向度的人"的存在。所谓单向度的人，"即是丧失否定、批判和超越的能力的人。这样的人不仅不再有能力去追求，甚至也不再有能力去想象与现实生活不同的另一种生活"②。马尔库塞曾具体分析了这种单向度的人的生产过程：第一，以现代科学技术为背景的机械化和自动化不断降低着在劳动中所耗费的体力的数量和强度，破坏了在内心深处保存秘密的自由；第二，在职业层次方面，重要工业机构里的"蓝领"工作队伍朝着与"白领"成分有关的方向转化，非生产性工人的数量也增加了，劳动者因而逐渐失去其职业自主权，并被整合到机械体系中；第三，科学技术带来的自动化改变了体力劳动的方式，减轻了劳动强度，却也使技术性失业加快，工人听天由命的思想不断增长；第四，新的技术工作世界强制性地削弱了工人阶级的否定性地位，他们似乎不再与已确立的社会相矛盾。经过这样一些过程，发达工业社会制造出了千千万万个在思想意识上只有"单向度"的人。他们对物质需要的满足，只是对虚假的满足，只是获得了一种"不幸之中的幸福感而已"；他们虽然是"受到抬举的奴隶"，但毕竟还是奴隶，无力控制有关生与死、个人安全与国家安全等各种决策性问题。

在后现代主义者看来，单向度的人的形成是由我们思考与看待这个世界的方式所决定的。这是因为，"如果我们把世界看作是与我们相分离的，是由一些计算操纵的、由互不相关的部分组成的，那么我们就会成为孤立的人，我们待人接物的动机也将是操纵与计算"③。

---

① ［美］马尔库塞. 单向度的人——发达工业社会意识形态研究. 刘继，译. 上海：上海译文出版社，2006：导言 9.
② 同①译者的话 2.
③ ［美］大卫·格里芬. 后现代科学：科学魅力的再现. 马季方，译. 北京：中央编译出版社，2004：94.

　　事实上，正是伴随着近代科学技术的发展，以及对自然"祛魅"过程中所形成的机械化观点与分析性思维的过分强调，理性的抽象逐渐超越了人类对感性具体的追求，并占据了人类思维的全部，从而使人在对自然的征服中渐渐失去了自我，失去了作为人的存在性。回顾科学发展的历程，可以看到，"在19世纪后半叶，现代人的整个世界观唯一受实证科学的支配，并且唯一被科学所造成的'繁荣'所迷惑，这种唯一性意味着人们以冷漠的态度避开了对真正的人性具有决定意义的问题。单纯注重事实的科学，造成了单纯注重事实的人。……这种科学……从原则上排除的正是对于在我们这个不幸时代听由命运攸关的根本变革所支配的人们来说十分紧迫的问题：即关于这整个的人的生存有意义与无意义的问题"。对于这些对所有的人都具有普遍性和必然性的问题，"单纯关于物体的科学显然什么也不能说，它甚至不考虑一切主观的东西"[①]。

　　准确地说，科学技术所造就的"单向度社会"与"单向度的人"，并不完全是在马尔库塞所说的"批判性的丧失"这一意义上的。因为，发达工业社会中科学技术对社会的控制所导致的单一维度（one-dimension），除了个体的独立性和自主性的丧失外，更多地还体现在，由于科学技术所带来的人的抽象化、符号化与非个人化造成的人的异化，以及人在精神性层面的丰富性和意义的丧失。

　　发达工业社会所呈现出的这种单向度景象，就像霍克海默与阿多诺所描述的那样，"一切艺术、思想和否定性因素都已销声匿迹，任何矛盾也都荡然无存。人们不仅彼此完全疏离开来，同时也远离了自然，因此，他们所有人都只知道他们自己的要求和伤害。每个人都已变成了一个要素，这个要素可能是某种实践的主体或客体，有可能是不值一提的东西。在这

---

　　① ［德］胡塞尔. 欧洲科学的危机与超验论的现象学. 王炳文，译. 北京：商务印书馆，2001：15-16.

个摆脱了幻想的世界上，人们丧失了反思能力，再次变成了最聪明的动物，并忙着去奴役宇宙间的其他事物（他们始终认为这些事物是不可分解的），他们不再把对动物的尊敬看成是感情上的，而是把它看成是对进步的背叛"①。科学技术的发展所塑造的这个单一的、顽强坚固的世界，便是工业社会的主要景象。

### 2. 多元视角看现实的人

现实的人是与抽象的人相对的。从西方的文艺复兴开始，对人自身的认识就成为了人类研究的重要主题。但在这一时期，对人的认识是与理性的觉醒相伴而生的，主要致力于对理性的、抽象的人的认识。特别是当笛卡尔的"我思故我在"在抽象的观念层面确立了精神性主体的存在，康德把人分离为属于现象世界的感性存在和属于本体世界的理性存在，以及黑格尔区分了人的客观性和现实性之后，适应近代科学技术发展的需要，人在哲学的视域中就主要是作为一种知识型的产物、一种去除了自身具体丰富性的抽象的个人而存在的。科学技术所产生的人的异化，很大程度上也是源于这种对人的抽象化理解的过度强调，而忽视了人作为现实的人的存在性。

对"现实的人"这一概念的最早探究应该是从费尔巴哈开始的。在他看来，人本身就是一个思维与存在的统一体，因而必须承认人有思想，但思想又不能脱离人的感性物质基础和生活条件。因此，他把人的现实性理解为一种感性——对象性，认为"感性的、个别的存在的实在性是一个用我们的鲜血来打图章担保的真理"，并由此来得出现实主体的进一步的内容和规定，最终抽象出"一种内在、无声的、把许多个人纯粹自然地联系起来的共同性"②。然而，他虽然强调直观、欲望、情感和经验

---

① ［德］马克斯·霍克海默，西奥多·阿道尔诺. 启蒙辩证法. 渠敬东，等，译. 上海：上海人民出版社，2003：289.

② 高光，等. 马克思恩格斯早期著作研究——从《博士论文》到《德意志意识形态》. 北京：中共中央党校出版社，1992：464-466.

等感性因素，却忽视了精神和理性的成分，也就抛弃了人的精神的能动性和实践的创造性。因此，这一意义上的"人"，还不能称作是真正"现实的人"。

相较而言，马克思主义的"现实的人"的概念更为全面和完善。在马克思主义的视域中，现实的人首先是实践的人，即以实践的方式存在着的从事实践活动并在实践中发展自身的人。对人而言，"意识在任何时候都只能是被意识到了的存在，而人们的存在就是他们的实际生活过程"。因此，实践性可以说是人特有的"生产方式"。同时，实践也是现实的人的出发点。因为，"我们不是从人们所说的、所设想的、所想象的东西出发，也不是从口头说的、思考出来的、设想出来的、想象出来的人出发，去理解有血有肉的人。我们的出发点是从事实际活动的人"①。其次，现实的人还是社会关系中的人。现实的个人在进行一定的物质生产活动的过程中，必然要与自然界发生关系，同时以一定的方式结合起来进行物质生产活动和产品交换活动，发生一定的社会关系和政治关系。也就是说，现实的人必定是社会的人。这不仅因为人的活动总要在一定的社会关系中才能得以进行，更在于社会构成了个人的存在方式和存在状态。社会性是人之为人的根本属性。离开了人所生存于其中的社会，人就不再成其为人。马克思曾指出，"人的本质不是单个人所固有的抽象物，在其现实性上，它是一切社会关系的总和"②。也正因为人是处于一定的历史条件下和一定社会关系中的人，他才成为具体的、有条件的、现实的人。

为了更清楚地认识和了解"现实的人"的特性，可以从不同角度、不同层面对这一"现实的人"进行分析。

---

① 马克思恩格斯选集：第1卷.北京：人民出版社，2012：152.
② 同①135.

从人的意识层面来看，丰富的精神属性是现实的人的主要特征。人是具有丰富"内心世界"的存在物。与动物不同，人因为具有一个包括知、情、意在内的特殊心理结构，因而有一个与外部客观世界不同的内部的"主观世界"，并由此产生了人的精神生活、精神需要和精神能力，以及人的"主观能动性"。因而能够运用抽象演绎这些理性因素，以及情感、意志、直觉、欲望等非理性因素来把握自然。

人的感觉能力也是很丰富的，他总是通过不同的感官以不同程度感受到对象的状态、本质、规律等特征，从而认识事物。因此，人的感觉的丰富性主要是通过人的本质的对象化体现出来的。而人的本质的对象化之所以是必要的，是基于理论方面与实践方面的考量，一方面为了使人的感觉成为人的，另一方面为了创造同人的本质和自然界的本质的全部丰富性相适应的人的感觉。①

从人的活动来看，实践活动的丰富性是现实的人的丰富性的集中体现。通过精神实践活动，人的意识能力、感觉能力的丰富性得以体现；通过各种物质实践活动，包括农业实践、工业实践等，人的力量的丰富多样性得以充分展现，并为现实的人的生存塑造出一个丰富而多样的社会。而且，人的这种实践活动是一种具有普遍性、现实性，并不断追求创造性、全面性和完美性的实践。

从人的需要的角度看，现实的人的需要是很复杂多样的。按社会功能领域区分，有物质的需要和精神的需要；按个体的生命活动领域区分，有生理的、心理的、智力的需要；按规模区分，有整体的需要和局部的需要；按时间区分，有当前的需要和长远的需要；按可实现性区分，有现实的需要、理想的需要和幻想的需要；等等。如果从层级上来划分，美国心

---

① 马克思.1844 年经济学哲学手稿.北京：人民出版社，2005：88.

理学家马斯洛著名的需要层次理论将其按发生的先后次序划分为五个等级：生理需要，包括饥、渴、性和其他生理机能的需要，它是推动人们行为的最强大的动力；安全需要，包括心理上与物质上的安全保障，即个人寻求生命、财产等个人生活方面免于威胁、孤独、侵犯并得到保障的心理；归属与爱的需要，包括同人往来，进行社会交际，获得伙伴之间、朋友之间的关系融洽或保持友谊和忠诚，并希望为团体与社会所接纳，得到相互支持与关照的社会需要；尊重的需要，包括要求受到别人的重视和尊重，以及个人自身所具有的内在的自尊心；自我实现的需要，即通过自己的努力，最大限度地发挥个人的能力，并获得精神层面的趋于真、善、美至高人生境界的需要。对于人在不同阶段的不同需要进行的这一研究与划分，以层次整合的观点看待人的多种需要及其相互关系，充分展现了人类需要的复杂多样性。

马尔库塞在对单向度社会进行批判时曾指出，"现行的大多数需要，诸如休息、娱乐、按广告宣传来处世和消费、爱和恨别人之所爱和所恨，都属于虚假的需要这一范畴之列"[1]。但与之不同的是，现实的人的需要是客观存在的。就像马克思所说的："作为**确定的人**，现实的**人**，你就有规定，就有使命，就有任务，至于你是否意识到这一点，那都是无所谓的。这个任务是由于你的需要及其与现存世界的联系而产生的。"[2]

总的来说，现代社会中的人并不是在抽象性和单一性基础上成长起来的孤立个体，而是具有丰富性、多样性的现实的人。马克思曾指出，"正像人的**本质规定**和**活动**是多种多样的一样，人的现实也是多种多样的"[3]。这也意味着，人必然是向着具有越来越丰富、越来越全面的规定性的方面

---

① [美]马尔库塞.单向度的人——发达工业社会意识形态研究.刘继，译.上海：上海译文出版社，2006：6.
② 马克思恩格斯全集：第3卷.北京：人民出版社，1960：329.
③ 马克思恩格斯文集：第1卷.北京：人民出版社，2009：189.

进行自我塑造的。

### 3. 人的自由而全面的发展

实现人的自由而全面的发展，是人类社会发展的一个长远目标，也是科学技术发展的最终落脚点。那么，何谓人的自由而全面的发展呢？

就自由而言，人的自由发展首先就是人类在社会实践活动中实现对必然的认识。恩格斯曾明确指出："自由不在于幻想中摆脱自然规律而独立，而在于认识这些规律，从而能够有计划地使自然规律为一定的目的服务"。"自由就在于根据对自然界的必然性的认识来支配我们自己和外部自然；因此它必然是历史发展的产物。最初的、从动物界分离出来的人，在一切本质方面是和动物本身一样不自由的；但是文化上的每一个进步，都是迈向自由的一步。"① 因此，人们根据对客观世界及其规律性的认识，通过社会实践活动，能动地变革对象，以实现对世界的认识和改造，这就是人的自由的体现。在这一意义上，科学技术的进步促进了人类认识自然和把握自然能力的提高，并不断扩展着人类活动的自由空间，延长着人可以自由支配的空闲时间，是实现人的自由发展的重要推动力量。

同时，作为生活于一定社会关系中的现实的人，社会关系的不同性质对人的主观能动性的发挥总是有着不同的作用，制约着人的自由的发展。因此，人类在增强自身征服自然能力的同时，还要努力争取在政治、经济、文化等社会生活中的权利，以及在政治、思想、言论、择业、迁移等方面的自由，进而实现个人自由而全面的发展。换句话说，人的自由发展就是要摆脱资本主义社会中个人受压迫、受奴役的现状。用马尔库塞的语言来讲就是，建立一个"人的本能欲望、精神自主性、创造力完全得到解

---

① 马克思恩格斯选集：第3卷. 北京：人民出版社，2012：491-492.

放的新社会即爱欲得到解放的社会"，恢复发达工业社会中被剥夺的"独立思考、意志自由和政治反对权的基本的批判功能"①。

就全面性而言，人的全面发展，一般是指人的整体质量和综合品质的全面发展，不仅包括人的身体素质，而且包括人的思想道德素质和科学文化素质，主要是指人的德、智、体、美等诸方面素质。从这一层面来看，人的全面发展，就是要不断提高人的综合素质，促进人的素质的综合全面发展。如果从发达工业社会造就的"单向度的人"的角度来看，人的全面发展就至少是要弥补资本主义"单向度社会"中人的片面畸形发展的，即要实现包括人的能力的全面化、人的活动的全面化、人的社会关系（包括交往）的全面化以及人的精神世界的全面化等在内的多面发展。也就是说，除了要满足人在物质生活方面的需要外，更要促进人的精神生活的健康与全面发展。

马克思所设想的共产主义社会，就是消灭了资本主义社会关系、实现人的自由而全面发展的理想社会状态。到那时，"代替那存在着阶级和阶级对立的资产阶级旧社会的，将是这样一个联合体，在那里，每个人的自由发展是一切人的自由发展的条件"②。然而，坦白说，人的全面发展并不是一件容易实现的目标。恩格斯就曾表明，"个人的全面发展，只有到了外部世界对个人才能的实际发展所起的推动作用为个人本身所驾驭的时候，才不再是理想、职责等等"③。

因此，人的自由而全面的发展，就是每一个现实的人摆脱和超越各种内在和外在的限制与束缚，从而在关系、能力、素质、个性等诸方面所获得的普遍提高与协调发展的过程和境界。用马克思的话来说，就是

①　[美]马尔库塞. 单向度的人——发达工业社会意识形态研究. 刘继，译. 上海：上海译文出版社，2006：4.
②　马克思恩格斯选集：第4卷. 北京：人民出版社，2012：647.
③　马克思恩格斯选集：第3卷. 北京：人民出版社，1972：330.

"人以一种全面的方式，就是说，作为一个完整的人，占有自己的全面的本质"①。

人的自由而全面发展的实现，需要科学技术的大力推进。因为，"一旦社会占有了生产资料，商品生产就将被消除，而产品对生产者的统治也将随之消除。社会生产内部的无政府状态将为有计划的自觉的组织所代替。个体生存斗争停止了。于是，人在一定意义上才最终地脱离了动物界，从动物的生存条件进入真正人的生存条件。人们周围的、至今统治着人们的生活条件，现在受人们的支配和控制，人们第一次成为自然界的自觉的和真正的主人，因为他们已经成为自身的社会结合的主人了。人们自己的社会行动的规律，这些一直作为异己的、支配着人们的自然规律而同人们相对立的规律，那时就将被人们熟练地运用，因而将听从人们的支配。人们自身的社会结合一直是作为自然界和历史强加于他们的东西而同他们相对立的，现在则变成他们自己的自由行动了。至今一直统治着历史的客观的异己的力量，现在处于人们自己的控制之下了。只是从这时起，人们才完全自觉地自己创造自己的历史；只是从这时起，由人们使之起作用的社会原因才大部分并且越来越多地达到他们所预期的结果。这是人类从必然王国进入自由王国的飞跃"②。

科学技术最终的价值取向，就是要实现人的自由而全面的发展，具体而言：

首先，科学应促进人的自由的实现。自由是人类社会所追求的一个重要价值指向，也是人寻求自身生存意义和自我发展的重要条件。人的自由是一个多层次、多方面的统一整体，大体包括意志自由、活动自由（其中又包括理性自由和政治自由两个方面）、人格自由、人生自由四大层次五

---

① 马克思恩格斯文集：第1卷. 北京：人民出版社，2009：189.
② 马克思恩格斯选集：第3卷. 北京：人民出版社，2012：671.

个方面。科学技术要促进人的自由全面发展，首先就要努力实现人的意志自由、理性自由、政治自由、人格自由和人生自由。

其次，科学应推进人的全面发展，并实现人的最大程度的丰富性。人与其他物种最大的不同在于，他不仅以物质性的满足为目标，更是一种精神性的存在。因此，科学技术不仅要满足人们物质生活的需要，更要尽力满足并适应人在精神层面的需要。这里需要说明，人的全面发展的实现是以人的自由为前提的。因为，即便现代化的、社会化的大生产确实为人的全面发展创造了良好的物质条件，但只限于少数人的自由，那么人的发展就依然是片面的、畸形的。

最后，科学应以实现人与自然、人与社会、人与人及自身之间的和谐发展为最终目标。人既是一种自然存在物，也是一种社会存在物，与自然、社会都有着十分紧密的关联。近些年来，随着人们对科学技术带来的环境问题的认识日益深刻，努力实现人与自然、人与社会的和谐发展几乎成为社会的共识，因而将为人的自由而全面发展提供自然环境的支持。无疑，人与人之间、个人与自身之间的健康、和谐发展，也将为人的自由全面发展提供精神上的保障。

## 三、多元性与互补性

在全球化时代，文化间的交流大大加强，"多样性""多元化"等成为了诸多领域的时髦话语。实际上，多元化已成为时代追求的目标。与此相应，在科学研究以及技术应用领域，多元性与互补性也成为重要的价值选择标准。

### 1. 科学的多元价值

科学的价值历来是科学的人文研究者们所关注的核心问题之一。一般

540 | 审度：马克思科学技术观与当代科学技术论研究

而言，价值所体现的是事物对于人的意义，同样，科学的价值也就体现了科学对于人的意义。那么，科学对于人究竟有着怎样的价值与意义呢？

这个问题似乎不是那么容易简单讲清楚的。如果按科学客体在人的活动中的地位和作用区分，科学主要有工具价值和目的价值；如果从价值在科学内外的角度考察，科学具有内在价值和外在社会价值两种价值；如果从科学的功能角度出发，科学则具有认知、审美和道德等价值。在这里，我们将从科学所具有的不同表现形态出发，来考察科学所具有的多元价值。即，从作为一种知识体系的科学、作为一种意识文化形态的科学以及作为一种社会公共事业的科学这些多元的科学形态中，展现科学所具有的各种不同价值。

作为人类文化史上一种特殊的知识体系，科学具有十分重要的知识价值。与宗教、哲学、逻辑、文化等不同，科学是以确定的逻辑证明和实验检验方式来认识世界的，因而也是各种认知形式中最具合理性、最可靠、最缜密的一种，发展最为成熟。以探求宇宙真理、发现自然规律为目的，科学在其长期的发展过程中已经累积起了一个巨大的和不断增长的关于世界及其如何运行的庞大知识体系。以对知识的确定性和普遍性的追求为己任，科学以确切的证明方式具体回答了关于自然演化与物质运动的问题，使人们充分掌握了认识自然和改造自然所必需的真理性知识。同时，作为一种智识性的事业，"科学从对事物的日常探究中成长出来，延伸了人类独立的证据范围，扩展了他们的独立想象，强化了他们的独立的对证据的尊重，通过统计技术、受控实验和双盲实验等而精致了对证据的判断……"，是人类认知能力的重要表达。科学"拓展和改善了人类的认知能力、超越了人类的认知局限、有效地增强了我们的探究能力的方式。它描绘了人类认知潜能的非凡表现，也描绘了当人们使用他们的心智而尽最大努力时他们能获得什么成就"。简言之，"科学不仅竭尽所能生产一些人类能力可以达到的最卓著的智识成果，它也竭力体现着对人类认知能力的扩大和改进"①。科学在知识内容与知识能力方面所具有的这种重要的知识价值，是任何其他的学术成就与文化成就都不能替代的。

作为人类文化史上一种特殊的文化意识形态，"科学是人的智力发展的最后一步，并且可以被看成是人类文化最高最独特的成就……在我们现代世界中，再没有第二种力量可以与科学思想的力量相匹敌。它被看成是我们全部人类活动的顶点和极致，被看成是人类的最后篇章和人的哲学的最重要的主题"②。因此，它所展现出来的文化价值或精神价值是不可小觑的。

总体而言，科学总是存在于一定文化环境中的科学，并对其生存的文化环境不断发生着这样或那样的作用。一方面，科学在其发展过程中一直在极力地改变着自身生存于其中的文化，甚至试图通过彻底消除传统文化中那些阻碍科学进步的因素而获得发展，从而在推动社会物质文化发展的同时促进着文化的进步；另一方面，科学持续在精神文化生活的层面上关注、推动人和文化的发展，从而给人的生存、发展、自由、解放注入了更加完整和更加深刻的意义。这就是科学的文化价值或精神价值的基本方面。

具体来说，科学的文化价值或精神价值主要体现在科学的认知价值、审美价值、道德价值，以及信念价值等诸多方面。所谓科学的认知价值，主要是指科学作为一种文化所具有的满足人们的认知需要、增强人们认知能力的价值。具体来说包括：它满足了人们的好奇心和智力享受的乐趣，并不断提高着人的创造性和思维能力；它增进了人们对自身及生存于其中

---

① ［美］苏珊·哈克.理性地捍卫科学.曾国屏，译.北京：中国人民大学出版社，2008：308，311.

② ［德］恩斯特·卡西尔.人论.甘阳，译.上海：上海译文出版社，1985：263.

的自然的认识和了解，从而提供给人们确定不移的具有普遍性的解释，并增强了人们对未知事物的预言能力，为人类成功地改造自然提供了可靠的支持，等等。所谓科学的审美价值，主要是指科学作为一种文化所蕴涵的对美的追求及满足人的审美需求的价值。科学家常常把自己看作是一个艺术家，按照"美"的规律从事科学创造和评价活动；而科学在其发展过程中也往往致力于追求一种和谐性、简单性和完美性，并用我们的理论思维来加以把握。因此，科学的审美价值是很丰富的，不仅表现为艺术作品所具有的和谐、对称、简洁等感官之美，更体现为艺术作品所没有的理性之美，即提高个体在审美方面的感受力、鉴赏力与创造力。所谓科学的道德价值，主要是指科学作为一种社会文化完善现存社会的道德标准、提高道德认知的价值。一般来说，科学的道德价值可能包括了促进道德完善、推动道德观念进步、进行道德教育、摧毁旧道德并创造新道德等诸多方面，但根本的在于，它提高了生命本身的价值。如物理学家普朗克所说："科学提高了生命的道德价值，因为它促进了对真理的爱，以及敬重——对真理之爱表现在一种持续不断的努力之中，即努力要达到对我们周围的心与物的世界更确切的认识。至于促进了敬重之情，乃是因为认识的每一进展，都使我们直接面对了我们自己存在之神秘。"① 而科学的信念价值，主要是指科学所具有的精神上和文化上的超越性，提供了人们一种乐观的心态和一种积极的人生态度。换句话说就是，科学赋予我们一种关于永恒世界的相对稳定的、比较正确的信念，使人的心灵获得自由和宁静，因而成为人安身立命的支点之一。② 而且，建立在自觉认识基础上的科学的信念，由于所提供的是可以通过实验检验的普遍真实而确定的知识，因而比通过任何其他方式建立起来的信念都更加巩固。

---

① ［英］约翰·麦奎利.二十世纪宗教思潮.何光沪，译.上海：上海人民出版社，1989：300.
② 李醒民.科学价值概论.光明日报，2007-02-16 (11).

作为人类所创造的一项社会公共事业，科学有着特别重要的实用性和功利性价值。在今天，科学的功利性价值几乎成为科学价值中最重要的评价尺度之一。在近代科学产生之初，科学家们基本认为，科学的价值首先体现在对客观世界的正确认识与合理解释上。但培根作为英国唯物主义和整个现代实验科学的真正始祖，在当时就尤为强调科学知识的功利性价值，并坚信以自然界的发展规律为内容的科学知识将会是一种巨大的力量。一百多年前，马克思也明确指出，科学是一种在历史上起推动作用的力量，是历史的有力杠杆，是最高意义上的革命力量。工业革命刚一开始，科学与工业的结合就产生了巨大的经济效益。19世纪下半叶之后，科学、技术与工业的结合愈发紧密，不仅推动着社会物质生产的进步，作为一项社会性的公共事业，科学也渗透到人类生活的各个领域，对社会的政治、经济、文化、教育、军事等诸多领域都产生了重大影响。如今，科学不只增进了人类的福祉，更延伸了我们的活动领域并改善了我们的生活质量。若要具体说明科学在当代社会中的功利性价值，则至少涵盖了经济价值、政治价值、军事价值等诸多领域。

**2. 文化视野的多样性审视**

随着科学技术这一人类文化史上最富有力量的文化形态在社会中地位的上升，西方思想与技术的粗野扩张导致单调性而不是多样性成为时代的基本主题，独尊科学一度成为文化发展的主流趋向。另一方面，当西方工业文明的单一性在全球的蔓延所产生的负面后果越来越严重，从文化的视角对科学技术进行多样性的分析与考察便获得了社会的普遍关注。一些后现代的思想家也力图向人们表明："当同一性减少我们的快乐和我们的（智力的、情感的、物质的）财富时，多样性是有益的"①。

---

① ［美］保罗·费耶阿本德. 告别理性. 陈健，等，译. 南京：江苏人民出版社，2002：1.

当前，文化多样性的问题已被提高到全球文化发展的高度。联合国教科文组织近来发表的文化多样性宣言也已确认，尊重文化多样性、宽容、对话与合作，是国际安全的最好保证之一。纵观人类文化发展的整个历史进程就可以发现，文化的发展从来都不是单一的。从茹毛饮血、刀耕火种的蒙昧阶段，到信息化、自动化充斥生活的科技社会，人们在不同的自然、历史和社会条件下，不断形成和发展着不同的文化种类和文化模式。虽然时代变了，文化的内容也不同了，但多样性始终是整个人类文化发展的重要表征。可以说，文化存在的多样性既是文化发展的基本规律，也是文化得以持续发展的动力所在。

韦伯认为，多样性是我们的"文化命运"，现代社会中多元价值之间的相互争斗同尚未从神鬼的法术中解脱出来的古代世界并无差别，只是含义有所不同罢了。"那些古老的神，魔力已逝，于是以非人格力量的形式，又从坟墓中站了起来，既对我们的生活施威，同时它们之间也再度陷入无休止的争斗之中"。"希腊人时而向阿芙罗狄蒂祭献，时而又向阿波罗祭献，而所有的人又都向其城邦的诸神祭献，今天的情况也如出一辙，只是那些礼俗中所包含的神秘的、内心深处又是真实的变化，已遭除魅和剥离而已"[①]。而且，如韦伯所指出的，"古希腊的诸神从来不是抽象概念的'世界观'，它们不是一些处在生活之外，超越时空又地位平等的主宰，在任何时间和地点都可任人调遣。相反，它们是十分具体的生命存在（living being）的体现者，局限于一定的时间和地点，它们是一时一地的神灵，同形形色色的人们的生活多样性相伴而行；它们虽然具备固有的永恒力量，却相互受着限制，就像人结合在一个单一的、共同的和普世性的（ecumenical）共同体中一样，它们也结合在一个它们共同的、单一的和

---

① ［德］马克斯·韦伯. 学术与政治：韦伯的两篇演说. 冯克利，译. 北京：三联书店，2005：40－41.

普遍的神性之中"①。

即便是在宗教占据统治地位的黑暗的中世纪时期，文化的丰富性与多样性特征也依然颇为显著。如怀特海曾指出，"中世纪的前期是一个象征主义的时期。它是观念丰富多彩的时代，也是技术的原始时代。那时跟自然打交道的事情很少，只限于在自然界中挣得一个坚苦的生活。但那时的哲学和神学等都具有等待开发的思想园地。原始的艺术可以把充满在思想家脑子里的观念加以象征化。中世纪前期的艺术具有一种无与伦比的、扣人心弦的迷人之处。它的使命超越了艺术自身为达成审美目的而存在的范围，成了深藏在自然界内部的事物的象征。这样便增强了它的内在品质。在这个象征主义的时期，中世纪艺术以自然为媒介而繁荣起来"②。

正是在这丰富而多样的社会文化背景中，产生了科学技术这一新的智力活动和社会文化事业。它在延承文化的多样性传统的同时，也不断发展着新的适应于社会发展的多样性。

李约瑟对科学技术史的研究也已经表明，"科技不是单一文化的产品，而是多种文化的综合产品"。一方面，在各具特色的欧洲文明和东方文明中，都各自产生了对人类发展具有重要影响的科学技术成就。正是这些各自不同的文化传统不断地相互交流、融合、互补的动态变化过程，构成了科学技术发展的历史画卷。另一方面，科学知识所经历的从巴比伦和埃及到希腊，从希腊到阿拉伯，再从阿拉伯到西欧的历史发展，也有利于近代西方科学以这种或许以其他的方式出现。如，多种多样的神学和哲学体系有利于从教义一致性的要求中解放出来，这些体系彼此竞争，因

---

① ［德］马克斯·韦伯. 学术与政治：韦伯的两篇演说. 冯克利，译. 北京：三联书店，2005：148.

② ［英］A. N. 怀特海. 科学与近代世界. 何钦，译. 北京：商务印书馆，1959：13-14.

为它们是从同样的人群中寻求支持，而且毫不妥协地宣称它们是互不相容的；多种多样的潜在的实际应用性有利于从实际有用的要求中解放出来。① 因此，欧洲的近代科学革命本质上是建立在多种文化基础上的，是多元文化融合的结果，是全体人类的综合产品。可以说，科学从一开始就提供了一种多样性，不仅推动着科学的多元化发展，也丰富着全人类的文化。

不仅如此，科学技术还融合了各种不同的文化传统和思维方式。它在近代西方机械论的文化传统上产生与发展，同时吸收了中国古代整体的有机观念；它既长于古代希腊以来的分析和理性思维，也不乏直觉和灵感等感性的思考方式。

在后现代主义者的视野中，科技文化的这种多样性特征得到了更充分的体现。哈丁指出，"所谓现代欧洲科学技术的研究项目和其他文化的这种研究项目，无论过去还是现在，在若干主要方面都是一种不可分割的统一体，而现在通常是唯一的全球知识体系的组成部分"② 。在她看来，现代欧洲科学吸收了其他文化的许多科学技术传统，并且今天通过"发展"计划仍在继续这样做。从这个意义上说，现代欧洲科学已经是多元文化的了。同时，她还从后殖民主义和女性主义的理论视角具体分析了导致科学之文化多样性的因素：第一，不同的文化定位于异质自然秩序的不同部分，它们的环境总是地方性的；第二，文化对于可算作其环境的一切都感兴趣，但即使在"同样的"环境里，它们也往往会出于不同的社会利益而对其周围的世界提出不同的问题；第三，通过隐喻、模型和叙述等文化上独特的推论资源，不同的文化的知识模式得以组织和形成；第四，知识生

---

① ［美］小摩里斯·N. 李克特. 科学是一种文化过程. 顾昕，等，译. 北京：三联书店，1989：104－105.

② ［美］桑德拉·哈丁. 科学的文化多元性——后殖民主义、女性主义和认识论. 夏侯炳，谭兆民，译. 南昌：江西教育出版社，2002：170.

产以独特的方式被组织起来，而不同的文化往往会用这些方式更广泛地组织社会活动。①

从文化的角度来看，多样性是深深植根于当今全球化时代和科学技术之中的。费耶阿本德甚至指出，"排斥了文化多样性，科学本性一无所有。文化多样性与被视为自由自在和无拘无束的探索的科学并不矛盾，它与'理性主义'、'科学的人类主义'和有时被冠以理性的一种力量——运用死板的、歪曲的科学想象为他们陈旧的信仰去获得接受者——诸如此类的哲学相冲突"②。因此，正确认识和对待文化视野中的各种多样性，特别是科学的文化多样性特征，对于世界的全球化和跨文化的交流、对于科学技术与社会的未来发展，无疑都具有非常重要的意义。

**3. 多元而互补的科学文化选择**

由以上分析可以明显看到，科学是在多元文化的背景中产生并具有多元文化特征的一种现代文化。也就是说，多样性构成了科学文化的生存条件与存在状态，并推动着社会与文化的进步。

科学是一种多样性中的文化存在。诚然，人们面对的客观世界是一元的（为慎重起见，我们最好不要排除多元的可能性），但是人们构造的主观世界则是多元的，而且也应该是多元的（否则人们的生存意义就会黯然失色，人们的生活情趣就会贫乏单调）。科学家、神学家、哲学家、诗人、画家、音乐家分别用隐喻（以及数学符号）、信念体系、概念、文字、色彩、音符，力图勾勒出一幅简化的和易于领悟的世界图像，并以此来代替他们的经验和体验。他们各自的工作，都只是触及了客观世界的某个方面或某个层次，他们工作的结果的综合以及他们工作过程本身（要知道他们

---

① ［美］桑德拉·哈丁. 科学的文化多元性——后殖民主义、女性主义和认识论. 夏侯炳，谭兆民，译. 南昌：江西教育出版社，2002：239.

② ［美］保罗·费耶阿本德. 告别理性. 陈健，等，译. 南京：江苏人民出版社，2002：12.

也是这个世界的一部分）才比较全面、比较深刻地描绘了客观世界。从这个意义上讲，他们的工作或多或少都是有意义的。① 因此，科学本身虽然体现了人类文化的多元性，但单单科学自身并不能代表人类文化的多样性，并适应文化发展的必然。事实上，在文化发展史上，科学技术的进步，特别是科技文化的兴起及其地位的抬升，一定程度上似乎是在消磨着我们这个世界的多元特性。因为，正如卡西尔（也译卡西勒）曾指出的，近代科学的分析精神"在整整一个半世纪中征服了全部实在，现在似乎最终完成了把自然现象的多样性还原为单一的普遍规律的重大使命"②，科学的发展，本来就是以统一性、普遍性的追求为最终方向和目的的。

当前，在全球化的时代背景下，科学技术发展中对文化多元特性的关注和强调得以再次回归。这就如芬伯格所说的，"在上一代破碎了的技术专家治国论的幻想中，对科学和技术的新的社会阐释正活跃起来。传统，就其支持文化多样性以反对西方'虚假的普遍性'这一点来说，现在被认为是一种不确定的暂时中止。在普遍的理性熔炉中已经失去其重要性的种族、宗教和性别之间的差异重新得以恢复"③。特别是在后现代的思想阵营中，越来越强调除科学技术文化之外其他非科学人类文化的价值和存在权利。他们认识到："很多传统和文化，其中有一些是很'不科学的'（它们向神灵祈祷，向神使占测，并举行一些'毫无意义'的仪式来提升心灵和身体），但它们使它们的成员过着相对充实和完全的生活，在这个意义上，它们是成功的。"④ 因此，科学未来的文化发展，应是以多元文化的

① 李醒民．什么是科学．民主与科学，1998（2）：45－47.

② ［德］E. 卡西勒．启蒙哲学．顾伟铭，等，译．济南：山东人民出版社，1988：7.

③ ［美］安德鲁·芬伯格．可选择的现代性．陆俊，等，译．北京：中国社会科学出版社，2003：24－25.

④ ［美］保罗·费耶阿本德．征服丰富性：抽象与存在丰富性之间的斗争故事．戴建平，译．北京：中国人民大学出版社，2007：192.

并存与兼容为前提，并促进多元文化的共同发展的。

在价值层面，由于科学不仅仅是一种知识体系，它的价值和意义也不仅仅限于对真理的探求。前面已经提到，科学是具有多元价值的：作为人类文化史上一种特殊的知识体系，科学具有十分重要的知识价值；作为人类文化史上一种特殊的文化意识形态，具有认知价值、审美价值、道德价值、信念价值等多种价值；作为人类所创造的一项社会公共事业，科学更是有着重要的实用性和功利价值。一般来说，19世纪科学社会化以来，单纯"为科学而科学"的科学研究活动就不再存在了，而是成为具有多元价值的一种文化。事实上，"直到我们今天之前，科学从来不是仅仅用于满足一些较低的需求（即'技术进步'），即便它的一些重大的基本问题，是受到日常需要（早先的时代这些需要并不仅仅是较低层次的）刺激而产生的；科学也不是只为自己服务，不是仅仅为了建立有关事实的纯粹知识。科学意味着通向真正的存在、真正的艺术、真正的上帝之路，通向真正的幸福之路——而这一切都被恰当地理解为通向真正的生活之路"[①]。因此，在科学的发展过程中，既要坚持科学文化选择的多元性，也应注意如何在科学中不同的价值取向之间进行取舍与抉择，平衡各种不同的价值，进而促进科学健康、持续地发展。

在科学的最终价值取向这一问题上，一元论与多元论是最有代表性的两种观点。传统的观点一般都支持一元论，认为科学就是要致力于寻求科学的普遍性与统一性；多元论则宣称没有确定的统一观点，当前以许多领域的科学调查为特征的方法的多样性也并不必然导致不足。当前，随着多样性与多元追求成为科学文化发展的未来方向和基本准则，多元论的观点在思想领域明显占据上风，并获得了越来越多的支持。如阿伽西倡导一种

---

① ［德］马克斯·韦伯. 学术与政治：韦伯的两篇演说. 冯克利，译. 北京：三联书店，2005：144.

深思熟虑的多元论，并认为多样性作为合理争论的一种手段是理想的东西。在他看来，"科学主义建立在诉诸普遍同意来排除纷争的愿望之上，而相对主义和皮浪主义则建立在诉诸思想的褊狭来排除争议的愿望之上。多元论愿意让毫无疑问的东西与有疑问的东西并驾齐驱而加入争论。……因此多元论是科学主义与相对主义之中最佳部分的结合。它是宽容的，因而符合相对主义的允诺；它消除了孤立性，因而符合科学主义的允诺"①。

其实，多元化的追求在科学发展史上从未离开过。近代时期，莱布尼茨就用"单子"构建了一个多元论的宇宙，其中的每个单子都是一个活的能量中心，单子的这种无限的丰富性和多样性则构成世界的统一性。在今天，我们依然希望在追求知识的统一性和普遍性的同时保有文化多样性和丰富性，在多元的价值追求中实现科学多样性和统一性的一致与和谐。但问题是，我们该如何实现这一目标，并使科学进入文化多样性的视野呢？

联合国开发计划署编写的《2004年人类发展报告》指出，"如果个人要成为多样化社会的一员，就要摈弃在身份问题上的偏执和僵化，拥护宽容的世界性价值观及尊重广泛的人权"；同样，如果科学要真正融入全球化与多元化时代的文化潮流中，就要摒弃对自身独尊地位和优越性的偏执和僵守，拥护宽容的世界性价值观并尊重其他非科学文化的生存权利。因此，以多元而互补的价值观念为指导，在坚持科学自身真理性原则的同时兼顾其作为一种社会文化的多元价值，在发展科学文化的同时赋予其他文化以足够的生存空间，这是科学在当今多样性的时代中为自身生存而做出的文化和价值选择。

费耶阿本德曾形象地说，我们所生存的"这个世界不是一个静止的世界，上面居住着一些会思考的（并发表东西的）蚂蚁，它在自己的缝隙中

① ［美］约瑟夫·阿伽西.科学与文化.邬晓燕，译.北京：中国人民大学出版社，2006：173.

到处爬找，逐渐发现了它的特征却没有以任何方式影响它。它是一个动态的、多面的存在，影响着并反映着它的探索者的活动。它原来充满了神灵，接着却变成一个单调的物质世界，而且它还可以再次改变，只要它的居民有这样的决心、智慧以及采取必要步骤的热情"①。回到科技的现实中，只要在科学技术的发展中跳出单一地追求一致性与统一性的评判标准，坚持单向度与多元性、严谨性与宽容性的价值互补，我们便可以还原一个丰富而多样的世界。

---

① ［美］保罗·费耶阿本德. 征服丰富性：抽象与存在丰富性之间的斗争故事. 戴建平，译. 北京：中国人民大学出版社，2007：140.

# 第十三章　客观性与独特性

客观真理的追求曾被视为科学的最终目标，因而科学作为一种真理也就必然地具有了客观性与中立性的特征。特别是在经典科学传统下，如何实现并达到真理的客观性与绝对性成为所有科学研究的最终旨向。然而，当科学中的个别性与主观性因素引发人们的关注，当真理的具体性与相对性特征变得突出起来，科学原先的那些追求就变得不是那么地理所当然了。如何在客观性与独特性、绝对性与相对性之间寻求一种平衡，成为当前科学探究过程中所必须关注的问题。

## 一、客观性与独特性并行

科学被认为是最具客观性的学问，并且常常被当作"真理"的代名词，但毋庸置疑，科学又是经由个体的努力而获得的，与其所处背景及主观不可分离，因而导致了关于科学客观性的种种质疑。这就是当下科学的个别性和独特性特征凸显，并有力影响当代科学形象的构造过程的主要缘由。

## 1. 科学客观性的多重含义及其本质

客观性是科学最基本的属性之一，也是科学的本质特征。从传统科学哲学所追求的"客观性的理想"，到罗蒂等后现代主义者对客观性的抨击与颠覆，科学哲学家围绕着科学客观性的争议和讨论始终不断。这不仅影响着文化间的交流，也不利于科学的健康发展。

按照传统的观点，科学知识是对自然对象的客观反映，具有超越主体意识的客体性与价值中立性。它们往往忽视科学所具有的社会性，并通过与形而上学的严格区分，以经验证实的原则和观察的客观性来确保科学在内容上的客观性。然而，当汉森的"观察渗透理论"表明观察并不是一个客观中立的过程，历史主义的库恩又将社会历史因素引入到科学过程中，科学的客观性便开始遭遇质疑与挑战。后现代主义者则进一步消解了科学的客观性。他们或者认为科学是由纯粹的科学语言构成的，从元叙述角度否认科学知识的客观性；或者将客观性视为权力，认为客观性反映了某些个人或社会团体的权力，科学共同体被认为比其他人群更具有客观精神。

可见，客观性无疑是一个复杂、多义而又难以说明的概念。斯迪芬·弗尤兹追溯了客观性的多种相互竞争的含义。[①] 客观性能够被描述为个人进行无私和公正的判断的能力；有时候客观性被看成是一种方法的性质，被看成是对知识产生影响的学科裁判和偶然力量的研究规则；在更专业和技术的层面上，当彼此之间存在强烈的共变并且通过了由多个调查者独立进行的重复测量的时候，测量就是客观的，那种测量可信地显示了一种理论实体；作为知识的一种性质，客观性涉及抓住某种独立的和外部实在的主张；最后，客观性能够被归结为以某种方式比个人信仰更牢靠、更持久

---

① ［美］奥利卡·舍格斯特尔. 超越科学大战——科学与社会关系中迷失了的话语. 黄颖，赵玉桥，译. 北京：中国人民大学出版社，2006：172-173.

的社会和文化制度。这些从方法、知识、制度等角度对客观性的不同说明，虽然侧重不同，却无一例外地都突出了科学"否定性"的层面。哈丁也注意到了客观性问题的复杂性。在她看来，老的客观性的问题是："在客观性和相对主义两者中，你站在哪一方？"新的客观性问题则是把该问题本身看作一个必须探讨的主题，一个有待解释的历史和认识问题。而新的客观性又至少被用于四种情况：第一，客观或不客观被认为是某些个人或其团体所有的属性，因为在某些人群和派别中的人更感情化，更难以做到无偏见；第二，客观性被认为是知识假说的属性，或陈述的属性；第三，客观性被认为是人们觉得公平的方法或惯例的属性；第四，客观性被认为是某些知识探索社群的结构属性，即以现代自然科学为代表的类型。即使这四种意义，也只是道出了客观性含义的"冰山之一角"。①

福尔迈为科学客观性确立了若干标准，并认为只有在它们结合起来时才是充分的：其一，主体间的可理解性：科学不是私人事务，至关重要的科学陈述必须相互传达，因而必须用某种普遍语言来表达；其二，不依赖于参照系：不仅观察者个人无关紧要，而且他的立场、他的意识状态、他的"角度"也是如此；其三，主体间的可验证性：无论是谁，都能够检验陈述，也就是说，可以通过适当的措施而确信陈述的正确性；其四，不依赖于方法：某个陈述的正确性，不允许依赖于人们用以验证陈述的方法；其五，非约定性：某个陈述的正确性，也不允许建立在某种随意行动（如某种决议、某种约定）的基础上。② 可以说，科学客观性就意味着它是与现实世界密切相关的，是关于实在的客观性。

根据以上这些不同的理解以及科学认识活动的不同特征，我们大体上

① ［美］桑德拉·哈丁. 科学的文化多元性——后殖民主义、女性主义和认识论. 夏侯炳，谭兆民，译. 南昌：江西教育出版社，2002：171-172.
② 舒远招. 从进化的观点看认识——福尔迈进化认识论研究. 长沙：湖南教育出版社，2000：59-60.

可以从本体论、认识论和价值论这三个不同的范畴或层次来说明科学客观性的含义。其中，本体论的客观性即对象的客观性，它是指科学理论是把客观实在特别是客观的自然存在作为研究对象的，其本身所具有的实体性独立于人们对它的感知。也就是说，科学的对象是在人的意识之外并且不以人的意识为转移的。不论人们认识与否，它都是自在的、客观的存在。

认识论的客观性主要是指方法上的客观性，即如何评判认知判断实体性的一些特定方面，特别是与认知相关的客观性。它意味着，在科学探究过程中，理论的客观性是附属于实在或客体而不是认识主体的，通过具有较多客观性的实证方法、理性方法以及具有某种客观性的臻美方法，最终形成了与实在或经验相符合的科学理论。它实际上强调的是一种主体间性，一种主客观的符合。

价值论的客观性主要指科学家行为准则和价值标准的客观性，也就是要求科学家采用客观的评价标准和机制评价科学理论，同时要求科学家在评价中始终保持客观的心态。在对世界的认知和真理的探求过程中，科学家始终秉持一种客观、公正、中立的立场和态度，尽量排除和减少个人的兴趣、偏见等的影响。这也就是默顿所说的科学的无私利性原则：一切从事实而不是从个人的主观愿望出发。

在一定意义上，这些不同范畴的科学客观性都遭遇到挑战和怀疑。如，"事实负荷理论"试图否认本体论上的客观性，科学活动中偏见、利益派别等社会与文化因素的作用削弱了认识论上的客观性，弄虚作假等科研不端行为则让客观性在价值领域受到严重指控。但是，这并不会也不可能从根本上动摇和否定科学的客观性，客观性依然是科学之为科学最根本的属性和特征。这是因为：科学对象总是独立于人而存在的客观实在；科学理论虽然是科学家的心智创造，却并不是随意的和任性的构造，而是反映了所研究对象的客观特征，从而具有一定的客观性。而且，科学实践活动的可重复性、可控性和可检验性，也为科学的客观性提供了支持和保证。因此，事实负荷理论并不会改变事物本身的存在，社会文化因素对科学客观性的影响总是相对和有限的，而科学家个人的主观情绪或经验也不会从根本上动摇科学理论的客观性。简言之，这样一种客观性的理想与追求，就是一切科学的基础之所在。科学并不是没有根据的随意编造，而是以事实为基础的；也正是科学的客观性，提供了科学可靠性和可预见性的保障。

需要明确的是，科学客观性并不是一种抽象的哲学品质，而是深深植根于社会实践中的文化规范。这类似于卡尔·波普尔所说的，"我们称作的'科学的客观性'，不是个别科学家的公正的产物，而是科学方法的社会的或公共的特征；个别科学家的公正，并不是这种社会的或机制上有组织的科学之客观性的源泉，而是其结果"①。按照他的观点，通过重复实验这样一种"公共性"的经验，将会促进科学的客观性和公正性；而人们各自从自己的立场出发根据自己的猜想发表自己的观点并引致他人的反驳，就是通向科学客观性的唯一道路。

从根本上来讲，科学客观性的追求，就是基于事实（或实在）基础上力求实现理论与认知对象、客观与主观之间的一致性的努力。

**2. 科学的个别性与主观性**

个别性与主观性是同客观性相对应的一种属性。在认识领域，主观性与客观性常常被抽象地割裂并对立起来，认为二者是两种不同的知识主张和存在方式；在现实中，主观性与客观性也总是被赋予截然不同的使命，并且很难共存。如在学科领域，人们就常因自然科学采取的是程式化的研究方法，并以普遍规律的追寻为目标，因而理所当然地被赋予了客观性的

① ［英］卡尔·波普尔. 开放社会及其敌人：第2卷. 郑一明，等，译. 北京：中国社会科学出版社，1999：334，336.

特征；而人文科学则因立足于个别事物，以独特的个体为认识对象，往往通过体验而达到对其特性的领悟与认识，因而将个别性与主观性赋予了人文科学。但是，科学作为具有主观能动性的人的一项认识活动，在认识自然、反映自然的过程中自然会一定程度上带有个体的主观随意性，因而也具有一定的个别性与主观性。

客观性是科学的根本属性，它既是科学发挥功能的基础和保证，也是科学区别于其他认识形式的重要特征。这一点是毫无疑问的。然而，科学实践活动以及诸多对科学的研究都已表明，"科学或科学理论不可能是纯粹客观的。科学具有不可避免的主观性，这种主观性或主观因素甚至在科学中是不可消除的或不可消灭的，在某种意义上也许是科学固有的属性。不过，由于科学客观性在科学中处于主导地位、占据绝对优势，所以科学才以客观性的面目出现，主观性往往被有意或无意地忽视掉。可是，科学的主观性是'客观地'存在的，或者说它是一种'客观存在'。它既体现在科学的探究活动和社会建制中，也渗透在科学理论的结构中"①。

而且，不管我们对科学中的主观性抱有怎样的态度，这种主观因素的存在却是一个事实，并早已为人们所认识到。I. G. 巴伯在谈到科学中客观性和个人涉入问题时指出，在公众的刻板观念中，科学研究被认为是客观的，因为它是由认知对象来决定，而不是由认知主体来决定的。然而，从实际的科学工作的角度来看，这种客观性的观点必须加以改变，以便让作为实验者的媒介、创造性的思想者、具有自我个性的科学家发挥其作用。研究对象的存在不可能在"不依赖观察者"的情况下而为人所知，因为在测量过程中，研究对象受到了观察者的影响。对理论的估量，并不是

---

① 李醒民. 论科学不可避免的主观性. 社会科学，2009（1）：111-122.

通过运用"形式规则"，而是通过科学家的个人判断来进行的。故而主张，不应抛弃"客观性"这个概念，而应重新阐释它，并将主观的作用也包括进去，把客观性重新解释为主体间的可检验性和对一般性的认可。①

从具体的科学研究过程来看，从经验事实的获得到科学理论的创立、从理论的检验到理论的评价，其中都蕴涵主观性因素的作用。

科学事实是科学理论建立的前提，也是科学活动的开始，一般通过观察和实验方法而获得。就观察而言，科学的客观性是通过自然状态下直接的感官观察，或借助科学仪器的观察这种独立于对象的行为而得以保障的。但在这一过程中，观察是有目的、有计划的活动，本身就渗透了观察者的理论背景和思维方式。"科学家在自然界中观察到的图像，是与他们头脑中的图像，他们的概念、思想和价值观密切联系着的"②，由此得到的科学事实也就必然蕴涵主观性的成分而不可能是纯粹客观的。就实验而言，从实验的设计、实验的具体实施，都是人有目的地干涉、控制或模拟自然事物或现象的活动，每一个具体环节都体现了人的主观能动作用，而个体的主观性也就有着更充分的体现。作为主体能动地活动的结果，科学事实必然具有着主观性的特征。

在由归纳、演绎、类比等科学方法整理科学事实，并在此基础上形成科学假说、创立科学概念和理论的过程中，想象、直觉、模型、隐喻等非逻辑方法使个人的主观能动性、创造性以及想象力得到最充分的发挥。这是一个逻辑方法与非逻辑方法在人的头脑中相互作用的过程，也是个体的思维自由创造的过程，直接影响着最终的科学理论的形成。其中，科学假说的提出过程是个体的创造力得以最大程度发挥的阶段，也是科学创造性

① ［美］I. G. 巴伯. 科学与宗教. 阮炜，等，译. 成都：四川人民出版社，1993：226，261 - 262.

② ［美］卡普拉. 物理学之"道"——近代物理学与东方神秘主义. 朱润生，译. 北京：北京出版社，1999：3.

成果的关键时期，科学的个别性与主观性在这里有着最为显著的作用；在其后的假说的选择、资料的诠释、语言的翻译、理论的取舍等方面，除客观性的评价标准外，想象力和某种程度的个人偏好、兴趣等也会起到一定的作用。最后所创立的科学理论，就是在此基础上完成的，因而也具有一定的个别性与主观性。而且，在科学理论形成与创立之后的检验与评价阶段，同样也有一定程度的主观性。

可以说，在科学研究的整个过程中，想象、直觉、灵感、理想实验等方法都使个人的主观能动性得以自由充分发挥，研究对象与科学假说的选择都与个体的背景知识、思维能力、主观经验和信息来源等直接相关，这一切的综合作用，赋予了科学以个别性与主观性的特征。反过来，也正是这种个别性与主观性的存在，使得科学在追求客观性理想的同时没有陷入单调的统一性，并提供了科学创造性的动力和源泉。

在这里，科学的个别性、主观性，并不是指单个的、孤立的个人的主观性，而是社会的、历史的、群体等的主观性。因此，科学中的个别性与主观性，并不表示科学具有纯粹私人的、个体的和不可靠的倾向；而个体在具体科学研究过程中的"思维的自由创造"，也丝毫没有抹杀科学的客观性。因为，"科学家并没有凭空创造科学的事实，他用未加工的事实制作出科学的事实。因而，科学家不能自由而随意地制作科学的事实。……科学家就事实而创造的一切不过是他阐述这一事实的语言。如果他预言了一个事实，他将使用这种语言，对于所有讲这种语言和理解这种语言的人来说，他的预言便摆脱了模棱两可。而且，这种预言一旦作出，它便明显地不依赖于科学家，不管它是否能付诸实现"①。

此外还需注意，在认识到科学的个别性与主观性的同时，也要注意在

---

① ［法］彭加勒. 科学的价值. 李醒民，译. 北京：光明日报出版社，1988：320-321.

客观性与主观性之间的适度调节，不能过分强调科学的这种主观性向度。如一些后现代主义流派（包括非理性主义、方法论的无政府主义、后库恩主义、科学知识社会学强纲领、社会建构主义、女性主义等）把科学的主观性推向极端，不仅否认科学的客观性，甚至认为科学理论是主观的，是纯粹的虚构和捏造，与自然界毫不相干，从而走向了主观主义。这是极不可取的。

**3. 科学客观性与独特性的统一**

以上分析表明，科学既具有客观性，同时也具有个别性和主观性的特征，二者都是科学活动中必不可少的，并无对立与矛盾。相反，正是科学客观性与主观性的这种结合，使得科学在追求统一性和客观性的同时，具有着自身独特的属性。

科学认识活动中主观性因素的存在是客观的事实，但这并未否认科学知识的客观特征。诚然，在具体的科学实践活动中，每一项科学研究的成果都与个体的记忆和经验相关，并受到人的生理—心理结构的制约。因此，一个人选择并支持某一个科学假说的原因，可以是纯粹出自科学理性的考量，也可能是对某种理论形式的特殊爱好，或者只是一种简单的直觉，似乎全凭主观决定。然而，当他要提出这一假说时，却必须给出相应的证据支持以说明其真理性。正是这一与"事实"相关的"证据"，确保了科学的客观性。正像奥斯特瓦尔德在分析个体的主观经验与科学客观性之间的关系时所表明的，"概念总是具有依赖于个人的成分，或主观的成分。无论如何，这并不在于个人在经验中未发现的新颖部分做了添加，相反地，而在于在经验中已发现的东西中做了不同的选择。如果每个个人吸收了经验的所有部分，那么个人的或主观的差异便会消失。由于科学的经验努力吸收尽可能完备的经验，它经由尽可能众多和多样的记忆的搭配，通过力图补偿个人记忆的主观不足，把目标越来越接近地对准这一理想，从而尽可能多地填充经验中的主观间隙，使它们变成无害的东西"①。

科学的独特性是与个别性和主观性密切相关的。就科学与其他非科学认识活动的比较而言，科学独特性的主要意涵包括：一是科学是具有可检验性和客观真理性的知识体系；二是科学是以观察实验、归纳演绎为基本方法，并辅以其他非理性方法的；三是科学倡导实事求是、批判怀疑、开拓创新、理性实证、自由开放的精神和态度。就科学自身而言，科学的独特性则意味着，科学虽然是以客观性的理想和规律性的探寻为基本追求的，但每一个研究对象都是独特的，每一项科学成就也都是个体主观能动性自由充分发挥的创造性成果，都具有不同于其他科学理论的新颖性和创新性。

同样，科学是具有独特性的，并不会影响或排斥科学客观性的存在。因为，"每一事件在某些方面都是独一无二的，任何事件——甚至于物理实验室中的事件——都不可能按照其无穷无尽的细节精确地复制出来。但这并不排除规则的，可再现因素的存在"②。事实上，科学客观性的追寻，就是要在诸多具有不同特征的事物中间找寻其中共同的规律性，再现其中不变的成分。这也就类似于个别性与一般性、特殊性与普遍性之间的关系。二者是相互包含、相互渗透、相互依存的。

个别性、主观性、独特性，在科学中最突出的表现就是科学的创造性或独创性。波兰尼借科学的一致性观点将科学的独创性与严谨性结合起来，认为二者并不存在什么不和谐之处。他指出，"独创性是科学的主要特性，科学进步的革命性特征，其实乃是众所周知的东西。与此同时，科学又具有最紧密结合的职业传统；这种传统在学说的连续性方面，在协作

① ［德］弗里德里希·奥斯特瓦尔德. 自然哲学概论. 李醒民，译. 北京：华夏出版社，2000：15.

② ［美］I. G. 巴伯. 科学与宗教. 阮炜，等，译. 成都：四川人民出版社，1993：250.

精神的力量方面，可以比之于罗马教会和法律的职业。科学的严格，正与科学的激进主义一样地众所周知。科学既培养着最大限度的独创性，又强加着特殊程度的严格批判"。而个人的创造性热情同服从于传统及规制的愿望结合了起来，这是科学的精神现实之必然的结果。"在科学家的直觉探求发现的时候，它寻求的是与这样一种现实的接触——在这种现实里面，所有的其他科学家都能够参与他的工作。因此，他的直觉与良心之最为个人的行为，使得他与科学普遍的系统与准则紧密结合在一起。虽然科学的整个进步要归功于个人冲动的力量，这一冲动却不为科学所尊重，而惟在其献身于科学传统、服从于科学标准的时候，才能得到尊重。"① 在这里，科学的独创性在与规律性的结合中实现了个别性、主观性、独特性与普遍性、客观性的统一，并推进着科学的发展。

I. G. 巴伯力图表明，"在一切研究中，主观和客观都具有重要的作用；在一切领域中，都存在着主体的个人涉入；将具有普遍性的事件与独特的事件对立起来的做法，是站不住脚的"。他认为，任何概括都是从具体个人的个别性和整体性中抽象出来的。在客观性和个人涉入、规律性和独特性等问题上，我们既要避免实证主义所犯的错误，又要避免存在主义所犯的错误。"作为主体间可检验性的客观性不排斥个人涉入，而作为对特殊完形关注的独特性也不排斥对规律性模式的承认。主客体都有助于所有领域里的知识，而且所有事件都能看作是独特的或有规律的。"② 而怀特海的批判实在论在此一问题上的立场似乎更为鲜明地指出了科学中客观性与独特性的统一。他承认主客体在知识中的作用，独特性和规律性在他的思想中都是重要的概念；他将实在看作是具有真正的多元性的，尽管每

① ［英］迈克尔·博兰尼. 自由的逻辑. 冯银江，等，译. 长春：吉林人民出版社，2002：43-44. 博兰尼即波兰尼。

② ［美］I. G. 巴伯. 科学与宗教. 阮炜，等，译. 成都：四川人民出版社，1993：226，261-262.

一实体都是由其相互关系构成的。在每一时刻每一个实体都自己进行着自我创造，每一个实体都具有特征和个性。然而，这种自发性和新奇性是在规则性的结构之中产生的。科学家能够从世界的具体情景中抽象出、选择出这些规律性模式，并且建立用以表示它们的符号系统。[①] 也就是说，独特性是在客观性基础上形成的，而客观性又是在众多具体的独特性中抽象出来的，在现实的科学活动中，客观性与独特性是相互交叉、相互统一的。

鉴于客观性角度的考量，齐曼也从自然主义的立场出发，对自然科学和人文科学进行了广角特写，既承认了它们的独特价值，又揭示了其本身所具有的理性、可信性和普适性的局限。他说："学院科学通过将这些利益融入一个集体过程，从而力求实现共识的客观性。因而，无私利性规范自然地就把公有主义和普遍主义规范结合起来，以剔除科学知识中的主观因素，把它变成真正的公共产品。"[②]

总之，不论是从具体的科学研究活动的角度，还是从基本立场来看，对于科学客观性与独特性的统一，已经达成共识。而二者的结合，也将成为推动科学发展所应遵循的重要原则。

## 二、真理的客观性与相对性

真理的客观性、绝对性和相对性的问题，不仅是哲学认识论所必须关注的，也是科学认识领域非常重要的问题。如何看待真理的绝对性与相对性，是正确把握科学客观性问题的重要基础。

---

① ［美］I. G. 巴伯. 科学与宗教. 阮炜，等，译. 成都：四川人民出版社，1993：263.
② ［英］齐曼. 真科学：它是什么，它指什么. 曾国屏，等，译. 上海：上海科技教育出版社，2002：189.

**1. 科学真理的客观性**

科学真理的客观性，涉及对真理本身、对科学是否是真理的认识，以及对科学真理及其客观性的理解等。但首要的问题是，如何看待真理及科学真理？

真理问题是哲学认识论的核心问题，主要有三种代表性的观点：一是符合论的真理观，立足于认识与对象的关系而把认识的真理的本质规定为"认识与它的对象的符合"；二是融贯论的真理观，立足于认识（命题）之间的逻辑关系而把认识的真理的本质规定为"整个信念或命题系统内各部分的一致"；三是实用论的真理观，立足于认识与人的关系而把认识的真理的本质界定为"认识对于人的有用性"，着重从观念、命题、理论等的实际效用方面来判断它们的真理性。其中，符合真理观是当前为最大多数人所接受的一种观点，因为它从认识的主、客两方面来说明真理的含义，隐含了真理是人的认识中超越特定个体与群体的愿望和需要意志的客观内容。因此，真理可以一般性地理解为主观与客观的符合、一致。

那么，科学是真理吗？它在何种程度上是一种真理呢？传统的逻辑实证主义观点认为，科学是以追求真理为目的的，而且只有真理才能给我们以事实的真相；作为一种认知体系，除其本身所具有的追求真理这一根本价值外，科学被认为是与价值无关的。波普尔的证伪主义学说将科学描述为一个试错的过程，认为科学不可能达到绝对的真理，科学认识的过程就是不断向真理逼近的过程。历史主义的库恩则把社会心理因素引入他的科学真理观，认为科学知识和理论不是客观真理的反映，科学认识也不是对客观真理的逼近，而是科学共同体进行选择的结果，受社会和心理因素的影响。到了后现代主义者那里，科学成为一门解释的学问，而不再像科学主义者所认为的是一门具有本体意义的揭示客观真理的知识；科学理论的真理性只存在于一定的语境和关系中，只是一种综合性的、具暂时性质的对话。但是，尽管后来的学者们在科学的真理性问题上越走越远，甚至否认科学的客观与进步，陷入了相对主义和主观主义，但他们无法抹杀一个事实：科学一直是以对真理的追求为目的的，并且掌握了越来越多的关于自然和宇宙运行的规律，而且在此基础上导致了人类社会的迅速发展和社会财富的急剧增加。因此，科学具有真理性，这一点是毋庸置疑的。

但是，也不可因此就认为科学等同于真理。事实上，科学并不是真理的全部，科学真理也只是人们探求真理的一种成果，除科学以外，人们还可以通过其他非科学的方式来获得"真理"。

科学真理是利用逻辑的科学方法或经过验证而获得的经验事实。与非科学的真理不同，它的标准是高度的证实性，亦即经验与理论高度的符合，因而可以表现为高度的或然率；科学的真理，正如逻辑与数学的真理一样，是必须在一个理论系统中建立起来的，没有单独存在的科学真理。爱因斯坦在谈到科学真理时也指出："'科学真理'这个名词，即使要给它一个准确的意义也是困难的。'真理'这个词的意义随着我们所讲的究竟是经验事实，是数学命题，还是科学理论，而各不相同"①。在他看来，作为真理的经验事实，是人们对外部世界中所存在的客观事实的正确认识。在科学领域，科学家所获得的关于某一客观事实的认识，是他在对外部客观事实的感觉经验的基础上，运用思维对这种感觉经验进行理智构造，从而形成的关于这一客观事实的科学概念。因此，只有以科学概念所表达的经验事实，才能成为科学真理。

科学真理的客观性，很大程度上是由科学的客观性决定的。如就真理评价标准的客观性而言，科学中的观察与试验等科学方法作为检验科学真理客观性的主要方法，尽管不可避免会有理论的渗透和思维观念的影响，

---

① ［美］爱因斯坦. 爱因斯坦文集：第 1 卷. 许良英，范岱年，编译. 北京：商务印书馆，1976：244.

但观察的可重复性、实验的可重复与可控制性，则很大程度上减少了主观因素的干扰，确保了科学真理的客观性。就真理内容的客观性而言，科学知识与真理的客观性突出表现在关于自然事件的规则和定律方面，这在基本科学如物理、化学、生物等学科中最为明显；同时，在这些客观性科学真理的基础上，科学的进一步发展和广泛的成功应用，也表明了科学真理的客观性。因而可以说，科学真理的客观性的基础就在于，"科学家并没有凭空创造科学的事实，他用未加工的事实制作出科学的事实。因而，科学家不能自由而随意地制作科学的事实"①。

然而，在科学的客观性与真理性之间，要认识到，科学的客观性不过是一种共享的主观性，它并不能为科学的真理性提供保证。因为，"科学的真理具有一种极其主观的根源：即意象。这些真理的客观性只是在它们被对照于其他主观现象做了批判性的检验之后的意义上才是真实的。但它们绝非预先注定或完全不变的。这些真理仅仅是形成了一个可靠的基础，在这个基础上各个不同的集团进行更深入的研究活动。它们永远不能绝对保证一个现象的实在，科学所给出的解释，以及人们对这种实在的想象之间的严格相符。在这方面，知识的作用更像是一种针对实在提出的符号系统，至于这种系统是否是唯一合适的，或者是否严格符合人们所要求的对真实的解释，那是不必深究的。无论如何，科学论断的基础中总有几分可疑的成分；似乎知识之布随时可能被扯裂，当它被再度织成时，我们就像朝着实在更进了一步"②。

最后，需要提及，在科学真理的客观性问题上，向来存在两种不同的立场。一方是科学家的支持与肯定。如薛定谔是科学真理客观性的坚定支

---

① ［法］彭加勒. 科学的价值. 李醒民，译. 北京：光明日报出版社，1988：320.

② Jean-Francois Doucet. 科学的客观性不过是一种共享的主观性. 白健明，译. 科学对社会的影响，1984（2/3）：31-35.

持者。他在科学观上坚持科学理论是对客观存在的描述的观点，强调科学真理的客观性，指出"一旦这种真理最终得以阐明，即能为世界上的任何人用实验加以检验，并总得到同样的结果"，甚至声称物理学是"绝对客观真理的载体"①。在他看来，虽然现代科学尤其是量子力学突现了科学真理中的主体因素，但这种新发展并未改变科学真理的客观性，客观性仍是科学理论真理性的基本方面。另一方则是后现代主义立场对科学客观性的怀疑与否定。如罗蒂就明确指出，科学并不具有客观性，而只具有"亲和性"。他认为，所谓"客观性"其实是一个基于本质主义和基础主义的早已过时的概念，科学与客观性不能"搅在一起"。科学之所以受到人们的较多信任，乃是由于它具有较强的"亲和性"，主要表现在以理服人而不是以势压人、能满足人们的好奇心等方面。同样，所谓"真理"也不具有客观性，它不过是自己觉得最好、最可信的信念，不过是一个"表示满意的形容词的名词化"。这两种不同的立场，一定程度上也代表了当前科学家阵营与后现代主义阵营之间的争论。

## 2. 具体真理的相对性

真理总是具体的。意思是说，真理是一定的时间、地点和条件下主观对客观的符合，它受到条件的制约，并随条件的变化而变化；离开具体的时间、地点和条件，真理就是抽象的，没有任何的意义。就概念而言，真理是对客观事物规律的正确反映，而客观事物总是具体的，因而真理也就是具体的。所以列宁说："辩证法的基本原理是：没有抽象的真理，真理总是具体的"②。

科学真理作为真理的主要形式，同样也是具体的、历史的、有条件

① [奥] E. 薛定谔. 科学是时代的风尚吗?. 阿琪，译. 自然科学哲学问题丛刊，1987（4）：38-43.
② 列宁选集：第1卷. 北京：人民出版社，1960：507.

的；每一具体的科学真理也总是代表了人们当时的认识水平和精神实质，因而是不够完善、不够尽善尽美的。在具体的科学真理中，在具体的科学概念、定律、理论体系中，虽然存在着真理和谬论之分，但它们的对立只是相对的。随着实践的发展，它们之间的界限也是不断变化的：一种真理衰落了，一种真理兴起了；一种真理变成了谬误，一种真理又从谬误中诞生了。真理与谬误的动态交替与不断转化，就是真理的过程，也是科学真理发展的规律。

马克思指出："具体之所以具体，因为它是许多规定的综合，因而是多样性的统一。"① 同样，马克思也肯定具体真理应该具有"多样性的统一"的特征。这种具体真理的"多样性的统一"，主要源于客观认识对象的多样性及其所属环境的复杂性。因为，任何事物都不是单一的、孤立的，而总是处于与其他事物的相互制约和普遍联系之中的。因此，作为真实反映事物本质及其规律性的具体真理，就不能是片面的、彼此分离的抽象规定，而应是关于客观事物的多种规定的统一；换言之，就是对事物固有的各种特性、各种矛盾及矛盾的各个方面、各种联系的全面认识。真理的具体性，因而体现在系统性和全面性，以及真理的过程性之中。这种系统性、全面性和过程性，也贯穿于具体的科学真理之中。也就是说，在认识自然的本质与规律时，科学必须尽可能地反映与对象相关的一切方面，从而达到对自然的多种规定性的统一的把握；科学的认识活动同时是一个不断演进的过程，并在这一过程中实现对真理的认识和把握。

由真理的具体性来看，由于真理总是人们在一定的历史条件下对于客观物质世界的一定程度的认识，反映的是人们对无限复杂、无限发展着的客观世界的一个阶段、一个部分的认识，并没有也不可能穷尽真理；同

① 马克思恩格斯选集：第 2 卷. 北京：人民出版社，1995：18.

时，随着条件的变化以及人们认识能力的改善，真理也会发生某种程度的变化或成长。在这一意义上，真理总是相对的，人们不可能获得绝对的、终极意义上的真理。

而且，所谓科学真理的客观性，也并不意味着科学就具有绝对的真理性。许多著名的科学家对此早有清楚的认识。爱因斯坦一方面承认科学真理的存在，认为感性经验和知觉材料是构成规律和真理的基础；但又同时指出："规律绝不会是精确的，因为我们是借助于概念来表达规律的，而即使概念会发展，在将来仍然会被证明是不充分的。在任何论题和任何证明的底层都留着绝对正确的教条的痕迹"[1]。而且，感觉经验是既定的素材，是假设性的，始终要受到质问和怀疑，永远不会是最后的定论。因此，在他看来，尽管科学是追求实在和真理的，但是因为从知觉材料到达"实在"，到达理智，只有一条途径，"那就是有意识的或无意识的理智构造的途径，它完全是自由地和任意地进行的"[2]。所以，在爱因斯坦那里，科学真理也可以被理解为是阶段性的，或者近似的真理。

具体的科学真理是相对的。这意味着，某一具体的科学结论不可能是永远正确的。作为科学活动成果的科学知识，只是当时尚未被证伪的、对科学问题或自然现象所做出的最好解释，它既是相对的稳定的，又是暂时的和可变的。所以，波普尔虽不否认真理的客观性，但同时又认为我们不能声称我们实际上已经拥有了真理。在他看来，"我们在探索真理，但不知道何时发现它。例如登山者不仅有攀登上的困难，而且他不知道何时能登上，也许他甚至分不出主峰和次峰，然而这不影响顶峰的存在"[3]。同时，从科学发展的历史与规律来看，科学从来都不是要确立一个绝对的结

---

[1]　[美]爱因斯坦. 爱因斯坦文集：第1卷. 许良英，范岱年，编译. 北京：商务印书馆，1976：205.

[2]　同[1]512.

[3]　邱仁宗. 科学方法和科学动力学. 北京：高等教育出版社，2006：65.

论，而只是确立一个相对的频率和可能的结果。按照波普尔的证伪主义和批判理性主义的学说，科学发现的过程就是一个不断试错的过程，"任何科学理论都是试探性的，暂时的，猜测的；都是试探性假说，而且永远都是这样的试探性假说"①。在他的批判理性主义的科学观看来，一切科学理论都是相对的，没有绝对的权威性，不管它获得何等的成功，也不管受过何等严格的检验，都是试探性假说，都是可错的。因此，科学的发展就是人们不断地提出新理论，又不断发现和纠正其错误，并用新的更适合的理论来代替的"不断革命"的动态过程。科学所提供的，只能是相对性的真理。

具体科学真理的相对性还意味着，通过科学的认识过程所获得的真理只具有相对的真理性，科学所具有的客观性与真理性，并不能确保科学得到的是绝对正确的真理。在科学认识的过程中，除科学家的个体因素对具体的实验过程，假说的提出、选择与检验过程的主观影响可能削弱科学真理的绝对性外，各种社会因素的参与也使得科学真理不可能是绝对的。科学并非是价值中立的，因而科学研究的过程总不可避免地会受到诸如政治的、经济的，甚至宗教的各种社会因素的影响。如巴伯所指出的，"时而是这个，时而是另一个社会因素对科学有影响，有时是相对有利于科学的成长，有时是相对妨碍之。这是不可避免的法则，对于科学来说，没有什么东西是与社会相脱离的"②。由于受到不同社会因素的不同程度的影响，科学真理也就不可能完完全全地、绝对性地揭示关于自然和宇宙万物运行的规律。科学的可重复性，也就不是绝对的。因此，科学的真理性只是一种相对的真理性，科学的客观性也只是确保了这种相对真理性的普遍性，而不能保证其绝对真理性。

然而，科学不具有绝对的真理性，并不是否认科学的真理性。科学仍

---

① ［英］波普尔．科学知识进化论．纪树立，编译．北京：三联书店，1987：作者前言2.
② ［美］伯纳德·巴伯．科学与社会秩序．顾昕，译．北京：三联书店，1991：36.

然是正确反映了不以人的意志为转移的客观事物的规律，代表了人类当前认识水平的最高成就。同时，科学真理的相对性也不会影响科学的价值和意义发挥。相反，正是由于科学真理是相对的，需要不断地深化与发展，为科学寻求进步与超越提供了动力。

事实上，科学的价值不仅在于它提供了真理性的认识，也在于这种认识是不断修正、不断进步的。恰如哈丁所指出的，"科学总是允诺某些比真理更好的东西。使得一种假说成为一种科学论断，而不是一种政治教条或宗教信仰的品质，是它对未来的修正、可能的否定、按科学概念框架得出的观察资料和/或再修正永远敞开大门"①。

### 3. 绝对真理与相对真理

在通常的观点中，绝对真理与相对真理是人类把握客观真理的辩证发展过程的两个哲学范畴，用来表示人类对客观世界认识的程度。由于"绝对"一般具有客观、普遍、永恒、无限等含义，"相对"则含有特殊、具体、有限、有条件之义，因此，作为对客观真理的正确反映，绝对真理通常指人们对客观世界的无限的、普遍的正确认识；相对真理则指人们对客观世界的有限的、具体的正确认识。

在绝对真理与相对真理的关系问题上，辩证唯物主义认为，真理是客观的，同时又是绝对的和相对的。从真理的内容来看，它是客观的；从认识真理的过程来看，真理是一个从相对走向绝对的逐步深化、无限发展的过程。恩格斯进一步指出，相对性的认识中总是包含着绝对性的内容。"事实上，一切真实的、寻根究底的认识都只在于：我们在思想中把个别的东西从个别性提高到特殊性，然后再从特殊性提高到普遍性；我们从有限中找出和确定无限，从暂时中找出和确定永久。然而普遍性的形式是自

---

① ［美］桑德拉·哈丁. 科学的文化多元性——后殖民主义、女性主义和认识论. 夏侯炳，谭兆民，译. 南昌：江西教育出版社，2002：194.

我完成的形式，因而是无限性的形式；它把许多有限的东西综合为一个无限的东西。……对自然界的一切真实的认识，都是对永恒的东西、对无限的东西的认识，因而本质上是绝对的。"①

同时，相对真理可以向绝对真理转化。真理就是由相对走向绝对的永无止境的发展过程，任何真理性的认识都是由相对真理向绝对真理转化过程中的一个环节。绝对真理与相对真理的辩证统一，同人的思维能力、认识能力的至上性和非至上性的辩证统一紧密相关。恩格斯指出："一方面，人的思维的性质必然被看做是绝对的，另一方面，人的思维又是在完全有限地思维着的个人中实现的。这个矛盾只有在无限的前进过程中，在至少对我们来说实际上是无止境的人类世代更迭中才能得到解决。从这个意义来说，人的思维是至上的，同时又是不至上的，它的认识能力是无限的，同样又是有限的。按它的本性、使命、可能和历史的终极目的来说，是至上的和无限的；按它的个别实现情况和每次的现实来说，又是不至上的和有限的。"② 因此，在他看来，绝对真理是从人类的思维本性、使命、终极目的等方面讲的，而相对真理是从人的认识的个别实现方面来说的。

在科学中，绝对真理与相对真理的关系，实际上反映的是科学真理的绝对性与相对性之间的关系。关于这一点，大多数科学家都已形成了恰当的看法和辩证的观念。他们既承认真理的相对性，又承认其绝对性；他们认识到真理有一个发展的过程性，即对于真理的认识、掌握要有一个过程，这种认识既不是一蹴而就的，也不是无能为力的；对于科学所获得的积极成果，既承认其确定无疑的真理性，又看到了其不可避免的局限性。因此，人类所能获得的科学真理，总是在跟随着时代和科学实践的足迹而逐步发展、永无止息的。例如，门捷列夫认为科学是无限的，对真理的认

---

① 马克思恩格斯选集：第 3 卷 . 北京：人民出版社，2012：937 - 938.
② 同①463.

识是个过程。他把相当于绝对真理的意思称作"客观的上帝的真理",把相当于相对真理的意思称作"客观的人的真理",二者都是客观的,但两个方面必须加以统一地考察,不能抓住其中之一而摒弃另一。汤川秀树也认为真理是一个过程,并没有"终点",任何真理都是人类认识发展历程中某一阶段性的成果,在科学上没有绝对不变的认识。海森堡也承认科学真理的相对性与绝对性,承认二者的统一。作为量子力学的创始人之一,他并不否定经典力学,而是充分肯定其所适用的范围,但在此范围之外,它就不适用了,科学知识总有其适用的限度。[①]

具体地说,科学真理的相对性,一是指科学总是一定范围、一定阶段、一定程度的认识,它不可能穷极真理,也不可能固定不变;二是指科学认识过程中总会受到各种个人的、社会的因素的影响,因而不可能达到绝对的客观。科学真理的绝对性,一是指科学的真理性总是客观的,它不会因外界条件的变化以及人们的观念而有任何的改变;二是指科学是以经验事实为基础的正确认识,它确实反映了自然与事物运行的规律。在科学真理的认识过程中,相对性与绝对性是同时存在的,最终的目的,都是为了"追求真理"。

科学发展的历史已经表明,科学是在不断地趋近真理的。科学的早期形式是传说中的知识的内部自洽的主体,但由于新的事实被发现后它们丧失了与外部世界的一致性,它们就要被取代。无疑,我们的科学在未来的科学家做出他们的发现后,将失掉其现在的一致性。这就是为什么今天的科学比起中世纪的科学更接近真理,并且 22 世纪的科学还要更接近一些。……我们确实比以往更为接近地趋向真理。[②] 的确,客观性的追寻和真理的探

---

① 蔡灿津. 外国自然科学家的真理观. 乌鲁木齐: 新疆人民出版社, 2001: 6.

② [美] 罗杰·G. 牛顿. 何为科学真理: 月亮在无人看它时是否在那儿. 武际可, 译. 上海: 上海科技教育出版社, 2001: 214-215.

求一直是科学孜孜以求的目标，并深深地影响着整个社会的运行。归根结蒂，坚忍不拔地探求（从未找到的）真理，以客观性的灯塔作为（从未取得的）理念，造就了遍及科学男男女女生活的态度。然而，所有的科学真理都是暂时性的。在罗杰·G. 牛顿看来，"我们不是在寻求终极真理和永恒真理，而总是寻求临时真理和近似真理。我们必须承认，在事实、理论、模型、比喻和类比的论断之间有重要的区别"①。

在科学哲学领域，对科学真理性的认识其实经历了一个从绝对真理观向相对真理观的转变过程。在近代科学产生后的相当长时期内，科学的实证原则都占据着统治地位。这导致了 20 世纪之前人们普遍持有一种绝对的科学真理观，即相信观察、实验和归纳方法能够使我们获得确定的科学知识，发现绝对的科学真理。随着 20 世纪 30 年代卡尔·波普尔提出的科学的证伪原则，绝对科学真理的观念被抛弃了，而科学真理的相对性则在不断试错、证伪的过程中获得了支持。在他这里，科学真理的绝对性与相对性统一了起来。从更广的范围来看，事实也确实是，一切科学理论都是相对真理，它们只适用于一定的范围。随着认识范围的不断扩大和科学本身的不断发展，它们总有一天会因超出适用的范围而被证伪。但是，我们绝不能因为承认真理的相对性而取消真理的绝对性。科学总是绝对真理与相对真理的统一，真理的绝对性与相对性的统一。

因此，绝对真理与相对真理在具体真理中实现了辩证的统一；就科学而言，它既具有绝对性，同时又具有相对性。作为人类认识活动的成果，科学就是绝对真理与相对真理的辩证统一，并不断地在向绝对真理迈进。

---

① ［美］罗杰·G. 牛顿. 何为科学真理：月亮在无人看它时是否在那儿. 武际可，译. 上海：上海科技教育出版社，2001：224.

## 三、生活世界的文化基础

科学总是一种文化的产物，同时必然反映出其赖以生存的文化环境和现实基础。因此，对科学认识活动及其技术应用来说，它总是不可能脱离或超越一定的社会文化环境与客观基础而存在的。

### 1. 科学认识的语境及其文化多样性

按照传统的科学观，科学认识就是对发生在自然现象界的事物、过程和关系进行解释与说明的学术活动；通过观察、实验和归纳等理性方法，由此得到的科学知识完全是由自然界决定的，是一种"纯粹的"和"理想的"东西，社会过程和社会变量不会对它产生什么影响。这就把科学认识活动与价值和社会文化情境完全隔离开来，使其成为一种单一的、抽象的寻求客观真理的活动。这一观念一直持续到20世纪50年代，汉森提出的"观察渗透理论"开始挑战传统科学观所追求的客观性的理想，在此之后，各种非理性的社会和文化因素就逐渐被引入到了对科学的分析当中。与之前将科学认识活动完全看作独立于社会情境的客观过程的观点相比，这是明显不同的。

在针对传统实证主义的不足而提出的关于"科学革命"的范式理论中，库恩最早明确把社会因素和心理因素引入到了科学中。在他看来，新科学的形成与社会历史和心理的因素（如新范式提出的社会历史背景，提出者的国籍、声望、科学共同体进行评价时的价值标准，以及新范式使人们感到完美，因而产生美学感受等）有关。因此，虽然科学家都是有理性的，但是在研究对理论或范式的选择时，归根到底还必须考虑社会的、历史的和心理的因素，必须描述一种价值或意识形态的体系，同时也必须分析传递和加强这种体系的体制。因此，在库恩看来，科学的发展不只是理性知识本身的必然结果，而且还受许多偶然因素（历史的、心理的）影响，这些偶然因素不是理性的、逻辑的东西，而是非理性的东西。

大约从 20 世纪下半叶开始，对科学进行社会研究日益成为科学哲学研究的重要主题。一个很重要的方面，就是对科学知识产生的社会因素和文化语境的关注。其主要观点是，"科学只是一种偶然的和历史的文化或者生活形式——没有任何通向客观性和真理的具有特权的公共的和地域的语言游戏。科学知识非常类似于其他知识的'建构'；它是地域化的和语境性的，可能还带有'性别的'和政治的可疑性"①。具体来说，20 世纪 70 年代初以后，STS（这里指的是 Science and Technology Studies，即科学技术论）开始重视从"外史论"的角度对科学共同体的行为和科学知识与社会文化背景的相互关系进行研究。并且表明，科学技术的生产或制造是一个社会过程，社会因素塑造着所有科学和技术的生产。"在现代社会，科学是制度化的，科学一词因而包括了制度、网络以及与科学知识的生产相关的其他社会方面"②。

科学知识社会学（SSK）是当前对科学认识进行社会语境分析的最突出代表。自 20 世纪 70 年代起，诞生于英国的科学知识社会学开始以自然主义和相对主义为前提，对包括科学知识在内的人类知识的形成机制进行深入研究。SSK 学者以对科学家和科学研究过程的实际观察、分析、描写代替先入为主的理论分析、规范研究，反对对科学概念做回溯性的实在论解释；同时，以"知识的社会建构"为核心，他们提出了一系列反对传统理性主义和知识客观性的主张，从而对传统的科学观提出了强有力的挑战。目前，SSK 主要划分为两大流派。一派称为"宏观—定向相一致研

---

① ［美］奥利卡·舍格斯特尔. 超越科学大战——科学与社会关系中迷失了的话语. 黄颖，赵玉桥，译. 北京：中国人民大学出版社，2006：174.

② David J. Hess. Science and Technology in a Multicultural World：The Cultural Politics of Facts and Artifacts. New York：Columbia University Press，1995：1.

究"，主要是按照传统的方式研究科学知识和政治、经济、文化等宏观社会变量之间的关系；另一派称为"微观—倾向发生学研究"，关心科学家怎样从事和怎样谈论科学，并注重考察科学知识生产过程中社会因素的作用。后者主要包括实验室研究、科学争论研究、谈话分析研究和自反性研究等分支。

以马尔凯对科学知识的社会与文化语境的分析为例。通过对科学共同体的外部文化分析，马尔凯表明了"科学的内容受产生于科学外部的社会和文化因素的影响"，并力图说明科学对"外部"文化资源的利用。在他看来，自然界一致性的原则最好被视为科学家为建构他们有关自然界解释的资源的一部分，而不是像社会学家对自然界所做的那样的假设；科学事实的内容也不应该被视为一个不受文化调节的、对永恒的外部世界的反映。而社会环境因素与科学产生联系并产生影响有时"是通过科学家与外部人员直接的社会接触建立起来的；但是它也能通过科学家在一个特定时期对从特定的社会成员或一个特定社会阶层中普遍获得的文化资源的选择和解释中以非常不同的方式建立起来"。而且，"科学家的知识主张会受到他们在一个政治环境中的地位的影响，而且政治环境的因素可被融入科学家关于自然界的观点之中"①。

这里需要提及，科学知识社会学的观点中有一种极端化的倾向，即认为科学事实是人工建构的，是社会的产物，与自然界无关，从而否认了科学知识的客观性。这是错误的。如科尔就对这种建构主义思想提出了三个主要批评：第一，他们无法说明为什么有些成果被接纳为核心知识而其他成果却被忽略或拒绝；第二，在分析问题时他们把社会的影响同认识的影响混在一起，这样一来他们的观点便显得多余了；第三，他们无法说明特

---

定的社会因素与特定的认识成果之间的联系，他们只是停留在一般论证上，而一般论证是需要靠具体的解释来支撑的。①

但无论如何，科学认识是具有社会和文化语境依赖性的，这一点已经得到了证实。同时，由于科学认识的社会文化语境总是非单一的，因而具有一种文化多样性，这在某种程度上也决定了科学的文化多样性并影响着我们对科学的理解。因为，"一般而言，科学内容是以有机的方式从产生自不同文化的质料建立起来的，并与科学建构融为一体，但是科学内容也来自各种不同的历史——无论是否是各民族所共有的，或者来自这些历史的背景或它们与世界的关系；正是以这种有机的方式才可能理解问题的全部复杂性"②。

对科学来说，认识语境的文化多样性一方面丰富着科学的认识，同时也对科学的发展与进步提出了更高的要求。正是因为文化环境的多样性，使得科学在客观性的理想追求中避免了单调，形成了科学在不同社会中的多元形态。而且，既然科学活动是以"在不同时间和地点发展起来的文化为食粮的"，那么，"在植根于西方的当代科学中获得其意义的科学普遍性并不应该仅体现为知识领域的一种拓宽（特别是通过其他学科的研究），还应该体现为其他具有差异的意义（或认识）世界所特有的逻辑的一种深化"③。

通过对生活世界知识及其多样性文化的分析，齐曼表明，"整洁的头脑发现文化多样性是凌乱和'无逻辑的'。但它不是应该在理性和进步的名义下很快被扫除掉的科学的障碍——甚至也不是人文科学的障碍。相反，它是我们生活世界的一大荣耀，一种要被赞扬、保持和探究

---

① ［美］史蒂芬·科尔．科学的制造——在自然界与社会之间．林建成，等，译．上海：上海人民出版社，2001：39.

②③ ［法］博纳旺蒂尔·姆韦-翁多．科学理性与文化多样性．萧俊明，译．第欧根尼，2009(1)：25-39.

的自然现象"①。同样，对于科学来说，科学认识语境的文化多样性也是值得称道的。它对于丰富和发展我们的科学知识，都将是十分有益的。

## 2. 科学的现实关注与向生活世界的回归

作为在实践与实验的基础上对未知进行探索的一种人类活动，科学与现实从来就是紧密相关的。即便是古代时期"为认识而认识的纯认识"，也是基于一定的现实基础才进入人们的认识视野的。特别是，随着 20 世纪以后科学发展规模的扩大与建制化程度的提升，"科学已经不再是富于好奇心的绅士们和一些得到富人赞助的才智之士的工作，而是已经变成巨大的工业垄断公司和国家都加以支持的一种事业了"②。如此一来，科学与现实社会之间的关系也就更为紧密了，甚至整个的研究过程都受到社会的制约。

从科学研究的目的来看，科学始终是人的科学，最终还是要为人类谋福利的。如培根曾言，科学的真正的与合理的目的在于造福于人类生活，用新的发明和财富丰富人类生活。爱因斯坦也指出，为了使劳动能够有助于人类福利事业的发展，就不应该仅仅把实用科学研究清楚。在详细研究所有的技术改进时，应把对人类本身及其命运的关心作为注意力的核心。为了使我们智慧的创造成为人类的福音，而不是灾难，我们不应该忽略那些劳动和福利分配组织尚未解决的难题。千万不要因为自己的草图和方程式而忘记这些。

事实上，科学也确实凭借其巨大的力量推进了社会的发展，为现实生活带来了便利。近代自然科学诞生之后，由于资本主义生产方式的促进以及产业革命的推动，不仅加速了自然科学的发展，更促成了第一次技术革

---

① ［英］齐曼．真科学：它是什么，它指什么．曾国屏，等，译．上海：上海科技教育出版社，2002：369.

② ［英］贝尔纳．科学的社会功能．陈体芳，译．桂林：广西师范大学出版社，2003：xiii.

命的发生。可以说，"随着资本主义生产的扩展，**科学因素**第一次被有意识地和广泛地加以发展、应用并体现在生活中，其规模是以往的时代根本想象不到的"①。科学技术革命已经从根本上改变了生产、交通、通信与信息的性质与结构，改变了生活方式、日常生活和人类对世界本身的认识。它所提供的新的物质基础极大地促进了社会劳动生产率的增长，推动了社会的高度进步，也使个性的发展成为可能。到今天，科学技术的影响已遍及人类活动的一切领域，从物质生活到精神享受，从政治经济到社会文化，科学已经无所不在。

然而，"现代的科学知识，亦即那种由科学家们自己所创造、保存和使用的知识，已经变成了整体性的有条理的知识，它被用来作为一组特定的专业角色必备的专门知识，至于它与我们的普通文化和日常理解的关系，则无人顾及"②。于是，当我们正在享受科学为我们所带来的一切之时，人与自然、人与人、人与自身之间的关系却变得紧张。现实的景况让人颇为担忧：人类运用科学技术全面征服、掠夺的自然，如今不仅千疮百孔，无法实现自身的良性循环与更新，更把由环境污染、生态失衡等"全球问题"所造成的各种灾难直接回报于人类；被资本的逻辑支配的当代社会，不仅已经全面地物化、商品化，而且人与人之间的关系在物化、商品化的同时工具化了；克隆、转基因等高新生命科学技术引发了道德危机，机械化、单调化的工作生活方式造成了人的精神萎靡和病态生存，结果，人开始迷失了自我，甚至丧失了生存的意义。寻求进步的科学，却导致了人的生存危机与精神危机的并存。

胡塞尔将这种情形称作"科学陷入了危机之中"，并在《欧洲科学的危机和超验现象学》中对欧洲科学所造成的这种危机进行了分析。他认

---

① 马克思恩格斯全集：第 47 卷. 北京：人民出版社，1979：572.
② ［英］巴里·巴恩斯. 局外人看科学. 鲁旭东，译. 北京：东方出版社，2001：29.

为，19 世纪后半叶实证主义思潮的开始流行，使现代人被实证科学的表面繁荣所迷惑，让自己的整个世界观受实证科学的支配，结果，那些对于真正的人来说至关重要的问题被抹去了。被人们理想化和神化的科学世界偏离了关注人生问题的理性主义传统，把人的问题排斥在科学世界之外，导致了片面的理性和客观性对人的统治。当然，胡塞尔所谓的科学危机并"不是指物理学或数学等具体学科本身的危机，而是指由于科学的社会作用所引起的文化危机，从根本上说是一场哲学的危机，一场人自身的危机"。其"实质是科学同人的存在相分离，结果使科学失去了意义，甚至危害人类，而迷信于实证科学的人们也失去了意义和价值世界"①。某种意义上，恰恰是自然科学的发达与繁荣，使人们远离了本真的生活世界。

回归生活世界正是胡塞尔针对当前欧洲科学危机所提出的解决之道。在他看来，生活世界是自然科学的被遗忘了的意义基础，"现存生活世界的存有意义是主体的构造，是经验的，前科学的生活的成果。世界的意义和世界存有的认定是在这种生活中自我形成的"。所以，"最为重要的值得重视的世界，是早在伽利略那里就以数学的方式构成的理念存有的世界开始偷偷摸摸地取代了作为唯一实在的，通过知觉实际地被给予的、被经验到并能被经验到的世界，即我们的日常生活世界"②。然而，这种"日常生活世界"并没有涵盖"生活世界"的全部，它只是"直觉地被给予的""前科学的、直观的""可经验的"人的物质生存图景。因为，"生活世界之形式的最一般的结构：一方面是事物与世界，另一方面是对事物的意识"③，二

---

① 衣俊卿. 理性向生活世界的回归——20 世纪哲学的一个重要转向. 中国社会科学，1994（2）：115 - 127.

② ［德］胡塞尔. 欧洲科学的危机和超验现象学. 张庆熊，译. 上海：上海译文出版社，1988：58.

③ ［德］胡塞尔. 欧洲科学的危机与超越论的现象学. 王炳文，译. 北京：商务印书馆，2001：171.

者共同构成了生活世界的根本有效性。也就是说，所谓"生活世界"，一是指"日常生活世界"，一是指"精神/意义世界"，而这"两个世界"都是在科学产生之前就在预想中存在的。

因此，在胡塞尔那里，从理想的科学世界向前科学的生活世界的回归，既是向日常生活世界的回归，也是向人的精神/意义世界的回归。为了克服当前存在的科学危机，"我们处处想把'原初的直观'提到首位，也即想把本身包括一切实际生活的（其中也包括科学的思想生活），和作为源泉滋养技术意义形成的、前科学的和外于科学的生活世界提到首位"①。

略有不同的是，自然主义把科学定位在生活世界（life-world），并认为科学知识实际上存在于人类对自身生活的世界所了解的许多事物中，而生活世界知识是无所不在的。这就说明，生活世界是与日常的生活现实直接关联的，生活世界知识甚至就隐藏于现实之中。因此，向生活世界回归，就是要回归到现实之中。更准确地说，就是要回到"既从现实的人出发又以现实的人为归宿"的生活世界，唯有如此，方能科学地指导人们走出当前生存和发展的时代困境，解决科学的危机。

### 3. 多元文化视野中的科学技术

从文化的视角来看，科学总是处于一定的文化境遇之中，其产生与发展都不可能脱离自身所处的时代与文化背景。在这一意义上，可以说，科学是时代文化的产物。与之相应，作为科学应用形式的技术，也总是与特定的文化紧密相关。不同的文化背景、不同的文化选择，决定着技术应用的目的与方向，因而也影响着科学技术的具体形态及其发展趋向。

按照科学技术演进的历史逻辑，科学与技术的发展大体上经历了原始文化时期、近代文化时期、现代文化时期，以及所谓的后现代文化时期这

---

① ［德］胡塞尔. 欧洲科学的危机和超验现象学. 张庆熊，译. 上海：上海译文出版社，1988：70.

样几个不同阶段。从这些不同的历史文化时期来审视科学及其技术发展，将可以更深入地认识科学与技术，并清晰地展现科学及其技术应用在不同时代所具有的鲜明的时代色彩。

原始文化视野中的科学技术。我们今天所说的科学技术，最早是产生于原始人的生存实践，出生于原始文化之中的。当时，科学尚未从巫术、宗教等其他文化传统中分离出来，并成为一种独立的文化形态。科学同宗教、巫术等一样，都是人类在和自然环境作斗争的过程中产生的，是人类征服自然的产物，也是征服的工具。由于生产力水平的落后和人类智力水平的低下，在多数情况下，科学都是与宗教、巫术等纠结在一起的，充满了神秘性的色彩。然而，这三种文化形态都是人类文明发展的产物，对原始人类而言都具有同等重要的意义。如人类学家马林诺夫斯基就把巫术、宗教与科学称为是原始人类的"三角星座"：巫术给了人们面对神秘自然的勇气，宗教促使人们形成了与自然相抗衡的力量，科学则为人们打开通往自然的道路累积了宝贵的经验。科学、巫术与宗教的混杂及其相互作用，几乎构成了原始人类经验性认识的全部。而科学的种子，也就开始孕育在这些原始人类的活动过程中。

相较于科学，技术在原始文化中的产生则要自然得多，可以说是原始人生存实践的必然结果。当科学在与巫术、宗教等的相互交错关系中不断成长，并提升着人们的精神生活水平的同时，"简单工艺的发展、火的发现和取得、工具的改进，却通过一条不那么富于浪漫意味、然而却更加可靠的道路，奠定了科学的另一基础"①。这些体现在人们的现实生活中的、原始人类为捍卫自己生存的权利而发展起来的技艺，构成了作为技艺形态的原始知识，并帮助形成了科学的物质（或技艺）传统。可以说，从原始

---

① ［美］W.C.丹皮尔.科学史及其与哲学和宗教的关系.李珩，译.桂林：广西师范大学出版社，2001：22.

文化的视野来看，科学技术主要体现为以巫术、宗教等为主的精神层面的东西，以及以原始技艺为主的物质层面的东西。它们既是社会进步的产物，也满足着人类生存的基本需要。

近代文化视野中的科学技术。同原始文化相比，近代文化具有了更多的科学与理性的色彩，而科学技术也相应地成长并发展起来了。文艺复兴与宗教改革之后，近代科学逐渐冲破宗教与教会的压制与束缚，在备受禁锢的中世纪思想文化领域破土而出，开启了人类文明史上新的一页。科学由此而产生并取得了不少的成就，技术也相应地不断成长与进步着。启蒙以降，理性、自由、平等与进步等思想成为人类活动的新的指导原则，而科学与理性则成为人类追求自由、平等与进步的最有力手段。特别是 18、19 世纪以来科学的大发展及其在生产领域广泛的技术应用，科学—技术—生产一体化趋势的增强，科学与技术一起，成为人类获取财富、提高生活水平的工具与手段。因此，从近代文化的视野来看，当科学与理性逐渐消除了人类自原始时代以来的蒙昧、神秘与丰富多样性的成分，它便推动着整个人类进入了一个新的文明时期；与此同时，科学与理性成为人类文化的基本特征，曾经为了生存的需要而存在着的科学技术，如今也具有了新的使命——为人类谋福利。

现代文化视野中的科学技术。从不太严格的意义上来讲，现代文化与近代文化可以看作一种工业文化，它视科学文化为主流文化，并以此来寻求人类文明的进步与发展。略有不同的是，现代文化比近代文化发展得更为成熟，其中所蕴涵的文化要素也更为复杂、多样。当人类进入现代时期，科学及其技术应用的成果日益显著地表现出来，科学文化的优越性也逐渐得到了人类的普遍承认，并被当作人类最优秀的文化成果之一。但与此同时，科学的主流支配地位以及技术应用所引发的负面影响的不断显现，却使人们开始怀疑科学技术的优越性与有效性。一种现代性的悖论由此产生了：科学的范围、规模与深度的扩大推进着人类文明的发展，其所涉及的伦理道德问题，以及技术应用的负面后果却又似乎在损害着现代文明的进程。可以说，对于现代文化视野中的科学技术，人们是充满了困惑的，它到底是促进社会生产进步的手段，还是毁灭人类的工具？然而，科学并非纯粹，这一点是毋庸置疑的。

后现代文化视野中的科学技术。后现代文化，或称后现代主义文化、后工业社会文化、信息社会文化、晚期发达或跨国资本时期文化、后资本主义文化等，它是对现代文化的一种反叛与扬弃。严格说来，后现代文化并非是完全居于现代文化之后的，而是在现代文化的土壤中产生，同时又与其并存的一种新兴文化。它兴起于对现代工业社会所面临的各种社会问题的思考，并力图否定、超越现代时期的主流科学文化；在对科学的观念上，它反对基础主义、本质主义、理性主义以及中心主义的思想倾向，并宣称科学已在"现代时期的终结"之处。在那些后现代主义的思想家看来，"科学本身不仅是现实主义的，力图表述事物的本来面目；而且还是帝国主义的，决意提供唯一真正的表述。毕竟，科学一词的含义是知识；'科学'所不予承认的东西在我们的文化中便不被认为是知识"①。因此，在后现代文化的视野中，科学与技术既不同于原始文化时期的蒙昧与神秘状态，亦不同于近现代文化时期的功利性与工具性特征，而是要质疑现代科学的客观性、普遍性、一致性等特征，转而寻求一种多元化的发展与向整体性的复归。

如果从科学技术产生、存在或发展的地域特征来看，可以有东方科学与西方科学、殖民主义科学与后殖民主义科学，以及不同宗教、民族文化视域中的科学等。我们通常所说的科学，主要是指在西方文化语境中产生

---

① ［美］大卫·格里芬. 后现代科学：科学魅力的再现. 马季方，译. 北京：中央编译出版社，2004：8.

并发展起来的近现代科学。在今天，它早已越出西方文化的范围，成为各国、各地区谋求发展的重要途径，并受到普遍的尊重与重视。作为人类的一种特殊文化与文明成就，这种科学具有客观性与普遍性的特征，其结果与应用是不受时间与空间的限制的。也就是说，就一般性的科学而言，它是普遍的，不存在东方文化、西方文化等等的区分。

不可否认，从西方文化的土壤中孕育而生的科学，就必然带着西方文化的印记。诸如注重分析求证、逻辑演绎的理性思维，注重批判怀疑、求实创新的科学精神等，甚至被当作是以近现代科学为代表的西方文化的基本特征。然而，在不同的生存境遇与文化背景中，科学技术必然会吸收不同文化中的有益成分，并基于不同的文化传统而影响其未来发展，从而也造就了不同文化视野中的科学技术。例如，当科学（这里指近现代西方科学）在 19 世纪传入中国以后，它便在中国传统文化的土壤中成长与发展起来，并具有了某些中国传统文化的特征。将中国传统文化中的整体性思维与辩证性思考模式等同西方科学相结合，发展具有中国特色的科学技术，进而推进整个社会的进步与发展，便成为我们在科学技术问题上的基本指导原则。进入东方文化视域中的科学技术，结合了中国传统文化以及具体的国情实践，因而具有了不同于西方文化背景下的分析性思维的文化特色，更为丰富、充实且多样。

由此看来，科学技术作为一种特殊的人类文化，固然具有客观性与普遍性的特征；然而，这种普遍性并不影响科学技术的多样性及其多元化发展。相反，积极吸取不同传统与文化中的有益成分，并发展具有自身特色的科学技术，是各个国家、各个地区在科学技术发展过程中所必须注意的。

# 第十四章　普遍性与地方性

在科学的知识特性这一问题上，普遍性与地方性是两个极端。传统观点强调科学是普遍的、统一的、完全的，以普遍性的追求为最终价值指向；当前的另类观点则主张科学所具有的地方性、个体性的特征，以地方性特征的探究为主要任务。如何在这两种看似截然不同的价值追求之间找到一个平衡点，是科学在发展过程中尤其需要注意的。此外，科学在人类文化中的地位也在这一过程中发生着嬗变，普遍性与地方性的特征各自究竟是如何影响到科学的文化地位的，在传统与现代之间究竟有着怎样的关系？这也是很值得关注的。

## 一、普遍性与地方性的关联

科学究竟是普遍性真理，抑或是一种地方性知识？对这一问题的解答，已成为近些年来科学哲学领域关于科学性质争论的焦点。当然，要使争论良性展开，首先要明确何谓科学的普遍性或地方性，科学又何以成为普遍性或地方性的。

## 1. 科学的普遍性

普遍性是与客观性密切关联的一个重要科学特征和原则。同客观性一样，它也是传统科学观的一个核心概念，且常常用来作为科学之优越于其他非科学文化形态的重要表征。那么，何为科学的普遍性呢？

按照默顿的观点，普遍性在科学的精神气质中是居于首位的，并与公有性、无私利性以及有组织的怀疑态度共同构成了现代科学的精神气质。科学的普遍性首先表现为，"关于真相的断言，无论其来源如何，都必须服从先定的非个人性的标准：即要与观察和以前被证实的知识相一致"。在这一意义上，"被科学证实的表述涉及的是客观的结果和相互关系，这种情况是与任何把特殊的有效性标准强加于人的企图相冲突的"①。由此来看，普遍性在根本上就是一种非个人性特征，同时也包括了科学的国际性以及实际上的匿名性等相关特征。普遍性的另一种含义，是指各种职业应"对有才能的人开放"。也就是说，每个人都应该有平等的机会去争取科学上的成功，评价应建立在当事人工作的质量之上，而不应有任何偏重。这样，默顿就将科学的普遍性区分为知识的层面——科学作为一种知识系统的普适性，以及社会学的层面——科学作为一种社会制度应具有普遍性，两种不同意义上的普遍性。

在科学领域，一般也是从认识论和社会学这两个层面来认识科学的普遍性的。从认识论上来讲，科学普遍性指的是遵循普遍性的科学方法而获得，并以数学的语言和理论术语加以表达的科学理论与科学成果，在每个人那里都可以获得同样的理解；而与认识对象的客观一致和可检验性，则为此提供了保证。但正如前面对客观性的分析中所提到的，个体的、主观

---

① ［美］R.K.默顿.科学社会学：理论与经验研究（上）.鲁旭东，林聚任，译.北京：商务印书馆，2003：365-366.

的因素在科学认识的过程中总是不可避免地发挥着一定的影响，可重复性与可检验性只是保证了科学以事实为依据的客观性，并不能确保绝对的客观性。同样，没有特殊性和差异性的绝对普遍性，在科学认识中是不可能实现的。因此，从认识论层面看，科学的普遍性所表达的并不是一个事实，而是一种理想和追求，这一理想成为现实的可能性很大程度上取决于人类所掌握知识的多少。从社会学的角度看，科学的普遍性要求人们平等地享有进行科学研究、发表学术见解的权利，"给予科学的贡献不能因为种族、国家、宗教、社会地位或者其他不相关的标准而被排除在外"。"尽管科学对外行而言也许是精英的、谋私利的，然而科学共同体热衷于民主公平地对待它的成员"[①]。它同时还意味着，科学不属于上层建筑和意识形态的范畴，坚持的是科学的实践标准，因而是自由和独立的，这与科学的真理性和客观性直接相关。

　　普遍性在科学中的地位无疑是很重要的。可以说，科学之所以迅猛发展并成为推动社会发展的第一生产力，普遍性功不可没。在某种程度上，正是科学所具有的这种"科学无国界"的普遍性精神，促使科学在其技术应用的推动下获得了不断的进步。特别是，"当正确地强调内在动因对文化和社会发展的价值时，当正当地突出差别对共同的文化财产带来的丰富内容时，当社会集团、语言和组织机构的特殊性作为人类的不可放弃的集体长处显露出来时（人类有史以来第一次——正是由于科技活动的结果——能够和应该以普遍团结的方式考虑自己的命运），科学的普遍性显得尤其重要"[②]。同时，科学的普遍性不仅在实践层面发挥着重要作用，对于知识的进步和发展也是十分有益的。如查尔默斯所言，

---

　　① ［英］齐曼. 真科学：它是什么，它指什么. 曾国屏，等，译. 上海：上海科技教育出版社，2002：47-48.

　　② ［西班牙］马约尔. 不要等到明天. 吕臣重，译. 北京：社会科学文献出版社，1993：193.

"无论我们把科学看成是物质控制还是其提供的理解，普遍性都是其独具的特点之一"①。正是理论的普遍性使得科学截然区别于并且远远强大于中世纪技术；也正是科学引导我们改进了实际控制物质世界的手段，在电脑、心脏移植和核动力的当代世界，这是很难否认的。他还将物理科学的目标界定为普遍知识的建立，并认为普遍性之可以作为科学追求的目标是因为，"科学能够是，而且常常已经是并且现在也是，以一种服务于知识生产的旨趣，而不是以从属于其他个人的、阶级的和意识形态利益的方式来实践的"②。

但是，这并不意味着科学的普遍性就是纯粹的、没有任何条件和限制的，也不意味着我们可以将其无限地放大。相反，过度地强调科学的普遍性特征，对于科学的发展而言并不是一件好事，因为这将会压制科学的独创性并可能造就一个抽象的单一世界。传统科学哲学关于普遍性的看法就是一种普遍主义的观点。它将普遍性看作科学本身就具有的先天品质，反对将科学描述为地方性的、实用性的能知，并主张科学知识是去除了语境性指涉的，能够扩展到实验室之外并无条件地适用于所有领域。

近年来兴起的关于科学知识地方性的认识，极大地挑战了这一普遍主义的观点。其中，最具代表性的是社会建构主义及科学实践哲学进行的微观科学研究。在他们的观点中，普遍性并非是科学知识的先天性质，而只是通过标准化这一策略拓展到实验室之外获得的一种"地方性的普遍性"（local universality）。如美国科学哲学家劳斯就将普遍性视为一种"标准化"，即科学问题、工具、程序和结构的"标准化"。其目的一方面实现事物自身的转换，从而在最初的实验室场景之外变得可用；另一方面则是发展更加普遍的解释，以便为外行人所接受。在这里，普遍性不再是无条件

---

① ［澳］查尔默斯.科学及其编造.蒋劲松，译.上海：上海科技教育出版社，2007：29.
② 同①42.

的，而是地方性知识"标准化"的结果。

从建构主义角度出发对科学知识的普遍性与地方性进行研究，已成为当前关于科学知识性问题讨论的主题，这有助于帮助人们形成新的关于科学普遍性的认识。因此，要全面、准确地认识科学的普遍性，还需要了解科学知识生成过程中所体现的建构性和地方性特征，并在此基础上明确这两种特征之间的关系。

**2. 科学知识生成的建构性**

科学知识的建构，主要涉及宏观层面的社会文化建构与微观层面的实验室（或情境）建构两大方面。在前面从社会文化层面对科学认识语境的分析中，我们已经简要说明了科学知识的社会建构特征，以下将主要从微观层面加以说明。

与传统科学观将科学完全看作是一种"发现"事实的活动不同，建构主义视角的观点认为科学是一个建构科学知识的过程，自然在其中不再是被动的待发现者，而是积极参与整个知识的生产过程。在具体的知识生成过程中，科学知识的建构性主要体现在实验室这一"建构现象之微观世界的场所"① 中，而且，科学的进步在很大程度上是与科学家成功地建构新现象相一致的。

作为 SSK 的重要代表人物之一，卡林·诺尔-塞蒂纳的观点颇受关注。在其经典著作《制造知识——建构主义与科学的与境性》中，她力图表明，不仅科学理论是由科学家建构的，而且连作为科学知识坚实基础的科学事实也是被科学家在实验室中建构起来的，这种建构渗透着决定。在她看来，科学知识的生产过程是建构性的，而非描述性的；是由决定和商谈构成的链条。具体地说，"科学成果从与境方面说是特定的建构，这些

---

① ［美］约瑟夫·劳斯. 知识与权力——走向科学的政治哲学. 盛晓明，等，译. 北京：北京大学出版社，2004：106.

建构带有创造科学成果过程的境况偶然性和利益结构的标志，没有对这些建构进行分析，就不可能充分地理解这些科学成果"①。更进一步，可以将这种科学知识的建构区分为前后相继的两个过程，即实验室中知识的建构（或称"科学事实的建构"）与科学论文的建构。

实验室中知识的建构，即研究的生产与再生产过程。建构主义者一般都不承认存在原初的、裸露的事实，也不承认存在科学客观性和实在本身这样的事实，而主张事实是实验室中建构出来的。如塞蒂纳认为，实验室中知识的建构渗透着决定，具有很强的与境偶然性和不确定性；科学嵌入在社会与境之中，科学家的决定也成为这一与境的一部分。也正是在科学知识被重新建构的复杂过程中，科学一方面具有了"创新"的能力，另一方面也越来越能够建构和重建自身。因而可以说，科学事实是科学家在实验室中建构出来的，这一过程的实现，主要是通过决策、商谈、话语互动等主要机制来进行的。拉图尔和伍尔加也通过对实验室生活进行实地考察，并对其中的谈话进行话语分析后，认为由实验室产生出来的"科学事实"是科学家根据科学仪器的标记构造出来的，是"人工事实"。

科学论文的建构则主要涉及从初稿到终稿的复杂建构过程。其中，发表后的论文往往是作者与这一论文所面向的某些读者共同造就出来的多重混血儿；而且，发表的论文从最终一词的任何合理意义上来说，都不是最终的作品。"科学论文不仅'隐瞒，而且主动不实地描述'实验室里发生的情况"。因此，发表的论文即作为终稿的论文往往掩饰了文学意图，掩饰了作者与其他人之间进行的商谈，掩饰了权力的干预。在这里，利益的融合与分裂始终发挥着重要作用。因为，"实验室的选择不仅为那

---

① ［奥］卡林·诺尔-塞蒂纳. 制造知识——建构主义与科学的与境性. 王善博，等，译. 北京：东方出版社，2001：8-9.

些将研究确立为资源的科学家们预先设定了一种利益的融合，而且也为其他研究活动本身依赖于其资源的那些科学家们预先设定了一种可能的利益分裂"①。

从实验室中这种建构性活动的具体发生来看，它主要是通过两种不同的形式来实现这一结果的：

第一，通过实验室中的隔离、介入和追踪等一系列科学实践，科学活动的对象在一致的情景中得以建构，并从其他影响中分离出来。其中，隔离是对实验室诸要素进行"内部"隔离，从而把实验和任何相关的外部因果影响隔离开来，以便于我们用特定的方式操纵它；介入是有意把具有因果效力的新对象或系统性环境引入到控制环境中，从而创造出新的研究领域；追踪则涉及从建构之初对整个实验进程的控制。"追踪不仅仅是监视实验的结果，更主要的是监视事情的正常运作。对实验进行设计，以便让人能够全程追踪，是实验过程的重要组成部分。实际的监控活动与其说是主题性的知觉行为，不如说是对事件的整个过程的寻视性关注。"② 通过对实验对象进行的这样一系列的操作，就建构出一个具有某种人的规定性的非自然对象。在实验室中对这一对象进行认识所获得的科学知识，因而也就是关于经过人的干涉的建构性对象的认识。

第二，科学知识的建构性还体现在通过"创造"新的原本不存在的实验室认识对象，从而获得科学知识这一方面。当前关于科学知识的研究已经表明，很多科学知识都不只是"发现的"，更多是在实验室中"生成的"。塞蒂纳同意巴斯卡"先验实在论"关于科学的构成性作用的说法，认为"实验者是被创造的一系列事件的因果活动者，事件之间的关联不是

① ［奥］卡林·诺尔-塞蒂纳. 制造知识——建构主义与科学的与境性. 王善博，等，译. 北京：东方出版社，2001：226 - 227.
② ［美］约瑟夫·劳斯. 知识与权力——走向科学的政治哲学. 盛晓明，等，译. 北京：北京大学出版社，2004：107.

被预先提供给我们，而是被我们创造出来的"①。同时她还指出，"对实验室的研究已经表明，科学对象不仅技术性地在实验室中被创造出来，而且符号性、政治性地被建构。……在达到目标的过程中，研究不仅'干预'了自然界，而且也深深地'干预'了社会。……科学成果已终于被看做是文化实体而非由科学'发现'的、纯粹由自然所赋予人们的东西"②。可见，科学知识生产过程所"创造"的，不仅包括科学认识的对象，它同时还创造了对象之间，以及对象与其他事物之间的联系。而所"生成的"科学知识，就是关于这些创造出来的对象与关联的建构性知识。

建构主义者从实验室实践出发对科学知识生成过程的考察，无疑加深并拓展了我们关于科学知识的理解与认识。然而，对科学知识建构性的过分强调，对科学客观性与普遍性的质疑，也使其面临滑向相对主义的危险。

此外，通过在微观层面对科学知识生成过程中建构性的研究（当然还包括宏观层面对科学知识的社会文化建构性的关注），不仅强调了科学知识的建构性，也引发了对科学知识的地方性的思考。

### 3. 科学知识的地方性及其意义

地方性是与普遍性相对立的科学特征。通过对科学知识的建构性特征的分析，建构主义者得出了科学知识是具有地方性的这一结论。因此，科学知识的地方性特征，首先就是由其生成过程中的建构性所决定的。

关于科学知识建构性的分析已经表明，实验室的建构本身就是一种地方性的建构。作为在实验室中生产出来的科学知识，因而也必然带有地方性的印记。

---

① ［奥］卡林·诺尔-塞蒂纳. 制造知识——建构主义与科学的与境性. 王善博，等，译. 北京：东方出版社，2001：5.

② 同①中译本序言 3.

在不同的哲学语境中"地方性知识"往往含义不同。一般来说，其含义可分为三种："'殖民化的'（与'西方的'相对应）、'前现代的'（与'现代的'相对应）和'情境化的'（与'普遍性的'相对应）。科学实践哲学中的地方性主要是第三种含义，意思是说知识总是在特定的情境中生成并得到辩护，因此我们对知识的考察与其关注普遍的准则，不如着眼于如何形成知识的具体情境条件，这些特定情境包括特定文化、价值观、利益和由此造成的立场和视域等等。"① 劳斯明确指出："从根本上说科学知识是地方性知识，它体现在实践中，这些实践不能为了运用而被彻底抽象为理论或独立于语境的规则……科学与其说是关于孤立事物的去语境化的认识，毋宁说是必须在上手的工具世界中经过深思熟虑的把握"②。这是因为，在通过隔离、介入和追踪等实践制造或改造现象的实验室操作中，总是反映出知识生产的地方性的、偶然的、有特性的情景。若从实验室实践以及知识生产的具体过程来看，这种地方性特征表现得更为明显：首先，"地方性的实验室场所是科学的经验特征得以建构的地方，而这样的建构是通过实验人员的地方性、实践性的能知来实现的。实验室里产生的知识被拓展到实验室之外，这不是通过对普遍规律（在其他地方可以例证化）的概括，而是通过把处于地方性情境的实践适用到新的地方性情境来实现的"。其次，科学话语及其评价也是地方性的，"同样隶属于特定的社会情境。通过在行为上能自我决断的科学共同体内部的磋商，科学主张获得了意义和知识论地位。合理的可接受性标准随着科学主张出现于其中的情景和支配它们的实践旨趣的不同而改变"。此外，科学知识的运用也"涉及地方性的、存在性的知识，它处于对制度、社会角色、工

---

① 刘大椿，赵俊海．科学哲学的经验主义新建构．中国社会科学，2016（8）：47－65．
② ［美］约瑟夫·劳斯．知识与权力——走向科学的政治哲学．盛晓明，等，译．北京：北京大学出版社，2004：113．

具和实践的塑造的寻视性把握之中，使科学成为我们世界中的一种可理解的活动"①。

塞蒂纳同意劳斯关于科学"必须在上手的工具世界中经过深思熟虑的把握"的观点，并且认为实验室中"自我—他人—物的重构是地方性的重构"。这一"重构"既表明了实验室的力量是地方性事物的力量，同时也意味着"伴随着地方性的方法和资源的重构，伴随着周围的仪器、现有的化学材料、现场所提供的技能和经验的重构"②。因此，实验室的选择是当地的，它既依赖于研究的语境，又依赖于具体的研究。很多研究都表明了这一点。例如，对地方性材料的依赖性和依附性、仪器和化学材料的替换，以及地方性的事件或材料所暗示的"思想"等都可以证明这种研究的"机会主义"。此外，塞蒂纳还对传统普遍主义者引以为傲的科学方法进行了"地方性"的说明。在她看来，"科学的方法"并不是一种非当地的普遍性范式，而是"一种当地性定位和当地性扩散的实践形式。科学方法是与境孕育的，而不是元与境的。而且，它正如同社会生活的其他形式一样，也可以被视为根植于社会行动的场景之中"③。

除微观实验室层面的科学知识的建构可能导致科学的地方性外，在宏观的社会文化层面，科学所由以产生的特定的社会文化背景也同样会产生科学的地方性。尽管传统的科学观点极力排除各种社会因素的干扰以确保科学的客观性与普遍性，却也无法避免科学知识产生过程中的地方性的社会文化影响。从研究问题的选择到最终的知识建构，科学知识的产生、发

---

① ［美］约瑟夫·劳斯. 知识与权力——走向科学的政治哲学. 盛晓明，等，译. 北京：北京大学出版社，2004：129 - 130.

② ［美］希拉·贾撒诺夫等. 科学技术论手册. 盛晓明，等，译. 北京：北京理工大学出版社，2004：121.

③ ［奥］卡林·诺尔-塞蒂纳. 制造知识——建构主义与科学的与境性. 王善博，等，译. 北京：东方出版社，2001：88.

展都与一定的社会文化条件是分不开的，因而总会受到其所产生的社会文化环境的影响，并深深打上其所产生社会的印迹。从一定意义上可以说，科学知识本身就是特定社会的文化产物，就是文化的一种反映。

哈丁从后殖民主义和女性主义的视角进行的社会文化分析表明："知识体系总是'地方性的'，呼应并承载着利益和关切的印迹；这种利益和关切，有可能可以，也有可能无法为其他文化中的人们所分享。幸运的是，这其中足够多的部分通常是能够共享的，并且能够促进不同文化体系之间富有成效的对话和有用信息的交流。同样幸运的是，我们现在开始意识到，那些文化差异往往具有组织知识生产之工具箱的功能，而并不仅仅扮演传统科学哲学所描述的牢笼的角色"。也正是在这一意义上，"与其他文化的系统知识传统一样，现代科学技术从若干重要方面看也属于地方性的知识体系"①。

可见，实验室的微观研究和社会文化层面的宏观分析都已表明，科学知识是具有地方性的。对于长期以来所坚持的科学普遍性的观点来说，这一认识无疑是很具有冲击性的，但同时也为我们理解科学知识提供了新的视角。

因此，科学知识是具有地方性的，这一认识的首要意义就在于，它公然挑战了传统观点——科学主张是"标准化的、普遍有效的"，从而以无可辩驳的事实将科学由"神话"拉回"现实"，这就为限制科学的霸权主义行径提供了认识论的支持与依据，并给予其他非科学文化以生存的权利。同时，其意义还在于，地方性的塑造孕育了特殊的优势和机会，从而使科学对象有了在更广阔的情境中获得更大的成功的优势和机会。此外，更为重要的是，地方性也告诉我们知识来源于实践，而实践是具体的，以

---

① ［美］桑德拉·哈丁. 科学的文化多元性. 夏侯炳，谭兆民，译. 南昌：江西教育出版社，2002：中译文序 1-2，74.

往企图用科学取代地方性的做法，可能会遭受挫折与挑战。总之，对于科学在人类文化中的长远发展以及其自身的知识增长而言，关于科学知识地方性的这一认识是十分有益的。

### 4. 科学是普遍性与地方性的统一

在对科学的普遍性与地方性的认识上，传统科学哲学认为科学主张和程序是普遍有效的，从中可以演绎出多样的地方性特征，而地方性环境仅仅是产生特定结果的偶然因素；与之相反，科学实践哲学与社会建构主义则认为，诞生于实验室中的科学知识并不是普遍性的，实验室中产生的知识被拓展到实验室之外也并非是对普遍规律的演绎运用，而是将一种地方性情境中的知识适用于新的地方性情境中。前者宣称科学认识的标准化和普遍有效性却拒斥其地方性，后者则强调事实建构中所包含的地方性选择以及实验室这一认识发生的环境场所的特殊性。表面看来，普遍性与地方性这两种特点在科学中似乎是不可共存的，但事实却非如此。

首先需要指出，科学的普遍性与地方性特征是不冲突的。如前所述，科学的普遍性并不否认特殊与差异，而是意味着科学基于普遍性规律之上的非个人性以及社会学层面的公平性。事实上，由于科学知识总是产生于特定的社会文化环境中的，其中的地方性和差异性成分自是不可避免的。在这一意义上，普遍性就是建立在地方性基础上的普遍性。这种"地方性的普遍性强调普遍性总是基于实践工作的，并且产生于地方化的协商过程和先前存在的体制的、基础的和物质的联系之中"。同时，"普遍性总是地方性的普遍性。这一地方性的普遍性的实现，依赖于标准如何管理在转化工作实践的同时又以这些实践为基础之间的张力"①。这与劳斯关于地方性知识"标准化"的观点是一致的。然而，"标准化"虽然一定程度上缓

① Stefan Timmermans & Marc Berg, Standardization in Action: Achieving Local Universality through Medical Protocols. Social Studies of Science, 1997 (V.27, N.2): 273-305.

和了普遍性与地方性之间的关系，但由此将科学知识本性看作地方性的却是有失偏颇的。

而且，尽管科学的地方性不可避免且对于普遍性意义重大，却不能否认科学所具有的普遍性。因为，"由特定实验室中产生出来的知识要被科学共同体所接受，不仅离不开标准化技术的运用，而且需要抽象理论的帮助。这些标准化技术实质上是由早期分子生物学实验的抽象理论成果改造为常规工具的结果。最后为科学共同体所接受的知识是一种非情境性的理论表征系统，是普遍性知识"[①]。事实上，正因为科学反映了事实基础上的客观规律性，才可以为全人类所共享和理解并具有对全人类的普适性，确保了其普遍有效性。普遍性仍然是科学之所以为科学的根本特征和内在秉性。这是与科学的客观性本质相一致的。

从文化的角度来看，科学既具有其所产生的地方性，同时又是普遍性的。正如苏珊·哈克所说，"在某种意义上来说，科学在文化上是特殊的：现代科学在特定时间从世界中的特殊区域兴起，而科学要想繁荣，或者甚至想要持续生存，都需要合适种类的文化环境。然而……科学在某种意义上并不是斯宾格勒所想象的以及新犬儒主义者最近再次炒作的那样，仅是众多文化现象中的一种。因为科学仍然是普遍的——在很多意义上都不只是一种：它多多少少是由全人类在某种程度上拥有的探究能力的一种展示和放大；而且，恒久重要的科学发现也可以从地方性的、暂时性的文化努力中产生"[②]。科学不仅是具有普遍性特征的知识体系，同时也总是不可避免地带有其所产生环境的印迹，具有地域性的文化特征。也正因如此，近代科学虽明显地属于欧洲，却也具有超越于西方文化的普遍性。

---

① 马佰莲. 适度坚持科学知识的地方性. 哲学研究，2009 (1)：103-109.
② [美]苏珊·哈克. 理性地捍卫科学. 曾国屏，袁航，等，译. 北京：中国人民大学出版社，2008：348.

科学是普遍性与地方性的辩证统一。"大部分科学知识既是普遍的，又不是普遍的。人为的、抽象的科学知识并非牢固植根于特定的场所，从这个意义上说，它是普遍的。理论知识面对的是理想化的世界；实验室知识的制造要能够祛情境化（decontextualized），能比较容易地从一个地方转移到另一个地方。科学知识的直接范围仅限于人工的、抽象的领域——它正是来自于这样的领域，从这个意义上说，科学知识又不是普遍的，尽管总是有可能拓展"①。普遍性的理想是科学之为科学的最重要表征，但这并不否认各个地区和民族在发展科学的过程中所体现出来的独特性及其意义；同样，科学具有地方性和局域性的特征，也不意味着要否认科学所具有的普遍性。

## 二、中心与边缘的嬗变

自科学成为一种人类文化，它在社会中的地位就迅速地提升，并超越其他非科学的文化形态而成为占据主流地位的文化形态。然而，随着科学中心地位的日益增强，各种各样的批评也接踵而至，多元文化的呼声却越来越高。但科学究竟该位于何处呢？

### 1. 处于文化中心的科学：传统的视点

今天，科学在整个人类文化中都有着非常突出的地位。但科学在人类文化中形成并独立出来，却是经历了一个漫长的历史过程。

在人类文明早期，科学与宗教、神话、艺术、哲学等并未分离，原始混沌的一体化文化就是当时文化的特点；大约到中世纪时期，以宗教神学为中心形成了统一的基督教文化系统，宗教成为了整个文化系统的中心；

---

① ［加］瑟乔·西斯蒙多.科学技术学导论.许为民，等，译.上海：上海科技教育出版社，2007：209.

14 世纪至 16 世纪的文艺复兴运动，则使文学艺术等人文科学成为人类文化的中心，科学开始成长，宗教神学开始走向没落；经过 16、17 世纪的发展，到 18、19 世纪时，科学技术的社会地位就已迅速提升并取得了自己的独立地位。这是因为，一方面，牛顿力学的建立，为人类提供了第一个以数量形式描述自然界因果联系的知识体系，显示了科学理性的巨大力量，从而确立了科学在文化体系中的独立形象；另一方面，由技术革命引起的工业革命把人类社会推进到新的文明时期，显示了科学技术对于社会进步的巨大作用，从而确立了科学技术在社会文明中的独立形象。在 19 世纪里，科学不再躲在经验技术的隐蔽角落辛勤劳作，而开始走在技术的前面，由此开启了科学时代的到来。在之后的一个多世纪里，科学技术的发展较之前更为迅速了，第二次工业革命与第三次工业革命较之前的规模和影响也更大了。可以说，到 20 世纪上半叶，科学及其技术应用的影响已经遍及社会生产生活的一切方面，甚至支配着社会政治、经济与文化的发展。科学所取得的这些巨大成就，是人类文化史上任何一种文化都不曾实现过的。正因如此，科学在社会中的地位迅速提升，不仅受人尊敬，而且成为社会前进的动力。

与人类文化史上其他非科学的文化相比较，科学自然是有其优越性的。"早期资本主义给予科学的刺激，保证新科学对可能来自较旧文化中心各方知识发展上的任何一切，有压倒的优势。事实上，印度和中国，任凭它俩的一些较早文化成就，但从 16 世纪而后一直到现在，并没有任何显著进展。因为被阻于一些资本主义外国的经济和政治侵占，它们没有开出任何晚期的花。从 17 世纪到 20 世纪初期，科学和知识文化成为欧洲的专利，而越来越集中在那些重工业中心。今天我们正看到相反过程开始，即科技广泛地散到各处；这就表示任凭使用一切力量要把它掌握在'西方基督教文明'的主人翁的手里，它的利益仍能被所有不同种族和传统的人们所获取。科学对社会的关系的种种问题，是要从具有束缚力量和解放力量相冲突的今天这个世界里去认识的，不是从任何想象的理想中的和在时间之外的国家里去认识的"①。可以说，作为一种具有普遍性的知识体系，科学在不同文化中都已成为一种现实的力量而发挥着作用了。

当然，对于建构并确立科学在文化中的地位，逻辑经验主义者（或称逻辑实证主义者）仍功不可没。作为科学最忠实的守护者和捍卫者，逻辑经验主义者最早将科学作为哲学思考和研究的对象，并将科学作为人类文化的中心和文明的典范。由经验和证实原则出发，逻辑经验主义者认为：科学是实证的，是关于"事实的证实的认识"；科学的依据是经验事实或观察陈述，观察独立于理论；科学无价值负荷，是价值上中立的；科学的语言是与事实相关的，是表述性语言，因而是认识上有意义的。在逻辑经验主义的视域内，自然科学不仅是唯一种类的科学，而且也是在认识上唯一有意义的文化。他们不仅是用完全逻辑的、实证的观点来审视整个科学，而且也用完全逻辑的实证的观点来审视整个文化，并强调科学的独立性和重要性。由此，从这样一种严格的实证主义出发，逻辑实证主义者为科学构造了一种很强的科学主义的理想科学观，并且坚持一种唯科学主义的基本立场。它强调科学是一种独特的文化，与文学、艺术等其他文化之间有着截然分明的界限；同时拒斥形而上学，坚持科学与非科学文化是截然分属于两个不同世界的。

这样一来，科学就被界定为整个人类文化至高无上的中心，而且是唯一有意义的文化，其他非科学文化都必须以之为标准；科学方法则成为包括人文科学、社会科学在内的一切学科领域所普遍适用的方法。按照这一传统的实证主义科学观，"可检验性""可重复性"等特征似乎确保了科学

---

① ［英］贝尔纳. 历史上的科学. 伍况甫，等，译. 北京：科学出版社，1959：691.

的"客观性"和"普遍性"的完全性与绝对性,"科学的"就是"合理的"。科学实际上被神化了。

后现代主义的利奥塔对此深有感触,他从语用学角度考察科学知识与被他称为叙述知识的非科学知识之间的关系时发现:由于游戏规则不同,二者之间互不理解的事情时有发生,这本属正常。叙述知识形式在实际交流中往往不以论证和证据为主要手段,故而不理解科学话语而对之采取相当宽容的态度,还视之为叙述文化中的一种。但反过来则不然,当科学知识考察叙述知识时,发现后者竟然从来没有经过论证,于是便将之打入另册,认为它完全由公论、习俗、权威、偏见、无知、空想等所构成,处于野蛮、原始、不发达、落后、异化的思想状态,是一些只适合于妇女和儿童的寓言、神话、传说。由此可知,科学主义是何等唯我独尊。罗蒂也指出:自启蒙时代以来,特别是自康德以来,自然科学就一直被看作知识的一个范型,文化的其他领域必须依照这个范型加以衡量。科学在这里成为一种超然独立的事物,唯有它可提供纯粹客观的"硬"事实,自然科学就是所有的真理,其他人文学科只好模仿科学,"亲近"科学,否则就难以占有一席之地。①

结果,不仅科学与艺术、文学、宗教等之间的联系被割裂了,科学的方法也被广泛应用到人文与社会科学领域,即科学的实证方法成为所有学科领域甚至社会生活领域都颇为尊崇的方法。对于文化的长远发展来说,这是很不利的。因为,"中心论的观念根本上有悖于社会系统的互动原则,同时也排除了文化最基本的特征——社会群体的交流活动。文化的性质决定了它与社会系统的密切关联。而文化发生学的模式则揭示了文化的根源置身于群体(社会)中符号运用的扩大和延伸中,就符号作为沟通群体的

① 黄瑞雄. 两种文化的冲突与融合:科学人文主义思潮研究. 桂林:广西师范大学出版社,2000:109-110.

媒介来看，它体现了文化最基本的特征——交流活动，这一活动以集体平等地运用符号为标志，交流的目的只有一个：理解对方及被对方所理解"①。科学的唯我独尊，则从根本上消除了这种交流的可能性。

**2. 科技批判与多元文化的凸显**

将科学唯一地作为人类文化的中心，其所产生的后果已引起人们深深的忧虑。1974 年，联合国教科文组织提交的一份关于科学与文化关系的报告就指出："一个多世纪以来，科学活动的部分在其周围的文化空间内已增长到如此的程度，以致它好像正在代替整个文化本身。某些人相信，这只是由于其高速发展而形成的幻影，这个文化的力线将很快重新申明自己并把科学带回到为人类服务中去。另一些人考虑，最近科学的胜利最终要给它统治整个文化的资格，而且文化之所以能继续被大家知道，仅仅因为它是通过科学装置来传播的。还有一些人，被只要人和社会在科学的支配之下就会受到操纵的危险所吓倒，他们觉察到在远处隐隐出现的文化灾难的幽灵。"②

事实上，科技应用所引发的各种问题，包括伦理问题、价值问题、信仰问题等涉及人类生存意义的最高问题，早已引起人们的关注。出于对人类未来的深远关切，文化与哲学领域中不少知识分子纷纷从社会人文，以及认识论、方法论的角度对科学展开了猛烈攻击。

对科学技术的文化批判最早可追溯至卢梭。早在启蒙时期，他就敏感地意识到，生而自由的人时时处在枷锁之中，而科学是构成枷锁的一部分，从而将科学置于文化的对立面。在他看来，科学的发展是泯灭人性的，它使人性受到压制，将会导致道德沦丧、社会奢侈腐败，以及人与人

---

① 周军. 文化中心论的贫困. 学术月刊, 1995 (6)：38.
② ［比］伊·普里戈金，伊·斯唐热. 从混沌到有序——人与自然的新对话. 曾庆宏，沈小峰，译. 上海：上海世纪出版集团. 2005：32 - 33.

之间的不平等。

继卢梭的批判传统之后，19、20世纪之交的人本主义思想家们立足于当代人类生存状况对科技进行了反思与批判，认为科技的极度发展及其对人的统治使得人丧失了精神生活，更导致文化的堕落和生命的野蛮化。如尼采认为，科技不能为人生提供目的与意义，而只能作为一种工具服从于人生意义的探求；胡塞尔提出"欧洲科学危机"导致了人的精神空虚以及人的价值与人生意义正在丧失；海德格尔则认为现代科技并非是中性的东西，它天然地包含着对自然的掠夺和对人的强制，并造成了人的思维的衰退和人本质的失落。

法兰克福学派可说是20世纪对科学技术进行了最全面而彻底批判的一个群体。首先是对科技理性的批判。如在霍克海默和阿多诺看来，理性使人类摆脱了神话，但理性的现代表现形态——技术理性又在现代生活中制造了新的神话，使得"在通往现代科学的道路上，人们放弃了任何对意义的探求。他们用公式代替概念，用规则和概率代替原因和动机"①。其次是对科学技术进行意识形态与文化的批判。认为科技已成为一种"新的意识形态"，它取代了以往的政治权力而成为一种新的控制形式。如马尔库塞深入分析了科学理性与统治合理性的关系，认为科学与技术本身成了意识形态，其具有的工具性与奴役性起着统治人和奴役人的社会功能，造成了单向度的人与社会；哈贝马斯则强调，科学技术作为新的合法性形式，已经丧失了意识形态的旧形态，而成为一种以科学为偶像的新型的意识形态，即技术统治论的意识。

与人文和社会方面的科学批判相比，后现代主义的哲学家们从认识论、方法论角度进行的批判更突出了对科学作为文化中心的不满以及对多

---

① ［德］马克斯·霍克海默，西奥多·阿道尔诺. 启蒙辩证法. 渠敬东，等，译. 上海：上海人民出版社，2003：3.

元文化并存的追求和愿望。

作为历史主义科学哲学学派的激进代表，费耶阿本德特别强调那些非科学传统的文化地位。通过对科学优越性地位的解构，费耶阿本德抨击了将科学唯一性地作为文化中心的科学霸权主义和科学沙文主义思想，并主张应给各种传统以平等的生存权利。在他看来，无论是从科学的方法还是从研究结果来看，科学都不具有天生的至上优越性。神话、宗教和程序等之所以让位于科学而消失或退化，只是因为当时的情势更利于科学的生存而已。事实上，"只要给非科学的意识形态、实践、理论和传统以公平的竞争机会，它们就可以成为有力的竞争对手，就可以揭露科学的重大缺点"①。而且，科学其实到处在利用非科学的方法和非科学的成果来丰富自己，可是那些常常被看作科学之必要部分的程序却被打入冷宫。因此，"如果科学由于它的成就而受到称赞，那么，神话必须更热烈地受到百倍的称赞，因为它的成就大得无与伦比。神话的发明者开创了文化，而理性主义者和科学家只是改变了文化，而且并非总是改得更好"②。"那些不同于我们的文化并不是一种错误，而是对特定环境的适应性。他们发现了而不是错过了美好生活的秘密。"③ 由此来看，所有其他的文化传统都应该与科学具有同样的地位，拥有同样的生存与发展的权利，作为科学发源地的西方文化并不高于其他民族的文化。

在对科学技术的批判中，后现代主义者特别强调人类文化的多样性和丰富性，以及其他非科学文化与科学的关联及其价值和意义。他们将科学当成是一门解释的学问，认为对同一事实不会有中心、唯一的描述，而是存在着非中心的多元描述；他们质疑并批评传统科学观赋予科学的客观

---

① [美] 保罗·法伊尔阿本德. 自由社会中的科学. 兰征, 译. 上海：上海译文出版社, 2005：125.

② 同①128.

③ [美] 保罗·费耶阿本德. 告别理性. 陈健, 等, 译. 南京：江苏人民出版社, 2002：3-4.

性、普遍性和完备性等，并强调科学的主观性、建构性、可错性这些曾经被置于科学之外的特点；他们反对纯粹用自然科学或认识论的观点、方法与标准来审视和评判人文社会科学及其他文化，认为不同理论是从不同角度对事物的透视，它们之间是"平权"的，不同的理论自有其价值所在，从而坚持了各种不同文化的同等社会地位。如法国哲学家福柯和德里达认为科学不过是一种话语和话语权力，科学知识和别的话语形式相比没有什么优越性；利奥塔认为，科学话语历来被当作元话语，成了衡量其他话语的标准，现在科学知识的这种绝对真理地位已不复存在，它和其他的叙事方式，比如神话、语言、民间传说等话语处于同样的地位。在后现代主义者看来，科学真理与神话、迷信、巫术没有什么区别。

另外，从女性主义和后殖民主义角度对科技的批判也形成了一股巨大的力量。如女性主义者对现实科学活动和科学结构中普遍存在的性别不平等进行了社会、人文的批判，并将此归因于父权制文化中男性与女性、男性气质与女性气质的对立、分离，以及科学与父权制文化的结合所导致的性别化倾向，因而将现实中的科学与人文一同视为男性化的产物，将科学批判与对男性中心文化的批判结合起来。后殖民主义者则针对"东方主义""文化帝国主义""西方神话"和"东方寓言"等西方中心主义观点展开批判，强调意识形态话语批判和文化政治批评，同时主张消解中心性权威、倡导多元文化。这些对科技的批判虽然过于极端并含有反科学的意味，却也为倡导多元文化的并存提供了支持。

可以说，正是在对科学的各种批判声中，特别是在后现代主义者对科学的文化霸权主义行径进行揭露与批评的过程中，科学作为当代社会唯一主流文化的中心地位开始动摇了。与此同时，神话、宗教、迷信、艺术、哲学等前现代的东西以及非科学的文化形态再次进入人们的视线，开始得到重视和强调。从此，人文文化也成为人们关注的焦点，并与科学文化共生于多元文化并存的时代背景之中。

**3. 捍卫科学中心地位的努力**

面对来自各方面的对于科学技术的批判与质疑（主要是来自人文主义立场的以及后现代性质的批判），科学阵营中广大的拥护者们并非消极接受，而是扛起理性的大旗，努力捍卫科学在社会中的地位。

1994 年，美国生物学家格罗斯与数学家莱维特发表了《高级迷信——学界左派及其与科学之争》一书，对以后现代主义、文化研究和科学研究名义而出现的科学元勘（science studies）思潮进行猛烈抨击，由此拉开了科学家们科学保卫战的序幕。1995 年夏，科学家、社会科学家和其他学者被广泛地联合起来，由纽约科学院赞助在纽约举行的"飞离科学和理性"会议是其中效果最突出的。然而最极端的表现，却莫过于 1996 年那篇"索卡尔诈文"了。索卡尔之所以写那篇诈文，目的就是想与当时处于相对主义思潮下的文化研究和"科学元勘"展开较量，力图保卫科学的特殊地位。"这场科学保卫战的目的，正如索卡尔所说的那样，是保卫科学、真理、客观性、逻辑与科学的方法，反对从社会学角度对科学进行歪曲，同时，认为这些科学元勘学者没有能力对他们所涉及的科学领域进行充分的分析。"① 结果，文章一出现，就立即触发了一场席卷全球的由科学家、持实证主义立场的哲学家组成的科学卫士与后现代思想家之间的"科学大战"（science wars）。

科学大战可说是科学的捍卫者与批驳者之间所爆发的最激烈、最广泛的对抗，也是科学与人文两种文化之间矛盾的集中体现。其真实内容是科学家力图捍卫作为一种进步的文化力量的科学，正视科学的社会价值，恢复科学的社会地位。1996 年"索卡尔事件"后，这场论战通过遍及全球

---

① ［美］索卡尔，等."索卡尔事件"与科学大战. 蔡仲，等，译. 南京：南京大学出版社，2002：编者前言 4.

的新闻媒介广泛报道,已经引起了大众的注意,涉及科学的本性,科学真理的客观性和理性,科学方法,科学技术与政治、军事、经济等社会因素之间的关系诸方面。众多科学家(如物理学家、生物学家、数学家、化学家等)纷纷投入保卫科学和理性的斗争,而包括科学社会学、STS、女性主义、后殖民主义、生态哲学、科学伦理学等在内的"科学的文化与社会学研究"者们却也不断地借助"外部的社会因素"来"解构"科学合理性,甚至试图消解科学的客观性和真理性。这是一场真正意义上的科学与人文的大冲突。

在某种程度上,这场捍卫科学的论战所体现的是关于科学的文化内涵上的冲突。即后现代—相对主义者—建构主义者认为科学仅仅是一种文化或者共识的观念,与科学是一种特殊的、理性的文化观念的对立。对科学卫士而言,"科学代表了文化的一个关键的重要方面并且体现出重要的社会价值,他们感到科学的这种优势正在受到威胁";人文主义者却认为,"科学并不是一种合理性的解放力量,它事实上被权威的教条所限制,或者代表了一种如同福柯所描述的压制性的知识权力体系"①。不同的立场和态度,由此造成了双方的互相攻击。

目前,经过数十年的论战之后,捍卫者与批驳者都冷静了许多,双方也不再是剑拔弩张,而是寻求停战并进行对话和交流。如学术左派已经认识到,"西方本土的知识需要其他类型的知识的补充,例如其他的本土的和传统的文化。就鲁斯而言,真正需要的是'以人为本的科学'"②。分析、总结关于"科学大战"的各种观点之后,拉宾格尔和柯林斯(前者是科学家,后者是社会学家)的结论是:"科学是一种获得了巨大成功的理

---

① [美]奥利卡·舍格斯特尔.超越科学大战——科学与社会关系中迷失了的话语.黄颖,赵玉桥,译.北京:中国人民大学出版社,2006:115,117.

② 同①125.

解世界的方式，而不是一个完善的'世界观'。我们坚信科学是至今为止解决许许多多问题的最好方式——但是，这些问题并非所有的问题，并且也不一定是最重要的问题。"① 可以说，科学批驳者已经不再那么"张狂地"反对科学了，消解科学也已不再是他们的最终目标。

在科学卫士一方，捍卫科学的方式和态度也温和了许多。他们虽然在基本立场上依然是为科学辩护的，却更倾向于以一种温和的方式来维护科学的地位。他们不再简单地一味宣称科学的完美无误和神圣优越，而是在承认科学所具有的不完美性和可能错误的前提下，来捍卫科学在文化中的地位。如阿伽西坚持科学是最富合理性的理智活动，但不是唯一的理智活动；既肯定科学的独特性在于系统地理解事物，并且对自身创造的成果保持坚忍不拔的批判态度，又承认科学作为人类文化之一的地位。他既反对科学主义，也反对相对主义，却是倡导一种深思熟虑的多元论批判理性主义。

在苏珊·哈克看来，科学既不是神圣的，但也不是骗取信任的把戏；无论如何，在所有的人类认知事业中，自然科学确实是最为成功的；科学既是一件理性的事业，也是一件社会的事业；科学是人类能力的表达，它的目的是寻求实质性的、有意义的、说明性的真理。以一种温和而折中的方式，哈克在基本立场上毫不掩饰（相对于宗教）对科学的理性认识方式的赞美，却又坚持科学并不是探究的唯一合法形式，也不是真理的唯一来源；她承认现代科学所具有的优越性，却又认为这绝对不是一种只是为了表达对现代科学而非传统非科学实践的文化优先选择；她承认科学所带来的真实的好处，却也看到了科学所带来的真实的缺陷和危险。因此，科学虽然是有价值的，却不意味着不存在其他价值，也不意味着科学的进步总

---

① ［美］杰伊·A. 拉宾格尔，哈里·柯林斯. 一种文化？：关于科学的对话. 张增一，等，译. 上海：上海科技教育出版社，2006：352.

是高于一切。但是，在哈克看来，"虽然科学是易错的和不完美的，但它却是人类心智极力拓展其认知潜能的展示"①。

总的来看，当前科学卫士与后现代思想家阵营在关于科学的认识上态度都缓和了许多。虽然双方有关科学的观点依然有很大的差异，但前者已不再极力为科学争取绝对的中心优势地位，后者也不再一味批驳科学并试图消解科学。让宗教、文化、艺术等非科学文化与科学一样享有平等的生存权利，倡导多元文化形态的和平共处、兼容并收，成为当前双方共同的愿望。

### 三、中医、风水及其他

在国内学者关于科学的普遍性与地方性特征的讨论中，中医、风水等在中国传统文化中成长起来的事物尤为受到关注。那么，它们具有怎样的科学性呢？我们又该如何看待这些传统文化与现代科学的关系？

**1. 中医的地方性与普遍性**

中医（traditional chinese medicine）即中国传统医学，是在中国传统文化背景下、在古代朴素的唯物论和辩证法思想指导下，通过长期医疗实践逐步形成并发展成的医学体系，承载着中国古代人民同疾病做斗争的经验和理论知识。

中医作为中国古代人民在东方古文化背景的土壤中进行积累和总结而获得的经验和理论知识，作为通过长期医疗实践逐步形成并发展成的医学理论体系，并在中国特定的文化情境中得到实践的辩护，无疑是一种地方性的知识体系。吉尔兹在人类学领域提出的地方性知识主要是指那些与地

---

① ［美］苏珊·哈克.理性地捍卫科学.曾国屏，袁航，等，译.北京：中国人民大学出版社，2008：334.

域和民族的民间性以及认知模式相关的知识。科学实践哲学指出，由于知识生成和辩护过程具有特定情境，知识的本性就具有地方性。因此，当我们谈及"地方性知识"时，"不是指任何特定的、具有地方特征的知识，而是一种新型的知识观念。'地方性'（local）或者说'局域性'不仅是在特定的地域意义上说的，它还涉及在知识的生成与辩护中所形成的特定的情境（context），包括由特定的历史条件所形成的文化与亚文化群体的价值观，由特定的利益关系所决定的立场和视域等"[①]。由此看来，生存于不同地区、不同社会文化背景下的人们，必然会用不同的方式来认识和解释他们所生存的世界以及所面临的问题，并因而创造出依赖于其生存环境的"地方性知识"。

中医的这种地方性知识品格，主要体现为其强烈的民族特性。"中医理论中，有很多概念和理论原则往往是古代哲学的直接应用或引申，如阴阳、五行、太极、元气等等，这些非医学范畴一直成为概括总结医学经验的模式，这就是客观普遍的医学经验在上升到理论形态时，带有特殊的民族传统文化特点的历史逻辑。除了哲学外，中国传统文化的其他方面知识，也曾大量引进中医学。如天文、历法、气象知识进入中医，产生了五运六气、子午流注学说。甚至宗法传统、伦理道德和宗教观念，也曾渗入中医学之中。总之，古代传统的哲学、科学、伦理、宗教等各方面知识，不仅渗透影响且直接参与了中医理论的建构过程，并历史地成为中医理论的组成部分。"[②] 例如，经络学说和针刺手法体现了中国传统的思维特征，辨证施治体现了中国文化中的"易学"传统，望闻问切则体现了中国重经验的文化传统。

作为影响我们生活几千年的医学体系，中医不仅有其独特的民族性和

---

① 盛晓明. 地方性知识的构造. 哲学研究，2000 (12)：36 - 44.
② 常存库. 中医科学性与民族性散论. 医学与哲学 (人文社会医学版)，1987 (11)：15 - 17.

地方性，而且也反映了普遍的生老病死规律，所以是普遍有效的。

从理论基础上说，阴阳五行学说作为中医的理论基础，贯穿于整个中医理论体系的各个方面。就阴阳而言，中医将人体看作一个对立统一的整体，并用阴阳学说来说明人体的组织结构、生理功能、病理变化，以指导临床诊断和治疗；阴阳既代表两种对立的物质属性，又表示两种对立的特定的运动趋向或状态。就五行而言，木、火、土、金、水五行相生相克这一学说不仅便于说明错综复杂的自然界事物及其相互关系，运用五行相生相克的学说指导防病治病，也取得了良好的效果。因此，"虽然阴阳、五行、元气等概念没有具体的实体，却并未否定它作为指导思想的价值。尤其在古代医学与哲学及其它各类知识含混不分的情况下，它有力地引导了中医摆脱巫教，不可低估其历史必然性和合理性"[1]。"阴阳五行"所隐含的关于事物发展变化的普遍规律，在中医学中也是普遍适用的。

从实际效用来看，中医的效果虽然没有达到西方医学那样的普遍性，但其普遍效用却得到了众多华人的认同，且正在逐步走向世界。例如，"《神农本草经》中记载青蒿可以治疗疟疾，中医沿传了两千年，青蒿的截疟作用曾经被无数医家的实践所证明。建国后从青蒿中提取青蒿素，用于疟疾的治疗，曾被中华医学会和中华全国中医学会等共同评定为建国35年来的重大医药科技成果"[2]。在2003年非典型性肺炎（SARS）肆虐全球之时，西医千方百计用显微镜抓到了"冠状病毒"，然后寻找杀灭病毒的方法用以防治；但这一针对病者个体的方式，并不利于大规模疫情爆发的控制与诊疗。中医并不去找"冠状病毒"，只是根据当时的气候和环境地理状况与患者的症候表现，确认是以湿邪为主的瘟疫病，实行辩证施

---

① 常存库. 中医科学性与民族性散论. 医学与哲学（人文社会医学版），1987（11）：15-17.

② 焦振廉. 当中医走到今天. 上海：上海中医药大学出版社，2007：47；朱清时. 中医学的科学内涵与改革思路. 自然杂志，2005（5）：47.

治，最终取得了显著效果。中国 SARS 患者的病死率在全世界是最低的，广州市由于采用中医治疗最早，死亡率在全国最低。因此，就效用而言，中医的"四诊八纲诊察分析病情，对中国人和外国人同样适用，辨证施治对不同人种也未产生本质差别，医到病除是没有国界限制的"①。

即便如此，对中医的质疑与否定也依然存在。在近年来有关"中医"问题的争论中，主张废弃中医者，大多以现代西方医学为标准，认为中医的理论不符合现代科学的要求而不应再保留，应全面运用现代科学及现代医学的理论去重构中医理论和解释中药、针灸等疗法的疗效。更有甚者认为，不只是中医的理论有问题，连中药的疗效都有被夸大、神化之嫌，因此不仅要废弃中医，还应当严格地检验中药疗效的可靠性与客观性。然而，就其产生而言，西医同中医一样，也是一种地方性的知识体系，那为何要用一种"地方性知识"来评判另一种"地方性知识"呢？

从根本上来讲，主张按照西方科学的原则和标准来判断中医的"科学性"并决定其"存留"，实际上潜含了一种科学主义的立场和态度。因为，在西方文化传统中成长起来的近代科学并非人类认识和理解自然的唯一途径，以此为基础的西方医学也并非人类认识身体和医治疾病的唯一方式。在中医、西医都是"地方性知识"这一意义上，它们代表着两种不同的人类文化，应享有同等的生存权利，而不能用其中一种文化来压制或改造另一种文化。若按西医的标准改造中医，甚或按现代科学的标准废弃中医，决定中医的未来发展道路，中医的发展将不会有理想的前景。同时也丧失了中医作为中国传统文化遗产所具有的民族特色和特殊的思维习惯，失去了人类文化的多样性和丰富性。

当然，这并不排除中医与西医在实践中相互借鉴与结合的可能性。事

① 常存库．中医科学性与民族性散论．医学与哲学（人文社会医学版），1987（11）：15．

实上，"由于非西方医学传统常常根植于宗教仪式之中，而这些仪式又与整个社会秩序紧密地联系在一起，所以，即便可以使用西医，人们很可能还是继续使用他们的地方性医学。结果，在许多非西方背景下，受过西方医学训练的临床医学专家预测非西方医学将逐渐消失，终究是错误的。相反，一种医学多元主义的景象将要展现出来。今天世界上多数医学体系都是西方医学体系和地方性或非西方医学体系的复杂性混合。这一情形不仅在贫穷的非西方国家是真的，在富裕的西方国家也正日益显现出来"①。

### 2. 科学、风水与迷信

"风水"（feng-shui 或 geomancy），又称堪舆（堪余）、形法、青乌和地理等，是中国古代方术重要的组成部分，也是一种重要的中国传统文化。除中医外，风水在当前是中国传统文化中受到最多关注和争议的内容。

有关风水的最早定义，见于晋代郭璞所著的《葬书》："气，乘风则散，界水则止"，"古人聚之使不散，行之使有止，故谓之风水"。在现代汉语词典中，"风水"一词的定义是：指住宅基地、坟地等的地理形势，如地脉、山水的方向等。迷信的人认为风水好坏可以影响其家庭、子女的盛衰吉凶。在日常生活中，"风水"一词可有两种解释，一种比较广义，泛指附近的空间、山、水、树木等自然环境；一种比较狭义，专指阴宅（祖坟）和阳宅（住房）。

在中国的文化发展历程中，风水一直有着极为特殊而重要的地位。从普通百姓到王公贵族，从住宅建造到葬仪安排……在建筑、选址、规划、设计、营造等诸多活动中，风水几乎无所不在。时至今日，这些影响仍然

---

① David J. Hess. Science and Technology in a Multicultural World: The Cultural Politics of Facts and Artifacts. New York: Columbia University Press, 1995: 194 - 195.

深植在人们的日常生活中。特别是在农村地区，房屋选址、墓地选择，多是要看风水来决定的。

当下国内有关风水问题的讨论，焦点之一是风水究竟是科学还是迷信。国内科技界学者的研究结论，大体可分为"科学兼审美民俗说""审美民俗而非科学说""整体迷信说"三种。①

（1）风水中的科学。

从科学的角度看，风水学实际上是中国古代专门研究人居环境的一种学问，风水学中包含有科学的成分。

风水的理论基础，一是"天人合一"的大系统论依据。以天、地、人为一个大系统，风水理论强调"大举九州之势以立城郭室舍形"，靡不"以人之意逆山水之意，以人之情逆山水之情"，提出"毋变天之道，毋绝地之理，毋乱人之纪"的人生理想，其最高境界就是天时、地利、人和，即人与自然（天道与地道）的和谐同一。二是"气论"的核心思想。风水理论认为"气"决定着选址的好坏，凡是"聚气"的环境都是吉利的，因此要注意乘生气，避死气。风水理论就是要通过对宇宙天地之气的迎合、引导和顺应，使居所之气与之产生和谐，从而有助于改善居住环境，保证人类的身心健康。

风水的功能亦具科学性，主要体现在：一是天人同一的和谐观。即以追求自然和谐的生存为目标，使建筑与所处自然环境相和谐。二是技艺结合的美感。兼顾了对建筑技术的合理运用与对建筑审美的准确把握，使技术与艺术在建筑营造活动中得到完美结合。三是形势兼备的尺度感。既强调聚落整体与山势地形的配合关系，也注重建筑个体与周围环境的相互协调。四是礼乐互补的人伦原则。即将建筑的空间秩序结合起来，形成居住

---

① 胡义成.风水包含着科学成分——国内外风水研究述评.青岛科技大学学报（社会科学版），2009（3）：16-20.

空间对称严谨、主次分明、尊卑有序的特点。五是"趋利避害"的安全感。即给人以心灵的抚慰，在心理上产生一定的安全感。①

因此，风水的选择，并不是随意的，绝非任意指定，而是依据一定的自然环境基础做出的决定。风水学确有其科学性。

（2）风水中含有迷信的成分，但却不等于迷信。

但在现实生活中，风水常与迷信混淆，甚至被等同于迷信。有人认为，风水实质上就是迷信。"人们'看风水'的主要目的并不是为了居家的舒适自在，而是认为住宅、墓地的风水好坏可以影响居住者及其子孙的吉凶祸福。因此，即便风水的内容不完全是迷信，其总体上、实质上也是迷信。"②

的确，风水中是含有迷信成分的。一方面，风水在形式上含有迷信的因素。在风水的运行过程中，"原始人类漫长的自然择居提供了理想风水模式的原始模型，而卜宅标志择居活动迷信的开始，相宅又使择居活动增加了科学内容，因此在风水术产生之前，人们的择居活动就包含了迷信和科学两种成分。再加上风水理论迈出的第一步，没有走上用科学理论来解释居住环境的道路，而跨上了以阴阳八卦、五行生克、'气'说为理论基础的歧途。因此风水说一产生，就既包含科学的内容，又披上了迷信的外衣"③。另一方面，风水往往散播一些迷信的思想。风水理论相信一种超自然的神秘力量的存在，甚至希望通过风水来改变事物原来的样子或改善自己的命运。例如，建筑上的"坐北朝南"常可达到冬暖夏凉的目的，这个道理浅显易懂，风水师却刻意用"左青龙右白虎"的说法故弄玄虚。风水术士为适应人们普遍存在的避凶就吉的心理要求，故意编织各种庞杂的

---

① 陈力，关瑞明．风水的辩证思考——科学的内核与迷信的外衣．南方建筑，2001（2）：4-6.
② 方舟子．风水究竟是科学还是迷信．北京科技报，2005-09-28（F02）.
③ 王黎明，王力．"风水"中的科学与迷信．重庆：西南师范大学出版社，1991：32.

谎言笼罩其上，使本来朴素的科学原理变得扑朔迷离。

然而，不要说风水就是迷信。迷信意味着荒唐无稽的空洞信仰和偏见，并把一切事物的发生都归结为是超自然力的意志。迷信在现实社会中是广泛存在的，并表现出各种各样的形态，有以迷信的面目直接出现的，也有以其他的名义甚或打着科学的幌子到处招摇撞骗的。与风水相关的"风水迷信"，往往根据住宅、墓地位置的好坏，去推演宅主、后人的吉凶祸福、贫贱富贵，借"风水"之名行宿命论之实。这样一种迷信形态，自然是无科学性可言的。

（3）一种地方性的知识体系。

作为中国传统文化的一部分，作为中国古代特定社会文化情境下的产物，风水自然是一种地方性知识。它是在中国独特地理环境中发展而来的，它满足了中国人的某种需要，长期以来也为中国人所接受。风水深受中国儒释道三教的影响，与中国人的生存状态紧密相关，是各种非标准化的地方性知识中的一种。

风水在当前中国文化中的处境，有点类似于占星术在西方的情况。它产生于前科学时代特定的文化情境当中，在长期的经验和实践积累中形成并发展了自己一套相对完善的理论体系，因而在人们的日常生活中发挥着不可或缺的重要作用。但另一方面，它又不只是一种知识，却充满了主观的玄思和猜想。

从现代科学理论来看，风水内含科学成分，是一种特殊的建筑理论，与地球物理学、水文地质学、环境景观学、生态建筑学、宇宙星体学、地球磁场方位学、气象学和信息学相关，而构成某种综合性的学科。风水这种中国的传统文化现象，又是一种广泛流传的民俗、一种择吉避凶的术数、一种有关环境与人的学问。

**3. 传统文化与现代科学**

在多元化成为世界发展趋势的今天，如何正确对待传统文化及其与现代科学之间的关系，对于科学的未来发展具有十分重大的意义。

谈到传统，通常意味着一种历史的积淀或社会文化的遗产。与此相联系，传统文化就主要指由历史沿袭而来的民族文化，包括风俗、道德、思想、艺术、制度、生活方式等一切物质和精神文化现象的有机复合体。相对于外来文化而言，传统文化是母文化或本土文化，其中包含着有形的物质文化，但更多体现在无形的精神文化方面，体现在人们的生活方式、风俗习惯、心理特征、审美情趣、价值观念上，并内化、积淀、渗透于每一代社会成员的心理深处。

从地域上来看，传统文化主要分为东方的和西方的。二者最大的不同就在于，西方传统文化以其外向的逻辑推理为特点，因而从自然哲学产生了科学；东方传统文化则是既包含哲学又包含非哲学的直觉体验，并以直觉体验为基础的文化形态。这就导致了"现代科学诞生于欧洲，但它的家却是整个的世界。在最近两个世纪中，西方文化方式曾长期而纷乱地影响亚洲文化。东方的贤哲对自己的文化遗产极其珍视，这是毫不奇怪的。在过去和现在，他们都一直百思莫解，不知道那种控制生命的秘密可以从西方传播到东方，而不会胡乱破坏他们自己十分正确地加以珍视的遗产。事情越来越明显，西方给予东方影响最大的是它的科学和科学观点。这种东西只要有一个有理智的社会，就能从一个国家传播到另一个国家，从一个民族流传到另一个民族"①。

由此可见，相对于现代科学对普遍性理想的追求而言，传统文化是在特定时代、特定文化背景中产生的，具有民族性、地方性的特征；同时，传统文化又是由众多文化因素构成的整体，因而具有复杂性和多样性的特征。

———————————

① ［英］A. N. 怀特海. 科学与近代世界. 何钦，译. 北京：商务印书馆，1959：3.

在以地方性、民族性形象为表征的传统文化，与以普遍性为终极追求的现代科学之间，冲突和对抗自然是不可避免的。回首科学发展的历史轨迹，可以看到，传统文化与现代科学之间的冲突总是存在着，并主要发生在科学技术转移与引入其他地区之时。从根本上来说，科学技术与发展中国家的传统文化之所以发生冲突，根源在于，"在经济方面，实际上是发展中国家在引进先进技术的同时，也使自己国家的经济处于'从属'地位，但是作为文化来说，它与人们的日常生活息息相关，因此，文化上的不同与差异将使人们不仅感到发达国家通过技术转让进行经济上的掠夺和剥削，同时，也使发展中国家的人们感受到某种'文化侵略'"①。

李克特通过对科学和家庭的文化分布进行比较，分析了科学与其他文化传统的关系："科学相对来说是个新的现象，它唯一产生于西方，它在世界各地的传播并不是如通常所理解的，是通过'扩散'进入其他文化的，而是作为摧毁其他文化传统形式的一种力量进入的，而且它反过来也同样破坏性地作用于西方的传统制度之上"②。事实上，在传统文化与现代科学的相遇中，传统文化总会不可避免地受到现代科学的冲击与挑战。

当然，在传统文化与现代科学之间，除对抗与冲突外，二者的一致性与相互促进也是很重要的方面，具体表现为：

首先，传统文化往往为科学的成长提供了土壤和基础。毫无疑问，科学与其所由以产生的文化背景之间总存在一种无法割舍的"亲缘关系"，并带有所产生文化的印迹。李克特视科学为"传统的文化的知识体系之一种发展的延伸。在这些传统的体系中，有些体系既具有很高程度的内在一致性——体系的每一个组成部分都巧妙地统合到体系中去形成了一个整

---

① ［日］稻生胜. 文化的多元性与科学技术. 亦秋，编译. 国外社会科学快报，1992（10）：74.
② ［美］小摩里斯·N. 李克特. 科学是一种文化过程. 顾昕，等，译. 北京：三联书店，1989：13.

体，又具有很高程度的合理性——对于'被认为'应该由这些体系去解释的所有事实实际上也都能在体系的框架中以满意的方式做出解释。科学没有必要在传统的知识体系的这些成就上做进一步的改良，而是要引入成就的新的标准，但这些新的标准只是原有标准之特殊的延伸。科学所包含的体系在抽象性和可检验性方面超出了传统的文化的知识体系所具有的程度，而且科学包含了在这些体系中间根据简单性和预言能力的标准所进行的一系列替代过程"①。可见，科学既产生于一定的传统文化，同时又超越了传统文化，因此李克特才说，"科学发展的起始点是传统的文化知识"②。

其次，传统文化与现代科学在很多时候都是一致的，二者统一于人类文化和实践的现实之中。作为在人类实践经验基础上前后相继形成并发展起来的两种文化，传统文化与现代科学在很多时候都显示出很大的相似，同时还表现出一定的继承性。如"某些原始人的文化的知识体系，包括一些巫术和魔法体系，在某些普遍结构之特点上与近代科学的文化知识体系十分相似：它们都具有'优美'的内部组织模式，而且在特定的环境下，它们在对真正的现实做出不论什么样的认识上都具有非凡的效果"③。列维-斯特劳斯也认为，巫术作为前科学的表现，不仅有时或许会自然而然成功，而且还可能既呈现出科学的性质，又预先显示出只有等到科学发展至高级阶段才会采用的方法或产生的结果。

最后，现代科学在思想创新等方面的进步，往往能为传统文化的继承和发展提供新的契机；而传统文化中所包含的人类文化的遗产，对于现代科学的发展与进步也有着重要意义。一方面，现代科学通过生产方式、生活方式和思维方式的转变来影响文化的各个层面，导致文化的各个层面发

---

① ［美］小摩里斯·N. 李克特. 科学是一种文化过程. 顾昕，等，译. 北京：三联书店，1989：78-79.

② 同①87.

③ 同①69-70.

生剧烈变化，从而实现传统文化的转型与现代化。另一方面，传统文化对于现代科学的发展也是十分有益的。传统文化往往能为现代科学提供新的研究视角与非科学的思维方式，并弥补现代科学之不足。例如，与西方科学思想的特征相比，东方自然观具有的有机整体性、多元逻辑思维、模糊性或渗透性、辩证性、内省方法，以及神秘主义的外壳等特征，对于弥补现代西方科学因过于强调分析性而显现出来的不足，是一种很重要的补充。

总之，传统文化与现代科学之间的冲突虽不可避免，但二者的相互促进在为各自的发展寻找到新的出路的同时，也为我们展现了传统与现代、非科学与科学之间和平相处、共同发展的可能。传统文化与现代科学的优势结合，必将创造一个更加灿烂的文明。

# 第十五章　理性与非理性

在科学从兴起到成长的过程中，"理性"是贯彻始终的一个概念。从理性精神的觉醒，到对人类理性能力的承认、肯定与张扬，一定程度上反映了科学的整个过程，甚至决定着科学未来的命运。然而，当科学的迅猛发展造成的理性分裂导致了工具理性的彰显与价值理性的衰微，非理性主义的思潮也乘机闯了进来，理性就面临了极大的考验。因此，科学作为理性的主要表现，它的健康发展首先就是要在理性与非理性、工具与价值、科技与人文之间找寻并保持适当的张力。

## 一、理性与非理性的较量

理性主义是文艺复兴和启蒙运动的主流价值。然而，19 世纪以来对人的主体意识的过分张扬，一方面，导致了人文主义逐渐偏离理性的轨道，叔本华、尼采、柏格森、弗洛伊德、海德格尔等从哲学的理性传统转向了非理性主义。另一方面，科学的技术化倾向引发了工具理性的过分膨胀，科学主义所彰显的科学文化霸权逐渐偏离其人道的理性传统。理性与非理性之间的较量越发加剧了。

**1. 科学与理性精神的觉醒**

近代理性精神的觉醒，是从 14 世纪意大利的文艺复兴运动开始的。作为人类思想文化领域的一场革新运动，文艺复兴以复兴古希腊、罗马的文学艺术和科学传统为核心，恢复了古希腊人的理性精神，突出了人的尊严和思索的价值，摧毁了僵化死板的经院哲学体系，提倡科学方法和科学实验，以从未有过的精神状态创造出了大量富有魅力的艺术作品。它利用希腊文化中蕴藏的世俗观念、民主思想、理性主义和探索精神与宗教神学中的专制主义、蒙昧主义、禁欲主义相对抗，文艺复兴作为一个时代的象征，开创了人类前所未有的文化繁荣新局面。

始于 16 世纪初的德国宗教改革运动则在此基础上再次推进了人类理性精神的成熟。它首先从人的内在精神出发，以人心中对上帝的信仰取代对教皇和教会的信仰。换句话说，人文主义者试图通过批判封建制度和教权制度以实现人的解放，而马丁·路德却要批判和推翻封建制度和教权制度的精神基础以实现人的解放。这一时期，加尔文在新教改革中形成了新的神学理论，从而使世俗生活成为宗教实践，使宗教实践全部融入世俗生活，为资产阶级追求物质财富和精神享受提供了理论根据（这也就是马克斯·韦伯谈到的"新教伦理"）。在宗教改革加快了宗教本身的世俗化过程的同时，新教伦理则为人的精神解放、为现代理性的生成提供了广阔的思维空间。

到这时，理性精神已经觉醒，科学与理性也逐渐变成为批判的标准，社会的政治、经济、文化的发展也开始进入了一个新的阶段。于是人们就来到了这样一个阶段，自己知道自己是自由的，并争取他们的自由得到承认，并且具有充分的力量为了自己的利益和目的而活动。精神又重觉醒起来，它能够深入看见自己的理性，就像看见自己的手掌一样。①

　　当然，无论是文艺复兴倡导的人文主义，还是宗教改革所倡导的信仰主义，其中理性的成分都是很有限的，它们只是为理性精神的形成提供了一定的前提和条件。经过文艺复兴和宗教改革的努力，上帝的神性和教会的特权被彻底打破，人的个性得到了彻底解放，人性、人权、自由、平等成为社会的共识，个人的主观能动性和创造性得到了充分的展示，加上资本主义的兴起，近代科学形成的条件已经成熟。于是，从 16 世纪开始，人类的理性精神正式被唤醒了，由此揭开了近代自然科学迅猛发展的帷幕。

　　到了 17、18 世纪，启蒙（enlightenment）运动所倡导的"启蒙理性"把洛克的经验论和牛顿力学奉为理性的样板，作为衡量一切的标准，并将矛头直指宗教迷信和封建专制制度。在启蒙运动中，随着人类理性精神的不断成熟，启蒙运动对理性精神的推进，科学最终得到了认可，理性精神也就正式进入了人们的现实社会生活当中。

　　在 18 世纪里，理性的地位迅速提升，并成为判定一切存在合理与否的最高尺度，因而通常被称为是"理性的世纪"。在此之后，理性得到了空前的发展，并通过自然科学的进展得到了进一步的张扬。在英国，由培根、洛克、牛顿开辟的经验知识的理性传统，引发了一场改变人类命运的工业大革命——蒸汽机革命；在法国，由笛卡尔、伏尔泰等启蒙理性思想家看来，掀起了一场声势浩大的法国大革命，使得近代理性成为一种无法阻挡的力量，并且发现了理性意义上的"人"。这一时期，科学与哲学的联姻，不仅更新了人们关于世界的看法，也改变着人们对自己的认识。

　　卡西尔对这一盛况的描述是很贴切的。他说，"18 世纪浸染着一种关

---

① ［德］黑格尔. 哲学史讲演录. 贺麟，王太庆，译. 北京：商务印书馆，1959：334.

于理性的统一性和不变性的信仰。理性在一切思维主体、一切民族、一切时代和一切文化中都是同样的。宗教信条、道德格言和道德信念、理论见解和判断，是可变的，但从这种可变性中却能够抽取出一种坚实的、持久的因素，这种因素本身是永恒的，它的这种同一性和永恒性表现出理性的真正本质"。而且，在这一时期，"理性的力量并不在于使我们能够冲破经验世界的限制，而在于使我们学会在经验世界中有宾至如归之感。……理性的每一个活动，都使我们确信我们参与了神的本质，并为我们打开了通往心智世界、通往超感觉的绝对世界的大门。……理性不再是先于一切经验、揭示了事物的绝对本质的'天赋观念'的总和。……而是一种引导我们去发现真理、建立真理和确定真理的独创性的理智力量。经过这样确定的真理，是一切真实的确定性的种子和不可缺少的前提。整个 18 世纪就是在这种意义上理解理性的，即不是把它看作知识、原理和真理的容器，而把它视为一种能力，一种力量，这种能力和力量只有通过它的作用和效力才能充分理解。理性的性质和力量，仅从它的结果是无法充分衡量的，只有根据它的功用才能看清。理性最重要的功用，是它有结合和分解的能力。它分解一切简单的事实，分解所有简单的经验材料，分解人们根据启示、传统和权威所相信的一切；不把所有这一切分解为最简单的成分，不把关于这些事物的信念和见解分解为最终因素，它是决不罢休的。分解之后就开始建设"①。

可以说，正是在文艺复兴和宗教改革的共同推动下，近代理性摧毁了传统社会的意识形态，并大大促进着社会生产力的进步和社会物质文明的发展。它不仅孕育了一种新的对待自然的态度与新的看待自然的方式，即不再把自然看作是神秘不可捉摸的东西而顶礼膜拜、心存敬畏，而是让自

---

① ［德］E.卡西勒.启蒙哲学.顾伟铭，等，译.济南：山东人民出版社，1988：4，11.

然彻底地裸露在我们面前，以一种分析的视角来解剖与分解自然；而且，通过与技术的结合，理性开始慢慢侵入一切社会领域，同时不断扩展着自身工具理性的范围。

**2. 科学、理性与合理性**

就形成过程而言，"理性"是与古希腊哲学同时产生的一个重要哲学概念。如赫拉克利特认为，理性，即逻各斯，是一切事物中都有的变化和对立背后的规律；阿那克萨哥拉的"理性"（有时直译为"奴斯"），是构成世界的无穷的元素之一；柏拉图认为理性是思考所生产的真理，是人们通过回忆理念的存在来实现早已存在的人的灵魂；亚里士多德则提出了终极的逻辑观点，即将理性等同于思想和精神。可以说，在古希腊那里，理性主要就是指规律，或寻找规律性的能力。

在文艺复兴和宗教改革时期，"崇尚理性，提倡科学，追求知识"成为主要的思想倾向。"理性"主要是作为反封建、反宗教的有力武器，同时强调政治思想，提出要消灭封建剥削制度，建立一个政治民主、个性自由的"理性王国"。这就不仅开启了求自由发展的近代精神，也为近代科学的产生奠定了基础。

在启蒙思想家看来，"理性"是哲学的同义语，因为他们认为哲学来自于理性，哲学就是理性的实际运用。在此，"理性"主要是指与宗教信仰相对立的人的全部知性能力。狄德罗在《百科全书》的"理性"一条中指出，理性除了其他含义外，有两种含义是与宗教信仰相对而言的，即一是指"人类认识真理的自然能力"，一是指"人类的精神不靠信仰的光亮的帮助而能够达到一系列真理"。启蒙学者的理性主要就是在这两种含义上使用的。借用"理性"一词，他们想要表达的是源于人本身的某种先天的理性能力；同时，这种理性又是以自由、正义和人性的概念为指导原则的。

在实践中，启蒙时期的理性一方面与资产阶级人权相结合，反映了资产阶级在政治经济方面的需要；另一方面，理性与自然科学也越来越紧密地结合在一起，所形成的科学技术理性，成为适应西方工业文明发展的精神力量。随着"科学—技术—工业"一体化趋势的增强，理性不仅横扫一切障碍，全面张扬了自我，并使个体获得了解放，更借助科学技术的力量成为了万物的主宰。启蒙理性消除了上帝统治人的神话，但它向科技理性的转化却意味着启蒙理性正在走向人控制自然的神话。由于科学技术在社会生产生活领域所取得的巨大成功，社会地位的空前提高，人们普遍相信自然科学的方法可以解决一切问题，人的理性与科学技术的功利性得到了突出的强调。正如恩格斯指出的："在法国为行将到来的革命启发过人们头脑的那些伟大人物，本身都是非常革命的。他们不承认任何外界的权威，不管这种权威是什么样的。宗教、自然观、社会、国家制度，一切都受到了最无情的批判；一切都必须在理性的法庭面前为自己的存在作辩护或者放弃存在的权利"①。

由此看来，从古希腊到启蒙时期，"理性"的概念内涵不断泛化与价值化，但它始终标识着一种人类的精神能力。同时，由于理性中功利性成分的过度彰显和工具理性取向的膨胀，理性因而变得包容一切，甚至成为合理性的代名词：理性的就是合理的、有价值的，反之亦是如此。然而，这同时也意味着，以机械论自然观作为指导原则，以科技为代表的理性必将带来理性自身的分裂及人与自然的对立，并引发新的危机。特别是，当科学精神与技术理性贯穿到人类生活的各个方面，自然科学超出了自身的界限而被推进到信仰的位置，成为一种绝对的存在。这样一来，理性就被片面化为自然科学，成为一种只局限于自然科学所倡导的经验领域中的狭

---

① 马克思恩格斯选集：第 3 卷 . 北京：人民出版社，2012：775.

隘的理性主义。理性中那些曾经代表着自由、平等、博爱、人权、正义等人类精神，并以对自然科学的追求为己任的普遍性意义因而慢慢消失了。普遍理性开始让位于实证理性，这也进一步导致了理性的危机与启蒙精神的逆转。"科学"与"理性"的合理性也变得成问题了。

合理性（rationality）的问题最早是由韦伯提出来的。韦伯认为，社会行动被分成合理性与非理性两大类，而合理性又被分解为价值合理性（wertrational）行动和工具合理性（zweckrational）行动两种。所谓价值合理性行动，是指对当下的行动本身所具有的绝对的、排他的价值的主观确信，因而是不顾后果如何、条件怎样都要完成的行动；而工具合理性行动，则是指以能够计算和预测后果为条件来实现目的的行动，因而是排除价值判断或价值中立的行动。在韦伯看来，现代文明的全部成就及问题都来源于价值合理性和工具合理性之间的紧张与对立，二者的动态演化反映了理性主义的演进过程。事实上，任何行动都是既包含价值合理性，又包含工具合理性的。

在哈贝马斯看来，合理性概念仅涉及知识的运用。按照运用方法的不同，可将其分为关于工具支配的合理性与关于作为合理性内涵目的的交往理解的合理性。前者是指知识作为适应和支配外部世界的工具的有效性；后者则是指知识主体之间通过交往而达到的相互理解、相互协调并走向自愿联合的"中心经验"，通过汲取这种"中心经验"，交往参与者就能克服自己最初的主观见解，而获得某种一致性，即二者最终在交往合理性那里达到一致。

可以说，合理性概念实际上是围绕着理性展开的。理性往往表达的是一种根据和逻辑的能力，而合理性则可以看作是以理性为准则对思想和行动进行评价的能力。二者的这种一致性在科学中表现得更为明显，即体现在科学理性与科学合理性通常存在的一致性中。

然而，理性的过分张扬导致的人性的片面化与单调化，及涌现出的种种社会问题，引发了人们对科学和理性的反省与思考。非理性主义则率先发难，挑战了理性主义长期以来所确立起来的权威和地位。

### 3. 非理性主义思潮的挑战

非理性主义思潮的产生并非偶然。它既与社会历史和自然科学发展的现实有关，更是传统理性主义的缺陷长期累积的结果。事实上，自文艺复兴特别是启蒙运动以来，人文主义就开始逐渐偏离理性的轨道，17 世纪时，帕斯卡、卢梭等人文主义者就举起了反对理性的旗帜；到了 20 世纪，叔本华、尼采、弗洛伊德、海德格尔、柏格森等则将理性传统引向了非理性主义。

通常，以叔本华、尼采等为代表的非理性主义对近代理性主义传统的反叛可以称作是人本主义的非理性主义思潮。之所以成为"人本主义的"，主要是因为，他们反对传统理性主义的主要出发点，是基于其中人及其意义与价值的失落。因此，这种类型的非理性主义主要是从人自身出发，强调人的情感意志、本能冲动等非理性活动在人的整个精神和物质存在中的决定性作用，特别是在对现代科学所谓的"理性人"提出质疑的基础上，强调人的因素中非理性的成分。

叔本华可以说是现代非理性主义思潮的鼻祖。他对以理性主义为主的传统的体系哲学做了激烈批评，从而消解了理性主义的神圣地位。在关于人的理性问题上，他不否认理性是人的主要特征，认为有理性"是人的意识不同于动物意识的区别，由于这一区别，人在地球上所作所为才如此的不同于那些无理性的兄弟种属"[①]；但又认为那并非是人的本质。尼采作为继叔本华之后最杰出的非理性主义代表之一，在思想内容甚至思想的表

---

① [德] 叔本华. 作为意志和表象的世界. 石冲白，译. 北京：商务印书馆，1982：70.

达方面都极为强调或肯定非理性的决定性作用，开创了非理性主义的先河。在本体论上，他强调整个世界是由一个个意志冲动形成的偶然性的堆砌，无必然性可言；在认识论上，他强调理性只是强力意志的工具，不能认识事物的本来面目和真实的世界，真理只是一种主观的信念，是对某种判断的确信和评价。"上帝死了"是其非理性主义思想的最高表现。

以柏格森为代表的直觉主义的非理性主义以冲破传统的理性主义为己任，声称必须克服经验和理性方法的缺陷，把生命现象当作超越理性的、仅仅依靠内省才能领悟的对象。他们认为，传统理性的那种凝固的、僵化的、静止的方法，无法认识和把握生生不息的生命现象，机械干瘪的逻辑形式无法描述变幻无常的生命活动，必须改弦更张。因此，柏格森一方面批驳传统哲学把世界解释为一个封闭的、凝固的世界，认为机械论不可取，机械论的呆板的顺序性、因果性不能用来说明人的自发性和创造性；一方面摒弃凝固的范畴，破除严密的逻辑体系，摆脱遏制人性的所有束缚，追求个人内心活生生的、多变的、连绵不断的生命冲动，提出了"绵延""生命冲动""基本自我"等非理性概念。

以弗洛伊德为代表的精神分析角度的非理性主义尤为强调人的意识中非理性的成分。弗洛伊德认为，在人们的精神或心理结构中，有意识的部分很少，大部分都是人们意识不到的无意识或潜意识的精神活动过程。他完全摒弃传统理性主义的理性传统，提出了一系列关于无意识、梦境、性欲本能等心理分析理论，并把这种无意识和性欲本能看作一切精神现象的根源，同时进一步用这种非理性的本能、欲望解释社会的起源及发展、解释人类的行为及活动。就这一观点而言，理性并不能控制非理性；相反，全部理性活动都受非理性因素的支配，所有理智活动都受非理性精神活动的左右。

存在主义角度的非理性主义者对科学技术及其所代表的理性思维进行了最猛烈的批判。他们用现象学方法把人的存在还原为先于主客、心物分立的纯粹意识活动，企图由此与唯心主义区分开来；他们的最终目的是要从揭示人的本真存在的意义出发来揭示存在的意义和方式，进而揭示个人与他人及世界的关系。如海德格尔强调人的存在性，萨特则从人学的角度强调人的能动作用，目的都是要揭示人作为个体的存在本身的意义；雅斯贝尔斯和海德格尔就直接批判和抨击近代理性的分析方式无法在整体上给出一个人的观念，忽视了完整的人的存在，"遗忘了人的存在"。

与人本主义的非理性主义不同，后现代的非理性主义不再用非理性来代替理性，而是直接明确要"告别理性""解构逻各斯"，即对传统的理性进行解构。

后现代主义者以反基础主义、反中心主义和相对主义为主要特点，直指理性是造成一切社会问题的根源，因而拒绝理性的统治地位，认为任何理性都是权力的符号和利益的妥协，都是统治的工具。他们致力于对意义、同一性、中心、普遍性和连续性的消解，传播非连续的、破碎的、相对的和游戏性的观念。如德里达和罗蒂等人就主要通过突出理性的自我消解现象，让理性在其自身批判功能的操作中自我解构，并充分展示其破坏性、游戏性、不确定性和不可公度的差异性。此外，这种非理性主义的主要代表还包括：利奥塔、拉康、福柯、费耶阿本德等，他们也都是致力于对理性的消解的。

继尼采"上帝死了"的呼声后，福柯又提出"人死了"，这在后现代的非理性主义思潮中也是颇具冲击力的。从他的"知识型"理论出发，福柯认为，"知识型"决定了知识，决定了社会，从而决定了人。因而，在知识和社会的发展上，人都不起作用。他因此断言"人类已经死亡"。既然"人"已死亡，价值也就无依附之所，因为价值总是与主体的人相关的。

在费耶阿本德看来，在人类历史上，理性主义的泛滥滋生了意识形态领域内的专制和独裁，一切被看作非理性的事物都受到排挤和压抑，人们失去民主和自由，至今仍留下深深的祸根；而清除这种祸根的唯一的哲学就是相对主义。他所提出的著名口号"怎么都行"，无疑是鲜明地标识了他的非理性主义和相对主义的基本立场。

虽然后现代的非理性主义与人本主义的非理性主义都宣称"反对理性"，但前者无疑走得更远，对理性的否认也更彻底。对于现代科学的发展而言，它甚至已成为一股颇具毁灭性的威胁和力量。

**4. 科学中理性与非理性的契合**

理性与非理性的关系问题一直都是科学相关领域的一个核心话题。当前，在强调归纳逻辑的传统科学主义与强调非理性的非理性主义之间，关于理性及非理性二者关系的问题，依然是充满了争论。

从基本内涵来说，所谓科学中的理性，通常可以理解为人类通过自觉的逻辑思维把握客观世界规律的能力（理性思维能力），以及运用这种能力认识世界的活动。非理性则是与理性相对应的一种能力和活动。所谓非理性，就一般的理解而言，一是指心理结构上的本能意识或无意识，二是指非逻辑的认识形式。前者如想象、情感、意志、信仰等，后者如直觉、灵感、顿悟等。作为心理现象，非理性既然是一种本能意识或无意识，那就是未经理性驾驭的或不能进行确定的理性分析的；作为一种认识形式，非理性也是不能进行确定的理性分解和辨析的。这既是非理性的独特之处，同时也常常是被理性排挤的原因。

从功能发挥的角度来说，理性在科学研究活动中往往起着必不可少的，甚至是指导性的关键作用。这一点自然是毫无疑问的。众所周知，科学自近代产生以来，就形成了以认识论的理性主义和方法论的演绎主义为基本特征的科学认识程序思想。在过去的几百年里，这一科学中的理性分析传统已成为迄今理论自然科学中占主导地位的认识模式，也因此取得了许多伟大的科学成就。然而，非理性主义立场的观点则提出，由于理性只是一种消极的工具性的东西，自身不具备积极能动的力量。没有情欲、本能和冲动的推动，理性就是一些僵死的形式，理性的活动只能仰仗非理性的能量。这种能量，包括叔本华的"生存意志"，尼采的"权力意志"，柏格森的"生命冲动"，弗洛伊德的作为性欲能量的"力比多"等等，这些非理性的因素对于理性而言都是非常重要的能量。

在理性与非理性的关系问题上，传统的科学主义观点认为理性高于非理性，并将科学的理性方法绝对化，无条件地推广至各门非自然学科及社会问题的研究中，事实上却是在否定非理性方法在认识中的积极作用；反对的非理性主义的观点则坚持非理性高于理性，甚至将非理性方法绝对化，声称它是达到人和世界本质的唯一方法，却视理性方法为认识过程中的障碍因素。

事实上，就具体的科学认识过程而言，理性方法与非理性方法各有其特点，理性因素与非理性因素也往往是共同发挥认识作用的。在现实的科学实践活动中，理性与非理性是相互协调、相互契合在一起的。

这种契合性首先表现在，理性与非理性从来就不是可以截然分开的，而是相互渗透、相互依存的。因此，既没有纯粹的理性，也不可能有纯粹的非理性。如胡塞尔说道："怎样才能严肃地说明（理性主义的）那种素朴性，那种荒谬呢？以及怎样才能严肃地说明被大吹大擂的、我们曾寄予期望的反理性主义的理性呢？当我们去倾听它的时候，难道它不也试图以理性的思考和推理来说服我们吗？它的非理性难道归根到底不又是一种目光狭窄的、比以往的任何旧的理性主义更糟糕的坏的理性主义吗？难道它不是一种'懒惰的理性'的理性吗？这种理性回避了那场说明最终的素材，并从这些素材出发最终地、正确地预先规定理性的目标和道路的斗争。"[1]

---

① ［德］胡塞尔. 胡塞尔选集. 倪梁康，选编. 上海：上海三联书店，1997：993.

在具体的认识过程中，理性因素的形成与发展有赖于非理性因素，非理性因素的形成与发展又有赖于理性因素，二者是相互促进的。以直觉为例，科学认识中的直觉是认识从事实到经验、从经验到理论的思维方法，与人的感性和人的理性直接相联系，借助于理性而形成。这是一种非神秘性的、与事实及人的现实心理活动相联系的思维方式。其中包括感性的直觉和理性的直觉。感性的直觉是对理论的直接经验，与理论选择相关；理性的直觉作为理论的创造性活动，是对逻辑元素之间的秩序、关系的直觉，既具逻辑性，又有综合性与有意识性。也正因如此，作为非理性因素的直觉也常常会被归入理性的行列。

除此之外，理性因素与非理性因素二者的契合还更多表现在具体科学活动中的相互促进、相互补充方面。

一方面，理性因素作用的实现有赖于非理性因素的参与。这不仅体现为信念、激情和意志等非理性因素在认识中为理性保持其方向提供了价值信念的力量和心理支撑作用，更体现为直觉、灵感等非理性因素在认识中为理性提供动力并发挥着重要作用。对于非理性因素的作用，库恩曾说道："卡尔爵士和我都不是归纳主义者。我们都不相信会有什么由归纳事实即可得出正确理论的规则，甚至也不相信理论不管正确与否会是完全从归纳得来的。相反，我们都把理论看作是想象的假设，发明出来用于自然界。"① 具体而言，直觉、想象和灵感在科学认识中都有独特的作用。其中，直觉的作用主要在于解除思维定势，实现认识的跃迁；非凡的想象力是主体能力中最可贵的品质，也是创造力的源泉；灵感则是理性认识的重要补充，为创造性认识提供着契机。

这些非理性的方法在科学认识中的作用往往也是不容忽视的。例如，

---

① ［美］托马斯·库恩. 必要的张力：科学的传统和变革论文选. 范岱年，纪树立，等，译. 北京：北京大学出版社，2004：272.

爱因斯坦就非常重视直觉的作用，他多次在不同的场合谈到"直觉"问题。1935 年他在悼念居里夫人的讲演中说，居里夫人证明放射性元素存在并把它分离出来这一伟大的科学功绩，除了靠工作的热忱和顽强之外，也是"靠着大胆的直觉"；1936 年他在考察科学方法时曾指出："日常思维的基本概念同感觉经验的复合之间的联系，只能较直觉地了解，它不能适应科学的逻辑规定"；1952 年他在一封信中说，从直接经验到公理体系，二者之间"不存在任何必然的逻辑联系，而只有一个不是必然的直觉的（心理的）联系"，"这一步骤实际上也是属于超逻辑的（直觉的）"①。这些表明，科学家们在自己富于创造性成果的研究工作中，已深切地体验到了直觉这一思维现象是确实存在的，它同时是科学研究、理论创造中不可缺少的思维因素，对于进行科学探索是意义重大的。事实上，"科学家获得新知识，并不单纯靠逻辑性和客观性，巧辩、宣传、个人成见之类的非理性因素也起了作用。科学不应被视为社会中理性的卫士，而只是其文化表达的一种重要方式"②。科学家并不全靠理性思维，而理性思维也不是他们所能垄断的。

另一方面，非理性因素的实现也有赖于理性因素的作用发挥。就意志、信仰、信念等非理性因素而言，任何积极的意志、信仰、信念要在人的活动中有效发挥作用，就必须借助于理性来为其规定目标和方向，并以理性的形式表达出来。很明显，尽管非理性主义对理性发起了猛烈的进攻并试图消解理性，但却也无法否认，无论"意志"还是"情感"，都是由需要所引发的主体对外在事物的态度的体验，必然包含有认知的成分。人从自己的意愿出发而做出的选择，自然是充满理性因素的，尽管他宣称这

---

① ［美］爱因斯坦. 爱因斯坦文集：第 1 卷. 许良英，等，编译. 北京：商务印书馆，1976：339，343，541.

② ［美］威廉·布罗德，尼古拉斯·韦德. 背叛真理的人们——科学殿堂中的弄虚作假. 朱进宁，方玉珍，译. 上海：上海科技教育出版社，2004：iv.

只是一种"生存意志"或"生命冲动"。

当然，不可否认，"认知，在理性领域和非理性领域会有很大的区别，但我们不应当拒绝对非理性领域的探索，探索非理性领域的学问并不都是非理性的，探索理性的领域的学说倒有不少是非理性的"[①]。理性与非理性从来就不是截然分离的。

总之，理性与非理性在具体的科学活动中是相互渗透、相互促进的，二者都有着重要而不可替代的作用。正是科学过程中逻辑与非逻辑、理性与非理性等不同思维方式的契合，共同推进了科学认识的不断发展与进步。

## 二、工具理性与价值理性的消长

在科学技术产生与发展的历程中，始终贯穿着工具理性与价值理性二者力量的消长。从分离到整合，从断裂到统一，生动体现了科学技术在社会中地位的变化以及人们对科技态度的转变。

### 1. 工具理性与科学的成功

自近代以来，科学在知识和社会生活领域的地位就不断提升。特别是伴随着 18 世纪开始的工业革命，人类社会被推进到了一个全新的工业文明时代。在政治上，工业革命从根本上动摇了旧世界的根基，从而为资本主义制度的巩固和发展提供了前提保证；在经济上，工业革命中的技术、工程的迅猛发展造成了生产力的巨大进步，劳动生产率空前提高，利润的追求成为社会经济发展的主要动力；在技术上，工厂制度代替了手工工场，完成了从传统农业社会向工业社会的转型。

---

① 季羡林，等. 东方文化研究. 北京：北京大学出版社，1994：53.

这种影响进而扩展至社会各个领域，造成了人类社会的全面发展与进步。同时，借助于科学及其技术应用，人类的愿望得到了满足。人们不仅可以按照自己的意愿来改造自然、控制自然，使其最大限度地符合人们的利益与要求；还可以按照自己的意愿创造出许多自然界原本不存在的事物来满足自己的好奇心与控制欲。科学与资本主义生产的结合，极大地促进了生产力的发展和社会的进步，其所引发的社会后果是人类历史进程中任何一个阶段都不能与之相比拟的。这既印证了培根"知识就是力量"的论断，更给了工具合理性以最好的证明。

马克思和恩格斯曾针对科学技术在近代资本主义经济生活中的巨大作用感慨道："资产阶级在它的不到一百年的阶级统治中所创造的生产力，比过去一切世代创造的全部生产力还要多，还要大。自然力的征服，机器的采用，化学在工业和农业中的应用，轮船的行驶，铁路的通行，电报的使用，整个整个大陆的开垦，河川的通航，仿佛用法术从地下呼唤出来的大量人口——过去哪一个世纪料想到在社会劳动里蕴藏有这样的生产力呢？"①

科学的这些巨大成就的取得，不仅充分展示了科学知识的强大功能和无限优越性，也极大地刺激了理性精神的觉醒。从此，科学理性的力量被认为是人的最高力量，自然科学特别是物理学和数学成为最受尊重的学科，而科学也成了近代文化和社会生活的主题。

18世纪工业革命和生产力的巨大进步，又促成了19世纪自然科学的全面繁荣。热力学、光学、电磁学、化学、地质学、生物学、人类学等学科都取得了重大进展，人类开始进入了科学时代。随着经典机械论世界观在19世纪末期达到顶峰，机械论哲学中所固有的工具旨向也进一步强化，工具理性不断膨胀。到19世纪中叶的第二次工业革命，电力技术的出现

---

① 马克思恩格斯文集：第2卷．北京：人民出版社，2009：36.

改变了整个社会的能源动力结构，在它所能达到的一切领域发生着根本性的变革；电力的应用又为垄断资本主义的发展提供了新的技术基础，加快了资本的集中。从这时起，科学已经走在生产的前面，并成为技术的先导，生产过程也逐渐以自然科学为基础。科学、技术、生产之间的双向交互作用促进了"科学—技术—工业"连锁作用的增强，科学、技术所积聚的力量也被反复加强并不断膨胀，影响遍及社会的每一个角落。工具理性从此取得了至高无上的地位，而价值理性则被边缘化了。

在短短两三百年的时间里，科学就取得了如此巨大的成功，很大程度上得益于其功利性和实用性价值观的推动与促进。17 世纪英国思想家弗朗西斯·培根作为科学功利性思想的主要倡导者，就特别强调科学知识的实际效用。他认为，过去科学之所以取得极小的进步，一个"重大的、有力的原因"就是目标没有摆正，他批评当时绝大多数人的研究方式"只是论道式的"；在他看来，"即使偶然有人确以诚意来追求真理，他所自任的却又不外是那种替早经发现的事物安排原因以使人心和理解力得到满足的真理，而并不是那种足以导致事功的新保证和原理的新光亮的真理"。因此，科学的合法的真正的目标，在他看来不外是"把新的发现和新的力量惠赠给人类生活"①。

在 17 世纪里，新教伦理、资本主义精神和经济功利的联姻促进了英国科学的繁荣，同时也为科学的"功利性"和"工具理性"提供了论证，使得科学及其技术应用的"功利性"和"工具性"价值日益凸显。恩格斯曾指出："科学的产生和发展一开始就是由生产决定的。""如果说，在中世纪的黑夜之后，科学以意想不到的力量一下子重新兴起，并且以神奇的速度发展起来，那么，我们要再次把这个奇迹归功于生产。"② 这也同样

① ［英］培根. 新工具. 许宝骙，译. 北京：商务印书馆，1984：59，58.
② 马克思恩格斯选集：第 3 卷. 北京：人民出版社，2012：865.

表明了，科学与生产的结合对于科学及工具理性扩展的重要影响。

于是，随着科学的迅猛发展及其在社会生产生活领域所取得的巨大成功，科学的功利性和工具性功能得到了最大程度的发挥。理性成为了衡量一切的标准甚至是唯一尺度。然而，"由于近代以来过分强化的功利刺激，科学的发展有所偏离了原来的善良目的，功利的强化诱使科学的理性和对真理的追求跨进了历史的误区。急功近利的做法使理性出现背离理性原则的迹象"①。对此，恩格斯评价说："他们不承认任何外界的权威，不管这种权威是什么样的。宗教、自然观、社会、国家制度，一切都受到了最无情的批判；一切都必须在理性的法庭面前为自己的存在作辩护或者放弃存在的权利。思维着的知性成了衡量一切的唯一尺度"②。

与此同时，理性变成了工具化的理性，工具理性也因而成为我们文化中最受推崇的理性形式之一。"工具主义理性已经与人类主体的一个超然模型一起成长起来，后者牢牢控制了我们的想象力。它给出了一种人类思维的理想图像：这种人类思维成为了纯粹的、自我证实的合理性，已经从其与我们的身体构成、我们的对话境况、我们的情感和我们的传统生活形式的凌乱中脱身而出。"③ 对科学工具性价值的这种强调，一方面为科学的进一步发展提供了良好的外在环境支持，促进了科学的发展与进步；但另一方面也使得科学的发展偏离了人性的轨道，而是似乎向着纯功利的道理迈进。结果，在现实生活中，工具主义理性不仅已经扩展了它的范围，而且也有控制我们的生活的威胁。

在科学发挥功效的领域，由于这一过程主要还是通过其技术应用而得以实现的，因此，科学/工具理性的扩张也主要通过技术理性而彰显出来。

---

① 徐建. 科学发展与功利精神. 贵州师范大学学报（社会科学版），1990（3）：84 - 87.
② 马克思恩格斯选集：第 3 卷. 北京：人民出版社，2012：775.
③ ［加］查尔斯·泰勒. 现代性之隐忧. 程炼，译. 北京：中央编译出版社，2001：117 - 118.

我们的生活日益为这个人为制造的技术环境所规定，工具理性的张扬也通过技术的无所不在而日益显现出来，在 20 世纪甚至已到了登峰造极的程度。伽达默尔在《科学时代的理性》中不无忧虑地指出："20 世纪是第一个以技术起决定作用的方式重新确定的时代，并且开始使技术知识从掌握自然力量扩转为掌握社会生活，所以这一切都是成熟的标志，或者也可以说，是我们文明危机的标志。"[1]

事实上，自启蒙运动以来，工具理性就开始向社会的各个层面扩张，"所有的现代社会，都根据一个特定而狭隘的理性观（也就是韦伯所说的'工具理性'）在运作，这样的理性观盘踞了社会主要机构的核心：'经济体'、以官僚组织进行社会控制、科学和技术"。在某些西方学者看来，"理性的历史任务是解放人类……迄今为止的政治与历史记录却显示，其结果是惨不忍睹的失败状况……现代社会距离理性的允诺园地相去甚远"[2]。工具理性的扩张与宰制，正是导致我们目前困境的根源之所在。

### 2. 工具理性与价值理性的断裂

随着工具理性的不断张扬，理性在政治、经济、社会文化等领域都取得了从未有过的伟大胜利，科学的社会地位也相应提高了。但与此同时，理性也日益分裂为工具理性与价值理性两个部分，且伴随着价值理性的衰微与边缘化。

工具理性与价值理性的表述最早见于德国社会学家马克斯·韦伯。在其著名的《经济与社会》中，韦伯从社会行为分类的角度将利用手段、技术追求功利目的的行为称为目的合理性行为，即后来说的工具理性、技术理性行为；而将坚持伦理的、美学的、宗教的或做任何其他阐释的——无条件的固有价值的纯粹信仰，不管是否取得成就的行为称为价值合理性行

---

① [德] 伽达默尔. 科学时代的理性. 薛华, 等, 译. 北京：国际文化出版公司, 1988：63.
② [英] 汤林森. 文化帝国主义. 冯建三, 译. 上海：上海人民出版社, 1999：273-274.

为。这就率先将"合理性"（rationality）对立表述为"工具的合理性"与"价值的合理性"两个概念。后来，法兰克福学派的霍克海默、马尔库塞、哈贝马斯等对此做了进一步的论述。如霍克海默明确区分了两种类型的理性：主观理性（工具理性）和客观理性（批判理性）——前者强调手段及其与目的的可能的协调，后者则强调对现实的批判和超越；马尔库塞则进一步将其发展为技术理性和价值理性的表述。其中，工具理性（主观理性）与价值理性（客观理性）都是作为人类理性的主要维度，统一于理性之中的。

在启蒙之前，工具理性与价值理性作为人类理性不可或缺的两个有机组成部分，是统一于理性的整体之中而未曾分化的，二者呈现一种原始和谐的状态。然而，随着启蒙所肇始的科学技术和工业的迅速发展，工具理性过度膨胀，并在人类精神文化领域占据了统治性地位，造成了价值理性的衰微和人的价值的失落。"现代人迷惑于实证科学造就的繁荣"，"让自己的整个世界观受实证科学的支配"，最终"漫不经心地抹去了那些对于人来说真正重要的问题"，"遮蔽了人本身存在的意义"①。在韦伯看来，"我们，因为它所独有的理性化和理智化，最重要的是因为世界已被除魅，它的命运便是，那些终极的、最高贵的价值，已从公共生活中销声匿迹，它们或者遁入神秘生活的超验领域，或者走进了个人之间直接的私人交往的友爱之中"②。

理性分裂为工具理性与价值理性，以及工具理性相对于价值理性的僭越与遮蔽，使得现代科学技术成为现代人的一个新的神话，但最终却引发了科学的危机，人们再次陷入精神的困窘之中。也就是说，当实证科学支

---

① ［德］胡塞尔. 欧洲科学的危机和超验现象学. 张庆熊，译. 上海：上海译文出版社，1988：5.

② ［德］马克斯·韦伯. 学术与政治：韦伯的两篇演说. 冯克利，译. 北京：三联书店，2005：48.

配了整个世界观，就意味着普遍理性已完全演变为实证理性。结果，"与这种对理性的信仰的崩溃相关联，对赋予世界以意义的'绝对'理性的信仰，对历史意义的信仰，对人的意义的信仰，对自由的信仰，即对为个别的和一般的人生存在（menschliches Dasein）赋予理性意义的人的能力的信仰，都统统失去了。如果人失去了这些信仰，也就意味着失去了对自己的信仰，失去了对自己真正存有（Sein）的信仰"①。

同时，理性的分裂造成了工具理性压制并取代了价值理性，进而引发了西方社会中的各种问题。在经济领域，对于性能与功效的偏好，对于物欲性、占有性的强调，无意中牵制着人类社会活动的走向，即追求物质利益的最大化和物欲享受几乎占据了人们生活的全部，人的存在和本质、生命和世界的终极意义之类形而上学的问题则被挤到了一边；在社会生产领域，人由在生产活动中起主导作用的主体沦落为可资利用和算计的客体，由生产活动中的目的性存在物沦落为生产工具，沦落为资本主义机器大生产体制中的附属品，成为与机器零件同质的东西。人的主体地位丧失了，并逐渐被异化为"单向度的人"；在文化领域，逻辑与经验的实证主义方法被任意推广为一种普遍方法，人文等学科领域则被排除到了"科学"之外。由此，理性的独断则导致了文化的单一与贫乏，工具理性则成了衡量一切的标准。

马尔库塞将工具理性时代所导致的问题总结为"单向度的人"的异化以及人与自然的矛盾对抗。单向度的人的结果，导致人片面追求科技的后果而却忽视自己作为人所具有的人性的维度；人与自然之间矛盾的加剧，即人类对自然只是一味地索取、盲目的征服与近似疯狂的利用。结果导致气候变暖、臭氧层破坏、生物多样性锐减、环境污染、资源枯竭、人口膨

---

① ［德］胡塞尔. 欧洲科学的危机和超验现象学. 张庆熊，译. 上海：上海译文出版社，1988：14.

胀等多种全球问题，最终加剧了国家与国家之间的矛盾、人与人之间的矛盾、人类与社会之间的矛盾，造成了人的生存的危机。这似乎成为"发达工业社会"的常态。

当工具理性与价值理性的分离与对立日益严重，各种社会、政治、经济、文化问题不断凸显，便引发了对工具理性的各种批判与讨伐。特别是随着科学技术化趋势的日益加强，科学的价值理性也更多转向了对工具理性的关注，科学更是渐渐丧失了其人道的理性传统，之后，对科学理性的种种质疑、批评声就在科学与人文的分裂、对抗中日渐显现出来。如贝尔纳所说："人们不仅反对科学的具体成果，而且对科学思想本身的价值也表示怀疑。19 世纪末叶，由于社会制度面临危机，反知识主义开始抬头了，索雷尔和柏格森的哲学就表现了这种思潮。他们把本能和直觉看得比理性更为重要。在某种程度上，正是哲学家们和形而上学理论家们自己首先铺平了道路，使人们有可能替法西斯主义的思想——在神人般的领袖指导下采用残暴手段的思想——辩护。"①

在这些批评声中，较具代表性的还是法兰克福学派从技术和科学的角度对工具理性与价值理性的问题进行的专门探讨。他们从对启蒙理性的批判开始，对工具理性、技术理性造成的生存困境及政治意识形态控制问题、文化商品化及产业化问题等，都进行了深入的批判，目的就在于揭示理性的发展对人性的压抑和对人的自由发展的阻碍。

其实，早在 18 世纪中叶，科学与理性高唱凯歌、大现辉煌之时，处于启蒙阵营中的卢梭似乎就已洞识工具理性和科学技术可能产生的负效应。他指出，"天文学诞生于迷信；辩论术诞生于野心、仇恨、谄媚和谎言；几何学诞生于贪婪；物理学诞生于虚荣的好奇心；一切，甚至于道德

---

① ［英］J. D. 贝尔纳. 科学的社会功能. 陈体芳，译. 桂林：广西师范大学出版社，2003：5.

本身，都诞生于人类的骄傲。因此科学与艺术的诞生乃是出于我们的罪恶：如果它们的诞生是出于我们的德行，那末我们对于它们的用处就可以怀疑得少一点了"[①]。

### 3. 工具理性与价值理性的整合

工具理性的过度张扬及工具理性与价值理性之间断裂、冲突所导致的种种社会问题，科技批判主义者们对科技理性的僭越的批判，都已经表明当前工具理性与价值理性进行整合的必要性。因此，整合工具理性与价值理性，实现二者的统一，已成为当前科技发展中必需的选择。

从理论上来讲，工具理性与价值理性二者都是人类理性中不可或缺的重要组成部分，因而实现整合和统一是可能的。所谓"工具理性"（又称为"功效理性"或者说"效率理性"），即通过实践的途径确认工具（手段）的有用性，从而追求事物的最大功效，为人的某种功利的实现服务。它是通过精确计算功利的方法最有效达到目的的理性，是一种以工具崇拜和技术主义为生存目标的价值观；所谓价值理性（也称实质理性），即"通过有意识地对一个特定的行为——伦理的、美学的、宗教的或作任何其他阐释的——无条件的固有价值的纯粹信仰，不管是否取得成就"。也就是说，人们只赋予选定的行为以"绝对价值"，而不管它们是为了伦理的、美学的、宗教的，或者出于责任感、荣誉和忠诚等方面的目的。因此，所谓的"价值理性"，是行为人注重行为本身所能代表的价值，即是否实现社会的公平、正义、忠诚、荣誉等，甚至不计较手段和后果，而不是看重所选择行为的结果。它所关注的是从某些具有实质的、特定的价值理念的角度来看行为的合理性。

总体来看，价值理性确定目的，而工具理性达成目的。从具体行为角

---

① ［法］卢梭．论科学与艺术．何兆武，译．北京：商务印书馆，1959：16．

度看，工具理性注重"是"，是对现实存在的东西的把握，以合规律性为标准；价值理性以"应当"为依归，是对理想状态的追求，以合目的性为标准。从终极的意义来说，工具理性追求的是"真"；价值理性追求的是"善"。而从逻辑上来说，价值理性可以为工具理性提供精神动力，工具理性能为价值理性提供现实支撑，二者又统一于人类的社会实践之中。由此看来，作为人类理性中不同层面、不同角度的追求，工具理性与价值理性并无冲突，而是可以取得一种相安无事的和谐，进而推进行为的合理性的。

坦白来讲，对于如何实现工具理性与价值理性的整合和统一，并没有一个实践上的统一模式。但首先应该认识到，对工具理性与价值理性进行整合，并非是对两种根本对立的政治价值观进行调和，而是试图要通过批判工具理性及其主导下的霸权主义价值观，立足于全人类利益的高度，从科技长远健康发展，以及人类社会发展的合目的性的考虑出发，仔细审视工具理性的可能后果及其与价值理性之间的关联，从而确立一种能够指导人类驾驭工具理性的价值理性，将人类世界引入一个人性化、人道化的发展轨道。

所以，要从根本上改变工具理性的僭越所带来的人类精神危机和道德危机，实现价值理性的复归与人的意义的回归，就要改变以往在处理人与自然、人与社会、人与他人之间关系上的态度和原则，以最终实现工具理性与价值理性的协调和统一，进而在具体的行为中达到工具性考量与价值性考量的和谐一致。这主要包括：

一是人与自然的和谐。人与自然的关系是人类进行一切社会活动时都必须要考虑的一个重要因素，对于科学技术活动而言则更是如此。事实上，工具理性的过度膨胀导致的价值维度的失落，对自然的肆意征服和改造所导致的灾难性的环境污染、生态失衡，这些问题之所以产生，最根本的就在于忽略掉了人与自然和谐这一原则。因此，要实现工具理性与价值理性的协调和统一，解决人类面临的各种生态的、社会的以至精神领域的问题，首先就应重新审视人与自然的关系，以实现人与自然的和谐发展为一切行为的根本立足点、出发点。作为在场的主体和自己实践活动后果的承担者，人必须要自觉地把自己融入自然之中，在行为实践中尊重自然、服从自然规律的要求。自然具有最高的、绝对的主体性，人类应在尊重自然的前提下，使自己的生产和生活方式与自然系统的承载力协调起来，在与自然的和谐中实现发展的目标。

二是经济发展与生态优化的并举。经济发展是人类社会发展与进步的前提条件，也是人类进行一切活动的重要物质基础。因此，发展是硬道理，现实中的科学技术活动的开展，一个很重要的目的就是要促进经济的进步。同时，人的生存总是依赖于一定的环境生态条件和社会文化环境的，环境生态的维持与优化实际上也构成了人的发展的一部分，并直接决定着人的生存质量。因此，任何过分乐观的"经济增长＝环境优化"的乌托邦发展模式，都会因其片面性和狭隘性而造成人类发展中更大的损失，甚至导致难以治愈的环境生态病症。因此，在寻求经济发展的同时优化生态（至少不造成生态的恶化）的这样一种科技行为中，工具理性与价值理性二者之间实现了和谐统一。

三是物质丰裕与精神提升的共荣。科学技术发展的最终目的和归宿，终究是为人的。而现实的人的需要则是丰富而全面的，既有物质的满足又有精神的需要，既有现实的满足又有意义和价值的追寻，既有可预期的成就又有目前不可见的惊奇。这些丰富而多样的人的需要的满足、对人性完善和发展的迫切要求，都需要现代人在提高物质生活水平、实现自己的"肉身之爱"之同时，努力关注科学技术的发展及其成果对于精神文化层面和意义维度的影响，提升自己的"心灵之命"，进而打造出一个物质丰裕而文化精神意义又不断提升的现代化社会。

四是短期利益与长远利益的兼顾。在工具理性的驱使下，人们往往"只见树木不见森林"，只顾眼前的较小利益，而看不到在未来可能实现的更大利益，更看不到对未来可能产生的巨大危害。"人无远虑，必有近忧"，这种盲目与狭隘总是让人们不久就看到它带来的恶果。人类中心主义、经济至上的短视在今天所造成的危害有目共睹。这些狭隘的做法已受到了诸多思想家们的猛烈批评。在哲学领域，对人类中心主义的抨击经历了主体的死亡、人的死亡再到后现代遁入语言领域进行解构式的批判的历程。人们看到经济的发展并不必然意味着生活质量的提高，那种竭泽而渔式的经济活动有可能使人类陷入发展的绝境。经济与社会各方面的可持续发展，已经成为今天人们的共识。

实际上，工具理性与价值理性的整合和统一，就是人在与科学技术相关的活动中实现自身科技行为的工具性考量与价值性考量的一致、物质创造与精神生产的和谐、个人满足与社会需要的兼顾等。这样的整合和统一，并非是当下的或既定的，而是一种终极的追求和长远的目标，是在社会发展与科技进步的未来依然需要持续努力的目标。

## 三、科技的文化自觉与人文价值回归

所谓文化自觉，是文化发展的一种心态，它是指人们既对自身所处的文化有着充分的理解与尊重，又对自身文化与其他文化之间的关系有着清醒的认识，从而在文化发展的实践中有所体现。当前，科学技术发展中的文化自觉，就是要清醒地认识到科学技术自身赖以产生、形成与发展的文化特征，并在对科学技术发展的现状进行梳理与反思的基础上，实现科学技术向文化传统与人性的复归，从而促进科学技术的文明发展。

**1. 科学理性与人文精神**

从整体上来说，人类精神包含着两个紧密关联的方面，即科学理性和人文精神。因此，在具体的人类活动中，二者应该是统一的。

科学理性是体现在科学理论或科学原理中的人类理性和智慧，是发展科学的必要前提。作为在科学基础上发展起来的理性的精神，它必然是以科学的普遍性、客观性等基本特征为指导而形成的人类理性精神。因此，科学理性所体现的，主要是求真、理性、规范、公平、宽容、批判、创新、效率、协作等具有普遍性的科学精神。

在霍尔顿向我们描述的科学理性的现代世界图景中，它具有这样一些特征："客观性"有高的地位；喜爱定量而不是定性的结果；非人格化的、普遍化的结果（在有这种结果的地方）；理智化，抽象，离开直接经验的感觉世界（同马赫相反），非情欲的，非拟人的；理性而不是道德主义的思维（其中理性是由怀疑论和意见一致这样一些边界条件在操作上限定的）；问题—取向（同神秘取向对立；同目的取向对立）；证明—取向（要求证实或证伪的检验）；倾向于精英统治的功能性，"理智和常规"，专业化；相对于权威的怀疑论，寻求自主性；以理性、启蒙为基础，反对把任何人或物神圣化；倾向于容纳相反的见解（只要它被证明），但是仍允许争论和新的经验；科学知识导致权力；知识领域中存在层次，更基本的层次用来说明其他层次的根源；公开声明世俗的、反形而上学的、"祛魅的"；进化而不是喜爱停滞或不连续的（"革命的"）变化；宁可无自我意识，宁可非自反性；主动，进步（即在人权进化中，科学进步→物质进步→道德进步）。① 在这一图景中，祛魅与抽象基础上的客观性、普遍性等成为构筑这一伟大理性科学大厦的基石和重要支柱。

---

① ［美］杰拉耳德·霍尔顿. 科学与反科学. 范岱年，等，译. 南昌：江西教育出版社，1999：216-217.

然而，不可忽视的是，人类所努力探求的这种理性特征绝非是抽象而孤立地存在着的，"它总是历史地、具体地与一个国家、一个民族的政治、经济、文化和意识形态结合在一起，化作一个国家和民族的特定的法律、政策、体制和人们普遍的价值标准而生动地展示出来。因此，这种普遍的理性决不能外在地依附于一个民族或国家，它必须作为这一民族或国家整体结构中一个不可或缺的要素，从而内在地溶合于民族精神之中。在这个特定民族的土壤中，以其特殊的形态或方式生根、开花和结果"①。因此，科学理性虽然是具有普遍性和客观性的，但却并不是僵死的、单一的；它总是在不同的社会文化地域中，在不同的历史时代中鲜明而具体地体现出来，因而总会带有其所处文化的民族特性。

就人文精神而言。"人文"一词中主要包含着两方面的意思：一是"人"，一是"文"。"人"是关于理想的"人"、理想的"人性"的观念，"文"是为了培养这种理想的人（性）所设置的学科和课程。前一方面的意思往往与"人性"（humanity）等同，后一方面的意思则往往与"人文学科"（humanities）相一致。这两方面的意思总是结合在一起，关联在于：学科意义上的人文总是服务于理想人性意义上的人文，或相辅相成。如语言、文学、艺术、逻辑、历史、哲学总是被看成人文学科的基本学科，它们总是与语言的理解和运用、古老文化传统的认同，以及审美能力和理性反思能力的培养联系在一起，目的是培养理想的人性，使他们具备教养和文化、智慧和德性、理解力和批判力。因此，人文精神就主要是通过"人性"以及类似"人文学科"的活动所体现出来的对"人"的"存在"的思考，以及对"人"的价值、"人"的生存意义的关注，是对人类命运、人生痛苦与解脱的思考和探索。相对于科学理性，人文精神更多是

---

① 郭贵春. 科学理性与中西文化比较. 理论探索，1989（2）：19-22.

形而上意义上的，属于人的终极关怀，显示人的终极价值。

作为人类精神中两种不同的表现形式，科学理性与人文精神应该是相互统一的。然而，在历史的发展中，科学理性与人文精神也曾发生断裂、冲突。当近代科学的大厦在 17 世纪基本建立以来，科学在各个领域所取得的巨大成功，无形中孕育了一种对理想自身的崇拜。一种唯科学主义的思想把科学技术视为整个社会进步的唯一根源，人类的需求只需求助于科学技术即可满足，而科学技术的发展必然导致的科技专家治理社会也被认为是最合理的。人们的关注仅仅停留在了科学所能触及的领域，而在人类生活中起非常重要作用的人的情感、信仰等精神因素以及人自身都被排除在外，任何非理性的东西都被视为了不可理解的甚至是荒谬的东西。人与自然、人与人、人与社会之间的冲突矛盾和种种危机，反科学思潮的滋生，都是科学理性与人文精神断裂的最好例证。20 世纪 50 年代，英国小说家斯诺明确提出的"两种文化"的问题，以及 20 世纪 20 年代初中国思想界所掀起的"科学与玄学"（玄学，此处指以传统文化为核心的人文学科）的大论战，在某种程度上都是对这一人类精神断裂的说明。

但是，历史上的裂痕并不说明科学理性与人文精神是两个不同的事物。事实上，科学理性与人文精神从来就是统一的。二者都以客观自然界为源头，以人为出发点和最终归宿，共同构成完整的人类价值体系并相互依存、相互促进因而存在着内在的一致性。在现实的人的实践之中，科学理性与人文精神达到了最完美的统一。

我们毫无理由认为，"科学理性与人文精神是两个不同的东西。更没有理由认为西方现代社会始终面临着非此即彼的两难选择。西方人始终都在依据科学理性，塑造着自己的人文精神。离开了科学理性，就无法理解西方的人文精神。尤其是在近、现代，科学理性在人文学科中的地位进一步加强，我们怎么能认为暴虐的理性奴役了人文呢？"①

而且，科学理性本身就体现着一定的人文精神。萨顿认为，科学中是包含人文因素的。在他所倡导的新人文主义中"不会排斥科学，它将包括科学，也可以说它将围绕科学建立起来。科学是我们精神的中枢；也是我们文明的中枢。它是我们智慧的力量与健康的源泉，然而不是唯一的源泉。无论它多么重要，它却是绝对不充分的。我们不能只靠真理生活。这就是我们为什么说新人文主义是围绕科学而建立的原因。科学是它的核心，但仅只是核心而已。新人文主义并不排除科学，相反将最大限度地开发科学。它将减少把科学知识抛弃给科学自己的专业所带来的危险。它将赞美科学所含有的人性意义，并使它重新和人生联系在一起。它使科学家、哲学家、艺术家和圣徒结合成单一的教派。它将进一步证实人类的统一性，不仅在它的成就上，而且也在它的志向上"②。

科学理性与人文精神的统一，将是人类精神与文化发展的根本要求和主要方向。

### 2. 科学的实践转向及其向传统的回归

科学技术发展中的文化自觉，一方面表现为将科学及其技术应用看作一种实践，从实践与文化的视角来审视科学与技术；另一方面集中体现为科学技术的发展出现了向传统回归的趋向，既向自己的精神文化传统回归，同时也积极寻求与其他非科学文化传统的对话与沟通，以建构一种文化整体发展的共识。

（1）科学的实践转向。

历史地看，至少在 20 世纪 50 年代末期以前，将科学作为"一种知识

---

① 王晋中. 对科学理性与人文精神的思考. 自然辩证法研究，1998（1）：43-45.
② ［美］乔治·萨顿. 科学史和新人文主义. 陈恒六，等，译. 上海：上海交通大学出版社，2007：132-133.

体"，作为关于"世界的理论和实证命题的集合"的观念，一直都是受到广泛的关注与支持的，因而对科学的各种研究主要是将其作为一种静态的知识进行表征。然而，自 20 世纪 90 年代以来，以科学实践为基础和出发点来认识科学、理解科学的研究思路悄然兴起。它从科学作为一种实践的视角进行探究，从而将对科学的表征主义的、"理论优位"的理解转向了一种介入主义的、"实践优位"的理解。实践因而逐渐取代了知识和理论的地位，成为对科学及其本质进行理解的核心。

科学中所出现的这种实践转向，突出地体现在两种不同的具有代表性的研究进路上：一是以伊恩·哈金等为代表的新实验主义的研究进路，二是以劳斯为代表的科学实践解释学的研究进路。

新实验主义是 20 世纪 80 年代以来出现的一个科学哲学流派，它打破传统科学哲学中的"理论优位"假设，转而希望从实验领域而不是观察中为科学寻找一个相对可靠的基础；它强调实验具有自己的生命，是不完全依赖于理论的。作为新实验主义的先驱，哈金在他的《表征与干预》（1983）一书中，表明了科学从表征到干预、从理论到实践的转向。他明确指出，"科学据说有两个目的：理论与实验。理论试图说明世界是怎样的，实验及与之相应的技术则改变着世界。我们表征，我们干预。我们表征的目的是为了进行干预，而我们的干预又是基于表征的"[①]。可见，在哈金那里，表征和干预实际上是混合在一起的。但他也强调，科学更多的是对世界的一种干预，而不仅仅是用话语和思想对世界的表征。如此一来，科学就从表征走向了干预，从理论走向了实践，传统上"理论优位"的前提预设也为"实践优位"所替代了。

后 SSK 研究是科学的实践转向表现较为明显的一个领域。作为科学

---

① Ian Hacking. Representing and Intervening：Introductory Topics in the Philosophy of Natural Science. Cambridge：Cambridge University Press，1983：31.

实践研究的重要代表，皮克林在他 1992 年编辑的《作为实践和文化的科学》（*Science as Practice and Culture*）一书中明确指出，SSK 研究中存在着一种科学从作为知识到作为实践的转向。他认为，在 20 世纪 80 年代后期 SSK 内部所发生的研究转向中，一个最突出的特点就是向"科学实践"的转向。诸如拉图尔的"行动中的科学"、塞蒂纳的"实验室研究"、马尔凯和吉尔伯特的"自反性"与"新文学形式"研究及其他人类学的研究等，都表现出了一种对科学的"实践内涵"的关注。在对实践的基本观点上，它们"强调科学知识的工具意义，强调科学行动者的力量，即知识是用来使用的，不只是用来沉思的；行动者具有自己的利益，作为知识的工具能够成功地促进或阻碍这种利益的实现"。特别是随着利益概念引入并以此进行科学的社会学分析，"一方面，可以认为行动者是以符合自身利益的方式而不是其他的什么方式寻求对科学文化的扩展；另一方面，对于可以获得哪一种扩展的结果，得到哪种概念网络，利益可以充当选择的标准。网络的那种最佳扩展结果应该能够最充分地满足相关科学共同体的利益"[1]。由此，科学不再主要是对自然的透明的表征，而成为了相对于某种特定文化的知识，并通过利益的概念分析而得以刻画。不仅如此，皮克林还明确指出，新的科学图景中的主题是实践而不是知识，并主张用"实践的冲撞"（mangle of practice）[2] 一词来表达对科学的理解。

在科学解释学的视域中，科学从知识到实践的转向，主要是通过实验室实践的介入性与操作性特征来加以说明的。如劳斯认为，科学并非是对世界的表述和观察，而是与世界相互作用并介入其中的。在他看来，传统

---

① ［美］安德鲁·皮克林. 作为实践和文化的科学. 柯文，伊梅，译. 北京：中国人民大学出版社，2006：4-5.

② "实践的冲撞"强调的是，科学实践的基本特征在于其辩证性，即在于人类因素与非人类因素的"冲撞"（mangle）。而科学实践的一般特征就是"实践的、目标指向的以及目标修正的阻抗与适应的辩证法"。

的科学形象视科学为某种对世界进行精确描述的表征体系，而观察则是连接所表象的世界与世界本身之间的唯一通道；然而现实的情形却非如此。因为，在具体的科学活动中，"问题并不在于我们从世界的语言表征出发如何抵达被表象的世界本身。我们已经在实践活动中参与了世界，世界就是我们参与其中的那个东西。通达世界的问题（诉诸观察就是对这个问题的回应）将不复出现"①。实际上，"只有介入世界，我们才能发现世界是什么样的。世界不是处在我们的理论和观察彼岸的遥不可及的东西。它就是在我们的实践中所呈现出来的东西，就是当我们作用于它时，它所抵制或接纳我们的东西。科学研究与我们所做的其他事情一道改变了世界，也改变了世界得以被认识的方式。我们不是以主体表象对象的方式来认识世界，而是作为行动者来把握、领悟我们借以发现自身的可能性。从表象转向操作，从所知转向能知，并不否认科学有助于揭示周围世界这一种常识性观点"②。

总体而言，科学的实践转向，可以说就是由作为知识的科学走向一种作为实践与文化的科学。

（2）科学向传统的回归，主要表现在以下两个方面。

一是向科学自身传统的回归。

英国科学史家斯蒂芬·F.梅森曾经指出，"科学主要有两个历史根源。首先是技术传统，它将实际经验与技能一代代传下来，使之不断发展。其次是精神传统，它把人类的理想和思想传下来并发扬光大"③。这表明，科学在其历史发展过程中具有两个最为重要的传统：一是重功利的技术传统，二是重理想的精神传统；前者主要指世代相传的人类经验和实

---

① ［美］约瑟夫·劳斯. 知识与权力——走向科学的政治哲学. 盛晓明，等，译. 北京：北京大学出版社，2004：152.

② 同①23-24.

③ ［美］斯蒂芬·梅森. 自然科学史. 周煦良，等，译. 上海：上海译文出版社，1980：1.

际技能，后者则主要指薪火相传的人类理想和思想观念。这两种传统各自的独立存在状态，从人类文明的青铜时代即已出现。但一直到中古晚期和近代初期的西欧，这两种传统的各个成分才开始靠拢和汇合起来，进而形成了一种新的传统，即科学的传统。在科学社会学家默顿关于科学精神气质——普遍主义、公有性、无私利性以及有条理的怀疑态度——的相关论述中，就体现了科学的技术传统与精神传统在现代科学中的统一。

然而，这样的统一只是默顿关于科学发展的一种理想。在现实的科学发展过程中，随着近代科学革命的兴起及其引发的工业技术革命所取得的巨大成就，科学在前进的过程中越来越多地偏向了技术传统的一维，精神传统的成分则被掩盖或被忽略掉了。这正如科恩所指出的，"新科学的一个革命性的特点是增加了一个实用的目的，即通过科学改善当时当地的日常生活。寻求科学真理的一个真正目的必然对人类的物质生活条件起作用。这种信念在 16 世纪和 17 世纪一直发展，以后越来越强烈而广泛地传播，构成了新学科本身及其特点"①。曾经作为科学本性而存在的精神传统，却似乎被遗忘了。与此同时，正因为这一对科学传统的偏移，直接导致了科学在发展过程中工具理性与功利主义维度的过度彰显，因而忽视了价值和精神的维度，并由此产生了一系列的社会问题。

因此，寻求科学在工具理性与价值理性之间的平衡，以确保科学自身的健康发展及其在现实社会中的正常运行，便成为科学发展中的重要考量。而其中最为根本的，就是要找回科学曾一度失落的价值维度和精神传统，回到技术传统与精神传统并存的科学传统。可以说，当前对科学的人文价值的关注、对科学的社会责任的重视，都是科学向自身综合性传统回

---

① ［美］I. B. 科恩. 牛顿革命. 颜锋，等，译. 南昌：江西教育出版社，1999：5.

归的具体表现。

二是科学向具体的社会与文化传统的回归。

经过几百年的发展，科学逐渐树立起了在社会中的统治性地位与精神文化领域的优势地位，从而使其他非科学的传统都相形失色。然而，20世纪以来科学及其技术应用所引发的种种社会问题，使人们对科学"与生俱来的优越性"产生了怀疑，科学也不再理所当然地是社会合理性的唯一尺度与合法性标尺。同时，人们也越来越意识到，科学并不拒斥传统，理性也不否认感性与差异性；宗教、文学、艺术等非科学的传统不但可以坚定人类进行自由探索的精神，而且还可以纠偏我们的"科技理性"，扭转我们过去因过于偏向工具理性及功利主义的考量而忽略人文理性和责任伦理的歧途。科学需要从传统中为自身的健康发展寻求支持，以恢复其文化的本性，已逐渐成为社会发展的共识。于是，科学开始积极向传统的宗教、文学、艺术等寻求"智慧"与"帮助"，并努力消除不同文化传统间的隔阂，进而构筑一种科学与其他社会文化传统和谐共进的大文化观。

对于这样一种向传统回归的发展趋向，芬伯格予以了清楚的说明。他说："以前，对理性天真的信念支持着现代性与传统之间的区别。现代性被说成是理性的，尤其强调它的认知基础——科学和技术——比任何更早的社会都优越。在实证主义看来，理性是普遍的，不受社会和历史条件的制约。对理性的怀疑或批评不仅仅是对现时代合法性的挑战，而且破坏了评价世界的唯一可以依赖的立场。但是最近几年，这种合法性越来越令人怀疑，而且合理性也日益被解释为一种文化效应。今天，在上一代破碎了的技术专家治国论的幻想中，对科学和技术的新的社会阐释正活跃起来。传统，就其支持文化多样性以反对西方'虚假的普遍性'这一点来说，现在被认为是一种不确定的暂时中止（dubious reprieve）。在普遍的理性熔炉中已经失去其重要性的种族、宗教和性别之间的差异重新得以恢复。"①

可见，回归传统的社会与文化因素，并从传统文化中吸取养分与原料，作为自身发展的有益补充，已成为当前科学技术发展的一个重要方面。而在这样一种趋向中，鲜明地体现出了科学技术发展的文化自觉。

### 3. 科技的人文价值回归

从整个人类文化的历史来看，无论是处于文化发展的哪一阶段，或者是哪一种文化的形态，人性在其中都是最根本的。卡西尔的研究向我们揭示了："作为一个整体的人类文化，可以被称之为人不断自我解放的历程。语言、艺术、宗教、科学，是这一历程中的不同阶段。在所有这些阶段中，人都发现并且证实了一种新的力量——建设一个人自己的世界、一个'理想'世界的力量。哲学不可能放弃它对这个理想世界的基本统一性的探索，但并不把这种统一性与单一性混淆起来，并不忽视在人的这些不同力量之间存在的张力与摩擦、强烈的对立和深刻的冲突。这些力量不可能被归结为一个公分母。它们趋向于不同的方向，遵循着不同的原则。但是这种多样性和相异性并不意味着不一致或不和谐。所有这些功能都是相辅相成的。每一种功能都开启了一个新的地平线，并且向我们展示了人性的一个新方面。"②

同样，对于科技而言，它与人性亦是不可分割的。萨顿就认为，科学是充满人性的，无论从其起源、发展过程，还是从其结果来看，人性都是科学的根本特质。因此他提出，"我们必须使科学人文主义化，最好是说明科学与人类其他活动的多种多样关系——科学与我们人类本性的关系。这不是贬低科学；相反地，科学仍然是人类进化的中心及其最高目

---

① ［美］安德鲁·芬伯格. 可选择的现代性. 陆俊，等，译. 北京：中国社会科学出版社，2003：24-25.

② ［德］恩斯特·卡西尔. 人论. 甘阳，译. 上海：上海译文出版社，2003：357.

标；使科学人文主义化不是使它不重要，而是使它更有意义，更为动人，更为亲切"①。

然而，随着近代工业革命所引发的社会变革的加剧以及工具理性的过度膨胀，人逐渐失去了其价值的维度，在生产中再也感受不到任何的满足与喜悦；同时，科技对自然界的破坏使人处于自然的对立面，导致了科技与人的异化。这样一来，人就迷失在了自己所创造的巨大物质力量之内，而科技也背离了自己的初衷而走向了反面。科技渐渐失去了其人性的维度，成为非人性的存在。

对于科技与社会的长远发展甚至人自身而言，这无疑都是一种倒退。休谟曾说："一切科学对于人性总是或多或少地有些关系，任何学科不论似乎与人性离得多远，它们总是会通过这样或那样的途径回到人性。即使数学、自然哲学和自然宗教，也都是在某种程度上依靠于人的科学。"②归根究底，科学及其技术应用的价值，最终还是要在现实的人的生活之中、在人自身之中得以体现。实现科技向人性的回归，因而成为当前科技发展中的一个重要方面。

所谓人性化科技，就是要使科技成为人文化、人道化的科技。这种人性化的科技克服了科技与人相背离甚至无视人的存在状态的弊端，转而把科技建立在人的基础之上，始终围绕人的生存来发展科技；它以人为中心和目的，通过非破坏地开发自然、节俭而有效地利用自然，从根本上为人创造舒适的生活和良好的生存环境，从而使科技成为真正为人的科技。在这里，科技与理性、自然与人，都在人性化的科技中统一了起来。

对于人性化科技的实现，一般主要涉及文化和社会实践两个方面的途径：

一是通过除科学之外的各种文化意识形态，从文化层面促进科学的人

---

① ［美］乔治·萨顿. 科学的生命. 刘珺珺，译. 上海：上海交通大学出版社，2007：57.
② ［英］休谟. 人性论. 关文运，译. 北京：商务印书馆，1980：6.

性化与人文化。如通过发展艺术、哲学、宗教等人文主义的文化，重新发现自然平台上的感性、审美文化和艺术的意义与价值，从而在科技之外寻找科技与人文统一的空间，实现科技的人性化。

在这方面，萨顿用科学史将科学与人文主义二者结合起来，从而实现人性化科技的主张最为引人注意。他明确提出，"使科学工作人性化的唯一方法是在科学工作中注入一些历史的精神，注入对过去的敬仰——对作为一切时代的善的见证的敬仰。无论科学可能会变得多么抽象，它的起源和发展的本质却是人性的。每一个科学的结果都是人性的果实，都是对它的价值的一次证实。科学家的努力所揭示出来的宇宙的那种难以想象的无限性不仅在纯物质方面没有使人变得渺小些，反而给人的生命和思想以一种更深邃的意义。随着我们对世界的理解逐渐深入，我们也就更热心地去欣赏我们同世界的关系。没有同人文学科对立的自然科学，科学或知识的每一个分支一旦形成都既是自然的也同样是人的。请证明科学深邃的人性吧，如此一来对于科学的研究就变成人们能够设想的人文主义的最好媒介了；排除了这种意义，只为了得到信息和职业培训的目的而讲授科学知识，那么这种从纯技术的观点看来有用的科学知识的学习就失去了一切教育上的价值。没有历史，科学知识可能会有害于文化，同历史相结合，用敬仰来调和，它将会培养出最高尚的文化"①。

实现人性化科技的另一类方式，就是通过发展新的不同于以往的科学技术，在社会实践领域真正做到"人性化科技"的应用和普及。其中，舒马赫提出的"中间技术""民主的技术"的主张颇具有启发性。

从对科技实践的现实考量出发，舒马赫主张发展一种"具有人性的技术"。他认为，"现代科技剥夺了人们使用双手与人脑的创造性劳动，所

---

① ［美］乔治·萨尔顿. 科学史和新人文主义. 陈恒六，等，译. 北京：华夏出版社，1989：49. 萨尔顿，即萨顿。

以，应当创造一种技术，促使双手与大脑具有更大的生产能力。……这种技术称为'中间技术''民主的技术'。这种技术能够充分利用现代的知识和经验，能够适应生态学的规律，能够为人们服务，而不是使人们成为机器的仆人"①。

具体来说，我们所需要的"是另外一种技术，一种具有人性的技术，它不是使人的双手和大脑成为多余，而是使人的大脑变得比以往任何时候的生产能力都大得多。正如甘地所说，大量生产帮助不了世界上的穷人，只有大众生产才能帮助他们。大量生产的体系建立在资金高度密集、高度依赖能源投入以及劳力节省的技术的基础上，先决条件是已经富有，因为设立一个工作场所需要有大量投资。大众生产的体系是调动人人都有的无价的资源，即聪明的人脑和灵巧的双手，并且使用第一流的工具辅助它们。大量生产的技术本质上是暴力的，破坏生态的，从非再生资源的角度来说，是自我毁灭的，并且使人失去作用。大众生产的技术由于利用最好的现代知识和经验，因而易于分散，适应生态学的规律，缓和地使用稀少资源，目的是为了帮助人，而不是使人成为机器的奴仆。我把这种技术称之为中间技术，以表示大大超过以往年代的原始技术，同时又比富国的超级技术简单得多，便宜得多，自由得多。你也可以称之为自力更生的技术或者民主的技术、人民的技术——一种人人可以采用的，而不是那些有钱有势的人专有的技术"②。

可以说，科技文化的人性回归与人性化科技的实现，既要注重从观念意识形态层面促进科技与人文的统一和连接，也要注意在具体的科技实践中发展具有人性的技术，将民主的观念注入工具的创造过程当中。这对于当前科技文化的健康发展而言，是十分必要的。

---

① ［英］E. F. 舒马赫. 小的是美好的. 虞鸿钧，郑关林，译. 北京：商务印书馆，1984：ⅱ.
② 同①104.

# 第六篇　科学文化与文化科学

　　长久以来，科学因其所独具的优越性而一直以一种高高在上的至尊面目示人，并发展为一种强势的科学文化。但从 20 世纪开始，科学的文化霸权所导致的一系列恶果使其逐渐丧失了最初所具有的那种正面的、革命性的力量。科学开始变得专制而独断，科学文化也不再只具有科学的、文化的作用，它的文化内涵渐渐衰退了。因此，当前科学发展的主要方向，就是要重新找回科学所失去的文化内蕴，发展一种有文化的科学，并最终走向一个自由而开放的未来。

# 第十六章　科学文化的迷失与觉醒

　　科学是人类有史以来所创造的一种最伟大的文化。然而,科学在人类文化中的统治地位,以及在此基础上形成的科学主义霸权,却日益引发了科学文化与人文文化的对立。在一定程度上,科学甚至导致了科学文化中的文化缺失。曾经作为一种最优秀的人类文明成果之一的科学,何以变得失去了文化的内涵,这值得我们深思。

## 一、正统的科学文化形态与人性的迷失

　　当前,以标准科学观为基础的科学文化在前进的征途中已日渐与其初衷相背离,产生了所谓的文化迷失与人文缺失等现象。近代科技革命所缔造的人类文明的进步,却反过来造成了人性的迷失。

### 1. 科学成为主流文化之后

　　文化究竟是什么?并没有一个统一的定义。按照英国人类学家泰勒的经典定义:“文明或文化,就其广泛的民族学意义来说,乃是包括知识、

信仰、艺术、法律、道德、习俗以及人作为社会成员而获得的能力和习惯在内的复杂整体"①。由此来看，文化就是对某一社会中整个生活方式的描述，它与整个人类社会的发展密切相关。所谓主流文化，则是指在一个社会中占据统治地位、起主导作用的文化，它引导着整个社会的发展并对社会其他文化作用的发挥产生了影响。在人类文明发展的整个历程中，处于主流地位的文化形态也不断发生着改变。纵观人类文明史，"在伯利克利斯时代，哲学和艺术吸引着十分广泛的兴趣。中世纪大部分时间里兴趣的主要焦点是宗教和神学。对文学、伦理学和艺术的令人注目的重视则是文艺复兴的一般特征。而在近现代，尤其是在过去的三个世纪里，兴趣的中心看起来已经转向了科学与技术"②。

科学（以及技术）发展为一种文化，并在人类的诸多文化形态中独树一帜、占据统治性地位，经历了漫长的人类文明进化史。在前科学的希腊时代，萌芽状态的科学混杂在宗教、哲学甚至艺术、神话等文化形式中，既没有真正的科学，更没有独立文化形态的科学。在整个中世纪，教会的势力遍及整个欧洲社会，宗教作为主导性的文化形态控制着社会的政治与经济生活，并压制着其他一切的文化形式。文艺复兴运动之后，欧洲社会中教会的威信日益衰落，宗教的主流文化地位开始让位于科学。准确地说，作为一种独立的文化形态，科学文化的真正形成是工业革命以后的事情。通过 17 世纪的牛顿革命，科学开始确立了自己的地位，以基督教为中心的文化逐渐为以科学为中心的文化所替代。在学术研究领域，牛顿方法越来越多地应用到整个自然科学当中，理性传统与经验传统实现了决定性的整合；在社会生活方面，科学与技术的结合日益紧密，并越来越多地

---

① ［英］泰勒. 文化之定义. 顾晓鸣，译//庄锡昌，等. 多维视野中的文化理论. 杭州：浙江人民出版社，1987：99-100.

② ［美］罗伯特·金·默顿. 十七世纪英格兰的科学、技术与社会. 范岱年，等，译. 北京：商务印书馆，2000：30.

应用到了社会的工业生产过程当中，科学的社会地位也日渐提升。其后的三四百年间，不仅自然科学在欧洲迅速发展起来，科学与技术在人们的日常生活中也变得不可或缺。到 18 世纪时，科学不仅第一次变成了一个重要的文化因素，甚至对政治也产生了影响。它提供了批判旧统治的新的智力工具，和利用机械化了的工业来实行再造人类的手段。由理性和平等而不由成见和特权来统治的世界的可能性成为人们的想往，这一运动广泛传遍欧洲和新世界。① 之后，经过 19 世纪和 20 世纪之交所爆发的现代科学革命的洗礼，特别是 20 世纪初期以来科学在政治、经济、军事等领域的深远影响，更一步步奠定了科学在整个社会文化中的主导地位。

那么，在近代科技革命的基础上形成的科学文化何以能在现代社会中长期占据统治性地位呢？这与科学文化的自身特性，以及科学技术在人类社会发展过程中的特殊地位与重要作用是分不开的。

科学作为一种文化，不仅是智力意义上的文化，也是人类学意义上的文化，因而具有不同于政治、宗教等文化的特质与精神气质。因此，科学的文化性不仅体现在认知层面，也涉及社会层面。在传统观点看来，科学是建立在逻辑和经验基础之上的，并被赋予一种经验观察基础上的客观性与普遍性。而这一"标准科学观的文化来源是文艺复兴以来的理性主义传统与经验主义传统，标准的科学观的正式产生则是文化上的科学主义与社会学的实证主义的结合"②。因此，在这种科学观基础上形成的科学文化形态就不可避免地是以科学主义与实证主义为核心的。马尔凯指出，在对科学和政治的传统分析中，科学文化被认为是一套标准的社会规范形式和不受环境约束的知识形式。这些规范典型地被认为是一套明确地限定特定类型的社会行为的规则。在政治学研究领域，它们被解释为要求科学家采

---

① ［英］贝尔纳. 历史上的科学. 伍况甫，等，译. 北京：科学出版社，1959：308 - 309.
② 邢冬梅. 实践的科学与客观性回归. 北京：科学出版社，2008：32 - 33.

用一种无私的、中立的态度对待客观事实资料。① 这正是对传统科学观基础上所形成的科学文化形态的真实写照。

相较于其他曾经在历史上占据统治性地位的文化形态，科学作为一种主流文化的形成也有其特殊性。从源流来看，"它唯一产生于西方，它在世界各地的传播并不是如通常所理解的，是通过'扩散'进入其他文化的，而是作为摧毁其他文化传统形式的一种力量进入的，而且它反过来也同样破坏性地作用于西方的传统制度之上"②。对于传统文化而言，科学不仅是一种新的文化现象，更是一种革命性的文化力量。它颠覆了人类自古以来就形成的自然观念，先将人类居住的地球赶出宇宙的中心，继而将人类从"自然界的中心"移走，并以一种全新的方式认识并改造着整个世界；它以压倒性的优势战胜了西方文化中长期占据中心地位的宗教文化，瓦解了教会的统治，也强烈冲击着传统的伦理、宗教观念；它所创造的巨大的物质力更使它成为现代性的重要标志，稳固了其作为主流文化的地位。

当前，科学作为一种主流文化的社会文化影响已充分显现，不仅逐渐支配着整个社会的文化发展方向，对整个人类社会发展的影响也随着科学技术的进步而日益增大。因此，瓦托夫斯基说："科学思想中纯粹的理论和形式的思考已经产生了种种结果，它们不仅引起思维方式的革命，而且也在我们普通日常存在本身的基础中引起了革命……真理的知识本身是一种手段，借助这种手段，人类加强了存在的地位并成功地实现生存的任务。"③ 或许，科学文化并不是最理想的文化形态，但我们却不能否认，

---

① ［英］迈克尔·马尔凯. 科学与知识社会学. 林聚任，等，译. 北京：东方出版社，2001：145.

② ［美］小摩里斯·N. 李克特. 科学是一种文化过程. 顾昕，等，译. 北京：三联书店，1989：13.

③ ［美］M. W. 瓦托夫斯基. 科学思想的概念基础——科学哲学导论. 范岱年，等，译. 北京：求实出版社，1982：35-36.

它确实是人类有史以来最富有成果的文化创造，在整个人类社会的发展中也是最具影响力的。卡西尔对科学作为一种文化的特殊地位给予了很高的评价："科学是人的智力发展的最后一步，并且可以被看成是人类文化最高最独特的成就。……在我们现代世界中，再没有第二种力量可以与科学思想的力量相匹敌。它被看成是我们全部人类活动的顶点和极致，被看成是人类历史的最后篇章和人的哲学的最重要的主题。"①

只是，科学作为一种主流文化的效用不仅于此，它在为人类社会的发展、进步提供基础与保障的同时，也决定甚至控制着我们的生存方式以及生老病死。"今天，科学不再只是获取知识的方法，也不再只是知识体系，而是极为重要的文化现象，它决定着现代社会的全部命运，并正在向我们提出极为严峻的问题，因为，即使在眼下看来，科学也已达到了某些极限。科学对于现代社会的最深远的影响主要地可能并不是——当然也不直接地——来自于科学所提供的关于实在的陈述，而是以大量设备器械和实践的形式造成了外部的投影，我们自身的存在陷于其中，不论我们愿意与否，它直接地决定了我们的生活方式，间接地决定了我们对价值的陈述和价值系统"②。同时，科学主流文化地位的不断凸显，也使它超越其他文化形态，一跃成为社会文化中具有支配作用和统治地位的文化形态，成为整个社会文化中最高的价值尺度与衡量标准。科学成了一切，也超越了一切，科学主义与决定论的思想慢慢渗透到了整个社会。

## 2. 文化霸权中科学与文化渐行渐远

随着科学在人类社会中主流文化地位的形成，特别是从 19 世纪开始，科学及其技术应用所涉及的领域越来越广泛，影响越来越深入。当前，作

---

① ［德］恩斯特·卡西尔. 人论. 甘阳，译. 上海：上海译文出版社，2003：357.
② ［法］让·拉特利尔. 科学和技术对文化的挑战. 吕乃基，等，译. 北京：商务印书馆，1997：2-3.

为主流文化的科学已经获得了至高无上的权威，并且掌握着巨大的社会资源，也拥有着绝对优势的话语权。于是，包括科学家在内的几乎所有社会成员对待科学的态度就从对科学优越性的信服，走向了对科学的崇拜与迷思，把科学视为可以解决一切问题的普遍有效的知识和方法。当这种思维方式进一步走向极端，就是用科学文化否定甚至取代"非科学"的知识和文化形式，特别是否定人文文化的地位和作用，并企图以科学这一意识形态来统一一切、控制一切。这些不仅强化了科学主义的观念，也造成理性主义与工具主义的膨胀，科学技术的文化霸权倾向也由此慢慢滋生。

科学在文化中霸权地位的形成是与科学主义的产生过程相伴随的，科学的霸主地位也正是借由科学主义的广泛传播而确立与巩固的。大体说来，从培根时代起，科学主义的观念就已有所萌生，但直到 19 世纪时，科学主义才逐渐从一种社会思潮确立为一种观念体系。当时，在经济发展方面，科学技术成为推动社会经济发展的主导力量，其作为第一生产力的作用日益明显；在政治生活中，科技专家凭借其专业科学知识在政治决策领域的地位日渐增强，科技知识逐渐成为政治运行中的重要元素；在文化领域，科学技术超越了其他一切文化形态，并主宰着文化的发展方向，科学化甚至成为一些文化所追求的目标。正如科学史家丹皮尔所说："在最近一百年或一百五十年中，人们对于自然的宇宙的整个观念改变了，因为我们认识到人类与其周围的世界，一样服从相同的物理定律与过程，不能与世界分开来考虑，而观察、归纳、演绎与实验的科学方法，不但可用于纯科学原来的题材，而且在人类思想与行为的各种不同领域里差不多都可应用。"① 科学已成为社会生产生活中不可或缺的一部分，并开始占据了绝对的统治地位。

---

① ［美］W. C. 丹皮尔. 科学史及其与哲学和宗教的关系. 李珩，译. 桂林：广西师范大学出版社，2001：175.

在此之后，整个社会对科学的推崇更是与日俱增，科学的完美性不断提升，人们也坚信科学家能够解决任何问题。于是，科学从人类追求真理的一种认知活动，更多变成"一种标准化的知识""人类认识自然万物的最好途径"，以及"人类认识真理的唯一途径"。而依据以下三个基本条件，科学进一步走向成功：第一，反事实条件和其他情况均同条件的构造；第二，数理形式化的建立；第三，实验室化。① 卡特赖特在《斑杂的世界》中指出，科学是通过其他情况均同条件而构建起来的一种知识和实践活动，同时在该条件下可以通过"把实验室搬来搬去"而将科学推向全球。② 在科学研究领域，从伽利略到牛顿所确立的近代科学观念与科学方法（或称之为数学和实验的方法）已经深入人心，经过 20 世纪初期逻辑实证主义等科学哲学流派对科学客观性、确定性与普遍性的极力渲染，塑造了科学的完美神话；在科学教学中，只强调成功与机遇的科学史造就了传奇式的科学家，对科学发现的戏剧性场景的夸大，放大了科学方法的作用和地位；在现实生活中，科学成为推动社会发展的重要力量与社会进步的重要标准，以及解决一切社会问题的最佳途径，也因而助长了社会生活中的科学万能论思想。在科学家、一般民众以及政治家的视野中，科学都成了无所不能的万能丹，这也就奠定了科学在文化中的霸权地位。

科学主义的扩张所导致的科学的文化霸权，造成了科学的非文化性与文化整体的畸变，从而使科学一步步远离了文化。

在科学霸权的文化背景下，科学与其他非科学的文化形态之间的裂隙开始增大。当科学作为一种主流文化的地位被片面地推向极端，科学就成为人类唯一的文化形式。科学主义最核心的内涵在于，"它试图无限制地

---

① 吴彤. 再论两种地方性知识——现代科学与本土自然知识地方性本性的差异. 自然辩证法研究，2014（8）：51 - 57.

② ［英］卡特赖特. 斑杂的世界：科学的边界研究. 王巍，王娜，译. 上海：上海科技教育出版社，2006：97 - 98.

扩大科学的范围，反客为主地侵入和主宰其他领域，赋予科学以过分的或不应有的价值和权威"①。于是，一些极端科学主义者们完全排斥其他非科学文化形态存在的价值与意义。在他们看来，非科学的文化形态并不是人类文明发展过程所必需的，只有近代科学才是衡量一切知识的标准。

事实上，自 17 世纪科学取得独立地位以来，它就开始通过各种方式不断扩大着自己的疆域：伴随科技革命而产生，并借由工业革命而取得特殊社会地位之后，科学与技术在相互促进中日益与工业生产和商业领域紧密结合起来，不断壮大着自己在整个社会中的统治势力；与此同时，在推翻了教会与宗教的政治统治之后，由于科学及其技术应用的巨大社会功用，科学找到了与政治权力结合的资本，并进一步跨入意识形态之列，强化了其作为文化信仰的力量。可以说，科学和科学驱动的技术已经艰辛地深入到整个权力、生产和信仰的三位一体之中，科学文化实际上成为了一种权威话语和意识形态，在社会的政治、经济、文化领域都占有绝对的优先权和统治权。

因此，早在这种科学文化的霸权初露端倪之时，就已引起西方社会中其他文化的极大反感。如霍尔顿所指出的："17 世纪的科学家要求人们重视他们，主要根据不是他们能更好地计算行星轨道和炮弹的轨迹，而是他们在取代整个前科学信仰体系方面的作用。自那时以来的三个多世纪中，他们已指出了他们的宏伟纲领，要形成一个奠基于理性科学的不可抗拒的、笼罩一切的世界观。这种专横的计划当然引起了西方社会以前的主要文化主宰者的反感，他们一直抗拒要他们靠边站"②。于是，从那时起，各种非科学的文化形式都开始了与科学的对抗。结果，科学在文化中的霸

① 李醒民. 科学的文化意蕴. 北京：高等教育出版社，2007：404.
② ［美］杰拉耳德·霍尔顿. 科学与反科学. 范岱年，等，译. 南昌：江西教育出版社，1999：192.

权地位非但没有削弱，反而增强了，而其他非科学的文化形态则或被压制或慢慢屈服于科学。因为，虽然通常文化对抗并不导致一种文化完全消除另一种文化，但科学因其霸主地位而有着压倒性的优势，长此以往，必会导致科学成为唯一的文化形态。这种文化的畸形发展对于人类文明以及社会的发展而言都是不利的。

在科学的文化霸权下，科学与文化之间开始疏远的另一层面，是通过科学在文化领域的霸权所导致的专业化趋势的日益增强显现出来的。

由科学技术的专业性所决定，科学的文化霸权必然使整个社会都处于一种专业化的统治之下，技术功用因而成为一切的考量标准。专业化趋势的增强，一方面使学科的发展局限于狭小的研究领域，另一方面也加大了社会精英分子和一般大众之间的认知差距。进一步地，这就使科学逐渐地脱离了文化，而科学文化所包含的意蕴也因此日益贫乏。"对所谓'科学文化'的过分强调，认为它是唯一'有用'的，尽管这种过甚其词不足以改变文化的性质，但可能现时已多少抑制了文化，并使之贫乏起来。这主要是由于一大堆没有很好地吸收的知识充斥于头脑中的结果，也是极端趋向于专业化或技术统治的结果。看来，现在有文化教养的人虽然是多了，但似乎他们的文化修养程度却不如前人。因此，现在比任何时候都更感到需要那些具有全面、广泛文化的专家。"①

由专业化所引致的科学技术的实效功用的普及，使得科学尤其是技术的专业训练成为人们谋生和立足社会的重要手段。人们所关心的就只是通过科学技术方面的专门训练来增强自己的生存能力与竞争能力，科学智力水平与技术娴熟程度决定着人们的生活状态，其他非科学或人文的文化考量也相应地变得不重要了。斯诺在讨论两种文化的问题时曾分析道，造成

---

① ［法］路易·多洛.个体文化与大众文化.黄健华，译.上海：上海人民出版社，1987：120-121.

科学文化与人文文化分离的原因中有两个最主要的原因：一是"我们对专业化教育的狂热推崇"，二是"一种我们的社会模式僵化的倾向"。这种专业化追求的根深蒂固和僵化模式倾向的日益强烈，已经不是什么社会力量就可以轻易改变的了。① 最终，专业化的训练提升了人的生存能力与生活水平，却使人越来越局限于个体狭小的认知与技能领域；而社会大众与科学也就越来越疏远，乃至厌恶和反对科学。这样一来，科学的专门化不仅使科学蒙受损失，更重要的是，使科学失去其文化意蕴和文化力量，不断专精化的科学因而与文化日渐走远。

科学在文化中的霸权地位使其获得了任何文化形态都从未有过的荣誉，却也使得科学与文化之间的距离越来越远，曾经作为一种文化形态的科学渐渐走向了它的反面，背离了其作为一种文化的初衷。弗罗洛夫认为："不仅科学主义，而且它的极端形式技术主义，傲慢地拒绝人文学科和作为一个整体的文化。它们的危险的和反人文主义的作用正在此处，这种作用随着科学和技术在社会中的权威的增长而增长。"②

### 3. 科技与人性的冲突

所谓人性，即是人之本性或本质，指人区别于其他一切物并所以为人的本质规定性，是所有人所共同具有的属性；科技，从本质上说，"是人性外求、外化的产物，是自己存在方式的一个方面，是自己内在功能的活动表现之一，不仅表现人性本质的某个方面，而且也由此实现人性的这方面本质，科技因此也当然地成为人性的对象和工具，服务于人性自身的健康、和谐的存在和提升性演化"③。因此，在科技与人性的关系中，人性

---

① ［英］查·帕·斯诺. 对科学的傲慢与偏见. 陈恒六，译. 成都：四川人民出版社，1987：23 - 24.

② I. Frolov. Interaction Between Science and Humanist Values. "Social Science Today" Editorial Board. Science As a Subject of Study. Moscow：Nauka Publishers，1987：234 - 257.

③ 吴文新. 科技与人性. 北京：北京师范大学出版社，2003：231 - 232.

是主导，无论科技的发展程度有多高，都应始终以从属于人性、服务于人性为本分，人性发展和完善的需要及其进程支配着科技的发展和应用，这应该是二者关系的基本原则与出发点。

不幸的是，科技作为人类有史以来最伟大的文化创造，虽然极大地促进了人类物质和文化生活水平的提升，但却在这一发展和应用的过程中，常常违反人的良好意愿而反作用于人，与人性的要求产生某些冲突。特别是随着科学技术应用范围的扩展及其社会地位的不断提升，科技理性的成功与傲慢使得工具理性不断膨胀，科技固有的人性内涵也渐渐被吞噬，并以实证方法与工具主义价值来对待包括人在内的一切事物。如此一来，就是将人完全当作物，当作无生命无意识的一般事物，结果便不免会导致科技与人性的冲突、对立。

科技与人性间的冲突似乎是不可避免的。早在18世纪，卢梭就对工业文明进行了激烈批判，认为科学技术的发展泯灭了人性，使人性受到压制，只是当时很少有人关注。今天，科技与人性的冲突更多是通过技术应用体现出来的。也正是通过科学的技术应用，科学的霸权地位才愈加巩固起来。因此，当19世纪科学技术的发展一反其曾经的传统与规律，由科学理论与科学发现到技术应用的发展模式，更多地转为根据社会政治、经济、军事发展的现实需要来决定科学研究的内容，科学与技术之间的关系也发生了改变。从此，技术在某种程度上开始规定着科学发展的方向，甚至决定着一切；在现实性上，技术已超越科学成为人类社会一种强有力的统治力量。科技的力量可能使我们"无意中建立起一座新的牢狱，从此也许所有的人都将被关在里面，这里面有的只是枯燥、乏味和精神死亡"①。

（1）在生存层面，科技与人性的冲突集中体现在它引发并加剧了人的

_____

① ［英］伯特兰·罗素. 权威与个人. 肖巍, 译. 北京：中国社会科学出版社, 1990：70.

生存危机，威胁着人类最基本的生存需要。

进入 21 世纪以来，人类所面临的一系列生存危机，包括人口膨胀、环境污染、粮食短缺、能源枯竭、资源匮乏、生态失衡，以及发展中国家的贫困、世界性的核威胁、国际间的恐怖活动、吸毒、艾滋病蔓延，还有局部地区性的文化、宗教的对立与战争等越发加剧。其中，最突出的就是环境破坏与环境污染所引致的生态环境危机，这也是人类目前所面临的最大危机。当然，我们并不能说所有的生存危机，尤其是生态危机都是由科技造成的；但环境问题更加突出、环境污染空前严重，确实是 20 世纪 50 年代科技应用加速以来才发生的事情。

一方面，随着工农业生产领域科技应用的日益广泛，化学药品污染、水源的逐渐枯竭、温室效应、臭氧层破坏、核能的滥用等，都对自然生态环境造成了前所未有的破坏性影响。正是科技应用范围的扩展与应用速度的不断加快，打破了整个自然界的生态平衡，加上人口的日益膨胀，使得人类生存在资源与空间方面受到了威胁。在这一意义上，可以说，"为了满足我们对更好生活的追求，为了满足我们对温暖的房子、持续的经济增长的追求，以及我们对能够使大多数人从繁重的农耕劳动中解放出来的高效农业的追求……我们制造了二氧化碳，我们正在终结着自然"①。

另一方面，科技在今天已经渗透到了人类生活的各个层面，成为了当代人的存在方式。随着科技的不断发展，在不同群体甚至国家之间引发了社会财富的两极分化与贫富悬殊以及新的社会不平等；同时，科技自身以及社会个体对道德规范都冷漠以待，而克隆等高新生命科学技术则强烈冲击着现有的伦理道德规范；此外，科技应用极易引发高科技犯罪，从而可能对个人的生命权、身心健全权、隐私权、专利权等造成危害，甚至对国

———————————
① ［美］比尔·麦克基本. 自然的终结. 孙晓春，译. 长春：吉林人民出版社，2000：44.

家安全造成挑战，引发战争威胁。所有这些科技应用，都有可能威胁到人的生存，引发科技与人性之间的冲突。

可以说，科技已经从根本上改变了人类的生产生活方式，并把人类的全部存在变质为技术完美的机器中的一部分。但是，当科技作用的发挥脱离了人，"人借助于技术获得了对自然界的日益增长的影响和作用能力，当人不顾后果地滥用这种能力时，就必然打破自然界原有的和谐与平衡，使人千百万年来已经习惯了的自然条件发生变化，人与自然之间的关系恶化，人周围的环境越来越不利于自己健康和平安地生存，人利用技术反过来将自己推入了非人性的氛围之中"①。

（2）从精神层面来看，科技的发展在某种程度上造成了人性的非人性化与人性的迷失。

科技的发展首先造成了人与自身的分裂："由于以科学为基础的技术在为适于生产更多产品而组织起来的生产系统中占据一席之地，因此它为人类环境提供了无数物品与人造产品，这些东西在人与自然之间，甚至在某种意义上在人与人的本性之间形成了一道越来越大的屏幕"②。

科技的发展还造成人的自主性与独立性的丧失，作为个体的人因而失去了他作为人所具有的"自由意志"。在科技时代，"无论是个人的专业化、群体的专业化还是机构的专业化，都不仅仅是与非常专门的工作有关的技能和能力的提高。它也是与其他工作相关的能力的丧失。这必然会导致这样的情况：为了把某些事做好，而把其他事做坏，或者根本不做它们。这种专业化的结果就是，整个社会在总体效益上收获巨大，但是它的一个个成员不再能多才多艺，也不再能自给自足。……与那些最原始的社

---

① 肖峰. 技术的人性面与非人性面. 北京：科学技术文献出版社，1991：76.
② ［法］让·拉特利尔. 科学和技术对文化的挑战. 吕乃基，等，译. 北京：商务印书馆，1997：72.

会的成员相比，作为个体，我们不过是怀抱中的婴儿，与我们不同，最原始的社会中的所有成员总能够维持自己的独立存在。我们完全依赖于其他人，而他们则不是这样"①。

在弗洛姆看来，工业社会"将使人退化为一种机器的附属物，甚至要被机器的节律和需求所支配。它把人变成了消费的人，变成了总体上的顾客；人唯一的目标就是拥有得更多，使用得更多。……人，作为生产机器上的一个齿轮已变成了一个物，而不再是人。……他永远是一个张嘴待哺的婴儿，用不着做出努力和进行自身的活动。防止枯燥（或产生枯燥）的行业强加给人们各种各样的东西——烟、酒、电影、电视、体育、授课——毫无选择地提供给人们，唯一限制人的是他的接受力"。人在当代工业社会中完全处于被动状态，这成为人"最大的也是最病态的特征。他接受着，需要被哺养，但却不活动，不着手去做，他所接受的食物不能消化。他不想更换他所继承下来的生产方式，而是囤积或消耗它。他患上了整体性的营养缺乏症，与极度抑郁的人并没有太大的不同"②。此外，除了这一根源于被动性的病态特性外，还存在着大脑的理智作用与情感经验之间严重的分裂、思维与情感的分裂、脑与心的分裂、真理与激情的分裂。

不可忽视的是，当科技在人的现实生活中的渗透使其成为人的生存方式，甚至成为人的一部分，就间接造成了人性的迷失。"人类已经并正在丧失其一切根基。人类成为在地球上无家可归的人。他正在丧失传统的连续性。精神已被贬低到只是为实用功能而认识事实和进行训练。"③ 科学技术的发展造就了一个物欲横流的世界，使得物的需求超越了精神层面的

---

① ［英］巴里·巴恩斯. 局外人看科学. 鲁旭东，译. 北京：东方出版社，2001：34.

② 丁冬红. 自由理性的追求（哲学卷）. 北京：中共中央党校出版社，1998：249.

③ ［德］卡尔·雅斯贝尔斯. 历史的起源与目标. 魏楚雄，俞新天，译. 北京：华夏出版社，1989：114.

需求。在这种状态下，人往往不仅沉溺于物质的世界，而且失去了生活的目标，成为失去存在目的的存在。如此一来，物质的丰盛、生活水平的提高非但没有促进人性的发展与人的需求的满足，反倒给人们的精神追求提出了更多的问题，意义的失落、人性的迷失成了现代社会一些人存在的问题。

当科技这种曾经促使进步的力量最终反过来作用于人时，人就会因处于被支配的地位而导致人性的丧失。正如马克思所认为的，开始时自然科学跟资本主义一样，是一种解放的力量，它把人们从迷信和宗教思想的意识形态混乱中解放了出来。但在这一过程中，科学必定成为资产阶级进行剥削的一种方式。特别是在工业生产领域里，科学显著地助长了"人类的非人性化"。客观性的知识日益被应用于创造经济和行政管理技术，而这些技术把人们的活动和创造性仅仅限定于成为"操作工"（operatives）。①

诚如爱因斯坦在对加州理工学院学生的讲话中所说："你们只懂得应用科学本身是不够的。关心人的本身，应当始终成为一切技术上奋斗的主要目标"②。科技只有实现与人性的完美结合，并使科技发展与应用人性化，才是其作为一种文化所必需的发展方向。

## 二、宽容的文化理念的兴起

所谓宽容的文化理念，就是指在宗教、政治、法律、文学、艺术等领域，坚持百家争鸣、百花齐放的方针，创造宽松的氛围，允许不同观点和声音的出现。在科学领域，宽容意味着不仅宽容自身错误，也要容许其他

① ［美］迈克尔·马尔凯. 科学与知识社会学. 林聚任，等，译. 北京：东方出版社，2001：9-10.

② ［美］爱因斯坦. 爱因斯坦文集：第3卷. 许良英，等，编译. 北京：商务印书馆，1979：73.

不同文化形态的存在与发展，从而为科学的发展营造更为宽松自由的文化氛围。可以想见，以宽容作为日常行为的基本态度与基本准则，必将使科学得到较以往更大的自由发展空间。

## 1. 宗教宽容与科学宽容

英文的"宽容"（tolerance）一词，是从拉丁文词汇 tolerare、tolerantia 中借用而来的，意指对于某种自己不赞成的事物，出于宽厚、忍耐而表示容许、容忍，并不加以禁止、阻碍或苛求；或指容许、容忍他人与自己不同的感情、思想、习惯、行为等的内心情绪。它最初的应用比较狭窄，只局限于宗教的领域，意味着对持有不同信仰的人们的容忍。因此，就概念而言，现代意义上的"宽容"是从宗教宽容发展而来的。

宽容思想的萌芽可追溯到《圣经》甚至更早的人类思想，但宗教宽容思想真正形成并引起社会关注，则始于 16 世纪的宗教改革运动。当宗教改革所引发的教义之争与欧洲各国的复杂政治因素纠集在一起，便引发了旷日持久的宗教战争。到了 17 世纪中叶，《威斯特伐利亚和约》的签订不仅结束了 30 年的宗教战争，也结束了宗教专制的时代，从此以后，宗教宽容取代了宗教冲突而成为一种普遍的时代精神。经由英国的洛克、法国的培尔、伏尔泰等学者在 17 世纪的推崇，以及 18 世纪欧洲启蒙运动领袖们对自由和理性主义学说的倡导，宗教宽容开始进入政治和法律程序，并出现了有关宗教宽容的零散法规。可以说，宗教宽容是教会为了维护自身的政治统治地位、避免宗教战争的危害而提出的一种宗教政策。因此，"宽容的理念系在宗教争端的领域中浮现及发展的，自洛克（John Locke）至伏尔泰的宽容的伟大辩护者们，同所有不同形式的不宽容相搏战，这些不宽容使数个世纪的欧洲沾满了鲜血"①。但从根本上来讲，以标榜"宽

---

① 许国贤. 宽容理念的形塑及其当代问题. 政治科学论丛，1991 (17)：219-248.

容他人"为美德的中世纪宗教，对于宽容的实施，归根结底是以他人对其教义的信仰与否为标准的。在那里，理性只能是信仰的奴仆，理性服从信仰，信仰高于理性，信仰主宰理性。任何对信仰的丝毫疑虑都是不允许的，更不用说那些会动摇宗教信仰根基的科学理性知识了。只有在坚决维护宗教信仰的前提下，才有可能谈"宽容他人"，才能实施宗教宽容。①

毫无疑问的是，这种宗教宽容的范围起初只限于基督教内部各教派之间，后来才扩大到基督教信仰与非基督教（异教）信仰之间的。但随着宗教宽容理念的不断扩展，它也为新思想的产生提供了良好的条件和氛围。在宗教宽容成为时代精神的情况下，信仰上的自由极大地促进了欧洲学术的复兴，宗教宽容成为西方近代科学和哲学生长的温床，从而使 17 世纪成为科学和哲学迅猛发展的世纪。如在宗教气氛较为宽松自由的英国，牛顿已经取代上帝成为物质世界的主宰；在宗教宽容而知识自由的荷兰，欧洲各地的科学家及思想家纷纷被吸引，并产生了众多的推动科技发展的科学家，推动了 17 世纪荷兰黄金时代的来临。

默顿在关于清教主义对 17 世纪英国科学发展的促进作用的分析中指出，清教逐渐表现出对科学的宽容，它不仅容忍而且需要科学事业的存在，因而"赞颂上帝"到了清教徒手里就成了"科学多产"。韦斯特福尔德等人在此基础上进行的分析进一步表明，清教伦理中固然有些因素（如功利主义原则、"上帝在其作品之中"等）有助于科学的发展，也有许多信条（如狂热主义、教条主义、权威崇拜、宗派意识等）不利于当时科学之进步；但是，当时科学的迅速发展与其说是与清教主义有关，倒不如说是与当时英国在宗教信仰方面奉行宽容主义与较为开明的政策有关。虽然这些分析也通常被用来表明宗教与科学在历史上的互动与促进作用，但准

---

① 许为民，韩丽峰. 科学宽容：值得深入挖掘的科学文化瑰宝. 自然辩证法研究，2001（4）：36-42.

确地说，它反映的是宗教宽容在科学发展过程中的积极作用。

今天，宽容精神早已超出宗教的范围而成为一种普遍的时代精神。科学作为在与宗教的斗争中获得胜利，并在某种程度上得益于宗教宽容精神的一种现代文化，形成了具有自身特色的宽容精神。

与宗教宽容不同，科学宽容不是一种被动状态下的容忍与接受，而是积极面对自身之外的其他观点、态度与方法；它也不是被动发生的，而是在争取独立自由的过程中形成的与自身特点相一致的科学精神。美国当代学者沃尔泽认为，宽容被理解为一种态度或一种心境，它描述了某些潜在的价值。第一，一种反映 16 世纪和 17 世纪宗教宽容起源的潜在价值，它纯粹是为了和平而顺从地接受差异性。第二，表明对待差异性的可能态度将是被动的、随和的以及无恶意的冷淡："兼收并蓄成一统"。第三，持有一种具有道德意义的容忍。对"那部分人"拥有各种权利予以一种原则上的认可，虽然他们以种种默默无闻的方式来实现这些权利。第四，对他人的坦率、好奇和尊重，愿意倾听别人的意见并向别人学习。第五，积极拥护差异性。如果差异性以文化形式来体现上帝或自然界创造的广泛性与多样性，那么这种拥护具有美学的或实用的意义。① 按沃尔泽的理解来分析，科学中的宽容主要是与后两种态度所体现出来的形式相一致的。也即是说，科学宽容不只是要消极接受，更是要充分尊重不同的认知方式以及不同的科学或非科学的观点，允许不同文化形式都同样拥有存在的自由与权利。在宽容理念的指引下，"我们可以拥有自己的思想，与此同时我们也能够坚持他们的观点"②。

科学宽容是科学精神的一个基本思想原则，也是科学文化的重要特征，集中体现了科学中的自由、平等、民主、批判等科学精神。这种宽容

---

① ［美］迈克尔·沃尔泽. 论宽容. 袁建华，译. 上海：上海人民出版社，2000：10.
② ［美］约瑟夫·阿伽西. 科学与文化. 邬晓燕，译. 北京：中国人民大学出版社，2006：127.

精神具体表现为：一是就科学自身的发展而言，科学宽容是一种对错误的包容，一种海纳百川的气度。科学是一个对未知的探索过程，必然面临着曲折与不可预期的结果，自然也会遭遇错误与失败；而非像一些科学主义者所认为的那样是一个线性或准线性发展的过程。在某种意义上，科学就是一个向错误不断学习的过程。因此，应该以一种宽容的态度来看待这些错误与失败，认识到错误与失败是科学中不可避免的。这种"认识论上的宽容"是由认识的本质所决定的，源于人类认识的可错性这一核心观念。

二是允许科学研究中不同意见的存在。在科学认识的过程中，由于认识主体自身的原因以及社会文化条件的限制，不同主体对于同一事物产生不同的意见和观点是不可避免的事情。而且，对于这些不同的意见和观点，往往很难判断孰是孰非，甚至是非对错本身在当时就是无法决定的。例如，17世纪开始的关于光本性的"粒子说"和"波动说"之争，18世纪末19世纪初地质学领域的"水成论"与"火成论"、"灾变论"与"渐变论"之争等，争论的双方各执一词，且都从某一方面反映了现象的本质。因此，只有为不同的学术观点提供自由争鸣的空间，给这些不同意见以同等的发展机会，进而在不断探索检验的过程中寻求真正符合现象的观点与描述，才是推动科学进步的正确态度。

三是要尊重除科学之外的其他文化，允许不同文化形式的存在。除科学之外，文艺、宗教、法律、政治等文化形式都是人类认识的产物，各自从不同方面反映了世界的本质与特征。对不同文化形式的学习与尊重，既是避免科学独断与霸权的需要，也是促进文化整体和谐发展的基本原则。而科学也将在突破自己单一文化的限制，并与各种不同认识方式相融合的过程中，寻找到新的灵感与生长点。萨顿的说法值得我们深思："没有宽容和慈善精神，我们的文明，无论它现在是怎样的，都是非常不稳固的。

对于人类文明来说，科学是必需的，但只有它却是很不够的。"① 如此来看，不容忍不但是有罪的，而且是愚蠢的。

**2. 科学向批评开放**

波普尔认为，科学在本质上是批判的。它由大胆的猜测构成，并由批评来调控。在这种批判的态度中，不仅包括对过去的批判，也包括对任何新的理论的要求，而新的理论至少必须达到原有理论的高度。只有经过不断竞争过程中的批判与反驳，科学才能前进。因此，"科学的态度就是批判的态度"，科学的方法就是批判的方法，在知识领域中不存在任何不向批判开放的东西。可见，科学应向批评开放，意味着科学并不是一个既成的理论，而是要时时准备接受来自各个方面的挑战与考验。

科学向批评开放开始成为一种科学理念，首先是与对科学中错误的认识以及科学可错性的提出有关。

在逻辑经验主义及以前的传统科学观点看来，科学的发展是一个平缓的、直线的、连续的累积过程。科学就是进行归纳论证，得到经验证实的理论才是科学的理论，而这种得到证实的科学理论不断积累的过程也就是科学的历史。这也就形成了科学正确性、普遍性与统一性的形象，错误与批评在他们看来似乎是与科学绝缘的。如培根就认为批评是无用的，因为证实某个人自己的假说让自己满意轻而易举。人们也普遍相信科学中的错误是可以避免的，一切批评都等于无礼的反驳。然而，在 20 世纪 30、40 年代，波普尔对逻辑经验主义及与之观点相一致的科学的正确性与不可错性提出了挑战。波普尔认为，科学是一门可错的学问，科学发展的历史就是不断试错的过程。在他看来，"任何科学理论都是试探性的、暂时的、猜测的：都是试探性假设，而且永远都是这样的试探性假设。……我们的

---

① ［美］乔治·萨顿. 科学的历史研究. 刘兵，等，编译. 上海：上海交通大学出版社，2007：11.

理论，不论目前多么成功，都并不完全真实，它只不过是真理的一种近似，而且，为了找到更好的近似，我们除了对理论进行理性批判以外，别无他途"①。

提出科学的可错性并宣称科学通过批判与反驳而进步，这在当时是振聋发聩的，尽管批判意识与批判方法由来已久。根据波普尔的可错主义观点，所有的科学理论都包含着潜在的错误，终有一天要被证伪；而具体科学方法也将随着科学的进展而发生变化。他坚决摒斥了"科学沙文主义"的狂妄，而从一个更高的层面来看待科学的价值。这就是从科学活动中所蒸发出来的那种活动方式，那种思维模式，那种精神状态，也即大胆猜想和严格批判的态度，最根本的即是这种理性批判的态度。这就是说，任何理论、方法或其他科学知识，都是可以批评或批判的，是"对批判开放"的。……科学之所以为科学，并不在于它会提供完美无缺的知识，而在于它可以接受批判，可以改进，因而才可能进步，可能发展，可能日趋"客观真理"和"绝对真理"。而且也正由于这种批判炮火的筛选，科学才有可能提供相对说来最可靠、最有用的知识。②

可以说，正是经过波普尔的工作，我们今天所说的科学的批判精神得到了最大的发展。波普尔强调：向批评开放的观念是科学的，越开放就越科学。他甚至把"对批评开放"作为评价理论与科学进步的唯一标准，把对批判的开放性，即发现矛盾的能力，当作衡量对（科学）进步（或对总体的思想进步）有所贡献的能力的唯一标准，他宣称发现这些矛盾就是进步。甚至发现一种新理论，即使未来证据会与之相抵触，也是进步。寻找一种与已知的经验信息相一致，并且向未来的经验信息的反驳开放的理论，寻找这种信息，波普尔把这看作唯一一种致力于（科学的）进步的努

---

① ［英］波普尔. 科学知识进化论. 纪树立，编译. 北京：三联书店，1987：作者前言 2.
② 黄万盛. 危机与选择. 上海：上海文艺出版社，1988：203.

力。这一标准在认识论上的意义是不容小觑的。如阿伽西尽管并不认同将此作为唯一的认识标准，却也仍强调对批评开放在科学中的重要性，认为只需注意到每个人都把对批判开放这个标准认同为必需的元标准就足够了。我们或许可以抛弃作为一种标准的对批判的开放性，仅仅把"对批判开放"作为一种纯粹的元标准。①

事实上，科学从来都不是一劳永逸地完成的、封闭的，而是可错的、开放的、发展的。波普尔从猜想与反驳的逻辑出发构筑了证伪主义的科学发展的动态模式：P1—TT—EE—P2……，即问题—猜想—反驳—问题……；库恩在此基础上建立了科学革命的结构模式：前科学→常规科学时期→反常和危机→科学革命时期 →新的常规科学时期……；拉卡托斯进一步提出了科学研究纲领的模式：科学研究纲领的进化阶段→科学研究纲领的退化阶段→新的研究纲领证伪并取代退化的研究纲领→新的研究纲领的进化阶段……甚至于费耶阿本德的"无政府主义"等，都无一例外地表明，科学是一个开放的、不断发展的系统。在科学发展史上，哥白尼、伽利略对托勒密体系和亚里士多德力学等的质疑与批评建立起了新的天体力学，拉瓦锡在对传统燃素说进行批评的基础上创立了氧化还原学说，达尔文对上帝创世说进行批判创立了进化论，爱因斯坦对牛顿力学体系进行了理性的反思与批判，建立起了相对论学说，等等，这些科学上的进步与发展都是建立在对旧有学说的批判与反思之上的。

科学是一个开放的知识系统，它并不声称揭示了绝对真理，事实上它也不具有绝对的真理性。科学理论的提出是一个很复杂的过程，科学中不确定性的因素也远比我们所能想到的要多得多。波普尔指出："科学并不是一个确定无疑的、已为公众接受的陈述系统，也不是一个向某种终极状

---

① ［美］约瑟夫·阿伽西. 科学与文化. 邬晓燕，译. 北京：中国人民大学出版社，2006：227.

态稳步前进的系统。我们的科学并不是知识：它永远也不能声称已达到真理，它甚至可以用或然性等词来代替。"① 布朗也表明，"承认我们在这个世界上只能够有极少的确定性，而不确定性则具有绝对的效力，例如灵活性和思想开放性，这不仅对认识的进步是必不可少的，而且也是宽容的基石"②。科学虽然追求理论的严谨性，却也往往会给新观点的提出留下成长的空间；正是在开放而宽容地面对一切可能的批评与质疑的过程中，科学变得越发成熟，并不断地进步着。

当"科学应向批评开放"的原则扩展到科学外部，意味着科学要接受来自科学之外不同领域、不同方面的批判、反思与质疑，将有助于牵制科学主义以及在此基础上形成的科学霸权以及因此而可能带来的危害。自文艺复兴以来，启蒙运动对人类理性和科学技术的威力颇为崇尚，而人文主义也逐渐偏离理性的轨道，进而演化为对"科学万能"的迷信与崇拜，形成了科学主义的文化思潮。在此基础上确立的科学在社会文化生活中的统治地位不仅使科学变得独断与专制，也加速了科学的技术应用，并带来了日益严重的社会问题。各种对科学的批判思想应运而生，包括人文主义、法兰克福学派、生态主义等在内的各个流派纷纷从不同角度对科学进行批判，成为与科学主义相抗衡的巨大力量。尽管这些思想中不免有反科学主义的倾向，但就整个社会的发展而言，它们对于破除科学的神话、减少科学的独断性与专制性及其危害却是非常有益的。

科学应向批评开放，意味着在科学研究中应保有一种谦恭的心态和宽容的精神。科学是一个向批评开放的知识体系，并在这一开放的批评中不断发展与完善。科学对批评开放是一种对自身局限性与可错性的自知，它

---

① ［英］波普尔. 科学知识进化论. 纪树立，编译. 北京：三联书店，1987：43.
② ［澳］汉伯里·布朗. 科学的智慧——它与文化和宗教的关联. 李醒民，译. 沈阳：辽宁教育出版社，1998：143.

非但不排斥怀疑和批评，反而积极从自我怀疑与自我反思中寻求进步。
"真正的科学家并不妒忌地反对来自批评的观念，而是把它作为改进的帮
助欢迎它。在这种语境中，批判不是喜欢挑剔的讨厌过程，而是抱着消除
错误的目的找到错误。"① 同时，科学对批评的开放性也使它必然要面对
来自非科学领域的质疑与刁难，并带来认识的多元性和包容性。因此，科
学应在兼容并蓄、求同存异中以宽容的态度对待各种不同意见，尊重各种
不同意见甚至反对性观点。

科学向批评开放，不仅有助于对专制与教条主义的避免，也是谦恭与
宽容精神的体现。坚持科学对批评的开放态度，将有助于为科学营造一种
有吸引力的宽容和谐的文化氛围，促进科学的进步。

### 3. 科学与其他传统并存

科学自其产生，就显示出了巨大的生命力与物质力。到 19 世纪，依
托于正处于巅峰状态的牛顿物理学以及第一次工业革命所造就的机械化技
术，对科学及其价值极度尊崇的科学主义开始成为一种重要的思想潮流。
经由逻辑实证主义对科学客观性与正确性的极力追求与大肆渲染，科学在
认识论与社会生活领域的特殊优势地位得以强化。但是，科学的优越性并
不意味着它可以借此超越并凌驾于其他传统之上。

对科学似乎与生俱来的特殊优越性提出批判与挑战，主要源于对科学
及其技术应用所造成的人类生存困境与社会病态的反思。于是，不少人文
主义知识分子，甚至自然科学领域的学者们开始对科学与理性进行多方面
的反思。他们质疑与消解着科学主义视域中对科学优越性与科学神圣形象
的推崇，挑战了科学在现代社会中的霸主地位与权威地位，并坚持宣称，
与其他的文化意识形态相比，科学并不具有特殊的优越性。此中，后现代

---

① F. Aicken. The Nature of Science. London：Heinemann Educational Books，1984：95.

主义科学哲学家的工作是最为引人注目的。后现代主义是作为对现代性的否定与超越的力量登上历史舞台的，但它的核心却并不就是与现代主义基本原则和主导价值观念的简单对立，而是以多元平等、生态主义、他人哲学和多元进化实践观为核心的。后现代主义科学哲学家不仅批评科学在现代社会所造成的种种负面后果，质疑科学的特殊优越性，更提倡一种多元的文化观，在他们看来，科学真理与神话、迷信、巫术没有什么特殊的区别。

在后现代主义阵营中，法国结构主义哲学家福柯和德里达力图证明科学远非人们以为的那么客观和可信，认为科学不过是一种话语和话语权力，科学知识和别的话语形式相比并没有什么优越性。利奥塔从知识层面批判了科学的特权地位。科学话语历来被当作元话语，成了衡量其他话语的标准，现在科学知识的这种绝对真理地位已不复存在，它和其他的叙事方式，比如神话、语言、民间传说等话语处于同样的地位。在他看来，"科学知识并不代表知识的整体，它总是与另一种我所说的叙事知识并存，并竞争、冲突"。因此，科学没有特殊的权威或权力来管理其他的语言游戏，知识唯一真正的基础在于一种知识的声音不能盖过其他知识的声音。我们都生活在一个多元的、断裂的、不连贯的世界，各种语言游戏之间应该相互宽容，免除恐怖和暴力，科学并非是一个享有特权的、可以凌驾于其他活动之上的游戏。罗蒂从后哲学文化的观点出发，认为"科学并不具有特别的认识论地位，它只是话语的一种形式而已。科学与其他文化部门之间的分界不足以构成一个独特的哲学问题，因此，科学与其他学科之间的对立是可以取消的。科学活动既然并不高明于其他人类活动，科学就不应该成为其他学科的典范。正如哲学不是未来文化的基础一样，科学也不是未来文化的基础"①。

---

① 张国清. 中心与边缘. 北京：中国社会科学出版社，1998：202.

后学院科学的倡导者们也从"元叙事"的角度分析指出，"与传统遗产相反，科学并非是比其他所有理解事物方式优越的唯一有特权的方式，其基础也并不比其他人类认知模式的基础坚实深厚"①。科学知识不是价值中立的，而是渗透着社会利益的。

在各种批判思想中，最突出的要数费耶阿本德对科学优越性的猛烈攻击了。他断言，"科学的优越性是被假定的，并没有得到研究和论证"。这种"科学生来便具有优越性的假定却超出了科学，并几乎成为每个人的一项信念。而且，科学不再是一种特殊的机构；它现在是民主政体基本结构的组成部分，正如教会曾经是社会基本结构的组成部分一样"②。

费耶阿本德认为，科学并不具有特殊的优越性，它的优越性只是由国家权力赋予的。首先，方法论的论证并没有确立科学的优越性。因为没有任何单一的程序或单一的一组规则能够构成一切研究的基础并保证它是"科学的"、可靠的。今天科学家和科学哲学家视为构成一种统一的"科学方法"并加以辩护的多数规则，要么是无用的，要么是虚弱的，就是说，它们并没有产生它们应该产生的成果。③ 其次，科学也并未由于它的成果而获得特殊的地位。科学拥有至上的统治权，并成为人们所知道的唯一拥有可贵成果的意识形态，并非是因为它的相对优点，而是因为情况被操纵得有利于它，即"它过去的一些成功导致了一些防止对手东山再起的制度上的措施（教育、专家的作用、权力集团如美国医学协会的作用）"；"科学的优越性同样不是研究和论证的结果，而是政治、制度甚至军事压力的结果"④。

---

① [英]齐曼.真科学：它是什么，它指什么.曾国屏，等，译.上海：上海科技教育出版社，2002：394.

② [美]保罗·法伊尔阿本德.自由社会中的科学.兰征，译.上海：上海译文出版社，2005：84.

③ 同②119-120.

④ 同②124-125.

最后，从意识形态的角度来看，科学是人类已经发展起来的众多思想形态的一种，但并不一定是最好的一种。"它所以君临一切，是因为它的实践者未能理解、也不愿宽容不同的思想体系，因为他们有力量把他们的愿望强加于人，还因为他们利用这力量，他们的先辈全都运用自己的力量把基督教强加于在征战中所遇到的人们。"① 但事实上，科学并不比任何别的生活形式具有更大的权威，它不应该也无权限制自由社会中的成员的生活、思想和教育，因为，在自由社会中，每个人都应有机会塑造他自己的心灵，并按照他认为最合意的社会信仰生活。因此，在费耶阿本德看来，科学的优越性不过是一种童话。

这里需要说明，对科学所具有的特殊优越性的批判，并不是要否定科学的重要作用。而只是要表明，科学所扮演的角色正发生着改变，科学不应超越其他文化形式而成为人类文化的全部。正如费耶阿本德所指出的，在 17、18 世纪甚至 19 世纪，科学只是许多相互竞争的意识形态中的一种，国家还没有宣布支持科学，所以科学作为一种解放力是很有意义的。但随着科学在 19 世纪以来所取得的巨大成功，以及国家对科学的支持，科学作为一种意识形态开始退化，甚至成为独断的宗教，走向霸权。当"这种曾经给人思想和力量以摆脱专制宗教的恐惧和偏见的事业，现在把人变成了它的利益的奴隶"②，对科学优越性的强调便会使科学起到相反的作用。

当然，从后现代主义出发对科学的特殊地位与优越性进行的这些批判，在破除科学的神话、强调其他非科学文化形式的重要性的同时，不免有一些相对主义的倾向。特别是费耶阿本德"怎么都行"的方法论规则，以及夸大科学与非科学之间界限的相对性，认为科学与非科学完全是混合

---

① ［美］保罗·法伊尔阿本德. 反对方法：无政府主义知识论纲要. 周昌忠，译. 上海：上海译文出版社，2007：276.

② ［美］保罗·法伊尔阿本德. 自由社会中的科学. 兰征，译. 上海：上海译文出版社，2005：86.

在一起的立场，更是过于极端。但是，通过对科学在人类文化与认识论领域特殊优越性的批判，对于破除科学的霸权地位，对于倡导科学与其人类文化相互促进、共同发展的多元文化观，无疑是颇具意义的。

很明显，在对科学特殊优越性的批判中，隐含了对科学与人类其他文化、其他传统并存的渴望和追求。科学与宗教、文学、艺术等都是人类文化的重要组成部分，并不能因其对社会发展所具有的重要作用就享有超越于其他文化与传统的特殊优越性。科学也有其局限与不足，有其发挥作用的范围与领域，科学并不能解决社会中的一切问题。我们不贬低科学，却也不能神化科学，视科学为一切。如布什所说，"科学本身并不能为个人的、社会的、经济的弊病提供万应灵药。无论是和平环境还是战争环境，科学仅仅作为整个队伍中的一员在国家的福利事业中起作用。但是如果没有科学的进步，那么其他方面再多的成就也不能保证我们作为现代世界上的一个国家的兴旺、繁荣和安全"[①]。

因此，"科学不应当被当做是一个有特权的社会学例子，不应当把它与其他文化成果领域区分开。相反，应该尽一切努力去研究科学家如何受大的社会环境的影响，并说明科学文化成果与其他社会生活领域之间的复杂的联系"[②]。科学只是人类文化与人类传统中的一种，与其他文化传统共存于现实社会中。其中既包括科学传统与非科学传统的并存，也包括中国文化传统与以近代科学为代表的西方文化传统的并存。这也就是费耶阿本德所描述的自由社会，即"所有传统在其中都有平等的权利、平等地接受教育和接近其他权利位置的机会的社会"。而且，"只要给非科学的意识形态、实践、理论和传统以公平的竞争机会，它们就可以成为有力的竞争

---

① ［美］V. 布什，等. 科学——没有止境的前沿. 范岱年，等，译. 北京：商务印书馆，2004：52.

② ［英］迈克尔·马尔凯. 科学与知识社会学. 林聚任，等，译. 北京：东方出版社，2001：158.

对手，就可以揭露科学的重大缺点"①。但无论如何，都"有必要重新考察我们对神话、宗教、魔法、巫术的态度以及对理想主义者希望其永远从地面上消失的一切思想的态度"②。

阿伽西说，"我们应当吸纳不同文化传统中的精华，修缮它们以适合自己的品味需求，尤其是我们拒绝接受把人类看作善良或邪恶的观点。我们不应判断我们是善或恶，相反，我们应当判定我们是希望故态复萌还是有所进步，以及为了实现目标应当如何行动"③。这表明，伴随着科学发展中所显现出来的自由、批判、开放、民主等宽容理念，科学万能论的神话被打破了；科学内部也从追求严谨与客观的单一标准逐渐走向宽容与多元的开放模式，这正是适应今天多元化的发展潮流的。

## 三、文化邦联中的新风

科学崛起为一种文化的过程，在某种程度上也是科学从人类文化中独立出来并战胜其他人类文化的历史。当科学文化作为社会主流文化的地位不断巩固，它就慢慢超越了其他文化而享有更优越的特殊性，科学文化与其他文化之间的冲突也凸显了出来。然而，人类文化本是一个丰富的"百花园"，科学与宗教、文学、艺术等都是其中十分绚丽的成果，它们是相互促进的，而不应是对立的。当前，科学与宗教、艺术以及整个人文文化之间，都出现了对话与融合的趋势。

### 1. 科学与宗教的对话

在科学与其他文化意识形态的关系中，科学与宗教的关系问题无疑是

---

① ［美］保罗·法伊尔阿本德.自由社会中的科学.兰征，译.上海：上海译文出版社，2005：24，25.

② ［美］保罗·法伊尔阿本德.反对方法：无政府主义知识论纲要.周昌忠，译.上海：上海译文出版社，2007：275.

③ ［美］约瑟夫·阿伽西.科学与文化.邬晓燕，译.北京：中国人民大学出版社，2006：14.

最为引人注目也最多受到关注的方面。

历史地看，至少从中世纪开始，科学与宗教之间就存在着一种微妙的张力关系。在严格意义上的科学尚未形成的古代时期，科学与宗教还没有明确区分开来，而宗教思想和宗教活动中往往包容着大量朴素的科学、文化、艺术等因素，因而二者之间并未出现斗争与冲突；中世纪时期，教会垄断信仰，宗教控制科学成为当时社会的典型特征。科学与宗教间的关系因而严重失衡，凡与基督教信仰有冲突的思想均被视为"异端"，以信仰的名义对科学家及科学研究事业进行有组织的迫害和摧残的灾难性事件时有发生；到了近代，科学在宗教背景中渐渐成形，与基督教的冲突也日益激烈。1633 年伽利略因宣传日心说而受审、达尔文进化论与基督教创世论的冲突等，都是科学与宗教间冲突的具体体现；现代以来，科学的社会地位不断提高，驱逐着"上帝"的位置，也威胁着宗教的存在。由此看来，在整个人类历史中，冲突与对抗似乎是科学与宗教间关系的主旋律。

但仔细分析科学与宗教关系的历史就会发现，二者之间也不乏合作与相互促进的时期。在 17 世纪时，宗教辩护就为科学提供了最有力的支持，它不仅营造了科学成果被接受的社会氛围，也提供了科学家们工作的目的支持与动力来源。可以说，正是在对宗教上帝的赞美声中，科学活动才找到了其存在的合法性。如在波义耳看来："……关于上帝杰作的知识是同我们赞赏这些杰作的程度成正比的，这些杰作参与了并显示出它们的创造者的永不穷竭的完美至善，因而，我们愈是深入地加以凝思，我们所发现的造物主完善至美的足迹和印记就愈多；我们的最高科学就只会使我们更有理由崇拜上帝的全知。"① 哈里森曾从西方宗教传统的角度分析了西方科学兴起的原因，在他看来，基督教特定的要素，如创世观念、自然定律

---

① ［美］罗伯特·金·默顿. 十七世纪英格兰的科学、技术与社会. 范岱年，等，译. 北京：商务印书馆，2000：145.

（自然法）的原则、《圣经》关于统治自然界的命令等等，这些都为科学活动提供了极其重要的动机。① 可见，科学与宗教也是和谐的，不仅仅可以共存，二者间还有一种积极的关系。

科学与宗教间裂痕的增大，是与科学地位的不断上升相伴而生的。随着科学在人类社会生活中作用的凸显，"对科学成果可靠性的估价过高，并不限于哲学家；这已成为近代，即从伽利略到我们今天这段时代的普遍情形。相信科学能回答一切问题——如果有人需要作技术方面的咨询，或是说病了，或是有些心理问题不能解决，他只须去问科学家就可以得到回答——是那样的通行，这简直使科学接过来了一个以前本是宗教所担任的社会职司：提供最终安全的职司。对于科学的信仰颇大程度地代替了对于上帝的信仰。甚至在宗教被认为是可与科学并存的地方，宗教也被信仰科学真理的人的心理状态所改变"②。科学逐渐越界并承担了原先属于宗教的信仰职责，成为宗教的替代品和人的精神支柱。"当科学成为霸权乃至企图篡夺人类知识的王国时，宗教为了自卫乃被迫要求进行决斗。而一声动武之后，宗教又自然而然地要求把战争带到敌人的领域中去。结果，在科学派和宗教派之间形成了一种猜疑敌对的习惯。它们变成了世代的仇敌了。"③

然而，科学与宗教的对立、冲突对于二者以及整个文化的发展都是不利的。用爱因斯坦的话来说便是，"科学没有宗教就像瘸子，宗教没有科学就像瞎子"④。因此，在科学与宗教发展的过程中，总的趋势是走向调和与对话的。其中当然也包括一些不太成功的调和尝试，如歪曲科学新成就的性质和意义，力图把科学纳入神学体系，或利用科学发展带来的负面效

---

① ［澳］彼得·哈里森. 科学与宗教的领地. 张卜天，译. 北京：商务印书馆，2016：中文版序.
② ［德］H. 赖欣巴哈. 科学哲学的兴起. 伯尼，译. 北京：商务印书馆，1966：38.
③ ［美］拉·巴·培里. 现代哲学倾向. 傅统先，译. 北京：商务印书馆，1962：86.
④ ［美］爱因斯坦. 爱因斯坦文集：第3卷. 许良英，等，编译. 北京：商务印书馆，1979：182－183.

应要求科学取代宗教提供精神"救赎"等。近三十多年来学术领域关于科学与宗教之间关系的讨论，也主要是集中在科学与宗教间的对话方面的。

从宗教方面来看，宗教从未放弃过与科学调和的努力。面对科学发展对宗教的冲击，宗教随之调整了自己的策略，寻求与科学的对话与妥协。这一趋势在 20 世纪下半叶以来尤为明显。1962 年，罗马天主教会第二届梵蒂冈大公会议宣称，赞美科技发明与赞美天主并不矛盾，科学和信仰不是对立的。1979 年，罗马教皇约翰·保罗二世在纪念爱因斯坦诞辰 100 周年纪念会上发表声明，表示愿意改善与科学界的关系，并努力消除科学界与教会之间的不信任。1983 年，即伽利略被判处终身监禁后的 350 年，梵蒂冈当局正式为此事道歉。1988 年 6 月，这位教皇在梵蒂冈举行的"当代神学与科学对话"的国际会议上发表声明，声称人类经验与探究的这两大领域是相互依赖的。它们当前关系的特点应当是合作性交流，而不是过去占统治地位的误解与冲突。"科学可以使宗教免于谬误和迷信；宗教也可以使科学免于偶像崇拜和虚假的绝对主义。它们彼此可以把对方吸引到更广大的世界之中，在这个世界之中，二者都可以兴旺。"1992 年，这位教皇又正式承认，进化论"不只是一个假说"①。

在科学方面，科技与理性极大地提升了人们认识世界改造世界的能力，创造出越来越丰富的物质文明，改善着人们的生活水平与生存质量。但另一方面，与这种发展与进步相伴随的，却是人类在精神领域对自身生存价值与生命意义的迷茫和人生追求方面的失落，以及在生存领域由于自然生态被破坏、生存空间恶化、各种社会丑恶现象丛生所带来的危机意识。这就需要有精神上的依托来填补与满足人类的精神需求，从而为宗教发挥作用提供了广阔的空间。在当代社会，宗教不仅为许多迷失在现代科

---

① 张增一.科学与宗教：一个正在兴起的新领域.国外社会科学，2000（2）：11-15；徐艳梅.科学和宗教：从对立到对话.江苏社会科学，2004（4）：49-53.

技城堡中的孤独旅人找到了存在的意义，更为现代化进程中那些难以安身立命、无所依归的人找到了安全感。

科学与宗教之间走向对话的理论基础在于，科学与宗教在根本上并不是冲突的。差别只在于，它们选择以不同的方式、从不同的层面和角度来认识世界。科学致力于对真理的追求，而宗教着眼于价值的考量。汉伯里·布朗指出，"科学和宗教二者都试图解释同一个神秘世界。有条理的宗教借助于生活的意义系统地解释世界，并通过敬畏、崇敬、热爱和善恶观念把我们与世界联系起来。科学旨在创造非个人的和客观的知识，它借助于这种知识系统地为我们解释世界，并通过合理性的认识和惊奇把我们与世界联系起来"①。在现实性上，科学与宗教都关乎人类社会的命运与走向，都以人的根本需要为最终考量。如科学与宗教都不主张破坏和掠夺自然。《圣经》说的是上帝把世界交给人修理，而不是破坏；要人去看守、管理，而不是掠夺、榨取。而发展科学的最终目的，也是为了人类的生存，因而要保护自然与环境。

实际上，科学与宗教之间的冲突往往并不是不可调和的。历史上许多关于科学与宗教冲突的例子，其背后所隐含的真正矛盾是新科学观与旧科学观、新科学与哲学（如亚里士多德宇宙观），甚至科学家与政治家争权的矛盾。如在 1633 年伽利略的受审案中，对教会权威和《圣经》的挑战只是伽利略受审的一个因素；而真正促成对伽利略谴责的另一个因素是亚里士多德的权威，因为他的科学著作包括支持托勒密天文学的部分，自 12 世纪以来受到了极大的尊敬。也就是说，这一冲突更代表着新科学与旧科学的冲突②，而教会只是扮演了旧科学守护神的角色。这不仅没有表

① ［澳］汉伯里·布朗：科学的智慧——它与文化和宗教的关联. 李醒民，译. 沈阳：辽宁教育出版社，1998：161.

② ［美］伊安·巴伯. 当科学遇到宗教. 苏贤贵，译. 北京：三联书店，2004：1.

明科学与宗教的冲突，反而表明宗教是可以容纳科学的，因为它自荐做了旧科学的守护神。因此，怀特海指出："当科学与宗教之间发生冲突时，我们应当等待，但却不应当被动地或失望地等待。冲突仅是一种征兆，它说明了还有更宽广的真理和更美好的前景，在那里，更深刻的宗教和更精微的科学将相互调和起来。因此，从某种意义上讲来，宗教与科学之间的冲突只是一种无伤大雅的事，可是人们把它强调得过分了。如果仅是逻辑上的冲突，便只要加以调和就够了，可能双方的变化都不会太大。我们必须记住，宗教和科学所处理的事情性质各不相同。科学所从事的是观察某些控制物理现象的一般条件，而宗教则完全沉浸于道德与美学价值的玄思之中。"①

可以说，超越科学与宗教之间的冲突，走向对话，积极寻求在现代科技背景下的合作，已成为当前科学与宗教间关系的主要趋向。

**2. 科学与艺术的融合**

科学与艺术作为人类文明的两种基本形式，在人类文化的发展史上是相伴相生的。二者之间的关系演化，大体上经历了从统一到分离，再到融合的过程。

古代希腊时期的科学与艺术是一体的。在当时，技术是人的手艺、技巧、技艺和技能的总称，"技"与"艺"因而结合在一起，共同构成人的生存手段；而科学则是在哲学的名义下与艺术等知识形式融为一体的。也就是说，艺术还未与技术、科学、宗教等领域分离开来。当时的雕塑、建筑、数学、音乐、绘画、诗词等文化成果，都很好地体现了对艺术美的追求。

到欧洲文艺复兴时期，科学与艺术在理性精神与人文精神的指导下实现了完美的结合。经过黑暗中世纪中漫长的封建统治，人的意识开始觉

---

① ［英］A. N. 怀特海. 科学与近代世界. 何钦，译. 北京：商务印书馆，1959：176－177.

醒，理性精神开始复苏，人文主义思想成为当时的时代精神。艺术领域将理性的科学态度与艺术完美结合起来，创立了明暗法、透视法、解剖学等科学法则，并将这些法则运用于绘画等艺术之中，成功地在平面上塑造出立体的、真实的空间，确立了一整套绘画的科学造型体系。在这一时期，科学与艺术的结合描绘了一幅无限壮丽的文化图景。这种完美结合的一个最佳体现，就是当时最为著名的代表人物——意大利的达·芬奇。作为文艺复兴时期的一个人物，达·芬奇不但以传世名画《蒙娜丽莎》闻名，作品成为一代又一代美术院校学生临摹的经典，亦是人体解剖学和建筑工程学的开创者之一；他不但是艺术家，还是哲学家和科学家。

科学与艺术的分离是自近代工业革命开始的。文艺复兴以后，工业革命促进了科学技术的迅猛发展，生产过程的专业化也导致科学技术的学科越分越细，科学与艺术因而分离为两种不同的人类认知形式。随着科学技术的高度发展带来的知识的学科化、专业化，以及技术和职业以更加细密的分工日益扩展开来，科学与艺术之间分离得越来越远，甚至在很长时间里出现了矛盾和对立的局面。在中国，二者之间曾一度井水不犯河水，老死不相往来。

随着科技发展的日新月异，特别是进入 20 世纪以来，科学与艺术之间又表现出了相互渗透与融合的统一趋向；而且，二者之间的相互渗透在速度和规模上都较以往有了更大的突破。正如 19 世纪法国文学家福楼拜所说："艺术越来越科学化，科学越来越艺术化，两者在山麓分手，有朝一日，将在山顶重逢。"当前，"科学与艺术正在走向比以前更为紧密地重新结合起来的道路"①。不只艺术越来越多利用科学技术的成果，以更新的含义和内容，以更广阔的视野和观点来展现自己；科学也日益赋予自身

---

① ［加］J. W. 米克. 即将到来的联合：艺术、科学和技术之间的新关系. 夏文，摘译. 科学与哲学，1980 (5).

以更多艺术化的美感追求。

数字化艺术是现代科学与艺术融合的最佳体现。它是计算机多媒体在发展中孕育出的一个艺术与现代科技结合的神话，包括利用数字技术创造艺术形式的整个过程，如数字动漫、数字电影、数字音乐、数字绘画等。在这个数字化时代，几乎一切的艺术内容都在某种程度上被科学化了，而数字技术也借此得到了最大范围的推广。因而也可以说，科学与艺术各自发展中的"艺术化"与"科学化"特征，最集中地体现了现代社会科学与艺术走向融合的未来趋势。

在艺术的科学化方面，随着科学技术的不断发展，艺术的创作方式、表现手段、表现形式以及所展现的内容等都较传统艺术有了巨大改变，而倾向于科学化的发展。首先是艺术表现形式与表现手法的科学化。现代艺术不仅利用科学研究的成果来表现自身，有些科技成果甚至自身就是艺术，如电影、电视、摄影等大众传播媒介本身就是建立在科学技术基础上的新的艺术表现形式；而通过科学的手段来提升和改善艺术的效果，在声乐、色彩、光照、布景、道具等方面都大大增强了艺术的感染力。其次是艺术创作理念越来越趋于科学化，并与科学的关注相一致。在现代科技背景下，艺术中理性化的追求逐渐超越了感性的考量，科学的方法在艺术创作中占据了越来越重要的地位。"艺术不再满足于执行它原有的陶冶性情、休息、娱乐或道德教化的功能，而是要发挥文化的整体功能，如提高智力和创造性的功能，改变人的思维方式和价值观念的功能，以及鼓励探索的实验功能等。"① 电影电视、文学艺术创作中也有越来越多的内容涉及科学技术以及人和自然的关系等重大问题，涉及由于科学技术发展所提出的关于人类未来前景的问题。最后是艺术研究的科学化。艺术在传统上与现

---

① 张相轮.科学艺术和谐论.沈阳：辽宁教育出版社，1988：171.

代都是一门比较重视感性的学科，相较于科学，它更关注生活化的社会问题。不同在于，现代艺术学科的发展更多采用了科学的立场、态度和方法，并开始以科学的标准来看待艺术。

科学的艺术化，主要体现在科学及科学家对美的追求方面。"作为科技的实体原属实用的各类对象将与美的规律、美的造型统一起来。一切科学研究、发明、创造的实体，都要在不违背科学规律的前提下更加注重按照美的规律进行设计和造型。这既是科学与艺术的和谐与互补，也是人们审美意识和艺术观念的增强及普及的体现，它意味着人类的生活及生存环境将更趋向于自由、美好与理想的境界。"① 在具体实践中，科学学会以艺术的方式表达自己，艺术形式、艺术创作方法、艺术观念和艺术思维等也都逐渐渗透到科学之中。如一些深奥的科学理论通过艺术的形式，用象征性的形象表达出来。同时，艺术还能为科学研究提供新的启发和创造性的动力，艺术所擅长的形象思维往往与科学的逻辑思维相互补充，进而推进科学的进步。

科学与艺术走向融合是人类文化发展的必然趋势。这主要是因为，科学与艺术作为人类文明中两种不同的基本形态，虽然各有特点、各有风格、各有其专门的目标和价值，但二者从来就不是也不可能是严格分立的。如李政道所说，"科学和艺术的关系是同智慧和情感的二元性密切相连的。对艺术的美学鉴赏和对科学观念的理解都需要智慧，随后的感受升华与情感又是分不开的。……科学和艺术是不可分的，两者都在寻求真理的普遍性。普遍性一定植根于自然，而对自然的探索则是人类创造性的最崇高的表现。事实上如一个硬币的两面，科学与艺术源于人类活动最高尚部分，都追求着深刻性、普遍性、永恒而富有意义"②。那种认为"一旦

① 田川流，刘家亮. 艺术学导论. 济南：齐鲁书社，2004：80.
② 李政道. 科学与艺术（中英文本）. 上海：上海科学技术出版社，2000：8.

艺术染指科学，科学就立刻丧失了它的客观性要求；同样，一旦艺术在某种程度上思想睿智起来，它就丧失了追求美的权利"①，因而将科学与艺术分隔开来的观点，就显得太过于落伍了。

事实上，"一个领域可以从另一个领域借用一个成就或是一项技巧"②。科学与艺术的融合，也是因为科学与艺术是相互促进、相互激励的。一方面，科学可以为艺术的发展提供各种各样的物质设备，并通过逻辑思维促进艺术思维在深度上的提升；另一方面，艺术通过形象思维可以促进科学思维进而形成新的概念和关系，并建立新的理论模型，还能促进科学中的创造性思维能力。因而二者的融合对于科学以及整个文化的发展都是十分有益的。例如，"当代新兴的系统科学、管理科学、生态科学、生命科学、工程技术科学等都既是科学的，又是人文艺术化的。一方面，它们本身就是当代科学在学科交叉、渗透中产生的；另一方面，所有关于人类的知识以及为人类所运用的知识都必须适合人性的特点，如游戏性、探索性、审美性等。"③

在科学与艺术的融合中，科学家将不只用数字、公式，也用隐喻、类比的方法形象地描写自然；艺术家不只偏爱色彩、形态，也会探索由各种信息、公式组成的世界，创造更富有想象力、更美好的生存方式和空间。科学与艺术的结合，艺术与科学的交融，正成为新世纪人类思想和文化发展的主流，人类文化也将因此走向更加灿烂的未来。

**3. 科学与政治的协调**

从科学与社会的发展史来看，科学与政治之间的相互作用始终是人类社会发展的一大特点，并影响着各自的生存与发展。具体来说，一方面，

---

① ［美］约瑟夫·阿伽西. 科学与文化. 邬晓燕，译. 北京：中国人民大学出版社，2006：364.
② 同①361.
③ 张相轮，余士生. 艺术、科学与人生. 南京：东南大学出版社，2006：252.

科学技术工作者总是生活在一定的社会环境中，归属于一定的阶级、集团、民族、国家，带有明显的政治倾向；另一方面，社会的政治诉求总是以制度、法律、政策、奖励、项目审批、财政拨款、基金资助等途径，左右科学技术的发展方向、速度和规模。因此，如何在防止科学技术的政治异化的同时，又使科学技术为人类谋福祉，走实现正义的发展之路，是科学与政治在发展过程中一直要努力达到的理想状态。基于这一考量，科学与政治之间的关系将走向相互协调发展的道路。

（1）在政治层面，科学与政治的相互协调发展主要体现为政治生活的科学技术化。

所谓政治生活的科学技术化，即科学技术成果渗入政治生活领域，按照科学方法与技术原则塑造政治流程，从而实现政治生活的合理化、程序化，提高政治活动效率的过程。具体表现在如下四个方面：

一是政治学科的形成、发展与分化。在科学技术文化的扩张进程中，理性传统与科学精神深入人心，人们也开始从科学的视角、以科学的态度审视政治活动，运用科学理论与方法分析政治问题，探究政治生活的特点和规律，从而催生了政治学科。今天，政治学科作为社会科学的重要门类，已发展成为一个庞大的学科群。而且，它已成为社会政治生活的理论基础，规范和引导着政治活动。对于现实的政治问题，人们总是倾向于把它置于政治学科的视野中，运用各自理论与方法展开剖析，探寻根源，揭示特点，预测趋势，制定对策。这就是政治生活的科学化，它超越了经验视野与感情用事的局限，力求实现政治生活的合理化、科学化。"社会的不断'合理化'是同科技进步的制度化联系在一起的。"①

二是政治生活的法制化。政治生活总是围绕政治利益的争夺而展开，

---

① ［德］尤尔根·哈贝马斯.作为意识形态的技术与科学.李黎，郭官义，译.上海：学林出版社，1999：38－39.

弱肉强食是政治生活的基本法则。克劳塞维茨所谓的"政治是不流血的战争"，就是从这个意义上说的。统治阶级主导下的政治生活可分为"人治"和"法治"两大类，前者以统治者的意志为转移，随意性大，政治生活不规范、不稳定；后者以维护统治者的利益为出发点，把统治者的意志以法律的形式固定下来，以规范和引导政治生活，进而塑造出相对稳定的社会秩序。由"人治"向"法治"的过渡，则是政治文明进步的必然趋势。在这一发展进程中，科学技术文化对政治生活的影响十分明显。法制化是理性传统在社会生活领域的具体体现，可视为政治生活科学化的内在要求。与科学相比，理性规则"这种合理性价值更多地构成我们的社会的基础，尽管它当然是在科学之中得到最令人难忘的体现"①。同时，法制化体系也是一个以维护"公平、正义"为目标的社会技术系统，可视为政治生活技术化的体现。

三是政治生活的技术化。所谓政治生活的技术化，就是新技术成果不断向政治领域渗透，使政治领域出现了职业分化和专门化，政治运行出现了模式化和程式化，政治行为出现了精确化、规范化和刻板化的发展趋向。它使当代政治摆脱了传统政治的主观随意性、神秘性和人格化倾向，开始朝着可以准确预见和精确计量的方向发展。马尔库塞深刻地洞悉了这一进程，"作为一个技术的领域，发达工业社会也是一个政治领域，是实现一项特殊历史谋划的最后阶段，即在这一阶段上，对自然的实验、改造和组织都仅仅作为统治的材料"②。今天，技术已全面渗入社会文化生活的各个层面。在现实的政治生活中，人们为了实现和维护各自的政治利益，总是求助于技术方式。这就导致了政治生活的技术化。一方面，新技

---

① ［美］伯纳德·巴伯. 科学与社会秩序. 顾昕，译. 北京：三联书店，1991：74。
② ［美］马尔库塞. 单向度的人——发达工业社会意识形态研究. 刘继，译. 上海：上海译文出版社，2006：7.

术成果向政治活动过程各环节的渗透最为明显，易于理解；另一方面，伴随着技术扩张，工具理性与技术性思维日趋膨胀，人们总是倾向于以技术方式思考和应对政治问题，所谓的权术便是从这一意义上说的。

四是军事技术体系的建构与完善。战争是政治的延续，是流血的政治，军事技术是政治技术的特殊形态。其实，离开了以军事技术为基础的军事实力，任何政治集团及其主张都难以为继。当政治集团之间的利益冲突难以调和时，总是通过武力方式解决问题，从而诱发战争，而军事技术是赢得战争的基本保障。为此，各政治集团都把军事技术的优先发展放在首位，在人、财、物的投入上确保军事技术开发与武器更新之需。例如，冷战时期，苏联三分之二以上的科技人员都直接或间接地为国防工业服务。

（2）在科技活动中，科学与政治的相互协调发展的突出体现就是科技活动的规范化与科技体制改革。

科研活动从一开始就是在一定的社会场景下展开的，关涉多方利益，并受到政治的干预和控制；而政治作为社会生活的轴心，总是把科学技术纳入自己的体系之中，按政治需要塑造科学技术，为政治目的的有效实现服务。特别是进入 20 世纪以来，随着大科学时代的到来，科技社会化与社会科技化的趋势相伴而生，因而迫切需要国家进一步对科学技术活动进行规范和管理。

当前，政治对科技活动的整合与规范主要是通过以下途径来实现的：

一是科技体制的建构。科技活动首先是一种社会活动，它自发地形成了许多小型社会组织，如师徒门派、学派、无形学院等；但这一组织形式分散、规模小，以兴趣为导向展开研究活动，难于纳入政治体系。科技活动中存在的突出问题就是缺乏组织协调，效率低下。因此，许多政治集团就开始干预科技活动，创建学会、科研机构等社会组织，推进学术交流。这一组织形式规模大，相对集中，彼此联系紧密，以计划和任务为导向展开研究活动，容易受政治集团控制。政治集团通过人事安排、财政拨款、科技规划、基金扶持、奖励、职称评定、法律约束等途径和机制，规范和引导科技活动为政治服务，从而塑造出现行的科技运行体制。这一体制一旦成型，就保持相对稳定，多以制度或惯例的形式固定下来。

二是科技立法的规约。同法律对人们日常行为的规范一样，科技立法则规范和引导着人们的科研活动，限制滥用和恶意使用科学技术的行为。例如，专利法就起着激励发明创造，避免重复劳动的作用。有关科技活动的各种法律，从不同侧面对科研活动的组织、运作以及成果的推广应用做出了明确规定，表明支持什么，反对什么，发展什么，限制什么。这些都体现了统治阶级的意志与利益诉求，是对科技活动的制度安排。与科技政策相比，科技法律的规范作用更为基础，发挥着持久而稳定的战略性作用。当然，由于科研活动的超前性以及立法的滞后性，科技前沿领域往往是法律的空白地带，需要借助道德的规范与舆论的引导。例如，克隆人研究既有损人的尊严，又会引发一系列伦理问题，但一时难以形成相应的法律规范，有赖于科研人员的道德自觉与社会的舆论监督。

三是科技政策的引领。政策是政治集团为了实现自己的利益与意志，以权威形式规定在一定历史时期内，应该达到的奋斗目标、遵循的行动原则、实行的工作方式、采取的一般步骤和具体措施。与法律相比，政策的层次较低，具体性、针对性和短期性特征明显。科技政策就是为了实现一定历史时期的科技任务而制定的基本行动准则，它是政治集团制定科技战略规划、确定科技发展方向、调控科技活动的指导方针和策略原则，以保证科学技术沿着正确的路线，朝着既定的目标有序推进，更好地服务于当前政治发展的需要。科技政策通过引导、干预、控制科技活动的运作、产出、转化等环节，使科技活动高效运行，最终把政治集团的意志转化为科技活动主体的行为规范，确保政治利益的实现。

科技体制由于具有相对稳定性和巨大惯性，因而对科技发展的影响更为深远，这就使得改革和重塑科技体制被提上了议事日程。

一般地说，科技政策总是在现行科技体制框架下设计的，从而使其具有可行性和灵活性。然而，科技政策的调节作用总是有限的，对于体制方面的问题往往失效、失灵。在这一情况下，要有效干预科技活动，就必须从改革现行科技体制入手。同时，由于科学技术在社会生活中所处的基础地位，许多领域的改革也必然涉及科技体制改革问题。新的科技体制总是在政治集团的主导下设计和建构的，旨在高效率地满足政治活动的需要。例如，我国的科技体制改革就是在"以经济建设为中心"的新时期政治任务下展开的，一开始就确立了"经济建设要依靠科学技术，科学技术要面向经济建设"的指导方针，并按照"稳住一头，放开一片""放活科研机构、放活科研人员"的思路推进。在打破以指令和计划为特征的旧科技体制的同时，开始构建以市场为导向的新的科技体制，以引导科学技术在为经济建设服务中实现新的发展。

科技体制改革是在内外两种力量的推动下展开的，是科技活动的转轨变型。这一场深刻的社会变革，一般都是在广泛调研、充分论证的基础上，形成改革方案，先期进行小范围实验，以便减轻改革对科技运行的冲击，减少必要的社会成本。然后根据试点的经验教训，调整和完善改革方案，再推进大面积改革。这一过程始终是在国家权力的干预和控制下展开的，是面向未来的机制塑造行动，体现了统治阶级的意愿与利益诉求。因此，既要勾画未来新科技体制的运行蓝图，又要制定从旧体制过渡到新体制的路线、步骤和措施；既要处理好科技领域内部的各种关系，有利于科技事业的持续健康发展，又要处理好科技与社会、经济、文化的相互关系，促进社会各项事业的协调发展。由此也可以推演出检验科技体制改革成效的两条标准：一是是否有利于科学技术的全面、快速、协调发展；二是是否有利于营造促进科学技术发展的社会环境，充分发挥科学技术的社会功能。

此外，在科学与政治所引申代表的权力与正义、精英与大众之间所发生的关系转变，也生动体现了科学与政治走向协调发展、和谐共进的趋势。通常，由于科学技术所具有的权力属性，因而科学技术与政治之间的密切关联，总是体现出一种鲜明的权力特征；在政治方面，由于其对社会生活所具有的制度性与现实作用，因而总是扮演着正义使者的角色。当前，科技与政治的互动已经形成相互制约，因而限制着双方都在各自的领域内活动，无论所拥有的权力如何，二者都必须以正义的实现为最终行为准则。同样，在科技的主要承载者精英与政治活动的主要相关者大众之间，也因为"科学大众化"与"公众理解科学"等运动的涌现而出现了一种相互理解的趋势。这一点在后文中会详细说明。

**4. 科学与人文的互动**

前面所谈到的科学与宗教的对话、科学与艺术的融合，以及科学与政治的和谐，其实都是科学与人文之间关系的生动反映，一定程度上已经表明了科学与人文走向互动和融合的未来关系之势。

作为人类文化的两种基本形态，科学与人文并不是一开始就处于对立中的。在前科学时期，科学与哲学、宗教等人文文化间的界限相当模糊，古希腊的所有知识几乎全部集中于自然哲学之中，文艺复兴时期的科学与人文更是实现了黄金般的联姻。因此，在此前的人类文化中，科学与人文或者是一体的，或者是相互交融的，对立的态势并未发生。当科学在古代希腊文化与欧洲宗教文化中孕育并经近代科学革命的洗礼诞生之后，它所宣扬的科学主义、理性主义的精神却渐渐与人文相分离，并确立了与人文传统不同的科学文化。伴随着近代科学革命解释自然的巨大成功及其改造自然取得的伟大胜利，认为"科学无所不能"的科学主义信念开始萌生，并试图压制、主导人文领域的发展，而人文学者又势必反抗，这就造成了科学与人文之间的冲突。20世纪以来，科学技术的迅猛发展使其各种社会负效应日益凸显，资源短缺、能源危机、生态破坏、道德沦丧等问题引起了人们的深刻反思，人文主义者更是积极展开了对科学技术的批判，从而造成科学与人文两种文化的分裂和对峙的加剧。

最先意识到科学与人文间的分裂并明确提出这一问题的，是英国剑桥大学著名物理学家、小说家斯诺。1959年，斯诺在剑桥大学发表了题为"两种文化与科学革命"的演讲，也就是著名的"里德演讲"。① 在演讲中他指出，现代社会存在着相互对立的两种文化，一种是人文文化，一种是科学文化。科学文化与人文文化这两种文化存在分歧、冲突，并且，两种文化的分裂不仅在英国是十分普遍的现象，它存在于整个西方社会。整个西方社会的精神生活日益分裂为两个极端：一极是文学知识分子，一极是科学家。由于二者在教育背景、学科训练、研究对象和方法等诸多方面存在差异，所以他们关于文化的基本理念和价值判断经常处于相互对立的位置，而两个阵营中的人又都彼此漠视，不愿去理解对方；久而久之，或者大家老死不相往来，相安无事，或者相互瞧不起，相互攻击。两类知识分子之间经常存在的这种敌意和反感，使得两种文化间存在一条互不理解的鸿沟，不利于整个社会的发展。

"两种文化"的问题一经提出，便引发了学术界广泛而激烈的争论，且近半个世纪以来从未终止，还不断地引发出新的争论。可以说，半个多世纪以来，由科学与人文间关系的争论所引发的"两种文化"的问题几乎占据了关于人类文化的讨论的全部。20世纪末美国所发生的"索卡尔事件"及由之引发的"科学大战"，便是科学家与人文知识分子两大阵营之间关于科学与人文关系争论的最新表现。在这一场争论中，几乎世界各国

---

① ［英］C.P.斯诺.两种文化.陈克艰，秦小虎，译.上海：上海科学技术出版社，2003.

的科学家与人文知识分子都参与了进来，问题的焦点也由科学与宗教、政治、经济、伦理等人文领域的关系集中到了现代与后现代、科学主义与反科学主义的对峙等问题上。坚决捍卫科学的一方对人文是鄙夷、瞧不起，宣扬人文的一方则批评科学的各种不良后果，科学与人文之间的对立、矛盾似乎越发加剧了。

面对"两种文化"的难题，1963 年，斯诺针对性地提出了"第三种文化"的解决方案，即人文知识分子和科学家相互理解并展开直接而融洽的交流。1991 年，美国作家约翰·布鲁克曼面对"两种文化"融通的困境，提出让科技专家绕开人文知识分子直接与公众交流。其实，美国科学史家乔治·萨顿在 20 世纪 30 年代就提出并倡导一种新人文主义，也即强调科学与人文的双重复兴以及建立人性化的科学。总的来看，在如何解决两种文化的问题上，越来越多的学者开始达成共识，即通过科学与人文的互动和融合来从根本上解决科学与人文间的对立。

这主要是因为：一方面，科学技术对自然的改造与对社会的控制导致了环境污染、资源枯竭等生态问题，并造成人性迷失、意义失落等精神危机，使得科学不得不正视自己的局限，进而认识到人文文化的价值与意义；而人文文化也主动向科学与理性学习。另一方面，科学与人文虽是人类文化中两个不同的方面，但二者有着共同的探求未知的目标，最终都是要促进人的全面发展，因而存在着融合的根基。同时，二者在人类实践活动中又是互为补充的。如拉普指出的，"只有科学技术能够告诉我们事实和从事一定活动时应预见的后果。而只要讨论有关规范的问题，就离不开包括哲学在内的人文学科。由于各学科间的分工，这两个门类的知识都无力单独解决全部领域的问题"[1]。严格说来，科学与人文并不是截然对立

---

[1]　[德] F. 拉普 . 技术哲学导论 . 刘武，等，译 . 沈阳：辽宁科学技术出版社，1986：177.

的，所谓两种文化之间的冲突，其实是由于科学与人文之间的关系失衡所导致的极端科学主义与极端人文主义之间的冲突。

事实上，科学与人文间互动的发展态势从20世纪上半叶开始就已经有所显现了。具体则主要表现在：

在科学研究领域，科学与人文的互动形成的大量新兴的交叉学科、边缘学科开始出现，从而扩展了人类的认识领域，丰富并推动着科学与人文的发展、繁荣。其实，早在20世纪40、50年代，就有科学家开始自觉地开辟科学与人文交叉的新领域，把自然科学与人文学科结合起来进行研究。如薛定谔在《生命是什么》中就首先把物理学里的熵引入到生命系统和社会现象中，也因而影响了很多诺贝尔奖获得者的科学生涯。20世纪中叶兴起的信息论、控制论与系统论，以及之后纷纷涌现的信息经济学、技术经济学、医学社会学、教育生态学、建筑美学、技术美学等学科，都是自然科学与人文科学、社会科学交叉融合的产物。

在教育领域，科学教育与人文教育并重已成为一种重要的教育理念，科学素养教育与人文素质教育也成为学校教学工作的重点。因为，"由于科学的高度专门化日甚，两个文化间的鸿沟亦日广，为使人能适应这个迅猛改变的世界，教育的责任之一，是沟通这两个文化"①。斯诺在提出"两种文化"的问题时也曾指出，"解决（科学与人文两种文化分裂的问题、消除科学家与非科学家间隔阂的办法。——引者注）只有一个，那就是重新审视我们的教育"②。因此，进行"文理兼容"的教育，并在专业课程教育中渗透人文精神，提升学生的人文素养，培养全面发展的人，成为科学与人文互动中最基础的一条途径。

由于科学与人文在观念上存在的互补性，一些科学家开始自觉地对所

---

① 吴大猷文集（7）．台北：远流出版事业公司，1992：34．
② ［英］C.P.斯诺．两种文化．陈克艰，秦小虎，译．上海：上海科学技术出版社，2003：16．

研究的自然科学进行人文思考，积极推进科学与人文的互动。如 20 世纪著名数学家怀特海就曾积极探究数学与善的内在一致性，并撰文指出，数学和善的追求本质上是一样的，它们追求的是同样一件东西，即理性的完善；而爱因斯坦从自己所探索的自然规律的和谐中既看到了最深奥的理性，也体悟了最灿烂的美，由此产生了包括敬畏、谦卑、狂喜和惊奇等在内的丰富感情，达到了类似宗教境界的那种感情。可见，在一些杰出科学家身上，科学与人文的互动和融合趋势早已显现了出来。

　　两种文化的未来发展趋势，将以科学与人文的互动为主旋律。它不仅是科学文化与人文文化的互动，也涉及科学精神与人文精神的互动，这是科学与人文发展的必然，也是人类文明发展的必然。

　　人类文化是由多元文化形态共同构成的一个文化整体，而科学是其中现代文化形态的一种。宗教学家何光沪认为，不同的文化和文明之间的盟约应该包含四条基本原则，即和平地相处和共存、自由地选择和发展、平等地对话和交流，以及诚实地宽容和互补。它们分别关涉到了文化的生死存亡、文化的选择和发展权、文化之间是否相互隔阂以及文化的基础和目标，对于不同文化间的合作以及文化的发展十分重要。[1] 作为人类有史以来所创造的最伟大、最富有物质力量的文化形态，科学也并不是单一地存在于整个社会中的，而是与其他各种非科学文化形态共存的。科学与其他不同文化形态之间的交流、互补，共同维系着人类文化的发展、平衡。同时，科学与宗教、科学与艺术，以及科学与人文之间所展现出来的互动和融合趋势，为不同文化的并存提供了一种借鉴模式，也为人类文化的整体发展提供了一种机制。

　　因此，让科学与其他文化在一种自由、平等、开放而宽容的文化氛围

---

① 朱汉民，主编. 思想的锋芒——在岳麓书院听演讲. 长沙：湖南大学出版社，2003：155.

中和平共处，将是人类文化未来整体性发展的重要途径和基本要求。就像萨顿所说的，让我们"缓慢地、稳步地、以一种谦卑的态度利用一切手段来发展我们的方法，改善我们的智力训练，继续我们的科学工作，并且在这同时，让我们成为宽厚的人，永远注意我们周围的美，注意在和我们一样的人身上以及也许在我们自己身上的一切魅力"①。

① ［美］乔治·萨顿. 科学史和新人文主义. 陈恒六，等，译. 上海：上海交通大学出版社，2007：92.

# 第十七章　文化科学的开放性重建

当科学所具有的文化内涵遭遇缺失与挑战，曾经作为人类文明优秀成果的科学技术便不复从前。它不仅失去了原有的功能与地位，也不再是人类文化的楷模。因此，如何恢复科学所具有的文化意蕴，实现科学文化的诉求，并走向一个开放的科学技术世界，是当前科学技术发展的一个重要方向。

## 一、从强势文化走向平权文化

曾几何时，科学文化已在世界范围成为最强势的一种文化形态。这种强势地位使科学在整个社会生活中占据绝对优势，有时甚至排斥其他文化形态，其自身也逐渐缺失了文化的内涵。当然，这对于科技与社会的发展无疑是极为不利的。因此，从 20 世纪中叶起，人们要求实现科学平权的呼声就浮现出来了。要使科学恢复其原本应具有的文化意蕴和文化内涵，让科学变得更有文化，首先应当改变科学的文化霸权与文化强势的状况，使科学从强势走向平权、从精英走向大众。

**1. 走下圣坛的科学及其民主化**

近代科学产生以来，科学凭借其所具有的巨大威力，日益渗透到社会的政治、经济、文化生活的各个方面。科学不但影响着社会的政治运行机制、调整着社会的经济结构，也延长了人口的平均寿命、改变了人类社会的面貌、缔造了人类社会未曾有过的繁荣景象，这使它日渐登上了人类知识巅峰的宝座，并赢得了人类的普遍赞许与崇拜。但与此同时，打破旧的迷信与神话、摆脱宗教神权的压制而获得独立自主地位的科学，在世俗化的过程中却"不可避免地导致对科技的神化，导致出一种'在科技中寻求权威，在科技中得到满足，在科技中制定秩序'的文化"①，从而在削弱一种神话的同时又缔造了另一种新的神话。结果，科学被定位为神圣殿堂中一种高高在上的文化成就，一种属于权威阶层的精神力量。

然而，20 世纪以来，科学自身的发展与现实的需要都不断冲击着科学的神化形象与权威地位，这进一步挑战了人们一直以来所认定的科学确定性与决定论的神话。在自然科学领域，爱因斯坦相对论的创立不但揭示了时间与空间的相对性，否定了牛顿的绝对时空观，更向人们表明我们长期以来所依赖的基础是多么地不稳固；海森堡的测不准原理宣称任何粒子的加速度和位置不能由人同时决定到高于某种程度的准确度，不仅表明了自然界某种程度的不可计算性，更给科学上的决定论带来冲击；建立于测不准原理、互补原理、波粒二象性等基础之上的量子力学在诸多方面变革了经典科学的世界图景，不仅使得传统的科学观点由决定论向非决定论、由还原论向整体论、由简单性向复杂性转变，更挑战了传统中人们所认为的那种准确无误的与简单完美的科学形象。

---

① ［英］阿利斯科·E. 麦克格拉思. 科学与宗教引论. 王毅，译. 上海：上海人民出版社，2000：144.

　　伴随着物理学获得的这些惊人的成果，科学社会化与工业化进程也在不断加快。在 20 世纪，科学研究的重要成果不仅日益广泛地应用到社会生产生活领域，甚至成为战争的重要力量来源。面对科学所带来的前所未有的灾难性后果，人们开始反思科学在军事上的应用效果，并进而考虑科学在政治活动中的价值立场问题。20 世纪中叶以来，科学及其技术应用所带来的各种社会负效应如环境危机、粮食短缺、人口过剩等问题也频频凸显，更是引发了广大知识分子特别是人文社会科学领域知识分子的关注，并展开了对科学的反思与批判。法兰克福学派对启蒙精神、工具理性、科学技术的社会批判，实际上是对科学技术异化的批判，也是对当时社会过度依赖科学技术及其地位的一种抨击与抗议；后现代主义对科学的社会霸权地位进行了质疑与反思，它们批判科学的沙文主义，提出科学知识是相对的、不确定的、有时效性的；社会建构主义则将科学置于一种社会建构的产物的地位，消解了科学引以为傲的客观性、普遍性，转而强调科学的相对性、地方性及其与其他文化形态的共存等。

　　在这些批评观点中，人们不仅怀疑科学的功用与正确性，更对科学的理性问题展开了攻击，科学主义面临着严峻现实的冲击。之后，各种非理性主义或反理性主义的思潮不断涌现，不仅科学专业知识及专家的权威不断遭受质疑，科学在公众中的形象及其社会合法性也因此面临危机。因为，当客观中立性、正确性、普遍性这些维护科学神圣地位的价值遭受质疑，围绕在科学周围的神圣光环被慢慢瓦解、销蚀，相应地，建立在此基础上的科学的合理性也不可避免地会遭遇挑战。

　　科学从神秘的圣殿中到其不断走下神坛的过程，也预示着科学万能论神话的破灭，以及科学主义的衰落。面对由此引发的对科学真理性的怀疑，以及对科学合理性与合法性的威胁，科学共同体外的社会大众是迷茫的，共同体内的学者们则是通过多种途径来寻求拯救之方。其中，民主化是确保科学在社会中的存在合法性的最重要方式之一，也是科学未来发展的重要趋势。几乎在整个世界范围内，民主化都已成为发展科学技术、制定科学技术政策的重要标准与尺度。默顿在论述普遍主义时，就曾强调科学与民主具有相似的精神气质，同时也肯定了民主对于科学发展的重要作用。① 社会建构主义者认为科学知识是社会建构的结果，社会生活中的政治的合法性与知识的合法性形式一致，而政治的合法化主要通过民主程序，这便带来人们对科学知识的产生如何符合民主程序的讨论。宪政主义把科学知识及其产生过程看作是政治性的，要求科学经受民主原则及其程序的检验。

就民主而言，它在古希腊词源意义上指的是一种统治形式，在今天则与制度民主同义，具体体现为多数原则、政治权力平等、政治参与以及政治自由四大原则。相应地，科学民主化就是要使科学研究的过程与这些民主原则相符合，具体则涉及很多方面的内容：就科学自身而言，它意味着科学知识的生产应该是民主化的，科学不只是作为精英群体的劳动成果，更要走向平民化，并要充分重视常识的作用；就作为一门学科的自然科学而言，它意味着自然科学应该与其他人文社会科学有着同样的发展机会以及同样的地位，并能相互促进；就科学的社会层面而言，也是最为突出的方面，它意味着普通大众应与科学专家有同样的参与科学事务的权利，在与自身利益相关的科技决策领域享有发言权等。可以说，科学的民主化，既是科学走向社会化的重要途径，也是要借由民主的程序来挽回公众对科学的信任，为科学的社会合理性提供依据与支持。恰如史蒂芬·耶利所言，"我并不认为草根代表可以立竿见影地解决什么，但是它意味着，这是一种重建信赖的制度性安排，它为受社会尊敬的科学提供了

---

① ［美］R. K. 默顿 . 科学社会学（上册）. 鲁旭东，林聚任，译 . 北京：商务印书馆，2003：369.

最好的前景"①。

　　众所周知，科学技术已成为当代社会生活中不可或缺的一部分，它不仅左右着人们的生产生活方式，也深深影响着人类未来的发展方向。因此，当科学的应用以及技术的发展以前所未有的速度日益渗透到人们的日常生活中时，科学对于我们未来的影响就显得越来越紧迫，与之相关的事务也就不再仅仅是一项科学活动，更是成为一种社会政治事件。例如，近几年来颇受争议的转基因食品问题、人体干细胞问题等，都不仅仅是与学术相关的，而是涉及广大公众的切身利益，甚至涉及国家民族利益的重要决策。特别是，在科技日益进步的今天，科技的发展和进步虽然使得"科学知识越来越丰富，却往往不能带来更多的安全，而是造成认知的不确定性和规范的不安全性与日俱增"②。随着科学应用后果不确定性的增强，根据已有的科学技术知识是很难准确判定科学技术的应用究竟会带来怎样的后果的，当然也就无法确定社会对可能带来这些风险的科学的接受程度了。

　　然而，公众往往是直接受到科学技术影响的人，他们有权利知道科学及其技术应用可能会产生怎样的影响并决定是否要接受这一后果。从民主理论来看，在民主制国家或追求民主的国家中，民主的程序必须要保证让所有受到决策影响的人，都能够具有有效的机会来参与政治过程，并且在这个过程中，他们要有平等的权益，要有充分的资讯跟良好的理性，来了解政策对他们可能会造成什么样的后果。当代政治学理论权威罗伯特·达尔（Robert A. Dahl）认为，民主"至少存在五项这样的标准：有效的参与，投票的平等，充分的知情，对议程的最终控制和成年人的公民资格"③。强

---

　　① ［德］迈诺尔夫·迪尔克斯，克劳迪娅·冯·格罗特. 在理解与信赖之间：公众、科学与技术. 田松，等，译. 北京：北京理工大学出版社，2006：164.

　　② ［德］乌尔里希·贝克. 全球化时代的权力与反权力. 蒋仁祥，等，译. 桂林：广西师范大学出版社，2004：250.

　　③ ［美］罗伯特·达尔. 论民主. 李柏光，林猛，译. 北京：商务印书馆，1999：43.

民主理论的代表人物本杰明·巴伯（Benjamin R. Barber）认为，公众不仅要定期选举自己的统治者（这是代议民主的核心），而且要积极参与政策审议。此外，程序民主有一条原则就是"广泛的参与"，程序正义的标准也要求"社会成员应有机会表达不同社会背景中的观点"①。因此，让公众了解科学，并通过民主的程序使其参与到相关的科学技术决策过程中，将是科学真正进入普通民众生活的重要途径。

对于科学技术的未来发展而言，科学以及相应的技术的民主化意义重大。特别是，当科学越来越多地通过其技术应用渗透到社会生活的各个领域，甚至影响到整个人类的生存与社会的运行时，科技民主化的作用就更为明显了。因为，"技术变革的民主化意味着赋予那些缺乏财政、文化或政治资本的人们接近设计过程的权力……"，而且，"技术的民主化并不阻碍进步，它也许还能有助于避免那些目前困扰着临床研究和核能的问题。同时，它将确保目前被低估的权利得以充分的体现，因为这些权利与对设计的集中化的、精英的控制相抵触，比如工人发挥他们技能的权利。假如精英控制对我们社会如此之多的方面打下了深刻的烙印，那么，更加民主化的设计的长远意义将是极其重大的"②。

一定意义上，科学的社会化就是科学民主化的过程。伴随着这一进程，科学不再继续驻守在长期以来所占据的优势地位上，而开始走下神坛，并不断走向普通民众的现实生活，成为一种大众化的科学。如此一来，作为一种文化的科学，将不仅从强权文化走向平权，其神秘性形象也将完全为真实的生活形象所代替。

① Joss Simon & Arthur Brownlea. Considering the concept of procedural justice for public policy and decision-making in science and technology. Science and Public Policy，1999，26（5）：321-330.

② ［美］安德鲁·芬伯格. 可选择的现代性. 陆俊，等，译. 北京：中国社会科学出版社，2003：8.

**2. 精英科学、平民科学与常识**

从科学产生的历史及其发展过程来看，在近代科技革命基础上发展起来的现代科学无疑是一种精英知识与精英文化。这种精英科学的特征首先体现在科学活动的主体方面，即科学从一开始就是由社会中的精英群体所从事的一项精神活动。在科学尚未从哲学中分离出来的前科学时期，所谓的科学活动只是那些有闲者以及政治家、哲学家、宗教的首脑们凭自己的兴趣在工作之余进行的某些科学方面的思考、辩论和研究，如泰勒斯、柏拉图、亚里士多德等人，都是当时有一定经济基础与社会地位的人；在文艺复兴时期，作为科学基础的理性主义开始复兴，科学活动重新抬头，这一时期的从事科学活动的虽然也是集手工艺者、工程师、艺术家和学者等多种身份于一身的人，但他们几乎毫无例外地来自贵族阶层；到了 17 世纪，近代科学开始形成，科学的职业化与体制化进程也已开始，但直到 18 世纪后期，大多数科学家还是业余的，他们主要来自中上层阶级和医生、牧师等自由职业者，有一定的时间和设备进行私人研究，并尝试进行一些科学实验。对于现代意义上的科学而言，它是一项制度化和专业化程度都极高的活动，因此只有通过正规的学习获得严格的训练并具有专门知识的人才能成为科学家。这些科学家在接受过完整而系统的高等科学教育后，除具有较高的专业知识水平外，思维能力和认知水平也是高于常人的。

可以说，科学自其产生，就主要是作为社会上少数精英群体所从事的精神活动这一面貌存在的，是由社会精英所参与和操控的一项活动。

科学在当代社会生活中的重要作用是精英科学形成的另一个主要原因。科学及其技术应用对整个社会的政治、经济、文化等诸多方面都会产生深刻的影响，科技已成为当代社会主流文化的重要组成部分，这些都已是不争的事实。但也正因如此，对于社会的统治阶层来说，科学在享有无上光荣的同时也成为人类活动合法性的标志与基础，成为它们维护自身统治地位、确保其统治合法性的重要基础，因而将科学看成是人类文化中最精华的部分，也是具有特殊力量的人类文化。对于普通民众而言，科学似乎是专属于社会精英群体的神圣文化，是远离我们日常生活的一种高雅文化，可望而不可即。

但正如西班牙哲学家奥尔特加所言，"科学的进步很大程度上要归功于极普通人的工作，甚至资质更低的人的工作"①。而且，科学要充分发挥其作为人类社会当前最重要的一种文化形态的作用，就不能将自己局限于精英文化的范围之内。毕竟，科学要发挥作用的场所是全社会，科学最终所要面对的也是广大社会民众。当科学仅仅作为一种精英文化，它也就逐渐脱离了广大人民群众的现实生活，成为一种纯粹的精神活动；更重要的是，一般平民对科学因此就只有服从而没有思考，只有接受而没有反思，最终甚至导致统治阶层通过科学控制普通民众的思想与行为，造成专制与独裁。因此，必须要改变科学的纯粹精英文化地位，从精英式的科学走向平民化的科学，使其真正成为"为人民的科学"；也只有摘下科学文化的神圣面具，让它回到平民中去，才能更充分有效地发挥科学对于社会发展的重要作用。

在这种精英科学平民化的过程中，不可忽视的一点是，要特别注意常识及其对于科学发展的作用与影响。

诚然，从科学与常识作为人类的两种不同知识形式来说，二者各有其独特之处。一般而言，科学是说明性的、系统化的体系。它"试图发现并以一般的术语系统表达各种各样的事件发生的条件，而对这些起决定作用的条件的阐述就是对相应事件的说明。只有通过区分或隔离研究题材的某

---

① ［加］西斯蒙多. 科学技术学导论. 许为民，等，译. 上海：上海科技教育出版社，2007：44.

些性质，只有通过确定这些性质相互间所处的那种可以重复的依赖模式，才能实现这个目标"。因此，"说明以及确立表面上无关的命题之间的相依性关系，系统地揭示看似错综复杂的各项资料之间的关系，这就是科学研究的独特标志"①。而常识性知识却既不是明确地说明性或解释性的，也不是明确地系统化的。它"既没有把它的所有各个部分同所有其他部分联系起来，也没有自觉地企图把它当作一个首尾一贯的真理体系"，而只有一种勉勉强强的整体性；它"是一种文化的共同财产，是有关每个人在日常生活的一般基本活动方面应当懂得的事情的一套可靠的指望。因此，它在一般人类行动事务上能保证有可靠的预见，不致出乎预料而惊慌失措"②。可见，尽管不具有科学的系统性和严格决定性，但对于一般工作和社会生活而言，常识性知识的预见作用也是很重要的。

这同时也表明，科学与常识之间并不是截然区分的。事实上，科学与常识是紧密关联的，常识性知识甚至是科学走向平民化的重要管道。这是因为：第一，科学最终要来源于生活，因而也是具有常识性的知识。例如，近代物理学的兴起，就是"源自于解释我们日常经验中的事实和现象——如下落、抛射运动等——的努力"③。而早在1936年，爱因斯坦就在《物理学与实在》一文中指出，"整个科学不过是日常思维的一种提炼"④；赫胥黎也表明，科学不过是专门的和系统化的常识。科学虽然长期以来在公众心目中已形成了崇高而神圣的形象，但也是源于生活并要服

① ［美］欧内斯特·内格尔.科学的结构——科学说明的逻辑问题.徐向东，译.上海：上海译文出版社，2002：4，5.
② ［美］M. W. 瓦托夫斯基.科学思想的概念基础——科学哲学导论.范岱年，等，译.北京：求实出版社，1989：85.
③ Alexandre Koyre. Galileo and the Scientific Revolution of the Seventeenth Century . The Philosophical Review，1943（V. 52，N. 4）：333-348.
④ ［美］爱因斯坦.爱因斯坦文集：第1卷.许良英，等，编译.北京：商务印书馆，1976：341.

务于广大民众的。特别是在科学技术的社会应用日益广泛的今天，它更不可能完全脱离日常生活的实际而存在。在这一意义上，科学就是常识发展到一定阶段的产物，是体系化、系统化了的常识性知识。第二，在某种程度上，精英科学的平民化就是通过常识化的过程来让大众了解与接受科学。在现代社会中，由于科学的高度发展及其不断深入、分化与精密化，科学与人们现实生活的疏离似乎已成为一种普遍现象。因此，科学的常识化对于科学在更大范围内的普遍性作用发挥及其社会接受而言，是意义颇为重大的。而且，由于"常识与我们不可分离，它是我们思想和行动的实践基础，我们的生活要依靠它"[①]，科学因而常常通过常识的途径来获取自身的合法性。在科学发展史上，一种新的世界图景只有通过变革和取代人们的常识性世界图景，从而成为新的常识性世界图景，它才真正进入了更多民众的视野并成为他们认识事物的重要考量，并真正为社会所接受。如此一来，科学平民化的目标也就达到了。

科学既不是专属于精英群体的知识形式，也不是与常识性知识截然不同的专门化知识。"科学是人们能够受到启发的知识形式，而不是不得不强加于个人或出于轻信而获得认可的知识形式。在平等个人的社会中，它是能够被任何人接受的、仅仅服从他或她自己的感知和推理能力的知识形式。"[②] 不能仅将科学定位为社会精英群体才能从事、了解与接触的知识，而应将其看作是属于大众的科学文化，是与常识有着某种关联的知识形式。也只有秉持着这种科学观念，才能保证科学的合理性，并使其社会作用得以充分发挥。

### 3. 自然科学、人文科学、社会科学的交叉融合

从学科角度来讲，广义的科学（science，wissenschaft）一般可以分

---

① ［美］保罗·法伊尔阿本德.自由社会中的科学.兰征，译.上海：上海译文出版社，2005：59.

② 李醒民.知识、常识和科学知识.北方论丛，2008（1）：123-130.

为自然科学（natural science）、人文科学（humanities，德语中称为 gei-stes wissenschaften）与社会科学（social science）三大基本类型①，三者分别代表了人类以不同方式、从不同角度认识世界的成果。

然而，由于科学文化的强势地位，自然科学明显较人文科学与社会科学占据优势地位。在学术研究中，自然科学的巨大成就导致了实证方法的扩张，并成为一切科学的标准、模式与典范。如穆勒认为，道德科学只有运用了自然科学的方法，才可能是成功的；孔德认为，自然科学的进步和成就使我们看到了科学方法的巨大威力，因而不得不承认科学方法是一切领域都要遵循的方法。特别是在社会科学研究中，一门学科的数学引入程度往往被作为该学科完善、成熟的衡量标准，模型化、数学化的程度成为该门学科发展与进步的标志。马克思就曾断言，一种科学只有当它达到了能够运用数学时，才算真正发展了。在现实层面，自然科学领域相当多数的学者都强调自然科学研究的普遍性、客观性与严谨性特征，人文社会科学则因其个别性、主观性与阶级性等特征，而不被承认为是科学的一部分。这也可从许多历史事实中窥见一斑：作为科学界最高荣誉的诺贝尔奖，至今只向人文社会科学领域中的一门学科经济学颁奖；国内重理轻文现象多年来一直存在；等等。毫无疑问，这种学科地位的不平等对于人类文明与文化的发展将是有害无益的。

20 世纪中叶以来，随着社会的进步以及各学科的发展成熟，打破学科之间的隔阂，消除门户之见，促进学科之间的交叉与融合逐渐成为学科发展的重要趋势。大约从 20 世纪中后期开始，自然科学逐渐跨出了自身的学科研究领域，不再局限于自然科学的实证方法，而是开始借鉴人文科

---

①　人文科学和社会科学并不是截然区分的，二者也常常统称为"人文社会科学"；但也有将其统称为"人文科学"的，如在狄尔泰那里，所有以社会历史真实为宗旨的学科，都被置于"人文科学"的名目之下。

学、社会科学等的研究方式和研究方法，从人文与社会的视角考察研究与自然有关的问题。结果，不仅催生了许多新兴交叉学科，也为创新提供了新的动力和源泉。

学科间相互交叉和融合趋势的加强，主要是因为：

首先，自然科学与人文科学、社会科学的交叉和融合是学科发展的需要。从学科发展的整个历史来看，它大体经历了从综合到分化，再到综合的过程。自近代以来，特别是近三四百年以来，科学的发展主要以分化为特征，并由此形成了以学科分化为主要特征的科学体系。这种学科的不断细分促进了人类知识的增长，也扩大了人类认识的深度与广度，学科门类的分化程度也一度成为学科发展的重要标志。然而，在知识分科愈见专门的同时，各部门间的隔阂也增加了。结果，"这样比较透彻研究每一门学科的机会增多了，致力于一般性研究的时间减少了，科学家也便倾向于只见树木而忘却森林"①。而且，自然科学与人文科学、社会科学从来就不是截然分开的。"从更大的程度上说，各种精神科学确实囊括了各种自然事实，并且是以有关自然界的知识为基础的"②。因此，狄尔泰说，"在自然科学研究和人类社会研究的两个转移点上——也就是说，在自然影响精神发展和它也同样受到影响或形成了影响其他精神的通道的地方——两种知识总是相混杂的。自然科学知识与人文科学重叠"③。

其次，自然科学与人文科学、社会科学的交叉和融合是创新的需要。创新已成为当前科技发展的主旋律，也是社会进步的动力。"创新的方式有多种，其中人文社会科学和自然科学交叉、结合和相互渗透，是当代科

---

① ［美］W.C. 丹皮尔. 科学史及其与哲学和宗教的关系. 李珩，译. 桂林：广西师范大学出版社，2001：248.

② ［德］H. 李凯尔特. 文化科学与自然科学. 涂纪亮，译. 北京：商务印书馆，1996：14.

③ ［德］韦尔海姆·狄尔泰. 人文科学导论. 赵稀方，译. 北京：华夏出版社，2004：18.

学发展的主导趋势，也是当今时代产生特色学科、前沿学科的最佳路径。因此，学科交叉最容易产生新的理论、新的思想、新的方法。"① 无论自然科学领域，还是人文社会科学领域，创新都将成为学科发展的不竭动力，而交叉研究则是实现创新的动力和源泉。就自然科学而言，"自然科学的重大科学发现过程，不仅是科学家以严谨的科学态度、严格的科学方法、敏锐的思维和观察对自然现象和规律进行的探索，还表现出科学家的个性、爱好和观点在竞争与合作中形成的学术思想上的融合、碰撞和冲突，也反映出社会和学术群体的评价给予的鼓励、包容和压力"②。在人文领域，理论创新和学术突破的取得，不仅要求人文社会科学工作者要有问题意识和国际眼光，更要有注重多学科、跨学科研究或学科交叉和融合的综合眼光，注重与自然科学领域的研究交叉。

最后，自然科学与人文科学、社会科学的交叉和融合是现实的需要。与传统科学相比，现代科学知识的一个重要特征就是其实用性。纯粹知识的生产已不足以成为自然科学研究的全部动力，所生产知识的应用性往往决定着自然科学研究的内容并为其提供支持。然而，当代许多重大的科技、经济和社会问题，诸如科技发展的全面规划、重要的科技政策和经济政策的制订、国民经济计划的制订、社会发展的预测等，都涉及相当复杂的综合性因素，远非某一门自然科学或人文社会科学所能单独胜任。现代社会中的许多问题，都需要综合运用自然科学和社会科学两大学科门类中多学科的知识，并把它们结合成有机的知识系统，从而加以解决。其中，一些本来是从自然科学角度提出的问题，如环境、能源、空间、海洋问题等，不可避免地要涉及很多社会问题，甚至是全球性的社会问题，因而需

---

① 杨亦鸣. 学科交叉是理论创新的最佳途径. 江苏社会科学，2001 (1)：19.
② 周光召. 鼓励学科交叉 促进原始创新——纪念 DNA 双螺旋结构发现 50 周年. 科学，2003 (3)：3 - 7.

要社会科学的参与；一些本来是从社会科学方面提出的问题，如人口的控制、城市的管理等，也日益复杂化，越来越需要借助数学和自然科学的方法来研究。

其实，早在 20 世纪初，列宁就明确指出："从自然科学奔向社会科学的强大潮流，不仅在配第时代存在，在马克思时代也是存在的。到 20 世纪，这个潮流是同样强大，甚至可说更加强大了。"① 当前，自然科学与人文科学、社会科学之间大交叉、大融合的趋势越发明显，并较以往得到了更多的重视与强调。如此一来，就使人文科学与社会科学慢慢获得了与自然科学同等的地位和发展机会，对于学科的未来发展来讲，这是很有裨益的。

### 4. 大众化与科学传播

科学民主化与平民化的历程实际上是与科学的大众化相伴随的。正是通过大众化科学的方式与途径，科学才逐渐进入社会公众的视野，从精英群体走向寻常百姓，从神圣殿堂进入普通民众的生活中。大众化科学传播已成为当前科学取得公众理解与信任的最重要途径。

大众化对于科学的从霸权走向民主、从强势走向平权、从精英文化走向平民文化的重要性是不言而喻的。"科学的大众化是一种实践活动，它有着下列明显特征：多样性的动机、目的和驱动力；一系列没有严格定义的参与者；一个相对开放的制度性架构。"因而为更多的参与者介入到与科学有关的决策活动中提供了有利的工具与基础。而且，对于科学当前发展中所出现的一些问题以及科学发展的社会化趋势，科学大众化也具有重要的功能，如在科学与非科学的划界中发挥作用，迎击迷信与民间知识等各种非科学；弥合"无知公众"与"有知科学家"之间的鸿沟；依据科学

---

① 列宁全集：第 25 卷．北京：人民出版社，1988：43.

原理建筑社会功能；应对"当代科学家及其事业丧失声望时"出现的衰落现象；为科学自身的发展提供创造性空间等。[①]

事实上，对于科学大众化的必要性，特别是其对于科学自身以及整个社会的重要性这一问题，早就有学者认识到了。在 20 世纪 30 年代，贝尔纳就指出，"假如我们不再同时使对科学的真正了解成为我们时代普通人生活的一部分的话，增进科学家对彼此工作的了解就毫无用处"[②]。而且，"科学在很大程度上高高在上地脱离了群众觉悟，其结果对双方都极为不利。这对普通大众之所以不利是因为：他们生活在一个日益人为的世界中，却逐渐地越来越不认识制约着自己生活的机制"。对科学而言，"除非普通大众明白科学家在做什么，否则就不可能期望他们向科学家提供他们的工作所需要的支援"，同时，这将会加强"科学家保持心理上的孤立的危险倾向"[③]。

其后大约半个世纪，人们普遍认识到了贝尔纳所说事实的重要性，不仅科学家群体在认真努力把科学知识传播给大众，相关政府部门也纷纷成立了一些机构以促进科学的大众化。如，许多国家的国家科学院设有专门的委员会来研讨这个问题并制定方针政策来达到大众化的目的，科学素养教育也成为国民教育系列中的重要组成部分；而英国皇家学会创办的《科学和公众事务》《公众理解科学》等杂志，其宗旨就是把科学知识传播给大众，解释与日常生活有关的科学和技术发现的蕴涵。

科学大众化这一进程的起始，具体来说，大约可追溯至 19 世纪中叶至 20 世纪初的英国维多利亚时代。当时，科学家群体所提出的"大众科学"（popular science）一词，主要是指科学家向公众传播科学的惊人成就

---

① ［德］迈诺尔夫·迪尔克斯，克劳迪娅·冯·格罗特. 在理解与信赖之间：公众、科学与技术. 田松，等，译. 北京：北京理工大学出版社，2006：16 - 25.

② ［英］贝尔纳. 科学的社会功能. 陈体芳，译. 桂林：广西师范大学出版社，2003：355.

③ 同②106 - 107.

和给人类带来的益处，目的是要通过向社会大众宣传科学知识，以维护科学的特权地位并提高科学的声望。这与科学当时的社会处境与社会地位是密切相关的。科学自其产生，就源源不断地为人类社会的生产生活提供着各种各样的便利，因而逐渐在整个社会文化生活中占据了特殊的优势地位。因此，向社会宣传这一优秀文化，让更多的社会大众了解它并支持它，便成为当时科学大众化的宗旨。

这也可以称为是大众化与科学传播的传统科普（traditional science popularization）阶段。它立基于小科学，塑造和传播的是科学神圣的形象，科学家则个个都是"圣僧"：公正无偏见、追求真理、不计个人得失。它设定了专家有知而公众无知、科学在上而公众在下的认知与价值的双重鸿沟。公众不但在认知层面不如科学家，在道德操守和社会贡献方面也远不如科学家。当大众化指向对科学效用性以及科学神圣性地位的宣传时，公众所见到的便是"把科学当作一项英雄般的、与政治无关的、天生理性的事业所作的极为积极的描绘"①。

到了 20 世纪，科学与战争的结合使得科学在国家安全和社会经济建设中的重要作用被提升到了前所未有的重要程度，科学成了国力的象征。但与此同时，特别是 20 世纪中后期以来，科学及其技术应用所引发的各种社会负效应也频频彰显：原子弹的爆炸、DDT 的应用等都给人们带来了无穷的风险与灾难，全球性的环境污染和能源危机、生态危机的出现以及核冬天的可能性更凸显了科学的负面效应。人们对待科学的态度也因此从崇拜、信仰转为困惑、迷茫。公众对于科学态度的这种转变，部分是因为"公众越来越意识到，他们在关于科学与技术的重要决策中应该有发言权"，却从专家那里得到相互矛盾的建议；而真正的原因源自"公众对科

---

① 刘华杰，编. 科学传播读本. 上海：上海交通大学出版社，2007：376.

学的生疏，他们不知道科学如同生活中的其他事情一样，科学专家也可以有不同见解"；也因为习惯于对科学能带来确定性的过分自信，他们不知道该如何对待科学的这些不确定性和相互矛盾的意见，由此产生了"对科学忽上忽下的看法"[①]。而且，20 世纪科学哲学、科技史和科学社会学的研究以及科学自身的发展都一再表明，科学并不代表绝对的真理，而只是人类精神活动的一部分，科学也并不天然地比人类其他的文化活动具有更多的价值，科学是可以怀疑、理解乃至批判的。由此，科学普及事业成为了一个社会性的事业，随之在西方兴起了全社会、大规模的"公众理解科学"（public understanding of science）运动。

与传统科普不同，在公众理解科学这一大众化途径的视域内，"各门科学都是现代社会中公认的知识资源；传播其文化的人可能希望人们相信他。像占星术士和巫医一样，他可能希望得到像专家那样的尊重。在过去，情况不是这样；科学家更多的是处在预言者的位置。而且他的行为更像是一个对其信徒实施超凡影响的人，人们把他与苦行者的价值观、而不是注重现实的价值联系在一起，对于后来的圣徒传记和神话的引申，他提出了他自己诚实而古怪的说明。他的问题很少像预言者的问题那样强烈；由于他有深奥的知识，他几乎不会使自己陷入重新构造非常关键的、对他那个社会的集体说明之中；他的学问可以覆盖他那个时代现有的常识，如果它有效力的话，那就无须过问，让它自动地发挥其效力"[②]。这样一来，大众化的结果就不再是预先设定的，而是公众在了解的基础上的独立判断。

科学传播则是从科学文化自身的要求出发提出的一个超越传统科普的

---

[①] ［美］杰伊·A. 拉宾格尔，哈里柯林斯. 一种文化？：关于科学的对话. 张增一，等，译. 上海：上海科技教育出版社，2006：24 - 25.

[②] ［英］巴里·巴恩斯. 科学知识与社会学理论. 鲁旭东，译. 北京：东方出版社，2001：87 - 88.

概念，其核心理念是公众理解科学，强调公众对科学作为一种人类文化活动的理解、欣赏和质疑，而不单是向公众灌输具体的科学知识。其目的与重点在于促进公众对科学事业的理解，打破科学事业与民众之间的藩篱，增进公众对于科学及其相关问题的理解和交流。从科学传播的模式来看，其经历了从传统的线性模式到非线性模式，从缺失模型到公众理解科学模式，如布赖恩·温（Brian Wynne）的"内省模型"，杜兰特的"民主模型"的转变。而这种转变的一个重要趋势和特征就是：从单向传播向互动传播转变。如缺失模型认为，"科学家是有知识的专家，公众（在任何意义上）是无知的外行"①，"民主模型"则提高了公众在科学中的地位并强调了公众参与科技的必要性。这一转变的原因在于，随着科技的进步与社会的发展，社会各界日益认识到，在科技相关活动中，不能再把公众作为一个无知的被动接受专家意见的外行，而应是与专家并列的一个群体。

传统科普、公众理解科学与现代科学传播通常被称为科学传播的三个阶段，这实际上也是科学在社会公众心目中的形象转变过程。但总体而言，不论传统科普、公众理解科学，还是现代科学传播，都是实现科学大众化的方式与手段，其最终目的是要使科学进入社会大众的认知视野，提高社会公众的科学素养，扩大科学的受众群体，从而达到科学的平民化。

## 二、求真、向善、臻美、达圣的和谐统一

在价值层面，求真逐效曾经是科学技术所追求的最主要目标，也是科学技术的价值之所在。然而，当"求真"的维度逐渐被"功利性"的追求所掩盖，"善"与"美"的诉求日益被破坏，寻求"真善美圣"的和谐统

---

① John Durant. Participatory technology assessment and the democratic model of the public understanding of science. Science and Public Policy, 1999（V. 26，N. 5）：313 - 319.

一，便成为科学技术发展中最主要的价值走向。

**1. 科学的求真旨趣与功利性追求**

求真旨趣与功利性追求是伴随近代科学的产生而同时出现的两个目标，也是科学基本的价值追求与价值取向。

（1）求真是科学的首要旨趣。

真，即真实、确切、可靠等；在认识论意义上，它主要是指主观与客观、思想与实在的符合。求真，即是指追求真理，并寻求对事物本质的认识。科学是一项求真的活动，便是对科学最通常的一种解释。

从科学探索的原始动机来看，科学是由人类好奇心推动的一种求知活动，也是人类心智成长的本能；而相信这个世界是可以被理解的，相信事物的发展都有其因果规律性，则是这种科学探索活动的基本信念。因此，在知识层面，科学本质上是关于外部世界客观真理的知识体系。科学探索的基本目的，就是追求真理，不断发现自然的奥秘，更好地解释自然。"追求真理应该是我们活动的目标；它是值得我们活动的唯一的目的。……如果我们希望越来越多地使人们摆脱物质烦恼，那正是因为他们能够在对真理的研究和思考之中享受到自由。"①

科学不同于其他人类活动的重要特征，就在于它是对真理的追求，并以客观性为标准。试图理解与解释自然的努力从人类有史以来就开始了，宗教、神话，甚至迷信、崇拜等都是这一认识的成果。但科学追求的却是一种真实的理解，也即是在发现基础上的解释。通过实验与数学的方法，科学提供了人们全新的世界图景，并实现了思想观念上的革命；人们认识客观世界的真实过程，也从依赖感官转变为借助科学实验和科学思维。所以梁漱溟认为，科学之所以为科学，即在于其站在静的地方去客观地观

---

察，只能立于外面来观察现象，故一切皆化为静；最后将一切现象，都化为数学方式表示出来，科学即是一切数学化。在对未知领域进行探索与发现的活动中，科学极力探求的是隐藏在自然背后的奥秘与事物的本质，以及世界之所以如此的机制与规律，从而更好地认识我们所生存的自然和宇宙的奥秘。在这种以"求真"为最高旨趣的科学研究活动中，研究者往往是站在"知识发现者"角度，研究外在于自身的事物与"他人行动"，并期望获得"客观的"、超然于现实的知识，也就是所谓的"真理"。

真理的发现过程往往是痛苦而漫长的，要揭示掩盖在现象之后的本质，也不是一件容易的事，真假往往并存。而且，一劳永逸的永久真理总是不可能得到的。因为"任何科学理论都是试探性的、暂时的、猜测的：都是试探性假设，而且永远都是这样的试探性假设。……我们的理论，不论目前多么成功，都并不完全真实，它只不过是真理的一种近似"①。然而，真理作为科学实践的根本意义与终极目标，虽然是人类永远达不到的理想目标，但并不意味着它对人类无意义，因为它是人类认识发展的方向。

求真的过程也不是一帆风顺的，而是充满了荆棘与挑战，特别是在具有革命性的新思想产生之初，更是常常面临着来自社会各方面的压力。支撑着一代又一代的科学家不懈地努力与奋斗，进而创造出辉煌科学成就的伟大动力，来自于对真理的坚定信念，以及捍卫真理的气概和勇气。如开普勒坚持自己关于行星运动的观点，历时 20 多年长久而饱含艰辛的观察记录，终于提出了与前人完全不同的行星运动定律并得到认可；伽利略对近代物理学中动力学、弹性力学、声学等的相关理论，在当时虽受到了来自传统、教会等多方面的反对与阻挠，但他秉持着不屈不挠的斗争精神，

---

① ［英］波普尔．科学知识进化论．纪树立，编译．北京：三联书店，1987：作者前言 2.

突破传统思想的束缚，依然坚持自身见解，最终得到了社会的承认；等等。这些都说明，在科学的求真过程中，虽然困难重重，但不惧怕权威、勇往直前的信念和勇气都为科学家的工作提供精神支柱。

作为科学的首要旨趣，求真提供了近代科学得以产生并不断壮大的动力和源泉，也推动着现代科学在深度与广度上的发展。科学所探求的真理不仅具有普遍性，不因时代、国家、民族而发生任何改变；它也具有不断发展的动态特征。

真理的探求是无止境的，求真的科学也是一个永无止境的动态探索。"科学的目的并不是要达到一个既定的目标，而是沿着一条没有终端的道路前进。"[①]

（2）功利性追求是科学价值的外在维度。

如果说，求真是科学的内在目标与本质所在，那么，功利性追求就可以说是科学的外在目标与外部特征。

功利性追求与科学的求真本性是属于截然不同层面的价值取向，前者以满足社会现实需要为目标指向。科学从不回避其功利性的一面。事实上，作为人类认识世界的一种重要成果，科学也必然要应用到社会实践中，并指导人们的行为，从而发挥其功利性效用。因为，"新科学的一个革命性的特点是增加了一个实用的目的，即通过科学改善当时当地的日常生活，寻求科学真理的一个真正目的必然对人类的物质生活条件起作用。这种信念构成了近代科学本身及其特点"[②]。

在近代科学产生初期，对科学的功利性追求通过其物质力量的展现，为科学奠定了坚实的社会地位。可以说，科学之所以能在与宗教等各种意识形态的较量中取得胜利并发展壮大，很大程度上就得益于其所具有的

---

① ［英］沃特金斯.科学与怀疑论.邱仁宗，范瑞平，译.上海：上海译文出版社，1991：212.
② ［美］I. B. 科恩.牛顿革命.颜锋，等，译.南昌：江西教育出版社，1999：5.

"功利性价值"。培根可以说是科学功利主义观点的神圣庇护人，他的名言"知识就是力量"甚至成为当时功利主义的口号。在他看来，科学的真正的合法性目标，就在于把新的发展和新的力量惠赠给人类生活。默顿在分析17 世纪科学的产生时也指出，"这些宗教的、经济的、技术的、军事的甚至还有自我发展的功利，看起来为支持和开发科学提供出一种外在的、无须进一步阐发的理论基础。……民族优越感的荣誉，连同功利主义的其他不同的表现，就为早期近代科学争取合法化奠定下了一个坚实的基础"①。这样就导致了科学自诞生起，便是沿着功利化所指引的方向在前进的。

到 19 世纪，为了追求纯粹的知识而进行的科学研究开始走在实际的应用与发明的前面，并且启发了实际的应用和发明。在这一时期，科学及其应用在工业上取得了巨大成功，使得人们更强烈地感受到了科学的作为社会生产力的"革命性力量"，但科学研究却不是由功利性的追求所直接推动的，而是由纯粹真理的探求所主导。

二战以后，科学、技术、工业与国家利益紧密结合起来，大科学逐渐兴起，科学知识的生产模式也随之发生了变化。即从个人性的知识生产转为国家和政府的事业，科学知识生产的目的超出了求真性的追求，而是更多地为各种即时性和实用性的意图所取代。② 从那时起，功利性因素对科学研究的影响也开始慢慢加大了。

功利性追求不同于功利主义，它只是科学多元价值追求中的一个方面。但科学不回避功利性的价值追求，并不意味着功利性就可以主导科学的发展。事实上，对功利性追求的过分强调，也许正"预兆着一个新的限制科学研究范围的时代"，对于科学的长远发展而言，是非常不利的。因

---

① ［美］罗伯特·金·默顿. 十七世纪英格兰的科学、技术与社会. 范岱年，等，译. 北京：商务印书馆，2000：17-18.

② Gibbons et al. The New Production of Knowledge: The Dynamics of Science and Research in Contemporary Societies. London: Sage Publications, 1994: 3-4.

为，"一种不成熟的功利主义并不是采纳科学的牢靠的文化基础。功利主义的极端形式，狭义地解释的功利规范，给科学强加了一个限制，因为它认为只有当科学直接可获利时才是可取的。与这种观点有关，从理智上说是近视的，反对对那些不提供直接成果的基础性研究给予任何注意"[①]。

不可否认，在科学尚未获得社会自主性的 17 世纪，功利主义标准曾为其提供了最有效的支持。但今天，它却时而对科学发展起着某种压制作用。如默顿所言："功利性应该是一种科学可以接受的副产品，而不是科学的主要目的，因为一旦有用性变成科学成就的唯一标准，具有内在科学重要性的大量问题就不再受到研究了。因此，科学家提高纯科学的地位就应被视为抵御那样一些规范的侵入，这些规范限制了科学潜在生长的可能方向，威胁了科学研究作为一种有价值的社会活动的稳定性和连续性。"[②]

功利性是科学的一种价值追求，也是科学价值的重要体现，却永不可能成为科学的主题。

### 2. 向善精神与臻美取向

（1）向善精神。

善是科学技术未来发展的根本价值趋向，也是规范人类思想和行为的最终准则。科学研究与技术应用的最终目的，就是为了实现最大的"善"。

善同科学是融为一体的。这早已引起人们的注意。如培根就明确肯定了科学的善的道德本质，并主张把科学本质上的善与科学利用可能出现的不良后果严格地区别开来。彭加勒则指出，"科学使我们与比我们自己更伟大的某些事物保持恒定的联系；科学向我们展示出日新月异的和浩瀚深邃的景象。在科学向我们提供的伟大的视野的背后，它引导我们猜测一些

---

① ［美］罗伯特·金·默顿. 十七世纪英格兰的科学、技术与社会. 范岱年，等，译. 北京：商务印书馆，2000：286.

② 同①287.

更伟大的东西；这种景象对我们来说是一种乐趣，正是在这种乐趣中，我们达到了忘我的境界，从而科学在道德上是高尚的"①。

然而，科学发展的现实却对此提出了刁难。科学的发展及其应用，原本是用来增进人类健康与福利，促进社会进步并提高人们物质和文化生活水平的；但它却并未像人们所期望的那样总是带来"善"与"好"的方面，而是也带来一些"恶果"。不仅科学成果在一开始时过于快速地加以应用可能会带来失业、经济不稳定等不良后果，科技在现代社会的普及和过于广泛的应用更是带来了人口膨胀、生态破坏、战争威胁等生存危机，以及意义迷失、生命空虚等精神危机和信仰危机。人类似乎正在吞噬自己种下的恶果，并面临着前所未有的灾难。

那么，科学是"善"还是"恶"？何以为"善"？又何以为"恶"？

乐观主义者与悲观主义者分别给出了不同的回答。在乐观主义者看来，科技本是中性的，科学及其技术应用所产生的危害都是人的原因造成的，科学技术的发展与进步必将解决人类所面临的这些难题；悲观主义者则怀疑和否定科技的积极作用，认为人已处于技术的控制之中，科技的发展必然会给人类带来更大的灾难。

从根本上来说，科技究竟会产生怎样的后果，最终还是取决于运用科学的人。科技终究还只是我们行为活动的工具或手段，而并不能自主地决定人类的未来。拉伯雷指出，"不讲良心的科学只是灵魂的废墟"。科学如果没有道德的约束和善的指引，是很难健康发展下去的。爱因斯坦也说，"科学是一种强有力的工具。怎样用它，究竟是给人类带来幸福还是带来灾难，全取决于人自己，而不取决于工具。刀子在人类生活上是有用的，但它也能用来杀人"②。

---

① ［法］彭加勒. 最后的沉思. 李醒民，译. 北京：商务印书馆，1996：120 - 121.
② ［美］爱因斯坦. 爱因斯坦文集：第3卷. 许良英，等，编译. 北京：商务印书馆，1979：56.

因此，人类应该有一种道德的自觉，从伦理道德层面对科技活动进行反思。科技的发展应该更多地关注人本身，实现科技的人性化，这是未来发展的必然方向。如在关涉科技应用与传统道德的矛盾、冲突时，自觉将道德的考量置于科技自身之上；从整个人类生存发展的角度看待科技应用造成的生态环境问题，让科技朝着好的方向发展等。因为，虽然"科学不能自行创造道德；也不能自行而直接地削弱或消灭传统道德。但是……它能够通过某些机制起作用"[①]。无论是普通公众、政府相关利益者还是科学家个人，向善精神都应成为参与或进行科技活动的根本考量。

当科学与技术同国家政治更紧密地联系起来，科学家的道德良心及其社会责任感对于向善精神的实现就更为重要了。作为科学活动的主体，科学家除了要有作为科学家所必需的职业道德意识外，科学家还必须具有强烈的社会责任感。时刻谨记并自觉担负起自己的社会伦理责任，审慎考虑自己所要进行的科学研究的方向和进展速度可能会产生的社会后果，从而在确保科学为人类谋福利的同时推动社会的发展与进步，这是科学的向善精神对科学家基本素养的要求。一个有道德责任的科学家，既要对自己，以及与自己相关的个体负责，也要对那些不相关的个体、对整个星球的安全与圣洁，以及对那些未来将继承世界的人负责。[②]

尽管在向善的追求中会面临阻碍，但无论如何，"向善"都是科学技术发展的最终目的，因而也应成为一切科技活动的最高准绳与最高道德律令。

（2）臻美取向。

美是人类永恒的追求。它至少包含两个层次的概念：一是事物以其外

① ［法］彭加勒．最后的沉思．李醒民，译．北京：商务印书馆，1996：120.

② Howard Gardner. "Ethical Responsibilities of Scientists". J. Scheppler, S. Marshall, & M. Palmisano（Eds.）. Scientific Literacy for the 21st Century: Essays in Honor of Leon Lederman. Aurora，IL：Illinois Mathematics and Science Academy，2003.

在的感性形式所呈现的直接的美感，二是事物因其内在结构的和谐、秩序而具有的理性美。

科学中不乏美的体现。但真正的科学美"不是给我们感官以印象的美，也不是质地美和表现美"；而是一种"对宇宙和谐的意义的追求"，是"那种比较深奥的美，这种美在于各部分的和谐秩序，并且纯粹的理智能够把握它。正是这种美使物体，也可以说使结构具有让我们感官满意的彩虹般的外表。没有这种支持，这些倏忽即逝的梦幻之美其结果就是不完美的，因为它是模糊的、总是短暂的。相反，理性美可以充分达到其自身，科学家之所以投身于长期而艰巨的劳动，也许为此缘故甚于为人类未来的福利"①。历史上，毕达哥拉斯学派基于数的和谐完美的信念，最早提出了大地是球形的天才猜测；而哥白尼也是基于这种对自然界和谐美的信念，创立了"日心说"来代替"地心说"。

当前，臻美取向已成为科学发展的一个主要价值取向，对科学理论的简单和谐的向往也越来越明显。在现代科学中，简单性、和谐性、统一性等已成为建立与评价科学理论的重要基本原则。其中，简单性，即是指科学理论要以尽可能少的科学公式揭示出比较丰富的科学理论内容；和谐性，是指科学理论要以和谐的体系揭示出自然界和谐的内容；统一性，是指用更加普遍适用的定理、定律来揭示自然界各种事物的共同本质，揭示自然界的统一性。正是对科学理论的简单性、和谐性、统一性的追求，激励科学家们不断完善和发展科学理论，从而推动着科学不断向前发展。

在科研领域，对美的追求往往是科学家进行研究的出发点与动力。但凡科学史上比较有成就的科学家，无一不重视对科学中美的追求。也正是对大自然这种简单、和谐与统一的完美的热爱，激发了科学家进行探索的

---

① ［法］彭加勒. 科学的价值. 李醒民，译. 北京：光明日报出版社，1988：357.

激情与动力。如在伽利略看来，科学家的任务就是要去发现大自然的合理次序与和谐，也就是去发现美。居里夫人说她在科学工作中能找到"至美"的乐趣。彭加勒则指出，"科学家研究自然，并非因为它有用处；他研究它，是因为他喜欢它，他之所以喜欢它，是因为它是美的。如果自然不美，它就不值得了解；如果自然不值得了解，生活也就毫无意义"。而"正因为简单是美的，正因为壮观是美的，所以我们宁可寻求简单的事实、壮观的事实；我们乐于追寻星球的壮观路线；我们乐于用显微镜观察极其微小的东西，这也是一种壮观；我们乐于寻找过去地质时代的遗迹，它之所以吸引人，是因它年代久远。……对于美的渴望也导致我们作相同的选择"①。

进一步地，对美的追求也为科学创造性的增强提供了动力和源泉。不仅艺术的形象思维方式可以与科学的逻辑思维方式实现互补，想象、直觉、顿悟等具体的非理性思维方式还往往启发新的思考，并得出新理论、形成新观点。

数学可以说是科学中臻美取向的最佳体现。作为科学的语言，数学从古希腊毕达哥拉斯学派开始就被视为科学中美与和谐的代表。罗素就曾直言："数学，如果正确地看待它，不但拥有真理，而且还具有至高的美，正像雕刻的美，是一种冷而严肃的美，这种美不是投合我们天性的微弱的方面，这种美没有绘画或音乐的那些华丽的装饰，它可以纯净到崇高的地步，能够达到严格的只有最伟大的艺术才能显示的那种完满的境地。"②

科学中的臻美趋向，很好地体现了科学与艺术的统一性。

**3. 真善美圣的和谐统一**

（1）趋圣：走向一种超然的境界。

圣，意味着一种圣洁、超越与终极性。科学之"圣"，即是科学活动

---

① ［法］彭加勒. 科学的价值. 李醒民，译. 北京：光明日报出版社，1988：357-358.
② ［英］伯特兰·罗素. 我的哲学的发展. 温锡增，译. 北京：商务印书馆，1982：193.

中所具有的一种崇高而神圣的情感，它是科学在现代社会中日益凸显的一种价值追求，体现了人们对生命终极意义和终极关怀的关注。

科学是一项神圣的事业，它本来就具有神圣性。科学是在与世俗的对抗中不断成长起来的，其最大的武器就是科学家对世界可知性的坚定信念，以及对自身研究成果的坚定不移的虔诚和笃信。哥白尼、伽利略等人之所以到今天仍让我们肃然起敬，很大程度上就是源于他们将科学作为神圣真理追求所表现出来的那种坚定和虔诚。科学史上几乎每一项伟大成就的取得，都使研究者陷入迷狂状态的欣喜并虔诚以待。近代科学似乎从一开始就呼唤着某种宗教式的献身精神，并宣扬着科学真理追求中的某种崇高理想与神圣性。

传统上，我们总是把"神圣性""超越性""终极性"等情感与宗教联系起来甚至全部赋予宗教，并由此认为科学是与这些超现实的情感绝缘的。但科学家"宇宙宗教情感"的伟大力量给科学的"趋圣"之途提供了值得信赖的支持。而且，科学与宗教间事实上也不像我们直观看到的那样总是冲突的，至少，在为人们提供精神的需要和情感的满足方面，二者是一致的。因此，科学与宗教，"对于大多数人来说，并不是在信教和不信教之间做出选择，而是在信一种宗教和另一种宗教之间做出抉择"①。

科学的探究活动中往往伴随着一种宗教的、圣洁的情感，包括谦卑、尊敬、神秘、惊奇、敬畏等，即"宇宙宗教感情"。在科学的发展史上，科学总是从这种对宇宙奥秘的向往和它神奇规律的敬畏，以及对各种自然之谜的宗教式的狂热追求中，获得科学研究的"最强有力、最高尚的动机"。正如爱因斯坦所说，"我们认识到有某种为我所不能洞察的东西存在，感觉到那种只能以其最原始的形式为我们感受到的最深奥的理性和最

---

① ［澳］汉伯里·布朗：科学的智慧——它与文化和宗教的关联. 李醒民，译. 沈阳：辽宁教育出版社，1998：192.

灿烂的美——正是这种认识和这种感情构成了真正的宗教感情；在这个意义上，而且也只是在这个意义上，我才是一个具有深挚的宗教感情的人。……我自己只求满足于生命永恒的奥秘，满足于觉察现存世界的神奇的结构，窥见它的一鳞半爪，并且以诚挚的努力去领悟在自然界中显示出来的那个理性的一部分，即使只是其极小的一部分我也就心满意足了。"

"在我看来，人类精神愈是向前进化，就愈可以肯定地说，通向真正宗教感情的道路，不是对生和死的恐惧，也不是盲目信仰，而是对理性知识的追求。"①

这种在科学家中间普遍存在着的"宇宙宗教感情"，实际上就是科学家的形而上追求或者终极关怀。它为科学家的人生提供价值支撑，从而间接地为其科学活动提供价值基础。在爱因斯坦看来，"科学不仅替宗教的冲动清洗了它的拟人论的渣滓，而且也帮助我们对生活的理解能达到宗教的精神境界"。如此来看，科学中最激动人心的创造，就往往源于宗教式的"对实在的理性本质的信赖"②；而科学的发展，也不断强化着这种信赖。

在科学史上，现代科学在其萌芽、酝酿时期的发展动力就主要来自超越性、理想性的追求，而多于实用的需求。③ 今天，科学的迅速发展及其广泛应用改变着社会，并给人们的生活带来便利，但却使得人性迷失、令人更为焦虑。这既体现了科学的限度与不足，也使得科学不得不更多关注生命意义、人生关怀等终极性价值层面的问题，因而强化了科学中的"趋圣"趋向。因此，科学虽是不完满的，却不放弃对完美的追求；它虽立基

① ［美］爱因斯坦．爱因斯坦文集：第3卷．许良英，等，编译．北京：商务印书馆，1979：186.
② ［美］爱因斯坦．爱因斯坦文集：第1卷．许良英，等，编译．北京：商务印书馆，1976：525，526.
③ 陈方正．在科学与宗教之间——超越的追求．科学文化评论，2005（1）：1.

于现实，却不限于现实的考量，而是超越现实的需求，追寻人的终极关怀。它关注现实，却也不忽视终极意义的追求。

可以说，科学中对真善美的追求，其极致状态便是要达到宗教式"圣"的境界。这种"宗教境界"，并非宗教迷信的上帝、神，而是对人本身的最高要求，或者说把宗教皈依于人。

因此，"圣"是一种最高的"完满"，它将真善美等各种价值追求融于一身，并超越俗世而趋向一个理想化的神圣世界，即具有宗教意义的世界。

（2）走向真善美圣的和谐统一。

真善美圣是具有内在联系的和谐统一体，是科学价值的集中体现。

作为科学价值追求的不同层面，真善美圣体现了科学的认知价值、道德价值、审美价值与信仰价值的一致，也体现了科学精神在不同层面具体表现的统一。求真旨趣奠定了科学作为人类认知方式的知识本性，具有认知价值；向善精神提供了科学以道德规定性并确保科学向好的方向发展，具有道德价值；臻美取向增强了科学的创造力并提升了科学理论在形式上的和谐完美，具有审美价值；趋圣趋向则赋予科学圣洁的形象并让科学在超越性的路途上走得更远。

科学首先是求真的。真理性是科学之所以是其自身的最根本的规定性，也是科学首要的基本价值。对真理的把握使人们获得了更大的行为自由，因而能够更自觉地控制自己的行为，使科学活动更符合人的需要，从而达到最终的善；同时，求真的过程并不乏对美的向往，科学理论也总是蕴涵着美的因素，简单与和谐的观念往往指引着科学的探索。可以说，真是善和美的前提与出发点，为科学的向善与臻美提供了基础。

善是对科技进行的价值评判。科学最终是要导向善的，科学求真的目的，最终就是为了实现最大程度的善；善也只有在真理的基础上才能得到最好的保障。同时，善的东西通常都会是美的；而科学中对美的原则的遵守，某种意义上也是为了实现善的目的。因而可以说，善是真与美的目的，并通过真与美来体现。

美作为科学在精神层面所要达到的境界，与真和善之间的相互作用都十分密切。美既以真为前提，体现着自然和社会发展的规律性，也以善为前提，是遵循人类目的的创造。反过来，美的追求又能够推进对真的发现。"一个科学家凭异常高超的审美直觉提出的理论即使起初看起来不对，终究能够证明是真的。"①

圣是真善美的升华和统一，是人类在求得科学之真、伦理之善、艺术之美的基础上获得一种精神的提升和情感的升华。趋圣趋向具体体现在对科学之真善美的追求过程中，科学家通过探索自然的求真活动，深刻领略到宇宙自然的和谐与秩序；通过对科学活动中善的追求，科学家在对生命的关怀与意义的体认中，体验到了自己的人生意义与生的充实感；对科学中美的追求使人的灵魂与情感得以净化，从而获得心灵的平静与灵魂的安宁，传达出一种超然的情感。正是在对真善美的追求中，科学日益趋向圣的崇高境界。

真善美圣的和谐统一，体现在科学活动中多元价值取向的内在统一性上，也表明科学探索过程中所要实现的不同层面的价值目标是一致的。真善美圣的和谐统一，是科学精神与人文精神、科学文化与人文文化的统一，也是科学充分发挥其文化功能所必需的一种理想境界！

严格说来，真善美圣同功利性一样，都只是体现了科学的某种价值追求。在近代科学时期，源于科学的两个历史根源——技术传统与精神传统②，

---

① ［美］钱德拉塞卡.科学中的美和对美的追求.朱志芳，译.中国青年科技，2001（2）：40-41.

② ［英］斯蒂芬·F.梅森.自然科学史.周煦良，等，译.上海：上海人民出版社，1980：1.

科学的基本价值追求因而主要是求真旨趣与功利性追求并存的。然而，真正"科学的力量和慰藉在于充满希望地、负责任地行使实现和偶尔满足好奇心的能力，在于科学可能为灵魂提供的服务——这多于任何事物"①。历史的经验也表明，如果在科学活动中过分强调功利性的追求，便会因忽略科学中向善、臻美与趋圣维度的追求，给科学的发展带来不利的影响。当前科学技术发展过程中之所以出现各种违背科学研究与技术应用初衷的现象，很大程度上就是因为这一价值追求的偏颇造成的。功利化导致的工具理性的过分张扬，造成了人的异化以及科技的非人性化，使科学背离其作为一种文化所富有的积极意蕴。

因此，要避免科学中非人性、非文化的倾向，从价值追求的角度来看，就是要从单纯的求真逐效的价值追求走向真善美圣多元价值的和谐统一。

## 三、构建自由而开放的科学技术世界

在传统的科学技术世界遭遇困境与打击的情形下，如何构建一个自由而开放的科学技术世界，以保持科学技术的文化意蕴，并确保其在未来发展中的自主性与开放性，是当前科学技术领域所必须关注的一个重要问题。

### 1. 科学的自主性与自由的科学

自主性是随着科学独立地位的取得而日益受到重视，并上升为科学的一个重要特征的。换言之，科学的自主性是在不断成长的过程中所获得的一种动态的特性。

---

① ［美］约瑟夫·阿伽西. 科学与文化. 邬晓燕，译. 北京：中国人民大学出版社，2006：42.

　　所谓科学的自主性，从系统论的角度来看，主要是一种自治能力和独立性。在科学的发展历程中，"近代科学自己促进自己：新发现回答了一些问题又提出更进一步的一些问题，并且也向关于一些老问题的已经得到公认的答案提出挑战，这似乎是一种潜在地无穷无尽的序列"①。正是在这种无穷序列的演进过程中，科学一步步地发展、成熟，并日益成长为一个具有独立性和自主性的自组织动态演化系统。因而可以说，"科学本质上是一种持续的自我更新过程"。这表现在，"在现代社会中，科学（作为一个整体）仿佛具有一种趋势，即在自身内在功能作用的影响下，把自己建成一个由相互作用着的子系统构成的巨大系统，并朝着越来越复杂、越来越整体化、越来越自主的方向发展"②。

　　当然，科学的这种自主性并不意味着它不会受到社会其他因素的影响。巴伯说，"尽管所有的社会影响都决定着科学的进化，但科学总是保持一定范围的独立性"；因为科学内部发展的"高度概括化的概念框架"很大程度上决定了科学的自主发展。而且，"科学之核心的概念框架越高度发达，科学具有的独立性范围就越大"③。

　　关于科学自主性的理解，更多地还是集中在与自由联系在一起的独立性方面。这种自主性，所强调的是科学在与社会政治、经济等其他方面的关系中所具有的独立性，具体来说就是科学不受社会其他文化意识形态支配的独立地位，以及科学研究活动的自由。在这一角度上，默顿指出，"对科学来说，自主性的核心体现在科学家对基础研究的追求方面。正如我们所提到的，这里包括为探求对自然和社会中的统一性新认识的完全

---

①　［美］M. N. 李克特. 科学概论：科学的自主性，历史和比较的分析. 吴忠，等，译. 北京：中国科学院政策研究室编印，1982：8 - 9.

②　［法］让·拉特利尔. 科学和技术对文化的挑战. 吕乃基，译. 北京：商务印书馆，1997：29，32.

③　［美］伯纳德·巴伯. 科学与社会秩序. 顾昕，等，译. 北京：三联书店，1991：37，38.

'个人目的'方面，科学家选择自己的研究问题和按照自己的偏好进行研究的'社会角色'方面，以及把扩展基础知识作为高于一切的目的的'文化结果'方面。许多科学家可能认为基础研究比应用研究更有价值，这不是因为其扩展基础知识的功能，而是因为它可体现对科学自主性的独特要求。任何有关科学与其他社会制度关系的政策，如果不能考虑这种对自主性的要求，它就会走向自我失败"①。李克特从对科学体制和科学政策的分析中论证了科学的自主性："自主性可以被定义为属于一个较大的体系的组成部分的一个单元的某些条件：这是一种自由的条件，但这种自由却受到由于参加任一有关系统所需要满足的要求的限制。因而自主性所需要的并不是由自给自足而产生的那种自由，而是从各种专业化和互相依赖的因素之间的交换模式内部的一种相对有利的形势中所表现出来的那种自由。科学的自主性……表明科学同社会其他部分的种种关系允许科学的发展方向得以不被这些其他组成部分完全控制"②。

由此来看，科学的自主性就是科学与社会其他方面的关系中所表现出来的独立性。这种自主性是与生俱来的，是由科学的求真本性决定的内在特性。

从科学所具有的自主性出发，学术自由作为科学活动的基本精神和原则得到了重视和强调。在认识论层面，不仅科学家们被允许并鼓励自由地选择他们自己的领域和自己的问题，"科学无禁区"更是成为科学活动中的重要理念。人们普遍相信，科学的研究是自由的，科学探索的边界是无止境的，只有跨越研究领域的限制，突破思维的束缚，才能推进科学的成长。在政治层面，特别是在"为繁荣而自主"的模式中，科学的自由更是得到了重视。如布什指出，"科学在广阔前沿的进步来自于自由学者的不

---

① ［美］R. K. 默顿. 社会研究与社会政策. 林聚任，等，译. 北京：三联书店，2001：249.

② ［美］M. N. 李克特. 科学概论：科学的自主性，历史和比较的分析. 吴忠，等，译. 北京：中国科学院政策研究室编印，1982：序言Ⅱ.

受约束的活动，他们用探求未知的好奇心所支配的方式，不断地研究他们
自己选择的课题。……在政府的任何科学资助计划下面，探索的自由必须
受到保护"①。爱因斯坦将这种自由区分为"外在的自由"和"内心的自
由"。所谓外在的自由，首先必须由法律来保证，同时还要在全体人民中
提倡一种宽容精神（尊重别人的无论哪种可能有的信念），方能保证言论
自由；内心的自由，即人不应当为获得生活必需品而工作到既没有时间也
没有精力去从事个人活动的程度。因此，"科学是自由的"，在科学中，
"只要对问题的回答方式是论证性的，是按照一定的系统的方法取得的，
那么对原因的提问、对现象的解释以及对问题的解决办法就不应该受到任
何限制与损害"②。

　　科学所具有的自主性并不是绝对的。因为，"科学不是一种孤立的实
践，而是处于与所有其他社会生活要素的相互作用之中"③。科学活动的
结果，必然对社会其他方面产生影响。特别是进入 20 世纪以来，生产社
会化的扩大和大科学时代的来临，不仅加剧了科学技术的社会影响，也使
科学活动越来越需要社会提供资金和政策等方面的支持。而科学拥有的仅
仅是只能与荣誉相兑换的真理性知识，并"没有可随意支配的重大资源"
来应付科学活动所涉及的财力和物力资源。因此，"科学的自主性是相对
的而不是绝对的。科学从来没有也不可能绝对不受社会中其他因素（当
然，包括政治因素）的一定控制。科学的自由是一个程度问题，是一个自
我控制之特殊形式的问题"④。这样一来，就必须要考虑与科学自主性和

---

　　① ［美］V. 布什等. 科学——没有止境的前沿. 范岱年，等，译. 北京：商务印书馆，2004：55.

　　② ［美］波塞尔. 科学：什么是科学?. 李文潮，译. 上海：上海三联书店，2002：245.

　　③ ［法］让·拉特利尔. 科学和技术对文化的挑战. 吕乃基，译. 北京：商务印书馆，1997：29.

　　④ ［美］伯纳德·巴伯. 科学与社会秩序. 顾昕，译. 北京：三联书店，1991：85.

科学自由相对的一个问题——科学的社会控制。当然，科学自由的限度与社会干涉之间的关系，并不是这里要讨论的。

严格来讲，"今天我们谈自由的科学远不只是在谈政治自由、思想自由，而是作为政治自由、思想自由的基础的科学理性"①。同样，自由的科学不仅仅是指由科学的自主性所规定的思想和学术的自由，还意味着科学的发展应该是使人获得更大自由的科学、促进人的全面发展的人性化的科学。科学是集真、善、美、圣等多元价值追求于一体的一种人类活动与公共事业，因此，自由的科学也应该以这些价值为特征和最终目标，或者有利于这些目标的实现。

自由的科学是以责任为前提和基础的。这种自由，舒尔曼称之为"责任之中的自由"。在他看来，"自由是责任中的自由，人类有自由的使命，自由乃是摆脱任何一种自主，乃是自由地从事上帝号召耶稣基督的信徒们从事的服务。换句话说，自由乃是摆脱了对现实的存在的任何组成因素的所有决定性羁绊，并且是通过信仰而摆脱这种羁绊"②。因此，自由的科学应该要充分发挥科学内在的道德功能，唤起科学家内在的社会责任感。

自由的科学还以科学中创造力的激发为主要特征。"必须把准许艺术家们遵从其自己创造性的倾向和个人爱好的同样的自由扩展到科学家，当然也要服从科学方法的那种严格的而基本上非权威性的纪律。因为发现各种事物、查明各种理由、把握各种关系和含义的经验，恰恰是和别种美学的经验同样使人激动，同样是内在地值得向往的。"③ 所以，充分体现并发挥科学内在的审美特征，唤起科学家的创造激情，也是自由的科学需

---

① 吴国盛. 让科学回归人文. 博览群书，2003 (11)：47-49.

② ［荷］E. 舒尔曼. 科技文明与人类未来：在哲学深层的挑战. 李小兵，等，译. 北京：东方出版社，1995：330.

③ ［美］胡克. 理性、社会神话和民主. 金克，徐崇温，译. 上海：上海人民出版社，1965：279.

要的。

自由的科学最终要回归于人，并以人的自由而全面发展为目的。自由是对必然性的认识，并由此来支配我们的行为。科学不管怎样发展，都应该是"为人的"人性化科学，而不是导致"人为物役"。自由的科学，因而要在意义方面充分体现人文关怀和终极追求，进而促进人的自由而全面的发展。

科学的自主性决定了科学求真过程中探索的自由，科学的人文本性激励了在追求真理的同时要恢复并发挥其道德、审美与意义的功能。自由的科学，在其最终指向上，是符合人的全面发展的科学。

### 2. 在融通中塑造有文化的科技

科学技术是一种人类文化现象，这一点毋庸置疑。作为一种文化，科学技术必然有其独特的文化意蕴，从而使其成为现代社会生活中的主流文化。科学技术的这种文化内涵一般体现为：其一，科学技术文化是一种综合的文化现象。作为既定形态的文化存在，它既包括科技器物，又包括科学知识，同时还包括科学精神、科学方法。其二，科学技术文化的独特性在于，作为处理人与自然界关系的特有方式，科技文化具有物质的功利性，或者说其核心价值是物质功利；作为观念形态的文化，科学知识以外部事实作为自身正确性的尺度，并具有实证性、逻辑性和形式化，以及价值中立性的特征。其三，科学技术文化还具有稳定性特征。从文化来讲，它是人类所创造的一切物质文明和精神文明成果的总和，具有整体性、过程性、历史性、载体性和人性等特征。① 因此，把科学技术塑造得有文化，就是要塑造并增强科学技术所具有的文化内涵，即让科学技术更具有文化的整体性、历史性等；而更重要的，是要塑造人性化的为人的科学

---

① 黎德扬. 略论文化及科学技术文化. 江汉论坛，1997 (12)：21-26.

技术。

当前，科学技术发展中所显现出来的科学沙文主义、科学霸权主义、科技的非人性化后果等非文化的方面，很大程度上源于在科学技术问题上的一些极端立场、狭隘观点与偏执态度。正是因为过于片面地强调科学技术中的科学精神、工具理性、西方文化传统等，或偏执地批判与之相对的态度，造成了科学与人文、价值、传统等方面的隔阂，从而导致科学技术在文化上的失落，在某种程度上变得没有文化了。恢复科学技术所具有的文化内涵因而成为摆在我们面前的迫切问题，需要我们在超越与融通中塑造科学技术的文化特性。

科学技术之文化性的塑造，首先要超越科技与人文的对立，在科技文化与人文文化、科学精神与人文精神的相互融通中实现有文化的科学技术。

科技与人文本是人类文化中最重要的两种文化成就，在文艺复兴及以前的年代里，二者相互交叉、促进，共同推动着人类文明的发展与进步。然而，从 19 世纪开始，科学发展中的功利主义导向与日益明显的技术化倾向，强化了认为科技可以解决一切问题的科学主义观念，由此所表现出的科学文化霸权渐渐偏离了其人道的理性传统，工具性价值慢慢超越并取代了价值理性的地位。同时，自文艺复兴特别是启蒙运动以来就开始显现出来的非理性倾向，经过 19 世纪的直觉主义、唯意志论等思想已发展为一种非理性主义，人文主义因而逐渐偏离理性的轨道。科技与人文之间的分裂和对抗也就由此形成了。结果，一方面是自然科学与人文社会学科的分化加重，自然科学支配并湮没着人文社会科学的存在；一方面是科学及其技术应用不自觉地放弃了对最高价值的追求和持守，远离了人文关怀。如此，不仅导致科技因文化的迷失和人文性的缺失造成的文化危机和意义危机，更使科学技术的发展面临非人性化支配下的生存危机。

事实上，科技文化是人们在从事认识世界和改造世界的过程中所获得的智力、能力及其产品的总和，包括科学共同体所认同的科学精神、科学道德、科学制度、科学活动方式等诸多方面，集中表现为科学精神；人文文化则是对知识、人、自然、社会和世界及其相互关系的审视，集中体现在人文精神方面。这两种精神都是人类在长期认识自然、改造自然的过程中形成的，具有历史性和社会规范性，并以对人类真善美的追求为最高价值准则，因而在根本上是一致的。而且，科学精神本身就是一种人文精神。因此，发展有文化的科学技术，首先就必须超越科技与人文的对立，实现科学精神与人文精神的融通以及工具理性与价值理性的互补。如此，才能充分体现并确保科学技术的丰富文化意蕴。

其次，要超越不同文化传统和意识形态的束缚，在异质文化土壤中塑造一个充满文化意蕴的科学技术世界。科学技术的文化特性与其古老的文化传统是密不可分的。作为在古代希腊文化传统的基础上成长起来并经过基督教传统洗礼的一种现代文化，科学中充满了西方文化中理性与信仰的因子，许多人甚至将现代化与西方化等同起来。然而，科学在成长并扩张到其他非欧洲社会中时，这些本土的文化传统也必然与西方科学传统发生相互作用，并影响着科学技术在本土的发展。李克特曾对科学进行文化分析说："科学是古老的，它在古代取得了辉煌的成就，并在其近代的形式上取得了三个多世纪的连续发展；然而，科学作为一种受到大量资助的、大规模的事业，也是格外新的。科学的文化背景是独具特色的西方文化，然而科学所涉及的内容却是普遍的，它超越了文化的界限。"① 因此，我们不能将科学局限于一种单一的基本文明——西方文明——之中，而要在融合各种不同文化的基础上发展科学技术。一种有文化的科学技术必定是

---

① ［美］小摩里斯·N. 李克特. 科学是一种文化过程. 顾昕，等，译. 北京：三联书店，1989：171.

超越不同文化传统，并充分吸收其中合理成分的包容的科学技术。

同时，文化的科学技术还应该有不受到任何意识形态的束缚与控制的自由发展权。科学是在抛弃意识形态问题框架的前提下形成起来的，"科学只是在不断摆脱那些窥伺、袭击和缠绕它的意识形态的条件下，才能成为在历史的必然中的自由的科学"①。当它完全为意识形态所左右时，便很可能会背叛人的良好愿望。发生在苏联的"李森科事件"便是一个惨痛的例子。

最后，要超越民族、国家的界限，在全球视野中塑造有文化的科学技术。科学是一项普遍性的人类事业，即科学是具有非个人性特征的活动。这一认识虽然被"科学知识具有地方性特征"的观点削弱，因而科学在一定意义上是地域性的；但就科学是一项全人类的事业而言，这丝毫不影响科学具有超国家的国际性特征。相反，如果过分强调科学的地域性，如后现代主义认为，科学附属于传统的地域文化，没有超文化的普遍性科学，所有的地域科学都是平等的；女性主义认为西方近代科学只是男性至上主义的白种人科学，那么，本来是要反思科学中不合理性的观点，就会因仅仅将自己局限在自身狭小的研究视域中而走向了一种狭隘的科学观，不利于科学的发展。

事实上，科学从产生起，就是一种具有超国家、超民族特征的文化形态。对此，贝尔纳曾就科学发展史做过充分的说明："即使在极其原始的时代，爱好科学的人们就愿意向别的部落或民族学习。从这个意义上来说，科学可说是从一开头就具有国际性质。各历史阶段的文化的广泛传播说明这一文化联系的工具是多么有力。以后当天然的障碍把各种文明分隔开来的时候或者当宗教或民族仇恨把文明世界分裂成敌对的阵营的时候，

---

① [法]路易·阿尔都塞. 保卫马克思. 顾良，译. 北京：商务印书馆，1984：143.

科学家和商人就竞相去打破这些障碍。现代科学的主流从巴比伦人传到希腊人、又从希腊人传到阿拉伯人、再从阿拉伯人传到法兰克人。这段历史说明科学家是多么有力地打破了各种天然障碍"①。进入大科学时代以来，这种超越国家民族界限的要求和表现就更突出了。当前，科学所面对的往往是超出一个国家范围的、具有全球性质和国际规模的大问题。为了人类的长远发展，来自不同学科、不同文化背景的各国科学家必须超越民族、国家的界限，共同研究、通力合作，推进这类全球性、国际性问题的解决。

科学技术的发展需要有一种世界性的眼光和全人类的胸怀。今天，单纯从功利性考虑出发，或局限于狭隘的国家、民族利益的科学技术，已经造成了全球性的危机，给人类带来灾难。可以说，"如果整个世界不动员起来，把全球问题高挂在他们的议程之上，那么什么都不会改变；只有全球战略才能解决人类生存的全球问题，地方性的战略不会起到什么作用"②。只有在一种超越与融通的情境中，科学技术的文化特性方能得以充分地孕育与保持。

### 3. 文化科学技术的愿景

文化科学技术，意谓"有文化的科学技术"；文化科学技术的回归，就是要恢复科学技术的文化本性，使科学技术恢复成充满文化内涵的科学技术。

科学技术，就其在人类社会发展过程中的地位与作用而言，是充满文化内涵的一种文化形态。在很大程度上可以说，科学就本质而言即是一种文化的存在。回顾历史，自诞生以来，科学技术就不只是具有强大物质实用功能的单纯的科学技术，而是有着丰富的文化、伦理和社会的蕴涵；它

---

① ［英］贝尔纳．科学的社会功能．陈体芳，译．桂林：广西师范大学出版社，2003：226.
② ［美］约瑟夫·阿伽西．科学与文化．邬晓燕，译．北京：中国人民大学出版社，2006：72.

也不仅作为第一生产力推动着社会政治、经济等物质方面的进步和发展，更是人类文化的最高成就，代表着人类智力创造的最高水平。到 17 世纪时，科学技术在西方文化中已居于核心地位。可以说，科学技术的文化本性就在于，既有科学探究中的知识及其逻辑，又有其赖以产生的文化；既着眼于人的精神和思维能力的发挥，又关注现实的人的生活；既包含理性的成分，更蕴涵着广泛的人性及其创造性等。在科学技术产生之后的相当长时期内，这些丰富的文化和精神蕴涵都伴随着科学技术的实践活动，推动着科学技术在精神上和物质上的更大成功。

然而，随着科学世俗化和社会化过程的推进，科学日渐沉溺于机械自然观指导下所造就的物质辉煌中。科学因而成为了社会文化领域唯一具优越性的知识体系，并接受外在世界的实践检验；从人类文化传统中传承下来的哲学、宗教、文学、诗歌、戏剧以及历史科学的知识则逐渐失去了知识的资格，由此导致了科学知识的话语霸权地位。科学霸权地位的确立及其巩固，使得科学慢慢失去了其文化的维度和对价值与意义的追求，成为一个冷冰冰的事物。"它证明了科学理论，同时也扭曲了人的心态，因为它是与历史和传统文化相关的生活世界相脱节的，同时科学理论的应用就是技术理性的应用，它导致了现代社会的技术理性的日益发达，而致使人文精神、价值理性的日益萎缩"[1]。这就产生了胡塞尔所谓的"科学的危机"，科学因而丧失了生活的意义。

这种对科学技术文化本性的遮蔽与退隐，主要源于对其实用性和功利性倾向的过分强调，以及对其人文向度的忽视。因此，文化科学技术的回归，即科学技术向其文化根源的回溯与追寻，首先就是要在科学文化批判的基础上实现科学技术向人文的回归。

---

① 龚群.生命与实践理性——诠释学的伦理学向度.北京：中国社会科学出版社，2004：150.

文化科学技术的人文回归，包括科学技术向人文精神、人文价值以及人性等的回归。具体而言，一是科学技术向人性的回归。即把科技建立在人的基础之上，始终围绕人的生存和发展的需求来发展科技，从而使科技成为真正为人的科技。二是指科学技术向传统的回归。即科学技术应兼顾自身发展中所存在的技术传统与精神传统这两大传统，同时注意向其他非科学文化传统的学习和借鉴。三是科学技术向生活世界的现实回归。即科学技术既要回到作为自然科学意义基础的日常生活世界，也要向人的精神/意义世界回归，恢复人的全面而完满的本性。更进一步说，科学技术向人文的回归，意味着科学技术向最初的人文本性的回归，也意味着科学技术的发展以满足人的需要、促进人的全面发展为最终指向和最高准绳。

文化科学技术的自然回归。科学中文化本性的丧失与意义的失落，一定程度上也源于近代以来机械论自然观所确立起来的认知方式及其对自然的"祛魅"，因而导致了其本真意义的失落。正因如此，建设性的后现代思想家们才主张，应该回到自然的、科学的本真状态，也就是让"祛魅"的科学"返魅"；同时，神性的实在、宇宙的意义和附魅的自然这样一些概念又重新为人们所接受，世界的经验、目的、自由、理想、可能性、创造性、暂时性都得到恢复，万物自身的、内在的价值得到承认和实现。在这一视域中，"宇宙是有魅力的，充满了意图。岩石、树木、河流和云彩都是神奇和有生命力的。所有造物都是一个巨大生灵链上的一部分，人处于天使和低等动物之间；对一切活动的解释都归结于神的旨意和活动本身在一个有意义世界中的作用。宇宙是一个归属之地，给人以回家的感觉，宇宙赋予生命以意义"①。

---

① ［美］大卫·格里芬. 后现代科学：科学魅力的再现. 马季方，译. 北京：中央编译出版社，2004：163.

可以说，"回到古朴的自然，回复完满的自然状态的人性，是随着对科学文化的批判高扬而起的一面旗帜"①。

回归文化本性的科学技术，其未来发展如何呢？不同人对此有着不同的看法。如卡拉柯夫认为，随着冷战的结束，大科学时代也行将终结。今天的科学家也许被证明是一个冒险的资本家，一个专利持有者，一个发展家或者一个商人。科学现在已经变成一种高技术。可以认为，"永恒的科学真正回归到了近代早期的情形和培根主义纲领（the Baconian Program）。科学最终成为一种直接的生产力"②。苏珊·哈克则认为，我们现在无法判断未来的科学会发生怎样的变化，但有一点是确定的，即科学在其结束之前都是未结束的。无论如何，一种持续的发展与进步，将是未来科学技术的最基本走向。

从时代特征以及科学技术发展史的综合考量，可以确定，未来的科学技术图景首先是一个开放的体系。在波普尔那里，"向批评开放"曾经作为科学发展与进步的一个重要特性而被强调；在今天，这一原则仍然是有效的。如阿伽西就曾指出，"让理性和经验像波普尔建议的那样进行对话和宣称所有的观念都向这种辩证法开放是可能的。在形而上学理论和科学理论之间进行对话也是同样可能的"。进一步来说，"科学无需畏惧形而上学；科学对任何对手的仇恨都是可悲的，并将付出高昂的代价。……科学必须尽可能对所有的被选体系都友好相待"③。因此，在未来的发展中，科学技术应该与宗教、文学、艺术等非科学的文化形态一样，享有同样的生存与发展的权利；同时，除保有自身内部的开放性外，科学及其他各种文化都可以相互展开对话与辩论，在开放式的批评中实现进步与发展。

---

① 金正耀. 作为一种文化的科学与人类的未来. 科学学研究，1987（3）：30.
② ［美］奥利卡·舍格斯特尔. 超越科学大战——科学与社会关系中迷失了的话语. 黄颖，赵玉桥，译. 北京：中国人民大学出版社，2006：144-145.
③ ［美］约瑟夫·阿伽西. 科学与文化. 邬晓燕，译. 北京：中国人民大学出版社，2006：19.

如何实现这样一种开放性呢？富勒提议，通过一种公平、民主的程序和方法，以促进科学技术在开放世界中的发展。他指出，"要实现大科学时代开放社会的共和理想，必须提供这样的论坛，使得所有的专业知识制造者能够参与确定他们领域的发展方向，而广大公众能以与自身兴趣相称的方式影响这个进程"①。在今天的科学技术实践中，这样一种方式其实已经有所体现，如在科学技术政策的制定过程中，往往就是通过召开科学论坛或听证会等形式，以达到民主化科学技术的结果的。

同时，在这样一个多元文化并存的时代，多元性也将成为科学技术图景未来发展的重要趋向。作为产生于西方文化土壤，又在后天的成长中吸取众多非西方文化传统中优良特征的科学技术，可以说它本身就是一个多元文化的集合。除此之外，科学技术在未来的发展中还应与其他非科学的文化传统和平共处，并积极向其他文化传统学习。这是因为，"科学和技术并不是封闭的，只有当作为其文化背景的文化不断提出新的假说和目标时，科学和技术才能蓬勃发展。这反过来也表明，作为一种以文化为基础的活动，科学技术与人文科学并没有什么不同。与人文科学一样，科学技术的价值存在于孕育它们的文化当中。因此，为了扩大人类智慧的有限储备，我们在掌握科学技术知识的同时，还必须密切注意人文方面知识的学习"②。

进一步来说，这种多元性具体表现在科学所具有的包容性与和谐性等方面。就包容性而言，在价值观念与运行规范上，科学技术与其他文化形态之间的差异明显，从而导致了不同文化形态之间的对立与冲突。事实上，不仅科学技术的发展离不开其他文化形态的支持，需要从中汲取"营养"，而且就人类文明进步而言，其他文化形态也提供着不可替代的丰富

① ［英］史蒂夫·富勒. 科学的统治——开放社会的意识形态与未来. 刘钝，译. 上海：上海科技教育出版社，2006：141.
② ［美］爱德华·埃米尔·戴维. 科学的未来. 科学启蒙，2003（9）：1.

"营养"。科技界将日渐自觉，开始从更高的视角、更宽容的态度审视文化问题。在科学与技术互动、融合的一体化进程中，对其他文化形态也呈现出一种包容和吸收的态势。科学技术文化开始理性地审视对方，反思自己，培育出开放、友善的相处方式；开始放弃文化领域的强势地位，宽容不同文化的价值取向与局限性，进而形成不同文化形态之间相互包容、相互制约、共同发展的文化新格局。

此外，尽管科学技术文化在当代社会生活中发挥着十分重要的作用，不同文化的科学技术化进程不可逆转，但是科学技术文化并不能包打天下，强势的科学技术文化势必导致文化畸形，不利于人的自由而全面发展。走向自觉的科学技术文化，将逐步发现自身的缺陷以及对其他文化发展的阻滞作用。尺有所短，寸有所长。不同文化的发展有快慢、先后之别，但并没有尊卑、优劣之分，它们在社会生活中都发挥着不可替代的作用。只有不同文化形态各司其职，平等相待，和谐相处，才能共同发展，走向繁荣，从而推进人的自由而全面发展。

科学是一个开放的知识体系，也是一种不断寻求进步与发展的文化；技术作为与科学息息相关的最有力的应用成果，也必将呈现一种伟大的发展。然而，当今科学技术文化越俎代庖，排斥和替代其他文化及其功能，已成为导致当代众多社会问题的主要根源。因此，作为人类文化发展史上最杰出的一种文化，科学技术在未来的发展中还应以一种开阔的视野和宽容的态度，创造出更加灿烂的文化成就。当前，回归文化特色已成为科学技术发展的重要方向：一方面，走向自觉的科学技术文化，并逐步意识到自身的文化局限性以及强势地位的危害性，开始重新认识在社会生活中的恰当地位；另一方面，克服夜郎自大、孤芳自赏的心态，回归自己的文化角色，做自己应该做的事情。由此看来，科学技术的未来发展，正在构筑起一个多元而开放的科学技术世界。

# 主要参考文献

### 一、马克思恩格斯列宁著作

中共中央马克思恩格斯列宁斯大林著作编译局．马克思恩格斯全集（1～48）．北京：人民出版社，1995—2007.

中共中央马克思恩格斯列宁斯大林著作编译局．马克思恩格斯选集（1～4）．北京：人民出版社，2012.

中共中央马克思恩格斯列宁斯大林著作编译局．马克思恩格斯文集（1～10）．北京：人民出版社，2009.

北京大学《数学手稿》编译组，编译．数学手稿．北京：人民出版社，1975.

中共中央马克思恩格斯列宁斯大林著作编译局．回忆马克思．北京：人民出版社，2005.

中共中央马克思恩格斯列宁斯大林著作编译局马恩室，编．马克思恩格斯全集名目索引．北京：人民出版社，1986.

中共中央马克思恩格斯列宁斯大林著作编译局．列宁选集（1～4）．北京：人民出版社，2012.

中共中央马克思恩格斯列宁斯大林著作编译局．列宁全集．北京：人民出版社，

1984—1990.

## 二、重要的外文参考资料

Fritz Allhoff edt. Philosophies of the Sciences: A Guide. London: Blackwell Publishing Ltd. , 2010.

A. J. Ayer. Language, Truth, and Logic. London: Gollancz Ltd. , 1936.

A. J. Ayer. Philosophy in the Twentieth Century. London: Weidenfeld and Nicolson, 1982.

A. J. Ayer. The Foundations of Empirical Knowledge. London: Macmillan, 1940.

Benton Ted and Craib Ian. Philosophy of Social Science: The Philosophical Foundations of Social Thought. Basingstoke, Hampshire, New York: Palgrave Macmillan, 2011.

J. R. Brown edt. Philosophy of Science: The Key Thinkers. London, New York: Continuum, 2012.

R. Carnap. The Unity of Science. Translated with an Introduction by M. Black. London: Kegan Paul, 1934.

R. Carnap. Logische Syntax der Sprache. Wien: Springer, 1934a/1968.

R. Carnap. Die Aufgable der Wissenschaftslogik. Wien: Gerold&Co, 1934.

R. Carnap. Philosophy and Logical Syntax. London: Kegan Paul, 1935.

R. Carnap. Von der Erkenntnistheorie zur Wissenschaftslogik, in Actes de Congres International de Philosophie Scientique I. Paris: Hermann & Cie. , 1936.

R. Carnap. Introduction to Semantics. Cambridge, Mass. : Harvard University Press, 1942.

Peter Clark and Katherine Hawley edt. Philosophy of Science Today. Oxford University Press, 2003.

R. S. Cohen ed. Boston Studies in the Philosophy of Science. Dordrechat-Boston-London: Kluwer, 1963.

R. S. Cohen and L. Laudan eds. Physics, Philosophy, and Psychoanalysis. Essays in honor of Adolf Grünbaum. Dordrechat-Boston-Lancaster: D. Reidel, 1983.

R. S. Cohen and M. W. Wartofsky ed. Boston Studies in the Philosophy of Science. Volume Two: In Honor of Philipp Frank. New York: Humanities Press, 1965.

J. B. Conant. Science and Common Sense. New Haven: Yale University Press, 1951.

Martin Curd& J. A. Cover. Philosophy of Science. The Central Issues. W. W. Norton & Company, Inc. , 1998.

H. Feigl. Inquires and Provocations. Selected writings, 1929—1974. Ed. by Robert S. Cohen. Dordrechat-Boston-Lancaster: Reidel, 1981.

H. Feigl and M. Brodbeck eds. Readings in the Philosophy of Science. New York: Appleton-Century-Crofts, 1953.

H. Feigl and M. Scriven eds. Minnesota Studies in the Philosophy of Science. Volume I: The Foundations of Science and the Concepts of Psychology and Psychoanalysis. Minneapolis: University of Minnesota Press, 1956.

Peter Godfrey-Smith. An Introduction to the Philosophy of Science Theory an Reality. The University of Chicago Press, 2003.

P. K. Feyerabend. Zeitverschwendung. Frankfurt/M: Suhrkamp, 1995.

P. K. Feyerabend and G. Maxwell eds. Mind, Matter, and Method: Essays in Philosophy and Science in Honor of Herbert Feigl. Minneapolis: University of Minnesota Press, 1966.

S. Fuller. Thomas Kuhn: A Philosophical History for Our Time. University of Chicago Press, 2000.

P. M. S. Hacher. Wittgenstein's Place in Twentieth Century Analytic Philosophy. Oxford: Basil Blackwell, 2009.

Edward J. Hall. Philosophy of Science: Metaphysical and Epistemological Foundations. Wiley-Blackwell, 2009.

Rom Harre. The Philosophy of Science a Introductory Survey. Oxford University Press, 1985.

F. A. Hayek. The Road to Serfdom. London: Routledge, 1944.

Christopher Hitchcock. Contemporary Debates in Philosophy of Science. Malden, MA: Blackwell Pub. , c2004.

G. Holton. Science and Anti-Science. Cambridge, Mass. : Harvard University Press, 1933.

G. Holton. Thematic Origins of Scientific Thought. Kepler to Einstein. Revised Edition. Cambridge, Mass. : Harvard University Press, 1994.

H. S. Hughes. The Sea Change: The Migration of Social Thought, 1930—1965. New York, 1975.

Robert Kill. The Introduction to the Philosophy of Science: Cutting Nature at Its Seams. Oxford University, 1997.

P. Kitcher. Science, Truth, and Democracy. Oxford University Press, 2001.

Theo A. F. Kuipers. General Philosophy of Science: Focal Issues. Amsterdam, Boston: Elsevier/North Holland, c2007.

John Losee. A Historical Introduction to the Philosophy of Science. Fourth Edition. Oxford University, 2001.

Peter Machanmer and Michael Silberstein eds. The Blackwell Guide to the Philosophy of Science. Blackwell Publishers Ltd. 2002.

P. D. Magnus and Jacob Busch. New Waves in Philosophy of Science. Houndmills, Basingstoke, Hampshire, New York: Palgrave Macmillan, 2010.

Eric Margolis etc. The Oxford Handbook of Philosophy of Cognitive Science. New York: Oxford University Press, c2012.

Seymour Mauskopf etc. Integrating History and Philosophy of Science: Problem and Prospects. Dordrecht, London: Springer, c2012.

Timothy McGrew etc. The Philosophy of Science: An Historical Anthology. Malden, MA: Wiley-Blackwell, 2009.

Chienkuo Michael Mi and Ruey-lin Chen eds. Naturalized Epistemology and Philosophy of Science, Amsterdam, New York, NY: Rodopi, 2007.

E. Nagel. Logic Without Metaphysics and other Essays in the Philosophy of Science. Glencoe: The Free Press, 1956.

Anthony O'hzar. Introduction to the Philosophy of Science. Oxford: Clarendon Press,

1989.

Stathis Psillos，Martin Curd eds. The Routledge Companion to Philosophy of Science. Routledge，2008.

Ahmad Raza. Philosophy of Science Since Bacon：Readings in the Ideas and Interpretations. Hauppauge，NY：Nova Science Publishers，2011.

Alex Rosenberg. Philosophy of Science：A Contemporary Introduction. New York：Routledge，2012.

Sahotra Sarkar，Jessica Pfeifer edt. The Philosophy of Science：An Encyclopedia，New York：Routledge，c2006.

B. Russell. An Inquiry into Meaning and Truth. London：Allen& Unwin，1940.

C. P. Snow. The Two Cultures：And a Second Look：An Expanded Version of the Two Cultures and the Scientific Revolution. Cambridge University Press，1959/1963.

## 三、主要的中文参考资料

［美］阿伽西，约瑟夫．科学与文化［M］．邹晓燕，译．北京：中国人民大学出版社，2006.

［法］阿尔都塞，路易．保卫马克思［M］．顾良，译．北京：商务印书馆，1984.

［英］艾耶尔．语言、真理和逻辑［M］．尹大贻，译．上海：上海译文出版社，1981.

［英］艾耶尔．哲学中的变革［M］．陈少鸣，等，译．上海：上海译文出版社，1985.

［英］艾耶尔．二十世纪哲学［M］．李步楼，等，译．上海：上海译文出版社，1987.

［美］爱因斯坦．爱因斯坦文集（1～3）［M］．许良英，范岱年，编译．北京：商务印书馆，2010.

［德］奥斯特瓦尔德，弗里德里希．自然哲学概论［M］．李醒民，译．北京：华夏出版社，2000.

［法］柏格森．形而上学导言［M］．刘放桐，译．北京：商务印书馆，1963.

［美］巴伯，伯纳德．科学与社会秩序［M］．顾昕，等，译．北京：三联书店，1991.

［美］巴伯．科学与宗教［M］．阮炜，等，译．成都：四川人民出版社，1993.

［英］巴恩斯，巴里．局外人看科学［M］．鲁旭东，译．北京：东方出版社，2001.

［英］巴恩斯，巴里．科学知识与社会学理论［M］．鲁旭东，译．北京：东方出版

社，2001.

[美] 巴特菲尔德，赫伯特 . 近代科学的起源 [M]. 张丽萍，等，译 . 北京：华夏出版社，1988.

[日] 坂田昌一 . 新基本粒子观对话 [M]. 庆承瑞，等，译 . 北京：三联书店，1973.

[日] 坂田昌一 . 科学哲学论文集 [M]. 安度，译 . 北京：知识出版社，1987.

[德] 贝克，乌尔里希 . 全球化时代的权力与反权力 [M]. 蒋仁祥，等，译 . 桂林：广西师范大学出版社，2004.

[美] 贝尔，丹尼尔 . 后工业社会的来临——对社会预测的一项探索 [M]. 王宏周，等，译 . 北京：商务印书馆，1984.

[美] 贝尔，丹尼尔 . 当代西方社会科学 [M]. 范岱年，译 . 北京：社会科学文献出版社，1988.

[美] 贝尔，丹尼尔 . 资本主义的文化矛盾 [M]. 赵一凡，等，译 . 北京：三联书店，1989.

[美] 贝尔，丹尼尔 . 后工业社会（简明本） [M]. 彭强，编译 . 北京：科学普及出版社，1985.

[英] 贝尔纳 . 历史上的科学 [M]. 伍况甫，译 . 北京：科学出版社，1959.

[英] 贝尔纳 . 科学的社会功能 [M]. 陈体芳，译 . 北京：商务印书馆，1982.

[英] 贝弗里奇 . 科学研究的艺术 [M]. 陈捷，译 . 北京：科学出版社，1979.

[澳] 布朗，汉伯里 . 科学的智慧——它与文化和宗教的关联 [M]. 李醒民，译 . 沈阳：辽宁教育出版社，1998.

[加] 本格 . 科学的唯物主义 [M]. 张相轮，等，译 . 上海：上海译文出版社，1989.

[英] 伯德，亚历山大 . 科学哲学 [M]. 贾玉树，等，译 . 北京：中国人民大学出版社，2008.

[英] 博兰尼，迈克尔 . 自由的逻辑 [M]. 冯银江，等，译 . 长春：吉林人民出版社，2002.

[英] 波兰尼，迈克尔 . 个人知识——迈向后批判哲学 [M]. 许泽民，译 . 贵阳：贵州人民出版社，2000.

[英] 波普尔，卡尔 . 开放社会及其敌人（第二卷） [M]. 陆衡，译 . 北京：中国社

会科学出版社，1999.

［英］波普尔，卡尔. 客观知识——一个进化论的研究［M］. 舒炜光，等，译. 上海：上海译文出版社，1987.

［英］波普尔，卡尔. 猜想与反驳［M］. 傅季重，译. 上海：上海译文出版社，1986.

［英］波普尔，卡尔. 科学知识进化论［M］. 纪树立，译. 北京：三联书店，1987.

［英］波普尔，卡尔. 波普尔思想自述［M］. 赵月瑟，译. 上海：上海译文出版社，1988.

［美］波塞尔. 科学：什么是科学？［M］. 李文潮，译. 上海：上海三联出版社，2002.

［法］多洛，路易. 个体文化与大众文化［M］. 黄健华，译. 上海：上海人民出版社，1987.

［英］布鲁尔，大卫. 知识和社会意象［M］. 艾彦，译. 北京：东方出版社，2001.

［美］布什，等. 科学——没有止境的前沿［M］. 范岱年，等，译. 北京：商务印书馆，2004.

［澳］查尔默斯. 科学及其编造［M］. 蒋劲松，译. 上海：上海科技教育出版社，2007.

［澳］查尔默斯. 科学究竟是什么［M］. 邱仁宗，译. 石家庄：河北科学技术出版社，2010.

［美］达尔，罗伯特. 论民主［M］. 李柏光，林猛，译. 北京：商务印书馆，1999.

［法］德勒兹，吉尔. 哲学与权力的谈判：德勒兹访谈录［M］. 北京：商务印书馆，2000.

［荷］德布尔，泰奥多. 胡塞尔思想的发展［M］. 李河，译. 北京：三联书店，1995.

［美］丹皮尔. 科学史及其与哲学和宗教的关系［M］. 李珩，译. 桂林：广西师范大学出版社，2001.

［英］丹尼尔. 科学史［M］. 李珩，张今，译. 北京：商务印书馆，1975.

［德］迪尔克斯，迈诺尔夫，等. 在理解与信赖之间：公众、科学与技术［M］. 田松，等，译. 北京：北京理工大学出版社，2006.

［法］笛卡尔. 谈谈方法［M］. 王太庆，译. 北京：商务印书馆，2001.

［美］杜威．确定性的寻求［M］．资产阶级哲学资料选辑（第 9 辑）．上海：上海人民出版社，1966.

［美］杜威．哲学的改造［M］．许崇清，译．北京：商务印书馆，1958.

［美］法伊尔阿本德，保罗．自由社会中的科学［M］．兰征，译．上海：上海译文出版社，2005.

［美］法伊尔阿本德，保罗．反对方法：无政府主义知识论纲要［M］．周昌忠，译．上海：上海译文出版社，2007.

［美］费耶阿本德，保罗．告别理性［M］．陈健，等，译．南京：江苏人民出版社，2002.

［美］费耶阿本德，保罗．征服丰富性：抽象与存在丰富性之间的斗争故事［M］．戴建平，译．北京：中国人民大学出版社，2007.

［美］芬伯格，安德鲁．技术批判理论［M］．北京：北京大学出版社，2005.

［美］芬伯格，安德鲁．可选择的现代性［M］．陆俊，等，译．北京：中国社会科学出版社，2003.

［法］福柯．性经验史［M］．佘碧平，译．上海：上海人民出版社，2000.

［法］福柯．权力的眼睛——福柯访谈录［M］．严锋，译．上海：上海人民出版社，1997.

［法］福柯．规训与惩罚——监狱的诞生［M］．刘北成，杨远婴，译．北京：三联书店，1999.

［法］福柯．福柯集［C］．杜小真，编选．上海：上海远东出版社，1998.

［法］福柯．必须保卫社会［M］．钱翰，译．上海：上海人民出版社，1999.

［英］富勒，史蒂夫．科学的统治：开放社会的意识形态与未来［M］．刘钝，译．上海：上海科技教育出版社，2006.

［美］格里芬，大卫．后现代科学：科学魅力的再现［M］．马季方，译．北京：中央编译出版社，2004.

［德］哈贝马斯．作为“意识形态”的技术与科学［M］．郭官义，李黎，译．上海：学林出版社，2002.

［美］哈丁，桑德拉．科学的文化多元性——后殖民主义、女性主义和认识论［M］.

夏侯炳，谭兆民，译．南昌：江西教育出版社，2002.

［美］哈克，苏珊．理性地捍卫科学［M］．曾国屏，袁航，等，译．北京：中国人民大学出版社，2008.

［澳］哈里森，彼得．科学与宗教的领地［M］．张卜天，译．北京：商务印书馆，2016.

［德］海德格尔．海德格尔选集［M］．孙周兴，译．上海：上海三联书店，1996.

［德］海德格尔．林中路［M］．孙周兴，译．上海：上海译文出版社，1997.

［德］赫费．作为现代化之代价的道德［M］．邓安庆，等，译．上海：上海译文出版社，2005.

［美］赫梅尔，查尔斯．自伽利略之后：圣经与科学之纠葛［M］．闻仁杰，等，译．银川：宁夏人民出版社，2008.

［德］黑格尔．哲学史讲演录［M］．贺麟，王太庆，译．北京：商务印书馆，1959.

洪谦．论逻辑经验主义［M］．北京：商务印书馆，1999.

［德］胡塞尔．纯粹现象学通论［M］．李幼蒸，译．北京：商务印书馆，1996.

［德］胡塞尔．欧洲科学的危机和超验现象学［M］．张庆熊，译．上海：上海译文出版社，1988.

［德］胡塞尔．欧洲科学的危机与超越论的现象学［M］．王炳文，译．北京：商务印书馆，2001.

［德］胡塞尔．生活世界现象学［M］．倪梁康，张廷国，译．上海：上海译文出版社，2002.

［德］胡塞尔．胡塞尔选集［C］．倪梁康，选编．上海：上海三联书店，1997.

［美］胡克．理性、社会神话和民主［M］．金克，徐崇温，译．上海：上海人民出版社，1965.

［德］霍克海默，马克斯，阿道尔诺，西奥多．启蒙辩证法［M］．渠敬东，等，译．上海：上海人民出版社，2003.

［德］霍克海默．霍克海默集［C］．曹卫东，选编．上海：上海远东出版社，1997.

［法］霍尔巴赫．健全的思想［M］．王荫庭，译．北京：商务印书馆，1966.

［美］霍尔顿，杰拉耳德．科学与反科学［M］．范岱年，等，译．南昌：江西教育出版社，1999.

［美］霍华德，里夫金．熵：一种新的世界观［M］．吕明，袁舟，译．上海：上海译文出版社，1987.

［加］华特生，约翰，编．康德原著选读［M］．韦卓民，译．武汉：华中师范大学出版社，2000.

［美］华勒斯坦，等．开放社会科学［M］．刘锋，译．北京：三联书店，1997.

［英］怀特海．科学与近代世界［M］．何钦，译．北京：商务印书馆，1959.

［美］怀特，安德鲁·迪克森．基督教世界科学与神学论战史（上）［M］．鲁旭东，译．桂林：广西师范大学出版社，2006.

［美］怀特．文化的科学：人类与文明研究［M］．沈原，等，译．济南：山东人民出版社，1988.

［德］伽达默尔．科学时代的理性［M］．薛华，等，译．北京：国际文化出版公司，1988.

［法］伽罗蒂．人的远景［M］．徐懋庸，陆达成，译．北京：三联书店，1965.

［日］金指基．熊彼特经济学［M］．林俊男，译．北京：北京大学出版社，1996.

［美］科恩．牛顿革命［M］．颜锋，等，译．南昌：江西教育出版社，1999.

［法］柯瓦雷，亚历山大．从封闭世界到无限宇宙［M］．邬波涛，张华，译．北京：北京大学出版社，2003.

［法］柯瓦雷，亚历山大．牛顿研究［M］．张卜天，译．北京：北京大学出版社，2003.

［英］柯林伍德．自然的观念［M］．吴国盛，柯映红，译．北京：华夏出版社，1999.

［德］康德．任何一种能够作为科学出现的未来形而上学导论［M］．庞景仁，译．北京：商务印书馆，1978.

［德］康德．宇宙发展史概论［M］．全增嘏，译．上海：上海译文出版社，2001.

［美］克莱因，M. 西方文化中的数学［M］．张祖贵，译．上海：复旦大学出版社，2004.

［德］卡西尔，恩斯特．人论［M］．甘阳，译．上海：上海译文出版社，2003.

［德］卡西勒．启蒙哲学［M］．顾伟铭，等，译．济南：山东人民出版社，1988.

［美］卡普拉，弗里乔夫．转折点——科学、社会和正在兴起的文化［M］．卫飒英，

李四南，译．成都：四川科学技术出版社，1988.

［美］卡普拉．物理学之"道"——近代物理学与东方神秘主义［M］．朱润生，译．北京：北京出版社，1999.

［美］卡尔纳普．科学哲学和科学方法论［M］．江天骥，译．北京：华夏出版社，1990.

［美］卡尔纳普．科学哲学导论［M］．张华夏，译．北京：中国人民大学出版社，2007.

［英］卡特赖特．斑杂的世界：科学的边界研究［M］．王巍，王娜，译．上海：上海科技教育出版社，2006.

［美］卡恩，赫尔曼，等．今后二百年——美国和世界的一幅远景［M］．上海政协编译委员会，译．上海：上海译文出版社，1980.

［美］卡逊，蕾切尔．寂静的春天［M］．吕瑞兰，李长生，译．北京：京华出版社，2000.

［美］库恩，托马斯．科学革命的结构［M］．金吾伦，胡新和，译．北京：北京大学出版社，2012.

［美］库恩，托马斯．必要的张力：科学的传统和变革论文选［C］．范岱年，纪树立，等，译．北京：北京大学出版社，2004.

［美］蒯因，威拉德，从逻辑的观点看［M］．江天骥，译．上海：上海译文出版社，1987.

［英］拉卡托斯，伊．科学研究纲领方法论［M］．兰征，译．上海：上海译文出版社，1986.

［德］拉普，F.技术哲学导论［M］．刘武，等，译．沈阳：辽宁科学技术出版社，1986.

［法］拉图尔，伍尔加，等．实验室生活：科学事实的建构过程［M］．张柏霖，等，译．北京：东方出版社，2004.

［美］拉宾格尔，杰伊·A.，等．一种文化?：关于科学的对话［M］．张增一，等，译．上海：上海科技教育出版社，2006.

［法］拉特利尔．科学和技术对文化的挑战［M］．吕乃基，译．北京：商务印书

馆，1997.

　　［加］莱斯，威廉. 自然的控制［M］. 岳长岭，等，译. 重庆：重庆出版社，2007.

　　［德］赖欣巴哈. 科学哲学的兴起［M］. 伯尼，译. 北京：商务印书馆，1966.

　　［美］劳丹，拉里. 进步及其问题——科学增长理论刍议［M］. 方在庆，译. 上海：
上海译文出版社，1991.

　　［美］劳斯，约瑟夫. 知识与权力——走向科学的政治哲学［M］. 盛晓明，等，译.
北京：北京大学出版社，2004.

　　［克罗地亚］勒拉斯，斯尔丹. 科学与现代性——整体科学理论［M］. 严忠志，译.
北京：商务印书馆，2011.

　　［法］利奥塔. 后现代状态：关于知识的报告［M］. 车槿山，译. 北京：三联书
店，1997.

　　［法］利奥塔，等. 后现代主义［M］. 赵一凡，等，译. 北京：社会科学文献出版
社，1999.

　　［美］利尔，林达. 自然的见证人——蕾切尔·卡逊传［M］. 贺天同，译. 北京：光
明日报出版社，1999.

　　［英］里德雷，布赖恩. 科学是魔法吗［M］. 李斌，张卜天，译. 桂林：广西师范大
学出版社，2007.

　　［美］李克特，小摩里斯·N. 科学是一种文化过程［M］. 顾昕，等，译. 北京：三
联书店，1989.

　　［德］李凯尔特，H. 文化科学与自然科学［M］. 涂纪亮，译. 北京：商务印书馆，
1996.

　　［美］罗蒂. 真理与进步［M］. 杨玉成，译. 北京：华夏出版社，2003.

　　［美］罗蒂. 后哲学文化［M］. 黄勇，译. 上海译文出版社，2009.

　　［英］罗素. 我的哲学的发展［M］. 温锡增，译. 北京：商务印书馆，1982.

　　［英］罗素. 权威与个人［M］. 肖巍，译. 北京：中国社会科学出版社，1990.

　　［英］罗素. 西方哲学史［M］. 何兆武，等，译. 北京：商务印书馆，1976.

　　［英］罗素. 宗教与科学［M］. 徐奕春，译. 北京：商务印书馆，1982.

　　［美］洛西，约翰. 科学哲学历史导论［M］. 邱仁宗，等，译. 武汉：华中工学院出

版社，1982.

［法］卢梭．论科学与艺术［M］．北京：商务印书馆，1959.

李醒民．科学的文化意蕴［M］．北京：高等教育出版社，2007.

刘大椿．科学技术哲学导论（第2版）［M］．北京：中国人民大学出版社，2005.

刘大椿．自然辩证法研究述评［M］．北京：中国人民大学出版社，2006.

刘大椿．科学哲学通论［M］．北京：中国人民大学出版社，1998.

刘大椿，刘永谋．思想的攻防——另类科学哲学的兴起和演化［M］．北京：中国人民大学出版社，2010.

刘放桐．新编现代西方哲学［M］．北京：人民出版社，2000.

刘华杰编．科学传播读本［M］．上海：上海交通大学出版社，2007.

［英］马尔凯，迈克尔．科学与知识社会学［M］．林聚任，等，译．北京：东方出版社，2001.

［美］马尔库塞．单向度的人——发达工业社会意识形态研究［M］．刘继，译．上海：上海译文出版社，2006.

［美］马尔库塞等．工业社会和新左派［M］．北京：商务印书馆，1982.

［美］马尔库塞．现代文明与人的困境［M］．王丛霞，等，译．上海：三联书店，1989.

［西班牙］马约尔．不要等到明天［M］．吕臣重，译．北京：社会科学文献出版社，1993.

［奥］马赫．感觉的分析［M］．洪谦，唐钺，梁志学，译．北京：商务印书馆，1996.

［英］麦克格拉思，阿利斯科·E．科学与宗教引论［M］．王毅，译．上海：上海人民出版社，2000.

［英］麦奎利，约翰．二十世纪宗教思潮［M］．何光沪，译．上海：上海人民出版社，1989.

［美］麦克基本，比尔．自然的终结［M］．孙晓春，译．长春：吉林人民出版社，2000.

［英］麦卡里斯持，詹姆斯·W．美与科学革命［M］．李为，译．长春：吉林人民出版社，2000.

［美］默顿. 科学社会学（上册）［M］. 鲁旭东，林聚任，译. 北京：商务印书馆，2003.

［美］默顿. 十七世纪英格兰的科学、技术与社会［M］. 范岱年，译. 北京：商务印书馆，2000.

［英］梅森. 自然科学史［M］. 周煦良，等，译. 上海：上海译文出版社，1980.

［法］梅特里. 人是机器［M］. 顾寿观，译. 北京：商务印书馆，1959.

［美］米都斯. 增长的极限［M］. 李宝恒，译. 成都：四川人民出版社，1983.

［美］内格尔，欧内斯特. 科学的结构——科学说明的逻辑问题［M］. 徐向东，译. 上海：上海译文出版社，2002.

［英］牛顿. 自然哲学之数学原理［M］. 王克迪，译. 袁江洋，校. 北京：北京大学出版社，2006.

［美］牛顿，罗杰·G. 科学哲学历史导论［M］. 邱仁宗，等，译. 武汉：华中工学院出版社，1982.

［美］牛顿，罗杰·G. 何为科学真理：月亮在无人看它时是否在那儿［M］. 武际可，译. 上海：上海科技教育出版社，2001.

［英］培根. 新工具［M］. 许宝骙，译. 北京：商务印书馆，1984.

［英］培根. 学术的进展［M］. 刘运同，译. 上海：上海人民出版社，2007.

［美］培里，拉·巴. 现代哲学倾向［M］. 傅统先，译. 北京：商务印书馆，1962.

［法］彭加勒. 科学的价值［M］. 李醒民，译. 北京：光明日报出版社，1988.

［法］彭加勒. 最后的沉思［M］. 李醒民，译. 北京：商务印书馆，1996.

［美］皮克林，安德鲁. 作为实践和文化的科学［M］. 柯文，伊梅，译. 北京：中国人民大学出版社，2006.

［美］皮克林. 实践的冲撞［M］. 邢冬梅，译. 南京：南京大学出版社，2004.

［比］普里戈金，伊；斯唐热，伊. 从混沌到有序——人与自然的新对话［M］. 曾庆宏，沈小峰，译. 上海：上海世纪出版集团，2005.

［英］齐曼. 真科学：它是什么，它指什么［M］. 曾国屏，等，译. 上海：上海科技教育出版社，2002.

邱仁宗. 科学方法和科学动力学［M］. 北京：高等教育出版社，2006.

［美］萨顿，乔治. 科学的历史研究［M］. 刘兵，等，编译. 上海：上海交通大学出版社，2007.

［美］舍格斯特尔，奥利卡. 超越科学大战——科学与社会关系中迷失了的话语［M］. 黄颖，赵玉桥，译. 北京：中国人民大学出版社，2006.

［奥］塞蒂纳，卡林·诺尔. 制造知识——建构主义与科学的与境性［M］. 王善博，等，译. 北京：东方出版社，2001.

世界环境与发展委员会. 我们共同的未来［M］. 王之佳，柯金良，译. 长春：吉林人民出版社，1997.

［德］叔本华. 作为意志和表象的世界［M］. 石冲白，译. 北京：商务印书馆，1982.

［荷］斯宾诺莎. 伦理学［M］. 贺麟，译. 北京：商务印书馆，1997.

［英］斯诺. 两种文化［M］. 陈克艰，秦小虎，译. 上海：上海科学技术出版社，2003.

［英］斯诺. 对科学的傲慢与偏见［M］. 陈恒六，译. 成都：四川人民出版社，1987.

［荷］舒尔曼. 科技文明与人类未来：在哲学深层的挑战［M］. 李小兵，等，译. 北京：东方出版社，1995.

［英］舒马赫. 小的是美好的［M］. 虞鸿钧，郑关林，译. 北京：商务印书馆，1984.

［加］泰勒，查尔斯. 现代性之隐忧［M］. 程炼，译. 北京：中央编译出版社，2001.

［英］汤林森. 文化帝国主义［M］. 冯建三，译. 上海：上海人民出版社，1999.

［美］托夫勒，阿尔温. 第三次浪潮［M］. 朱志焱，潘琪，张焱，译. 北京：三联书店，1984.

［美］瓦托夫斯基. 科学思想的概念基础［M］. 范岱年，译. 北京：求实出版社，1982.

［德］韦伯，马克斯. 新教伦理与资本主义精神［M］. 彭强，等，译. 西安：陕西师范大学出版社，2002.

［德］韦伯，马克斯. 学术与政治：韦伯的两篇演说［M］. 北京：三联书店，2005.

［德］狄尔泰，韦尔海姆. 人文科学导论［M］. 赵稀方，译. 北京：华夏出版社，2004.

［美］韦斯特福尔，理查德·S. 近代科学的建构——机械论与力学［M］. 彭万华，

译．上海：复旦大学出版社，2000.

〔美〕沃克迈斯特．科学的哲学［M］．李德荣，等，译．北京：商务印书馆，1996.

〔英〕沃尔夫．十六、十七世纪科学技术和哲学史［M］．周昌忠，等，译．北京：商务印书馆，1985.

〔美〕沃尔，迈克尔．论宽容［M］．袁建华，译．上海：上海人民出版社，2000.

〔英〕沃特金斯．科学与怀疑论［M］．邱仁宗，范瑞平，译．上海：上海译文出版社，1991.

汪民安．福柯的界线［M］．北京：中国社会科学出版社，2002.

王伯鲁．马克思技术思想纲要［M］．北京：科学出版社，2009.

吴国盛．技术哲学讲演录［M］．北京：中国人民大学出版社，2009.

〔加〕西斯蒙多．科学技术学导论［M］．许为民，等，译．上海：上海科技教育出版社，2007.

〔美〕西蒙，朱利安·林肯．没有极限的增长［M］．江南，嘉明，秦星，编译．成都：四川人民出版社，1985.

〔奥〕希尔，弗里德里希．欧洲思想史［M］．赵复三，译．桂林：广西师范大学出版社，2008.

〔英〕休谟．人性论［M］．关文运，译．北京：商务印书馆，1980.

夏基松．现代西方哲学［M］．上海：上海人民出版社，2006.

肖峰．技术的人性面与非人性面［M］．北京：科学技术文献出版社，1991.

邢冬梅．实践的科学与客观性回归［M］．北京：科学出版社，2008.

〔德〕雅斯贝尔斯，卡尔．历史的起源与目标［M］．魏楚雄，俞新天，译．北京：华夏出版社，1989.

〔德〕雅斯贝斯，卡尔．时代的精神状况［M］．王德峰，译．上海：上海译文出版社，2003.

〔美〕詹姆士．实用主义［M］．陈羽纶，孙瑞禾，译．北京：商务印书馆，1979.

张志伟，欧阳谦，主编．西方哲学智慧［M］．北京：中国人民大学出版社，2000.

张志伟，主编．西方哲学史［M］．北京：中国人民大学出版社，2002.

赵万里．科学的社会建构［M］．天津：天津人民出版社，2002.

# 后　记

　　本书的初稿为国家社会科学基金重点项目"马克思主义科学技术观与当代科学技术论研究"的基础成果。该项目由我主持，于 2008 年 3 月审批立项（08AZX003）。课题组基本成员有王伯鲁、丁军强、艾志强、杨会丽等，后来又有一些同仁先后加入，共同做了许多工作。

　　该研究的背景乃是我们对究竟应当怎样看待科学和技术这一问题的持续关注。在我国学界，上世纪 80 年代的主流无疑是弘扬科学、崇尚技术，用科学哲学的术语来说，就是为科学辩护；但到了上世纪 90 年代末，逆反的声音开始不绝于耳，随着环境危机和精神危机的冲击，人们不得不质疑科学技术在其中到底起了什么作用，用科学哲学的术语来说，就是对科学批判。

　　显然，当中国走出"文化大革命"的阴影，走上改革开放的道路之时，面向现代化、面向世界、面向未来成为大潮流，尊重知识、尊重人才成为拨乱反正的突破口和全民的共识，相应地，弘扬科学或为科学辩护自然成为当务之急。说实在的，我们自己在那时所做的，包括写出的论著，大部分属于这类。

然而，现代化建设的巨大成就，却伴随着许多新问题。环境污染、生态破坏上升为人类的主要威胁，急功近利、拜金主义困扰着人心，公平正义、精神安顿变成公众的首要诉求，加之，在世界范围内流行的已经是反现代性和抵制全球化的后现代主义思潮了。实践和理论中的这些变故，理所当然地引发了反思，包括对科学技术的重新审视。对科学的批判有时竟以激烈的反科学主义的姿态出现，最极端的论调甚至把一切归罪于科学技术。这难道又是正确无疑的吗？

于是，我们面对着所谓科学大战的态势。当代科学技术论何去何从？它成了必须研究和回答的问题。

回顾我们的探讨过程，最有价值的路径之一是，重温马克思的理论遗产。我们发现，虽然马克思并没有留下系统的科学技术论著作，但是，马克思却在他浩如烟海的理论遗产中，给后世留下了完整的科学技术观。我们查阅了大量的马克思文本，这个艰苦的工作最后竟然给我们带来了无穷的乐趣，因为几乎所有当下产生困惑和争议的问题，那时都有相应的存在形态，马克思都触及过，并给出过睿智的分析和回应。他对科学和技术的定位是具体的、历史的、发展的，充满了现实性和批判性。他看待科学技术有几个基本观点：科学技术是第一生产力、科学技术的异化是资本主义矛盾的产物、科学技术发展是人的自由解放的必要前提。这些思想为我们研究当代科学技术论指引了方向。

课题的运作比较曲折，荦荦大端可说历经四个阶段。

第一阶段，课题组按照原申请书中预定计划，以马克思科学技术观的基本原理、马克思科学技术观对当代科学技术论研究的影响、当代科学技术论研究的基本态势这三大方面作为研究的主要内容。在具体研究中，坚持对马克思经典文本的正确解读，广泛参考西方科学技术论的当代论著；

注重对国内外重要成果的整合与吸收，但不拘泥于既有观点；通过学术研讨等多种方式集思广益，拓宽整个项目的研究思路。研究重点是在吸收、借鉴马克思的科学技术观与当代科学技术论的基础上，努力确立一种适应时代发展的科学技术论的基本价值立场和研究范式。

第二阶段，课题组于 2008 年 5 月在中国人民大学组织召开了"马克思科学观与当代科学论学术研讨会"，之后，围绕"马克思科学观研究""西方科学论研究""当代科学论探索"等论题形成了新的研究思路；2008年 12 月，笔者召集课题组成员集中交流研讨，把研究内容聚焦在"马克思科学技术观与当代科学技术论"这一主题上，形成并拟定了以"走向开放的科学技术世界"为主题的研究纲要。2009 年 3 月，笔者主编的专著《从辩护到审度：马克思科学观与当代科学论》由首都师范大学出版社出版。除部分内容来自上述学术会议外，该书更反映了课题组在"马克思科学观与当代科学论"这一主题上的认识与主要思路。

第三阶段，课题组按下述四个子课题进行了分工：一、走近马克思的科学世界（刘大椿、丁军强）；二、走近马克思的技术世界（刘大椿、王伯鲁）；三、后现代科学技术世界巡视（刘大椿、艾志强）；四、重构当代人的科学技术世界（刘大椿、杨会丽）。该阶段的课题研究于 2010 年底完成，并于次年通过了结项。结项成果为：《走向开放的科学技术世界——马克思科学技术观与当代科学技术论研究》。先后参与本成果初稿撰写的同志如下：

第一卷　马克思的科学技术世界

第一篇　马克思文本中的科学和技术（王伯鲁）

第二篇　内涵丰富的科学技术批判遗产（丁军强、刘大椿、刘永谋）

第二卷　扭曲的科学技术世界

　　第三篇　工具主义的神话（丁军强、艾志强、杨会丽）

　　第四篇　科学主义的霸权（艾志强）

　　第五篇　反科学主义的滥觞（艾志强、刘大椿）

　第三卷　开放的科学技术世界

　　第六篇　一种开放的文化形态（王伯鲁、杨会丽）

　　第七篇　一种互补的价值选择（杨会丽）

　　第八篇　从科学文化到文化科学（刘大椿、杨会丽）

　　总的来看，上述成果在对马克思科学技术观、当代科学技术论基本态势的研究以及对当下科学技术论的构建方面有所推进，但是，理论层面的挖掘尚不尽如人意，实践层面的探讨则尤显单薄。不过，恰在此时，我们逐渐形成了一种对科学技术进行审度的态度和思想。其要旨为：不拘泥于在辩护和批判中二者取一，而是在特定语境中针对性地加以审度。

　　这样，就进入了课题研究的第四阶段。由于对我们先前的工作不甚满意，故而下决心让它沉淀一个时期，一方面对该成果给予批判性检视，另一方面着手主动地以审度的眼光来面对相关主题。经过近五年的琢磨，笔者的工作除了做内容的调整和文字的修改，更为花力气的是着重变换全书的结构和思路。现在付梓呈现在大家面前的全书框架则为：

　　导言

　　第一卷　马克思的科技审度

　　　第一篇　马克思文本中的科学和技术

　　　第二篇　马克思科技审度的焦点

　　第二卷　科学主义与反科学主义

　　　第三篇　科学主义的悖论

　　　第四篇　反科学主义的滥觞

　　第三卷　多元开放的科技世界

第五篇　互补的价值选择

第六篇　科学文化与文化科学

本书导言为笔者新加，为给审度做一定位，其余内容计三卷六篇，共十七章。重要的改变在于：重新解读马克思对科学技术的审度，揭示它的现代意义；尽可能从不同角度回应当下科学技术论所引发的问题和挑战；尝试构建恰当的当代科学技术论的理论框架。当然，科学技术有着多元形相，关于科学技术论的探索也是一个永恒课题，笔者在本研究中只是从科学技术的一些最主要形相出发，试图通过多重审度，给出构建当代科学技术论的某种框架而已。它或许可以代表某种方向与思路，却绝对没有搭建完备体系的奢望。

笔者学力有限，如果没有课题组同仁始终如一的协同努力，没有初稿撰写者奠基性的贡献，没有学界和各方面的支持，这部称之为《审度：马克思科学技术观与当代科学技术论研究》的习作是不可能面世的。在笔者最后修改、补充、定稿的过程中，王伯鲁、艾志强、樊姗姗三位同门不辞辛劳，分别帮助笔者就一、二、三卷进行了细致的校改，做了繁难的编辑加工工作；樊姗姗还为全书统一规范进行了一些技术处理。

特别感谢杨宗元编审、符爱霞责编为本书出版付出的辛劳。囿于笔者在经典研究领域学养不深、笔力不强，书中缺陷和不成熟之处恐多遗留，尤盼各位专家和广大读者不吝指教。

**刘大椿　2017 年春于人大宜园**

**图书在版编目（CIP）数据**

审度：马克思科学技术观与当代科学技术论研究 /
刘大椿等著. -- 北京：中国人民大学出版社，2025. 4.
（中国自主知识体系研究文库）. -- ISBN 978-7-300
-33865-1

Ⅰ. A811.693

中国国家版本馆 CIP 数据核字第 2025GE6550 号

中国自主知识体系研究文库

**审度：马克思科学技术观与当代科学技术论研究**

刘大椿 等　著

Shenduo：Makesi Kexue Jishu Guan yu Dangdai Kexue Jishu Lun Yanjiu

| | | | | |
|---|---|---|---|---|
| **出版发行** | 中国人民大学出版社 | | | |
| **社　　址** | 北京中关村大街 31 号 | | **邮政编码** | 100080 |
| **电　　话** | 010 - 62511242（总编室） | | 010 - 62511770（质管部） | |
| | 010 - 82501766（邮购部） | | 010 - 62514148（门市部） | |
| | 010 - 62511173（发行公司） | | 010 - 62515275（盗版举报） | |
| **网　　址** | http://www.crup.com.cn | | | |
| **经　　销** | 新华书店 | | | |
| **印　　刷** | 涿州市星河印刷有限公司 | | | |
| **开　　本** | 720 mm×1000 mm　1/16 | | **版　　次** | 2025 年 4 月第 1 版 |
| **印　　张** | 49.5 插页 3 | | **印　　次** | 2025 年 7 月第 2 次印刷 |
| **字　　数** | 628 000 | | **定　　价** | 349.00 元 |